Göppinger · Beschränkungen der elterlichen Gewalt

Beschränkungen der elterlichen Gewalt

(Art 6 Abs 2 und 3 GG; §§ 1666—1669 BGB; §§ 55 ff JWG)

erläutert von

Dr. jur. Horst Göppinger
Oberlandesgerichtsrat in Stuttgart

Sonderausgabe
aus J. von Staudingers Kommentar zum Bürgerlichen Gesetzbuch,
10./11. Auflage, Band IV, Familienrecht, Teil 3a

1964
J. Schweitzer Verlag · Berlin

Gesamtherstellung:
Graphische Betriebe Dr. F. P. Datterer & Cie. - Inh. Sellier - Freising

Vorwort

Der vorliegende Sonderdruck ist ein Auszug aus dem Band IV, Teil 3a, Lieferung 3 aus J. von Staudingers Kommentar zum Bürgerlichen Gesetzbuch (Lieferung 38 des Gesamtwerkes der Neuauflage), Seite 479—749.

Die Bearbeitung ist im wesentlichen in der ersten Aprilhälfte 1964 abgeschlossen worden, z.T. konnten noch spätere Ergänzungen eingefügt werden. Im Anhang zu § 1666 konnte die Rechtsprechung und Literatur bis Anfang Juni 1964 berücksichtigt werden. Durch die Nachträge auf Seite XIII ist der Sonderdruck auf den Stand vom 22. Juli 1964 gebracht.

Stuttgart, im August 1964

Horst Göppinger

Inhaltsübersicht

Abkürzungsverzeichnis

aaO	am angeführten Orte
ABl	Amtsblatt
Abs	Absatz
AcP	Archiv für die civilistische Praxis
aF	alte(r) Fassung
AFET	Allgemeiner Fürsorgeerziehungstag e. V., Hannover-Kleefeld
AG	Amtsgericht
AGBGB	Ausführungsgesetz zum BGB
AGJJ	Arbeitsgemeinschaft für Jugendpflege und Jugendfürsorge
ALR	(Preuß) Allgemeines Landrecht
aM	anderer Meinung
Anl	Anlage
Anm	Anmerkung
AöR	Archiv des öffentlichen Rechts
ArbGG	Arbeitsgerichtsgesetz
Art	Artikel
Aufl	Auflage
BadRPr	Badische Rechtspraxis
BadwürttVerwBl	Badisch-württembergisches Verwaltungs-Blatt
BArbBl	Bundesarbeitsblatt
BayObLG	Bayerisches Oberstes Landesgericht
BayObLGZ	Entscheidungen des Bayerischen Obersten Landesgerichts in Zivilsachen
BayVerfGH	Bayerischer Verfassungsgerichtshof
BayVerwGH	Bayerischer Verwaltungsgerichtshof
BayZ	Zeitschrift für Rechtspflege in Bayern
BB	Der Betriebs-Berater
Bem	Bemerkung
BGB	Bürgerliches Gesetzbuch
BGBl	Bundesgesetzblatt (I = Teil I; II = Teil II)
BGH	Bundesgerichtshof
BGHSt	Entscheidungen des Bundesgerichtshofs in Strafsachen
BGHZ	Entscheidungen des Bundesgerichtshofs in Zivilsachen
BKindGG	Bundeskindergeldgesetz
BldWPfl	Blätter der Wohlfahrtspflege
BNotO	Bundesnotarordnung
BR	Bundesrat
BRAGebO	Bundesrechtsanwaltsgebührenordnung
BR-Drucks	Bundesrats-Drucksache
BSHG	Bundessozialhilfegesetz
BSozG	Bundessozialgericht
BT	Bundestag
BT-Drucks	Bundestags-Drucksache
BVerfG	Bundesverfassungsgericht
BVerfGE	Entscheidungen des Bundesverfassungsgerichts
BVerwG	Bundesverwaltungsgericht
BVerwGE	Entscheidungen des Bundesverwaltungsgerichts
BWNotZ	Badisch-württembergische Notarzeitschrift (früher: WürttNV, Mitteilungen für die Praxis)
das	daselbst
DAVorm	Der Amtsvormund (Zeitschrift)
DFG	Deutsche Freiwillige Gerichtsbarkeit (Zeitschrift)
Df-VO	Durchführungs-Verordnung
dgl	dergleichen
DGWR	Deutsches Gemein- und Wirtschaftsrecht (Zeitschrift)
dh	das heißt
Die Justiz	Amtsblatt des Justizministeriums Baden-Württemberg
DJ	Deutsche Justiz (Zeitschrift)
DJugH	Deutsche Jugendhilfe (Zeitschrift, 29. Jahrgang, 1937/1938, bis 36. Jahrgang, 1944, der Zeitschrift „ZblJugR")
DJZ	Deutsche Juristenzeitung

DNotZ	Deutsche Notar-Zeitschrift
DÖV	Die öffentliche Verwaltung (Zeitschrift)
DR	Deutsches Recht, Wochenausgabe (Zeitschrift)
DRiZ	Deutsche Richterzeitung
DVBl	Deutsches Verwaltungsblatt
E	Entscheidungen (s BVerfGE, BVerwGE)
EG	Einführungsgesetz
EheG	Ehegesetz
EJF	Entscheidungen aus dem Jugend- und Familienrecht
Einl	Einleitung
f, ff	folgende
FamRÄndG	Familienrechtsänderungsgesetz vom 11. 8. 1961, BGBl I, 1221
FamRZ	Zeitschrift für das gesamte Familienrecht, Ehe und Familie im privaten und öffentlichen Recht
FGG	Gesetz über die Angelegenheiten der freiwilligen Gerichtsbarkeit
FKK	Frei-Körper-Kultur
FrEntzG	Gesetz über das gerichtliche Verfahren bei Freiheitsentziehungen vom 29. 6. 1956 (Freiheitsentziehungsgesetz), BGBl I, 599
Fußn	Fußnote
GBl	Gesetzblatt
GG	Grundgesetz
GjS	Gesetz über die Verbreitung jugendgefährdender Schriften in der Fassung des Gesetzes vom 29. 4. 1961, BGBl I, 497
GleichberG	Gleichberechtigungsgesetz vom 18. 6. 1957
GoltdA	Goltdammer's Archiv für Strafrecht (Zeitschrift)
GruchB	Beiträge zur Erläuterung des deutschen Rechts, begr. von Gruchot (Zeitschrift)
GS	Gesetzessammlung
GVBl	Gesetz- und Verordnungs-Blatt
GVG	Gerichtsverfassungsgesetz
GVS	Gesetzes- und Verordnungs-Sammlung
HansRGZ	Hanseatische Rechts- und Gerichtszeitschrift
Hausrats-VO	Hausrats-Verordnung (6. Df-VO zum EheG)
HEZ	Höchstrichterliche Entscheidungen in Zivilsachen
Hinw	Hinweise(n)
hM	herrschende Meinung
HRR	Höchstrichterliche Rechtsprechung (Entscheidungssammlung)
idF	in der Fassung
iS	im Sinne
iVm	in Verbindung mit
JArbSchG	Jugendarbeitsschutzgesetz
JFG	Jahrbuch für Entscheidungen der freiwilligen Gerichtsbarkeit ... (Band 1, 1924, bis Band 23, 1943)
JGG	Jugendgerichtsgesetz
JMBl	Justizministerialblatt
JMBlNRW	Justizministerialblatt Nordrhein-Westfalen
JR	Juristische Rundschau
JSchG	Gesetz zum Schutze der Jugend in der Öffentlichkeit in der Fassung des Gesetzes vom 27. 7. 1957, BGBl I, 1058
JuS	Juristische Schulung (Zeitschrift)
JVBl	Justizverwaltungsblatt
JW	Juristische Wochenschrift
JWG	Jugendwohlfahrtsgesetz
JZ	Juristenzeitung
KG	Kammergericht
KGJ	Jahrbuch für Entscheidungen des Kammergerichts in Sachen der freiwilligen Gerichtsbarkeit ...
Komm	Kommentar
KonkO	Konkursordnung
KostO	Kostenordnung
Leits	Leitsatz, Leitsätze
LG	Landgericht
lit	litera

LM	Lindenmaier-Möhring, Nachschlagewerk des Bundesgerichtshofs
Ls	Leitsatz, Leitsätze
LZ	Leipziger Zeitschrift für Deutsches Recht
maW	mit anderen Worten
MDR	Monatsschrift für Deutsches Recht
Mot	Motive zu dem Entwurf eines BGB ...
MSchG	Mieterschutzgesetz
NdsRPfl	Niedersächsische Rechtspflege
NDV	Nachrichtendienst des Deutschen Vereins für öffentliche und private Fürsorge
nF	neue(r) Fassung
NJ	Neue Justiz (Zeitschrift der SBZ)
NJW	Neue Juristische Wochenschrift
Nr	Nummer
OLG	Oberlandesgericht, zugleich Die Rechtsprechung der Oberlandesgerichte auf dem Gebiete des Zivilrechts, Band 1, 1900, bis Band 46, 1928
OVG	Oberverwaltungsgericht
Prot	Protokolle der Kommission für die zweite Lesung des Entwurfs des BGB
RabelsZ	Rabels Zeitschrift für ausländisches und internationales Privatrecht
RdA	Recht der Arbeit (Zeitschrift)
RdJ	Recht der Jugend (Zeitschrift)
Recht	Das Recht, Rundschau für den deutschen Juristenstand (Zeitschrift)
RegBl	Regierungsblatt
RelKEG	Gesetz über die religiöse Kindererziehung vom 15. 7. 1921
RG	Reichsgericht
RGBl	Reichsgesetzblatt
RGR-Komm	BGB, Kommentar, herausgegeben von Reichsgerichtsräten und Bundesrichtern
RGSt	Entscheidungen des Reichsgerichts in Strafsachen
RG Warn	Warneyer, Rechtsprechung des Reichsgerichts
RGZ	Entscheidungen des Reichsgerichts in Zivilsachen
RJA	Entscheidungen in Angelegenheiten der freiwilligen Gerichtsbarkeit ..., zusammengestellt im Reichsjustizamte (Band 1, 1900, bis Band 17, 1922)
RJWG	Reichsjugendwohlfahrtsgesetz
Rpfleger	Der Deutsche Rechtspfleger (Zeitschrift)
RPflG	Rechtspflegergesetz
RTK	Reichstagskommission
s	siehe
S	Seite
SächsArch	Sächsisches Archiv für Rechtspflege, Archiv für Rechtspflege in Sachsen, Thüringen und Anhalt
SBZ	Sowjetische Besatzungszone
SchlHA	Schleswig-Holsteinische Anzeigen
SchlHOLG	Schleswig-Holsteinisches Oberlandesgericht
SeuffA	Seuffert's Archiv für Entscheidungen oberster Gerichte
SeuffBl	Seuffert's Blätter für Rechtsanwendung
SjE	Sammlung jugendrechtlicher Entscheidungen
SozGG	Sozialgerichtsgesetz
Sp	Spalte
StAZ	Das Standesamt, Zeitschrift für Standesamtswesen
StB	Stenographische Berichte
StGB	Strafgesetzbuch
StPO	Strafprozeßordnung
StVZO	Straßenverkehrszulassungsordnung
ua	unter anderem, unter anderen, und andere
VerwG	Verwaltungsgericht
VerwRspr	Verwaltungsrechtsprechung (Entscheidungssammlung)
VGH	Verwaltungsgerichtshof
vgl	vergleiche
VO	Verordnung
Vorbem	Vorbemerkung
VwGO	Verwaltungsgerichtsordnung
Warn	s RG Warn
WürttNV	Württembergischer Notarverein (Zeitschrift)

zB	zum Beispiel
ZBlFG	Zentralblatt für die freiwillige Gerichtsbarkeit
ZblJugR	Zentralblatt für Jugendrecht und Jugendwohlfahrt (s auch ZblVorm und DJugH)
ZblVorm	Zentralblatt für Vormundschaftswesen, Jugendgerichte und Fürsorgeerziehung (Band I, 1908, bis Band XV, 1923/1924, dann ZblJugR)
ZfF	Zeitschrift für das Fürsorgewesen
ZfSH	Zeitschrift für Sozialhilfe
ZG	Zusammenstellung der gutachtlichen Äußerungen zu dem Entwurfe eines BGB
ZGB	(Schweizerisches) Zivilgesetzbuch
ZPO	Zivilprozeßordnung
ZZP	Zeitschrift für Zivilprozeß

Literaturverzeichnis

1. Literatur zum Familienrecht:

a) Kommentare zum BGB (in Klammern die Bearbeiter der §§ 1666ff):
Achilles-Greiff, 21. Aufl 1958, Nachtrag 1963 (Beitzke),
Erman, 3. Aufl 1962 (Ronke),
Opet-von Blume, 1906 (von Blume),
Palandt, 22. Aufl 1963, 23. Aufl 1964 (Lauterbach),
Planck, 3. Aufl 1906 (Unzner) — die 4. Aufl, 1928, umfaßt nur die §§ 1297—1588 —,
RGR-Kommentar, 10./11. Aufl, 1963 (Scheffler)
A. B. Schmidt und A. Fuchs, 1907/1909 (ohne Verwandtschaftsrecht)
Soergel-Siebert, 9. Aufl, Band 4, 1963 (Herm. Lange),
Warneyer, 2. Aufl 1930, Neudruck 1932;

b) Kommentare zum GleichberG:
Krüger-Breetzke-Nowack, 1958 (Krüger),
Maßfeller-Reinicke, 1958;

c) Lehrbücher:
Beitzke (Kurzlehrbuch), 10. Aufl 1962; 11. unveränderte Aufl 1963; 12. ergänzte Aufl 1964 — zitiert nach der 10. Aufl —;
Enneccerus-Kipp-Wolff, Band IV, Familienrecht, 7. Bearbeitung 1931 (Kipp — zitiert „Kipp" —),
Lehmann, 3. Aufl 1960; sowie
Opet, Das Verwandtschaftsrecht des BGB, 1899.

2. Kommentare zum FGG:
Jansen, 1959, Ergänzung 1962; Keidel, 8. Aufl 1963; **Lehrbücher** zur freiwilligen Gerichtsbarkeit: Lent-Habscheid, 4. Aufl 1962, Pikart-Henn, 1963, Baur, 1955; bedeutsam ist noch die Monographie von Jansen, Wandlungen im Verfahren der freiwilligen Gerichtsbarkeit, Recht und Staat in Geschichte und Gegenwart Nr 290/291, 1964 (insbesondere zum rechtlichen Gehör, zum richterlichen Ermessen im Beweisverfahren sowie zur Parteiöffentlichkeit der Beweisaufnahme).

3. (Spezial)-Zeitschriften zum Familien- und Jugendwohlfahrtsrecht und zur Jugendfürsorge: Zeitschrift für das gesamte Familienrecht (FamRZ); Der Amtsvormund (DAVorm) und Zentralblatt für Jugendrecht und Jugendwohlfahrt (ZblJugR), herausgegeben vom Deutschen Institut für Vormundschaftswesen, Heidelberg; Blätter der Wohlfahrtspflege, Monatsschrift der öffentlichen und freien Wohlfahrtspflege und Jugendhilfe, herausgegeben vom Landeswohlfahrtswerk für Baden-Württemberg, Stuttgart; Jugendwohl, katholische Zeitschrift für Kinder- und Jugendfürsorge, herausgegeben vom Deutschen Caritasverband e. V., Freiburg Brsg.; Mitglieder-Rundbriefe des Allgemeinen Fürsorgeerziehungstages, e. V. (AFET), Hannover-Kleefeld; Nachrichtendienst des Deutschen Vereins für öffentliche und private Fürsorge (NDV), begründet von Prof. Dr. Polligkeit †, herausgegeben von Prof. Dr. Muthesius; Unsere Jugend, Zeitschrift für Jugendhilfe in Wissenschaft und Praxis.

Nachträge

zu Seite **Vorbemerkungen vor § 1666:**

482f Vorbem 1, Fußn**): Pelle, Die staatliche Gemeinschaft wacht, ZblJugR 1964, 149.

487 Vorbem 11: Auch Lindacher, FamRZ 1964, 277, 278, vertritt die Auffassung, der unehelichen Mutter stehe das Elternrecht des Art 6 Abs 2 GG zu.

491 Vorbem 21: Habscheid, RabelsZ 1962, 732, bezeichnete die Regelung des § 5 RelKEG als unerträglich.

497, 501 Vorbem 37, 44: Die zitierte Entscheidung des BayObLG (MDR 1963, 928) ist ferner veröffentlicht in Z 1963, 196, NJW 1963, 2326, FamRZ 1964, 94 und Rpfleger 1964, 53.

Erläuterungen des § 1666:

514 Bem 8: Zur Übertragung der elterlichen Gewalt auf die Kindsmutter s noch Lindacher, FamRZ 1964, 277, und Hefermehl im Nachtragsheft zu Band 2 des „Erman"-Kommentars, 1964, Seite 34f (zu Bem 7 zu § 1707); Hefermehl hat die früher vertretene Auffassung, für die Zurücknahme oder Einschränkung der Übertragung der elterlichen Gewalt (§ 1707 Abs 2) genügten die Voraussetzungen des § 1696, jetzt ausdrücklich aufgegeben (Seite 35 aaO).

522, 552 Bem 70, 261: Dazu, daß die uneheliche Mutter nicht gezwungen werden kann, den Erzeuger des Kindes zu benennen, s ferner Hefermehl im Nachtragsheft zu Band 2 des „Erman"-Kommentars, 1964, Seite 34, zu Bem 5 zu § 1707.

524f Bem 82: Zum Jugendschutz im Fernsehrecht s zuletzt W. Becker, MDR 1964, 463.

527 Bem 102, 103: Über ungeeignete Beschäftigungen Minderjähriger in der Landwirtschaft s den Runderlaß des Arbeits- und Sozialministers Nordrhein-Westfalen v 21. 4. 1964, MBl 698, RdJ 1964, 187.

527 Bem 104, 105: s hierzu VO des Bundesarbeitsministers vom 3. 4. 1964, BGBl I, 262, über das Verbot der Beschäftigung Minderjähriger mit sittlich gefährdenden Arbeiten; zu dieser VO s Potrykus, Unsere Jugend 1964, 261; Karl Welzel, RdJ 1964, 186.

568 Bem 332, Fußn*): Prof. Hans Thomae, Beobachtung und Beurteilung von Kindern und Jugendlichen, Psychologische Praxis, Heft 15, 5. Aufl 1963.

570 Bem 348: Zum Grundsatz der Parteiöffentlichkeit s jetzt die bedeutsamen Ausführungen von Jansen, Wandlungen im Verfahren der freiwilligen Gerichtsbarkeit, 1964, 34ff.

571 Bem 350: Daß das rechtliche Gehör vor jedwedem Geheimverfahren schützt, hebt auch Jansen, Wandlungen im Verfahren der freiwilligen Gerichtsbarkeit, 1964, 38 mit Fußn 97, hervor.

583 Bem 401: Zu Art 19 EGBGB s jetzt noch Kegel, Internationales Privatrecht, 2. Aufl 1964, 315.

Anhang zu § 1666:

604 Aufsätze: s ferner Werner Küchenhoff, Jugendhilfe auf neuen Wegen, Unsere Jugend 1964, 290 (Tagungsbericht).
Zur psycholog und pädagog Literatur: Zum Lexikon der Pädagogik, Herder-Verlag, erschien 1964 ein Ergänzungsband.

606f Bem 4, 5: Aus der Literatur s ferner Beiträge zum Verfassungsstreit über das BSHG und das JWG, hrsg von Paul Collmer, Evang. Verlagswerk, Stuttgart 1963; Rothe, Vorgeschichte zur Verfassungsbeschwerde und Normenkontrollklage gegen die Ordnungsvorstellungen des JWG vom 11. 8. 1961, Jugendwohl 1964, 146, 185, 230, 278.

607 Bem 6, Fußn*): Goldacker, Die Erziehungsbeistandschaft, BldWPfl 1964, 187.

623 Bem 66 aE: s hierzu ferner Goldacker, BldWPfl 1964, 189.

625 Bem 80: Auch Goldacker, BldWPfl 1964, 190, empfiehlt die Einstellung hauptamtlicher Erziehungsbeistände.

627 Bem 85: Zum erzieherischen Gespräch zwischen dem Erziehungsbeistand und dem Minderjährigen s ferner Goldacker, BldWPfl 1964, 190.

644 Bem 156, Fußn*): Die dort zitierte Entscheidung des OLG Celle, NdsRPfl 1964, 15, ist ferner veröffentlicht in NJW 1964, 552, MDR 1964, 236, sowie FamRZ 1964, 326 (Leitsätze).

647 Bem 168, Fußn*): Landsberg in dem Wörterbuch des Deutschen Staats- und Verwaltungsrechts, 2. Aufl hrsg von Max Fleischmann, Band 1, 1911, Art „Fürsorgeerziehung" (Seite 862ff), Band 3, 1914 Art „Zwangserziehung" — ergänzende Literaturangaben — (Seite 1030).

658 Bem 209ff: Aus der Literatur hierzu s noch Paul Moor, Umwelt, Mitwelt, Heimat, 1963; H. H. Muchow, Flegeljahre, 3. Aufl 1964; Pongratz, Kindheit und Jugend als Konfliktlagen, und Wiesenhütter, Ursachen der Verhaltensstörungen, in „Handbuch der Erziehungsberatung" (s Seite 605 oben), 59ff, bzw 138ff; ferner s den Tagungsbericht von Hanna Esslinger, Reifung und Krisen im Kindes- und Jugendalter, Unsere Jugend 1964, 325.

670 Bem 265: Das BayObLG, FamRZ 1964, 311, hat zutreffend ausgesprochen, daß, wenn das Jugendamt den Antrag auf Fürsorgeerziehung wegen (vermeintlicher) Unzuständigkeit des Gerichts zurücknimmt und den Antrag bei einem anderen — von ihm als zuständig angesehenen — Gericht wiederholt, durch den zweiten Antrag kein neues selbständiges Verfahren in Gang gebracht wird, vielmehr das Gericht, bei dem der Antrag zunächst gestellt.

708 Bem 445aE: Durch eine Aussetzung der Vollziehung der Anordnung der vorläufigen Fürsorgeerziehung gemäß § 24 Abs 2 oder 3 FGG wird der Lauf der 6-Monatsfrist ebenfalls weder gehemmt noch unterbrochen (LG Göttingen, FamRZ 1964, 461).

709 Bem 453: s hierzu ferner Kegel, Internationales Privatrecht, 2. Aufl 1964, 316.

710 Bem 456, Fußn*): Dressel, Gruppenarbeit mit gefährdeten Jugendlichen und Heranwachsenden (Tagungsbericht), Unsere Jugend 1964, 280; Flug, Alt und Jung in der Heimerziehung, Unsere Jugend 1964, 241; Marie Kamphuis, Die persönliche Hilfe in der Sozialarbeit unserer Zeit, eine Einführung in die Methode der Einzelfallhilfe für Praxis und Ausbildung, nach der 6. holländischen Auflage übersetzt von G. Bresters, Utrecht 1963; Müller, Heilpädagogische Maßnahmen, Scholl, Sozialpädagogische Maßnahmen, in „Handbuch der Erziehungsberatung" (s Seite 605 oben), 518ff; 540ff.

718 Bem 487: Lukes, StAZ 1962, 30, 32 und Hefermehl im Nachtragsheft des „Erman"-Kommentars zu Band 2, 1964, zu Bem 3a zu § 3 EheG, Seite 84, vertreten die Ansicht, die Erziehungsbehörde sei Mitinhaberin von Personensorgebefugnissen, daher bedürfe die Minderjährige zur Eheschließung der Einwilligung der Erziehungsbehörde (§ 3 Abs 2 EheG).

723 Fußn*): Zur Ausbildung s ferner die Beiträge im „Handbuch der Erziehungsberatung" (s Seite 605 oben), 803ff.

726 Bem 518, 1. Absatz: Die Zuständigkeit des Vormundschaftsgerichts bejaht auch OVG Lüneburg, RdJ 1964, 204.

731 Bem 544: Zur Unterbringung gem § 73 BSHG s auch Göppinger, Die Justiz 1962, 251, und Stetter, Der Wanderer 1963, 41 (Beilage der BldWPfl), sowie die Kommentare zum BSHG (s Seite 733, Fußn**)).

Vorbemerkungen.

Gliederung.

Übersicht (Alphabetisches Stichwortverzeichnis).

I. Die Bedeutung des Art 6 Abs 2 und 3 des Grundgesetzes

1 **1.** Die §§ 1666—1669 und §§ 57ff, 64ff JWG regeln Eingriffe des Vormundschaftsgerichts in die Ausübung der elterlichen Gewalt. Die hier dem Vormundschaftsgericht eingeräumten Befugnisse finden nach der seit Inkrafttreten des Grundgesetzes (24. 5. 1949) im Gebiete der Bundesrepublik mit West-Berlin*) bestehenden Verfassungslage ihre Rechtfertigung in Art 6 Abs 2 Satz 2 und Abs 3 GG**) (wohl allg Meinung, s BVerfG E 4, 52, 57 = FamRZ 1954, 242 = NJW 1954, 1761 = JZ 1955, 114 = MDR 1955, 23; v. Mangoldt/Klein, Bem IV, 5c, d; Hamann, B, 6 je zu Art 6; Peters, 373ff; Becker, FamRZ 1961, 105). Diese Bestimmungen bilden dabei auch die Grenze für das Eingreifen des Vormundschaftsgerichts. Daher ist es unerläßlich, in dem vorliegenden Zusammenhang die Vorschriften des Art 6 Abs 2 und 3 GG zu erläutern, soweit es hier zum Verständnis der Kommentierung der §§ 1666—1669 sowie der erwähnten Vorschriften des JWG erforderlich ist, und zu versuchen, die Bedeutung des Art 6 Abs 2 und 3 GG und das Verhältnis des hier gewährleisteten Elternrechts zu der im BGB geregelten elterlichen Gewalt klarzustellen.

Art 6 Abs 2 und 3 GG lauten:

(II) Pflege und Erziehung sind das natürliche Recht der Eltern und die zuvörderst ihnen obliegende Pflicht. Über ihre Betätigung wacht die staatliche Gemeinschaft.

(III) Gegen den Willen der Erziehungsberechtigten dürfen Kinder nur auf Grund eines Gesetzes von der Familie getrennt werden, wenn die Erziehungsberechtigten versagen oder wenn die Kinder aus anderen Gründen zu verwahrlosen drohen.

2 Zum Verständnis der Vorschriften des Art 6 Abs 2 und 3 GG ist zunächst ihre **Entstehungsgeschichte** zu behandeln.

Die **Weimarer Reichsverfassung** hatte in **Art 120** vorgeschrieben:

„Die Erziehung des Nachwuchses zur leiblichen, seelischen und gesellschaftlichen Tüchtigkeit ist oberste Pflicht und natürliches Recht der Eltern, über deren Betätigung die staatliche Gemeinschaft wacht".

Diese Bestimmung bedeutete eine institutionelle Garantie, dh Rechtsgarantie (vgl Anschütz, Die Verfassung des Deutschen Reichs vom 11. August 1919, 4. Bearb, 14. Aufl 1933 [Nachdruck 1960], Bem 3 zu Art 120); sie war nur eine Art Programmsatz (Beitzke, FamRZ 1958, 9). In der Bezeichnung des Elternrechts als eines „natürlichen" Rechts sah die herrschende Meinung nicht die Anerkennung eines für die staatliche Gesetzgebungshoheit unantastbaren „Naturrechts", die Erhöhung des Elternrechts in die Sphäre des Überstaatlichen und auch kein Bekenntnis zum Naturrecht im Sinne der katholischen Kirchenlehre (Anschütz, aaO, Bem 2 m Hinw; Mayer, DVBl 1955, 581). Die Bezeichnung „natürliches Recht" sollte nach hM nur besagen, daß das Eltern-

---

*) Hierzu s Art 23 GG; zu diesem s Hamann, Bem B 3 zu Art 23 und Maunz, 363ff. Darüber, daß der Grundrechtsteil des GG in Berlin gilt, s BVerfG E 1, 70 = NJW 1952, 59 = JZ 1952, 77.

**) Literatur zu Art 6 Abs 2 und 3 GG:

a) Kommentare: Kommentar zum Bonner Grundgesetz (Bonner Kommentar), hrsg v Bodo Dennewitz u a, Art 6 erläutert von Wernicke (1950); Giese/Schunck, 6. Aufl 1962; Hamann, 2. Aufl 1961; v. Mangoldt, 1953; v. Mangoldt/Klein, 2. Aufl, Bd I, 1957;

b) Peters, Elternrecht, Erziehung, Bildung und Schule in „Die Grundrechte, Handbuch der Theorie und Praxis der Grundrechte", IV. Band, 1. Halbband, 1960, 369ff;

c) sonstige Darstellungen: H. J. Becker, Das Elternrecht im Spiegel der verfassungs- und verwaltungsgerichtlichen Rechtsprechung, FamRZ 1961, 104; Beitzke, Betrachtungen zum neuen Kindschaftsrecht, FamRZ 1958, 7, 9; Böhler, Das Elternrecht in „Staatslexikon, Recht, Wirtschaft, Gesellschaft", hrsg von der Görres-Gesellschaft, Band 2, 1958, Sp 1175ff; Bosch, Welche Anforderungen sind an eine Reform des Rechts des unehelichen Kindes zu stellen? in „Verhandlungen des 44. Deutschen Juristentages", Band I (Gutachten), 1. Teil, B, 53ff, 89ff; Fleig, Das Elternrecht im Bonner Grundgesetz, 1953; Geiger, Die Grundrechte in „Staatslexikon", Band 3, 1959, Sp 1122ff; Göppinger, Eingriffe des Vormundschaftsgerichts in das recht — nach Ansicht des Verfassungsgesetzgebers — nicht vom Staate verliehen sei (Anschütz, aaO).

Nach den bösen Erfahrungen in der Zeit der nationalsozialistischen Gewaltherrschaft wollte der Verfassungsgeber des Grundgesetzes jedwede staatliche Zwangserziehung, wie sie in totalitären Staatswesen besteht, eine Zwangsmitgliedschaft der Kinder und Jugendlichen in staatlich gelenkten Organisationen verhindern (s dazu Jahrbuch des öffentlichen Rechts, Neue Folge, Bd 1, 1951, 99ff; v. Mangoldt, Komm, Bem 1 zu Art 6 GG, auch AöR 75, 284). 3

2. a) Art 6 Abs 2 GG geht zwar in der Formulierung zT auf Art 120 WeimRV zurück. Indessen besteht der wesentliche Unterschied, daß Art 6 Abs 2 nicht nur Programmsatz und bindende Auslegungsregel ist. Art 6 ist vielmehr Ausdruck der politischen Grundentscheidung des Grundgesetzes, daß die Staatsordnung für den Menschen und in dessen Interesse errichtet ist, der Mensch in dieser Ordnung einen eigenen selbständigen Wert besitzt (vgl Art 1 Abs 1 und 2 GG) und in Freiheit die Gestaltung seines Lebens und das Zusammenleben mit den anderen Menschen in der Gemeinschaft aus sozialer Verantwortung verwirklichen soll (s Stein, 39; sowie BVerfG E 7, 198, 204ff = NJW 1958, 257 = JZ 1958, 119 = MDR 1958, 146 = DÖV 1958, 153 = DVBl 1958, 425; E 12, 45, 51). Art 1 Abs 3 GG bestimmt ausdrücklich, daß die nachfolgenden Grundrechte Gesetzgebung, vollziehende Gewalt und Rechtsprechung als unmittelbar geltendes Recht binden. Art 6 Abs 2 statuiert daher ein echtes **Grundrecht** (BVerfG E 4, 52; 7, 320 = FamRZ 1958, 272 = NJW 1958, 865 = JZ 1958, 408 = MDR 1958, 481 = DVBl 1958, 396 = ZblJugR 1958, 209 = RdJ 1958, 254; E 10, 59 = FamRZ 1959, 416 = NJW 1959, 1483 = JZ 1959, 528 = MDR 1959, 820; KG, FamRZ 1961, 126; v. Mangoldt/Klein, Bem IV, 2a, Wernicke, Bem II, 2, c; Hamann, Bem B, 5 je zu Art 6; Peters, 374; Stein, 36). Dies bedeutet, daß es zu seiner Wirksamkeit keiner Umformung durch weitere Rechtssätze bedarf, sondern selbst den Inhalt der Gesetze und die Rechtsanwendung bestimmt; bei Auslegung und Anwendung der Gesetze ist daher die sich aus dem Grundrecht des Art 6 Abs 2 GG unmittelbar ergebende Modifikation zu beachten (Stein, 38; sowie allgemein zum Bürgerlichen Recht BVerfG E 7, 198, 204ff; s ferner E 7, 411f; 13, 325). Die Vorschriften des BGB sind hiernach unter Berücksichtigung der sich aus Art 6 Abs 2 GG ergebenden Werteordnung verfassungskonform auszulegen (s zur verfassungskonformen Auslegung ua BVerfG E 2, 282; 7, 198; 8, 210 = FamRZ 1958, 451 = NJW 1958, 2059; Bender, MDR 1959, 441; Schack und Michel, JuS 1961, 269, 274; Göppinger, FamRZ 1962, 507). Das BVerfG hat ausdrücklich ausgesprochen, daß jeder Richter bei der Auslegung und Anwendung einfachen Rechts den Einfluß der Grundrechte auf 4

Elternrecht (Art 6 GG), FamRZ 1959, 397; Groß, Zur Unterbringung Minderjähriger aus erzieherischen Gründen, RdJ 1962, 39; Grundmann, Ehe und Familie im Grundgesetz bei Th. Heckel, Ehe- und Familienrecht, Vorträge, gehalten auf der Tagung evangelischer Juristen 1958, 1959, 16ff; Häberle, Die Wesensgehaltgarantie des Art 19 Abs 2 Grundgesetz, zugleich ein Beitrag zum institutionellen Verständnis der Grundrechte und zur Lehre vom Gesetzesvorbehalt, 1962; Hampel, Rechtliche Problem der Heim- und Anstaltsunterbringung Minderjähriger in der freiwilligen Gerichtsbarkeit, FamRZ 1963, 537; Hansmann, Zum Elternbegriff des Grundgesetzes, FamRZ 1962, 452; 1963, 489, Hillesheimer, Das Verhältnis des § 1666 BGB zu Art 6 Abs 2 und 3 GG, Nachrichtendienst des Deutschen Vereins für öffentliche und private Fürsorge (NDV) 1955, 385; Keilhacker/Klein, Erziehung in „Staatslexikon", Band 3, 1959, Sp 39ff; Hildeg Krüger, Uneheliche Kinder in „Die Grundrechte", IV. Band, 1. Halbband, 1960, 325ff; dieselbe, in Krüger/Breetzke/Nowack, Gleichberechtigungsgesetz, Kommentar, 1958, Einleitung 142ff, Nr 204—208; Maunz, Deutsches Staatsrecht, 11. Aufl 1962, 121ff; Mayer, Elternrecht, Schule und Kirche, DVBl 1955, 581; Niclas, Die elterliche Gewalt für die uneheliche Mutter und das Grundgesetz, ZblJugR 1960, 207; Perschel, Die Meinungsfreiheit des Schülers, 1962 (26ff, 42ff, 86ff); derselbe, Grundrechtsmündigkeit und Elternrecht, RdJ 1963, 33; Rauschert, Freiheitsentziehung und Erziehungsrecht, RdJ 1960, 369; derselbe, Zur Stellung von Vormund und Pfleger nach dem Grundgesetz, ZblJugR 1962, 152; Rüfner, Zum Elternbegriff des Grundgesetzes, FamRZ 1963, 153, 490; Schüler-Springorum, Die Bedeutung des Art 104 GG für die freiwillige Erziehungshilfe, FamRZ 1961, 296; Stein, Die rechtsphilosophischen und positivrechtlichen Grundlagen des Elternrechts in Stein/Joest/Dombois, Elternrecht, Studien zu seiner rechtsphilosophischen und evangelisch-theologischen Grundlegung, 1958, 5ff; Würtenberger, Erziehung als Rechtsbegriff in „Grundfragen des Jugendhilferechts", Schriften des Deutschen Vereins für öffentliche und private Fürsorge, Heft 220, 1962, 87ff.

Siehe auch Literaturangaben zu § 1666 und zum Anhang nach § 1666.

alle Bereiche einfachen Rechts zu beachten habe (E 13, 325) und daß die Pflicht zum Schutz des betreffenden Grundrechts den Richter daran hindern müsse, die Auffassungen des Gesetzgebers, der legitimerweise auch andere Ziele als die eines Grundrechtsschutzes verfolge, ohne weiteres zu akzeptieren und seine Maßnahmen als unvermeidliche Beschränkungen des Grundrechts hinzunehmen (E 7, 411f).

5 **b)** Über die Bedeutung des Art 6 Abs 2 hinsichtlich des **Abwehrcharakters** dieser Norm (s hierzu auch BVerwG E 5, 153 = NJW 1958, 232 = JZ 1958, 285 = DÖV 1958, 122 = DVBl 1958, 99; Becker, FamRZ 1961, 105; Engler in „Das Bundesverfassungsgericht", 1963, 138f) hat das **BVerfG** folgende Grundsätze festgelegt:

Art 6 Abs 2 gewähre — neben seiner Bedeutung als Richtlinie — ein Abwehrrecht gegen unzulässige Eingriffe des Staates in das elterliche Erziehungsrecht und binde insoweit auch die Gerichte als unmittelbar geltendes Recht; zwar sei die Auslegung und Anwendung einfacher Gesetze grundsätzlich Sache der Instanzgerichte und der Nachprüfung durch das Bundesverfassungsgericht entzogen; doch sei eine Ausnahme dann zuzulassen, wenn die fehlerhafte Anwendung des einfachen Gesetzes auf einer Grundrechtsverletzung beruhe (E 4, 52, 57).

Das Abwehrrecht der Eltern gegenüber solchen Eingriffen des Staates in ihr Erziehungsrecht, die nicht durch Art 6 Abs 2 S 2 gedeckt seien, bestehe auch gegenüber gesetzgeberischen Eingriffen. Der Gesetzgeber könne das natürliche Erziehungsrecht der Eltern nicht beliebig in seinem Inhalt beschränken; er dürfe in ihr erzieherisches Ermessen nur eingreifen, wenn sein Wächteramt dies rechtfertige, also jedenfalls dann nicht, wenn kein legitimes öffentliches Interesse an der Erziehung den Eingriff gebiete. Mit generellen Verboten dürfe der Gesetzgeber in das elterliche Erziehungsrecht im Hinblick auf die in Art 6 Abs 2 GG zum Ausdruck gekommene Wertentscheidung des Verfassungsgebers nur eingreifen, wenn individuelle Maßnahmen nicht ausreichten, generelle Maßnahmen vielmehr das gebotene und adäquate Mittel seien, um die Gefährdung der Kinder und Jugendlichen abzuwehren; hierbei habe das BVerfG zu prüfen, ob diese Grenzen zulässiger staatlicher Eingriffe bei einer gesetzlichen Regelung eingehalten worden seien (E 7, 320, 323f).

6 **c)** Art 6 Abs 2 GG gewährleistet den Eltern neben dem erwähnten Abwehrrecht positiv die Bestimmung der Lebensrichtung ihrer Kinder durch Erziehung (Peters, 374; Stein, 49; Becker, FamRZ 1961, 105f; BVerwG E 5, 153 = NJW 1958, 232 = JZ 1958, 285 = DÖV 1958, 122 = DVBl 1958, 99); hierzu gehört zB die Bestimmung über die Berufsausbildung und die Wahl der Schule. Das JWG hat in seiner Neufassung vom 11. 8. 1961 deshalb vorgeschrieben, daß die von den Personensorgeberechtigten bestimmte Grundrichtung der Erziehung bei allen Maßnahmen der öffentlichen Jugendhilfe zu beachten sei (§ 3 Abs 1; s hierzu Anhang zu § 1666, Bem 457).

3. a) Art 6 Abs 2 besagt, Pflege und Erziehung der Kinder seien das **natürliche Recht** und die **Pflicht** der Eltern.

7 *α)* Mit dem Ausdruck **„natürliches Recht"** ist gemeint, daß es sich nicht um ein von der staatlichen Gemeinschaft, der Verfassung oder der positiven Rechtsordnung geschaffenes oder verliehenes Recht handelt, sondern daß es vorstaatlichen Charakter hat (ebenso Peters, 375; Stein, 10). Art 6 Abs 2 kennzeichnet damit die Eigenständigkeit und Ursprünglichkeit dieses Rechts (Wernicke, Bem II, 2, b); denn es folgt aus dem Grundtatbestand des Elternstandes, aus einer natürlichen Ordnung, ist ein familiäres Urrecht oder Menschenrecht und gilt ohne Unterschied des Glaubens, der religiösen oder politischen Überzeugungen der Rasse, Herkunft, Abstammung und Heimat (Stein aaO). Es beruht nach der natürlichen Auffassung auf der biologischen, sittlichen und religiösen Ordnung der Familie, an die das positive Recht anknüpft (Stein, 10, 37), wobei die Familie als die umfassende Gemeinschaft von Eltern und Kindern anzusehen ist, in der den Eltern vor allem gerade das Recht und die Pflicht zur Pflege und Erziehung der (minderjährigen) Kinder erwächst (BVerfG E 10, 59, = FamRZ 1959, 417 [C I]).

Wenn auch das Elternrecht naturrechtlichen Einschlag hat, so darf es doch nicht im Sinne der katholischen Sittenlehre ausgelegt werden (ebenso Becker, FamRZ 1961, 107 Fußn 44); soweit zum Elternrecht der Anspruch auf konfessionelle Schulerziehung gehört, handelt es sich um die Anerkennung einer elterlichen Gewissensentscheidung durch den Staat, die auch hinsichtlich der Schule aus Gründen der Glaubens- und Gewissensfreiheit (s Art 4 Abs 1 GG) zu respektieren ist (so zutreffend Becker, aaO)*).

Das Elternrecht ist nicht als Naturrecht aus einer neben dem positiven Recht stehenden Rechtsordnung herzuleiten (Stein, 9); es ist nicht der gesetzlichen Regelung entrückt, sondern bedarf dieser gerade zur näheren Konkretisierung (s zB Häberle, 184ff, 194). Die gesetzliche Regelung (des BGB) hat das Elternrecht und die zu ihm gehörenden Einzelbefugnisse und -Pflichten nicht verliehen (so auch Maurer, FamRZ 1960, 470), sondern legt diese lediglich, vor allem aus Gründen der Rechtssicherheit**), fest, sowie die Rechtsfolgen bei Verletzung dieser Pflichten.

Mit dem Begriff „natürliches Recht" soll auch die Ablehnung eines allgemeinen staatlichen Erziehungsanspruchs zum Ausdruck gebracht werden (ebenso v. Mangoldt/Klein, Bem IV, 2, b; Hamann, Bem B, 5). Art 6 Abs 2 GG will den freien Willen der Eltern zur Pflege und Erziehung der Kinder schützen, die Möglichkeit der freien Bestimmung der Erziehungsgrundsätze, des Ziels und der Mittel der Erziehung, der menschlichen und ethischen Werte, die sie zugrundelegen wollen (vgl Peters, 381f).

β) Doch ist dieses Recht der Eltern zur Pflege und Erziehung der Kinder nach der ausdrücklichen Formulierung des Art 6 Abs 2 auch **Pflicht** der Eltern. Das Elternrecht ist also ein pflichtgebundenes, fremdnütziges, kein eigennütziges Recht (s zB auch Beitzke, MDR 1957, 91); es ist dazu bestimmt, den Interessen der Kinder zu dienen (so auch BVerwG E 15, 134, 139 = FamRZ 1963, 180, 182 = NJW 1963, 1170 = DÖV 1963, 268). Es stellt, wie das BVerfG (E 4, 52, 56f = FamRZ 1954, 242) ausgesprochen hat, eine eigengeartete Form der Betätigung der menschlichen Persönlichkeit dar um der ihm innewohnenden Verpflichtung der Eltern willen, zum **Wohle der Kinder** zu handeln. Die Eltern sind, anders ausgedrückt, Sachwalter des in Art 2 Abs 1 GG gewährleisteten Persönlichkeitsrechts ihrer Kinder (Becker, FamRZ 1961, 105). Die erzieherische Freiheit der Eltern kann daher keine schrankenlose sein (so auch BGH Z 21, 340, 352 = FamRZ 1956, 371, 376; Becker, aaO). Wie diese Schranken zu bestimmen sind, ist freilich durch die verfassungsgerichtliche Rechtsprechung noch nicht geklärt. Indessen muß davon ausgegangen werden, daß Art 6 Abs 2 lex specialis gegenüber Art 2 Abs 1 ist und das Recht der Eltern zur Pflege und Erziehung ihrer Kinder ohne Bindung an Art 2 Abs 1 regelt, dh daß im Bereiche des Erziehungsrechts für die Anwendung der sog Gemeinschaftsvorbehalte des Art 2 Abs 1 kein Raum ist (so Becker, aaO, Hamann, Bem B, 6 zu Art 6; Soergel/Siebert/Lange, Bem 3 zu § 1626; Gernhuber, FamRZ 1962, 92; BVerwG E 5, 153, 158). Immerhin wird man annehmen müssen, daß bei der Erziehung in weltanschaulicher und politischer Hinsicht die Grundprinzipien des freiheitlich-demokratischen und sozialen Rechtsstaates, die Grundsätze der Humanität und das Sittengesetz nicht mißachtet werden dürfen (s zum Begriff des Sittengesetzes unten Bem 209 zu § 1666) und daß gegebenenfalls Verstöße der Erziehungsberechtigten hiergegen in schweren Fällen als Mißbrauch des Sorgerechts iS des § 1666 beurteilt und behandelt werden müssen (s hierzu unten Bem 110 zu § 1666). 8

Das BGB schreibt vor, daß Vater und Mutter kraft der elterlichen Gewalt das Recht und die Pflicht haben, für die Person und das Vermögen des Kindes zu sorgen (§ 1626 Abs 2) und daß die Eltern die elterliche Gewalt zum Wohle des Kindes aus-

*) Erwähnenswert ist hierzu die Vorschrift des Art 2 Satz 2 des Zusatzprotokolls zur Europäischen Konvention zum Schutze der Menschenrechte und Grundfreiheiten (s Gesetz vom 20. 12. 1956, BGBl II, 1879). Hier heißt es: „Der Staat hat bei Ausübung der von ihm auf dem Gebiete der Erziehung und des Unterrichts übernommenen Aufgaben das Recht der Eltern zu achten, die Erziehung und den Unterricht entsprechend ihren eigenen religiösen und weltanschaulichen Überzeugungen sicherzustellen." Zu dieser Konvention ist noch zu bemerken, daß sie keinen Verfassungsrang hat, sondern als einfaches Gesetz gilt (s dazu Golsong, Jahrbuch des Öffentlichen Rechts, Band 10, 1961, 131; Klein in Festschrift für Rudolf Laun, 1962, 149ff).

**) Wie wichtig die Rechtssicherheit in diesem Bereich ist, zeigen die Erfahrungen in der Zeit vom 1. 4. 1953 bis 30. 6. 1958 (s dazu oben Vorbem 27 vor § 1626) sowie die seit dem Urteil des BVerfG vom 29. 7. 1959 (E 10, 59) bestehende Unklarheit in der Frage des Wohnsitzes (Doppelwohnsitzes) des Kindes (s dazu Bosch, FamRZ 1962, 267 Anm, 269 lk Sp h Anm, 528 Anm; 1963, 260 Anm).

zuüben haben (§ 1627). Dieser Gesichtspunkt des Wohles des **Kindes*** ist der tragende Grundsatz des ganzen Kindschaftsrechts des BGB und steht nach den obigen Darlegungen im Einklang mit der Regelung des Art 6 Abs 2 GG. Er ist auch der Grundgedanke des Jugendwohlfahrtsgesetzes und weiterhin Richtschnur für vormundschaftsgerichtliche Maßnahmen (vgl §§ 1634 Abs 2, 1666 Abs 1, 1671 Abs 2—5, 1672, 1679, 1680, 1734, 1770a, 1770b Abs 1 Satz 2, 1800 Abs 2; s ferner noch zum Hausrats-Verfahren § 2 Abs 2 Hausrats-VO); in weiteren Bestimmungen tritt dieser Gedanke mit dem Begriff „Interesse des Kindes" bzw des Mündels in Erscheinung (§§ 1693, 1696, 1796 Abs 2; s auch noch FGG § 57 Abs 1 Nr 9 und KostO § 131 Abs 3) oder auch mit anderen Formulierungen (§§ 1666 Abs 2, 1694, 1727, 1747 Abs 3 — zu den letzteren Vorschriften s unten Vorbem 31 —). Doch darf das Vormundschaftsgericht stets nur die erforderlichen Maßnahmen treffen (s auch Vorbem 16, 17) und lediglich in dem Rahmen, der sich aus Art 6 Abs 2 Satz 2 und Abs 3 ergibt (s dazu ferner Vorbem 29—33).

9 **b)** Somit stellt sich nun die Frage nach dem Inhalt des Elternrechts als Grundrecht und nach seinem Verhältnis zur elterlichen Gewalt. Art 6 Abs 2 spricht von der **„Pflege und Erziehung der Kinder"**; darin sieht das Grundgesetz die wesensgemäße Funktion des Elternrechts. Es verwendet hier Sammelbegriffe, ohne sie näher zu definieren (vgl dagegen Art 120 WeimRV, s oben Vorbem 2) und ohne die einzelnen vom BGB erwähnten Bestandteile (s §§ 1627, 1630, 1631 aF — vgl jetzt §§ 1626, 1631 —) aufzuführen. Mit der Formulierung „Pflege und Erziehung" soll der eigentliche Kernbereich der den Eltern nach natürlicher Auffassung zustehenden Befugnisse und der ihnen obliegenden Pflichten umschrieben werden. Er ist als durch die Vorschriften des BGB präzisiert und konkretisiert zu beurteilen, ohne daß freilich auch diese erschöpfend sein könnten (s dazu oben Bem 42 [d] zu § 1626 mit weiteren Hinweisen).

Pflege ist die Gesamtheit der Maßnahmen zum Zwecke der Sorge für das Kind im physischen wie im psychischen Bereich, dh für die körperliche Existenz und Entwicklung und für eine angemessene geistige und seelische Entwicklung (ähnlich Perschel, RdJ 1963, 36); hierzu gehört ua Nahrung, Kleidung, Sorge für menschenwürdige Unterkunft und die Beaufsichtigung, zB auch das Füttern, Trockenlegen, Waschen, Baden, Anziehen des Säuglings und Kleinkindes.

Erziehung ist die Gesamtheit der geistig-seelischen Einwirkungen, die auf das Kind bewußt und absichtlich ausgeübt werden, um dieses zur vollwertigen Persönlichkeit zu formen (s Peters, 381; Perschel, aaO; sowie unten Bem 235 zu § 1666 und oben Bem 10 zu § 1631).

Zu beachten ist aber, daß die Pflege und die Erziehung ineinander übergehen; lediglich in dem Falle, daß das Kind infolge schwerer geistig-seelischer Abartigkeit unerziehbar ist, hat nur die Pflege Bedeutung (s auch zur Unterbringung Vorbem 23).

Hieraus ergibt sich, daß die Pflege und Erziehung des Kindes iS des Art 6 Abs 2 die Sorge für die Person und das Vermögen des Kindes iS des BGB (§ 1626) umfaßt (so auch Donau, oben Bem 3 zu § 1626; ebenso Hamann, Bem B, 4; Peters, 381; Stein, 49ff; offensichtlich auch BVerfG E 10, 59; während Wernicke, Bem II, 2, b, und Rauschert, ZblJugR 1962, 152, die Vermögenssorge nicht zum Begriff der Pflege und Erziehung iS des Art 6 Abs 2 rechnen).

Daß die Vermögenssorge ebenfalls zur Pflege und Erziehung des Kindes gehören muß, wird schon deutlich, wenn man sich folgenden praktisch wichtigen Fall vergegenwärtigt: Die Eltern legen für das Kind auf dessen Namen Sparbücher an, sie verwenden später die Einlagen und Zinsen zu Anschaffungen für das Kind oder zB für seine Berufsausbildung; in Notfällen ziehen sie die Sparguthaben oder Teile davon für den Unterhalt des Kindes heran, oder etwa für eine kostspielige ärztliche Behandlung, für eine Kranken-

---

*) Der Ausdruck „Wohl des Kindes" ist ein unbestimmter Rechtsbegriff; die Entscheidung darüber, ob eine Maßnahme dem Wohle des Kindes entspricht oder was das Wohl des Kindes erfordert oder ob das Wohl des Kindes durch bestimmte Umstände gefährdet ist, ist keine Ermessensentscheidung (s hierzu unten Bem 29 zu § 1666, sowie auch Vorbem 29).

Hinzuzufügen ist noch, daß der Ausdruck „elterliche Gewalt" keine Herrschaft bedeutet und daher im Grunde schief ist (s dazu auch Gernhuber, FamRZ 1962, 89); daher hätte wohl beim Erlaß des GleichberG die Abschaffung dieses Begriffs erwogen werden sollen.

hausbehandlung, für einen Kuraufenthalt, für eine Reise mit den Eltern usw. Im übrigen geht die Personen- und die Vermögenssorge bei manchen Angelegenheiten ineinander über, zB hinsichtlich des Arbeitsverhältnisses des Kindes (s dazu Bem 56 zu § 1626, Bem 162, 292 zu § 1666 sowie zur Abgrenzung der Personen- und der Vermögenssorge oben Bem 51—56 zu § 1626).

Aus diesen Erörterungen geht hervor, daß das Elternrecht (soweit es das bürgerliche Recht betrifft) mit dem Kernbereich der Rechte und Pflichten der Eltern nach der Regelung des BGB (§§ 1626ff) identisch ist (vgl auch Wernicke, Bem II, 2, c zu Art 6). Die Ausstrahlungen des in Art 6 Abs 2 festgelegten Elternrechts in das öffentliche Recht, insbesondere das Schulrecht (s zum letzteren Stein, 36ff; Maunz, 121ff; Peters, 385f, 401ff; Becker, FamRZ 1961, 106; Geiger, Grundrechte und Rechtsprechung, 1959, 43f) und die Beschränkung des Elternrechts durch dieses sowie zB durch das Wehrrecht (die Wehrpflicht), das Arbeitsschutzrecht (Jugendarbeitsschutzgesetz, s unten Bem 97 zu § 1666) und den Impfzwang usw können hier außer Betracht bleiben.

c) α) Eltern iS des Art 6 Abs 2 sind die leiblichen ehelichen Eltern, auch wenn das Kind durch nachfolgende Ehe legitimiert wurde (§ 1719), ferner der Scheinvater, die uneheliche Mutter, die Adoptiveltern, sowie der uneheliche Vater dann, wenn das Kind für ehelich erklärt ist. Das subjektive Grundrecht steht nicht nur beiden Elternteilen gemeinsam, sondern auch jedem von ihnen einzeln zu (s Beitzke, FamRZ 1958, 9, vgl hierzu bezüglich der elterlichen Gewalt Bem 13 zu § 1626). 10

β) Der **unehelichen Mutter** kann das Elternrecht iS des Art 6 Abs 2 nicht versagt werden (zu dessen Inhalt s Vorbem 24); diese Auffassung entspricht der ganz herrschenden Meinung (Bosch, Gutachten, 56; Peters, 375; Hildeg Krüger, in „Die Grundrechte“, IV, 1, 342; Eißer, FamRZ 1963, 478 [C III 1 a]; Rüfner, FamRZ 1963, 153, 490, wohl auch Hamann, Bem B 4, v. Mangoldt/Klein, Bem IV, 2, b; OLG Stuttgart, FamRZ 1964, 51; **aM**: Wernicke, Bem II, 2, c; Niclas, ZblJugR 1960, 207; Hansmann, FamRZ 1962, 452; 1963, 489). Art 6 Abs 2 ist nicht im Zusammenhang mit Art 6 Abs 1 zu verstehen und auszulegen, sondern hat selbständige Bedeutung, wie Rüfner (aaO) nachgewiesen hat. Keinesfalls könnte es ihr dann versagt werden, wenn ihr gemäß § 1707 Abs 2 die elterliche Gewalt übertragen ist (s zum letzteren Bem 8 zu § 1666). 11

γ) Wenn Art 6 Abs 2 zwar wohl von dem Regelfall ausgeht, nämlich dem biologischen Eltern-Kind-Verhältnis, so darf diese Bestimmung doch nicht so ausgelegt werden, daß sie nur auf die leiblichen Eltern angewendet werden könnte und nicht auch auf den **Scheinvater.** Vielmehr muß der Verwandtschaftsbegriff des BGB zugrundegelegt werden, wie er auch schon bei Inkrafttreten des Grundgesetzes festgelegt war. Es geht nicht an, in Art 6 Abs 2 einen anderen Elternbegriff hineinzuinterpretieren, als ihn das BGB und die herkömmliche Auffassung kennt. Solange ein Kind als eheliches gilt (§ 1593), mag es auch nach der Hautfarbe des Kindes oder infolge längerer Abwesenheit des Ehemannes der Mutter evident sein, daß dieser nicht der natürliche Vater sein kann, muß er als Elternteil iS des Art 6 Abs 2 GG behandelt werden (vgl auch Hansmann, FamRZ 1962, 454). Es wäre nur dann anders, wenn etwa § 1593 als verfassungswidrig zu beurteilen wäre, wovon jedoch nicht die Rede sein kann — hierzu ist übrigens zu beachten, daß § 1593 nachkonstitutionelles Recht darstellt —. Schließlich ist noch darauf hinzuweisen, daß es wohl ungereimt wäre, wenn der Scheinvater nicht als Elternteil, sondern (nur) als Erziehungsberechtigter iS des Art 6 Abs 3 behandelt würde. 12

δ) Darüber hinaus muß dem Sinn und Zweck, der Schutzfunktion des Art 6 Abs 2 auch hinsichtlich des Adoptionsverhältnisses Rechnung getragen werden. Das schon seit alters bestehende Institut der **Adoption** (§ 1741)*) ist über fast die ganze Erde verbreitet und fand nach dem zweiten Weltkrieg weitere Ausdehnung (vgl dazu Adolf F. Schnitzer, Vergleichende Rechtslehre, 2. Aufl 1961, Bd II, 538ff, sowie Göppinger, FamRZ 1961, 111 Fußn 29 mit rechtsvergleichenden Hinweisen), so daß man von einem überzeitlichen und überstaatlichen Rechtsinstitut sprechen kann, das eine „künstliche Verwandtschaft“ erzeugt. Dieses hat der Verfassungsgeber jedenfalls stillschweigend anerkannt; daher kann nicht angenommen werden, daß er etwa den Adoptiveltern den verfassungs- 13

*) Zur Rechtsentwicklung, zum gemeinen Recht und zu den früheren landesrechtlichen Regelungen s die Vorbemerkungen vor § 1741.

rechtlichen Schutz des Art 6 Abs 2 versagen wollte (ebenso Hampel, FamRZ 1963, 540f, Fußn 40). Hierfür gäbe es keine sinnvollen Gründe. Die wohl überwiegende Auffassung neigt deshalb auch zu dieser weiteren Auslegung des Art 6 Abs 2 (v. Mangoldt/Klein, Hampel, Hamann, aaO; Anders, FamRZ 1960, 477; Rauschert, RdJ 1960, 372; ZblJugR 1962, 159; Groß, RdJ 1962, 41; **aM**: Rüfner, Hansmann, aaO; Peters, 375; sowie wohl Erdsiek, NJW 1960, 1387, und Dürig in Maunz/Dürig, Bem 17 zu Art 19 Abs 3 GG). Dh mit anderen Worten: Eltern iS des Art 6 Abs 2 sind die „rechtlichen" Eltern (ebenso auch Niclas, ZblJugR 1960, 207). Nur durch diese Auslegung kann man dem Sondertatbestand der Adoption gerecht werden. Gerade wegen der Besonderheit dieses Instituts bestehen keine Bedenken gegen die Annahme, daß das Grundrecht mit dem Inkrafttreten des Adoptionsverhältnisses, dh durch Staatsakt, mit dem Wirksamwerden der gerichtlichen Entscheidung, durch die der Adoptionsvertrag bestätigt wird (§ 1754, FGG § 67 Abs 1, 3), originär entsteht, mit der Folge, daß die leiblichen Eltern das Elternrecht (Art 6 Abs 2) ebenso wie die elterliche Gewalt (§ 1765) verlieren. (In dem Falle, daß sie gemäß § 1765 Abs 2 die tatsächliche Sorge für das Kind wieder erlangen, wird man annehmen müssen, daß sie insoweit das Elternrecht iS des Art 6 Abs 2 ebenfalls wieder erlangen, mit der Folge, daß die Ausübung der tatsächlichen Sorge nur unter den Voraussetzungen des § 1666 Abs 1 beschränkt werden kann, das Vormundschaftsgericht also nur unter den Voraussetzungen des Art 6 Abs 2 Satz 2 und Abs 3 eingreifen darf — s zu § 1738 Satz 2 unten Vorbem 14 sowie zu § 1765 die dortigen Erläuterungen —).

Wollte man Art 6 Abs 2 GG nicht auch auf die Adoptiveltern beziehen, so hätte dies unannehmbare Konsequenzen: Die Adoptiveltern entbehrten des Schutzes dieser Vorschrift und genössen nur den Schutz des Abs 3. Zwar dürfte es theoretisch für verfassungsrechtlich zulässig zu erachten sein, daß der Gesetzgeber das Institut der Adoption für die Zukunft, dh die Möglichkeit der Neubegründung von Adoptionsverhältnissen und nur diese, beseitigen würde — was freilich nicht wünschenswert wäre —. Ebenso bestehen gegen die Vorschrift des § 1770a, wonach aus ganz besonderen Gründen das Adoptionsverhältnis wieder aufgehoben werden kann (s dazu Vorbem 45), keine Bedenken. Aber es wäre unerträglich, wenn über das Recht der Adoptiveltern zur Pflege und Erziehung des Kindes — solange das Adoptionsverhältnis besteht — besondere Ausnahmebestimmungen getroffen werden könnten, die eine wesentliche Beschränkung des Elternrechts (dh auch der elterlichen Gewalt — s §§ 1757, 1765 —) bedeuten würden, zB bezüglich einer allgemeinen ständigen Überwachung durch das Vormundschaftsgericht wie Vormünder und Pfleger (§§ 1837, 1839, 1840, 1915; vgl dagegen für die Adoptiveltern auch § 1760) oder durch das Jugendamt wie Pflegeeltern (§ 31 JWG).

Um das befremdliche Ergebnis zu vermeiden, daß die Adoptiveltern eines verfassungsrechtlichen Schutzes entbehrten, haben Hansmann und Rüfner (aaO) folgende Erwägung angestellt: In der Einwilligung der leiblichen Eltern zur Adoption sei das Einverständnis zur Ausübung des Elternrechts als eines Grundrechts (Art 6 Abs 2) zu erblicken. Indessen versagt diese Konstruktion, wenn die leiblichen Eltern vor der Bestätigung des Adoptionsvertrags (s § 1754 Abs 1, FGG § 67 Abs 1, 3) gestorben sind oder wenn sie vor Vollendung des 21. Lebensjahres des Kindes sterben. Unklar bliebe, welchen Umfang das Elternrecht (Grundrecht) hätte, wenn das Kind unehelich geboren ist und der Mutter nur die tatsächliche Sorge (§ 1707 Abs 1) zustand. Ferner könnte im Falle der nicht seltenen Incognito-Adoption (zB eines unehelichen Kindes) nicht oder nur unter großen Schwierigkeiten festgestellt werden, ob das Elternrecht noch bestünde, da es ja mit dem Tode der Eltern bzw der unehelichen Mutter als erloschen beurteilt werden müßte. Durch diese Konstruktion über die Übertragung der Ausübung des Grundrechts würde eine Rechtsunsicherheit und eine Rechtsungleichheit eintreten, die nicht mehr erträglich und wohl vor allem auch nicht mehr mit Art 3 Abs 1 GG vereinbar wäre.

14 ε) Dem **unehelichen Vater** steht nach ganz herrschender Meinung (vgl zB Bosch, Gutachten, 56f, 90; BayVerfGH, FamRZ 1963, 147 = ZblJugR 1963, 237; aM Hildeg. Krüger in „Die Grundrechte", IV, 1, 354) das Elternrecht des Art 6 Abs 2 nicht zu. Jedoch muß es ihm dann zugestanden werden, wenn das Kind für ehelich erklärt ist (§ 1723). Daß dem Vater in diesem Falle das Grundrecht (ebenso wie im Falle der Legitimation des Kindes durch nachfolgende Ehe gemäß § 1719 — s Vorbem 10 —) nicht versagt werden kann, dürfte wohl außer Zweifel stehen. Indessen dürfte die Meinung, die nur auf das

natürliche vorstaatliche Elternrecht abstellt — wie sie zB Peters (aaO), Hansmann und Rüfner (aaO) vertreten — hier keine Lösung finden, da die Ehelichkeitserklärung außer der Wurzel der natürlichen Vaterschaft (s §§ 1723, 1725, vgl aber auch § 1735a) auf einem Staatsakt (jetzt: der vormundschaftsgerichtlichen Entscheidung, s auch § 56a FGG) beruht. Mit der Ehelichkeitserklärung verliert die uneheliche Mutter das Sorgerecht, bzw die elterliche Gewalt (s dazu Göppinger, FamRZ 1962, 449) und damit auch das Elternrecht iS des Art 6 Abs 2 GG (s hierzu die Erläuterungen zu § 1738). Im Hinblick auf die Vorschrift des Art 6 Abs 1 GG können die uneheliche Mutter und der Vater nicht gleichzeitig, dh nebeneinander, das Elternrecht innehaben (so auch Bosch, Gutachten, 93; vgl ferner de lege ferenda den Entwurf des Deutschen Instituts für Vormundschaftswesen zur Neuordnung des Unehelichenrechts (ZblJugR 1963, 199), § 1708g). Im Falle des § 1738 Satz 2 wird man annehmen müssen, daß die uneheliche Mutter das Elternrecht in beschränktem Umfang wieder erwirbt (wie sie das Personensorgerecht ebenfalls zT wieder erwirbt, s dazu Göppinger, aaO und die Erläuterungen zu § 1738; s zu § 1765 Abs 2 Vorbem 13).

Gerade diese Fälle zeigen auch, daß die Auslegung des Art 6 Abs 2, die nur auf das natürliche biologische Eltern-Kind-Verhältnis abstellt, zu unannehmbaren Ergebnissen führt. Hinzugefügt sei noch, daß in dem Falle, daß die Ehelichkeit eines Kindes angefochten ist (§ 1593) und das Kind dann von einem anderen Manne anerkannt und durch nachfolgende Ehe legitimiert wird (§ 1719), wohl ebenfalls erhebliche Schwierigkeiten entstehen würden.

ζ) Dagegen kann den **Pflegeeltern** (§§ 27ff JWG) das verfassungsgemäß geschützte Elternrecht des Art 6 Abs 2 GG nicht zugestanden werden, da sie nicht als Eltern im Rechtssinne beurteilt werden können; übrigens besteht auch kein Rechtsanspruch auf Zuteilung eines Pflegekindes (s §§ 27, 28 JWG, hierzu Riedel, Bem 6, Jans/Happe, Bem 1 je zu § 28 JWG; Niclas, ZblJugR 1959, 221). 15

Ebenso sind **Vormünder und Pfleger** nicht als Eltern iS des Art 6 Abs 2 anzusehen (so auch BVerfG E 10, 302, 328 = NJW 1960, 811 = FamRZ 1960, 186; Hansmann, Rüfner, aaO; Maurer, FamRZ 1960, 472; Peters, 375; anders Rauschert, aaO; wohl auch v. Mangoldt/Klein, Bem IV, 2, b,); nach der Auffassung des BVerfG (aaO) ist der Vormund Vertrauensperson des fürsorgenden Staates: seine Gewalt über den Mündel beruhe auf staatlichem Hoheitsakt und sei keine elterliche Gewalt, wenn sie dieser auch weitgehend nachgebildet sei; durch eine Beschränkung vormundschaftlicher Befugnisse könne Art 6 GG nicht betroffen werden (s hierzu Lindacher, FamRZ 1964, 116). Doch muß den Vormündern und Pflegern der Schutz des Art 2 Abs 1 GG zugestanden werden.

d) *α*) Pflege und Erziehung der Kinder sind die **zuvörderst** den Eltern obliegende Pflicht. Hierin kommt ein **Subsidiaritätsprinzip** zum Ausdruck, das bedeutet, daß nur dann, wenn der (natürliche) Anspruch der Kinder auf Pflege und Erziehung von den Eltern nicht erfüllt wird, öffentliche Jugendhilfe eintreten darf (vgl auch § 1 Abs 3 JWG), dh überhaupt, daß die staatliche Gemeinschaft in die Familienerziehung nur eingreifen darf, wenn es unausweichlich ist (vgl zB BVerfG E 10, 59, 83 = FamRZ 1959, 421 (C II, 2, c); Becker, FamRZ 1961, 105; Mayer, DVBl 1955, 583; s ferner die Hinweise von Maurer, FamRZ 1961, 249 zum Subsidiaritätsprinzip). Dadurch ist das Elternrecht beschränkt. 16

Dieser Gedanke findet in der Vorschrift des **Satzes 2 des Abs 2** eine wichtige Ergänzung: Hiernach wacht die staatliche Gemeinschaft über die Betätigung des Rechts und der Pflicht der Eltern hinsichtlich der Pflege und Erziehung der Kinder. Art 6 Abs 2 Satz 2 ist zugleich ein Vorbehalt der Verfassung für die Zulässigkeit von Eingriffen der zuständigen Stellen, insbesondere des Vormundschaftsgerichts, in die Betätigung der erwähnten Rechte und Pflichten der Eltern im Einzelfall.

Betätigung bedeutet hierbei Ausübung des Elternrechts (ebenso Beitzke, FamRZ 1958, 9).

β) Der staatlichen Gemeinschaft steht lediglich das **„Wächteramt"** zu; dessen verfassungsrechtlicher Sinn ist es, objektive Verletzungen des Wohles des Kindes 17 zu verhüten (BVerfG E 10, 59, 84). Der Staat darf nicht die Pflege und Erziehung des Kindes übernehmen, von besonderen gesetzlich näher geregelten Einzelfällen abgesehen (in diesem Sinne schon Anschütz, Bem 1 zu Art 120 WeimRV), nämlich wenn die Ordnung im Familienbereiche so gestört ist, daß das Kind gefährdet ist; in diesem Falle muß aber der Eingriff zeitlich wie sachlich auf das erforderliche Maß, dh auf die Wiederherstellung der gestörten Ordnung beschränkt werden (vgl zB Wernicke, Bem II, 2, d; in diesem Sinne auch Peters, 383ff; BVerfG E 10, 59, 83f; s ferner unten Bem 242, 298 zu § 1666), wobei das Wohl des Kindes Richtschnur sein muß (s Vorbem 8). Die staatliche Gemeinschaft, dh das Vormundschaftsgericht, darf nicht anstelle der Eltern die Lebensfragen des Kindes entscheiden (Wahl, FamRZ 1959, 307; zu den besonderen Fällen der Meinungsverschiedenheiten der Eltern und der Entscheidung des Vormundschaftsgerichts hierüber auf Antrag eines Elternteils s Bem 17ff zu § 1628; zu § 3 Abs 2 EheG s Vorbem 22).

Die **wichtigsten Behörden, die das Wächteramt ausüben,** sind die Vormundschaftsgerichte sowie die Jugendämter und auch die Landesjugendämter, welche Organe der öffentlichen Jugendhilfe sind (s § 2 iV mit § 1 Abs 3, § 3 JWG, s dazu auch §§ 1694, 1850, sowie JWG §§ 4, 5, 20, 28, 31, 47, 48, 51); das **Jugendamt** ist auf Grund des ihm in seinem Bezirk obliegenden Wächteramtes in gewissem Sinne „Vertreter des öffentlichen Interesses" (s auch Göppinger, FamRZ 1963, 24)*). In den vormundschaftsgerichtlichen Verfahren steht ihm regelmäßig im Interesse des Kindes ein Beschwerderecht zu (§ 57 Abs 1 Nr 9 FGG, s dazu auch unten Bem 371 zu § 1666).

Diese Wacht der staatlichen Gemeinschaft iS des Art 6 Abs 2 Satz 2 GG ist indessen, was beachtet werden muß, lediglich ein **staatliches Oberaufsichtsrecht,** das nur nach näherer gesetzlicher Regelung ausgeübt werden darf. Keinesfalls dürfen Eltern etwa einer generellen Aufsicht des Vormundschaftsgerichts oder des Jugendamtes (wie Vormünder und Pfleger, sowie Pflegeeltern — s §§ 1837, 1850, 1915; JWG §§ 31, 47 —) unterworfen werden.

Die Worte „Wacht der staatlichen Gemeinschaft" bedeuten keinen generellen Gesetzesvorbehalt (so auch Stein, 39; Becker, FamRZ 1961, 105; s ferner Häberle 133). Vielmehr darf der Gesetzgeber nur dort generell in das elterliche Erziehungsrecht eingreifen, wo diese Art der Überwachung zum Schutze des Kindes zwingend geboten ist (s Vorbem 5 sowie Stein, 39f; Peters, 383). Hierzu gehören zB die Vorschriften der §§ 1666—1669 BGB sowie des VI. Abschnittes des JWG (§§ 57ff, 64ff). Der Gesetzgeber darf keine generellen Vorschriften erlassen, die den Wesensgehalt des Grundrechts antasten (Art 19 Abs 2 GG), dh die zur Folge hätten, daß es die ihm nach seinem Wesen eigene Funktion nicht mehr erfüllen kann und die feststehenden typischen Werte, die das Wesen des Grundrechts ausmachen, nicht mehr zur Geltung kommen (s v. Mangoldt/Klein, Bem V, 4, a zu Art 19; Peters, aaO; Giese/Schunck, Bem 4; BVerfG E 7, 411; Leisner, Grundrechte und Privatrecht, 1960, 152ff; näher zur Bedeutung des Art 19 Abs 2 — aber abweichend — Häberle, die Wesensgehaltgarantie ...). Daher ist der Gesetzgeber nicht befugt, etwa bestimmte Erziehungsziele generell vorzuschreiben oder eine Legaldefinition der Begriffe „Pflege und Erziehung" in der Weise festzulegen, daß diese Begriffe eingeschränkt würden (ebenso Peters, 383f; s ferner allgemein Häberle, 205).

Hervorzuheben ist noch, daß der Wesensgehalt eines Grundrechts in keinem Falle angetastet werden darf (Art 19 Abs 2 GG, s dazu BVerfG E 7, 411).

Eingriffe in das Elternrecht dürfen nur auf Grund von Gesetzen zugelassen werden (ebenso schon Anschütz, Bem 3 zu Art 120 WeimRV; s ferner Hamann, Bem B, 6 zu Art 6 GG; sowie ausdrücklich § 1 Abs 2 Satz 2 JWG), welche die näheren Voraussetzungen genau festlegen müssen (vgl BGH Z 19, 185, 189 = FamRZ 1956,

---

*) Daher muß dem Jugendamt ein Beschwerderecht auch zB gegen eine Volljährigkeitserklärung (§ 3 BGB) zugestanden werden (§ 20 FGG, s dazu Göppinger, aaO). — De lege ferenda dürfte es sich empfehlen, die Stellung des Jugendamts im Verfahren zu verstärken und klarzustellen (s auch im Verwaltungsgerichtsprozeß die Stellung des „Vertreters des öffentlichen Interesses", §§ 36, 37 VwGO).

51) — wobei freilich auch unbestimmte Rechtsbegriffe verwendet werden dürfen —; es dürfen aber keine endgültigen irreparablen Maßnahmen angeordnet oder zugelassen werden, die den Bereich des Rechts der Eltern zur Pflege und Erziehung des Kindes betreffen (zum Tatbestand der Verwirkung s Vorbem 37).

γ) Nunmehr sollen die dargelegten Grundsätze in ihren Auswirkungen an einigen Beispielen deutlich gemacht werden: 18

Zulässig war es, daß der Gesetzgeber durch das GleichberG das Nutznießungsrecht der Eltern am Kindesvermögen beseitigte (s dazu oben Bem 1, 2 zu § 1649), da hierdurch das Elternrecht in seinem Wesensgehalt nicht angetastet wurde, und daß er statt dessen die Regelung des § 1649 nF traf. Ebenso ist zB die Anordnung zulässig, daß die Eltern bei Vornahme bestimmter gewichtiger Rechtsgeschäfte für das Kind der vormundschaftsgerichtlichen Genehmigung bedürfen (§ 1643); diese Vorschrift dient dem Schutze des Kindes wie der Eltern, da der Gesetzgeber von der durchschnittlichen Fähigkeit der Eltern hinsichtlich der Regelung vermögensrechtlicher Angelegenheiten ausgehen mußte. Unbedenklich sind auch die Vorschriften des § 1629 Abs 2 über Beschränkungen des Vertretungsrechts bei Interessenkollisionen — wobei freilich in dem in Bezug genommenen § 1796 Abs 2 das Wort „soll" im Sinne von „darf" verstanden werden muß (s Bem 72 zu § 1629) —, die Bestimmungen der §§ 1638, 1639, 1670, 1682, 1683 sowie bezüglich der Adoptiveltern die Regelung des § 1760. Dagegen wäre es unzulässig, über die Voraussetzungen des § 1629 Abs 2 und der Vorschriften der §§ 1641 ff hinaus weitere Beschränkungen des elterlichen Vertretungsrechtes generell vorzuschreiben, zB bezüglich des Arbeitsverhältnisses des Kindes (vgl für den Vormund § 1822 Nr 7, andererseits § 1643 Abs 1).

Einen Verstoß gegen Art 6 Abs 2 erblickte das BVerfG (E 10, 59, 67, 77 ff, 88) in den Bestimmungen der §§ 1628, 1629 Abs 1 idF des Gleichberechtigungsgesetzes auch insofern, als die Mutter gegenüber dem Vater ua im Recht zur Vertretung des Kindes benachteiligt war. 19

Keine verfassungsrechtlichen Bedenken bestünden gegen eine Senkung der Altersgrenze der Volljährigkeit von der Vollendung des 21. Lebensjahres auf die Vollendung des 20. Lebensjahres*). Denn das Elternrecht dient als pflichtgebundenes Recht dem Wohle des Kindes; es muß seinem Wesen und Zweck nach erlöschen, wenn das Kind ein Alter erreicht hat, in dem es eine genügende Reife zum selbständigen Auftreten im Rechtsverkehr erlangt hat, und zwar beurteilt nach dem Durchschnitt (vgl hierzu auch BGHZ 21, 340, 352 = FamRZ 1956, 372, 376). Ein Ermessensmißbrauch des Gesetzgebers und daher verfassungswidrig wäre aber zB eine wesentliche Herabsetzung des Volljährigkeitsalters. 20

Auf Grund des Art 6 Abs 2 dürften gegen die Regelung des § 5 RelKEG gewisse Bedenken bestehen (vgl BVerwG E 15, 134, 138 = FamRZ 1963, 180, 182; Peters, 394 Fußn 85; aM BGHZ 21, 340, 352). Auf jeden Fall muß diese Vorschrift so ausgelegt werden, daß sie mit Art 6 Abs 2 GG im Einklang steht; dh mit anderen Worten, das Kind ist auch nach der Vollendung des 14. Lebensjahres in Glaubensfragen nicht jeder Einflußnahme der Eltern entzogen (BVerwG aaO; s auch oben Bem 11 zu § 5 RelKEG und unten Bem 64 zu § 1666**). 21

Ebenso muß § 3 Abs 3 EheG, der die Ersetzung der vom gesetzlichen Vertreter des Kindes oder vom Sorgeberechtigten verweigerten Einwilligung zur Eheschließung der minderjährigen Tochter durch das Vormundschaftsgericht zuläßt, in verfassungskonformer Weise unter Berücksichtigung des Art 6 Abs 2 und 3 GG ausgelegt und angewendet werden (hierzu s Näheres bei Göppinger, FamRZ 1959, 397). 22

Gewisse Bedenken müssen gegen die Regelungen des § 65 Abs 2—4 JWG erhoben werden (s hierzu Näheres Anhang zu § 1666, Bem 275, 343, 353). 22a

Als verfassungswidriger Eingriff in das Elternrecht müßte es beurteilt werden, wenn die Zulässigkeit der Unterbringung des Kindes durch die Eltern in 23

*) Wie es zT in der Literatur vorgeschlagen wird (s Luther, Ehemündigkeit, Volljährigkeit, Strafmündigkeit [1961], 82 ff); allerdings könnte dieser Vorschlag nicht gebilligt werden.

**) Hierzu sei noch erwähnt, daß das Schweizer ZGB (Art 277 Abs 3) vorschreibt, dem Kinde dürfe, wenn es das 16. Lebensjahr zurückgelegt habe, die selbständige Entscheidung über sein religiöses Bekenntnis nicht verwehrt werden.

einem Internat oder Heim zu Erziehungszwecken oder in einer Anstalt bei geistigen oder psychischen Störungen (s LG Stuttgart, FamRZ 1961, 325 = RdJ 1962, 143; LG Augsburg, FamRZ 1961, 323 = RdJ 1962, 141; BayObLG Z 1963, 227 = FamRZ 1963, 577; vgl auch Schüler-Springorum, FamRZ 1961, 296; aM Erdsiek, NJW 1960, 1386) generell von einer vormundschaftsgerichtlichen Genehmigung abhängig gemacht würde. Hier darf nur eingegriffen werden, wenn die Unterbringung im Einzelfall einen Mißbrauch des Sorgerechts darstellt (s Bem 116 zu § 1666).

24 Wenn nach geltendem Recht der unehelichen Mutter grundsätzlich nur die tatsächliche Sorge für das Kind zusteht (§ 1707 Abs 1) — vgl jetzt auch § 1707 Abs 2 und hierzu Bem 8 zu § 1666 —) und damit ihr als Grundrecht anerkanntes Elternrecht auf den Bereich der tatsächlichen Sorge beschränkt ist, so bestehen hiergegen deshalb keine verfassungsrechtlichen Bedenken, weil aus Art 6 Abs 5 GG der Schluß zu ziehen ist, daß der Verfassungsgeber diese Regelung (mit der der §§ 24 Abs 1 Satz 2, 25 Abs 2 RJWG — s jetzt § 31 Abs 1 Satz 2, Abs 3 Satz 2 JWG —) — wenn auch als reformbedürftig und mit dem Auftrag an den Gesetzgeber zur Reform — hingenommen hat (s dazu BVerfG E 8, 210; BVerwG E 11, 101 = VerwRspr 13, 280 Nr 82 = NJW 1961, 696 = FamRZ 1961, 259 [Ls]; OLG Hamm, FamRZ 1962, 437 = DAVorm 1962, 309; sowie zur Reform jetzt den beachtenswerten Gesetzesentwurf des Deutschen Instituts für Vormundschaftswesen, ZblJugR 1963, 199ff). Da das Grundrecht inhaltlich durch die Vorschriften des BGB näher konkretisiert wird, bedeutet die Vorschrift des § 1707 Abs 2, daß diese hierdurch der Kindsmutter verliehenen weitergehenden Befugnisse als durch Art 6 Abs 2 Satz 1 GG geschützt zu beurteilen sind, so daß sie nur unter den Voraussetzungen des Art 6 Abs 2 Satz 2 und Abs 3 iV mit §§ 1666—1669 entzogen werden dürfen (s auch Bem 8 zu § 1666). Gegen eine Beschränkung des Elternrechts ohne diese Voraussetzungen, lediglich gemäß § 1696, stünde der Kindsmutter nach Erschöpfung des Rechtswegs die Verfassungsbeschwerde zu.

25 4. Während Art 6 Abs 2 das Elternrecht allgemein gewährleistet und das „Wächteramt" der staatlichen Gemeinschaft anordnet, regelt **Art 6 Abs 3** eine bestimmte Art des Eingriffs in das Elternrecht, nämlich den Fall der **Trennung eines Kindes von der Familie** gegen den Willen der Erziehungsberechtigten, dh die Zulässigkeit der Beschränkung des Sorgerechts unter bestimmten Voraussetzungen (s auch Hampel, FamRZ 1963, 544).

26 a) **Erziehungsberechtigte** sind die Eltern, dh die leiblichen Eltern, auch der Scheinvater, sowie die uneheliche Mutter und die Adoptiveltern; dies ist wohl einhellige Meinung (vgl zB bezüglich der unehelichen Mutter Wernicke, Bem II, 3, a und der Adoptiveltern Peters, 379, 387). Ferner ist der uneheliche Vater dann, wenn das Kind für ehelich erklärt ist (§ 1723), als Erziehungsberechtigter iS des Art 6 Abs 3 aufzufassen.

27 α) Der Begriff „Erziehungsberechtigte" ist in Verbindung mit dem in Abs 3 ebenfalls enthaltenen Begriff „Familie" zu verstehen und auszulegen. Familie ist (wie in Abs 1) die Familiengemeinschaft der Eltern (dh der „rechtlichen Eltern") mit den Kindern, gegebenenfalls auch die „Restfamilie" eines Elternteils mit den Kindern. Schon hieraus ergibt sich, daß **Vormünder, Pfleger und Pflegeeltern** nicht als Erziehungsberechtigte iS dieser Vorschrift*) beurteilt werden können (im Ergebnis wohl ebenso BVerfG E 10, 302, 328 = NJW 1960, 811, 813 = FamRZ 1960, 186f; Krüger in Krüger/Breetzke/Nowack, Einl Nr 205; anders aber Wernicke, Bem II, 3, a; Peters, 387; v. Mangoldt/Klein, Bem IV, 2, b; wohl auch v. Mangoldt, AöR 75, 284; Rauschert, ZblJugR 1962, 152). Diese Auffassung wird bezüglich des Vormunds und Pflegers durch deren Rechtsstellung bestätigt, da sie Vertrauenspersonen des fürsorgenden Staates sind (s oben Vorbem 14)**). Die Vormünder und Pfleger haben keinen Rechts-

*) Der Begriff „Erziehungsberechtigte" wird auch in Art 7 Abs 2 GG verwendet; doch dürfte er in jenem Zusammenhang der Regelung des Schulwesens und des Religionsunterrichts weiter zu fassen sein als in Art 6 Abs 3 und sich auch auf Vormund und Pfleger, eventuell gerade auf einen zur Regelung der religiösen Erziehung bestellten Pfleger (s zB Bem 27 zu § 1666), beziehen (vgl. hierzu auch § 1801). Die etwas engere Auslegung des Begriffs in Art 6 Abs 3 ergibt sich aus dem Sinnzusammenhang der Regelung des Art 6 Abs 2 und 3, wie er hier dargelegt ist.

**) Daher ist die Auffassung Rauschert's (ZblJugR 1962, 152, 154) unzutreffend, aus Art 6 Abs 3 GG seien verfassungsrechtliche Bedenken gegen die Vorschrift des § 1838 Satz 1 herzuleiten (s hierzu auch Hampel, FamRZ 1963, 545).

anspruch auf Fortbestand ihres Amtes und ihrer Rechtsstellung (s zB Jansen, Bem 5 B z mit Hinweisen, Keidel, Bem 14 je zu § 20 FGG). Die Vormundschaft bzw Pflegschaft erlischt bzw ist aufzuheben, wenn bestimmte Voraussetzungen vorliegen (s Näheres §§ 1882, 1885, 1886, 1888, 1918, 1919 BGB). Waren etwa die Eltern verhindert, die elterliche Gewalt auszuüben (§ 1693) oder wurde die Ausübung der elterlichen Gewalt beiden Elternteilen gemäß § 1666 Abs 1 und Abs 2 oder § 1669 entzogen und wurde ein Vormund bestellt (§ 1773), so endigt die Vormundschaft, wenn der Grund der Bestellung weggefallen ist (§ 1882), dh wenn die betreffende Maßnahme gemäß § 1696 aufgehoben wird.

Pflegeeltern und Pflegekind bilden keine Familiengemeinschaft iS des Art 6 Abs 3 (und 1); zur Rechtsstellung der Pflegeeltern (s schon oben Vorbem 14) ist hier noch darauf hinzuweisen, daß die Pflegeerlaubnis (§§ 27, 28 JWG) unter den Voraussetzungen des § 29 Abs 2 JWG widerrufen werden kann (s dazu zB OVG Berlin, ZblJugR 1952, 258 = JZ 1953, 280 m Anm v. Riedel = SjE E 13, 73; BayVerwGH, SjE E 13, 74 b, c).

Ebenso wenig sind Erziehungsberechtigte iS des Art 6 Abs 3 die die Fürsorgeerziehung ausführende Familie (§ 71 Abs 2 Satz 1 JWG), dh die betreffenden Eheleute.

Erziehungsberechtigte können auch nicht Verwandte oder der Stiefelternteil oder sonstige Dritte sein, denen die Ausübung des Erziehungsrechts überlassen ist (s zum letzteren Bem 17 zu § 1631; Bem 4 zu § 1627), zB nicht die Großeltern (BayObLG, FamRZ 1964, 155, 156).

β) Nach alledem muß angenommen werden, daß die Begriffe „Eltern" in Abs 2 und „Erziehungsberechtigte" in Abs 3 nach der hier dargelegten Auslegung identisch sind (vgl auch v. Mangoldt/Klein, Bem IV, 2, b, Groß, RdJ 1962, 41; Hampel, FamRZ 1963, 544), sowie daß Art 6 Abs 3 kein selbständiges Grundrecht gewährleistet (vgl v. Mangoldt/Klein, aaO; Peters, 379; Grundmann, 27), sondern lediglich eine Präzisierung des Abs 2 in dem oben erwähnten Sinne darstellt. 28

b) Art 6 Abs 3 läßt die **Trennung der Kinder von der Familie** gegen den Willen der Erziehungsberechtigten nur auf Grund eines Gesetzes und nur unter der Voraussetzung zu, daß die Erziehungsberechtigten versagen oder daß die Kinder aus anderen Gründen zu verwahrlosen drohen. Nicht erforderlich ist also, daß infolge Versagens der Erziehungsberechtigten Verwahrlosung droht. 29

Die Begriffe der „Trennung", des „Versagens" und der „drohenden Verwahrlosung" sind unbestimmte Rechtsbegriffe; die gerichtliche Entscheidung darüber, ob diese Voraussetzungen gegeben sind, maW ob ein Kind von der Familie getrennt werden darf, ist keine Ermessensentscheidung (in diesem Sinne auch KG, FamRZ 1961, 126; s ferner unten Bem 29, 142, 206, 229 zu § 1666, und oben Fußn zu Vorbem 8).

α) **Trennung** bedeutet die tatsächliche Trennung von der Familie in dem Sinne, daß das Kind, um der Gefährdung seines Wohls entgegenwirken oder die Gefährdung beseitigen zu können, anderweitig soll untergebracht werden können (so wohl auch Hampel, FamRZ 1963, 545). Gemeint ist die Trennung aus dem häuslichen Bereich der Familiengemeinschaft, der das Kind angehört, in der Weise, daß die Erziehungsberechtigten keine (unmittelbare) Möglichkeit und Gelegenheit mehr haben, auf die Pflege und vor allem die Erziehung des Kindes einzuwirken, insbesondere durch die Anordnung der Fürsorgeerziehung. Art 6 Abs 3 will — gerade auch nach den Erfahrungen in der Zeit der nationalsozialistischen Gewaltherrschaft (s Jahrbuch des Öffentlichen Rechts, Neue Folge, Band 1, 1951, 99ff; Wernicke, Bem II, 3, c; v. Mangoldt, AöR 75, 284; Grundmann, 27) — verhindern, daß Kinder durch staatliche Zwangsorganisationen gegen den Willen der Erziehungsberechtigten zur Erziehung in einer bestimmten Richtung untergebracht, daß Kinder verschleppt oder den Erziehungsberechtigten entzogen werden, weil diese die Kinder in „staatsfeindlichem Sinne", dh in anderen Anschauungen als den der Machthaber entsprechenden, erziehen. Art 6 Abs 3 läßt die Trennung der Kinder von den Erziehungsberechtigten gegen deren Willen nur in dem Sinne und nur mit der Wirkung zu, daß die Betätigung, dh die Ausübung des Rechts zur Pflege und Erziehung des Kindes beschränkt wird (ebenso OLG Stuttgart, FamRZ 1964, 51 = RdJ 1964, 75). 30

Hinzuzufügen ist, daß die Regelung über die Ausübung der elterlichen Gewalt nach der Scheidung der Ehe der Eltern (§ 1671 Abs 1—4) oder bei Getrenntleben der Eltern (§ 1672) keine Trennung des Kindes von der Familie bedeutet (s BayObLGZ 1961, 383 = FamRZ 1962, 165).

31 β) Diese Auslegung des Art 6 Abs 3 ergibt sich zwingend aus dem Sinn und Zweck des Abs 2 und dem inneren Zusammenhang des Abs 3 mit Abs 2. Daher ist die rechtliche Lösung des Kindes aus der Familie gegen den Willen der Erziehungsberechtigten (dh der leiblichen Eltern und der unehelichen Mutter) nicht zulässig, maW die Zerschneidung des zwischen den Eltern und Kindern bestehenden rechtlichen Bandes, die völlige Entziehung des Elternrechts, dh der elterlichen Gewalt, der Substanz nach durch eine staatliche Zwangsmaßnahme und die Übertragung dieses Rechts an dritte Personen (ebenso OLG Stuttgart, aaO). Art 6 Abs 3 GG verbietet den Erlaß gesetzlicher Vorschriften, die den Wesensgehalt des Grundrechtes des Abs 2 antasten, und erfordert eine Auslegung bestehender gesetzlicher Vorschriften ebenfalls in dem Sinne, daß das Elternrecht nicht in seinem Wesensgehalt angetastet wird (Art 19 Abs 2 GG), dh der Substanz nach entzogen wird.

Art 6 Abs 3 iV mit Abs 2 schützt daher auch die schicksalhaften verwandtschaftlichen Bande zwischen Eltern und Kindern, und zwar in der Weise, daß die staatliche Gemeinschaft nicht befugt ist, zB das uneheliche Kind aus der Familie der Kindsmutter, in die es hineingeboren ist, gegen den Willen der Kindsmutter herauszureißen und in die Vaterfamilie zu „versetzen" oder einem Kinde im Wege einer zwangsweise, dh gegen den Willen der leiblichen Eltern durchgeführten Adoption andere Eltern zu „verleihen" (in diesem Sinne auch Bosch, FamRZ 1959, 379; Krüger, Einl Nr 206, 207). Lediglich dann, wenn die uneheliche Mutter bzw die leiblichen Eltern einwilligen oder wenn sie gestorben sind, kann das uneheliche Kind in die Vaterfamilie im Rechtssinne „versetzt" werden (freilich nur mit Zustimmung bzw auf Antrag des Erzeugers, §§ 1723, 1725) oder kann ein Kind adoptiert werden. Ebensowenig wie es nach der Werteordnung des Grundgesetzes (s Art 1 Abs 1, 2, Art 2 Abs 1, Art 6 Abs 2) zulässig sein kann, daß die fehlende Einwilligung des Erzeugers oder des Kindes (§§ 1726, 1728 Abs 2, 1729 Abs 2) zur Ehelichkeitserklärung oder die „Einwilligung" der in Betracht kommenden Wahleltern (s § 1741) oder des Kindes (§ 1751) zur Adoption „ersetzt" wird (vgl auch Boehmer, NJW 1963, 1947, zu §§ 1726, 1728, 1729), kann es zulässig sein, die fehlende Einwilligung der unehelichen Mutter zur Ehelichkeitserklärung oder der Eltern oder des Elternteils zur Adoption zu ersetzen.

Ferner darf das Vormundschaftsgericht nur die Maßnahmen treffen, die erforderlich sind (s Vorbem 16, 17); indessen kann ein so weitgehender Eingriff, wie ihn die Ehelichkeitserklärung gegen den Willen der Mutter und die Adoption gegen den Willen der Eltern oder des Elternteils darstellen, keinesfalls als für das Wohl des Kindes erforderlich angesehen werden (ebenso — bezüglich der Adoption — Klein, FamRZ 1957, 296). Das Kind selbst hat keinen Rechtsanspruch, nicht einmal einen moralischen „Anspruch" gegen den Elternteil oder die Eltern, daß es in eine andere Familiengemeinschaft „versetzt" wird (vgl auch § 1 Abs 3 JWG).

Die Berücksichtigung des Wohls des Kindes muß nach dem klaren Wortlaut und Sinn des Art 6 Abs 2 Satz 2 und Abs 3 GG mit der Möglichkeit der tatsächlichen Trennung von der Familie, der das Kind angehört, ihre Grenze finden. Die zwangsweise gegen den erklärten Willen der Eltern oder des Elternteils durchgeführte Adoption des Kindes, „die Verleihung eines anderen Status" des Kindes durch eine staatliche Zwangsmaßnahme ist nach dem eindeutigen Wortlaut des Art 6 Abs 2 und 3 GG selbst dann unzulässig, wenn die Eltern oder ein Elternteil an dem Kinde ein schweres Verbrechen begangen haben, so daß dieses etwa einen bleibenden Körperschaden erlitten hat. Vielmehr ist auch in diesem Falle, auf den sich übrigens die weitgefaßte Vorschrift des § 1747 Abs 3 BGB nicht beschränkt, lediglich eine anderweitige Unterbringung des Kindes zulässig.

Wenn das Institut der Enteignung (Art 14 Abs 3 GG), die im Einzelfall zu völligem Verlust des Eigentums führen kann, das Grundrecht des Eigentums in seinem Wesensgehalt nicht antastet, also dem Art 19 Abs 2 GG nicht widerspricht, so darf hieraus nicht gefolgert werden, daß ebenso die Lösung eines Kindes aus seiner Familie gegen den Willen der Eltern — als „Trennung" iS des Art 6 Abs 3 GG gedeutet — das Grundrecht des Art 6 Abs 2 GG als solches unangetastet ließe. In Art 14 GG geht es um sozialgebundene Vermögensrechte, für deren Entziehung ein wirtschaftlicher Ausgleich möglich ist und gewährt wird sowie auch gewährt werden muß, während es im Falle der Lösung eines Kindes aus der Familie um ideelle Werte geht, für deren Entziehung kein Ausgleich denkbar ist (OLG Stuttgart, aaO).

Aus diesen Erwägungen ergibt sich, daß **die Vorschriften der §§ 1727 und 1747 Abs 3 BGB mit Art 6 Abs 2 und 3 GG nicht vereinbar sind***).

Andererseits können wegen der Besonderheit des Adoptionsverhältnisses, das durch Staatsakt in Kraft tritt (§ 1754), gegen die Vorschrift des § 1770 a keine Bedenken bestehen (s dazu auch unten Vorbem 45).

32 c) **Versagen** bedeutet eine schwere Verletzung der Pflicht der Eltern zur Pflege und Erziehung des Kindes, in der Weise, daß dem Kinde ernster Schaden droht (vgl Peters, 387, sowie KG, FamRZ 1961, 126, 127), und zwar entweder durch positives Tun (schwere Fälle des Mißbrauchs, strafbare Handlungen zum Nachteil des Kindes) oder durch passives Verhalten (grobe Vernachlässigung des Kindes) — s hierzu auch unten Bem 32, 145, 212 sowie 265 (betr § 1680) zu § 1666 —, so daß die Erziehungsberechtigten sich als unfähig oder ungeeignet erwiesen haben, das Kind weiterhin zu versorgen, unbeschadet einer etwaigen späteren Änderung der Anordnung, wenn die Voraussetzungen für das Eingreifen des Vormundschaftsgerichts weggefallen sind (s § 1696, dazu unten Bem 312ff zu § 1666). Eventuell können auch einzelne Handlungen genügen, wenn sie von schwerwiegender Bedeutung sind; regelmäßig aber wird ein Verhalten von einer gewissen Dauer vorliegen müssen. Die Beurteilung des Versagens beruht auf einer Wertung des gesamten Verhaltens des Erziehungsberechtigten.

Stets genügt der objektive Tatbestand (ebenso v. Mangoldt/Klein, Bem IV, 4, c); dh mit anderen Worten: das Versagen iS des Art 6 Abs 3 erfordert **kein Verschulden** (ebenso Scheffler in RGR-Komm, Bem 1, Hildeg Krüger in Krüger/Breetzke/Nowack, Bem 3 je zu § 1666; Mayer, DVBl 1955, 583; Jansen, FGG, Ergänzung 1962, Bem 2 zu § 56a, 46; Rauschert, ZblJugR 1962, 155; Hampel, FamRZ 1963, 545; aM: Peters, 387), wie es übrigens dem Sinne dieses Wortes auch nach dem üblichen Sprachgebrauch entspricht.

33 d) Der Begriff **„Verwahrlosung"** bzw „drohende Verwahrlosung", der auch in Art 11 Abs 2 GG gebraucht ist, wurde aus dem RJWG (§ 63) übernommen, wie nach der Entstehungsgeschichte des Art 6 Abs 3 GG angenommen werden muß (s Jahrbuch des Öffentlichen Rechts, Neue Folge, Band 1, 1951, 99 ff). Gemeint waren offenbar als Ursache der Verwahrlosung bzw Verwahrlosungsgefahr äußere von den Erziehungsberechtigten unabhängige oder unverschuldete Umstände (aaO, 101). Daß das der Sinn dieses Satzteils sein muß, ergibt sich in der endgültigen Fassung des Abs 3 aus den Worten „aus anderen Gründen" (s hierzu auch Hampel, FamRZ 1963, 545). Den Begriff „Verwahrlosung" bzw „Verwahrlosungsgefahr" wollte man offensichtlich in dem Sinne, in dem er im Reichs-

---

*) Zu § 1727 s Hildeg Krüger, GleichberG, Kommentar, Einleitung Nr 206; Göppinger, FamRZ 1959, 402 Fußn 63; FamRZ 1962, 449; Lux/Jansen, 527; Jansen, FGG, Bem 4 zu § 53; Ergänzung 1962, 46; Rüfner, FamRZ 1963, 156; Dunz, NJW 1963, 1969; s auch Bosch, FamRZ 1959, 379 und Donau, oben Bem 10 zu § 1626.

Zu § 1747 Abs 3 (und zum gleichlautenden Gesetzesentwurf, dort § 1747 Abs 2): OLG Stuttgart (Vorlagebeschl gem Art 100 GG), FamRZ 1964, 51; Bosch, FamRZ 1959, 379; 1961, 35; Beitzke, Familienrecht, 9. Aufl § 32, IV, 169; 10. Aufl 178; Hildeg Krüger, GleichberG, Kommentar, Einleitung Nr 207; Jansen, EJF, B II Nr 18 Anm; FGG, Kommentar, Ergänzung 1962, 68; Göppinger, FamRZ 1959, 402; s auch Schnitzerling, Die Adoption, 1960, 26ff; Evangelische Eherechtskommission, FamRZ 1959, 492; Katholische Eherechtskommission nach Mitteilung von Schwarzhaupt, FamRZ 1961, 331; Habscheid, FamRZ 1962, 446 (unter V); Klein, FamRZ 1957, 296. Hinzuzufügen ist noch, daß der Unterausschuß „Familienrechtsänderungsgesetz" des Rechtsausschusses des Bundestags in seinen Beschlüssen (s 5 unten) § 1747 Abs 2 des Entwurfs wegen verfassungsrechtlicher Bedenken gestrichen hatte (s BT-Drucks Nr 2812, 3. Wahlperiode, Beilage, 2, 7); im Rechtsausschuß überwog dagegen die Ansicht, „die Ersetzung der elterlichen Einwilligung müsse [!] im Interesse des Kindes möglich sein", im Hinblick darauf, daß es sich in solchen Fällen um ein entartetes Eltern-Kind-Verhältnis handele. Im Plenum des Bundestags wurde der Vorschlag des Rechtsausschusses entsprechend der Gesetzesentwürfe nach ganz kurzer Debatte angenommen (Prot vom 28. 6. 1961, 9461 A, B).

Zum früheren Rechtszustand und zur Frage der analogen Anwendung des § 1746 Abs 2 s Göppinger, FamRZ 1959, 401.

jugendwohlfahrtsgesetz als Voraussetzung der Fürsorgeerziehung verstanden und von der Rechtsprechung herausgearbeitet worden war, in das Grundgesetz übernehmen. Hier genügt also ebenfalls der objektive Tatbestand (Näheres zum Begriff der Verwahrlosung unten Anhang nach § 1666, Bem 202ff; s auch zum Begriff der Gefährdung des Wohls des Kindes Bem 228ff zu § 1666).

34 **5.** Zwar dienen die Vorschriften des **Art 6 Abs 2 Satz 2 und Abs 3** dem Schutze des Kindes (s Vorbem 8, 17); indessen begründen sie **kein Grundrecht des Kindes** gegen die staatliche Gemeinschaft auf diesen Schutz, auf Ausübung des „Wächteramtes". Vielmehr handelt es sich nur um einen reflexmäßigen Schutz des Kindes, ein Reflexrecht (vgl Peters, 378; Dürig in Maunz/Dürig, Bem 22 zu Art 19 Abs 3 GG; Hampel, FamRZ 1963, 545). Das Kind hat gegen seine Eltern keine verfassungsmäßig geschützten Grundrechte (Peters, aaO; Dürig, aaO, Bem 21, 25, sowie Bem 19 zu Art 2 mit Fußn 1, 50; Göppinger, FamRZ 1963, 22 [Ziff 3]; Dunz, NJW 1959, 803; Anders, FamRZ 1960, 476; Maurer, FamRZ 1960, 472; Gernhuber, FamRZ 1962, 91f; LG Stuttgart, FamRZ 1961, 325 = RdJ 1962, 143; LG Augsburg, FamRZ 1961, 323 = RdJ 1962, 141; s ferner oben Bem 81, 82 zu § 1626); insbesondere steht dem Kinde das in Art 2 Abs 1 GG auch Minderjährigen gewährleistete Grundrecht nicht gegen die Eltern zu, wie sich übrigens das Grundrecht der Eltern iS des Art 6 Abs 2 Satz 1 nicht gegen die Kinder richtet (ebenso Dürig, aaO, Bem 21, 25 zu Art 19 Abs 3 GG; LG Stuttgart, aaO; aM Enneccerus/Nipperdey, Allgemeiner Teil des Bürgerlichen Rechts, 1. Halbband, 1959, 107).

Das Kind hat auch kein Antragsrecht dahingehend, daß das Vormundschaftsgericht gegen die Eltern Maßnahmen gemäß § 1666 Abs 1 treffe; vielmehr kann es ein Einschreiten gegen seine Eltern lediglich anregen (s dazu unten Bem 325 zu § 1666, sowie zum Beschwerderecht Bem 369). Ferner kann es nicht die Anordnung der Erziehungsbeistandschaft und der Fürsorgeerziehung beantragen.

II. Folgerungen für die Anwendung des BGB (Entziehung der elterlichen Gewalt und des Sorgerechts der Substanz oder der Ausübung nach?).

35 Aus den obigen Darlegungen über die Bedeutung des Art 6 Abs 2 und 3 GG als unmittelbar geltendes, die Gesetzgebung, die vollziehende Gewalt und die Rechtsprechung bindendes Recht (Art 1 Abs 3, s oben Vorbem 4) ergeben sich folgende Schlußfolgerungen:

36 **1.a)** Dient das durch das Grundgesetz gewährleistete Elternrecht dem Schutze der Eltern, so ist damit automatisch die elterliche Gewalt, dh das Recht und die Pflicht zur Pflege und Erziehung des Kindes, dieser Kernbereich der elterlichen Gewalt, sowie das Recht der unehelichen Mutter zur tatsächlichen Sorge für das Kind (s oben Vorbem 11, 24) in diesen Schutz einbezogen (so wohl auch BVerfG E 4, 52; 7, 320; 10, 59, 84, 88; BGH Z 21, 340, 348 = FamRZ 1956, 371, 374; Z 30, 132, 139 = FamRZ 1959, 354, 356 = NJW 1959, 1581, 1583; SchlHOLG, SchlHAnz 1957, 280, 281). Das ist gerade der wesentliche Sinn und Zweck des Art 6 Abs 2 und 3 GG. Das Kindschaftsrecht des BGB, die Vorschriften über die elterliche Gewalt sind unter Berücksichtigung des Grundgesetzes auszulegen und anzuwenden (s Vorbem 4), in der Weise, daß das Grundrecht in seinem Wesensgehalt nicht angetastet wird (s Vorbem 17).

Das Elternrecht als Grundrecht und die elterliche Gewalt gemäß den Bestimmungen des BGB, die der Konkretisierung des „Rechts und der Pflicht zur Pflege und Erziehung des Kindes" dienen, können gerade insoweit, als sie diesen Kernbereich betreffen, nicht auseinandergerissen werden. Insoweit besteht gewissermaßen eine Identität. Eine Maßnahme des Gesetzgebers, der vollziehenden Gewalt oder der Rechtsprechung, die das Recht und die Pflicht der Eltern zur Pflege und Erziehung beschränkt oder beeinträchtigt, ist stets ein Eingriff in das Elternrecht iS des Art 6 Abs 2 und nur unter den Voraussetzungen des Art 6 Abs 2 Satz 2 und Abs 3 zulässig. Eingegriffen werden darf nur in die Betätigung, dh die Ausübung des Elternrechts.

Daraus ergibt sich, daß alle Maßnahmen, welche die Substanz, den Wesensgehalt des Elternrechts angreifen, unzulässig sind und daß die Vorschriften des BGB, die von der Entziehung und Übertragung der elterlichen Gewalt bzw des Sorgerechts sprechen, dahin zu verstehen sind, daß sie die Ausübung der elterlichen Gewalt bzw des Sorgerechts betreffen*).

---

*) Diese Auffassung entspricht der wohl herrschenden Meinung (sog Substanztheorie), s Beitzke, FamRZ 1958, 9; Familienrecht, § 26, II, 1, 150; Stein, 49; Göppinger, FamRZ

b) Weiterhin folgt aus der hier dargelegten Auffassung, daß die **„Verwirkung der elterlichen Gewalt"** (§ 1676) nicht bedeutet, daß die elterliche Gewalt der Substanz nach beseitigt wird, sondern vielmehr nur, daß mit der Rechtskraft des Strafurteils die Ausübung der elterlichen Gewalt untersagt ist, ohne daß es einer vormundschaftsgerichtlichen Anordnung bedarf*) (Göppinger, FamRZ 1959, 402; 1960, 346 [lit p]; 1962, 450 [lit e]; Scheffler in RGR-Komm Vorbem 7 vor § 1626; Bem 2 zu § 1676; OLG Stuttgart, FamRZ 1964, 51; anders die hM, zB Beitzke, FamRZ 1958, 9; s auch Peters, 378). Dies ergibt sich auch daraus, daß das Elternrecht als Grundrecht nicht verwirkt werden kann; die Regelung des Art 18 GG kennt zwar den Begriff der Verwirkung, enthält aber nach wohl einhelliger Meinung eine abschließende Aufzählung der Fälle der Verwirkung von Grundrechten (s zB v. Mangoldt/Klein, Bem III, 1, b; Hamann, Bem B, 2 je zu Art 18 GG; sowie OLG Stuttgart, aaO)**). 37

Die Folge der „Verwirkung" der elterlichen Gewalt (s zB BayObLG, MDR 1963, 928) ist also nur eine dem Grade nach schwerere, aber keine anders geartete als die Folge von Maßnahmen nach § 1666 BGB, indem sie stets die Ausübung der gesamten elterlichen Gewalt betrifft. Indessen wird man — entgegen der wohl einhelligen Meinung in der Literatur (s zB Schwoerer, EJF, A III, Anm nach Nr 17) — annehmen müssen, daß die Verwirkung der elterlichen Gewalt insofern keinen endgültigen Zustand bedeutet, als analog § 1696 zugelassen werden muß, daß das Vormundschaftsgericht nach Änderung der Verhältnisse dem Elternteil die Ausübung der elterlichen Gewalt oder einzelner ihrer Bestandteile wieder übertragen kann (ebenso OLG Stuttgart, aaO; s zu § 1696 unt Bem 313 zu § 1666). Dies ist auch durchaus sachgerecht, da die Rechtsfolge der Verwirkung dem Wohle des Kindes dienen soll, aber keine eigentliche Nebenstrafe darstellt. Im übrigen — wäre sie Nebenstrafe, so wäre es ebenfalls nicht gerechtfertigt, eine endgültige Wirkung anzunehmen, da auch zB der Verlust der bürgerlichen Ehrenrechte bei Verhängung einer zeitigen Freiheitsstrafe stets befristet ist (§ 32 StGB). Zu diesen Erwägungen muß, worauf Donau, oben Bem 8 zu § 1626, mit Recht hinweist, berücksichtigt werden, von welchen Imponderabilien die Strafzumessung in der Praxis abhängig sein kann, zB auch bei Anwendung des § 51 Abs 2 StGB.

Die Bedeutung des Unterschieds in der Beurteilung der Folge der „Verwirkung der elterlichen Gewalt" zeigt sich hinsichtlich des **Verkehrsrechts** (s hierzu auch Donau, oben Bem 8 zu § 1626; Schwoerer, oben Bem 4 a zu § 1634; Beitzke, FamRZ 1958, 9). Dieses bleibt dem Elternteil erhalten und kann nur unter den Voraussetzungen des § 1634 Abs 2 entzogen oder beschränkt werden, gerade deshalb, weil die Verwirkung nur ein Verbot der Ausübung der elterlichen Gewalt bedeutet, aber kein Erlöschen dieses Rechts der Substanz nach. Wäre das letztere der Fall, so müßte konsequenterweise angenommen werden, daß das Verkehrsrecht ebenfalls untergegangen ist.

Dieses ist zwar eine aus dem Eltern-Kind-Verhältnis hervorgehende Befugnis, aber auch und vor allem Restbestandteil der elterlichen Gewalt (dh des Personensorgerechts). Dies ergibt sich aus der systematischen Stellung der Regelung, dem Gesetzeszusammenhang. Das Verkehrsrecht setzt voraus, daß die elterliche Gewalt, dh das Personensorgerecht, nicht ausgeübt wird; es ist gewissermaßen „Ersatz" des Personensorgerechts, das der nichtsorgeberechtigte Elternteil in dieser Abwandlung noch „behält", wie das Gesetz selbst formuliert. Daraus, daß die Ausübung des Verkehrsrechts keine Pflicht ist,

---

1959, 402; 1960, 346 (lit p); 1962, 450 (lit e); Bosch, FamRZ 1959, 379; Erman/Ronke, Einl 4 vor § 1626, Bem 3a zu § 1666; Krüger, GleichberG, Komm, Einleitung Nr 204—206; Palandt/Lauterbach, Einf 5 vor § 1626, Bem 5 zu § 1666, 2 zu § 1667; Scheffler in RGR-Komm, Vorbem 7 vor § 1626, Bem 8 zu § 1666; Soergel/Siebert/Lange, Bem 4 zu § 1626, 40 zu § 1666; Lux/Jansen, 535; Lehmann, § 29, I, 1, 180; BayObLGZ 1961, 243, 247 = FamRZ 1962, 32, 33; ferner im allgemeinen Geiger, Sp 1129; **aM**: Schwoerer, FamRZ 1958, 41, oben Bem 4a zu § 1634; Donau, oben Bem 8 zu § 1626; sowie allgemein Häberle, 107 Fußn 253.

*) Zur Auswirkung auf die elterliche Gewalt des anderen Elternteils s § 1679 und die Erläuterungen daselbst.

**) Zur Bedeutung und Folge der Verwirkung eines Grundrechts iS des Art 18 GG ist im übrigen noch darauf hinzuweisen, daß die Verwirkung ebenfalls kein Erlöschen des Grundrechts der Substanz nach bedeutet, sondern nur, daß das Grundrecht nicht mehr geltend gemacht werden kann (Geiger, Sp 1129; Hamann, Bem B, 5, Giese/Schunck, Bem II, 2 je zu Art 18 GG).

kann auf keine andere Rechtsnatur geschlossen werden. Der Umstand, daß das Verkehrsrecht eine gewisse Beschränkung des Personensorgerechts des Berechtigten bedeutet und die Verpflichtung des das Verkehrsrecht ausübenden Elternteils enthält, das Kind während der Ausübung des Verkehrsrechts zu betreuen, deutet ebenfalls darauf hin, daß das Verkehrsrecht seiner Natur nach auch Restbestandteil der elterlichen Gewalt sein muß*). So bedeutet die Verkehrsregelung des Gerichts dann auch eine teilweise Übertragung der Ausübung des Sorgerechts in einer bestimmten Richtung an den Elternteil, der „die elterliche Gewalt verwirkt" hat, was nach den obigen Darlegungen über die Bedeutung der „Verwirkung" und die Möglichkeit einer analogen Anwendung des § 1696 als zulässig angesehen werden muß.

38 2. Der Gesetzgeber hat zwar Ermessensspielraum bezüglich der Gestaltung der einzelnen Vorschriften über die elterliche Gewalt sowie auch über die Ausführung des „Wächteramtes" der staatlichen Gemeinschaft; daraus kann aber nicht der Schluß gezogen werden, wie Donau (oben Bem 8 zu § 1626) und Schwoerer (Bem 4a zu § 1634) glauben, das BGB könne in bestimmten Fällen durchaus den Verlust der elterlichen Gewalt bzw des Sorgerechts anordnen (zB in den Fällen des §§ 1666, 1671, 1676), womit offenbar gemeint ist, das Grundrecht des Art 6 Abs 2 werde hiervon nicht berührt (vgl Schwoerer, FamRZ 1958, 41). Diese Auffassung dürfte aber mit der Rechtsprechung des BVerfG (vor allem E 4, 52 = FamRZ 1954, 242; E 7, 320 = FamRZ 1958, 272; E 10, 59 = FamRZ 1959, 416) nicht im Einklang stehen (s oben Vorbem 4, 5, 16, 17).

Im übrigen darf nicht übersehen werden, daß die Terminologie des BGB im Familienrecht nicht einheitlich ist und die Formulierungen mancher gesetzlicher Bestimmungen, darunter nicht weniger durch das Gleichberechtigungsgesetz überarbeiteter oder eingeführter Vorschriften, schief sind.

In §§ 1627, 1674 Abs 1, 1675, 1678, 1681 Abs 2 Satz 2, 1686, 1693 spricht das Gesetz von der Ausübung der elterlichen Gewalt. In § 1630 Abs 1 ist gesagt, das Recht und die Pflicht der Eltern, für die Person und das Vermögen des Kindes zu sorgen, erstrecke sich nicht auf Angelegenheiten, für die ein Pfleger bestellt sei; gemeint ist damit eine Beschränkung der Ausübung des Sorgerechts hinsichtlich bestimmter Angelegenheiten. Bemerkenswert sind auch die Vorschriften der §§ 1638, 1639 Abs 1, wonach dritte Personen in der Lage sind, bei Zuwendungen an das Kind zu bestimmen, daß das Recht und die Pflicht, für das Vermögen des Kindes zu sorgen, sich nicht auf die Verwaltung dieser Zuwendung erstrecken soll, oder Anordnungen über die Verwaltung der Zuwendung zu treffen; gemeint kann nur eine Beschränkung der Ausübung der Vermögenssorge sein (ebenso Beitzke, FamRZ 1958, 9). In den **§§ 1666—1669** ist von der Entziehung und Beschränkung des Sorgerechts bzw der Vermögensverwaltung, in §§ 1671, 1672 von der Übertragung der elterlichen Gewalt bzw des Sorgerechts die Rede.

Aus den erwähnten Vorschriften über das „Ruhen der elterlichen Gewalt" wird aber auf jeden Fall deutlich, daß das BGB selbst zwischen „Innehabung und Ausübung" dieses Rechts unterscheidet (so auch Müller-Freienfels, Die Vertretung beim Rechtsgeschäft, 1955, 183f). Indessen ist kein Grund ersichtlich, weshalb die Maßnahmen gemäß §§ 1666—1669 andere Rechtsfolgen haben sollten als die Verhinderung der Eltern bzw eines Elternteils an der Ausübung der elterlichen Gewalt (s §§ 1673, 1674, 1675, 1678, 1693). Wenn Schwoerer (oben Bem 4a zu § 1634) meint, das Ruhen der elterlichen Gewalt sei ein Sonderfall, so kann dieser Auffassung nicht beigetreten werden. Die Verhinderung der Eltern bzw eines Elternteils an der Ausübung der elterlichen Gewalt in bestimmten Hinsichten infolge einer Maßnahme gemäß §§ 1666—1669 ist im Grunde nichts anderes als eine durch gerichtliche Anordnung herbeigeführte Art des Ruhens der elterlichen Gewalt. Ebenso hat die „Übertragung der elterlichen Gewalt" an einen Elternteil im Falle des Getrenntlebens der Eltern (§ 1672) oder nach Scheidung der Ehe (§ 1671) im Grunde keine andere Bedeutung, als daß die elterliche Gewalt des einen Elternteils ruht. Die elterliche Gewalt kann hier nicht im eigentlichen Sinne „übertragen" werden; denn der Elternteil, dem sie „übertragen" werden soll, hat sie seither schon inne. Vielmehr handelt es sich nur darum, daß ein Elternteil durch gerichtliche Anordnung ermächtigt wird, die elterliche Gewalt allein aus-

---

*) **AM** Schwoerer, oben Bem 4 zu § 1634.

Die Rechtsnatur des Verkehrsrechts hat ferner in den Fällen, in denen ein Kind adoptiert oder ein uneheliches Kind für ehelich erklärt ist, Bedeutung für die Frage, ob den leiblichen Eltern bzw der unehelichen Mutter ein Rechtsanspruch auf den Verkehr zusteht (s dazu Bem 34, 35 zu § 1634 sowie auch unten Bem 74 zu § 1666).

Zur Frage „Elterliches Verkehrsrecht und Adoption" s noch Lindacher, RdJ 1964, 42.

zuüben (ebenso Lux/Jansen, 535; s auch Müller-Freienfels, JZ 1959, 340, Fußn 7; aM Schwoerer, FamRZ 1958, 435). Daß nur diese Auffassung richtig sein kann, zeigt deutlich folgende Überlegung: Wird die Regelung gemäß § 1696 geändert, so wird der andre Elternteil zur alleinigen Ausübung der elterlichen Gewalt ermächtigt. Stirbt der Elternteil, der die elterliche Gewalt allein ausgeübt hatte, so übt sie nunmehr der andere Elternteil aus (§ 1681). Davon, daß angesichts der späteren Möglichkeit der Änderung (§ 1696) die ursprüngliche Anordnung als auflösend bedingt und im Hinblick auf die sich aus § 1681 ergebende Möglichkeit als befristet anzusehen sei, wie Schwoerer, FamRZ 1958, 41, meint, kann nicht die Rede sein. Gegen diese gekünstelte Konstruktion müssen vielmehr schon aus verfahrensrechtlichen Gründen schwerwiegende Bedenken erhoben werden.

Ferner wäre es wenig verständlich, wenn man annehmen wollte, das Vormundschaftsgericht könne durch eine Anordnung gemäß § 1696 das gemäß § 1666 „entzogene" Sorgerecht oder die gemäß §§ 1671, 1672 dem einen Elternteil „übertragene" und damit dem anderen Elternteil entzogene elterliche Gewalt wieder „verleihen". Ebenso wäre die Annahme wenig sinnvoll, ein Eingriff des Vormundschaftsgerichts in die Betätigung des Rechts zur Pflege und Erziehung des Kindes sei eine Entziehung des Sorgerechts der Substanz nach (§ 1666 Abs 1), aber nur eine Beschränkung der Ausübung des Elternrechts (Art 6 Abs 2 GG). Ungereimt erscheint es auch, wenn man die elterliche Gewalt oder Bestandteile von ihr zwar für unverzichtbar, aber für entziehbar hielte, während das Elternrecht als Grundrecht unverzichtbar und unentziehbar ist (s auch Vorbem 13, 14).

Wenn einzelne Vertreter der sog Substanztheorie diese nicht konsequent durchführen, worauf Donau zutreffend hinweist (Bem 8 zu § 1626), so kann das kein Einwand gegen die Theorie als solche sein, da sie sich durchaus folgerichtig durchführen läßt (s zur Frage der Verwirkung der elterlichen Gewalt oben Vorbem 37).

Donau (aaO) weist weiterhin darauf hin, die Diskussion darüber, ob die elterliche Gewalt der Substanz nach oder lediglich der Ausübung nach entzogen werden könne, gehe nur um eine wenig fruchtbare terminologische Frage. Indessen wird damit folgendes übersehen: Es handelt sich nicht nur darum, der Regelung des Art 6 Abs 2 GG in ihrer Bedeutung für das bürgerliche Recht Rechnung zu tragen — was auf Grund der Vorschrift des Art 1 Abs 3 GG eine zwingende Notwendigkeit ist —, sondern auch darum, daß in dem Rechtsgebiet der elterlichen Gewalt und des Kindschaftsrechts begriffliche und dogmatische Klarheit geschaffen werden muß.

Der Unterschied zwischen der Substanz und der Ausübung der elterlichen Gewalt zeigt sich im Falle der Rechtsfolgen der Verwirkung (§ 1676, s oben Bem 37); vor allem aber wird die Richtigkeit und Notwendigkeit dieser Unterscheidung durch einen Vergleich der Rechtswirkungen in den Fällen der §§ 1738, 1765, 1768, 1770a, 1770b einerseits und den Fällen der §§ 1666, 1671, 1672, 1673, 1676, 1678, 1693 andererseits deutlich: in den ersteren Fällen verlieren die uneheliche Mutter bzw die leiblichen Eltern bzw die Adoptiveltern das Sorgerecht bzw die elterliche Gewalt endgültig, dh der Substanz nach, in den anderen Fällen handelt es sich dagegen nur um ein Ruhen oder eine diesem rechtsähnliche Verhinderung der Ausübung.

Im übrigen ist noch darauf hinzuweisen, daß der dargelegte Unterschied auch in anderen Rechtsinstituten in Erscheinung tritt, insbesondere im Sachenrecht hinsichtlich der Nutzungs- und Pfandrechte sowie zB in §§ 1052, 1059, 1092 BGB.

III. Abgrenzung der Maßnahmen gemäß §§ 1666—1669 gegenüber anderen Eingriffen in die elterliche Gewalt und gegenüber sonstigen Fällen der Beschränkung der elterlichen Gewalt.

1. Die §§ 1666—1669 regeln Maßnahmen des Vormundschaftsgerichts gegen die Eltern 39
oder einen Elternteil zum Schutze und Wohle des Kindes; § 1666 Abs 1 betrifft die Beschränkung der Ausübung der Personensorge, die Vorschriften der §§ 1666 Abs 2, 1667—1669 lassen die Beschränkung der Ausübung der Vermögenssorge zu, jeweils unter verschiedenen Voraussetzungen. In allen diesen Fällen wird das Vormundschaftsgericht von Amts wegen tätig*).

*) Hierzu ist darauf hinzuweisen, daß zu unterscheiden sind einerseits das Amtsverfahren (Amtsbetrieb) und das Antragsverfahren (Dispositionsmaxime, Parteibetrieb), andererseits die Inquisitionsmaxime (Untersuchungsgrundsatz) und die Parteiherrschaft (Verhandlungsmaxime). Diese Verfahrensgrundsätze werden nicht immer klar genug unterschieden. Das Amtsverfahren wird von Amts wegen eingeleitet und betrieben, ohne daß es auf Anträge ankommt; das Antragsverfahren ist von einem Antrag abhängig, in dem Sinne, daß nur im Rahmen des Antrags entschieden werden darf und daß der Antrag zurückgenommen werden kann. Die Inquisitionsmaxime und die Verhandlungsmaxime betreffen die Aufklärung und Feststellung des Sachverhalts;

Die Anordnungen gemäß §§ 1666—1669 unterscheiden sich ihrerseits von anderen vormundschaftsgerichtlichen Maßnahmen und sonstigen Fällen der Verhinderung der Eltern oder eines Elternteils an der Ausübung der elterlichen Gewalt.

40 2. a) Die Möglichkeit der Beschränkung des Verkehrsrechts des Berechtigten mit dem Kinde regelt § 1634 Abs 2; diese Vorschrift ist lex specialis gegenüber § 1666 Abs 1, wobei hier die Auffassung zugrundegelegt ist, daß das Verkehrsrecht auf dem Eltern-Kind-Verhältnis beruht und zugleich Restbestandteil der elterlichen Gewalt (des Sorgerechts) ist (s Vorbem 34). Dagegen kann § 1666 Abs 1 dann angewendet werden, wenn der Sorgeberechtigte die Ausübung des Verkehrsrechts in unangemessener Weise beschränkt oder vereitelt (s hierzu Bem 74 zu § 1666).

41 b) Sind zwischen den Eltern Meinungsverschiedenheiten, insbesondere in Angelegenheiten der Personensorge, entstanden und handelt es sich um gewichtige Fragen, so kann jeder Elternteil des Vormundschaftsgericht anrufen. Welche Voraussetzungen zu einer vormundschaftsgerichtlichen Entscheidung erforderlich sind, ist streitig und durch die höchstrichterliche Rechtsprechung noch nicht geklärt, nachdem die unglücklich formulierte Vorschrift des § 1628 idF des Gleichberechtigungsgesetzes für nichtig erklärt worden war (s das Urteil des BVerfG vom 29. 7. 1959, E 10, 59 = FamRZ 1959, 416; dazu oben Bem 10 zu § 1628); über die Voraussetzungen und die Art der zu treffenden Entscheidung s oben Bem 17ff zu § 1628, unten Bem 12, 14, 50, 78, 163, 166 zu § 1666.

42 c) Leben die Eltern nicht nur vorübergehend getrennt, so ist § 1672 zur Regelung der Ausübung des Sorgerechts oder der elterlichen Gewalt insgesamt dann lex specialis, wenn ein Elternteil den gemäß dieser Vorschrift erforderlichen Antrag gestellt hat (s hierzu Bem 12—14 zu § 1666, sowie die Erläuterungen des § 1672).

43 d) Ist die Ehe der Eltern geschieden, so ist eine vormundschaftsgerichtliche Regelung über die Ausübung der elterlichen Gewalt unumgänglich, da die Eltern nicht mehr in häuslicher Gemeinschaft leben, in der das Kind aufwachsen könnte. § 1671 ist gegenüber § 1666 lex specialis (s hierzu Bem 15—27 zu § 1666 und die Erläuterungen zu § 1671). Doch können gemäß § 1666 etwa notwendig werdende einzelne Anordnungen getroffen werden (s Näheres Bem 19—27 zu § 1666).

Nach der Scheidung der Ehe der Eltern kann ein Vormund oder Pfleger nur unter den Voraussetzungen des § 1671 Abs 5 bestellt werden, womit beiden Elternteilen die Ausübung der elterlichen Gewalt dementsprechend ganz oder teilweise entzogen wird; hierbei müssen aber auch die Voraussetzungen des Art 6 Abs 2, 3 GG beachtet werden (vgl auch Schwoerer, FamRZ 1958, 440; Dunz, NJW 1959, 802; zum Begriff der „Gefahr für das geistige oder leibliche Wohl ... des Kindes" s Bem 230 zu § 1666). Ob die Voraussetzung des „Versagens" gegeben ist, darf nicht aus dem Scheitern der Ehe geschlossen werden, sondern nur aus dem Verhalten der Elternteile nach der Scheidung und ihren allgemeinen Verhältnissen, der Möglichkeit oder Unmöglichkeit, das Kind ordnungsmäßig zu betreuen oder betreuen zu lassen.

Erweist sich eine Änderung der Regelung der Ausübung der elterlichen Gewalt nach der Scheidung als erforderlich, so ist § 1696 anzuwenden; diese Vorschrift ist lex specialis gegenüber § 1666. Letztere Bestimmung kann nur für die Anordnung einzelner Maßnahmen angewendet werden (Bem 19ff zu § 1666). Ein Vormund oder Pfleger kann nur unter den Voraussetzungen des § 1671 Abs 5 bestellt werden (ebenso Schwoerer, FamRZ 1958, 440; KG, FamRZ 1959, 256 m zustimmender Anm v Schwoerer).

War eine Anordnung gemäß §§ 1666—1669 gegen die Eltern oder einen Elternteil ergangen und wurde die Ehe der Eltern hernach geschieden, so wird damit die Maßnahme des Vormundschaftsgerichts nicht gegenstandslos; vielmehr ist dann gemäß § 1671 darüber zu entscheiden, ob die alleinige Ausübung der elterlichen Gewalt einem Elternteil übertragen werden kann oder ob ein Vormund oder Pfleger bestellt werden muß (s dazu Bem 321 zu § 1666 und die Erläuterungen zu § 1671).

---

erstere bedeutet Ermittlung von Amts wegen, ohne daß das Gericht an Beweisanträge Beteiligter und an unstreitiges Vorbringen Beteiligter (bzw der „Parteien") gebunden ist, die Verhandlungsmaxime dagegen, daß das Gericht an die Sachdarstellung der Parteien dem Umfange nach gebunden ist und keinen Streitstoff aus eigener Wissenschaft hinzufügen darf (s dazu auch Göppinger, Die Erledigung des Rechtsstreits in der Hauptsache, 1958, 1f; sowie zum Verfahren der freiwilligen Gerichtsbarkeit Lent/Habscheid, Kurzlehrbuch, 1962, 104ff; Pikart/Henn, Lehrbuch, 1963, 76ff, 85ff).

Stirbt nach der Scheidung der Ehe der Eltern der Elternteil, dem die alleinige Ausübung der elterlichen Gewalt oder des Sorgerechts für die Person oder das Vermögen des Kindes übertragen war, so fällt die Ausübung der elterlichen Gewalt bzw des Sorgerechts dem anderen Elternteil zu (§ 1681); diesem kann sie dann nur unter den Voraussetzungen der §§ 1666—1669 entzogen werden (s dazu Bem 28 zu § 1666).

e) Wurde ein Elternteil wegen eines an dem Kinde verübten Verbrechens oder vorsätzlichen Vergehens zu einer Freiheitsstrafe von mindestens 6 Monaten verurteilt, so verwirkt er mit der Rechtskraft des Strafurteils die Ausübung der elterlichen Gewalt (§ 1676, s dazu Vorbem 37, sowie als Beispiel bei Verletzung der Unterhaltspflicht BayObLG, MDR 1963, 928); einer vormundschaftsgerichtlichen Maßnahme gegen diesen Elternteil bedarf es nicht; soweit der andere Elternteil in der Lage ist, das Kind zu versorgen, ergeht eine entsprechende Anordnung des Vormundschaftsgerichts (§ 1679 Abs 1); bei Gefährdung des Kindes ist ein Vormund oder Pfleger zu bestellen (Näheres s § 1679 Abs 1). 44

Hat der andere Elternteil das Kind insofern vernachlässigt, als es ihm zuzumuten gewesen wäre, geeignete Maßnahmen zur Abwehr der dem Kinde durch Handlungen des Elternteils drohenden Gefahren zu treffen, so kann das Vormundschaftsgericht wegen dieser Vernachlässigung gemäß § 1666 Abs 1 Satz 1 einschreiten (s dazu Bem 3 zu § 1627, Bem 162, 181 zu § 1666).

Zu der Frage, wie die Verwirkung der elterlichen Gewalt gegenüber einem Kinde auf die Ausübung der elterlichen Gewalt gegenüber einem anderen Kinde des betreffenden Elternteils sich auswirkt, s Bem 77 zu § 1666.

Darüber, welche Auswirkung die Verurteilung des Elternteils iS des § 1676 hat, wenn zuvor gegen ihn eine Maßnahme gemäß § 1666 Abs 1 Satz 1 angeordnet worden war, s Bem 321a zu § 1666.

Zu der Frage, ob die Ausübung der elterlichen Gewalt (gemäß § 1666 Abs 1 und Abs 2 oder § 1669) insgesamt entzogen werden kann, s Bem 300 zu § 1666.

f) Zur Unterscheidung und Abgrenzung von Maßnahmen nach §§ 1666ff (insbesondere § 1666 Abs 1) zum Wohle eines Adoptivkindes gegenüber der Aufhebung des Adoptionsverhältnisses gemäß § 1770a ist auf folgendes hinzuweisen: 45

Die Pflichtverletzungen der Eltern, die unter die Tatbestandsmerkmale der §§ 1666ff, vor allem des § 1666 Abs 1, fallen, brauchen noch keine schwerwiegenden Gründe iS des § 1770a zu sein. Die Entziehung der Ausübung des Sorgerechts ist die mildere Maßnahme; reicht diese aus, so darf das Adoptionsverhältnis nicht aufgehoben werden.

Der Begriff „schwerwiegende Gründe" und die weitere in § 1770a aufgestellte Voraussetzung, daß die Aufhebung des Adoptionsverhältnisses zum Wohle des Kindes erforderlich sein muß, bedeuten, daß diese Maßnahme nur als ultima ratio zulässig ist, wenn kein anderes Mittel zum Wohle des Kindes mehr ausreicht. Schwerwiegende Gründe sind besonders schwere Pflichtverletzungen sowie auch andere Umstände, die eine Aufrechterhaltung des Adoptionsverhältnisses unmöglich machen wie zB eine schwere unheilbare Geisteskrankheit oder schwere körperliche Erkrankung, die ansteckend oder ekelerregend ist. Der Begriff „schwerwiegende Gründe" hat in dieser Vorschrift somit eine andere Bedeutung als in § 1671 Abs 3 Satz 2.

Verfahren gemäß § 1666 und § 1770a können nebeneinander anhängig sein; allerdings kann eine Maßnahme nach § 1666 nicht mehr getroffen werden, wenn das Adoptionsverhältnis rechtskräftig aufgehoben ist (§ 56 c FGG), ein gemäß § 1666 anhängiges Verfahren und eine hiernach getroffene Maßregel werden gegenstandslos (s auch Bem 316 zu § 1666).

Ist im Verfahren des § 1770a zum Schutze des Kindes eine einstweilige Maßnahme nötig und ist kein Verfahren nach § 1666 Abs 1 anhängig, so wird die vorläufige Anordnung auch nur unter den Voraussetzungen des § 1666 Abs 1 erlassen werden können (zB die Entziehung der Ausübung des Aufenthaltsbestimmungsrechts und des Erziehungsrechts), da den Adoptiveltern die Pflege und Erziehung des Kindes nur unter den Voraussetzungen des Art 6 Abs 3 GG entzogen werden kann.

Mit der (formellen) Rechtskraft der die Aufhebung des Adoptionsverhältnisses anordnenden Beschlusses des Gerichts erlischt die elterliche Gewalt und auch das Elternrecht als Grundrecht der Substanz nach. Hierin liegt jedoch kein Verstoß gegen Art 6 Abs 3 GG, da das den Adoptiveltern zustehende Elternrecht iS des Art 6 Abs 2 (s dazu Vorbem 13) auf einem Staatsakt, nicht auf der natürlichen Verwandtschaft beruht und daher — wenn auch nur unter ganz besonderen Umständen — durch Staatsakt wieder muß entzogen werden können. Aus diesen Konsequenzen wird die Besonderheit des Adoptionsverhältnisses deutlich (s auch Vorbem 31).

46 g) § 57 iV mit § 55 JWG erfordert für die Bestellung eines Erziehungsbeistandes durch das Vormundschaftsgericht eine Gefährdung der leiblichen, geistigen oder seelischen Entwicklung des Minderjährigen, § 64 JWG setzt für die Anordnung der Fürsorgeerziehung ua voraus, daß der Minderjährige zu verwahrlosen droht oder verwahrlost ist; zur Abgrenzung dieser Voraussetzungen gegenüber dem Erfordernis der Gefährdung des geistigen oder leiblichen Wohls des Kindes iS des § 1666 Abs 1 Satz 1 s unten Bem 231, 233—235 zu § 1666 und unten Anhang Bem 18ff, 214f. § 1666 Abs 1 erfordert als Voraussetzung für das Eingreifen des Vormundschaftsgerichts außer der erwähnten Gefährdung des Wohls des Kindes Pflichtverletzungen der Eltern in bestimmten Arten als (adäquate) Ursache der Gefährdung. Dagegen stellen §§ 57, 64 nur auf den Tatbestand der Gefährdung bzw der (drohenden) Verwahrlosung ab. Dieser Unterschied ist besonders bei Gefährdung des Wohls kleinerer Kinder und in allen den Fällen von Bedeutung, in denen die Gefährdung der Entwicklung des Kindes auf Umwelteinflüsse zurückgeht, denen die Erziehungsberechtigten nicht zu begegnen wußten, ohne daß sie der Vorwurf einer objektiven Pflichtverletzung trifft. In diesen letzteren Fällen kommt, wenn die Personensorgeberechtigten nicht Freiwillige Erziehungshilfe beantragen (s Vorbem 55), Fürsorgeerziehung in Betracht. Bei kleineren Kindern werden, da sie in stärkerem Maße der Betreuung und Beaufsichtigung durch die Erziehungsberechtigten bedürfen als größere Kinder, bei Verwahrlosungsgefahr stets die Voraussetzungen des § 1666 Abs 1 Satz 1 geprüft werden müssen. Liegen diese vor, so muß im Hinblick auf die Vorschrift des § 64 Satz 2 JWG angenommen werden, daß dann die Fürsorgeerziehung nicht angeordnet werden darf (s dazu unten Anhang Bem 262, 263).

Der Unterschied zwischen den Tatbestandsmerkmalen des § 1666 Abs 1 und des § 64 JWG ist noch in folgender Hinsicht von Bedeutung: Ist zur Behebung der Gefährdung iS des § 1666 Abs 1 Satz 1 zwar die Unterbringung des Kindes außerhalb des Elternhauses erforderlich, ist aber fraglich, ob Verwahrlosungsgefahr zu bejahen ist, so setzt die anderweitige Unterbringung durch eine Anordnung gemäß § 1666 Abs 1 Satz 1 voraus, daß die Eltern oder der Elternteil bei der Pflege und Erziehung des Kindes versagt haben iS des Art 6 Abs 3 GG (s dazu Bem 32, 145, 212 zu § 1666; sowie zum Begriff des Versagens oben Vorbem 32).

Hinsichtlich des grundsätzlichen Verhältnisses der Fürsorgeerziehung zu Maßnahmen gemäß § 1666 Abs 1 Satz 1 ist von Bedeutung, daß die Fürsorgeerziehung das letzte Mittel sein soll: sie darf nur angeordnet werden, wenn keine ausreichende andere Erziehungsmaßnahme gewährt werden kann (§ 64 Satz 2 JWG); hierzu s Näheres Anhang Bem 256ff.

Darüber, welche Bedeutung die Anordnung der Fürsorgeerziehung hat, ob sie eine Entziehung der Ausübung des Personensorgerechts darstellt, s unten Anhang Bem 469ff.

Zu der Frage, ob das Vormundschaftsgericht nach Einleitung des Verfahrens gemäß § 1666 Abs 1 Satz 1 statt einer Maßregel hiernach Fürsorgeerziehung oder Erziehungsbeistandschaft anordnen kann, s Bem 327, Anhang Bem 267 sowie zu der umgekehrten Frage, ob nach Einleitung des Verfahrens betr Anordnung der Fürsorgeerziehung oder Erziehungsbeistandschaft eine Maßregel gemäß § 1666 Abs 1 Satz 1 getroffen werden kann, s Bem 327, 353, Anhang Bem 267, 335.

Darüber, ob das Beschwerdegericht statt der vom Vormundschaftsgericht angeordneten Fürsorgeerziehung eine Maßnahme gemäß § 1666 Abs 1 Satz 1 treffen oder statt der vom Vormundschaftsgericht gemäß § 1666 Abs 1 Satz 1 getroffenen Maßregel Fürsorgeerziehung anordnen kann, s Bem 379 zu § 1666 und Anhang Bem 362, sowie zu der Frage, ob ein gemäß § 1666 Abs 1 Satz 1 eingeleitetes Verfahren durch die Anordnung der vorläufigen und dann der endgültigen Fürsorgeerziehung gegenstandslos wird, s Bem 242, 381, ferner darüber, ob nach Anordnung der Fürsorgeerziehung noch Maßnahmen gemäß § 1666 Abs 1 Satz 1 getroffen werden können, s Bem 242, Anhang Bem 485a, und zu der Frage, welche Bedeutung die Anordnung der Fürsorgeerziehung nach der Anordnung einer Maßregel gemäß § 1666 Abs 1 Satz 1 hat, s Bem 321b zu § 1666.

47 3. a) Die Vorschriften der §§ 1673, 1674, 1678, 1693 (s hierzu Bem 30ff zu § 1626) regeln Fälle zT tatsächlicher zT rechtlicher Hindernisse bezüglich der Ausübung der elterlichen Gewalt; Pflichtverletzungen der Erziehungsberechtigten kommen hier nicht in Betracht. Der Grund-

gedanke dieser Vorschriften ist, daß im Falle der Verhinderung eines oder beider Elternteile die staatliche Gemeinschaft das Wächteramt ausüben muß, um Gefahren, die für minderjährige Kinder automatisch drohen, abzuwenden; die Gefährdung des Wohls des Kindes ist nicht Tatbestandsmerkmal, sondern wird ohne weiteres unterstellt.

b) Verletzen die Eltern oder ein Elternteil Pflichten in Angelegenheiten der Personen- oder Vermögensorge und wirkt sich dies auch auf das Vertretungsrecht aus oder verletzen die Eltern oder ein Elternteil Pflichten bei der Vertretung des Kindes, so kann das Vormundschaftsgericht die Ausübung des Vertretungsrechts dementsprechend, soweit erforderlich, entziehen (s dazu Bem 252 und 297 f zu § 1666). Doch kennt das Gesetz Einschränkungen des Vertretungsrechts der Eltern bzw des Elternteils auch in anderen Fällen, ohne daß Pflichtverletzungen vorliegen: Gemäß § 1629 Abs 2 Satz 1 iV mit § 1795 sowie nach § 1629 Abs 2 Satz 2 iV mit § 1796; in den ersteren Fällen sind die Eltern bzw der Elternteil kraft Gesetzes von der Vertretung ausgeschlossen, in den letzteren Fällen ist eine vormundschaftsgerichtliche Anordnung erforderlich (s hierzu oben Vorbem 18, sowie die Erläuterungen zu § 1629). Ferner können die Eltern nicht in Vertretung des Kindes, von bestimmten Ausnahmen abgesehen, Schenkungen machen (§ 1641). 48

c) *α*) Die Vermögensverwaltung eines Elternteils endet gemäß § 1670 kraft Gesetzes — ohne vormundschaftsgerichtliche Anordnung — mit der Rechtskraft des Beschlusses, durch den der Konkurs über sein Vermögen eröffnet wird; auf welchen Ursachen der Vermögensverfall des Elternteils beruhte, ist unerheblich. 49

β) Beschränkungen der Verwaltung des Vermögens des Kindes durch die Eltern bedeuten die Vorschriften über das Erfordernis der vormundschaftsgerichtlichen Genehmigung bei bestimmten Angelegenheiten (§ 1643). Auf Pflichtverletzungen der Eltern kommt es hierbei nicht an, ebenso auch nicht darauf, ob sie im konkreten Falle infolge besonderer Fähigkeiten und Kenntnisse in der Lage wären, die betreffenden Angelegenheiten ordnungsgemäß zu erledigen. 50

γ) Ferner kann die Vermögensverwaltung gemäß §§ 1638, 1639 durch Anordnungen Dritter im Zusammenhang mit Zuwendungen durch diese an das Kind beschränkt werden (s dazu auch Vorbem 18). Ein Eingreifen des Vormundschaftsgerichts kommt unter den Voraussetzungen des § 1639 Abs 1 Satz 2 in Betracht (s dazu Bem 7—10 zu § 1639); diese Vorschrift ist gegenüber den Bestimmungen der §§ 1667—1669 lex specialis (s Bem 8 zu § 1639). 51

δ) Entzogen werden kann die Vermögensverwaltung auch unter den besonderen Voraussetzungen des § 1684 iVm §§ 1682, 1683; weiterhin ist bezüglich eines Adoptivelternteiles auf § 1760 Abs 2 Satz 1 hinzuweisen. 51a

4. Gewisse Beschränkungen der elterlichen Gewalt können auch durch Maßnahmen des Vormundschaftsgerichts oder des Jugendamtes oder des Landesjugendamtes auf Antrag der Eltern oder des alleinsorgeberechtigten Elternteils herbeigeführt werden. 52

a) Gemäß § 1631 Abs 2 wird das Vormundschaftsgericht auf Antrag (nur auf Antrag) der sorgeberechtigten Personen (s dazu auch Bem 7 zu § 1666) und zu deren Unterstützung tätig, vor allem, wenn das Kind Erziehungsschwierigkeiten bereitet (s hierzu Bem 37 ff zu § 1631). In Betracht können zT die gleichen Maßnahmen kommen wie bei einem Eingreifen des Vormundschaftsgerichts gemäß § 1666 Abs 1 (s dazu im einzelnen Bem 40 zu § 1631, sowie auch Bem 247 zu § 1666). 53

b) Nach § 1685 hat das Vormundschaftsgericht dem Elternteil, der die elterliche Gewalt oder die Sorge für die Person oder das Vermögen des Kindes allein ausübt (zB wenn die elterliche Gewalt des anderen Elternteils ruht oder wenn die Ehe geschieden ist oder wenn einem Elternteil die Sorge gemäß § 1666, 1669 [teilweise] entzogen ist) einen Beistand zu bestellen; diesem kann auch die Vermögensverwaltung (teilweise) übertragen werden, sowie die Geltendmachung von Unterhaltsansprüchen (§ 1690). 54

c) Das Jugendamt kann gemäß §§ 55, 56 JWG auf Antrag der Sorgeberechtigten oder des allein berechtigten Elternteils für den Minderjährigen, dessen leibliche, geistige oder seelische Entwicklung gefährdet oder geschädigt ist, einen Erziehungsbeistand bestellen (s Näheres im Anhang nach § 1666); ferner kann durch das Landesjugendamt ua unter den gleichen Voraussetzungen Freiwillige Erziehungshilfe (§§ 62, 63 JWG) gewährt werden (s hierzu die Erläuterungen im Anhang nach § 1666). Zwar kann auch Fürsorgeerziehung auf Antrag eines Personensorgeberechtigten angeordnet werden (§ 65 Abs 1 Satz 2 JWG); doch dürfte diese Möglichkeit kaum praktische Bedeutung haben. 55

§ 1666*).

Wird das geistige oder leibliche Wohl des Kindes dadurch gefährdet, daß der Vater oder die Mutter das Recht der Sorge für die Person des Kindes mißbraucht, das Kind vernachlässigt oder sich eines ehrlosen oder unsittlichen Verhaltens schuldig macht, so hat das Vormundschaftsgericht die zur Abwendung der Gefahr erforderlichen Maßregeln zu treffen. Das Vormundschaftsgericht kann insbesondere anordnen, daß das Kind zum Zwecke der Erziehung in einer geeigneten Familie oder in einer Erziehungsanstalt untergebracht wird.

Das Vormundschaftsgericht kann einem Elternteil auch die Vermögensverwaltung entziehen, wenn er das Recht des Kindes auf Gewährung des Unterhalts verletzt hat und für die Zukunft eine erhebliche Gefährdung des Unterhalts zu besorgen ist.

GleichberG Art I Nr 22; § 1666 aF: E I, 1546; II, 1557; III, 1643; Mot IV, 803ff; Prot IV, 619ff, 654ff.

Gliederung.

---

*) Literatur:

a) Kommentare zum RJWG, § 63 Abs 1 Nr 1 (s dazu Literaturübersicht zum Anhang nach § 1666); Krüger/Breetzke/Nowack, Gleichberechtigungsgesetz, Kommentar, 1958;

b) Opet, Verwandtschaftsrecht, 1899, 201ff, 210f; Kipp in Enneccerus/Kipp/Wolff, Lehrbuch des Bürgerlichen Rechts, IV. Band, Familienrecht, 7. Bearb 1931, 350ff; Lehmann, Familienrecht, 3. Aufl 1960, 179, § 28; Beitzke, Familienrecht, 10. Aufl 1962, 167f, § 30;

c) Firsching, Familienrecht (Handbuch der amtsgerichtlichen Praxis, Band V, 2. Aufl 1962), 47ff; Brand/Hensel, Die Vormundschafts-, Familienrechts- und Fürsorgeerziehungssachen in der gerichtlichen Praxis, 2. Aufl 1963, 242ff; Pikart/Henn, Lehrbuch der freiwilligen Gerichtsbarkeit, 1963, 183.

---

d) α) Dünsing, Verletzung der Fürsorgepflicht gegenüber Minderjährigen, 1903; Habel, Wie schützt das BGB Minderjährige gegen Mißhandlungen ihrer Erzieher?, Recht 1902, 59; Hertz, Die Anwendung des § 1666 BGB zur Abwendung schwerer gesundheitlicher Nachteile, ZblJugR XIX, 113 (1927/1928); Schwarz, Rechtliche Fürsorge für die von Jugend an körperlich Gebrechlichen, 1915, 172ff; Stark, Ist objektive oder schuldhafte Verletzung der Unterhaltspflicht Voraussetzung einer Maßregel aus § 1666 Abs 2 BGB?, LZ 1917, 849; Winter, Die Zwangserziehung insbesondere mit Rücksicht auf die §§ 1666 und 1838 BGB und das preußische Recht, ZBlFG 1, 33 (1900); Winterfeld, Der Schutz Minderjähriger nach § 1666 BGB und Art 135 EGBGB, 1911;

β) Brüggemann, Genügt die Entziehung des Aufenthaltsbestimmungsrechts als Dauermaßnahme?, ZblJugR 1953, 7; Pottgießer, Genügt die Entziehung des Aufenthaltsbestimmungsrechts nach § 1666 BGB als Dauermaßnahme?, ZblJugR 1951, 221; Schnitzerling, Die vormundschaftsrichterlichen Erziehungsaufgaben, 1959; derselbe, Jugendrechtliche Fälle, I, 1963; derselbe, Die vormundschaftsrichterlichen Eilmaßnahmen zum Schutze des Minderjährigen, ZblJugR 1957, 201; derselbe, § 1666 BGB (Gefährdung des Kindeswohls) im Lichte der Rechtsprechung und des Gleichberechtigungsgesetzes, RdJ 1958, 131; derselbe, Die Sorgerechtsbeschränkung nach § 1666 Abs 1 BGB, die Situation nach dem Gleichberechtigungsgesetz, StAZ 1960, 253; derselbe, Jugendrechtlicher Fall (Sorgerechtsmißbrauch), RdJ 1962; 74; derselbe, Grundrechtliche Grenzen bei Maßnahmen nach § 1666 BGB, RdJ 1963, 168; derselbe, Die erforderlichen Maßregeln bei Gefährdung des Wohls der Kinder, BldWPfl 1963, 176; Ellen Simon, Eltern als Schicksal, eine international vergleichende Studie zum „Erziehungsnotstand" (§ 1666 BGB) in Festgabe für Muthesius, Neue Wege der Fürsorge Schriften des Deutschen Vereins für öffentliche und private Fürsorge, Heft 214, 1960, 241.

Siehe auch Literaturangaben zu den Vorbemerkungen und zum Anhang (JWG).

Übersicht (alphabetisches Stichwortverzeichnis).

I. Allgemeines und Entstehungsgeschichte.

1 1. Die Vorschrift des § 1666 dient als eine der praktisch wichtigsten Bestimmungen des Familienrechts dem **Schutze und Wohle des Kindes** (s Vorbem 8, 2. Abs, und 39, sowie auch Gernhuber, FamRZ 1962, 93, und allgemein zur elterlichen Gewalt Stammler, Die Lehre vom richtigen Rechte, 2. Aufl 1926, S 238). Sie findet ihre Rechtfertigung in Art 6 Abs 2 Satz 2 GG (s Vorbem 1, 16, 17) und ist zugleich bezüglich der in der Praxis der Anwendung des § 1666 Abs 1 häufigen Anordnung der Entziehung der Ausübung des Aufenthaltsbestimmungsrechts und des Personensorgerechts Ausführungsvorschrift zu Art 6 Abs 3 GG (s dazu Vorbem 25—33).

Abs 1 betrifft die Personensorge und sieht das Eingreifen des Vormundschaftsgerichts bei Gefährdung des Wohls des Kindes *infolge* eines bestimmten pflichtwidrigen

Verhaltens der Eltern oder des Elternteils vor, wobei in den Fällen des Mißbrauchs des Sorgerechts und der Vernachlässigung des Kindes ein objektiv pflichtwidriges Verhalten ausreicht (s Bem 194ff).

Abs 2 bezieht sich auf Beschränkungen der Vermögensorge wegen objektiver Verletzung der Pflicht zur Gewährung eines angemessenen Unterhalts für das Kind.

2. Wegen der großen praktischen Bedeutung des § 1666 (vor allem des Abs 1) und der Notwendigkeit einer weiteren Reform (s dazu Bem 5 und Anhang Bem 188) sowie für die Auslegung dieser Vorschrift, insbesondere bezüglich der Frage des Erfordernisses eines Verschuldens (s hierzu unten Bem 194ff), ist die **Entstehungsgeschichte** von Interesse; ferner ist eine kurze Betrachtung über die Geschichte der Anwendung des § 1666 Abs 1, ua über die Auswirkungen der gegen den Vater angeordneten Maßnahmen gegenüber der Mutter, von Nutzen*). 2

a) Die Bestimmungen des E I § 1546 Satz 1, 2 entsprachen im wesentlichen dem Abs 1 des § 1666 der ursprünglichen Fassung. Daneben war durch Satz 3 dem Vormundschaftsgericht die Befugnis eingeräumt, sofern das Interesse des Kindes es erfordert, auch die elterliche Gewalt mit Ausnahme der elterlichen Nutznießung ganz oder teilweise zu entziehen (Mot IV, 803ff, ZG IV, 413ff; s hierzu OLG Karlsruhe, FamRZ 1961, 486 sowie zur Entstehungsgeschichte insbesondere des Abs 2 Stark, LZ 1917, 849; über das frühere Recht s Preuß ALR Teil II, Tit 2, §§ 90, 91, 266; bayer LR Teil I, cap 5 § 7 Ziff 2; sächs GB § 1803; s auch württ LR Teil IV, Titel 11, § 2).

Von der II. Komm wurde das dieser Regelung zugrunde liegende Verschuldensprinzip aufgegeben und das Einschreiten des Vormundschaftsgerichts auch dann für zulässig erklärt, wenn das Kind ohne Verschulden des Gewalthabers sittlich verwahrlost und nach der Persönlichkeit und den Lebensverhältnissen des Vaters anzunehmen ist, daß die elterliche Erziehungsgewalt zur Besserung des Kindes nicht ausreicht. Der Antrag, mit der Entziehung der elterlichen Gewalt auch den Verlust des Nutznießungsrechts zu verbinden, wurde abgelehnt und Satz 3 des § 1546 E I gestrichen, weil sich die Zulässigkeit der Entziehung der elterlichen Gewalt schon aus der dem Vormundschaftsgericht eingeräumten Befugnis ergebe, die zur Abwendung der Gefahr erforderlichen Maßnahmen zu treffen. Nur für den Fall, daß das Recht des Kindes auf Gewährung des Unterhalts verletzt und für die Zukunft eine erhebliche Gefährdung des Unterhalts zu besorgen sei, sollte auch die Entziehung der Verwaltung und Nutznießung zulässig sein. Mit Rücksicht auf die Erweiterung der Befugnisse des Vormundschaftsgerichts wurde sodann beschlossen, in § 55 des StGB die Sätze 2 und 3 als überflüssig zu streichen, und in das EGBGB die Bestimmung aufzunehmen — s Art 135 —, unbeschadet der Vorschrift des § 56 StG, solle auch nach Landesrecht die öffentliche Zwangserziehung eines Minderjährigen nur zulässig sein, wenn das Vormundschaftsgericht sie für erforderlich erklärt habe (Prot IV, 619ff, 654ff; s auch Mot z EG 123ff — zur Geschichte der Zwangserziehung s Näheres unten im Anhang zu § 1666, Bem 168ff —).

Von der Reichstagskommission wurde die Bestimmung, bei Verwahrlosung des Kindes solle auch ohne Verschulden des Gewalthabers das Einschreiten des Vormundschaftsgerichts zulässig sein, wieder beseitigt, dagegen der Landesgesetzgebung die Befugnis eingeräumt, die Zwangserziehung zuzulassen, auch ohne daß das Kind eine strafbare Handlung begangen hat und ohne daß den Gewalthaber hinsichtlich der Verwahrlosung des Kindes ein Verschulden trifft (RTK 269ff).

Das Plenum des Reichstags engte diese Befugnis der Landesgesetzgebung wieder dadurch ein, daß die öffentliche Zwangserziehung auf Grund Landesrechts, abgesehen von den Bestimmungen der §§ 55, 56 StGB und von den Vorschriften der §§ 1666, 1838 BGB nur dann für zulässig erklärt wurde, wenn sie zur Verhütung des völligen sittlichen Verderbens notwendig ist (StB 774ff).

Über die spätere Regelung der öffentlichen Erziehung durch das Reichsgesetz für Jugendwohlfahrt vom 9. Juli 1922 (RGBl I, 633ff) s unten im Anhang, Bem 174f.

b) Das BGB hatte ursprünglich keine ausdrückliche Vorschrift darüber enthalten, welche Rechtsfolgen bei Entziehung oder Beschränkung des Personensorgerechts des Vaters eintreten (s jetzt §§ 1680, 1679); §§ 1684 I Nr 2, 1685 I (s jetzt §§ 1676, 1678) waren nicht, auch nicht entsprechend, anzuwenden; das Sorgerecht ging nicht auf die Mutter über; der Grund war die Befürchtung, der Einfluß des Vaters auf die Mutter während bestehender Ehe werde den Erfolg der getroffenen Maßregel in vielen Fällen vereiteln oder eine Störung des ehelichen Friedens hervorrufen (s zB KG, RJA 10, 94; DJZ 1932, 615; DFG 1938, 13). Doch konnten aus § 1684 Abs 1 Nr 2 (wonach der Mutter die elterliche Gewalt zusteht, wenn der Vater diese verwirkt hat und die Ehe aufgelöst ist) gewisse Schlüsse 3

---

*) Lit zum folgenden: 9. Aufl dieses Kommentars, Bem VII, Soergel, 7. Aufl 1939, Bem 3 je zu § 1666; Kipp, 369f; Schwoerer, FamRZ 1958, 42, 90f; Soergel/Siebert/Lange, 9. Aufl 1963, Bem 2—4 zu § 1666.

gezogen werden. So entwickelten Rechtsprechung und Rechtslehre folgende Rechtsgrundsätze über die Regelung bei bestehender und bei aufgelöster Ehe. Wurde das Sorgerecht des Vaters beschränkt oder entzogen, so mußte ein Pfleger, im Falle der Entziehung der elterlichen Gewalt in vollem Umfange gemäß § 1666 I und § 1666 II oder § 1670 (jetzt § 1669) ein Vormund bestellt werden; in geeigneten Fällen wurde es für zulässig erachtet, die Mutter zum Pfleger zu berufen (s KG, DJZ 1932, 615; JW 1933, 2066). Durch die Entziehung des Sorgerechts wurde die Befugnis des Vaters zur gesetzlichen Vertretung und Verwaltung des Vermögens des Kindes nicht berührt.

War die Ehe geschieden, so nahm man an, das Sorgerecht (§ 1635 aF) gehe automatisch auf den anderen Elternteil über, wenn es dem Berechtigten nach § 1666 entzogen werde (s zB RGZ 102, 283 = JW 1924, 465 mit zustimmender Anm v Wieruszowski, KG, KGJ 46, A 37; OLG Hamburg, JW 1934, 2636; sowie die Nachweise bei Kipp, 370, Fußn 24); doch konnte das Gericht, wenn es erforderlich war, einen Pfleger bestellen.

Nach Inkrafttreten des EheG 1938 konnte das Vormundschaftsgericht unter den Voraussetzungen des § 81 Abs 4 = § 74 Abs 5 EheG 1946 die Personensorge einem Pfleger übertragen (s hierzu Schwoerer, FamRZ 1958, 90 und unten die Erläuterungen zu § 1671).

Gemäß § 1636 hatte die Mutter während der Dauer der Ehe neben dem Vater das Recht und die Pflicht, für die Person des Kindes zu sorgen, ohne daß ihr das Recht zur Vertretung des Kindes zustand. Die Personensorge konnte unter den Voraussetzungen des § 1666 Abs 1 beschränkt oder entzogen werden (§ 1686 aF).

4 c) Nach Art 117 Abs 1 GG war das Recht, das dem Art 3 Abs 2 GG (wonach Männer und Frauen gleichberechtigt sind) entgegenstand, am 1. 4. 1953 außer Kraft getreten (s dazu BVerfG E 3, 225 = JZ 1954, 32 mit Anm v Mallmann = FamRZ 1954, 15 [Ls m Hinweisen]). Daraus ergab sich die Folge, daß die elterliche Gewalt Vater und Mutter gemeinsam zustand (s zB Erna Scheffler, DRiZ 1953, 87; Bosch, Rpfleger 1954, 8; Arnold, Angewandte Gleichberechtigung, 1954, 80, 97; Siebert, NJW 1955, 1 und JR 1955, 241; Soergel/Siebert, 8. Aufl, Vorbem zu § 1666) und daß § 1666 in der Weise angewendet werden mußte, daß das Wort „Vater" durch die Worte „Vater oder Mutter" zu ersetzen war (s hierzu noch BayObLG Z 1954, 278 = FamRZ 1955, 20). Die Auswirkungen der Entziehung oder Beschränkung des Sorgerechts eines Elternteils auf das Sorgerecht des anderen Elternteils waren umstritten; doch wurden allgemein auch Maßnahmen gegen den anderen Elternteil für zulässig gehalten, freilich war bestritten, ob hierzu die Voraussetzungen des § 1666 erforderlich waren (s Siebert, JR 1955, 242; Palandt/Lauterbach, 16. Aufl, 1957, Vorbem zu § 1666). Teilweise wurde angenommen, im Falle der Entziehung des Sorgerechts des einen Elternteils sei der andere Elternteil ohne weiteres alleinberechtigt.

5 d) Bei den Beratungen des ersten Entwurfs des (späteren) **Gleichberechtigungsgesetzes** empfahl der Innenausschuß des Bundesrats (s Bericht des Rechtsausschusses vom 13. 9. 1952, BR-Drucks Nr 220/1/52, Ziff 35a), in § 1666 Abs 1 Satz 1 die Worte „das Kind vernachlässigt" zu streichen und nach Satz 1 folgenden Satz einzufügen: „Das gleiche gilt, wenn das Kind vernachlässigt wird und zwar ohne Rücksicht darauf, ob die Eltern ein Verschulden trifft". Zur Begründung wurde darauf hingewiesen, nach den Erfahrungen der Praxis bestehe ein dringendes Bedürfnis zu bestimmen, daß bei Vernachlässigung des Kindes ein Einschreiten ohne Verschulden der Eltern möglich sei. Der Rechtsausschuß schlug vor (aaO, lit b), in § 1666 Abs 1 Satz 2 die Worte „oder einer Besserungsanstalt" zu streichen zur „Beseitigung eines sachlich überholten Sprachgebrauchs". In der Sitzung des Bundesrats vom 26. 9. 1952 (Sitz-Berichte Nr 92, 405 ff [412 B ff]) wurden die erwähnten Vorschläge des Innen- und des Rechtsausschusses angenommen; hierbei wurde noch erörtert, der Rechtsausschuß habe zu der Anregung des Innenausschusses darauf hingewiesen, diese Änderung gehe über die Zielsetzung des Entwurfs hinaus; diese Streitfrage, deren Lösung der Innenausschuß in zutreffender Richtung anstrebe, könne ohne weiteres durch die Rechtsprechung geklärt werden (s zu dem Vorschlag des Bundesrats auch BT-Drucks Nr 3802, 1. Wahlperiode, Anl A, 8). Die Bundesregierung trat dem Vorschlage, die Worte „oder einer Besserungsanstalt" zu streichen, bei (BT-Drucks Nr 3802, Anl B, lfd Nr 33, 20), widersprach aber dem anderen Vorschlage mit der Begründung, aus der seitherigen Fassung haben sich keine größeren Schwierigkeiten ergeben, wo das Kindesinteresse verletzt werde, werde sich immer ein Verschulden feststellen lassen; schließlich sei es nicht unbedenklich, nur beim Tatbestand der Vernachlässigung von dem Erfordernis des Verschuldens abzusehen*).

---

*) Auf diesen Punkt ging auch die Kommission des Deutschen Richterbundes ein (DRiZ 1954, 254), indem sie zutreffend darauf hinwies, daß, wenn es bedenklich erscheine, nur bei der Vernachlässigung vom Verschulden abzusehen, konsequenterweise die vorgeschlagene Formulierung verbessert werden müßte, nicht aber am Erfordernis des Verschuldens festgehalten werden dürfte (s auch unten Bem 194 ff).

In der zweiten Wahlperiode nahm der Bundesrat den früheren Vorschlag zu § 1666 Abs 1 Satz 1 wieder auf (s BT-Druck s 224, Anl 2, Nr 21); die Bundesregierung trat der Anregung entgegen (aaO, Anl 3, 98f), jeweils mit den gleichen Begründungen wie im Jahre zuvor. Der Unterausschuß „Familienrechtsgesetz" des Ausschusses für Rechtswesen und Verfassungsrecht behandelte diese Frage in der Sitzung vom 4. 10. 1956 (s Prot 14); der Vertreter des Bundesjustizministeriums erklärte, mit dem Vorschlage habe der Bundesrat ein Problem der Jugendpflege, nicht aber der Gleichberechtigung berührt; in der Debatte wurde darauf hingewiesen, der Bundesrat habe damit eine alte Forderung der Jugendämter aufgegriffen, vor der Annahme des Vorschlags müßten jedoch Fachleute gehört werden. Die Abgeordnete Lüders führte aus, wenn auch eine Reform auf diesem Gebiete nötig sei, so könne man doch nicht en passant bei dieser Gelegenheit den § 1666 ändern. Der Ausschuß billigte dann die Regierungsvorlage, ohne die Frage zu entscheiden, ob in dieser Vorschrift eindeutig zum Ausdruck gebracht werden sollte, daß es auf ein Verschulden nicht ankomme (s hierzu auch Maßfeller, Das gesamte Familienrecht, 2. Aufl, Bd. 1, 1962, Nr 2 zu § 1666, 241). Eine weitere Erörterung dieses Punktes fand nicht statt.

Bei den Beratungen des Entwurfs des Familienrechtsänderungsgesetzes und des Entwurfs der Novelle zum JWG wurde die Frage einer Reform des § 1666 Abs 1 Satz 1 nicht aufgeworfen (zur Reform des JWG s unten Anhang Bem 188). Ein Vorschlag des Allgemeinen Fürsorgeerziehungstages (AFET) vom Mai 1959 zur Neufassung des § 1666 (s Mitglieder-Rundbrief, Mai 1959, 11) blieb unberücksichtigt.

e) Durch das **GleichberG** wurden in Abs 1 Satz 1 entsprechend dem Gleichberechtigungsgrundsatz (s §§ 1626, 1627 nF) hinter dem Worte „Vater" eingefügt „oder die Mutter" (s dazu Begründung des Entw, BR-Druck s Nr 532/53 = BT-Druck s Nr 224, 2. Wahlper, S 60), in Abs 1 Satz 2 wurden nach „Erziehungsanstalt" die Worte „oder einer Besserungsanstalt", in Abs 2 nach „Vermögensverwaltung" die Worte „sowie die Nutznießung" gestrichen. Die Änderung des Abs 1 Satz 2 beruhte auf dem Bestreben, „einen sachlich überholten Sprachgebrauch zu beseitigen"*), die Änderung des Abs 2 geht darauf zurück, daß mit der Neufassung des § 1649 die elterliche Nutznießung am Kindesvermögen beseitigt wurde. Gleichzeitig wurde die Formulierung des Abs 2 geändert. 6

II. § 1666 Abs 1.

A. Die Voraussetzungen des Eingreifens des Vormundschaftsgerichts.

1. Ausübung des Personensorgerechts durch den betroffenen Personenkreis: 7

a) § 1666 Abs 1 erfordert zunächst, daß **Vater** oder/und **Mutter** das Personensorgerecht ausüben, und zwar insoweit, als Maßnahmen des Vormundschaftsgerichts in Betracht kommen (s dazu unten Bem 241 ff). Das Sorgerecht umfaßt das Recht und die Pflicht, das Kind zu versorgen und zu pflegen, zu erziehen, zu beaufsichtigen und seinen Aufenthalt zu bestimmen (§§ 1626, 1631 Abs 1), sowie die Vertretung des Kindes in Angelegenheiten der Personensorge (§ 1626 Abs 2).

Sorgeberechtigt iS des § 1666 Abs 1 sind während bestehender Ehe Vater und Mutter**) (§§ 1626, 1627), auch wenn das Kind durch nachfolgende Ehe der Eltern legitimiert wurde (§§ 1719, 1721), die minderjährige Mutter (s § 1673 Abs 2), die Adoptiveltern (§§ 1757, 1765; s dazu RGZ 64, 47, 52), die uneheliche Mutter zufolge der Vorschrift des § 1707 Abs 1 Satz 2 iV mit § 1705 (s hierzu zB BayObLGZ 28, 426; 33, 224; OLG Celle, ZblJugR 1954, 305; OLG Stuttgart, DA Vorm XXXIV, 1961, 19; KG, FamRZ 1963, 308; DFG 1937, 101 — in diesem Falle war die uneheliche Mutter zugleich Vormund —), der uneheliche Vater, wenn das Kind für ehelich erklärt ist (§§ 1736, 1738), die uneheliche Mutter des für ehelich erklärten Kindes dann, wenn sie dem Kinde Unterhalt zu gewähren hat und die elterliche Gewalt des Vaters beendet ist oder wegen Geschäftsunfähigkeit oder nach § 1674 ruht (§ 1738 Abs 2, s hierzu Göppinger, FamRZ 1962, 449; 1963, 274; vgl auch den Fall LG und OLG Stuttgart, FamRZ 1962, 207), jedoch nicht, wenn die Mutter mit dem Vater im Konkubinat zusammenlebt und das für ehelich erklärte Kind tatsächlich versorgt und erzieht (s Göppinger, FamRZ 1963, 274).

---

*) Es hätte sich allerdings empfohlen, den Satz 2 ganz zu streichen, da es genügt hätte, wenn das Kind gemäß Satz 1 iV mit § 1909 durch einen Pfleger (meist das Jugendamt) untergebracht werden könnte. Überdies wurden hinsichtlich der Unterbringung „in einer geeigneten Familie" die Vorschriften des JWG (§§ 19ff aF, jetzt §§ 27ff nF) nicht beachtet (s auch unten Bem 276), dh es wurde übersehen, die Vorschriften des § 1666 Abs 1 Satz 2 und des JWG aufeinander abzustimmen.

**) Zum Begriff „Eltern" in Art 6 Abs 2 GG und zum Begriff „Erziehungsberechtigte" in Art 6 Abs 3 GG s Vorbem 10ff, 26ff.

8 Ist der **unehelichen Mutter** gemäß § 1707 Abs 2 die elterliche Gewalt übertragen worden*) (s hierzu Göppinger, FamRZ 1961, 516; OLG Stuttgart, FamRZ 1963, 303 = DAVorm XXXVI, 225; FamRZ 1963, 525 = RdJ 1963, 267; OLG Hamm, FamRZ 1963, 302 = ZblJugR 1963, 209 m Anm v Webler = DAVorm XXXVI, 223; BayObLG Z 1963, 116 = FamRZ 1963, 306 = ZblJugR 1963, 257 = DAVorm XXXVI, 261; sowie auch BayObLG Z 1963, 119 = FamRZ 1963, 527 = ZblJugR 1963, 256 = MDR 1963, 929, und Vorbem 11), so kann diese, dh im vorliegenden Zusammenhang das Personensorgerecht mit dem Recht der Vertretung des Kindes in Angelegenheiten der Personensorge, nur unter den Voraussetzungen des § 1666 Abs 1 beschränkt oder entzogen werden, das Vertretungsrecht also nicht lediglich unter den Voraussetzungen des § 1696 (ebenso Göppinger, aaO; OLG Stuttgart, FamRZ 1963, 525 m weit Hinw; Achilles/Greiff/Beitzke, 21. Aufl, Nachtrag 1963, Bem 6 zu § 1707; Schnitzerling, Unsere Jugend 1963, 409f; aM: Erman/Hefermehl, Bem 7, Soergel/Siebert/Lade, Bem 16 je zu § 1707). Denn nach dem Sinn und Zweck der Regelung des § 1707 Abs 2 soll der unehelichen Mutter die gleiche Rechtsstellung wie der alleinstehenden ehelichen Mutter eingeräumt werden. Im übrigen wäre es auch ungereimt, wenn die tatsächliche Personensorge (§ 1707 Abs 1 S 2) nur unter den Voraussetzungen des § 1666 Abs 1, dagegen das Recht zur Vertretung des Kindes in Angelegenheiten der Personensorge unter den leichteren Voraussetzungen des § 1696 beschränkt oder entzogen werden könnte (s auch oben Vorbem 24).

9 Das Sorgerecht erlischt nicht dadurch, daß für das Kind Freiwillige Erziehungshilfe gewährt oder Fürsorgeerziehung angeordnet wird (s dazu unten Anhang, Bem 469ff, 502).

Daher kann eine Anordnung gemäß § 1666 Abs 1 Satz 1 auch nach Anordnung der Fürsorgeerziehung getroffen werden (s hierzu Bem 242, 381 und Anhang Bem 485a).

10 Ist die Ausübung der elterlichen Gewalt verwirkt (§ 1676, s hierzu Vorbem 37, 44), so ist bei weiteren Störungen und weiterer Gefährdung des Kindes durch diesen Elternteil § 1666 Abs 1 nicht anwendbar, ebenso nicht, wenn und solange die Ausübung der elterlichen Gewalt ruht (§§ 1673 Abs 1, 1674 Abs 1, 1675; s dazu KG, JW 1936, 1016 = JFG 13, 264). Ferner findet § 1666 Abs 1 keine Anwendung, wenn die Eltern oder der Elternteil an der Ausübung der elterlichen Gewalt verhindert sind (§§ 1678, 1693; s hierzu KG, FamRZ 1962, 200); in Betracht kommen hier etwa Anordnungen gemäß § 1634 Abs 2.

11 § 1666 Abs 1 ist nicht, auch nicht entsprechend, gegen Vormund oder Pfleger oder Dritte anzuwenden (s LG Dresden, Recht 1900, 462 Nr 515), zB den Stiefelternteil oder Verwandte, auch wenn diesen die Ausübung des Sorgerechts überlassen oder übertragen ist.

12 b) Leben die Eltern getrennt, so kann § 1666 Abs 1 gegen den Elternteil angewendet werden, bei dem sich das Kind tatsächlich befindet, ebenso gegen den Elternteil, dem die alleinige Ausübung der elterlichen Gewalt bzw des Personensorgerechts gemäß § 1672 übertragen ist. Doch kann auch gegen den Elternteil, der dadurch, daß er die häusliche Gemeinschaft grundlos verlassen hat und sich weigert zurückzukehren, zugleich das Kind vernachlässigt, eine Maßnahme gemäß § 1666 Abs 1 getroffen werden (s KG, DFG 1939, 62 = DJugH XXXI, 34; JFG 21, 11 = DR 1940, 326, hierzu auch unten Bem 166), freilich nur, wenn die Voraussetzungen des § 1672 nicht vorliegen.

13 Zur Abgrenzung der §§ 1666 und 1672 ist auf folgendes hinzuweisen:

§ 1672 gestattet nur Anordnungen, welche die Ausübung der elterlichen Gewalt, zumindest aber des Sorgerechts für die Person oder das Vermögen des Kindes je insgesamt durch einen Elternteil betreffen; Abspaltungen des Sorgerechts sind hiernach nicht zulässig. So kann nicht zB über das Aufenthaltsbestimmungsrecht eine getrennte Regelung getroffen werden (ebenso OLG Hamm, FamRZ 1958, 145f; BayObLG Z 1958, 22 [25ff] = FamRZ 1958, 142 [144]; Schwoerer, Die Justiz 1957, 330f, FamRZ 1958, 444 iVm 434; aM: OLG

*) Zu dieser durch das Familienrechtsänderungsgesetz vom 11. 8. 1961 eingeführten Vorschrift ist übrigens darauf hinzuweisen, daß sie insofern schief formuliert ist, als lediglich die zur elterlichen Gewalt bisher fehlenden Bestandteile übertragen werden, nämlich die gesetzliche Vertretung in Angelegenheiten der Personensorge und die Vermögensverwaltung mit der diesbezüglichen gesetzlichen Vertretung; denn der unehelichen Mutter steht ja die tatsächliche Sorge für das Kind schon zu (§ 1707 Abs 1).

Zu der Frage, ob und inwieweit der unehelichen Mutter das Elternrecht als Grundrecht iS des Art 6 Abs 2 GG zusteht, s oben Vorbem 11, 24.

Stuttgart, NJW 1958, 1972 — nur Ls —; s auch unten Bem 20). Lediglich in dem Falle, daß ein Elternteil beschränkt geschäftsfähig, insbesondere die Mutter minderjährig ist (§ 1673 Abs 2), ist eine getrennte Regelung bezüglich der Ausübung der tatsächlichen Sorge ohne die gesetzliche Vertretung des Kindes möglich.

Anordnungen gemäß § 1672 sind von einem Antrag eines Elternteils abhängig, können also nicht von Amts wegen ergehen. Ist kein Antrag gestellt, so kommen gegebenenfalls nur Maßnahmen gemäß § 1666 in Betracht. Insofern besteht zwischen den Regelungen der §§ 1671 und 1672 ein bedeutsamer Unterschied.

§ 1671 V ist in § 1672 nicht für anwendbar erklärt; daher kann ein Pfleger nur unter den Voraussetzungen des § 1666 bestellt werden.

Liegen Meinungsverschiedenheiten der Eltern vor, die so wichtige Fragen 14
oder Angelegenheiten betreffen, daß das Wohl des Kindes eine Regelung erfordert, ohne daß der Tatbestand des Mißbrauchs des Sorgerechts oder der Vernachlässigung des Kindes (schon) bejaht werden kann, so kann das VormG angerufen werden (s dazu oben Bem 2, 3, 15—26 zu § 1628; sowie OLG Karlsruhe, Die Justiz 1962, 80).

c) Ist die Ehe der Eltern geschieden, aufgehoben oder für nichtig erklärt, so findet 15
§ 1671 Anwendung; diese Vorschriften sind gegenüber den Bestimmungen des § 1666 leges speciales (s hierzu Schwoerer, FamRZ 1958, 90ff, 434; 1959, 257; RGR-Komm, 10./11. Aufl, Bem 2, Soergel/Siebert/Lange, 9. Aufl, Bem 9; Palandt/Lauterbach, Bem 1 je zu § 1666; Erman/Ronke, 3. Aufl, Bem 4, RGR-Komm, Bem 16a je zu § 1671).

aa) Gemäß § 1666 Abs 1 können lediglich einzelne Anordnungen gegen den Eltern- 16
teil getroffen werden, dem die alleinige Ausübung der elterlichen Gewalt oder des Personensorgerechts (§ 1671 Abs 4) übertragen worden ist, soweit eine Abänderung dieser Entscheidung gemäß §§ 1696, 1671 nicht möglich ist. Wie die Abgrenzung zwischen den §§ 1666 und 1671 im Einzelfall vorzunehmen ist, richtet sich nach dem Anwendungsbereich des § 1671. Hiernach ist eine Abspaltung einzelner Teile des Sorgerechts nicht möglich (ebenso KG, FamRZ 1959, 256 = EJF, A I f Nr 18; OLG Hamm, FamRZ 1958, 145; BayObLGZ 1962, 409 = FamRZ 1963, 192 = NJW 1963, 590; BayObLGZ 1961, 264 = FamRZ 1962, 34; BGHZ 3, 220 = NJW 1952, 139 = JZ 1952, 34 = LM BGB § 1666, Nr 1, Ls m Anm, sowie die erwähnten Stimmen im Schrifttum). Daher ist eine besondere Anordnung über das Aufenthaltsbestimmungsrecht (§ 1631 Abs 1) gemäß § 1671 nicht zulässig. Wird aber das Recht der alleinigen Ausübung der tatsächlichen Sorge für die Person des Kindes der minderjährigen Mutter übertragen, so muß jedenfalls für die Zeit bis zur Volljährigkeit der Mutter eine Anordnung bezüglich des Vertretungsrechts in Angelegenheiten der Personensorge ergehen.

Will der sorgeberechtigte Elternteil mit dem Kinde in ein weit entferntes 17
Land auswandern, so kommt für eine etwaige Änderung der Regelung der elterlichen Gewalt nicht § 1666 in Betracht, sondern nur § 1696 iV mit § 1671. Soweit das Verkehrsrecht des anderen Elternteils praktisch ausgeschlossen bzw auf brieflichen Verkehr beschränkt wird, ist § 1634 Abs 2 anzuwenden (s hierzu OLG Neustadt, FamRZ 1963, 300 mit Anm v Schwoerer; oben Bem 91 zu § 1634).

Ist der Elternteil, der die elterliche Gewalt oder das Sorgerecht ausübt, 18
hierzu infolge Wiederverheiratung nicht mehr in der Lage, der andere Elternteil dagegen willens, fähig und geeignet, das Kind zu versorgen, so kommt auch dann, wenn das Kind dem anderen Elternteil ohne vernünftigen Grund vorenthalten wird, keine Maßnahme gemäß § 1666, sondern nur eine Anordnung nach § 1671 in Betracht.

Jedoch kann § 1666 gegebenenfalls dann angewendet werden, wenn der 19
Elternteil, der die elterliche Gewalt bzw das Personensorgerecht allein ausübt, *in einem bestimmten Punkte* bezüglich dessen, was das Wohl des Kindes erfordert, eine dieses objektiv gefährdende Maßnahme trifft, ohne daß Schlüsse in der Richtung gerechtfertigt wären, daß der Elternteil zur weiteren Ausübung der elterlichen Gewalt bzw des Personensorgerechts *insgesamt* ungeeignet wäre (vgl KG, JFG 22, 218; sowie auch BayObLG Z 1962, 409 = FamRZ 1963, 192).

An sich könnte somit gemäß § 1666 eine getrennte Anordnung über das 20
Aufenthaltsbestimmungsrecht ergehen (s auch Bem 13); freilich werden in einem solchen Falle dann regelmäßig, zumal wegen der Bedeutung dieses

Rechts, die Voraussetzungen zur Änderung der Regelung über die alleinige Ausübung der elterlichen Gewalt bzw des Personensorgerechts (§§ 1696, 1671) vorliegen, gegebenenfalls zur Bestellung eines Pflegers gemäß § 1671 Abs 5 (s auch Soergel/Siebert/Lange, Bem 16 zu § 1631, 37 zu § 1671).

Beispiele aus der Praxis, in denen die Anwendung des § 1666 geprüft wurde:

21 Kontrolle des Briefverkehrs des auswärts — in concreto in einem Kindersanatorium im Ausland — untergebrachten Kindes mit dem anderen Elternteil durch die Anordnung, der gesamte Briefwechsel müsse dem sorgeberechtigten Elternteil vorgelegt werden und durch dessen Hände gehen, wenn es sich also um eine eigensüchtige und kleinliche Anordnung handelt (s KG, JFG 12, 89 = JW 1935, 1879); grundlose Beschränkung oder Verhinderung des Briefverkehrs des Kindes mit dem anderen Elternteil (OLG Stuttgart, Recht 1914 Nr 2682);

22 Anordnung des sorgeberechtigten Elternteils deutscher Staatsangehörigkeit, das Kind solle die Schule einer fremden (in casu: der dänischen) Minderheit besuchen, wenn hierdurch eine Trübung des Verhältnisses des Kindes zum anderen Elternteil ebenfalls deutscher Staatsangehörigkeit herbeigeführt wird (s hierzu BGH aaO (Bem 16), sowie auch BVerfG E 4, 52 = FamRZ 1954, 242 = NJW 1954, 1761; s ferner unten Bem 111).

23 Bestimmung des sorgeberechtigten Elternteils über den weiteren Besuch der Volksschule durch das Kind, wenn diese Anordnung nach Lage des Falles nicht vertretbar ist (s BayObLG Z 1951, 500 [504ff], sowie KG, JFG 21, 289, das freilich § 1635 aF, nicht § 1666 anwandte; s auch unten Bem 88, 89);

24 Unterbringung des (in casu mit einem Magenleiden behafteten) Kindes bei der Mutter für die Dauer des Wehrdienstes des sorgeberechtigten Vaters (s dazu KG, JFG 22, 218).

25 Ablehnung der Unterbringung des Kindes in einem Internat zugleich mit einem längeren Kuraufenthalt (s OLG Stuttgart, ZblJugR 1961, 304);

26 Antrag der sorgeberechtigten Mutter auf Änderung des Familiennamens des Kindes (s dazu OLG Frankfurt, FamRZ 1956, 325 m Anm v H. J. Becker = StAZ 1956, 60 = NJW 1955, 1725; OLG Celle, FamRZ 1961, 33 m Anm v Bosch = ZblJugR 1960, 337 = NdsRpfl 1961, 13 = DVBl 1961, 95 = MDR 1961, 147; s auch OVG Münster, NJW 1962, 1981 = MDR 1963, 78). Maßgebend muß die Frage sein, ob durch die Namensänderung das Wohl des Kindes gefährdet ist, allein der Umstand, daß das Kind einen anderen Namen tragen würde als der Vater, rechtfertigt ein Eingreifen des Vormundschaftsgerichts nicht (Becker, aaO; Scheffler in RGR-Komm, Bem 5 zu § 1666).

27 Das BayObLG (Z 1962, 409 = FamRZ 1963, 192 = NJW 1963, 590 = MDR 1963, 416) hat es in dem von ihm entschiedenen Falle für zulässig gehalten, zugleich mit der Regelung der Ausübung der elterlichen Gewalt (§ 1671) eine besondere Anordnung über die religiöse Erziehung gemäß § 1666 zu erlassen. Diese Entscheidung greift Scheffler (RGR-Komm, Bem 16a zu § 1671) zu Unrecht an; seine Argumente können nicht als stichhaltig erachtet werden. Soweit er auf etwaige Schwierigkeiten als Folge einer solchen Anordnung, insbesondere bei der Ausübung des Verkehrsrechts (§ 1634) hinweist, übersieht er, daß gemäß § 1634 Abs 2 S 1 eine Regelung getroffen werden kann, die notfalls durch Ordnungsstrafen durchgesetzt werden kann. Die Auffassung, es müsse in einem solchen Falle wie dem vom BayObLG entschiedenen gemäß § 1671 Abs 5 ein Pfleger bestellt werden, verkennt, daß diese Anordnung nur zulässig ist, um eine Gefahr für das geistige oder leibliche Wohl des Kindes abzuwenden, dh wenn beide Elternteile nicht geeignet sind, das Personensorgerecht auszuüben. Daß eine besondere Anordnung nach § 1666 ergehen kann, ist wohl aus § 3 Abs 1 aE RelKEG zu schließen.

28 bb) Ist der **Elternteil,** dem gemäß § 1671 die alleinige Ausübung der elterlichen Gewalt übertragen war, **verstorben,** so fällt diese dem anderen Elternteil ohne weiteres zu **(§ 1681).** Sie kann nur unter den Voraussetzungen der §§ 1666 bis 1669 entzogen oder beschränkt werden. Dies ist jetzt ganz hM (s hierzu Schwoerer, FamRZ 1958, 42; Lux/Jansen, S 542; Erman/Ronke, Bem 3c) bb); Palandt/Lauterbach, Bem 5, RGR-Komm (Scheffler), Bem 7; Soergel/Siebert/Lange, Bem 8 je zu § 1671 mit Hinweisen; BayObLGZ 1957, 23 = FamRZ 1957, 177 = EJF, A III Nr 11 m Anm v Schwoerer; OLG Frankfurt, FamRZ 1957, 323 = EJF 1957, A III Nr 17 m Anm v Schwoerer; MDR 1960, 227 =

FamRZ 1960, 365 [Ls]; OLG Hamm, JMBlNRW 1959, 103 = FamRZ 1959, 259 [Ls]; SchlHOLG, SchlHA 1951, 44; OLG Celle, NJW 1951, 659 = NdsRPfl 1951, 188; aM OLG Stuttgart, Rpfleger 1962, 179 m ablehnender Anm v Meyer-Stolte). Ein Pfleger kann also nur unter den Voraussetzungen des § 1666 Abs 1 S 1 iV mit § 1909, nicht des § 1671 Abs 5 bestellt werden (ebenso zB LG Würzburg, FamRZ 1955, 146; LG Göttingen, NdsRPfl 1951, 18).

2. a) Der **Begriff „Mißbrauch"** ist ein unbestimmter Rechtsbegriff (Gesetzesbegriff)*) — s BVerfGE 4, 52 = FamRZ 1954, 242; s auch schon OLG Stuttgart, RJA 11, 251, 253 —, ein Tatbestandsmerkmal, das im Gesetz nicht näher definiert und definierbar ist, sondern in besonderem Maße ausfüllungsbedürftig ist, um eine der Eigenart des Einzelfalles angepaßte Entscheidung zu ermöglichen. Die Anwendung eines unbestimmten Begriffs erfordert die Berücksichtigung aller Umstände des Einzelfalles und deren Bewertung. Wenn also der unbestimmte Begriff nicht in dem Sinne definierbar ist, daß mit einer Umschreibung der (allgemeinen) Bedeutung des Begriffs ohne weiteres eine Lösung des Einzelfalls möglich ist, so darf daraus nicht geschlossen werden, daß der Bedeutungsgehalt des unbestimmten Begriffs im konkreten Falle nicht bestimmbar ist. 29

Die auf der Anwendung eines unbestimmten Rechtsbegriffes beruhende Entscheidung ist keine Ermessensentscheidung (ebenso zB zu § 5 BGB KG, FamRZ 1960, 500); so ist es auch unrichtig und mißverständlich, von einem „Urteilsermessen" (Larenz, Methodenlehre der Rechtswissenschaft, 1960, S 222ff) oder von einem „Beurteilungsspielraum" (Bachof, JZ 1955, 97; s hierzu Müller-Tochtermann, aaO) zu sprechen. Die Frage, ob die einzelnen vom Tatrichter festgestellten tatsächlichen Umstände die rechtliche Schlußfolgerung zulassen, daß das gesetzliche Tatbestandsmerkmal, der unbestimmte Rechtsbegriff, erfüllt ist, ist eine Rechtsfrage, die der Nachprüfung des Rechtsbeschwerdegerichts unterliegt (s § 27 FGG iV mit § 550 ZPO; hierzu unten Bem 392).

b) **Mißbrauch des Personensorgerechts** ist falscher rechts- und zweckwidriger Gebrauch des Sorgerechts in einer dem persönlichen Wohl des Kindes und dem Erziehungsziel objektiv zuwiderlaufenden Weise (ähnlich KG, KGJ 33, A 14; OLG 31, 409, 413; 42, 122), so daß er jedem vernünftig und besonnen denkenden Elternteil erkennbar ist (vgl KG, KGJ 46, A 50). Es darf sich also nicht lediglich um eine unzweckmäßige, unpraktische oder ungeschickte Maßnahme oder Verhaltensweise handeln (vgl BayObLG Z 30, 452 = JFG 8, 59), vielmehr muß ein grober Verstoß gegen die Elternpflichten, für das Kind zu sorgen und es zu erziehen, vorliegen (ähnlich schon Eichhorn, Recht 1905, 331). 30

α) Richtschnur für die Auslegung des § 1666 Abs 1 S 1 ist das Wohl des Kindes, dh der Gesichtspunkt, daß die Eltern verpflichtet sind, die elterliche Gewalt zum Wohle des Kindes auszuüben (§ 1627); § 1666 dient dem Schutz des Kindes (s Vorbem 8, 17, 39). 31

β) Der Begriff „Mißbrauch" deckt sich nach seiner Bedeutung und seinem Sinngehalt in der Regel mit dem Begriff **„Versagen" iS des Art 6 Abs 3 GG** (s zu diesem Begriff oben Vorbem 32); dies ist in den Fällen wichtig, in denen den Eltern die Ausübung des Aufenthaltsbestimmungsrechts oder des Sorgerechts entzogen und ein Pfleger bestellt wird, um das Kind in einem Heim unterzubringen, dh das Kind von seinen Eltern zu trennen iS des Art 6 Abs 3 GG, insbesondere dann, wenn die durch den Mißbrauch des Sorgerechts verursachte Gefährdung des Wohls des Kindes (s hierzu unten Bem 228ff) noch keine Verwahrlosungsgefahr iS des Art 6 Abs 3 GG darstellt. In diesen Fällen ist besonders darauf zu achten, daß an die Voraussetzungen des Begriffes „Mißbrauch" ein strenger Maßstab angelegt werden muß. 32

γ) Der Begriff des Mißbrauchs erfordert ein **aktives Tun**, ein **positives Handeln**, durch welches das Kind im Bereich der Personensorge berührt oder betroffen wird. Darunter können auch fallen Erlaubnis zu einem bestimmten Tun oder Unterlassen und Verweigerung einer Zustimmung zu einer von dem Kinde gewünschten Handlung oder Maßnahme, eventuell auch ein vorsätzliches pflichtwidriges Unterlassen, zB die Unterhaltspflichtverletzung (s auch Bem 116, 117). In einzelnen Fällen können freilich Mißbrauch des Sorgerechts und Vernachlässigung des Kindes ineinander übergehen (s auch unten 33

* Zur Problematik und Bedeutung der unbestimmten Rechtsbegriffe s aus der Literatur Göppinger, Die Erledigung des Rechtsstreits in der Hauptsache, 1958, S 188ff, FamRZ 1960, 258; Die Justiz 1961, 313; Müller-Tochtermann, NJW 1962, 1238; SchlHAnz 1962, 157; Keidel, FGG, Komm, 8. Aufl, 1963, Bem 30, 31 zu § 27, 489f.

Bem 144, 157ff, 171f, 193). Vor allem kann sich an eine mißbräuchliche Handlung ein Verhalten anschließen, das den Tatbestand der Vernachlässigung erfüllt. Oder es kann eine Handlung oder Maßnahme, die für sich betrachtet nahe an den Tatbestand des Mißbrauchs herankommt, durch ein anschließendes pflichtwidriges passives Verhalten stärkeres Gewicht erlangen, so daß von einem Mißbrauch gesprochen werden muß. Umgekehrt kann ein pflichtwidriges passives Verhalten, das allein noch keine Vernachlässigung darzustellen vermag, zusammen mit einer vorausgegangenen pflichtwidrigen Handlung oder Maßnahme, den Tatbestand der Vernachlässigung erfüllen. Je nachdem welchem Verhalten das größere Gewicht zukommt, wird dann Mißbrauch oder Vernachlässigung angenommen werden können. Das Gericht muß aber stets deutlich zum Ausdruck bringen, ob es das eine oder das andere Tatbestandsmerkmal oder beide Merkmale als gegeben erachtet (vgl dazu BayObLGZ 30, 40; Z 30, 106 = JFG 7, 57 = HRR 1930 Nr 983; OLG Hamm, JMBlNRW 1961, 112; sowie auch KG, KGJ 36, A 10; OLG 31, 411). Es darf also nicht offen bleiben, ob das eine oder das andere Tatbestandsmerkmal als erfüllt beurteilt wird (unklar freilich BayObLGZ 30, 106 und KG, KGJ 36, A 10).

34 Eine einzelne (einmalige) Handlung kann ausreichen, um den Tatbestand des Mißbrauchs zu erfüllen, wenn ihr entsprechendes Gewicht zukommt, wie auch eine einzelne Handlung genügen kann, um die Verwirkung der Ausübung der elterlichen Gewalt herbeizuführen (§ 1676). Es braucht keine fortgesetzte Handlung oder ein gleichartiges oder ähnliches längere Zeit andauerndes Verhalten vorzuliegen. Es ist auch nicht erforderlich, daß die Eltern oder der Elternteil die Pflichten gegenüber dem Kinde dauernd gröblich verletzen (vgl die Formulierung in § 1747 Abs 3, in dem noch schärfere Voraussetzungen als in § 1666 aufgestellt sind, anscheinend aM Achilles/Greiff/Beitzke, 21. Aufl, Nachtrag 1963, Bem 4 zu § 1747 nF). Eventuell können mehrere verschiedenartige Handlungen zusammen den Tatbestand des Mißbrauchs ergeben, die allein je für sich betrachtet diese Voraussetzungen noch nicht erfüllen würden (vgl hierzu auch Bem 146).

35 δ) Das den Mißbrauch darstellende Verhalten braucht **nicht** auf einem **Verschulden** zu beruhen (s dazu Näheres Bem 194ff), ebenso braucht auch kein schwerer Mißbrauch vorzuliegen (vgl dazu Mot IV, 803f, wiedergegeben von KG in KGJ 33, A 16). Indessen darf eine Handlung von verhältnismäßig geringfügiger Bedeutung nicht schon als mißbräuchlich betrachtet werden; andererseits braucht eine Handlung oder eine Maßnahme von relativ schwerwiegender Bedeutung nicht ohne weiteres als mißbräuchlich beurteilt zu werden. So braucht eine drastische und kaum gebräuchliche Erziehungsmaßnahme nicht unbedingt einen Mißbrauch darzustellen (s unten Bem 47).

36 Es ist nicht nur die betreffende Handlung oder Verhaltensweise der Eltern oder des Elternteils als solche im Vergleich zu üblichen und angemessenen Erziehungsmaßnahmen oder Verhaltensweisen der Eltern, der etwaige Zusammenhang der Handlung oder Maßnahme der Eltern mit Handlungen zB Unarten oder überhaupt Fehlhandlungen des Kindes zu beurteilen, sondern es sind je nach Lage des Falles auch die allgemeinen Verhältnisse der Familie, der Zuschnitt ihrer Lebenshaltung, die seitherigen Erziehungsmethoden und -maßnahmen der Eltern im positiven wie im negativen Sinne, das Alter, die körperliche, geistige, seelische, charakterliche und sittliche *Entwicklung des Kindes* zu berücksichtigen. Je mehr sich das Kind der Volljährigkeit nähert, desto selbständiger wird es und desto eher muß ihm eine gewisse Freiheit im eigenen Handeln zugestanden werden (s schon BayObLG Z 27, 275 = JFG 5, 60; etwas zu weitgehend freilich OLG Koblenz, FamRZ 1958, 137 m Anm v Bosch, hierzu s auch oben Bem 20 zu § 1631). Die Eltern müssen also auf die Entwicklungsstufen des Kindes Rücksicht nehmen (LG München II, RdJ 1962, 270, 271; OLG Dresden, SächsArch 1928, 289, 291f).

37 ε) Eine *Gefährdung des Wohls des Kindes* muß zwar die Folge des Verhaltens der Eltern oder des Elternteils sein (s dazu unten Bem 236), sie gehört aber an sich nicht zum Tatbestand des Mißbrauchs. Andererseits wird sich je nach Lage des Falles oft erst durch die Prüfung und Würdigung der Folgen und Auswirkungen, dh der Frage der Gefährdung des Wohls des Kindes, beurteilen lassen, ob eine Handlung oder Verhaltensweise des Sorgeberechtigten als mißbräuchlich angesehen werden muß.

38 ζ) So kommt es **zusammengefaßt** darauf an, ob die *Handlung, Maßnahme oder Verhaltensweise des Sorgeberechtigten objektiv nach dem Sittengesetz, nach den in der Rechtsgemeinschaft herrschenden*

sittlichen Anschauungen und Wertungen, unter Berücksichtigung der Anschauungen und Gewohnheiten vernünftig und besonnen denkender und handelnder Eltern als ungewöhnlich und nicht mehr vertretbar beurteilt und bei Anlegung der erwähnten Maßstäbe beanstandet werden muß (vgl auch die Formulierung in dem Beschluß des LG Münster, FamRZ 1956, 155, 156 re Sp).

Mißbräuchlich sind stets Handlungen oder Maßnahmen, die auf Haßgefühlen, der Absicht der Schikane oder Rache, blinder Wut, maßloser Erregung, dem Zorn über den angerichteten Schaden und eine Schadensersatzpflicht des Sorgeberechtigten (s § 832) oder über sonstige unerfreuliche Folgen (zB Streit und Auseinandersetzungen mit Verwandten, Hausbewohnern, Bekannten, Nachbarn) oder der Absicht beruhen, dem nahezu erwachsenen Kinde die „Macht" des Sorgeberechtigten zu zeigen oder dieses in unangemessener Weise zu demütigen (s dazu auch Göppinger in der Anm zu OLG Karlsruhe, FamRZ 1963, 453), indem es durch eine bestimmte Maßnahme des uneinsichtigen erregten Sorgeberechtigten im Rahmen von Auseinandersetzungen „wie ein Schulkind" behandelt wird. 39

Guter Wille dem Kinde gegenüber schließt die mißbräuchliche Ausübung des Sorgerechts nicht aus, wenn die betreffende Maßnahme des Elternteils auf blindem Haß gegen den anderen Elternteil beruht (LG Hamburg, HansRGZ 1934, B 667). 40

c) Mißbräuchliche Handlungen der Eltern bei der Ausübung des Personensorgerechts können sich beziehen auf die Pflege und Erziehung (§§ 1626, 1631), sowie die Bestimmung des Aufenthalts (§ 1631). 41

Im einzelnen kommen in Betracht:

α) *αα)* **Mißhandlungen des Kindes**, insbesondere durch Überschreitung des **Züchtigungsrechts** (s zu diesem oben Bem 32, 33 zu § 1631), wobei für die Beurteilung des jeweiligen Falles das zur Züchtigung verwendete Mittel (zB Stöcke, Lederriemen, die Faust, die bloße Hand), das Alter und die körperliche und psychische Konstitution des Kindes, der getroffene Körperteil von Bedeutung sein werden (vgl dazu BayObLGZ 33, 18; KG, ZblJugR XXV,57 [1933]; s zur Züchtigung auch **Potrykus**, RdJ 1958, 129). 42

Bedrohung des Kindes mit der Begehung von Verbrechen (BayObLG, OLG 36, 208), insbesondere mit einem Beil und einem Messer (OLG Braunschweig, JFG 4, 43). 43

Regelmäßig wird eine einzige Mißhandlung noch nicht als Mißbrauch anzusehen sein, es sei denn, daß sie besonders schwer wiegt. Eine Züchtigung, die eine strafbare Handlung (§ 223 StGB) darstellt (s zur strafrechtlichen Beurteilung auch Kienapfel, Körperliche Züchtigung und soziale Adäquanz im Strafrecht, 1961), wird stets als mißbräuchliche Ausübung des Sorgerechts zu beurteilen sein; dagegen braucht umgekehrt ein Mißbrauch des Sorgerechts bei einer Züchtigung noch keine strafbare Handlung zu sein, vor allem deshalb, weil die mißbräuchliche Handlung kein Verschulden voraussetzt (s dazu Bem 194ff). 44

Unangemessene Züchtigungen eines robusten Kindes brauchen nicht ohne weiteres den Tatbestand des Mißbrauchs zu erfüllen, es sei denn, daß die Züchtigungen schwerwiegende Folgen haben. Andererseits können weniger strenge Züchtigungen eines sehr zarten und sensiblen Kindes mißbräuchlich sein (s auch oben Bem 36). 45

Mißbräuchlich sind aber regelmäßig maßlose launenhafte Züchtigungen (BayObLG Z 18, 157 = Recht 1917, Nr 1835), eventuell auch eine harte Züchtigung zur „Generalprävention", sowie zu häufige Züchtigungen, vor allem, wenn sie dazu führen, daß das Kind ängstlich, verstört und verschüchtert wird oder geworden ist oder jedes Gefühl für Zucht, Sitte und Gerechtigkeit verliert (KG, ZblJugR XXV, 57 [1933]; DJugH XXIX, 37 [1937]; OLG Hamm, NJW 1950, 393). 46

In besonderen Fällen brauchen drastische Maßnahmen zB gegen die sittlich verkommene 16jährige Tochter noch nicht mißbräuchlich zu sein (s zB BGH, NJW 1953, 1440 = SJE, B 6, 357; hierzu oben Bem 33 zu § 1631, sowie Dürig in Maunz/Dürig, Bem 25, Fußn 2, zu Art 19 Abs 3 GG; a M Soergel/Siebert/Lange, Bem 25 zu § 1631). 47

ββ) Mißbräuchlich sind ständige grobe ungerechtfertigte Tadel und Beschimpfungen des Kindes durch die Eltern, zB wenn Eltern Anforderungen an 48 das Kind gestellt haben, denen es im Hinblick auf sein Alter, seine Fähigkeiten oder mangelnde Fähigkeiten oder fehlende Geschicklichkeit oder Begabung nicht gewachsen ist oder sein kann, ständiger Tadel des Kindes mit Ausdrücken wie „Taugenichts", „Idiot", u dgl, häufige Beschimpfungen der im Betrieb, zB in der Gastwirtschaft, des Vaters tätigen Tochter mit Ausdrücken wie „Hure" vor Kunden, Gästen oder dem Personal, ferner demonstrative hysterische Tobsuchtsanfälle des Elternteils vor dem Kind (s LG Lübeck, FamRZ 1955, 270).

49 γγ) Ebenso kann gänzlich ungeeignete und ungenügende häusliche Unterbringung des Kindes eine mißbräuchliche Ausübung des Sorgerechts bedeuten, vor allem, wenn hierdurch eine gesundheitliche, seelische oder sittliche Gefährdung des Kindes herbeigeführt wird (s BayObLGZ 24, A 187; 28, A 416; s auch unten Bem 154).

50 Dasselbe gilt, wenn das Kleinkind der mütterlichen Pflege entzogen wird (s BayObLGZ 22, 226 = OLG 43, 370 — freilich wird in diesem Falle meist, jedenfalls wenn die Mutter einen entsprechenden Antrag stellt, unter dem Gesichtspunkt der Meinungsverschiedenheit der Eltern (s Bem 2, 3, 15—26 zu § 1628) entschieden werden können —), oder

51 wenn die Eltern in ihrer Wohnung unsittliche Beziehungen des Kindes mit einer „Freundin" bzw einem „Freunde" gestatten, zB erlauben, daß die Tochter mit einem Manne in einem Bett schläft — hier kann freilich auch eine Vernachlässigung des Kindes in Betracht kommen (s Bem 182);

52 wenn die Eltern die infolge Schwangerschaft in körperlicher und seelischer Notlage befindliche Tochter mittellos aus dem Haus gewiesen und ihr dann auch einen Unterhaltsbeitrag verweigert haben (s KG, JW 1937, 473 = DJugH XXIX, 79);

53 wenn der 19jährige Sohn, der Bettnässer ist, des Hauses verwiesen und dann seinem Schicksal überlassen wurde (OLG Köln, JMBlNRW 1948, 32 = NJW 1948, 342; s auch KG, KGJ 49, 24);

54 wenn die Eltern oder der Elternteil den Plan, die triebhafte, in sittlicher (sexueller) Hinsicht gefährdete Tochter in einer Ganztagesstelle mit Unterkunft unterzubringen, vereitelt haben (OLG Hamm, ZblJugR 1958, 177, 179);

55 wenn die Eltern erlauben, daß der (die) Jugendliche die Ferien mit einem Partner des anderen Geschlechts in einem Zeltlager (auf einem sog Camping-Platz) verbringt (vgl hierzu auch § 1 Abs 1 des Gesetzes zum Schutze der Jugend in der Öffentlichkeit idF vom 27. 7. 1957, BGBl I. 1058, sowie die Kommentare von W. Becker, 2. Aufl 1962, Bem 8, 10, und Potrykus, 2. Aufl 1963, Bem 8 je zu § 1).

56 δδ) Wird dem Kinde wiederholt das Essen entzogen oder wird es in unzureichender Weise ernährt, zB aus Haß und Mißgunst oder zum Zwecke der Bestrafung, so daß seine körperliche und seelische Entwicklung gefährdet wird, so handeln die Eltern mißbräuchlich (s BayObLGZ 30, 40; KG, DJugH XXIX, 37, 38 — 1937 —); doch wird in solchen Fällen auch der Tatbestand der Vernachlässigung des Kindes gegeben sein (s noch unten Bem 155).

57 εε) Leben die Eltern in dürftigen Verhältnissen, so bedeutet die Ablehnung des Vaters, eine besser bezahlte Stelle anzunehmen, jedoch keinen Mißbrauch des Sorgerechts (s dazu auch unten Bem 258).

58 ζζ) Mißbrauch des Sorgerechts und Vernachlässigung des Kindes werden auch angenommen werden können, wenn die Eltern dem Kinde gefährliche Spielzeuge, zB Waffen (s dazu Potrykus, RdJ 1962, 153), überlassen, durch die es sich selbst oder/und anderen Kindern Verletzungen beibringen kann, und wenn die Eltern das Kind nicht genügend beaufsichtigen (s hierzu Bem 191);

59 β) Hinsichtlich der **religiösen Erziehung** des Kindes kann in besonderen Fällen eine mißbräuchliche Ausübung des Erziehungsrechts in Betracht kommen; jedoch ist im Hinblick auf die Vorschriften des Art 4 Abs 1 und 6 Abs 2 GG Zurückhaltung bezüglich eines Eingreifens des Vormundschaftsgerichts geboten*).

*) Erwähnenswert ist hierzu noch, daß bei den Beratungen über den Entwurf des BGB in der Reichstagskommission und im Reichstage der Antrag gestellt worden war, ausdrücklich auszusprechen, daß das Verhalten des Vaters in religiöser oder politischer Hinsicht oder die Einwirkung des Vaters auf das Kind nach diesen Richtungen hin hier nicht in Betracht kommen solle; doch fand dieser Antrag keine Annahme (RTK 269 ff, StB 674 ff; s Vorauflage, Bem II, B 3 α γ).

Mißbrauch kann gegeben sein (s auch Bem 9 zu § 7 RelKEG, Anh nach § 1631), wenn namens des noch nicht 12jährigen Kindes (s § 5 RelKEG), das christlich getauft und erzogen wurde und bei Pflegeeltern der gleichen Konfession untergebracht ist, der Austritt aus der Kirche erklärt wird (AG Braunschweig, FamRZ 1958, 470 m Anm v. Bosch; s auch LG Rottweil, ZblJugR 1950, 103 bezügl des in Fürsorgeerziehung befindlichen Kindes), 60

wenn der Elternteil aus Verärgerung über ein Verhalten des Geistlichen das über 12 Jahre alte Kind unvorbereitet zum Standesamt führt und zur Unterzeichnung der Erklärung bestimmt, aus der Kirche auszutreten, ohne Belehrung über die Bedeutung und Tragweite dieses Schrittes (OLG München, JFG 14, 47 = DFG 1936, 240 [Ls]; Schnitzerling, 19),

wenn der verwitwete Elternteil das Kind zwar weiterhin an dem Religionsunterricht der gleichen Konfession teilnehmen läßt, es aber zum regelmäßigen Besuch des Gottesdienstes einer anderen Konfession anhält (KG, KGJ 46, A 41), wenn es also längere Zeit hindurch den Einflüssen mehrerer Religionsgemeinschaften in solchem Maße ausgesetzt wird, daß die Gefahr einer Verwirrung der religiösen Vorstellungen des Kindes heraufbeschworen wird (BayObLGZ 27, 26, 30; 1951, 421, 423; 1962, 409, 413 = FamRZ 1963, 192, 193 = NJW 1963, 590, 591), oder wenn bei dem Kinde dadurch, daß es hinter dem Rücken des anderen Elternteils und ohne dessen Zustimmung in einem anderen Bekenntnis erzogen wird, Gewissensnot oder eine schwere seelische Erschütterung hervorgerufen wird (KG, OLG 42, 122; BayObLGZ 27, A 26 = JFG 5, 48; OLG München, JFG 14, 47). 61

Die Änderung der religiösen Erziehung des unehelichen Kindes ist nicht schon deshalb mißbräuchlich, weil der Vormund hierbei nicht mitwirkte (BayObLG Z 27, A 26 = JFG 5, 48). 62

Ebenso ist die Änderung der religiösen Erziehung nicht ohne weiteres mißbräuchlich, sondern nur unter ganz besonderen Umständen (s BayObLGZ 1962, 409 [413f], Scheffler in RGR-Komm Bem 5 zu § 1666), zB wenn der Wechsel auf verwerflichen Gründen oder einem Verstoß gegen die guten Sitten beruht oder wenn das Wohl des Kindes gefährdet oder verletzt wird (BayObLGZ 25, A 200 = JFG 4, 146 = BayZ 1926, 210 = JW 1927, 1217; Z 25, A 479 = OLG 46, 178; Z 27, A 26 = BayZ 1927, 326 = JFG 5, 48; BayZ 1932, 279; KG, ZblJugR XXVI, 215 [1934]).

Das gleiche gilt auch bei einem Wechsel der Religion, zB einem Übertritt des christlich erzogenen Kindes zur jüdischen Religion (KG, KGJ 49, A 29 = RJA 15, 256; Soergel/Siebert/Lange, Bem 23 zu § 1666) oder umgekehrt oder bei einem Übertritt des Kindes zu einer Sekte (BayObLG, FamRZ 1963, 195).

Der Wechsel der Konfession oder Religion ist auch dann nicht ohne weiteres mißbräuchlich, wenn hiermit gegen eine Vereinbarung, die der Elternteil vor oder nach der Eheschließung mit dem anderen Elternteil getroffen hat, oder gegen eine Verpflichtung, die er einem Dritten, zB einem Geistlichen, gegenüber übernommen hat, verstoßen wird (s oben Bem 4 aE zu § 4 RelKEG sowie BayObLGZ 1962, 409, 413f = FamRZ 1963, 192, 193, anders in einem Sonderfall OLG Saarbrücken, DRZ 1950, 518 und bezüglich eines Adoptivkindes BayObLGZ 25, A 200 = JFG 4, 146 = JW 1927, 1217 = Bay Z 1926, 210). 63

Nicht als mißbräuchlich angesehen werden kann auch eine Einflußnahme auf die religiöse Entwicklung des über 14 Jahre alten Kindes (s oben Bem 11 zu § 5 RelKEG, sowie OLG Frankfurt, FamRZ 1956, 283, 286; Soergel/Siebert/Lange, Bem 23 zu § 1666); vielmehr entspricht eine solche Einflußnahme und eine in geeigneter Weise wahrgenommene Führung des Kindes gerade einer verantwortungsbewußten Erziehung (s Vorbem 21 vor § 1666). 64

Bei der Prüfung der Frage, ob eine mißbräuchliche Ausübung des Sorgerechts und eine Gefährdung des Wohls des Kindes iS des § 1666 Abs 1 Satz 1 vorliegen, ist vor allem zu untersuchen, wie das Kind seither erzogen wurde, auf welchen Gründen der Wechsel der Religion oder Konfession beruht, ob die in Betracht kommenden Bekenntnisse oder Religionen eine größere oder geringere Wesensverschiedenheit aufweisen, wie sich die charakterliche und seelische Entwicklung des Kindes vollzogen hat, in welchem Grade es schon in das bisherige Bekenntnis hineingewachsen ist, ob sich bei ihm ein fester Glaube und ein Gefühl der Zugehörigkeit zu dem Bekenntnis entwickelt hat (s dazu BayObLGZ 1962, 409 [414] = FamRZ 1963, 192, 193f; Schnitzerling, RdJ 1958, 133). 65

γ) aa) Mißbräuchliche Ausübung des Sorgerechts kann in besonderen Fällen auch bejaht werden, wenn die Eltern dem Kinde das notwendige Spielzeug 66 oder dem schon größeren Kinde die Befriedigung kultureller Bedürfnisse, insbesondere die zur Ausbildung erforderliche Literatur verweigern, oder das Kind in unangemessener Weise vom Spielen und Zusammensein mit anderen Kindern abhalten, so daß das Kind Kontaktstörungen erleidet (s auch Bang, RdJ 1963, 182; Lesemann, ZblJugR 1956, 247) oder wenn die Eltern in unangemessener Weise einen harmlosen, für das Kind nützlichen Briefverkehr unterbinden (s dazu auch Peters in „Die Grundrechte", IV, 1, 394) oder gegen eine schriftstellerische, künstlerische oder wissenschaftliche Betätigung des 20jährigen begabten Kindes einschreiten (Peters, aaO) oder wenn sie die von diesem verfaßten Gedichte oder Erzählungen gegen dessen Willen veröffentlichen (vgl hierzu auch Hildeg Krüger, FamRZ 1956, 333).

67 ββ) Mißbräuchliches Handeln der Eltern kann vorliegen, wenn sie grundlos und willkürlich oder böswillig den Umgang des Kindes mit Dritten unterbinden oder verbieten (s oben Bem 20 zu § 1631, Bem 6 zu § 1626, sowie auch BayObLGZ 1962, 277 = FamRZ 1963, 142; Becker/Salewski, Die Frühehe als Wagnis und Aufgabe, 1963, 62ff), oder wenn sie dem älteren Kinde, insbesondere einem über 18 Jahre alten Kinde, jeglichen Umgang mit Angehörigen des anderen Geschlechts untersagen (ebenso Bosch, FamRZ 1958, 140).

68 δ) Halten die Eltern das Kind von den vorgeschriebenen und notwendigen Impfungen ab oder verweigern sie dem Kinde eine auf Grund seines Zustandes erforderliche und ungefährliche **ärztliche Behandlung**, vor allem eine Operation, so kann hierin ein Mißbrauch des Sorgerechts liegen (s dazu Schnitzerling, 17, und ZblJugR 1958, 319; RdJ 1958, 132, 1960, 52; BldWPfl 1963, 177; Kuhnke, JW 1934, 524; Hertz, ZblJugR XIX, 113 (1927); v. Renesse, ZblJugR XXII, 155 (1930) betr drohende Verkrüppelung), zB wenn die Operation aussichtsreich ist und nach dem Gutachten einer Spezialklinik die Verschlimmerung eines schweren Leidens verhindert (LG Halle, DR 1940, 118) oder wenn durch die Operation die gesundheitliche Berufstüchtigkeit des Kindes wieder herbeigeführt werden kann (LG Lübeck, SchlHA 1962, 201), wenn also die Verweigerung der Operation so unverständig ist, daß die Haltung der Eltern nicht vertretbar erscheint (s hierzu KG, KGJ 46, A 45 = RJA 14, 91; JFG 13, 33; OLG München, JFG 16, 205).

Ist das Kind unehelich, so obliegen freilich die rechtsgeschäftlichen Erklärungen (die Einwilligung zur Operation) dem Vormund (§ 1707 Abs 1 Satz 2); aber von dem Einverständnis der Mutter, der das Aufenthaltsbestimmungsrecht zusteht, hängt es ab, ob die Operation auch durchgeführt werden kann, da sie darüber zu entscheiden hat, ob das Kind in ärztliche Behandlung gegeben, von welchem Arzt und in welchem Krankenhaus die Behandlung vorgenommen werden soll. Daher ist die uneheliche Mutter an sich in der Lage, die Unterbringung des Kindes im Krankenhaus und damit die Operation zu verhindern (OLG München, aaO; Schnitzerling 18).

69 ε) Ein Mißbrauch des Sorgerechts durch die **uneheliche Mutter** kann auch vorliegen, wenn sie sich weigert, dem Vormund (der gemäß § 1707 Abs 1 Satz 3 iV mit § 1686 nF — § 1689 aF — Beistand der Mutter in Angelegenheiten der Personensorge ist) oder dessen Vertreterin, zB der Fürsorgerin des Jugendamtes das Kind vorzuzeigen (KG, KGJ 38, A 38; OLG 31, 413) oder wenn sie das Kind böswillig der Aufsicht des Jugendamtes (s § 31 Abs 1 Satz 3 JWG) entzieht.

70 Dagegen ist eine mißbräuchliche Ausübung des Sorgerechts durch die uneheliche Mutter zu verneinen, wenn sie sich dem Jugendamt gegenüber weigert, den Erzeuger des Kindes zu nennen (KG JW 1934, 2622 = HRR 1935 Nr 15; OLG Karlsruhe, BldWPfl 1962, 58; Maßfeller, DFG 1936, 67; Schnitzerling 19; RdJ 1958, 132; BldWPfl 1963, 177; Lux/Jansen, 490), da sie nicht gezwungen werden kann, den Namen zu offenbaren, und auch in einem Rechtsstreit ein Zeugnisverweigerungsrecht hat (§ 383 Abs 1 Nr 3 ZPO). Dem steht nicht entgegen, daß das Kind ein Recht auf Klärung seiner blutmäßigen Zugehörigkeit hat (s Nipperdey in „Die Grundrechte", IV, 2, 847). Verschweigt sie den Namen des Erzeugers, so wird die Mutter nur in Ausnahmefällen zum Vormund (§§ 45, 50, JWG, vgl dazu im allgemeinen auch Webler, NJW 1960, 245 und ZblJugR 1961, 128) und wird ihr nur unter noch strengeren Voraussetzungen die elterliche Gewalt (§ 1707 Abs 2) übertragen werden können (dazu OLG Stuttgart, FamRZ 1963, 525, s Bem 8).

71 ζ) Mißbrauch des Sorgerechts kann gegeben sein, wenn die Eltern die Aufhebung der Freiwilligen Erziehungshilfe beantragen, obwohl das Kind noch dringend der Heimerziehung bedarf (ebenso Schnitzerling, BldWPfl 1963, 178), oder

wenn sie sonst die wegen Erziehungsschwierigkeiten des Kindes erfolgte Heimunterbringung unterbrechen, obwohl die Erziehungsschwierigkeiten noch nicht behoben sind (s oben Bem 17 b zu § 1631 und unten Anhang Bem 543, sowie OLG Hamm, ZblJugR 1958, 177 (179) oder eventuell, wenn sie das Kind der Fürsorgeerziehung entziehen (s dazu in strafrechtlicher Hinsicht § 86 Abs 1 Nr 1 JWG und OLG Celle, EJF, E I, Nr 6).

Ebenso kann ein Mißbrauch des Sorgerechts vorliegen, wenn die Eltern die Aufhebung der Erziehungsbeistandschaft beantragen, obwohl deren Weiterführung erforderlich ist (s Anhang Bem 111).

η) Eine mißbräuchliche Ausübung des Sorgerechts kann darin erblickt werden, daß der Elternteil den **Verkehr** oder **Briefverkehr** des Kindes mit dem anderen Elternteil grundlos beschränkt oder verhindert (s auch oben Bem 21 sowie Bem 56 zu § 1634) oder 72

daß der Elternteil den Verkehr des Kindes mit den Großeltern grundlos beeinträchtigt oder unterbindet (s Darkow, JR 1953, 333; Schnitzerling, 18 und FamRZ 1958, 446 sowie RdJ 1958, 131), zB mit den Eltern des verstorbenen Elternteils (OLG Köln, NJW 1961, 2163 = MDR 1961, 1016 = SjE, B 6, 420 k = DAVorm 1962, 16) oder des in Kriegsgefangenschaft befindlichen oder vermißten Vaters (OLG Hamm, Rpfleger 1948/49, 119) oder wenn der Verkehr aus Böswilligkeit oder Haß oder persönlicher Abneigung gegen die Großeltern des Kindes gestört oder verhindert wird (s dazu KG, JFG 15, 231 = DFG 1937, 101 = JW 1937, 2197). Daran ändert der Umstand nichts, daß die Großeltern kein gesetzlich anerkanntes Recht auf regelmäßigen Verkehr mit dem Enkelkinde haben (§ 1634 Abs 1; s dazu Bem 21 zu § 1634); denn dieser liegt regelmäßig im Interesse des Kindes, nicht nur wegen materieller Vorteile, sondern vor allem weil die Pflege des Familiensinns und der kindlichen Zuneigung zu Großeltern ihrer charakterlichen und seelischen Entwicklung förderlich ist (KG, aaO; Schnitzerling, 18, FamRZ 1958, 466; s ferner BayObLG, FamRZ 1964, 155). 73

Ist das uneheliche Kind für ehelich erklärt, so handelt der Vater mißbräuchlich, wenn er verlangt, daß das Kind zu seiner Mutter, die es als solche kennt, „Tante" sagt (OLG Stuttgart, KGJ 43, A 281 = RJA 11, 251 = Recht 1912, Nr 2683, s auch Nr 3214). 74

Ist das Kind adoptiert, so setzt die Pflege der Beziehungen zu den leiblichen Verwandten des Kindes voraus, daß sie mit dem Zweck der Adoption und den insoweit bestehenden berechtigten Interessen des Kindes zu vereinbaren ist (OLG Hamm, JMBlNRW 1962, 189); daher wird eine mißbräuchliche Ausübung des Sorgerechts durch Verweigerung oder Beschränkung des Verkehrs hier nur in Ausnahmefällen und unter strengen Voraussetzungen in Betracht kommen (s auch OLG München, JFG 15, 176 = HRR 1937 Nr 1012 sowie KG, OLG 16, 23; 33, 354; Lindacher, RdJ 1964, 42).

Hat der uneheliche Vater das Kind, ein Brautkind, jahrelang regelmäßig besucht, so daß ein herzliches Vater-Kind-Verhältnis entstanden ist, und unterbindet die Mutter nach der Auflösung des Verlöbnisses den Verkehr des Vaters mit dem Kinde völlig (s einen von Boehmer, NJW 1963, 1945 [II 1] berichteten Fall), so wird das Vormundschaftsgericht, wenn das Wohl des Kindes gefährdet ist, gemäß § 1666 Abs 1 Satz 1 die erforderlichen Maßnahmen anordnen können.

ϑ) Die Mutter mißbraucht das Sorgerecht, wenn sie zusammen mit dem Kinde den Mann, der an diesem ein Sittlichkeitsverbrechen begangen hat und deshalb bestraft wurde, weiterhin besucht und dadurch das Kind gefährdet (BayObLG Z 21, A 334). 75

Ein Mißbrauch des Sorgerechts liegt auch in unsittlichen, insbesondere ehebrecherischen Beziehungen des Elternteils in der ehelichen Wohnung, vor allem wenn hierdurch die Vorstellungswelt des Kindes ungünstig beeinflußt und das sittliche Wohl des Kindes gefährdet wird (vgl OLG Hamm, JMBlNRW 1962, 243; s auch unten Bem 181, 243 sowie den Fall BGHSt 3, 256). 76

ι) Hat ein Elternteil durch eine strafbare Handlung gegen ein Kind die Ausübung der elterlichen Gewalt über dieses verwirkt (§ 1676; s hierzu auch Vorbem 37, 44), so wird in dieser Straftat zugleich ein Mißbrauch des Sorgerechts für ein anderes im Haushalt des Elternteils befindliches Kind zu erblicken sein (Beispiel: BayObLG Z 15, 724; Z 1958, 97; s auch Bem 211); denn eine solche Handlung berührt wegen der geschwisterlichen Verbundenheit auch das andere Kind und führt regelmäßig zum Verlust oder zu einer sehr erheblichen Beeinträchtigung der Autorität des Elternteils, was eine Gefähr- 77 dung des Wohls des Kindes bedeutet. Eventuell kann die Straftat auch ein ehrloses Verhalten darstellen (s Bem 216 sowie zur Anwendung des § 1666 Abs 1 S 1 in solchen Fällen Erman/Ronke, Bem 2 aE, Palandt/Lauterbach, Bem 1 je zu § 1676).

78 κ) Die Eltern sind zwar gemäß § 1627 verpflichtet, die Personensorge im gegenseitigen Einvernehmen auszuüben; doch schließt dies nicht aus, daß regelmäßig — wie es auch praktisch nicht anders möglich ist — zwischen den Eltern, schon auf Grund der beruflichen Tätigkeit des Vaters, eine Aufgabenteilung besteht, die sich besonders bei der Erziehung und Beaufsichtigung des Kindes, namentlich des kleineren Kindes, auswirkt. Daher ist jeder Elternteil verpflichtet, eine sinnvolle Aufgabenteilung zum Zwecke einer planmäßigen kontinuierlichen Erziehung des Kindes herbeizuführen und hierbei einander zu unterstützen (s hierzu Bem 17—25 zu § 1627). Führt ein Elternteil Schwierigkeiten herbei, zB durch unangebrachte Kritik und Vorwürfe gegen den anderen Elternteil im Beisein des Kindes, durch Mangel an Anpassungsfähigkeit und Einsicht oder verhindert er durch Gleichgültigkeit notwendige Maßnahmen, so ist in schwereren Fällen, vor allem bei psychischer Gefährdung des Kindes, der Tatbestand des Mißbrauchs oder der Vernachlässigung des Kindes gegeben (ähnlich Erman/Ronke, Bem 2c) zu aa) und bb), S 828), wobei hier die Abgrenzung zwischen Mißbrauch und Vernachlässigung flüssig sein kann (s auch oben Bem 33 und unten Bem 162). Ebenso können die Eltern mißbräuchlich handeln, wenn der eine Elternteil gegenüber dem Kinde übertriebene Strenge, der andere Elternteil übertriebene Milde und Nachsicht zeigt, etwa mit dem Bestreben, Unarten und Fehlhandlungen des Kindes zu bagatellisieren. Weiterhin kann ein Mißbrauch des Sorgerechts vorliegen, wenn die Eltern ihre Kinder in auffallender Weise verschieden behandeln, so daß die Kinder dies selbst bemerken, zB das eine Kind besonders streng, das andere Kind besonders nachsichtig behandeln und mit Geschenken überhäufen, so daß die seelische Entwicklung des ersteren Kindes gefährdet wird (vgl hierzu auch Peters in „Die Grundrechte", IV, 1, S 396), sowie wenn ein Kind in besonderem Maße verzärtelt wird und dadurch in seinem Denken und Handeln unselbständig und hilflos wird (s hierzu die — freilich von nationalsozialistischem Gedankengut beeinflußte — Entscheidung des KG, DJ 1937, 250 = ZblJugR XXVIII, 422; Peilecke und Maßfeller, DJ 1937, 628, 629; s ferner Bang, RdJ 1963, 182 sowie unten Anhang Bem 26, 225).

78a Ein Mißbrauch des Sorgerechts ist auch zu bejahen, wenn die in zerrütteter Ehe lebenden Eltern ihre Feindschaft gegeneinander auf dem Rücken des Kindes austragen, so daß dieses durch gegensätzliche Anordnungen hin und hergerissen wird oder auf sonstige Weise durch die Streitigkeiten der Eltern, insbesondere auch in Erziehungsfragen, oder durch gegenseitige Beschimpfungen gefährdet wird (s auch oben Bem 3 zu § 1628, 23 zu § 1627).

79 Der Elternteil mißbraucht das Sorgerecht, wenn er das Kind in Auseinandersetzungen mit dem Stiefelternteil hereinzieht, Beleidigungen oder Ausschreitungen des Kindes gegen diesen geschehen läßt oder veranlaßt oder fördert (OLG Hamm, JMBlNRW 1961, 112 = RdJ 1962, 94).

80 λ) Der Elternteil handelt mißbräuchlich, wenn er das Kind häufig abends in eine Gastwirtschaft mitnimmt, in der Zechgelage stattfinden (vgl OLG Braunschweig, JFG 4, 43; sowie in strafrechtlicher Hinsicht BGH St 2, 348; 8, 92); ebenso kommt ein Sorgerechtsmißbrauch in Betracht, wenn ein kleineres Kind (häufig) abends zu Tanzveranstaltungen mitgenommen wird (s KG, ZblJugR XXVIII, 31 [1936], sowie unten Bem 83).

81 Die Eltern mißbrauchen das Sorgerecht, wenn sie dem Kinde die Erlaubnis zum Besuch von Lichtspielspätvorstellungen geben (s zur strafrechtlichen Beurteilung BayObLG NJW 1960, 2352 = RdJ 1960, 302) oder zu Filmvorführungen mitnehmen, durch welche die seelische Entwicklung des Kindes gefährdet wird (vgl hierzu auch Kalb, RdJ 1962, 86) oder

82 wenn sie gestatten, daß das Kind bis abends spät Fernsehsendungen beiwohnt, so daß es infolge fehlenden Schlafes, Ermüdung und mangelnder Konzentration dem Schulunterricht nicht genügend zu folgen vermag (s dazu Englert, ZblJugR 1954, 251f; Beaugrand, Jugendwohl 1963, 259) oder daß es an Fernsehsendungen teilnimmt, die rohe, grausame, das kindliche Gemüt schädigende Szenen (zB mit Mord- und Gewalttaten) oder unsittliche Szenen (zB in Dirnenfilmen u dgl) enthalten (s hierzu den Bericht über Stellungnahmen der Bundesaktion Jugendschutz, RdJ 1960, 135 und Jugendwohl 1962,

358; Potrykus, Unsere Jugend 1963, 38; Kügelgen, ZblJugR 1960, 189, 236; Englert, ZblJugR 1954, 248; Keilhacker, ZblJugR 1954, 119; W. Becker, JR 1955, 254; RdJ 1962, 86; sowie weiterhin zur Frage Filmselbstkontrolle und Jugendschutz Potrykus, RdJ 1959, 85; Kalb, Der Jugendschutz bei Film und Fernsehen, und RdJ 1963, 145) oder

wenn sie erlauben, daß das Kind an jugendgefährdenden Veranstaltungen teilnimmt (s dazu auch Perschel, RdJ 1963, 37), zB an „Partys" (s dazu Scholl, BldWPfl 1963, 255), an Glückspielen (s Mrowka, ZblJugR 1960, 296, sowie Corte, ZblJugR XXVII, 148 [1935]) oder daß das Kind öffentlich aufgestellte Glückspielgeräte mit mechanischer Vorrichtung benutzt (s § 7 des oben [Bem 55] erwähnten Jugendschutzgesetzes und hierzu die Kommentare von Becker und Potrykus) oder zweifelhafte Nachtlokale besucht (s §§ 4, 5 dieses Gesetzes) oder 83

wenn die Eltern das Kind zu Veranstaltungen und Zusammenkünften der sog Frei-Körper-Kultur-(FKK)-Bewegung mitnehmen, in denen dieses sittlich gefährdet ist (Riedel, RdJ 1958, 291 [293]; A. Gruber, RdJ 1955, 328 gegen LG München II, das; s auch Wilhelm, RdJ 1959, 9), zB vor allem, wenn die Eltern einen schroffen Wechsel der Erziehungsgrundsätze vornehmen und das im Vorpubertäts- oder Pubertätsalter stehende religiös erzogene Kind an einen Nacktbadestrand mitnehmen oder wenn das natürliche Schamgefühl des Kindes verletzt wird, so daß es in seinen Anschauungen über Anstand, Sitte und Sittlichkeit verwirrt wird, oder 84

wenn sie dem Kinde jugendgefährdende Bildwerke der sog FKK-Bewegung überlassen (s hierzu Potrykus, RdJ 1961, 49, 116, 152, 262; 1962, 73; W. Becker, RdJ 1961, 264; 1962, 49; sowie BVerfG E 7, 320 = NJW 1958, 865 [m Anm v Potrykus S 1387] = FamRZ 1958, 272 = JZ 1958, 408 = MDR 1958, 481 = ZblJugR 1958, 209 [m Anm v Potrykus) = RdJ 1958, 254 = EJF, F II Nr 6 [m Anm v W. Becker]; Riedel, RdJ 1958, 293, Jugendwohlfahrtsrecht, 5. Aufl 1962, Vorbem 2 zum Gesetz über jugendgefährdende Schriften [GjS], S 201 ff; Potrykus, GjS, Komm, 2. Aufl 1963; zu der Frage, ob die Anschauungen der FKK-Bewegung eine „Grundrichtung der Erziehung" [§ 3 Abs 1 JWG] darstellen s unten Anhang Bem 457) oder 85

wenn die Eltern dem Kinde gestatten, daß es die diesen überlassenen Bildwerke des FKK-Schrifttums oder sonstige unter §§ 3—6 GjS fallenden Schriften einem anderen Kinde zugänglich macht oder feilbietet (s Potrykus, GjS, 2. Aufl 1963, Bem 15 zu § 21), oder 86

wenn die Eltern erlauben oder veranlassen, daß Aktaufnahmen der körperlich entwickelten Tochter gefertigt werden (s zur strafrechtlichen Beurteilung K. Peters, JZ 1953, 207). 87

μ) Ist die Entscheidung der Sorgeberechtigten darüber, ob das Kind die höhere **Schule** oder die Mittelschule besuchen oder nach Abschluß der 6. Klasse, der Erlangung der mittleren Reife, oder erst nach der 9. Klasse, der Ablegung der Reifeprüfung, die höhere Schule verlassen soll, als willkürlich, böswillig oder so unverständig zu beurteilen, daß sie sich keinesfalls rechtfertigen läßt, so ist sie als Mißbrauch des Sorgerechts anzusehen (s SchlHOLG, SchlHAnz 1957, 280 = RdJ 1958, 29 = SjE B 6, 415; Schnitzerling, StAZ 1960, 254; RdJ 1963, 168; s auch RGZ 129, 18); es genügt also nicht, wenn sie nur unzweckmäßig ist oder/und dem Willen des Kindes widerspricht oder/und von der Schule im Interesse des Kindes bedauert wird. Denn die Eltern handeln in diesem Falle noch im Rahmen des ihnen bei der Erziehung des Kindes zustehenden Ermessens; dieses Erziehungsrecht wird in Art 6 Abs 2 GG als natürliches Recht der Eltern gewährleistet, es umfaßt auch die Bestimmung der Schulausbildung und das Recht zu wählen, welche Schule das Kind besuchen soll (BVerwG E 5, 153 = NJW 1958, 232 = DÖV 1958, 122 = DVBl 1958, 99 = JZ 1958, 285 m Anm v Bachof). Allerdings wird die Stellungnahme der Schule ein wichtiges Indiz zur Beurteilung eines solchen Falles darstellen. Hinzuzufügen ist noch, daß entgegen der Auffassung des SchlHOLG (aaO) ein schwerwiegendes Versagen der Sorgeberechtigten nicht erforderlich ist. Zu der Frage, inwieweit die Berufswahl und die Entscheidung über die Ausbildung zur Personensorge oder auch zur Vermögenssorge gehören, s oben Bem 52 zu § 1626. 88

Ein Mißbrauch des Sorgerechts ist auch zu bejahen, wenn die Eltern dem besonders begabten Kinde in uneinsichtiger Weise eine der Neigung und der Begabung des Kindes entsprechende und standesgemäße Ausbildung versagen (vgl dazu auch Brühl, Unterhaltsrecht, 2. Aufl 1963, S 76), und ihm statt dessen 89 eine Ausbildung zu einem anderen ihm mißliebigen Beruf zuteil werden lassen wollen (s auch Bem 94). Das gleiche gilt, wenn das (begabte) Kind eine höhere Schule besucht und der Sorgeberechtigte den weiteren Schulbesuch ohne sinnvolle Gründe aus Böswilligkeit, um auf das Kind einen Druck auszuüben, untersagt (s hierzu LG und OLG Stuttgart, FamRZ 1962, 207, 208), dagegen nicht, wenn die Eltern wünschen, daß das in Fürsorgeerziehung befindliche Kind eine andere Berufsausbildung beginnt oder fortsetzt als die Erziehungsbehörde, die insoweit als gesetzlicher Vertreter des Minderjährigen gilt (§ 69 Abs 4 JWG), es für richtig hält (s dazu KG, JW 1936, 3401 = ZblJugR XXVIII, 328 = DJG 1936, 217; Schnitzerling, S 19; sowie Anhang Bem 488ff).

90 Bedarf das Kind auf Grund mangelnder Begabung und Intelligenz einer speziellen Schulausbildung und verweigern die Eltern ihre Zustimmung hierzu in uneinsichtiger Weise, so kann hierin ein Mißbrauch des Sorgerechts liegen (s Schnitzerling, BldWPfl 1963, 177; RdJ 1963, 168, s auch Bem 175), insbesondere wenn die Unterbringung des Kindes in einer Anstalt oder die Unterrichtung in einer **Hilfsschule** oder **Sonderschule** erforderlich ist, zB wegen Geistesschwäche (s KG, OLG 34, 264) oder wegen erheblicher Gehör- und Sprachfehler (BayObLG Z 23, A 219; 33, 303; s zur Jugendfürsorge und Heilerziehung in solchen Fällen Lesemann, ZblJugR 1954, 309; 1956, 61; Ad. Busemann, Psychologie der Intelligenzdefekte, 2. Aufl 1963).

91 ν) Mißbräuchliche Ausübung des Sorgerechts ist gegeben, wenn die Eltern das Kind vom Schulbesuch abhalten (OLG Hamburg, OLG 30, 83; s auch unten Bem 419),

92 wenn sie das Kind in ungebührlicher Weise gegen die Lehrer und die Schulordnung aufhetzen (KG, KGJ 33, A 14; s auch OLG Celle, ZblJugR 1954, 305),

93 wenn die Eltern von dem Kinde schulische Leistungen verlangen, die es infolge seiner hierzu nicht ausreichenden Befähigung nicht zu erbringen vermag, und in uneinsichtiger Weise erstreben, das Kind müsse den Beruf des Vaters oder einen (anderen) akademischen Beruf ergreifen, so daß bei dem Kinde schwere seelische Störungen, wie Minderwertigkeitskomplexe, auftreten,

94 wenn sie das Kind von der Ausbildung zu einem (zB handwerklichen) Beruf fernhalten, zu dem das Kind Neigung und Eignung besitzt, und einem anderen dem Kinde mißliebigen Beruf (zB dem des Vaters, eines Agenten) zuführen wollen (KG, JR 1927, II, 206 Nr 371). Das Erziehungsrecht der Eltern und das Recht, die Berufsausbildung des Kindes zu bestimmen, muß aber solange geachtet werden, als nicht zwingende Gründe eine Änderung der von den Eltern getroffenen Entscheidung zum Wohle des Kindes erfordern, wobei auf das Alter des Kindes Rücksicht genommen werden muß: die bloße Möglichkeit, daß die Unterbringung des Kindes in einer anderen Arbeitsstelle für das Kind vorteilhafter sein könnte, reicht nicht aus (OLG Dresden, SächsArch 1928, 289).

95 ξ) Die Eltern handeln auch mißbräuchlich, wenn sie aus eigensüchtigen Gründen ein Dienstverhältnis des Kindes lösen (BayObLG Z 33, 254 = DJZ 1933, 1507 [Ls]) oder

96 wenn sie das Kind beauftragen, ein Kraftfahrzeug, zB einen landwirtschaftlichen Traktor (s dazu v. Halle-Tischendorf, RdJ 1961, 90) zu fahren, obwohl es den erforderlichen Führerschein (s §§ 4ff StVZO) nicht besitzt (s bezüglich des Traktors Floegel/Hartung, Straßenverkehrsrecht, 14. Aufl 1963, Bem 5 zu § 5 StVZO),

97 vor allem wenn Verstöße gegen das **Jugendarbeitsschutzgesetz** v 9. 8. 1960 (BGBl I, 665)*) vorliegen (s zu dessen Geltungsbereich §§ 1, 2, insbesondere bezüglich der Beschäftigung durch die Eltern oder einen Elternteil §§ 1 Abs 2, 70, 71), zB gegen § 8 (Veranstaltungen, Musikaufführungen, Theatervorstellungen, Variete- und Zirkus-Darbietungen), § 37 (Beschäftigung des Jugendlichen mit Arbeiten, die seine körperlichen Kräfte übersteigen oder bei denen er sittlichen Gefahren ausgesetzt ist), § 38 (Akkord- und Fließarbeit, s dazu Brennberger, RdA 1961, 421; G. Schneider, RdA 1962, 105) oder

98 wenn das Kind auf Grund seiner besonderen musikalischen Begabung oder einer außergewöhnlichen Befähigung als Schachspieler in der Öffentlichkeit als

*) Zu diesem Gesetz s die Kommentare von Brennberger/Bauernfeind, Gröninger, Knopp/Goßrau, Molitor/Volmer, Monjau/Wolff, Natzel, Schulte Langforth, Thumser; s auch die Europäische Sozialcharta vom 18. 10. 1961, RdJ 1961, 479; 1962, 24 (25).

„Wunderkind", „Wunderknabe" u dgl herausgestellt wird, vor allem aus eigennützigen Motiven der Eltern (s dazu Wagner, DJZ 1920, 310f).

An Einzelfällen seien noch erwähnt:

Beschäftigung oder Einwilligung zur Beschäftigung des Kindes als Tankstellenwärter an Sonn- oder Feiertagen (s zur strafrechtlichen Beurteilung nach früherem Recht BayObLG, RdJ 1959, 63) oder 99

als Filmvorführer (s Potrykus, RdJ 1960, 186) oder 100

Verwendung des Kindes zum Austragen von Zeitungen, Blumen, Wäsche usw (s Molitor/Volmer, Bem 5 zu § 7 JArbSchG; W. Becker, RdJ 1963, 246), 101

Beschäftigung oder Dienstleistungen des Kindes im landwirtschaftlichen Anwesen der Großeltern oder sonstiger Verwandten ohne Beachtung der Vorschriften der §§ 29—34 JArbSchG (s dazu auch W. Becker, RdJ 1961, 103), 102

übermäßige Beanspruchung des Kindes oder Ausbeutung seiner Arbeitskraft in gesundheitsschädlicher Weise (s aus früherer Zeit die Entscheidungen des BayObLGZ 18, 157 = OLG 36, 208 = Recht 1917 Nr 1835; Z 29, 558), im elterlichen Betrieb, im Haushalt oder in der Landwirtschaft (s dazu W. Becker, RdJ 1961, 19; Brennberger und Bauernfeind, RdA 1961, 14; Knopp/Gossrau, Bem 9 zu § 71; Schnitzerling, Unsere Jugend 1962, 318; zu Fragen des Lehrverhältnisses s Bem 60 zu § 1617 und Nikisch, Arbeitsrecht, 3. Aufl 1961, 1, 873; Hueck/Nipperdey, Arbeitsrecht, 7. Aufl 1963, 1, 173ff, 190), oder auch durch den Stiefelternteil mit Erlaubnis des Elternteils (s KG OLG 10, 1; sowie OLG 6, 288 und unten Bem 178), 103

Abschluß eines Vertrags mit einer Filmgesellschaft über die Teilnahme der Tochter an einem Filmwerk als Schauspielerin, in dem sie fast unbekleidet ihre körperlichen Reize zeigen soll (zB als „Urwaldmädchen", s dazu Weißmann, Unsere Jugend 1957, Okt-Heft, 463, sowie Riedel, Jugendwohlfahrtsrecht, 5. Aufl, 1962, 189, zu § 6 JSchG), 104

Abschluß eines Dienstverhältnisses der Tochter in einem Nachtlokal, in dem diese als Bardame, Animierdame, „Gesellschafterin", „Schönheitstänzerin" u dgl tätig sein soll (s dazu W. Becker, RdJ 1963, 246f). 105

Wird der noch nicht 18jährigen Tochter als Mitglied einer Tanzgruppe die Teilnahme an einer Gastspielreise in das Ausland gestattet, so kann hierin nur unter besonderen Umständen, insbesondere bei sittlicher Gefährdung, ein Mißbrauch des Sorgerechts erblickt werden (KG, JFG 10, 40, 42 = JW 1933, 1601 = HRR 1933 Nr 1852 = ZblJugR XXV, 174). 106

In besonderen Fällen kann auch eine Verwendung des Kindes bei Straßensammlungen mißbräuchlich sein, wenn es hierbei in gesundheitlicher oder sittlicher Hinsicht gefährdet wird. 107

Früher hat die Rechtsprechung in der grundlosen Verweigerung der Genehmigung zum einjährig-freiwilligen Militärdienst einen Mißbrauch des Sorgerechts erblickt (OLG Rostock, SeuffA 69, 469 Nr 251 = OLG 30, 139). 108

In Betracht kommen könnte als mißbräuchliche Ausübung des Sorgerechts jetzt eventuell eine Beeinflussung des Kindes gegen die Ableistung des Wehrdienstes und des Ersatzdienstes in schweren Fällen (s auch BVerwG, FamRZ 1963, 91, sowie bezüglich der politischen Erziehung unten Bem 110).

o) Die Eltern oder ein Elternteil üben das Personensorgerecht mißbräuchlich aus, wenn das Kind zu strafbaren Handlungen verleitet wird, zB zum Bettel (s dazu zB BGH — StrS — NJW 1952, 476), oder bei der Begehung strafbarer Handlungen, zB von Forstfreveln (BayObLGZ 29, 357), hinzugezogen oder zu unsittlichen Handlungen, zB zur Unzucht, verleitet oder veranlaßt wird oder 109

wenn das Kind in einem gegen die Grundprinzipien des freiheitlich-demokratischen Rechtsstaates, gegen die Grundsätze der Humanität und das Sittengesetz verstoßenden Sinne erzogen oder unterwiesen wird (s oben Vorbem 8; vgl auch v. Mangoldt/Klein, Bem IV, 5, b zu Art 6 GG und Scheffler in RGR-Komm, Bem 5 aE zu § 1666), zB in der kommunistisch-bolschewistischen oder der nationalsozialistischen Ideologie, oder wenn das Kind zu verfassungsfeindlichen Veranstaltungen zugezogen oder wenn seine Teilnahme daran erlaubt wird (s Perschel, RdJ 1963, 37). Freilich ist im allgemeinen angesichts der Vorschriften des Art 3 Abs 3, Art 4 Abs 1 und Art 6 Abs 2 GG hinsichtlich eines Eingreifens des Vormundschaftsgerichts Zurückhaltung geboten (s auch schon Opet, 205f, Fußn 92 und 9. Aufl dieses Komm, Bem II, 3, a, γ) und wird ein Eingreifen des Vormundschaftsgerichts nur in schweren Fällen gerechtfertigt sein (s auch oben Fußn zu Bem 59). 110

111 Darin allein, daß ein Kind deutscher Familie durch den Besuch einer ausländischen Schule der Zugehörigkeit zum deutschen Lebens- und Kulturkreis entfremdet wird, liegt jedoch im Hinblick auf Art 3 Abs 3 GG noch kein Mißbrauch (s BVerfG E 4, 52 = FamRZ 1954, 242 = NJW 1954, 1761 = JZ 1955, 114 = MDR 1955, 23; Scheffler in RGR-Komm Bem 6; aM: Achilles/Greiff/Beitzke, 21. Aufl 1958, Bem 6 je zu § 1666; KG, RJA 11, 85; JW 1917, 737; diese Rechtsauffassung dürfte jedoch als überholt zu beurteilen sein).

112 π) Ein Mißbrauch der Personensorge kann gegeben sein, wenn die Eltern von ihrem Kinde übermäßige sportliche Leistungen verlangen, denen es auf Grund seiner körperlichen Konstitution nicht gewachsen ist, etwa aus eigenem Ehrgeiz oder aus eigennützigen Motiven oder unter Mißachtung des Ergebnisses einer fachärztlichen Begutachtung.

113 Umgekehrt kann die plötzliche Untersagung sportlicher Betätigung des Kindes dann mißbräuchlich sein, wenn sie grundlos und willkürlich ist und nur darauf beruht, daß die Eltern ihre „Macht" spüren lassen wollen. Dies gilt namentlich dann, wenn die Eltern die sportliche Betätigung des Kindes, das für eine bestimmte Sportart eine besondere Begabung und Befähigung besitzt, stark gefördert haben, so daß es in der Sportwelt Ruf und Ansehen erlangte oder gar in Meisterschaftswettbewerben zu Erfolgen kam (s zum Falle einer bekannten Eiskunstläuferin Hildeg Krüger, RdJ 1960, 155, sowie auch schon FamRZ 1956, 333).

114 ρ) Ein Mißbrauch des Sorgerechts ist gegeben, wenn die minderjährige Tochter gegen ihren Willen zur **Eheschließung** genötigt oder veranlaßt wird, wenn der Elternteil die (erst 16jährige) Tochter aus eigensüchtigen Gründen in eine Ehe mit einem wesentlich älteren (36jährigen) kränklichen Manne drängt, der aus erster Ehe 3 Kinder hat, so daß die Tochter den ihr gestellten Anforderungen nicht gewachsen ist (KG, ZblJugR XXVIII, 280 [1936]), sowie in besonderen Fällen der Einwilligung zur Eheschließung der minderjährigen Tochter (s auch Schnitzerling, BldWPfl 1963, 178), zB wenn die uneheliche Mutter das Einverständnis zur Eheschließung der 17jährigen Tochter mit einem 20 Jahre älteren Manne erteilt hat, um die Einweisung der Tochter in die Fürsorgeerziehung zu hintertreiben, und die Mutter mit dem Manne selbst intime Beziehungen unterhält, die sie aufrechterhalten will (AG Mergentheim, DAVorm XXXIV, 101), oder wenn die 18jährige Tochter einen 56jährigen Mann ehelichen will, der schon zweimal verheiratet war und aus erster Ehe zwei Kinder im Alter von 28 und 27 Jahren hat (KG, JFG 22, 264 = DR 1941, 1601 = StAZ 1942, 12; s hierzu auch Göppinger, FamRZ 1959, 398 Fußn 13) oder wenn die 16jährige Tochter mit einem 41 Jahre älteren, vielfach vorbestraften Manne, Erzeuger des unehelichen Kindes der Tochter, die Ehe eingehen will (aM: OLG Hamm, ZblJugR 1961, 237, hierzu s Urbach, das); zu diesem Falle ist noch zu berücksichtigen, daß der Bräutigam das Mädchen, als es 13 Jahre alt war, in seinen Haushalt als Hausmädchen aufgenommen und es bald danach verführt und mißbraucht hatte (§ 176 Abs 1 Nr 3 StGB!) sowie daß er ua wegen einiger Sittlichkeitsdelikte vorbestraft war (s zu dieser Entscheidung auch Göppinger, FamRZ 1961, 518, sowie unten Bem 202).

115 Verweigern die Eltern die Einwilligung zur Eheschließung der minderjährigen Tochter, so kann das Vormundschaftsgericht die verweigerte Einwilligung unter den Voraussetzungen des § 3 Abs 3 EheG ersetzen (s hierzu oben Vorbem 22; Göppinger, FamRZ 1959, 397 mit weiteren Hinweisen, sowie FamRZ 1960, 347 [Lit y]; OLG Neustadt, FamRZ 1963, 443; OLG Celle, ZblJugR 1961, 303; OLG Hamm, Rpfleger 1960, 296 = FamRZ 1960, 406 [LS]; OLG Düsseldorf, FamRZ 1961, 80 = DAVorm XXXIV, 100; sowie auch OLG Stuttgart, DAVorm XXXIII, 193). Verweigern die Eltern dagegen die Einwilligung zur Volljährigkeitserklärung (s § 4 Abs 2 BGB) oder widerrufen sie die zunächst erteilte Einwilligung (s dazu zB OLG Celle, ZblJugR 1961, 277), so vermag das Vormundschaftsgericht die verweigerte Einwilligung nicht zu ersetzen (wohl einhellige Meinung, s Schwoerer, Die Justiz 1962, 27; Schnitzerling, Unsere Jugend 1960, 208; StAZ 1960, 254; RdJ 1961, 79f; OLG Karlsruhe, FamRZ 1961, 486; BayObLGZ 1961, 314 = FamRZ 1962, 28 = NJW 1962, 301 = RdJ 1962, 191 = SjE B 6, 417 = DAVorm 1962, 104; FamRZ 1963, 525; LG Fulda, FamRZ 1960, 281; LG Deggendorf, FamRZ 1962, 126 = RdJ 1962, 191 = DAVorm 1962, 195). Das Einwilligungsrecht kann auch nicht gemäß § 1666 entzogen werden (s dazu unten Bem 263). Lediglich in extremen Fällen kann eine Entziehung der Ausübung des Personen- und Vermögensorgerechts, wenn die Voraussetzungen

des § 1666 Abs 1 Satz 1 und Abs 2 oder des § 1669 vorliegen, in Betracht kommen (s OLG Karlsruhe, OLG Celle [aaO]; KG, OLG 9, 442; JW 1937, 473; Schwoerer, Schnitzerling [aaO], Brüggemann, ZblJugR 1955, 288; Scheffler in RGR-Komm Bem 5 zu § 1666, 12 zu § 1626; Erman/Böhle-Stamschräder, Bem 2 zu §§ 3—5 BGB; Coing in diesem Komm, Bem 5 zu § 5; s auch OLG Bremen, FZ 1957, 350); nur dann, wenn die Eltern weder das Personen- noch das Vermögenssorgerecht ausüben (s § 4 Abs 2 Satz 2), ist die elterliche Einwilligung nicht erforderlich. Die Argumentation des BayObLG (aaO, ihm folgend Palandt-Lauterbach, 22. Aufl, 1963, Bem 4a zu § 1626; Becker-Salewski, Die Frühehe als Wagnis und Aufgabe, 1963, 66), die Eltern handelten bei der Ausübung des Einwilligungsrechts als eines höchstpersönlichen Rechts nicht im Rahmen der Personensorge, daher sei es zweifelhaft, ob in der grundlosen Verweigerung der Einwilligung überhaupt ein Mißbrauch der Personensorge iS des § 1666 Abs 1 Satz 1 liegen könne, ist mit der Vorschrift des § 4 Abs 2 Satz 2 nicht vereinbar, worauf mit Recht auch Scheffler (aaO, Bem 12 zu § 1626) hinweist. Wenn das BayObLG sich noch auf die Regelung des § 1747 beruft, so verkennt es, daß hier keine Parallele besteht; gemäß § 1747 ist die Einwilligung der Eltern zur (Weg)-Adoption des Kindes gerade nicht von der Ausübung der elterlichen Gewalt abhängig, anders als im Falle der Einwilligung zur Volljährigkeit (§ 4 Abs 2).

σ) In besonderen Fällen kann sich die Unterbringung des Kindes in einem Heim bzw einer Anstalt als mißbräuchlich erweisen, etwa wenn die Eltern das Kind aus materiellen Gründen „abschieben" wollen (s W. Becker, ZblJugR 1961, 10, 12; Erdsiek, NJW 1960, 1387; Potrykus, ZblJugR 1960, 235; Maurer, FamRZ 1960, 472; Vilmar, SchlHAnz 1957, 6; Niclas in „Neues Unehelichenrecht in Sicht", 1961, 76f; s auch Vorbem 23), zB um ein bequemes Leben zu führen, dem Triebe, Geld zu verdienen, nachgehen und sich hemmungslos Vergnügungen hingeben zu können, oder um sich Unterhaltskosten ganz oder teilweise zu ersparen (s BayObLGZ 15, 259; s auch zur strafrechtlichen Beurteilung [§ 170b StGB] OLG Hamm, FamRZ 1962, 318 = RdJ 1963, 30; OLG Celle, NJW 1962, 1832; zur Frage der dem Unterhaltspflichtigen zumutbaren Einschränkungen der Lebensführung und Lebensgestaltung s OLG Stuttgart, NJW 1962, 1631 = JR 1963, 29 m Anm v Mittelbach = GoldtdA 1963, 29). 116

Liegt in der Verletzung der Unterhaltsverpflichtung eine strafbare Handlung (§ 170b StGB), so wird regelmäßig ein Mißbrauch des Sorgerechts iS des § 1666 Abs 1 zu bejahen sein (wenn freilich das Vormundschaftsgericht durch das Urteil des Strafgerichts nicht gebunden ist); ist umgekehrt der Tatbestand des Mißbrauchs zu bejahen, so ist damit nicht gesagt, daß die Voraussetzungen des § 170b StGB gegeben sind (s auch oben Bem 56). 117

Überlassen Eltern das Kind zur Betreuung während ihrer beruflichen Tätigkeit tagsüber dritten Personen, so kann hierin allein kein Mißbrauch des Sorgerechts erblickt werden (s BayObLGZ 30, 106 = JFG 7, 57 = HRR 1930, Nr 983; auch BayZ 1933, 71; sowie unten Bem 169). 118

Beläßt der verheiratete (uneheliche) Vater das Kind nach der Ehelichkeitserklärung (§§ 1723ff) der Mutter und besucht er es regelmäßig, wobei das Kind Zeuge des ehewidrigen Verhältnisses des Vaters mit der Kindesmutter wird, so handelt er damit mißbräuchlich iS des § 1666 Abs 1 (AG Neu-Ulm, DAVorm XXVIII, 109). 119

Bringt die Kindesmutter das uneheliche Kind bei Personen unter, die keine spezielle Erlaubnis zur Pflege von Kindern haben (s §§ 27 Abs 1, 28 JWG), oder weigert sie sich, das Kind den Pflegeeltern wegzunehmen, denen die Pflegeerlaubnis versagt worden ist, so liegt hierin allein noch kein Mißbrauch des Sorgerechts; vielmehr kommt es in beiden Fällen, die insofern gleich behandelt werden müssen, darauf an, wie das Kind untergebracht ist und versorgt wird (vgl BGH, LM BGB § 1666 Nr 4 = FamRZ 1956, 350 = NJW 1956, 1434 = ZblJugR 1956, 266 = SjE B 6, 416c = EJF, A If, Nr 4; OLG Karlsruhe, FamRZ 1956, 249 = NJW 1956, 688 [LS]; aM OLG München, JFG 16, 130). 120

Ist die nahezu erwachsene Tochter, die sich mit dem Vater entzweit hatte, in einem Töchterheim, zusammen mit einer Kameradin in einem Doppelzimmer untergebracht, so ist ein Mißbrauch des Sorgerechts des Vaters nicht ohne weiteres anzunehmen, wenn dieser die Einwilligung dazu verweigert, daß die (in der Examensvorbereitung stehende) Tochter zu einem geringen Mehrpreis in dem Heim ein Einzelzimmer bezieht (OLG Karlsruhe, FamRZ 1963, 452), es sei denn, die Maßnahme des Vaters würde auf der Absicht beruhen, die 121

Tochter zu ärgern, zu schikanieren und ihr seine väterliche „Macht" zu zeigen (s Göppinger in der Anm zu dem Beschluß).

122 Bringen die Sorgeberechtigten das Kind anderweitig unter, so handeln sie mißbräuchlich, wenn die Unterkunft ungeeignet ist (vgl auch BayObLGZ 28, A 426) oder

123 wenn das Kind durch den Milieu-Wechsel in seinem seelischen Gleichgewicht gestört wird (s BayObLGZ 15, 259; KG, OLG 31, 411), oder

124 wenn ein evangelisch erzogenes Kind in einem katholischen Heim (KG, OLG 31, 411; OLG München, JFG 14, 47) oder ein katholisch erzogenes Kind in einem evangelischen Heim untergebracht wird, sofern hierdurch die religiöse Erziehung des Kindes beeinträchtigt und das Kind in seiner seelischen Entwicklung gefährdet wird (s hierzu auch Bem 62),

125 wenn ein Kind in eine Pflegestelle gebracht wird, an der es dadurch sittlich gefährdet wird, daß die Pflegeeltern (s OLG Frankfurt, RdJ 1962, 378) oder andere Angehörige des Haushalts im Konkubinat leben oder daß in der Wohnung Prostituierte verkehren.

126 Mißbrauch des Sorgerechts ist aber zu verneinen, wenn die Eltern mit dem Kinde auswandern und in ungewisse Verhältnisse geraten oder wenn der Sorgeberechtigte bereits im Ausland weilt und das Kind nachkommen lassen will, auch wenn dadurch eine Trennung des Kindes vom anderen Elternteil herbeigeführt wird, der im Inland zurückbleibt (OLG Frankfurt, FamRZ 1954, 21, s auch oben Bem 17).

127 r) Als Mißbrauch des Sorgerechts, vor allem des Aufenthaltsbestimmungsrechts, kann in besonderen Fällen die Geltendmachung des **Herausgabeanspruchs (§ 1632)** erscheinen (vgl BGH, LM BGB § 1707 Nr 1 = NJW 1951, 309 = MDR 1951, 222; LM § 1632 Nr 3 [gekürzt] = FamRZ 1960, 396 = NJW 1960, 2099 = MDR 1960, 912 = ZblJugR 1960, 278; KG, FamRZ 1955, 295; 1963, 308; Giesler, RdJ 1961, 106), wobei nicht erforderlich ist, daß schon eine Klage auf Herausgabe erhoben ist (BayObLGZ 31, 362). Bei Streit (Meinungsverschiedenheiten) der Eltern über die Ausübung des Sorgerechts und den Aufenthalt des Kindes wird freilich das Vormundschaftsgericht die Voraussetzungen des § 1666 Abs 1 Satz 1 regelmäßig nicht zu prüfen brauchen, sondern entweder gemäß § 1672 oder gerade wegen der Meinungsverschiedenheiten über den Aufenthalt des Kindes (s oben Bem 12, 13) angerufen werden. Die Entscheidung der Frage, ob ein Mißbrauch vorliegt, obliegt den Vormundschaftsgerichten daher insbesondere in den Fällen, in denen das Kind bei Dritten untergebracht ist.

128 Der Sorgeberechtigte darf das auf dem Aufenthaltsbestimmungsrecht (§ 1631) beruhende Recht auf Herausgabe des Kindes nur zum Wohle des Kindes geltend machen (s zB BayObLGZ 13, 260 = KGJ 44, A 320 = SeuffA 68, 108 Nr 61 = RJA 12, 86; BayObLGZ 13, 577), dh wenn hierdurch das Wohl und die Interessen des Kindes nicht verletzt oder gefährdet werden; er darf also nicht oder jedenfalls nicht ausschließlich eigene Interessen verfolgen.

129 Mißbrauch des Sorgerechts ist daher zu bejahen, wenn durch die Änderung des Aufenthalts und der Betreuung des Kindes ein schroffer Wechsel vor allem in der Erziehung herbeigeführt wird, durch den die seelische Entwicklung des Kindes gestört oder gefährdet wird (s BayObLG aaO sowie Z 20, A 118; KG, OLG 33, 364; OLG Stuttgart, JFG 3, 46 = OLG 46, 179; SchlHOLG, SchlHA 1948, 185; OLG Frankfurt, FamRZ 1955, 122; OLG Hamm, JMBlNRW 1956, 125 = FamRZ 1957, 264 [Ls]). Hat aber der Sorgeberechtigte das Kind regelmäßig besucht, mit ihm brieflich verkehrt oder/und mit ihm zusammen häufig oder wiederholt den Urlaub verbracht und ihm aus bestimmten Anlässen, zum Geburtstag, zu Weihnachten und zu Ostern, (wenigstens) kleinere Geschenke zugewendet, also damit zum Ausdruck gebracht, daß er zu dem Kinde eine innere Bindung hat, so wird ein Mißbrauch kaum in Betracht kommen (vgl OLG Karlsruhe, ZblJugR 1959, 112 = DAVorm XXXI, 187; BayObLGZ 13, 378; KG, JW 1938, 1169; sowie LG Berlin, JW 1936, 2585).

130 Von wesentlicher Bedeutung ist stets die körperliche und seelische Konstitution des Kindes (s KG, FamRZ 1963, 308, 311) und die Frage, ob der Sorgeberechtigte diesem das Verständnis entgegenbringt, das zur Überwindung der sich aus dem Milieuwechsel ergebenden Schwierigkeiten erforderlich ist, und von liebevoller Gesinnung beseelt ist. Kränklichkeit, zarte Gesundheit, besondere

Sensibilität des Kindes kann dem Wechsel, eventuell wenigstens noch eine gewisse Zeit, entgegenstehen (vgl BayObLGZ 11, 155; 20, A 311).

Ist zweifelhaft, welche Auswirkungen und Folgen zarte Gesundheit und starke Empfindsamkeit des Kindes haben, so darf nicht ohne Einholung eines ärztlichen bzw fachpsychologischen Gutachtens entschieden werden, ob das Kind durch den Wechsel gesundheitlich und psychisch gefährdet würde (s KG OLG 46, 177, sowie auch unten Bem 332 aE), sowie auf welche Weise gegebenenfalls einer solchen Gefährdung entgegengewirkt werden könnte.

Will der verwitwete Elternteil das bei Verwandten untergebrachte Kind 131
in seinen Haushalt überführen und lebt er mit dem Verlobten im Konkubinat, ohne die Absicht baldiger Eheschließung, so liegt in dem Verlangen der Herausgabe des Kindes ein Mißbrauch des Sorgerechts, es sei denn, daß das Kind noch ganz klein ist (s LG Flensburg, DAVorm XXVIII, 11 = FamRZ 1955, 180 [LS]; vgl auch Bem 238).

Hat der Sorgeberechtigte, der die Herausgabe des Kindes von dritten 132
Personen verlangt, keine Möglichkeit, dieses in geeigneter und ausreichender Weise unterzubringen, so handelt er mißbräuchlich (BayObLGZ 19, A 231; 24, A 187; 28, A 426; 1952, 180; SchlHOLG, SchlHAnz 1950, 93); ebenso

wenn er ungeeignet oder unfähig ist, das Kind zu erziehen und ordnungs- 133
mäßig zu versorgen oder in seinem Haushalt versorgen zu lassen (KG, JW 1938, 1169), zB infolge Krankheit (BayObLGZ 17, A 256), oder

wenn er mittellos und erwerbslos ist und daher das Kind notleiden würde 134
(BayObLGZ 33, 402) oder wenn die Verhältnisse, in die das Kind gebracht werden soll, wesentlich ungünstiger sind, als die, in denen es bisher gelebt hat (KG OLG 31, 412; 33, 364; FamRZ 1963, 308 [310]). Doch muß es sich um eine wesentliche Verschlechterung handeln, eine Unterbringung, die nur in geringfügiger Weise ungünstiger ist, reicht nicht aus; auch ist zu beachten, daß ungünstigere äußere Verhältnisse in ihren Wirkungen durch eine liebevolle und verständige Behandlung und Betreuung des Kindes (etwas) „ausgeglichen" werden können (s auch KG, ZblJugR XXVIII, 186, zu dem Fall, daß das Kind von den Pflegeeltern verwöhnt worden war).

Dagegen ist ein Mißbrauch zu verneinen, wenn Verwandte, die bisher das Kind betreuten, es nicht länger zu versorgen vermögen, so daß es anderweitig untergebracht werden muß (BayObLGZ 15, 291 = OLG 30, 84).

War das Kind viele Jahre bei dritten Personen untergebracht, so bedarf 135
es stets sorgfältiger Prüfung der Folgen des Milieu-Wechsels und der Frage, ob und inwieweit eine Entfremdung zwischen dem Sorgeberechtigten und dem Kinde eingetreten ist (s hierzu KG, OLG 31, 412; 33, 364; JW 1934, 2562 m Anm v. Zilkens; OLG Stuttgart, JFG 3, 46 = OLG 46, 179; OLG Hamm, JMBlNRW 1956, 125 = FamRZ 1957, 264 [LS]; OLG Karlsruhe, ZblJugR 1959, 112 = DAVorm XXXI, 187; KG, FamRZ 1963, 308, 311; LG Berlin, JW 1936, 2585; s auch Pelle, ZblJugR 1958, 254 und den Fall OLG Köln, ZblJugR 1959, 84 = EJF, A I f Nr 13; sowie oben Bem 129 aE). Besteht zwischen dem Sorgeberechtigten und dem Kinde eine starke Entfremdung, so wird regelmäßig mißbräuchliche Ausübung des Sorgerechts vorliegen, ebenso wenn das Kind aus seiner Umgebung, zB einer Pflegestelle, herausgerissen werden soll, in der es verwurzelt ist und die es liebgewonnen hatte, und aus gesicherten Verhältnissen in unsichere, dem Kinde nicht zusagende Verhältnisse gebracht werden soll (s BayObLG Z 15, 259 = Recht 1915, Nr 1851, 1852; Z 19, A 231 [233]; OLG Karlsruhe aaO; KG, DJugH XXIX, 34 [1937]; Pelle, aaO) oder in den Haushalt des wiederverheirateten Elternteils, wenn dieser und der Ehegatte (Stiefelternteil) von liebloser, hartherziger Gesinnung beseelt sind, so daß mit großer Wahrscheinlichkeit eine psychische Schädigung des Kindes erwartet werden muß (BayObLG Z 20, A 118).

Dagegen brauchen keine Bedenken zu bestehen, wenn das Kind erst etwa 136
1½ Jahre alt ist und kurz nach der Geburt zu Pflegeeltern kam, sowie wenn die Mutter die Herausgabe des Kindes verlangt, in dem Bestreben, ein echtes Mutter-Kind-Verhältnis zu schaffen (OLG Stuttgart, FamRZ 1963, 303 = DAVorm XXXVI, 225).

Verlangt der in der sowjetischen Besatzungszone wohnende verwitwete 137
Vater, der sich jahrelang nicht um den bei Verwandten in der Bundesrepublik aufgewachsenen Sohn gekümmert hat, die Übersiedlung des Sohnes, käme dieser also in den Haushalt des ihm völlig entfremdeten Vaters und in gänzlich andere wirtschaftliche und soziale Verhältnisse, so liegt in dem Verlangen des

Vaters ein Mißbrauch des Sorgerechts (OLG Oldenburg, NdsRpfl 1954, 221 = FamRZ 1955, 145 [Ls]). Von Bedeutung ist auch die Frage, ob der Minderjährige der Pubertät entwachsen ist, sowie der Umstand, daß der Milieu-Wechsel für diesen einen so tiefen Einschnitt in die künftige Lebensgestaltung bedeuten kann, daß der Wille des Minderjährigen — wenn er, wie in dem erwähnten Falle, schon 17 Jahre alt ist — nicht unbeachtet bleiben darf (OLG Oldenburg, aaO). Übrigens wird in solchen oder ähnlichen Fällen die politische Haltung eines Minderjährigen, jedenfalls dann, wenn er das 14. Lebensjahr vollendet hat, ebenso berücksichtigt werden müssen, wie bei der religiösen Erziehung die Entschließung des über 14jährigen Minderjährigen (§ 5 RelKEG; vgl auch die Altersgrenzen in §§ 1751, 1827 Abs 1).

138 Der Sorgeberechtigte braucht nicht von **unlauteren Motiven** geleitet zu sein; es genügt, wenn er sich den (objektiv) stichhaltigen Gründen besserer Einsicht verschließt und aus Eigensinn trotz Belehrung über die dem Wohl des Kindes widersprechenden Folgen des Herausgabeverlangens auf diesem beharrt (vgl OLG Stuttgart, JFG 3, 46 = OLG 46, 179).

Liegen aber unlautere Beweggründe vor, so handelt der Sorgeberechtigte mißbräuchlich, so zB wenn Haß, Böswilligkeit, Rachsucht oder die Absicht der Schikane Motive sind (s auch oben Bem 39), wenn der Sorgeberechtigte auf den Dritten einen Druck ausüben und zB für sich und das Kind pekuniäre Vorteile erlangen will (KG, OLG 33, 364; auch BayObLGZ 13, 260 = KGJ 44, A 320 und KG, JW 1934, 2562 m Anm v. Zilkens) oder

139 wenn er lediglich eigensüchtige Zwecke verfolgt, ohne innere Bindung gegenüber dem Kinde (KG, JW 1938, 1169 = DJugH XXX, 180), insbesondere wenn er nur beabsichtigt, die Dienste der Tochter in seinem Haushalt auszunützen, die lange Jahre bei Verwandten aufgezogen worden war, und wenn der Sorgeberechtigte sich seither um die Tochter nicht oder fast nicht gekümmert hat (BayObLGZ 13, 260 = SeuffA 68, 108 Nr 61; Z 13, 577).

140 Dagegen wird mißbräuchliches Handeln nicht oder nicht ohne weiteres zu bejahen sein, wenn eigennützige Interessen mitverfolgt werden oder wenn zur Erreichung des Ziels der Herausgabe des Kindes zwar nicht unbedenkliche Mittel angewendet werden, gegen das Herausgabeverlangen und dessen Auswirkungen selbst aber keine Bedenken bestehen, so zB wenn weitere Unterhaltszahlungen verweigert werden oder der Unterhaltsbetrag ermäßigt wird (s dazu Zilkens, JW 1934, 2562; BayObLGZ 10, 359; KG OLG 31, 411; OLG Frankfurt, FamRZ 1954, 21, vgl ferner auch BayObLGZ 5, 209). Von Bedeutung ist auch, ob die Motive unter Berücksichtigung eines objektiven Maßstabs vertretbar sind, zB wenn das Verlangen des Sorgeberechtigten auf weite Sicht betrachtet, im Interesse der beruflichen Erziehung und Entwicklung sowie der wirtschaftlichen Zukunft des Kindes nicht unverständig erscheint (Zilkens, aaO).

141 Ein Mißbrauch des Rechts, den Aufenthalt zu bestimmen, kann vorliegen, wenn die Eltern verlangen, daß die verwitwete oder geschiedene Tochter, die das 18. Lebensjahr noch nicht vollendet hat, die bisherige eheliche Wohnung aufgibt, die sie mit ihrem Kinde aus triftigen Gründen beibehalten will (s oben Bem 18 aE zu § 1633).

142 3. a) Der Ausdruck **„Vernachlässigung des Kindes"** ist — wie „Mißbrauch des Rechts der Sorge für die Person des Kindes" — ein unbestimmter Rechtsbegriff (Gesetzesbegriff); maßgebend für seine Anwendung ist die Berücksichtigung und Bewertung aller Umstände des Einzelfalls. Die Entscheidung über die Frage, ob im konkreten Falle eine Vernachlässigung anzunehmen ist, ist keine Ermessensentscheidung (s hierzu oben Bem 29).

143 b) *α*) Vernachlässigung des Kindes liegt vor, wenn die Eltern oder ein Elternteil in objektiv pflichtwidriger Weise im Bereich der Personensorge eine oder mehrere Handlungen oder Maßnahmen unterlassen, die zum Wohle des Kindes erforderlich wären, oder ihren Elternpflichten nicht oder nicht genügend nachkommen (ähnlich Opet, 202), zB ein Verhalten des Kindes dulden, gegen das ein Einschreiten geboten wäre. Der Beurteilung zugrundezulegen sind auch hier — wie hinsichtlich des Mißbrauchs des Sorgerechts — objektive Maßstäbe (s oben Bem 30, 38), unter Berücksichtigung der Anschauungen des Standes und der Einkommens- und Vermögensverhältnisse der Eltern (ähnlich Kipp, § 83, II, 2, 351, Fußn 12; OLG Hamburg, ZBlFG 3, 118; BayObLGZ 28, A 236; 34, 424; KG, OLG 34, 264).

Von wesentlicher Bedeutung für die Auslegung des Begriffs „Vernachlässigung" ist der Gesichtspunkt, daß diese Vorschrift das Wohl des Kindes schützen will; gemäß § 1627 sind die Eltern verpflichtet, die elterliche Gewalt zum Wohle des Kindes auszuüben.

β) Vernachlässigung ist immer ein **passives Verhalten** des Sorgeberechtigten (ebenso v. Blume, JW 1926, 1573; Krüger in Krüger-Breetzke-Nowack, Bem 4, Erman-Ronke, Bem 2 c, bb, Palandt-Lauterbach, Bem 4 b). Eine Weigerung, auch eine ausdrückliche Weigerung, eine bestimmte Handlung oder Maßnahme oder eine Handlung in einer bestimmten Art oder Richtung vorzunehmen, wird in der Regel als Vernachlässigung zu beurteilen sein, uU kann sie aber auch einen Mißbrauch darstellen (zB der Entzug des Essens, die häusliche Unterbringung). Die pflichtwidrig dem Kinde erteilte Erlaubnis zu einem bestimmten Tun ist gegebenenfalls Mißbrauch, die Duldung einer Fehlhandlung oder eines Mißverhaltens des Kindes, besonders infolge mangelnder Beaufsichtigung, ist Vernachlässigung. Ist eine Erlaubnis nicht feststellbar, so kommt gegebenenfalls der Tatbestand der Vernachlässigung in Betracht. Die Abgrenzung zwischen Mißbrauch und Vernachlässigung im Einzelfall kann uU Schwierigkeiten bereiten; doch ist zu beachten, daß es in diesem Zusammenhang in erster Linie auf die Art des Verhaltens der Sorgeberechtigten, nicht auf dessen Folgen und Auswirkungen ankommt (vgl zB Abhalten vom Schulbesuch einerseits und Nichtanhalten zum Schulbesuch andererseits). 144

Die Abgrenzung kann aber deshalb wichtig sein, weil Mißbrauch regelmäßig als das schwerer wiegende Verhalten anzusehen sein wird. Während Mißbrauch des Sorgerechts wohl meist als **Versagen** der Eltern **iS des Art 6 Abs 3 GG** zu beurteilen ist, braucht eine Vernachlässigung des Kindes noch nicht ein solches Versagen darzustellen (aM Hampel, FamRZ 1963, 545); vielmehr wird es nur in schweren Fällen zu bejahen sein (s auch das Beispiel unten Bem 174). Die Unterscheidung hat weitere Bedeutung, wenn den Eltern das Aufenthaltsbestimmungsrecht entzogen und ein Pfleger bestellt werden soll zum Zwecke der Heimunterbringung des Kindes, maW wenn das Kind von den Eltern getrennt werden soll iS des Art 6 Abs 3 GG und das Wohl des Kindes zwar gefährdet ist, die Gefahr der Verwahrlosung des Kindes aber noch nicht bejaht werden kann. In einem solchen Falle ist die Unterbringung des Kindes in einem Heim also nur zulässig, wenn die Vernachlässigung des Kindes ein Versagen der Eltern iS des Art 6 Abs 3 GG darstellt (s dazu Vorbem 32). 145

γ) Eine Vernachlässigung des Kindes kann auf einer einmaligen Unterlassung beruhen, wenn es sich um eine schwer wiegende Pflichtverletzung handelt (Beispiel: Bem 174); regelmäßig aber werden mehrere Unterlassungen oder eine Pflichtverletzung erforderlich sein, die einige Zeit andauert. Es können auch verschiedenartige Pflichtverletzungen vorliegen (zB mangelhafte Pflege, Erziehung, Beaufsichtigung und Nichtanhalten zum Schulbesuch, s ferner oben Bem 33, 34). 146

δ) Die Vernachlässigung iS des § 1666 Abs 1 Satz 1 ist nur gegeben, wenn es sich um eine erhebliche Verletzung der Elternpflichten handelt, also nicht nur um eine verhältnismäßig geringfügige; andererseits braucht eine dauernde gröbliche Verletzung der Elternpflicht (s die Formulierung in § 1747 Abs 3) oder eine gröbliche Vernachlässigung der Fürsorge- und Erziehungspflichten (s § 170 d StGB) nicht vorzuliegen. 147

ε) Die Vernachlässigung des Kindes muß stets ein im Zeitpunkt der tatrichterlichen Entscheidung effektiv vorliegendes Verhalten sein; daß eine zukünftige Vernachlässigung zu befürchten ist, genügt daher nicht (BayObLGZ 4, 85). 148

c) Vernachlässigung des Kindes iS des § 1666 Abs 1 Satz 1 kommt in folgenden Fällen in Betracht:

α) Ungenügende Ernährung und Bekleidung des Kindes, Unterlassung der nötigen Körperpflege, vor allem des Kleinkindes, Vernachlässigung des gesamten Haushaltes (s BayObLGZ 15, 259; JFG 9, 53; KG, ZblJugR XXV, 136 — 1933 —; OLG Hamm, NJW 1950, 393; OLG Stuttgart, DAVorm XXXIV, 19; JFG 9, 52; 4, 100; OLG Celle, ZblJugR 1954, 305; sowie unten Anhang Bem 219); 149

mangelhafte Pflege und Betreuung des Kindes im allgemeinen und in Krankheitsfällen im besonderen (s ferner oben Bem 68), 150

insbesondere auch, wenn das kleinere Kind nicht zur Sauberkeit und zum Sprechen usw, das größere Kind nicht zur Anfertigung der Schularbeiten und zur Ordnung angehalten wird (s Hildeg Krüger in Krüger/Breetzke/Nowack, Bem 4), 151

152 ungenügende Ausstattung des Kindes mit Wäsche und Kleidung, Unterlassung, die Wäsche und Kleidung zu flicken, instandzuhalten und zu waschen (vgl BayObLGZ 34, 424), freilich nur in Fällen grober Nachlässigkeit (s OLG Celle, ZblJugR 1954, 305),

153 ungeeignete und nicht ausreichende häusliche Unterbringung des Kindes aus Nachlässigkeit (s auch oben Bem 49), wobei die Wohnverhältnisse insgesamt berücksichtigt werden müssen (s OLG Karlsruhe, BadRPr 1917, 75, s ferner Bem 143).

153a Eine Vernachlässigung kann in Betracht kommen, wenn eine Erziehungsberatung (zB des Jugendamtes) unterlassen wird, die im Hinblick auf die in der Pubertät auftretenden Schwierigkeiten erforderlich ist, zB bei körperlicher Frühreife mit sexuellen Fehlhaltungen (Onanieren und häufige starke sexuelle Erregung; s dazu Ell, Jugendwohl 1964, 67, 106) und damit zusammenhängenden seelischen Nöten des Kindes (s auch OLG Hamburg, ZblJugR XXIII, 262); allerdings wird in der Regel die Bestellung eines Erziehungsbeistandes ausreichen (s Anhang Bem 26b), eventuell schon eine Beratung gemäß § 5 Abs 1 Nr 1 JWG.

154 Leidet ein Elternteil an offener Tuberkulose, so ist eine Vernachlässigung des Kindes darin zu erblicken, daß unterlassen wird, dieses von dem Kranken fernzuhalten, eventuell außerhalb der Wohnung unterzubringen (BGHZ 8, 134 = LM BGB § 1666 Nr 2 = NJW 1953, 1300 = SJE, E 16, 264k).

155 β) Fortgesetzte Verletzung der Fürsorge- und Unterhaltspflicht stellt ebenfalls eine Vernachlässigung des Kindes dar (BayObLG Z 5, 209; 13, 496; 15, 259; KG, ZblJugR XXVIII, 471 [1937]; Brühl, Unterhaltsrecht, 2. Aufl 1963, 494; s auch Bem 56 und 117), zB wenn die ausgewanderten Eltern keine Vorsorge hinsichtlich der Betreuung und Verpflegung des im Inland zurückgebliebenen Kindes getroffen haben (KG, OLG 4, 277),

156 wenn der Unterhaltsanspruch des Kindes nur durch zwangsweise Beitreibung erfüllt wird (BayObLG Z 13, 496, 501),

157 wenn dem begabten Kinde die Mittel vorenthalten werden, die zur Berufsausbildung, zB zum Studium erforderlich sind, und das Kind dadurch gezwungen würde, in einer Stellung zu verbleiben, die seinen geistigen Fähigkeiten, der sozialen Stellung und den Vermögensverhältnissen der Eltern nicht entsprechen würde (KG, OLG 1, 450; Scheffler in RGR-Komm Bem 6) — hier kommt auch Mißbrauch des Sorgerechts in Betracht —,

158 wenn ein dem Kinde zugedachtes Stipendium ausgeschlagen wird — doch wird hier auch ein Mißbrauch des Sorgerechts zu bejahen sein —,

159 eventuell auch, wenn die Eltern dem Kinde grundlos ein Taschengeld verweigern, obwohl es ein Alter erreicht hat, in dem es nach der Lebenserfahrung lernen kann und muß, mit dem Gelde umzugehen — hier kommt ebenfalls Mißbrauch des Sorgerechts in Betracht —,

160 wenn die Eltern dem Kinde die Zahlung eines Prozeßkostenvorschusses verweigern, obwohl das Kind Anspruch darauf hat und die Prozeßführung erforderlich ist — hier wird ebenfalls Mißbrauch des Sorgerechts zu bejahen sein —,

161 wenn die Eltern den Arbeitsverdienst des Kindes bei dessen Arbeitgeber abholen und davon dem Kinde weniger zukommen lassen, als für dessen angemessene Lebensführung und Lebensgestaltung erforderlich ist, ohne daß erzieherische Gründe für eine solche Maßnahme sprechen (KG, JFG 14, 423 = ZblJugR XXVIII, 419 = JW 1937, 639 = HRR 1937 Nr 297 = DFG 1937, 14; Schnitzerling, S 20; s auch oben Bem 56 zu § 1626 und unten Bem 292). Doch wird das Verhalten der Eltern hier zugleich auch als Mißbrauch des Sorgerechts zu beurteilen sein.

162 γ) Eine Vernachlässigung des Kindes kann darin liegen, daß die Eltern infolge Meinungsverschiedenheiten und Streitigkeiten ihre Pflichten bezüglich der Erziehung, Pflege und Beaufsichtigung des Kindes versäumen, zB auch, wenn infolge dieser Meinungsverschiedenheiten wichtige Fragen über die Erziehung des Kindes unentschieden bleiben, so daß das Wohl des Kindes gefährdet wird (s auch Bem 78, 78a),

163 daß sich die Eltern oder der Elternteil um die Erziehung des Kindes nicht oder in ungenügender Weise kümmern (KG ZblJugR XXV, 134; BayObLGZ 25, A 297 = JFG 4, 94),

daß die Eltern oder der Elternteil dulden, daß das Kind sich bei einem Verwandten aufhält, der an einer ansteckenden Krankheit (zB Tuberkulose) leidet (BayObLGZ 33, 224), 164

daß das Kind bei Verwandten belassen wird, obwohl es dort nicht ordnungsmäßig versorgt wird und werden kann (BayObLGZ 1952, 178, 180). 165

Die Rechtsprechung hat früher ein Einschreiten gemäß § 1666 Abs 1 S 1 zugelassen, wenn ein Elternteil die eheliche Wohnung verläßt, sich nicht um das Kind kümmert und sich weigert zurückzukehren (vgl dazu KG, JFG 21, 11 = DR 1940, 326; s ferner auch BayObLGZ 1954, 275 = FamRZ 1955, 20 = NJW 1955, 222 = MDR 1955, 167 sowie BGHZ 20, 313, 319f = FamRZ 1956, 223 [m Anm v Bosch] = JZ 1956, 598 [m Anm v Müller-Freienfels] = NJW 1956, 1148 = MDR 1956, 538 = LM § 1627 Nr 2 [Ls m Anm v Ascher]); indessen wird in solchen Fällen jetzt regelmäßig nach § 1672 oder unter dem Gesichtspunkt der Meinungsverschiedenheiten der Eltern entschieden werden können, wenn ein Elternteil das Vormundschaftsgericht anruft (s auch oben Bem 12). 166

δ) Ferner kann uU eine Vernachlässigung des Kindes vorliegen, wenn die Eltern oder der Elternteil nach einer gegen das Kind gerichteten Straftat von der Stellung eines Strafantrags absehen (Fuchs, Familienrecht, Bem 2b zu § 1909). 167

ε) Eine Vernachlässigung des Kindes kann auch in Betracht kommen, wenn ein kindergeldberechtigter Elternteil, der sich mit der Familie in dürftigen Verhältnissen befindet, trotz Belehrung auf Kindergeld verzichtet, das Wohl der Kinder aber die Inanspruchnahme des Kindergeldes erfordert (s LG Münster/Westfalen, FamRZ 1956, 155) oder wenn das Kind nicht in elterlicher Obhut steht, die Versorgung des Kindes durch das Kindergeld verbessert werden kann, der berechtigte Elternteil aber den Antrag auf Auszahlung des Kindergeldes aus Böswilligkeit nicht stellt (v LG Münster, aaO, genannter Fall). Diese Fragen waren bisher nur im Rahmen des § 8 Abs 2 KindGG von Bedeutung (s jetzt aber §§ 12, 24 BKindGG). Übrigens ist in dem (ausdrücklichen) Verzicht auf Kindergeld auch ein Mißbrauch des Sorgerechts zu erblicken. 168

ζ) Dagegen kann eine Vernachlässigung des Kindes nicht ohne weiteres angenommen werden, wenn ältere Geschwister des Kindes den Haushalt des verwitweten, aus beruflichen Gründen häufig auswärts weilenden Vaters führen (BayObLG Recht 1914 Nr 1998), oder wenn das Kind von Verwandten betreut und erzogen wird (vgl OLG Stuttgart, JFG 9, 47) und die Eltern sich um das Kind nicht kümmern (OLG Dresden, SeuffA 66, 71 Nr 34), selbst dann, wenn sie zum Unterhalt keinen oder fast keinen Beitrag geleistet haben, hierzu aber auch nicht aufgefordert wurden (KG, OLG 31, 411; BayObLGZ 15, 291 = OLG 30, 84), ferner wenn das Kind während der Arbeitszeit der Eltern dritten Personen zur Betreuung und Beaufsichtigung überlassen wird, es sei denn, daß das Kind nicht ordnungsmäßig untergebracht ist und beaufsichtigt wird (BayObLGZ 30, 106 = JFG 7, 57 = HRR 1930 Nr 983; s auch Eißer, FamRZ 1959, 181) oder wenn es von Hausangestellten oder sonstigen Bediensteten versorgt wird (s ferner Bem 118). 169

Eine Vernachlässigung des Kindes liegt auch dann nicht ohne weiteres vor, wenn dessen Aufenthalt vor Behörden verheimlicht wird (BayObLGZ 15, 166), 170

wohl aber, wenn die uneheliche Mutter das Kind in dem Heim zurückläßt, in dem es geboren wurde, und es trotz Aufforderung nicht abholt — hier wird auch ein Mißbrauch des Sorgerechts in Betracht kommen —, 171

wenn die Eltern ein Kind in einem Heim, in dem es wegen Schwächlichkeit untergebracht ist, weiterhin belassen, wegen angeblichen Wohnraummangels, um damit auf das Wohnungsamt einen Druck auszuüben, daß dieses ihnen eine Wohnung zuteile; in diesem Falle wird indessen zugleich ein Mißbrauch des Sorgerechts anzunehmen sein (s auch oben Bem 28 zu § 1631). 172

Eine Vernachlässigung des Kindes ist zu verneinen, wenn die Eltern das Kind deshalb nicht im Elternhaus aufnehmen wollen, weil sie der Ansicht sind, daß erzieherische Gründe für eine anderweitige Unterbringung sprechen (s oben Bem 29 zu § 1631 sowie Vorbem 23 vor § 1666). 173

Eine Vernachlässigung des Kindes ist aber zu bejahen, wenn die Eltern an einem sehr heißen Tage ihren Säugling oder ihr Kleinkind im geschlossenen Kraftfahrzeug zurücklassen, um Einkäufe zu machen, ohne zu bedenken, daß die Temperatur in dem von der Sonne beschienenen Wagen sehr hoch werden kann 174 (s Peters in „Die Grundrechte", IV, 1, S 387 Fußn 65). Doch wird ein „Versagen" der Eltern iSd Art 6 Abs 3 GG hier noch nicht angenommen werden können (Peters aaO).

175 η) Ebenso verletzen die Eltern ihre Pflicht und vernachlässigen das Kind, wenn es infolge körperlicher oder geistiger Gebrechen, zB weil es verkrüppelt, blind, taub, taubstumm oder schwachsinnig ist, einer Unterbringung in einer geeigneten Anstalt oder Hilfsschule oder Sonderschule bedarf und diese unterlassen wird (s dazu OLG Dresden, ZBlFG 5, 492; OLG 30, 85; KG, OLG 16, 19; KGJ 26, A 28; 36, A 10 = OLG 17, 277; OLG 17, 279, 280; 21, 265, 270; 34, 264; BayObLGZ 13, 43; 22, A 168; 23, A 219 = JFG 2, 101; 33, 203; 1960, 393; s auch oben Bem 90),

176 wenn die Eltern oder der Elternteil aus Bequemlichkeit oder Scheu vor einem entschlossenen Auftreten die schlimmen Neigungen des Kindes, den Hang zu Lüge und bösen Streichen nicht mit der nötigen Energie bekämpfen (BayObLG Z 2, 368; KG, OLG 3, 422).

177 Der Elternteil verletzt seine Pflicht, wenn er es unterläßt, ungünstigen Einwirkungen und Einflüssen auf das Kind seitens des Stiefelternteils oder Dritter entgegenzutreten (BayObLGZ 2, 464; Recht 1906, 1263 Nr 3066; Z 33, 224; OLG Hamburg, OLG 8, 351), zB Mißhandlungen durch den Stiefelternteil (KG, OLG 33, 366; BayObLG, OLG 6, 62) oder

178 der Ausbeutung der Arbeitskraft des Kindes durch den Stiefelternteil (s KG, OLG 6, 288; 10, 1; vgl auch OLG Nürnberg, FamRZ 1960, 119) oder

179 wenn der Elternteil es unterläßt, gegen unzüchtige Handlungen oder geschlechtlichen Umgang des Ehegatten (Stiefelternteils) mit dem Kinde einzuschreiten oder

180 wenn das Kind durch den unsittlichen Lebenswandel der Stiefmutter gefährdet wird und der Elternteil es versäumt, das Kind vor diesen Einwirkungen zu schützen (vgl BayObLG Recht 1915 Nr 315).

181 ϑ) Eine Vernachlässigung des Kindes kann in Betracht kommen, wenn die Mutter Jahre lang nichts dagegen unternimmt, daß der Vater, der Arzt ist, mit der Sprechstundenhilfe in den zur ehelichen Wohnung gehörenden Praxisräumen nächtigt und mit dieser ehebrecherische Beziehungen unterhält (s zum Schutz des räumlich-gegenständlichen Bereichs der Ehe BGHZ 6, 360 = NJW 1952, 975 = JZ 1952, 688 = JR 1952, 322 = MDR 1952, 511; LM BGB § 823 Af Nr 2; LM GrundG Art 6 Nr 3 = FamRZ 1956, 50; OLG Celle, FamRZ 1963, 295; Leisner, Grundrechte und Privatrecht, 1960, S 345), aus denen ein Kind hervorgegangen ist, so daß die im Pubertätsalter stehende Tochter sittlich gefährdet wurde (s den vom OLG Hamm, JMBlNRW 1962, 243, entschiedenen Fall, in dem freilich die vorliegende Frage nicht behandelt und erkannt wurde; zu dieser Entscheidung s auch unten Bem 243, 365 und allgemein zur Frage der Verpflichtung der Eltern zur gegenseitigen Überwachung oben Bem 4 zu § 1631, Scheffler in RGR-Komm, Bem 3 zu § 1627, 4 zu § 1631, sowie Siebert, JR 1955, 242).

182 Weiterhin kann eine Vernachlässigung vorliegen, wenn die Eltern oder der Elternteil dulden, daß die Tochter in der elterlichen Wohnung mit einem Manne unsittliche Beziehungen unterhält, zB mit diesem in einem Bett schläft oder etwa, daß der 18jährige Sohn mit einer 25jährigen geschiedenen Frau, die Mutter zweier Kinder ist, intime Beziehungen pflegt (s zum Verbot solcher Beziehungen durch die Eltern und zur Möglichkeit, gegen die Dritte Unterlassungsklage zu erheben OLG Nürnberg, FamRZ 1959, 71, sowie oben Bem 20 zu § 1631).

183 ι) Die Eltern vernachlässigen das Kind, wenn sie dieses nicht zum **Schulbesuch** anhalten (KG, OLG 3, 422; 4, 277; OLG Hamburg, OLG 30, 83), andererseits aber eventuell auch, wenn sie die Anfechtung einer schweren Verletzung der Menschenwürde und des Persönlichkeitsrechts des Kindes durch die Schule unterlassen und hierdurch die Beeinträchtigung des Kindes durch die rechtswidrige Maßnahme der Schule beibehalten (s Perschel, Die Meinungsfreiheit des Schülers, 1962, S 93, und RdJ 1963, 38).

184 κ) Eine Vernachlässigung des Kindes ist in schweren Fällen darin zu erblicken, daß die Eltern jegliche religiöse oder weltanschauliche Erziehung des Kindes unterlassen, insbesondere versäumen, dem Kinde ethische Werte zu vermitteln, welche die Grundlage des menschlichen Zusammenlebens bilden (s hierzu BayObLGZ 27, A 26 = JFG 5, 48; RGR-Komm, 9. Aufl, Bem 2 zu § 1666; aM: Scheff-

ler in RGR-Komm, 10./11. Aufl, Bem 6, Krüger in Krüger-Breetzke-Nowack, Bem 4 je zu § 1666). Keine Weltanschauung ist nicht auch eine Weltanschauung (s oben Bem 1 zu § 6 RelKEG). Das RelKEG geht davon aus, daß das Kind in irgendeiner religiösen Anschauung oder Weltanschauung erzogen wird; das Grundgesetz schützt in Art 4 Abs 1 die Freiheit des Glaubens und des religiösen und weltanschaulichen Bekenntnisses (ebenso die Europäische Menschenrechtskonvention — s Bundesgesetz v 7. 8. 1952, BGBl II, 685, über deren rechtliche Bedeutung s Vorbem 7, Fußn — in Art 9 [abgedruckt bei Maunz-Dürig, Grundgesetz, Teil A, und Hamann, 2. Aufl, bei Art 4 GG] —), aber nicht die Verneinung aller Werte und Normen des Handelns, dh den Nihilismus, der als Verstoß gegen die verfassungsmäßige Ordnung und das Sittengesetz (s Art 2 Abs 1 GG) beurteilt werden muß (s auch Middendorff, RdJ 1963, 257).

λ) Eine Vernachlässigung des Kindes liegt auch vor, wenn ein Sorgeberechtigter die ihm obliegende Aufsichtspflicht in ungenügender Weise erfüllt (s dazu Bem 18—21 zu § 1631 und auch Giesler, RdJ 1961, 107), zB 185

bezüglich der Lektüre des Kindes, wenn dieses jugendgefährdende Schriften oder für Jugendliche ungeeignete Schundromane u dgl liest (s zum Gesetz über die Verbreitung jugendgefährdender Schriften [GjS] oben Bem 85), 186

hinsichtlich der Verwendung der Freizeit des Kindes außerhalb des Schulunterrichtes oder des Lehr- oder Arbeitsverhältnisses (s dazu zB Scholl, BldWPfl 1963, 252, 255), 187

wenn die Eltern dulden, daß das Kind (abends) umherstreunt (vgl KG OLG 46, 209) oder sich an Orten aufhält, an denen dem Kinde eine sittliche Gefahr droht (s § 1 des Gesetzes zum Schutze der Jugend in der Öffentlichkeit v 27. 7. 1957, BGBl I, 1058 — s oben Bem 55 — sowie §§ 2, 4, 5, 6 des Gesetzes), oder an „Partys" teilnimmt (s Scholl, BldWPfl 1963, 255), 188

daß das Kind Glückspielautomaten benützt (s oben Bem 83), 189

ferner überhaupt bezüglich der Verwendung eines dem Kinde überlassenen (zu) reichlichen Taschengeldes oder 190

wenn die Eltern dem Kinde gefährliche Spielzeuge überlassen haben und es dann in ungenügender Weise beaufsichtigen (s auch oben Bem 58) oder 191

wenn die Eltern dulden, daß das Kind Altmetall veräußert (s dazu § 5 des Gesetzes über den Verkehr mit unedlen Metallen v 23. 7. 1926 / 28. 6. 1929, RGBl I, 415 bzw 121, und Händel, RdJ 1955, 292). 192

μ) Eine Verletzung der Aufsichtspflicht kann darin liegen, daß die Eltern im voraus zu allen dem Minderjährigen abzuschließenden Geschäften ihre Zustimmung (einen Generalkonsens) erteilen (vgl dazu Fahr, Die Neuregelung der Schlüsselgewalt durch das Gleichberechtigungsgesetz, 1962, S 89ff; Enneccerus-Nipperdey, Allgemeiner Teil des Bürgerlichen Rechts, 15. Aufl, 2. Halbband 1960, § 152 I 4, S 937). Die Erteilung des Generalkonsenses kann auch einen Mißbrauch des Sorgerechts darstellen. 193

4. Die Tatbestandsmerkmale **Mißbrauch** des Sorgerechts und **Vernachlässigung** des Kindes (Abs 1 S 1) erfordern **kein schuldhaftes Verhalten** der Eltern bzw des Elternteils*). 194

a) Zwar ist der Gesetzgeber ursprünglich davon ausgegangen, der Regelung liege das Verschuldensprinzip zugrunde (s Bem 2). Indessen ist dieses in dem Wortlaut des Gesetzes nicht zum Ausdruck gekommen (worauf auch zB Erman-Ronke, Bem 2d) sowie Opet-v. Blume, Bem I; Webler, ZblJugR XXVIII, 307, mit Recht hinweisen). § 1666 Abs 1 S 1 besagt nicht „wird das ... Wohl des Kindes dadurch gefährdet, daß der Vater oder die Mutter schuldhaft das Recht der Sorge ... mißbraucht, das Kind vernachlässigt"; vielmehr ist lediglich in dem dritten Fall, daß der Elternteil sich eines ehrlosen oder unsittlichen Verhaltens schuldig macht, ausdrücklich von dem Verschulden die Rede. Hieraus kann aber nicht der Schluß gezogen werden, das Verschuldensprinzip müsse auch in den ersten beiden Fällen gelten.

Die Begriffe Mißbrauch und Vernachlässigung enthalten nach ihrem Wortsinn nicht das Erfordernis eines schuldhaften Verhaltens. Der Ausdruck Miß- 195

---

*) **Anders** die einhellige Meinung in der Rechtsprechung, s BGH LM § 1666 Nr 4 = FamRZ 1956, 350; Z 20, 313 (320) = FamRZ 1956, 223 (225) = JZ 1956, 598 = NJW 1956, 1148 = MDR 1956, 538 = EJF, A I s Nr 1; RGZ 147, 68; OLG Hamm, ZblJugR 1958, 177 = JMBlNRW 1958, 272 = ZblJugR 1959, 27; ZblJugR 1961, 237; OLG Stuttgart, FJG 3, 47; ZblJugR 1961, 90; KG, OLG 31, 409; FamRZ 1962, 200; 1963, 308, 311, BayObLG Z 28, A 236; 1954, 66; FamRZ 1962, 192, 193; ua sowie die überwiegende Auffassung in der

brauch ist übrigens im Familienrecht noch in §§ 1353 Abs 2, 1447 Nr 1 und war ursprünglich in §§ 1354 Abs 2, 1357 Abs 2, 1358 Abs 2 gebraucht. In diesen Fällen ist bzw war kein Verschulden erforderlich (s zu § 1353 Abs 2 zB RGR-Komm, Bem 21, Palandt-Lauterbach, Bem 5; zu § 1447 Nr 1 Soergel-Siebert-Vogel, Bem 4, RGR-Komm Bem 11) — wie übrigens auch der Ermessensmißbrauch im Verwaltungsrecht kein Verschulden erfordert —. Beide Begriffe „Mißbrauch" und „Vernachlässigung" können also durchaus ohne ein subjektives Element aufgefaßt werden.

196 Das GleichberG änderte zwar die Fassung des Abs 1 S 1 (s oben Bem 6); ein Antrag, die Verschuldensfrage ausdrücklich zu regeln, wurde abgelehnt. Hieraus können jedoch keine zwingenden Schlüsse darauf gezogen werden, die Tatbestandsmerkmale Mißbrauch und Vernachlässigung müßten als schuldhaftes Verhalten ausgelegt werden. Die Auffassung von Lange (in Soergel-Siebert, Bem 14), der Gesetzgeber habe die bisherige Rechtsprechung damit indirekt bestätigt, ist nicht zutreffend (s dazu Näheres oben Bem 5).

Für die Gesetzesauslegung ist vielmehr der in der jeweiligen Vorschrift zum Ausdruck kommende objektivierte Wille des Gesetzgebers maßgebend, wie er sich aus dem Wortlaut, dem Sinn- und Satzzusammenhang ergibt, in den die Vorschrift hineingestellt ist (BVerfG E 1, 299 [312] = JZ 1952, 419 = NJW 1952, 737; s hierzu HJ Müller, JZ 1962, 471); das BVerfG (aaO) hat hierzu mit Recht darauf hingewiesen, daß die subjektiven Vorstellungen der am Gesetzgebungsverfahren beteiligten Organe oder einzelner ihrer Mitglieder über die Bedeutung einer Bestimmung nicht entscheidend sind, sondern daß der Entstehungsgeschichte für die Auslegung einer gesetzlichen Vorschrift nur insofern Bedeutung zukommt, als sie die Richtigkeit einer nach den erwähnten Grundsätzen ermittelten Auslegung bestätigt oder Zweifel behebt, die auf dem angegebenen Weg nicht ausgeräumt werden können. Ist etwa der aus der Begründung eines Gesetzesentwurfs oder einem Ausschußbericht hervorgehende „Wille des Gesetzgebers" in dem Wortlaut der gesetzlichen Vorschrift nicht zum Ausdruck gekommen, so ist bei der Auslegung von Wortlaut, Sinn- und Satzzusammenhang auszugehen (s auch zur Frage des Schweigens des Gesetzgebers Dunz, NJW 1958, 6, und Göppinger, JR 1964, 12).

197 Im übrigen ist zu beachten, daß der Gesetzeszweck, der Schutz des Kindes, gerade nicht für das Erfordernis eines Verschuldens der Eltern oder des Elternteils spricht. Maßgebend ist vielmehr, daß § 1666 in verfassungskonformer Weise ausgelegt werden muß, dh innerhalb des Rahmens des Art 6 Abs 2 und 3 GG. Diese Vorschriften stellen nicht auf ein Verschulden ab und erfordern dies auch nicht zur Gewährleistung des Elternrechts (BVerfG E, 10, 59, 84 = FamRZ 1959, 416, 421; s auch Vorbem 17; aM Soergel-Siebert-Lange, Bem 14); der Begriff „Versagen" in Art 6 Abs 3 GG enthält kein Verschuldenselement (s dazu Vorbem 32, sowie zu der Frage, inwieweit Mißbrauch des Sorgerechts und Vernachlässigung des Kindes ein Versagen darstellen oben Bem 32 und 145). Daher ist es nur konsequent, wenn bei einem Verhalten, das als Mißbrauch und Vernachlässigung iSd § 1666 Abs 1 S 1 anzusehen ist, kein Verschulden verlangt wird.

198 Daß aber nach dem jetzigen Rechtszustand, jedenfalls seit dem Inkrafttreten des neugefaßten JWG, insbesondere des § 64 JWG nF, kein Verschulden als Erfordernis der Anwendung des § 1666 Abs 1 S 1 in Betracht kommen kann, ergeben folgende Erwägungen:

Literatur, s Siebert, NJW 1955, 3 m Fußn 20 (Hinw); Kipp, § 83, II, 2, 351; Soergel-Siebert-Lange, Bem 14, Erman-Ronke, Bem 2d), Palandt/Lauterbach, Bem 2, frühere Aufl dieses Komm, Bem II; Lehamnn, Familienrecht, 3. Aufl, 179; Schnitzerling, 21 und RdJ 1958, 133; widerspruchsvoll BVerfG E 10, 59ff (einerseits 77, andererseits 84) = FamRZ 1959, 420 lk Sp, 421 re Sp;

gegen das Verschuldensprinzip: Opet, 202f; Opet-v. Blume, Bem I; Weyl, System der Verschuldensbegriffe im BGB, 1905, 376; Hampel, FamRZ 1963, 545 Fußn 75; Donau, oben Bem 82 zu § 1626; Beitzke, Familienrecht, 10. Aufl, 168, § 30, I 2, und Die Gleichberechtigung von Mann und Frau, 14. Beiheft zur DRZ, 1950, 32; Erna Scheffler in „Die Grundrechte", IV, 1, 286; Müller-Freienfels, Ehe und Recht, 1962, 293, Fußn 3; Riedel, Jugendwohlfahtsrecht, 5. Aufl, 1962, 137; Göppinger, FamRZ 1961, 517; 1963, 453 (m Hinw); Webler, ZblJugR XXVIII, 305 (1936); Behnke, ZblJugR XXV, 301 (1934); Rauschert, ZblJugR 1962, 155f; s auch (vor allem de lege ferenda) Fetzer und Bins bei der Tagung des AFET 1953, Neue Reihe, Heft 7, 14, 22, 28; Wenke in „Schriftenreihe der Deutschen Vereinigung für Jugendgerichte und Jugendgerichtshilfe", Neue Folge, Heft 4, 1962, 28ff. — Bemerkenswerterweise hielt es das OLG Dresden (JFG 6, 55, 62) für mißlich, daß die Anwendung des § 1666 Abs 1 die Erörterung des Verschuldens bedinge.

Bei Gefährdung des Kindes in verhältnismäßig leichteren Fällen ist die Bestellung bzw Anordnung einer Erziehungsbeistandschaft (§§ 55ff JWG) zulässig; nach dem klaren Wortlaut des § 55 kommt es auf die Ursache der Gefährdung der Entwicklung des Kindes, dh ein Verschulden der Eltern nicht an — wie schon bisher bei Anordnung der Schutzaufsicht (§ 56 aF) —. Wird Freiwillige Erziehungshilfe gewährt oder Fürsorgeerziehung angeordnet (§§ 62ff JWG), dh das Kind anderweitig, regelmäßig in einem Heim, untergebracht, im Falle der Anordnung der Fürsorgeerziehung von den Eltern gegen deren Willen getrennt iSd Art 6 Abs 3 GG, so ist die Ursache der Gefährdung bzw der Verwahrlosungsgefahr oder Verwahrlosung unerheblich; maW darauf, ob die Eltern an der Fehlentwicklung des Kindes ein Verschulden trifft, kommt es nicht an. So wäre es ein ungereimtes Ergebnis, wenn Maßnahmen gemäß § 1666 Abs 1 S 1 wegen Mißbrauchs des Sorgerechts oder Vernachlässigung des Kindes nur bei Verschulden der Eltern zulässig wären, dh wenn bei leichten Eingriffen (§§ 55, 57 JWG) und beim schwersten Eingriff (s § 64 S 2 JWG) kein Verschulden, bei einem Einschreiten gemäß § 1666 Abs 1 S 1 aber ein Verschulden erforderlich wäre.

Nach § 1 Abs 1 JWG hat das Kind ein Recht auf Erziehung zur leiblichen, seelischen und gesellschaftlichen Tüchtigkeit, gemäß § 1 Abs 2 S 2 ist ein Eingreifen gegen den Willen des Erziehungsberechtigten nur zulässig, wenn ein Gesetz es erlaubt. § 1 Abs 3 schreibt vor, daß soweit der Anspruch des Kindes auf Erziehung von der Familie nicht erfüllt wird, öffentliche Jugendhilfe eintritt. In diesen Vorschriften des § 1 Abs 2 und Abs 3 ist ein Verschulden der Sorgeberechtigten, wie allgemein anerkannt ist, nicht vorausgesetzt.

Ferner ist ein Eingreifen des Vormundschaftsgerichts gemäß §§ 1667—1669 nicht von einem Verschulden der Vermögenssorgeberechtigten abhängig (hinsichtlich des Eingreifens gemäß § 1666 Abs 2 ist die Frage bestritten, s dazu Bem 290). So wäre es ein kaum erträgliches Ergebnis, wenn ein Eingreifen des Vormundschaftsgerichts in Angelegenheiten der Personensorge von einem Verschulden abhängig wäre, in Angelegenheiten der Vermögenssorge dagegen nicht, maW wenn das Kind in Vermögensangelegenheiten stärker geschützt wäre als in den wesentlich wichtigeren Fragen der Personensorge.

Weiterhin hätte die Auffassung, § 1666 erfordere im Falle des Mißbrauchs des Sorgerechts oder der Vernachlässigung des Kindes ein Verschulden der Sorgeberechtigten, die wenig erfreuliche Konsequenz, daß, wenn (zB hinsichtlich eines Kleinkindes) die Voraussetzungen des § 64 JWG vorliegen, die Eltern aber kein Verschulden trifft, Fürsorgeerziehung angeordnet werden müßte statt der milderen Maßnahme der Heimunterbringung durch einen Pfleger (s zur Abgrenzung des § 1666 Abs 1 von § 64 JWG Vorbem 46). 199

Wird einem Elternteil die Ausübung des Personensorgerechts entzogen, so ist sie gemäß § 1680 iV mit § 1679 auch dem anderen Elternteil zu entziehen, wenn das Wohl des Kindes es erfordert, ohne daß es auf ein Verschulden des anderen Elternteils ankommt (s dazu unten Bem 265). So wäre es ein unbefriedigendes Ergebnis, wenn hier das Eingreifen des Vormundschaftsgerichts gegen einen Elternteil von einem Verschulden abhängig wäre. 200

Schließlich ist darauf hinzuweisen, daß die Bestellung eines Sorgerechtspflegers gemäß § 1671 Abs 5 zulässig ist, wenn sie erforderlich ist, um eine Gefahr für das geistige oder leibliche Wohl des Kindes abzuwehren, ohne daß es auf ein Verschulden der beiden Elternteile ankommt (wie schon gemäß § 81 Abs 4 EheG 1938 und § 74 Abs 5 EheG 1946). Zwar ist richtig, daß Kinder aus geschiedenen Ehen einer besonderen Gefährdung ausgesetzt sein können, indessen gilt dies nicht minder dann, wenn die Eltern getrennt leben. Da in § 1672 die Vorschrift des § 1671 Abs 5 nicht für anwendbar erklärt ist, kommt für die Bestellung eines Pflegers nur § 1666 Abs 1 S 1 iVm § 1909 in Betracht (s oben Bem 13). Wird hier von dem Erfordernis eines Verschuldens abgesehen, so kann damit im Vergleich zu § 1671 Abs 5 ebenfalls eine sachgerechte Regelung herbeigeführt werden. 201

b) Die dargelegte Auffassung führt zu einer klaren Lösung und macht die von der Praxis seither gewählte Konstruktion entbehrlich, der Elternteil handle infolge Uneinsichtigkeit und Unbelehrbarkeit schuldhaft (s zB BGH, LM § 1666 Nr 4 = FamRZ 1956, 350; KG KGJ 36, A 10 = OLG 17, 277; KGJ 46, A 50; JR 1927, 206 Nr 371; BayObLGZ 30, 40; OLG Stuttgart, JFG 3, 47; SchlHOLG, SchlHAnz 1948, 185; OLG Hamm, JMBlNRW 1956, 325; JMBlNRW 1958, 272 = ZblJugR 1958, 177 = ZblJugR 1959, 27; ZblJugR 1961, 237). Wie notwendig es ist, das Verschuldensprinzip aufzugeben, ergibt sich auch daraus, daß die Praxis sich zuweilen zu recht bedenklichen Argumentationen genötigt gesehen hat, um zu vernünftigen Ergebnissen gelangen zu können, und daß sie 202 zuweilen den Begriff „Verschulden" so sehr ausgeweitet hat, daß er dann fast als aufgelöst betrachtet werden muß (Göppinger, FamRZ 1961, 518; Erman-Ronke, Bem 2d; Wenke, aaO, S 31 — s oben Lit [Fußn zu 194] —). ZB wurde ein Verschulden bejaht, weil der Elternteil die Anordnung der anderweitigen Unterbringung des Kindes angefochten hat (!) und das Kind hat in seinem Haushalt belassen wollen, obwohl das Kind vor den Mißhandlungen des Stiefelternteils nicht habe geschützt werden können (KG, OLG 33, 366) — indessen hätte nur dieser letztere Gesichtspunkt berücksichtigt werden dürfen! —.

Zuweilen wurde argumentiert, liege eine Pflichtwidrigkeit objektiv vor, so lasse sich regelmäßig ein Verschulden feststellen (Palandt-Lauterbach, Bem 2, Erman-Ronke, Bem 2d), Soergel-Siebert, 8. Aufl, Bem 3, s ferner BVerfG E 10, 59, 77f = FamRZ 1959, 416, 420 sowie die Stellungnahme der Bundesregierung BT-Drucks Nr 3802, 2. Wahlper, Anl B, Nr 33, S 20 — s oben Bem 5 — unter Berufung auf Palandt-Lauterbach; hiergegen Göppinger, FamRZ 1962, 542 [II. 1. b]; Lange in Soergel-Siebert, Bem 15). Die erwähnte Konstruktion, die das Verschulden aus einer Unbelehrbarkeit herleitete, könnte dazu führen, daß zB, wenn das AG ein Eingreifen mangels Verschuldens abgelehnt, in dem Beschluß aber eine Belehrung ausgesprochen hat, das LG dann eine Maßnahme gemäß § 1666 anordnen könnte, wenn die Eltern die Belehrung nicht befolgten (s auch Scheffler in RGR-Komm, Bem 3).

Ein Verschulden hat das OLG Hamburg (ZblJugR XXIII, 262) in dem Falle verneint, daß der Elternteil nicht fähig war, den Besonderheiten des Kindes, die durch körperliche Frühreife und damit zusammenhängende seelische Nöte bedingt waren, mit Einsicht und Verständnis zu begegnen (s auch Bem 153a und Anhang Bem 26b).

203 Mit der dargelegten Lösung werden ferner Schwierigkeiten der Feststellung der Schuldfähigkeit vermieden (vgl zB KG JFG 9, 44; OLG Stuttgart, ZblJugR 1961, 90; OLG Oldenburg, NdsRpfl 1960, 250 = ZblJugR 1961, 305 = DAVorm XXXIV, 65; s auch OLG Celle, ZblJugR 1954, 305). Bemerkenswerterweise sagte das KG (aaO), das Verschulden sei oft schwer oder gar nicht feststellbar; in der Praxis kann die Feststellung des Verschuldens vor allem dann schwierige Ermittlungen erfordern, wenn die Uneinsichtigkeit und Unbelehrbarkeit auf einer gewissen geistigen oder psychischen Abartigkeit beruht, die keine Schuldunfähigkeit oder Geistesschwäche oder Geschäftsunfähigkeit bedeutet und zu bedeuten braucht.

204 Andererseits ergeben sich aus der hier vertretenen Auffassung keine Schwierigkeiten hinsichtlich der Abgrenzung der Anwendung des § 1666 gegenüber den Rechtsfolgen, die bei Geschäftsunfähigkeit oder beschränkter Geschäftsfähigkeit eines Elternteils (§ 1673) eintreten. Im Falle der beschränkten Geschäftsfähigkeit übt der Elternteil die tatsächliche Sorge neben dem gesetzlichen Vertreter des Kindes aus; hier kann § 1666 Abs 1 S 1 angewendet werden; dagegen findet diese Vorschrift freilich im Falle der Geschäftsunfähigkeit keine Anwendung, da diese das Ruhen der elterlichen Gewalt zur Folge hat (s oben Bem 10). Indessen bestehen keine Bedenken, in dem Falle, daß die Geschäftsunfähigkeit nicht eindeutig feststellbar ist, Maßnahmen gemäß § 1666 Abs 1 zu treffen; insbesondere kann auch vor Klärung der Frage, ob der Elternteil geschäftsunfähig ist, eine einstweilige Anordnung erlassen werden (vgl dazu KG, FamRZ 1962, 200).

205 5. a) Als dritten Fall einer Pflichtverletzung der Eltern oder des Elternteils sieht das Gesetz **ehrloses oder unsittliches Verhalten** vor. Das Gesetz läßt hier ein Eingreifen des Vormundschaftsgerichts zu, damit der Gefahr vorgebeugt werden kann, daß das schlechte Beispiel der Eltern einen verderblichen Einfluß auf die Kinder äußere, selbst wenn zur Zeit eine sittliche Verwahrlosung der Kinder noch nicht eingetreten sei (Mot IV, 804). Der in der II. Komm gestellte Antrag, von der Erwähnung des „unsittlichen oder ehrlosen Verhaltens" abzusehen, fand keine Annahme; man war sich hierbei aber darüber einig, für den Tatbestand des § 1666 komme nur ein ehrloses Verhalten in Betracht, das zugleich unsittlich sei (Prot IV, 625); s ferner Opet, S 203, Fußn 81), eine Auffassung, die freilich mit dem Wortlaut des Gesetzes nicht vereinbar ist (s aber auch Stammler, Die Lehre vom richtigen Rechte, 2. Aufl 1926, S 238f).

206 b) α) Die Begriffe „ehrloses Verhalten" und „unsittliches Verhalten" sind *unbestimmte Rechtsbegriffe* (Gesetzesbegriffe) — ebenso wie die Ausdrücke „Mißbrauch des Sorgerechts" und „Vernachlässigung des Kindes" (s oben Bem 29, 142) —. Sie verweisen auf außerrechtliche Wertungen, die dadurch zum Inhalt der Norm werden (Göppinger, Die Erledigung des Rechtsstreits in der Hauptsache, 1958, S 191; Westermann, Wesen und Grenzen der richter-

lichen Streitentscheidung im Zivilrecht, 1955, S 23, und AcP 152, 445) und die im Laufe der Zeit freilich gewissen Schwankungen und Wandlungen unterworfen sein können (s auch BVerfG E 7, 215).

β) Zur Klärung der Bedeutung der Formulierung „ehrloses oder unsittliches Verhalten" ist von Interesse, in welchen Vorschriften diese oder eine ähnliche Wendung enthalten ist. Der Ausdruck „ehrloses oder unsittliches Verhalten" findet sich auch in § 1568 S 1 aF, EheG 1938 § 49 S 1, EheG 1946 § 43 S 1, während in § 1596 Abs 1 Nr 4 (idF des FamRÄndG v 11. 8. 1961), § 2333 Nr 5, EheG 1938 §§ 65, 74, EheG 1946 §§ 57, 66 von dem „ehrlosen oder unsittlichen Lebenswandel", in § 1611 und in EheG 1938 § 73, EheG 1946 § 65 von dem „sittlichen Verschulden" die Rede ist bzw war (vgl auch § 529 Abs 1). 207

Ehrlos bedeutet in allen diesen Vorschriften ein Verhalten, das den herrschenden Ehrbegriffen, unsittlich ein Verhalten, das den herrschenden Sittenbegriffen (Sittlichkeitsbegriffen) widerstreitet (so schon BayObLGZ 21, A 331). Ehrloses Verhalten setzt keine ehrlose Gesinnung im Sinne des Strafrechts voraus (ebenso OLG München, MDR 1961, 850 zu § 43 EheG; zum strafrechtlichen Begriff der ehrlosen Gesinnung s Schmidhäuser, Gesinnungsmerkmale im Strafrecht, 1958, S 103ff, 252f). Vielmehr kommt es auf ein Verhalten an, das von einem objektiven, den allgemeinen Ehrbegriffen und dem Wesen der Familie als einer sittlichen Ordnung entsprechenden Standpunkt aus unehrenhaft ist, auch unter Berücksichtigung des Standes; jedoch sind nicht lediglich die Anschauungen des Standes maßgebend, dem die Eltern angehören (aM Opet, S 203). Erforderlich ist auch nicht, daß das ehrlose Verhalten eine strafbare Handlung darstellt. 208

Unsittlich umfaßt mehr als unzüchtig (RG Warn 1914, 119 Nr 86; Soergel-Siebert-Vogel, Bem 9 zu § 43 EheG; s auch Opet-v. Blume, Bem II, 1, b, γ zu § 1666); ein unsittliches Verhalten braucht deshalb nicht auf Erregung oder Befriedigung des Geschlechtstriebes gerichtet zu sein (RG aaO). Eine unsittliche Handlung braucht auch keine strafbare Handlung zu sein. Unsittlich ist, was gegen das Sittengesetz verstößt. Unter *Sittengesetz* ist die Summe derjenigen sittlichen Normen zu verstehen, die von der Allgemeinheit als richtig erkannt, für ein Zusammenleben sittlicher Wesen als verbindlich angesehen werden und die von der subjektiven Anerkennung Einzelner unabhängig sind; Sittengesetz ist, was Allgemeingut aller Kulturvölker auf sittlichem Gebiet ist, vor allem das, was von der Allgemeinheit des deutschen Volkes (im Geltungsbereich des Grundgesetzes) als verbindlich angesehen wird, wobei es auf die Grundgebote elementarer Sittlichkeit ankommt; Bestandteil des Sittengesetzes sind die sittlichen Vorstellungen der christlichen Konfessionen, soweit sie von der allgemeinen Anerkennung des Volkes getragen werden (s Nipperdey in „Die Grundrechte", IV, 2, S 820ff [1962], sowie auch BVerfG E 7, 215; BGHSt 3, 256; Zippelius, Wertungsprobleme im System der Grundrechte, 1962, S 23ff; Peters in „Die Grundrechte", IV, 1, S 382). 209

Ein unsittliches Verhalten kann zwar zugleich ehrlos sein, braucht es aber nicht; umgekehrt kann ehrloses Verhalten zugleich unsittlich sein, braucht es aber nicht zu sein (zB politische Straftaten). Nicht selten wird freilich ein unsittliches Verhalten zugleich als ehrlos oder umgekehrt ein ehrloses Verhalten zugleich als unsittlich zu beurteilen sein.

γ) Ehrloses oder unsittliches Verhalten kann in einer *einmaligen Handlung* oder auch in *mehreren Handlungen* bestehen; es braucht *kein ehrloser oder unsittlicher Lebenswandel* vorzuliegen. Dieser verlangt stets eine Mehrheit von Handlungen oder ein fortgesetztes Handeln, also einen Zustand von einer gewissen Dauer (BGH, NJW 1956, 1837; Ferid in diesem Komm, Bem 26 zu § 2333; Scheffler in RGR-Komm, Bem 5 zu § 1596); ehrloser oder unsittlicher Lebenswandel wird meist auf einem eingewurzelten Hang beruhen (Ferid, Scheffler, aaO; s auch BayObLGZ 33, 246). 210

δ) Das ehrlose oder unsittliche Verhalten iSd § 1666 Abs 1 S 1 muß stets ein *eigenes Verhalten des Elternteils* sein; die Duldung des Verhaltens einer anderen (zum Haushalt oder zur Familiengemeinschaft gehörenden) Person genügt nur dann, wenn in der Duldung selbst bzw dem pflichtwidrigen Unterlassen eines Einschreitens ein solches Verhalten liegt (zB eventuell bei Kuppelei). 211

Dieses ehrlose oder unsittliche Verhalten kann unmittelbar das Kind betreffen (wie zB grobe Mißhandlungen, die schwere Körperverletzungen iSd StGB (§§ 223a, 224) darstellen, oder Sittlichkeitsverbrechen) oder den Bereich der Personensorge, dh das Zusammenleben des Elternteils mit dem Kinde berühren (zB anstößige ehebrecherische Beziehungen in der elterlichen Wohnung oder ein Sittlichkeitsverbrechen mit dem Bruder oder der Schwester des Kindes) oder die Personensorge mittelbar beeinflussen, weil es eine sehr erhebliche Beeinträchtigung oder den Verlust des Ansehens und der Autorität des Elternteils zur Folge hat und die Familienehre verletzt (zB ein Sittlichkeitsverbrechen des Vaters an einem fremden Kinde). In den Fällen, in denen das Kind selbst betroffen oder die Personensorge unmittelbar berührt ist, liegt stets auch ein Mißbrauch, eventuell eine Vernachlässigung vor.

212 ε) Ehrloses oder unsittliches Verhalten stellt in den Fällen, in denen das Kind betroffen oder die Personensorge unmittelbar berührt ist, regelmäßig ein Versagen des Elternteils iSd Art 6 Abs 3 GG dar, in den Fällen, in denen die Personensorge nicht unmittelbar berührt ist, dann, wenn das Wohl des Kindes gefährdet ist (s zum Begriff „Versagen" Vorbem 32).

213 ζ) Das ehrlose oder unsittliche Verhalten muß immer — im Unterschied zum Mißbrauch des Sorgerechts und zur Vernachlässigung (s Bem 194ff) — auf einem **Verschulden** beruhen; hier ist daher Schuldfähigkeit erforderlich.

214 Eine Gefährdung des Wohls des Kindes gehört an sich zum Tatbestand des ehrlosen oder unsittlichen Verhaltens nicht, jedoch ist die Gefährdung als Folge dieses Verhaltens stets Voraussetzung eines Eingreifens des Vormundschaftsgerichts. Für die Beurteilung der Schwere des Verhaltens kann freilich gegebenenfalls die Frage der Folgen und Auswirkungen von Bedeutung sein.

215 Das Alter des Kindes ist im vorliegenden Zusammenhang unerheblich; jedoch kann es eine Rolle für die Frage spielen, ob das Kind gefährdet ist.

216 c) α) Ehrlos können sein schwere Straftaten, zB eine von dem Elternteil verübte Kuppelei und Hehlerei (OLG Stuttgart [Karlsruhe], ZblJugR 1952, 257), ferner Gewerbsunzucht, gewerbsmäßiges Glücksspiel, Zuhälterei, Sittlichkeitsverbrechen des Vaters gegen die Schwester des Kindes (BayObLGZ 15, 724), usw.

217 Als ehrlos wurde (zutreffend) zB eine wider besseres Wissen erstattete Strafanzeige des Vaters beurteilt, in der er behauptete, Angaben einer 20-jährigen Schülerin über ein Sittlichkeitsverbrechen seinerseits seien frei erfunden und stellten eine verleumderische Beleidigung dar (OLG Rostock, JFG 3, 50).

218 Dagegen kann ein ehrloses Verhalten nicht darin erblickt werden, daß der Elternteil eine Vereinbarung oder ein Versprechen über die religiöse Erziehung eines Kindes bricht, auch wenn es ein Adoptivkind ist (aM BayObLGZ 25, A 200, 202 = BayZ 1926, 210, 212 = JFG 4, 146, 148 = JW 1927, 1217, 1218; über die Voraussetzungen einer etwaigen Aufhebung des Adoptionsverhältnisses s § 1770a und hierzu Vorbem 45), es sei denn, es läge ein besonders krasser Verstoß vor (s auch Soergel-Siebert-Lange, Bem 27).

219 β) Unsittlich sind ebenfalls Kuppelei, Zuhälterei, gewerbsmäßige Unzucht, sowie Sittlichkeitsdelikte usw.

Beispiele:

220 Anstößige Beziehungen des Elternteils mit einem Partner des anderen Geschlechts in der elterlichen Wohnung, Konkubinat, ehebrecherische Beziehungen (KG, OLG 3, 42; 4, 411; RJA 6, 23; KGJ 46, A 38; BayObLGZ 13, 253; 19, A 108; 20, A 397; 25, A 307; JFG 4, 93; OLG Dresden, ZBlFG 6, 212; OLG Karlsruhe, ZblJugR 1960, 338; OLG Hamm, JMBlNRW 1962, 243; LG Lübeck, FamRZ 1955, 270),

221 dauerndes ehewidriges und Anstoß erregendes Verhalten des Elternteils mit einem Besucher, auch wenn Ehebruch nicht sicher nachweisbar ist (OLG Oldenburg, NdsRpfl 1952, 31),

222 Aufnahme von Dirnen in der Wohnung (KG, OLG 6, 62),

unsittlicher Lebenswandel der unehelichen Mutter (BayObLG Recht 1915 Nr 900),

223 gewerbsmäßiges Vogelstellen (BayObLGZ 30, 106 (108) = JFG 7, 57, 60),

224 gewerbsmäßiger Abschluß von Wuchergeschäften (s Opet, 205),

225 Rauschgiftsucht (zB Dolantinsucht, OLG Stuttgart, EJF E I Nr 28),

226 Trunksucht, wenn sie einen gewissen Grad erreicht hat, so daß sie für die Familienangehörigen und für dritte Personen deutlich erkennbar ist (s dazu BayObLG Recht 1911 Nr 758; KG, OLG 6, 170; OLG Hamburg, OLG 30, 83; Scheffler in RGR-Komm Bem 7; Opet 204, Fußn 89).

Äußerungen von Haßgefühlen des Elternteils gegen den anderen Elternteil, jedoch nur unter besonderen Voraussetzungen, wenn es sich um schwerwiegende, Anstoß erregende Äußerungen handelt (vgl auch BayObLG, Recht 1920 Nr 99); hier mißbraucht der Elternteil zugleich das Sorgerecht. 227

6. Weitere Voraussetzungen der Anwendung des § 1666 Abs 1 Satz 1 ist, daß durch die Pflichtverletzung der Eltern oder des Elternteils (Mißbrauch des Sorgerechts, Vernachlässigung des Kindes oder ehrloses oder unsittliches Verhalten) eine **gegenwärtige Gefährdung** des geistigen oder leiblichen Wohls des Kindes herbeigeführt dh verursacht wird. 228

a) Der Ausdruck „Gefährdung des Wohls des Kindes" ist ein unbestimmter Rechtsbegriff (Gesetzesbegriff) — s BVerfG E 4, 52 = FamRZ 1954, 242 = JZ 1955, 114 = NJW 1954, 1761 = MDR 1955, 23, sowie oben Bem 29 —. Um seine Bedeutung festlegen zu können, ist die Erörterung und Vergleichung einiger anderer ähnlich formulierter Vorschriften erforderlich. 229

§ 1671 Abs 5 spricht von der Abwendung einer „Gefahr für das geistige oder leibliche Wohl .... des Kindes". Hiermit ist nicht irgendeine einzelne Gefahr, eine äußere Einwirkung, gemeint, sondern eine Gefährdung des Wohls des Kindes, dh eine durch die Gefahr herbeigeführte Folge, ein Folgezustand in dem Sinne, daß das Kind durch (objektive) Unfähigkeit oder Ungeeignetheit jedes Elternteils, allein ohne die Hilfe des anderen Elternteils das Kind dauernd, zumindest aber einen längeren Zeitraum zu erziehen und zu versorgen, in seinem Wohl, dh in seiner Entwicklung gefährdet wäre. Deshalb muß davon ausgegangen werden, daß die (unglücklich formulierte) Wendung „Gefahr für das ... Wohl ... des Kindes" das gleiche wie in § 1666 Abs 1 die Gefährdung des Wohls bedeutet (ebenso im Ergebnis Schwoerer, FamRZ 1958, 433, 440; Soergel-Siebert-Lange, Bem 36, Krüger-Breetzke-Nowack, Bem 17, Palandt-Lauterbach, Bem 5 je zu § 1671; KG FamRZ 1959, 256, 257). Jedoch unterscheidet sich die Regelung des § 1671 Abs 5 im übrigen von der des § 1666 Abs 1 Satz 1 darin, daß die letztere bestimmte Ursachen der Gefährdung vorschreibt, § 1671 Abs 5 dagegen nicht — was Schwoerer, Lange und Krüger aaO übersehen, die (entsprechend der hM zur Auslegung des § 1666 Abs 1 Satz 1) den Unterschied nur in der Verschuldensfrage erblicken —. 230

In §§ 55 und 62 JWG ist von der Gefährdung ... der leiblichen, geistigen oder seelischen Entwicklung des Kindes die Rede. Indessen ist auch diese Formulierung mit der in § 1666 Abs 1 Satz 1 enthaltenen Wendung (Gefährdung des ... Wohls des Kindes) gleichbedeutend (zu §§ 55 und 62 JWG s auch unten Anhang Bem 19ff). § 1666 ist im Zusammenhang mit §§ 1626, 1627, 1631 zu lesen und zu verstehen; es kann daher nur gemeint sein die Gefährdung des Wohls des heranwachsenden, in der Entwicklung befindlichen Kindes, das eben deshalb, weil es in der Entwicklung begriffen ist, der Betreuung und Erziehung durch Erwachsene bedarf. Das Wohl des Kindes ist also gerade auf dieses Kindsein und die Entwicklung zu beziehen. Andererseits ist die Gefährdung der geistigen, seelischen oder leiblichen Entwicklung des Kindes (§§ 55, 62 JWG) unter dem Gesichtspunkt des Wohles des Kindes zu beurteilen (s hierzu unten Anhang Bem 19). 231

Wenn in § 1666 Abs 1 Satz 1 die Gefährdung des **seelischen bzw sittlichen Wohls** des Kindes nicht erwähnt ist, so ist diese unter den Begriff der Gefährdung des geistigen Wohls miteinzubeziehen (s zB BGH — StrS — NJW 1951, 282; Lempp, NJW 1963, 1659). In § 1666 Abs 1 Satz 1 ist also (wie in § 1671 Abs 5) der Begriff des geistigen Wohls bzw der geistigen Entwicklung weiter zu fassen als in §§ 55, 62 JWG. Der Begriff des geistigen Wohls in § 1666 Abs 1 (und § 1671 Abs 5) deckt sich übrigens mit dem Begriff des sittlichen Wohls in § 170d StGB (s Luther, NJW 1954, 493; Leipziger Kommentar, 8. Aufl 1958, Bem 2 zu § 170d StGB; vgl noch BGH NJW 1951, 282; BGHSt 3, 256; 8, 92, sowie auch § 1 Abs 1 des Gesetzes zum Schutze der Jugend in der Öffentlichkeit [s oben Bem 55], in dem von der sittlichen Gefahr die Rede ist). 232

Zu beachten ist auch, daß § 1666 Abs 1 Satz 1 (wie §§ 55, 62 JWG) — nur — von einer Gefährdung (§ 1671 Abs 5 und JSchG § 1 Abs 1 von einer Gefahr) spricht und nicht von einer erheblichen Gefährdung (wie §§ 1447 Nr 1, 2, 3, 1666 Abs 2, 1770b Abs 1 Satz 2, 1906) oder einer schweren Gefährdung (wie § 13 JSchG und § 6 Abs 1 GjS) oder einer ernstlichen Gefährdung (wie § 71 Abs 4 Satz 3 JWG). 233

Die Gefährdung des ... Wohls des Kindes iS des § 1666 Abs 1 Satz 1 bedeutet noch keine Verwahrlosungsgefahr iS des § 64 JWG und des Art 6 Abs 3 GG; erst die erhebliche Gefährdung ist mit der Verwahrlosungsgefahr gleich- 234 zusetzen. Andererseits umfaßt die Gefährdung (§ 1666 Abs 1) auch die Verwahrlosungsgefahr (zu diesem Begriff s unten Anhang Bem 214). Diese Fragen sind in den Fällen von Bedeutung, in denen durch eine vormundschaftsgerichtliche Maßnahme das Kind von den Eltern iS des Art 6 Abs 3 GG getrennt werden soll (s hierzu oben Vorbem 25ff).

235 Gefährdung des leiblichen oder geistigen Wohls des Kindes ist nach den obigen Darlegungen Gefährdung der Entwicklung des Kindes und damit eine Beeinträchtigung des Erziehungsziels. Dieses ist im vorliegenden Zusammenhang ebenso von Bedeutung wie in den Fällen der §§ 55, 62, 64 JWG (zu letzteren s Anh Bem 18, 203, 206). Ziel der Erziehung ist, das Kind zur leiblichen, seelischen und gesellschaftlichen Tüchtigkeit zu befähigen (vgl § 1 Abs 1 JWG; s auch schon Weimarer Reichsverfassung Art 120 — oben Vorbem 2 —), dh es zur Persönlichkeit heranzubilden (s Westermann, Person und Persönlichkeit als Wert im Zivilrecht, 1957, 24ff), es zu pflegen, zu führen und zu bilden, daß es mehr und mehr in die Lage versetzt wird, sich selbst zu erziehen, an der Vervollkommnung des eigenen Charakters zu arbeiten, die eigene Bildung zu vertiefen, damit es zur selbständigen Lebensführung und zur Ausübung eines Berufes befähigt und ihm auch die Fähigkeit vermittelt wird, Selbstbeherrschung zu üben, schädlichen Einflüssen standzuhalten und Einflüsse und Eindrücke nicht kritiklos hinzunehmen (s dazu zB Beurmann, Unsere Jugend 1963, 295 m weit Hinw, Ralf Krüger, RdJ 1961, 188, Perschel, RdJ 1963, 36, Hehlmann, Wörterbuch der Pädagogik, 6. Aufl 1960, und Wörterbuch der Psychologie, 2. Aufl 1962, Artikel: Selbsterziehung, ua. sowie Anhang Bem 18).

236 b) Zwischen der Pflichtverletzung der Eltern bzw des Elternteils und der Gefährdung des Wohls des Kindes muß ein **Kausalzusammenhang** bestehen, wie aus dem Wort „dadurch" hervorgeht, und zwar ein adäquater Kausalzusammenhang. Dh mit anderen Worten: die Gefährdung muß sich aus einer vernünftigen Beurteilung der Pflichtverletzung der Eltern bzw des Elternteils nach der Art und Schwere des Verhaltens und der Auswirkung in dem konkreten Falle unter Berücksichtigung der allgemeinen Lebenserfahrung und von Erfahrungssätzen, insbesondere auch der Erkenntnisse der (modernen) Kinder- und Jugendpsychologie ergeben. Die Frage, ob das Wohl des Kindes gefährdet wird, ist stets konkret unter eingehender und individueller Würdigung der Persönlichkeiten des Kindes und der Sorgeberechtigten zu behandeln; Hinweise auf Verhältnisse, die im gegebenen Falle nicht vorliegen, sind nicht ausreichend (KG, OLG 46, 177), ebenso auch nicht allgemeine Redensarten. Die Gefährdung muß also konkret festgestellt werden (KG, KGJ 33, A 17; OLG 21, 266; JR 1927, II, 593 Nr 1028; BayObLGZ 33, 65).

Hiernach ist das Wohl des Kindes als gefährdet zu beurteilen, wenn sich mit ziemlicher Sicherheit eine Schädigung bzw gegebenenfalls eine weitere Schädigung des Wohls des Kindes voraussehen läßt (BGH, LM § 1666 Nr 4 = FamRZ 1956, 350 = NJW 1956, 1434 = ZblJugR 1956, 266 = SjE B 6, 416c = EJF, A If, Nr 4; OLG Stuttgart [Karlsruhe], ZblJugR 1952, 257); gemeint ist damit eine naheliegende Wahrscheinlichkeit der Gefährdung, dh des Eintritts eines Schadens (OLG Stuttgart [Karlsruhe], aaO; BayObLGZ 19, A 108).

237 Die **Gefährdung** muß **im Zeitpunkt der Entscheidung des Vormundschaftsgerichts,** gegebenenfalls des Beschwerdegerichts vorliegen (BayObLG Z 1962, 409, 414 = FamRZ 1963, 192, 193 — s oben Bem 27 —; KG, FamRZ 1963, 308, 311); es muß sich also um eine **gegenwärtige Gefährdung** handeln, in dem Sinne, daß die Pflichtverletzung der Eltern bzw des Elternteils sich noch jetzt oder in Zukunft als dem Wohle des Kindes nachteilig auswirkt, auch wenn die Folgen erst zu einem späteren Zeitpunkt sich bemerkbar machen können (Kipp, § 83, II, 2, Fußn 10, 350). Doch ist im letzteren Falle ein strenger Maßstab anzulegen.

Die Besorgnis oder Möglichkeit einer künftigen Gefährdung oder Schädigung reicht daher nicht aus (BayObLGZ 3, 802; 4, 85; 11, 95; 19, A 108; KG OLG 16, 18; OLG Colmar, Recht 1912, Nr 1635; Opet-v. Blume, Bem II 1a). Jedoch genügt es, wenn die Gefährdung des Wohls des Kindes nahe bevorsteht (BayObLG Z 1952, 178).

Bis zum tatsächlichen Eintritt einer Gefährdung oder Schädigung braucht nicht zugewartet zu werden und darf nicht zugewartet werden (Opet, 205, Fußn 91; BayObLG aaO, s auch Z 1957, 317; 1959, 193; OLG Rostock, JFG 3, 50). Ebenso braucht eine Schädigung des Wohls des Kindes noch nicht eingetreten zu sein (BayObLGZ 19, A 108; OLG Stuttgart [Karlsruhe], ZblJugR 1952, 257). Ist aber die Schädigung schon eingetreten, so ist damit die Voraussetzung der Gefährdung erfüllt (ebenso Scheffler in RGR-Komm, Bem 4), da diese gegenüber der ersteren ein minus darstellt.

Eine gegenwärtige Gefährdung kann sich auch aus einem **früheren Verhalten des Elternteils** ergeben, wenn es in verhältnismäßig naher Vergangenheit liegt (OLG Stuttgart [Karlsruhe] aaO) und wenn aus dem Verhalten mit hoher Wahrscheinlichkeit zugleich auf eine Neigung zu schädigenden Handlungen geschlossen werden kann, selbst dann, wenn sie zeitweilig nicht hervorgetreten ist (KG, FamRZ 1963, 308 [311]; OLG 16, 18; 21, 267; s ferner OLG Karlsruhe, ZblJugR 1958, 121 = DAVorm XXX, 279; OLG Stuttgart [Karlsruhe], aaO; vgl auch BayObLG Recht 1920 Nr 99). In Betracht kommt hier zB ein Hang zu unsittlichem Verhalten (BayObLGZ 33, 246; KG KGJ 46, A 38; OLG Stuttgart [Karlsruhe], aaO).

Berücksichtigt werden kann gegebenenfalls auch ein Verhalten (insbesondere unsittliches Verhalten), das vor der Erlangung bzw Ausübung der elterlichen Gewalt liegt (BayObLG, OLG 6, 63; KG OLG 4, 411).

Ein einmaliger Vorgang kann genügen, wenn er von schwerwiegender Bedeutung ist (s auch oben Bem 34, 146, 210).

Wichtig für die Beurteilung der Gefährdung ist das **Alter des Kindes**; 238
handelt es sich um ein erkennbar Anstoß erregendes unsittliches Verhalten des Elternteils, so wird hierdurch ein Kind schon im Alter von 3—4 Jahren gefährdet (BayObLG, ZblJugR 1954, 28 — im konkreten Falle ein 3½jähriges Kind —; Schnitzerling, 21 oben); die Gefährdung wurde ferner hinsichtlich eines 5jährigen Kindes bejaht, bezüglich eines 2jährigen Kindes verneint (BayObLG, OLG 6, 63); handelt es sich aber um Geschwister, so wird beachtet werden müssen, daß dem kleineren Kinde die Trennung des älteren Bruders oder der Schwester vom Elternhause auffallen wird. Bejaht wurde ebenfalls (und zutreffend) die Gefährdung des 7jährigen Kindes (OLG Oldenburg, NdsRpfl 1952, 31; oben Bem 221).

Eine Gefährdung kann angenommen werden bei schweren Mißhandlungen 239
und Züchtigungen des Kindes (s dazu oben Bem 46),
Verweigerung der erforderlichen ärztlichen Behandlung (s Bem 68, 150),
bevorstehender Entlassung des Vaters aus der Strafhaft, der an der Tochter ein Sittlichkeitsdelikt verübt hatte (BayObLGZ 1958, 97),
ungeeigneter Unterbringung des Kindes (Bem 49, 154),
Ausweisung des Kindes aus dem Elternhaus (s Bem 52, 53),
Milieuwechsel (Bem 123, 124, 130, 135, 137)
schroffer Änderung der Erziehung (Bem 129),
eventuell bei Änderung der religiösen Erziehung (s dazu Bem 61, 62, 65).

Geht die Mutter der Gewerbsunzucht nach, so ist das Kind nicht ohne weiteres 240
gefährdet, wenn das Treiben außerhalb der Wohnung geschieht (OLG Hamburg, HansRGZ 1935 B 371; s auch BayObLG Recht 1915 Nr 900).

Hat sich der Elternteil, nachdem er in einem Konkubinat gelebt hatte, verheiratet bzw wiederverheiratet, so muß angenommen werden, daß die Gefährdung des Kindes weggefallen ist (BayObLG Recht 1905, 18 Nr 55; Recht 1913 Nr 694).

Eine Gefährdung kann auch nicht oder nicht ohne weiteres angenommen werden, wenn das Kind bei Pflegeeltern untergebracht ist, die keine Pflegeerlaubnis iS des § 28 JWG haben (s oben Bem 120), oder
wenn das Kind von einem Heim in ein anderes verlegt wird (vgl BayObLGZ 1957, 23 = FamRZ 1957, 177), oder
wenn sich die Eltern oder ein Elternteil verpflichten, das im elterlichen Haushalt gefährdete Kind in einem (geeigneten) Heim unterzubringen, oder wenn das Kind bereits in Anstaltspflege ist und kein Anhaltspunkt dafür vorhanden ist, daß der Elternteil das Kind aus dieser herauszunehmen beabsichtigt (s KG, DJugH XXIX, 260; SchlHOLG, SchlHAnz 1950, 93), auch wenn sich der Elternteil nicht um das Kind kümmert.

B. Die erforderlichen Maßnahmen.

1. Das Vormundschaftsgericht hat „die zur Abwendung der Gefahr erforderlichen 241
Maßregeln zu treffen".

a) „Gefahr" ist hier als Gefährdung zu verstehen; da im ersten Satzteil von „gefährden" die Rede ist, muß folgerichtig im zweiten Satzteil das Substantiv zu diesem Verbum gemeint sein. Es soll nicht die Gefahr, dh eine äußere Einwirkung, als solche abgewendet werden, dies ist in vielen Fällen — man denke etwa an Massenkommunikationsmittel, jugendgefährdende Schriften und Veranstaltungen, überhaupt an Erscheinungen und Auswirkungen der Zivilisation — gar nicht möglich. Vielmehr soll das Kind geschützt werden, so daß es dieser Gefahr nicht (weiter) ausgesetzt ist, um eine (weitere) Gefährdung seines Wohls zu vermeiden. Es soll die durch die äußere Einwirkung auf den Bereich der Personensorge herbeigeführte Folge, die Gefährdung des Wohls des Kindes, verhindert oder (wieder) beseitigt oder wenigstens gemildert werden. Die drohende nachteilige Entwicklung soll abgeschnitten, eine etwa schon begonnene Fehlentwicklung wieder rückgängig gemacht werden, damit das Erziehungsziel erreicht werden kann (s dazu auch oben Bem 235).

242 b) Hiernach muß die zu treffende Maßregel bestimmt werden. Sie muß das **adäquate Gegenmittel** sein, das gerade dazu geeignet und angemessen ist, der Gefährdung des Wohls des Kindes wirksam zu begegnen. Es darf nur die Maßnahme angeordnet werden, die zur Beseitigung der konkreten Gefährdung erforderlich ist; die Anordnung darf nach ihrer Art und Schwere nicht das Maß überschreiten, das unumgänglich notwendig ist (vgl allgemein Vorbem 16 f, sowie BayObLGZ 13, 577, 738; 1951, 504; 1952, 178; KG, JFG 20, 249; JW 1935, 2156 = JFG 12, 87; BGHZ 3, 220, 229 f = JZ 1952, 34 = NJW 1952, 139 = LM § 1666 Nr 1, Ls m Anm; Warneyer, Bem V, RGR-Komm, Bem 8). Das Vormundschaftsgericht muß zwischen mehreren in Betracht kommenden Maßregeln diejenige wählen, die am wenigsten in das Elternrecht eingreift, falls sie die Erreichung des Zwecks, die Gefährdung des Wohls des Kindes abzuwenden, hinreichend gewährleistet (BGH aaO; RGRKomm aaO; SchlHOLG, SchlHAnz 1948, 185).

Darauf, ob zur Durchführung der gemäß § 1666 anzuordnenden Maßnahme **öffentliche Mittel** erforderlich sind, kommt es nicht an (BGHZ 8, 134 = LM BGB § 1666 Nr 2 = NJW 1953, 1300 = JR 1953, 298 = ZblJugR 1952, 172 = EJF 1953, 42; BayObLGZ 1953, 289 = JR 1954, 145; Z 1958, 97, 99; s hierzu auch unten Anhang Bem 555).

Ist für das Kind bereits vorläufige oder endgültige Fürsorgeerziehung angeordnet (§§ 67, 64 JWG), so wird eine Maßnahme gemäß § 1666 regelmäßig entbehrlich sein (s auch Bem 381); in Ausnahmefällen kann jedoch eine Anordnung nach § 1666 erforderlich werden, soweit es sich um die Bereiche handelt, für welche die Erziehungsbehörde nicht zuständig ist, also außerhalb des Bereichs der Bestimmung des Aufenthalts und der Erziehung des Kindes (§§ 69 Abs 3, 70 Satz 1, 71 Abs 1 JWG) sowie der gesetzlichen Vertretung des Kindes bei den Rechtsgeschäften, die sich auf das Arbeitsverhältnis oder die Berufsausbildung des Kindes beziehen (§ 69 Abs 4 JWG — s auch oben Bem 89 —. In Betracht können eventuell zB Anordnungen kommen, welche die religiöse Erziehung (s auch Bem 60) oder eine ärztliche Behandlung des Kindes betreffen (vgl Schnitzerling, ZblJugR 1958, 320, sowie unten Anhang Bem 485 a).

Ebenso wird sich eine Maßnahme nach § 1666 Abs 1 erübrigen, wenn für das Kind, das Erziehungsschwierigkeiten bereitete und in seiner geistigen, seelischen oder leiblichen Entwicklung gefährdet ist, Freiwillige Erziehungshilfe gewährt wird (OLG Stuttgart, Beschluß vom 8. 11. 1963, 8 W 248/63).

Die vom Vormundschaftsgericht anzuordnende Maßnahme darf keine Gefährdung des Kindes in anderer Hinsicht zur Folge haben (vgl OLG Karlsruhe, ZblJugR 1960, 338).

Der Anordnung dürfen auch nicht sachfremde Erwägungen zugrunde gelegt werden; insbesondere darf die Maßnahme nicht zu einer Bestrafung des Elternteils wegen eines begangenen Unrechts führen (s BayObLG, OLG 6, 63; KG JFG 12, 87; OLG Karlsruhe, ZblJugR 1960, 338; s auch Bem 260 a).

243 c) Die vom Vormundschaftsgericht zu treffende Maßnahme muß sich auf den **Bereich der Personensorge** beziehen; das Gericht darf nicht in das Privatleben des Elternteils oder in Rechte oder Rechtsverhältnisse oder überhaupt Lebensverhältnisse Dritter eingreifen (aM offenbar Soergel-Siebert-Lange, Bem 31; Schnitzerling RdJ 1963, 168), auch dann nicht, wenn der Elternteil sich eines ehrlosen oder unsittlichen Verhaltens schuldig gemacht hat (aM: Schnitzerling, BldWPfl 1963, 178; OLG Hamm, JMBl NRW 1962, 243). Das Vormundschaftsgericht darf, wenn der Elternteil in einem das Wohl des Kindes gefährdenden Konkubinat lebt, dem Elternteil nicht aufgeben, die Ehe einzugehen oder ehebrecherische oder unsittliche Beziehungen oder Handlungen zu unterlassen u dgl oder ein Dienstverhältnis mit einer Hausangestellten oder Haushälterin zu lösen oder eine bestimmte Person nicht in der ehelichen Wohnung übernachten zu lassen (aM: OLG Hamm, aaO; Schnitzerling RdJ 1963, 168); ebensowenig darf dem Dritten geboten werden, die Wohnung zu verlassen. Das Vormundschaftsgericht ist nicht zuständig und nicht befugt, auf solche Weise Anordnungen gegen „Ehestörer" zu treffen. Zwar ist die elterliche Gewalt, ebenso wie der räumlich-gegenständliche Bereich der Ehe (s oben Bem 181), durch § 823 Abs 1 (als sonstiges Recht) geschützt (vgl zB OLG Koblenz, FamRZ 1958, 137; OLG Köln, FamRZ 1959, 71;

FamRZ 1963, 447; KG JR 1960, 183). Zur Abwehr von Eingriffen Dritter in diese Sphäre kann jedoch nicht das Vormundschaftsgericht, sondern nur das Prozeßgericht angerufen werden, zB für das Begehren, einem Dritten den Umgang mit dem Kinde zu untersagen (OLG Koblenz, OLG Köln, KG, aaO).

Wenn sich Lange (aaO) in der Frage der Zulässigkeit von Anordnungen gegen Dritte auf OLG Köln (NJW 1952, 547) und die Anmerkung von Keidel hierzu sowie auf OLG Frankfurt (FamRZ 1954, 21 [23], vgl auch OLG Frankfurt, MDR 1954, 741, 742) beruft, so wird hierbei übersehen, daß dort Sonderfälle behandelt sind, nämlich die Frage einer Anordnung auf Herausgabe des Kindes (s jetzt auch § 1632 Abs 2). Hat das Vormundschaftsgericht zB die Unterbringung des Kindes gemäß § 1666 Abs 1 Satz 2 (s dazu unten Bem 271ff) oder § 1838 angeordnet, so sind in diesem Falle Zwangsmaßnahmen gegen Dritte zulässig, um die Unterbringung des Kindes durchzusetzen (s Bem 364). Hieraus können aber keine Schlüsse auf die Zulässigkeit sonstiger Zwangsmaßnahmen, dh Vollstreckungsmaßnahmen gegen Dritte (vgl hierzu auch Jansen, Bem 3 zu § 33 FGG), geschweige denn auf die Zulässigkeit von Anordnungen gegen Dritte gezogen werden. Ebenso bestehen Bedenken dagegen, eine Anordnung gegen einen Elternteil zuzulassen, wenn sie sich im Grunde gegen einen Dritten richtet und die Ausführung praktisch in den Händen des Dritten liegt (s dazu Jansen, Bem 5 zu § 33 FGG; KG, DFG 1937, 163; ferner Bem 247, 363).

d) Somit darf das Vormundschaftsgericht nur die den Bereich der Personensorge betreffende, erforderliche adäquate Maßnahme anordnen. Lediglich in diesem Rahmen hat es einen **Ermessensspielraum.** Wenn zuweilen gesagt wird, das Vormundschaftsgericht sei in der Auswahl seiner Maßnahmen nicht beschränkt (s Schnitzerling, BldWPfl 1963, 178; KG, JFG 14, 425 = ZblJugR XXVIII, 419; BayObLGZ 17, A 199) oder es bestimme nach freiem Ermessen (OLG Köln, JMBl NRW 1948, 32 = NJW 1948, 342; BayObLGZ 11, 155) bzw nach pflichtgemäßem Ermessen (OLG München, JFG 16, 205), welche Maßnahme erforderlich sei, so ist dies zumindest mißverständlich. 244

Das Vormundschaftsgericht darf gemäß § 1666 Abs 1 S 1 nur gegen den Elternteil eine Maßnahme ergreifen, der das Sorgerecht mißbraucht oder das Kind vernachlässigt oder sich eines ehrlosen oder unsittlichen Verhaltens schuldig gemacht hat (zur Zulässigkeit etwaiger Maßnahmen gegen den anderen Elternteil s unten Bem 265). Die Maßregel richtet sich nicht gegen das Kind (OLG Hamm, JMBlNRW 1961, 112), sondern zum Schutze des Kindes gegen den Elternteil wegen dessen pflichtwidrigen Verhaltens. 245

Die **Anordnung** des Vormundschaftsgerichts muß **genau bestimmt** sein (vgl BayObLGZ 34, 393), da sie einen Eingriff in das verfassungsmäßig geschützte Elternrecht darstellt (s Vorbem 9, 36, 38). Im übrigen ergibt sich das Erfordernis der Bestimmtheit (nicht nur Bestimmbarkeit) auch aus allgemeinen rechtsstaatlichen Prinzipien. Der Beschluß des Vormundschaftsgerichts muß eindeutig ergeben, ob und inwieweit das Vertretungsrecht betroffen ist (s Bem 252).

Das Erfordernis der Bestimmtheit der Maßnahme ist auch wichtig, wenn ein Pfleger gemäß § 1909 bestellt werden muß (s Bem 266 sowie 255), da dessen Befugnisse ebenfalls genau bestimmt werden müssen und diesem die Ausübung der Bestandteile des Sorgerechts übertragen werden muß, die dem Elternteil entzogen wurden (s Bem 271). Ebenso müssen Gebote und Verbote genau bestimmt sein, damit der Elternteil unzweideutig erkennen kann, was er zu tun oder zu unterlassen hat, und damit die Anordnung notfalls durch Verhängung einer Ordnungsstrafe gemäß § 33 FGG durchgesetzt werden kann (s dazu Bem 247, 363).

Die Wirksamkeit der vormundschaftsgerichtlichen Maßnahme darf ferner nicht an eine Bedingung oder ein zukünftiges ungewisses Ereignis geknüpft sein (ebenso KG OLG 31, 412; sowie auch BayObLGZ 1952, 12 = NJW 1952, 320 = JZ 1952, 183 [Ls]; LG Rottweil, ZblJugR 1950, 103, 104). Häufig hat die Anordnung des Vormundschaftsgerichts eine Gestaltungswirkung; hier muß klar erkennbar sein, von wann an diese eintritt (s auch bezüglich der Bekanntmachung unten Bem 354).

Das Vormundschaftsgericht darf die Ausübung eines Bestandteils des Sorgerechts nicht vorläufig entziehen, da sonst unklar bliebe, bis wann die Regelung gelten soll, ob etwa bis zum Eintritt oder Wegfall bestimmter Umstände oder bis zu einer weiteren Entscheidung des Gerichts; eine solche darf aber in einer „endgültigen" Entscheidung nicht vorbehalten bleiben (vgl hierzu BayObLGZ 34, 393; bezüglich einstweiliger Anordnungen s unten Bem 356ff).

Der Anordnung des Vormundschaftsgerichts kann keine rückwirkende Kraft beigelegt werden.

246 Die vom Vormundschaftsgericht getroffene Maßnahme, die eine Gestaltungswirkung ausübt, die Entziehung der Ausübung einzelner Bestandteile des Sorgerechts, wirkt bis zu ihrer Wiederaufhebung gemäß § 1696 (KG JFG 5, 56, 58; s hierzu auch unten Bem 312ff). Sie kann, wenn notwendig, bis zum Eintritt der Volljährigkeit des Kindes aufrechterhalten bleiben (ebenso Achilles-Greiff-Beitzke, Bem 14). Sie darf grundsätzlich nicht zeitlich begrenzt werden (KG, JFG 12, 87 = JW 1935, 2156 = ZblJugR XXVII, 169; OLG München, JFG 15, 346 = DJugH XXIX, 305), da sich regelmäßig nicht mit hinreichender Sicherheit voraussehen läßt, wie lange die Umstände, die zur Erlassung der vormundschaftsgerichtlichen Anordnung geführt haben, fortdauern. Lediglich in Sonderfällen wie zB für die Zeit der Ableistung des Wehrdienstes des geschiedenen Vaters (KG, JFG 22, 218; s auch oben Bem 19), kann eine Befristung in Betracht kommen (bezüglich einstweiliger Anordnungen s unten Bem 361). Treten neue Umstände ein, so ist gemäß § 1696 eine entsprechende, die seitherige Maßnahme abändernde Anordnung zu erlassen (s hierzu Bem 312ff). Wenn das KG (DJZ 1934, 414) es für zulässig gehalten hat, eine Regelung „bis zur rechtskräftigen Entscheidung des Ehescheidungsprozesses" zu treffen, so müssen hiergegen Bedenken erhoben werden. Denn diese Anordnung (eine endgültige, keine einstweilige) würde automatisch mit der Rechtskraft des Scheidungsurteils außer Kraft treten, ohne daß gewährleistet wäre, daß zu diesem Zeitpunkt sofort eine neue Anordnung wirksam werden könnte. (Übrigens käme nach jetzigem Recht in erster Linie eine Anordnung gemäß § 1672 in Betracht.) Wurde gemäß §§ 1666, 1909 eine Sorgerechtspflegschaft angeordnet, so besteht kein Bedürfnis für eine zeitliche Beschränkung und wäre eine solche Beschränkung regelmäßig geradezu sinnwidrig (s auch unten Bem 266).

247 e) Das Vormundschaftsgericht kann Gebote, Auflagen, Ermahnungen und Verbote erlassen*), welche die Personensorge betreffen; Adressaten dieser Anordnungen sind aber die Eltern, nicht das Kind (wie eventuell im Falle der Anrufung des Gerichts gemäß § 1631 Abs 2, s dazu oben Bem 38 zu § 1631).

Gebote und Verbote dürfen nur ausgesprochen werden, wenn angenommen werden kann, daß diese Maßnahme ausreicht, um die Gefährdung des Kindes zu beheben. Sie sind aber ungeeignet, wenn dem Elternteil die Verpflichtung auferlegt wird, eine Handlung vorzunehmen, die nicht ausschließlich von seinem Willen abhängt, und wenn deshalb eine solche Anordnung gegen den Elternteil nicht durchgesetzt werden kann (§ 33 Abs 1 FGG, s dazu unten Bem 363 und auch oben Bem 243, 245).

Zugleich mit der auf § 1666 Abs 1 S 1 gestützten Anordnung kann eine Ordnungsstrafe angedroht werden (s unten Bem 363).

Das Vormundschaftsgericht kann ferner die Ausübung einzelner Bestandteile des Sorgerechts oder die Ausübung des Sorgerechts in bestimmten Richtungen oder bezüglich bestimmter Angelegenheiten entziehen.

248 Greift das Vormundschaftsgericht durch solche Maßnahmen in das Elternrecht ein, so bedeutet dies immer nur eine Beschränkung, ein Verbot der **Ausübung des Sorgerechts** bzw einzelner seiner Bestandteile (s dazu Beitzke, FamRZ 1958, 9, und oben Vorbem 36, 38). Es empfiehlt sich, im Tenor der Entscheidung dies deutlich zum Ausdruck zu bringen, also zB daß die Ausübung des Aufenthaltsbestimmungsrechts, nicht das Aufenthaltsbestimmungsrecht selbst entzogen wird. Das Gericht ist nicht in der Lage, das Sorgerecht (Elternrecht), das den Charakter eines Grundrechts hat (s Art 6 Abs 2 iVm Art 1 Abs 3 GG), der Substanz nach zu entziehen, maW den Wesensgehalt des Grundrechts anzutasten (vgl Art 19 Abs 2 GG, s dazu Vorbem 36).

Eine Entziehung der Ausübung der elterlichen Gewalt in vollem Umfange läßt § 1666 Abs 1 nicht zu (s dazu Bem 2 und unten Bem 300).

Gemäß Abs 1 darf nur in die Ausübung der Personensorge, nicht in die der Vermögenssorge eingegriffen werden (KG KGJ 45, 42 [43]; JFG 14, 423 = JW 1937, 639 = ZblJugR XXVIII, 419; s auch unten Bem 297).

2. **Im einzelnen** kommen als Maßnahmen des Vormundschaftsgerichts in Betracht:

249 a) **Gebote, Verbote:**

α) Anordnungen betr die Unterbringung des Kindes, zB des Inhalts,

---

*) Vgl auch §§ 12 Satz 2 JSchG, 21 Abs 5 GjS, wonach der Vormundschaftsrichter Weisungen erteilen kann (s zum JSchG oben Bem 55, 83, zu § 12 Potrykus, Unsere Jugend 1956, 183, sowie die Kommentare von Becker und Potrykus, zum GjS oben Bem 85, zu § 21 Abs 5 den Kommentar von Potrykus, 2. Aufl 1963).

daß dem Kinde ein abgetrenntes Zimmer der elterlichen Wohnung zugewiesen werden soll (OLG Köln, JMBl NRW 1948, 32 = NJW 1948, 342; s oben Bem 53), oder daß die Mutter, wenn sie im Krankenhaus als Angestellte Nachtdienst hat und der Vater ortsabwesend ist, das Kind in ihrem Zimmer im Krankenhaus übernachten lassen soll, damit es beaufsichtigt ist (s BayObLGZ 1961, 81, 90 — wobei aber die Zustimmung der Krankenhausverwaltung Voraussetzung ist —) oder daß dem Vater verboten wird, das für ehelich erklärte Kind weiterhin bei der Mutter unterzubringen, bei der es gefährdet ist (AG Neu-Ulm, DAVorm XXVIII, 109). Zulässig ist ferner die Ersetzung der Zustimmung der Eltern zur Unterbringung des Kindes in einem Hilfsschulheim (BayObLGZ 1961, 239 = FamRZ 1961, 538 = MDR 1962, 132 [Ls]; s auch BayObLGZ 1960, 393 und unten Bem 277).

β) Genügt diese letztere Maßnahme, so darf die schärfere Anordnung einer Erziehung der Ausübung des Sorgerechts nicht getroffen werden (BayObLG aaO). Hat die zuständige Schulbehörde den Besuch einer *Hilfsschule* durch ein Kind angeordnet, so ist das Vormundschaftsgericht daran gebunden (BayObLG aaO; Keidel, Bem 15 zu § 1 FGG). Die Entscheidung des Vormundschaftsgerichts ist hier keine Verfügung, durch welche die Zustimmung eines anderen zu einem Rechtsgeschäft ersetzt wird (§ 53 Abs 1 FGG). Der Wirkung nach kommt sie etwa der Entziehung der Ausübung des Erziehungsrechts gleich, und zwar soweit es zur Erziehung in dem Hilfsschulheim erforderlich ist. 250

Das Vormundschaftsgericht kann den Eltern gegebenenfalls, wenn dies ausreicht, eine bestimmte *Maßnahme androhen* (RG — StrS — JW 1915, 355 Nr 27; Maßfeller, DJ 1934, 1248), zB zunächst eine milde Maßregel treffen mit der Androhung, bei weiterer Zuwiderhandlung sei eine bestimmte schärfere Maßnahme zu erwarten; dagegen wäre es unzulässig anzuordnen, falls die Eltern die Herausgabe des bei Dritten untergebrachten Kindes verlangen, solle das Personensorgerecht (automatisch) entzogen werden (KG OLG 31, 412; s auch oben Bem 245).

Ausgesprochen werden kann das *Verbot*, von den Pflegeeltern die Herausgabe des Kindes zu verlangen (BayObLGZ 13, 577); diese Maßnahme ist milder als die Entziehung der Ausübung des Aufenthaltsbestimmungsrechts oder des Sorgerechts hinsichtlich des Herausgabeanspruchs und deshalb dann zu treffen, wenn Anhaltspunkte bestehen, daß die Eltern sich an das Verbot halten werden.

Zulässig ist auch das *Gebot*, das Kind einem Verwandten (zB der Großmutter) zur Erziehung zu belassen (BayObLGZ 17, A 199) oder das *Verbot*, das Kind bei einem bestimmten Lehrherrn zu belassen (Achilles-Greiff-Beitzke, Bem 13) oder aus dem Waisenhaus herauszunehmen (BayObLG Z 26, A 42).

γ) Das Vormundschaftsgericht kann den Eltern gebieten, dem Kinde wöchentlich von seinem **Arbeitslohn** zur Befriedigung seiner Lebensbedürfnisse einen bestimmten Betrag zu überlassen, oder ihnen verbieten, in der betreffenden Höhe den Arbeitslohn des Kindes von dessen Arbeitgeber in Empfang zu nehmen (KG JFG 14, 423 = JW 1937, 639 = DFG 1937, 14 = ZblJugR XXVIII, 419; Schnitzerling 24; s auch Bem 161); dagegen kann nicht dem Arbeitgeber des Kindes verboten werden, den Arbeitslohn des Kindes in einer bestimmten Höhe an die Eltern auszubezahlen. Wenn es notwendig ist, kann den Eltern die Ausübung des Sorgerechts hinsichtlich der das Arbeitsverhältnis des Kindes betreffenden Angelegenheiten entzogen und auf einen Pfleger übertragen werden (§ 1909, s KG aaO, sowie auch unten Bem 292, 297). Zu beachten ist noch, daß bei den hier vom Vormundschaftsgericht zu treffenden Maßnahmen es sich nicht um solche handeln darf, die, sei es in vollem oder in beschränktem Umfang, auf die Entziehung der Ausübung der *Vermögensverwaltung* hinauslaufen (KG, aaO). Die letztere Anordnung ist lediglich unter den Voraussetzungen des Abs 2 zulässig (s dazu unten Bem 281 ff). 251

Hinzuzufügen ist, daß bei Anordnung einer der erwähnten Maßnahmen die mögliche Auswirkung auf das Arbeitsverhältnis des Kindes sorgfältig erwogen werden muß (vgl Muthesius, Bem 6 zu § 58 RJWG).

b) *α*) Das Gericht kann die **Ausübung einzelner Bestandteile des Sorgerechts beschränken oder entziehen,** zB des Erziehungsrechts (Maßfeller, DJ 1934, 1248; KG JFG 5, 56, 58), des Rechts, in der einen oder anderen Weise auf die Erziehung einzuwirken (BayObLGZ 17, A 199), der religiösen Erziehung, des Aufenthaltsbestimmungsrechts oder auch die Ausübung des gesamten Personensorgerechts oder nur der tatsächlichen Sorge oder lediglich des *Vertretungsrechts* in (einzelnen) Angelegenheiten der Personensorge (s zB BayObLGZ 252

17, A 199; 25, A 319; KG RJA 11, 4; OLG 40, 83; sowie Bem 26). Stets darf dies nur insoweit geschehen, als es zum Wohle des Kindes erforderlich ist (s oben Bem 242). ZB darf die Ausübung des gesamten Personensorgerechts nicht entzogen werden, wenn die Entziehung der Ausübung des Aufenthaltsbestimmungsrechts genügt (s auch Bem 255), ferner darf die Ausübung des Vertretungsrechts neben der der tatsächlichen Sorge nur beschränkt oder entzogen werden, wenn auch insoweit die Voraussetzungen des Abs 1 Satz 1 vorliegen; dh mit anderen Worten: erweist es sich als notwendig, die Ausübung der tatsächlichen Sorge zu entziehen, so ist zu prüfen, ob auch die Entziehung der Ausübung des Vertretungsrechts erforderlich ist (KG JFG 21, 11; DFG 1939, 62 = DJugH XXXI, 34). Diese darf also nicht ohne weiteres mitentzogen werden; zur Abgrenzung der tatsächlichen Personensorge von der Vertretung in persönlichen Angelegenheiten s Bem 50 zu § 1626.

Genügt zB die Entziehung des Antragsrechts bezüglich des Namensänderungsverfahrens oder des Vertretungsrechts in diesem Verfahren (s dazu Bem 26), so darf das Vertretungsrecht nicht weiter beschränkt werden.

253 Im einzelnen kann durch das Vormundschaftsgericht die Ausübung des Sorgerechts hinsichtlich der die Arbeitstätigkeit (KG ZblJugR XXVIII, 187; JFG 14, 423 — s Bem 162 —) oder die Berufsausbildung oder die Berufswahl betreffenden Angelegenheiten entzogen oder beschränkt werden (s dazu BayObLGZ 17, A 199, sowie oben Bem 88, 90, 94) oder hinsichtlich des Schulbesuchs in der Weise, daß der Elternteil das Kind nicht schon zum Ende des Schuljahres aus der Schule nehmen darf (RGZ 129, 18) oder bezüglich der Kontrolle des Briefwechsels des Kindes mit dem anderen Elternteil oder Dritten (s Schnitzerling 18; sowie Bem 21).

Zum Verhältnis von Maßnahmen gemäß Abs 1 Satz 1 und der Unterbringung des Kindes nach Abs 1 Satz 2 s unten Bem 278.

254 β) Ist die Durchführung einer Operation erforderlich, zu welcher die Eltern oder der Elternteil die Zustimmung verweigern (s Bem 68), so kann die Personensorge insoweit beschränkt werden: hier dürfte es sich empfehlen, die Ausübung des Sorgerechts mit der gesetzlichen Vertretung des Kindes hinsichtlich der Bestimmung des Arztes und des Krankenhauses, sowie des Aufenthaltes des Kindes für die Dauer der ärztlichen Behandlung zu entziehen (ähnlich Schnitzerling, ZblJugR 1958, 321); zugleich ist auch ein Pfleger zu bestellen — wobei übrigens klarzustellen ist, daß diese Maßnahme nicht automatisch außer Kraft tritt, sondern erst mit der Aufhebung durch das Gericht (§ 1696; s dazu Bem 312ff) —. Es darf nicht etwa angeordnet werden, daß über die Notwendigkeit der Operation ein (bestimmter) Arzt zu entscheiden habe.

255 γ) In der Praxis spielt die Entziehung der Ausübung des **Aufenthaltsbestimmungsrechts** eine große Rolle (s dazu zB aus neuerer Zeit: BayObLGZ 1961, 166 = FamRZ 1961, 382; OLG Köln, JMBlNRW 1959, 120 = ZblJugR 1959, 84 = EJF, A I f Nr 13; MDR 1960, 51; OLG Neustadt, MDR 1960, 505; SchlHOLG, SchlHAnz 1948, 185; OLG Karlsruhe, ZblJugR 1959, 112).

Indessen wird meist nicht oder nicht genügend beachtet, daß wenn (nur) die Ausübung des Aufenthaltsbestimmungsrechts entzogen und ein Pfleger bestellt wurde (zum letzteren s unten Bem 266ff), der Pfleger keine Befugnis zur Erziehung des Kindes oder zur Einwirkung auf dessen Erziehung hat und diese daher auch nicht der Leitung des Heimes übertragen kann, in dem das Kind untergebracht und erzogen werden soll. Denn das Aufenthaltsbestimmungsrecht enthält nicht die Befugnis, das Kind zu erziehen und zu betreuen. Vielmehr steht die Erziehung unter den Rechten und Pflichten der Eltern an erster Stelle (s oben Bem 9 zu § 1631; aM Brüggemann, ZblJugR 1953, 9). Mit der Entziehung der Ausübung des Aufenthaltsbestimmungsrechts ist den Eltern nicht das Recht genommen, auf die Erziehung des Kindes einzuwirken (ebenso OLG Neustadt, MDR 1960, 505; aM Brüggemann aaO), was bei einer Heimerziehung des Kindes zu erheblichen Unzuträglichkeiten führen kann. Die Argumentation Brüggemanns (aaO) ist unrichtig: wer ein Kind auf Grund besonderer gerichtlich angeordneter Aufenthaltsbestimmung bei sich habe, übe praktisch (!) das Erziehungsrecht des Alltags (!) aus, das entsprechende Recht des Gewalthabers werde insoweit suspendiert, das sei bei der Fürsorgeerziehung ganz natürlich. Hiermit wird verschiedenes übersehen: Hinsichtlich der Fürsorgeerziehung ist in §§ 69, 70 JWG ausdrücklich vorgeschrieben, daß sie vom Landesjugendamt auszuführen ist; diesem sind die Erziehungsrechte kraft Gesetzes zugewiesen (über den Einfluß auf das Erziehungsrecht der Eltern s Anhang Bem 469ff). Es handelt sich auch nicht darum, ob jemand praktisch das Erziehungsrecht ausübt, sondern darum, welche Rechtsstellung, welche rechtlichen Befugnisse er hat. Zu erwähnen ist noch, daß zB die Regelung des Umgangs des Kindes mit Dritten in das Erziehungsrecht, nicht in das Aufenthaltsbestimmungsrecht fällt (BayObLGZ 1962, 277 = FamRZ 1963, 142 = NJW 1962, 2204 = MDR 1963, 52).

War die Erziehung des Kindes unzulänglich und soll es daher in einem Heim erzogen werden, so genügt hiernach die Entziehung der Ausübung des Aufenthaltsbestimmungsrechts nicht (ebenso OLG Oldenburg, Nds Rpfl 1954, 221 [222]; s auch OLG Celle, ZblJugR 1954, 305 [306]; aM Brüggemann, aaO; vgl auch SchlHOLG, SchlHA 1948, 185). Das Vormundschaftsgericht muß daher beachten, daß einem zu bestellenden Pfleger die Befugnisse eingeräumt werden, die für dessen Wirkungskreis nach dem Sinn und Zweck der Maßnahme des Vormundschaftsgerichts notwendig sind. Diese Befugnisse kann es aber dem Pfleger nur übertragen, wenn sie den Eltern entzogen sind. Andererseits müssen sie genau umgrenzt werden und dürfen nicht weiter gehen als erforderlich.

Soweit die Entziehung des Aufenthaltsbestimmungsrechts ausreicht, ist diese Maßnahme auch als „Dauermaßnahme", nicht nur als eine vorübergehende Maßregel zulässig (Brüggemann, ZblJugR 1953, 7ff gegen Pottgießer, ZblJugR 1951, 221).

Ist **Heimerziehung des Kindes** erforderlich, so dürfte es sich empfehlen, etwa so zu tenorieren: Den Eltern wird die Ausübung der tatsächlichen Sorge für die Person des Kindes entzogen, soweit es für die Heimerziehung erforderlich ist, oder: Den Eltern wird das Recht, das Kind zu erziehen und zu pflegen und seinen Aufenthalt zu bestimmen, entzogen. Hiermit dürfte klargestellt sein, daß der mit den gleichen bzw entsprechenden Befugnissen betraute Pfleger nicht das Recht hat, Anordnungen über die Schulausbildung, Berufsausbildung, Berufswahl und religiöse Erziehung des Kindes zu treffen bzw hinsichtlich dieser Angelegenheiten entsprechende Einwilligungserklärungen abzugeben, und daß er auch nicht gesetzlicher Vertreter des Kindes in Angelegenheiten der Personensorge ist, andererseits aber, daß die Eltern nicht befugt sind, in die Betreuung und Erziehung des Kindes einzugreifen.

Das dargelegte Ergebnis wird noch durch folgende Erwägungen bestätigt: Bringen die Eltern oder der allein sorgeberechtigte Elternteil das Kind in einem Heim oder einem Internat unter, so übertragen sie damit, zumindest stillschweigend, die Ausübung der Erziehungsbefugnisse an dieses in dem Umfang, als es zur Pflege, Erziehung, Betreuung und Beaufsichtigung des Kindes erforderlich ist. Wird das Kind aber durch einen vom Gericht bestellten Pfleger untergebracht, so muß dementsprechend das Gericht diesem die erforderlichen Befugnisse übertragen. Wird für das Kind Fürsorgeerziehung angeordnet, so bedarf es deshalb und nur deshalb keiner (ausdrücklichen) Anordnung über die Beschränkung der Ausübung des Personensorgerechts, weil der die Fürsorgeerziehung durchführenden Behörde die Erziehungsbefugnisse kraft Gesetzes zugewiesen sind.

δ) Die Ausübung des Sorgerechts kann auch bezüglich der Stellung eines Strafantrags, wenn das Kind Opfer einer Straftat geworden ist, entzogen werden (vgl RGSt 35, 47). 256

ε) Ist das nicht mehr schulpflichtige Kind in erheblichem Maße arbeitsscheu und besteht daher Verwahrlosungsgefahr, so kann eine Entziehung der Ausübung des Sorgerechts in Betracht kommen, soweit es erforderlich ist, um das Kind an eine geordnete Arbeitstätigkeit zu gewöhnen — der Ausdruck „Arbeitserziehung" sollte vermieden werden —, sowie die Bestellung eines Pflegers zum Zwecke der Unterbringung des Kindes in einem Heim oder einem geeigneten Arbeitsplatz (OLG Hamm, JMBl NRW 1951, 140). Eventuell kommt auch die Anordnung der Fürsorgeerziehung (§ 64 JWG) in Betracht, sowie, wenn der (die) Minderjährige schon das 20. Lebensjahr vollendet hat, die Unterbringung gemäß § 26 BSHG. 257

c) α) **Unzulässig** sind Maßnahmen, die gegen Art 2 Abs 1, 4 Abs 1, 11 Abs 1, 12 GG verstoßen*) und die in das (sonstige) Privatleben des Elternteils eingreifen würden (s schon oben Bem 243). So darf dem Elternteil nicht aufgegeben werden, die Wohnung oder den Wohnsitz zu wechseln, eine andere Arbeits- 258

*) Hierzu s Schnitzerling, Grundrechtliche Grenzen bei Maßnahmen nach § 1666 BGB, RdJ 1963, 168.

stelle zu suchen oder den Beruf zu ändern (s OLG Hamburg, FamRZ 1957, 426), oder zur Familie zurückzukehren, damit deren Lage durch eine gemeinsame Haushaltsführung verbessert werde (OLG Hamburg, aaO).

Ferner darf an den Elternteil kein Gebot erlassen werden, Unterhalt zu leisten; für die Regelung der Unterhaltsansprüche der Familienangehörigen ist ausschließlich das Prozeßgericht zuständig.

259 Ein Eingreifen des Vormundschaftsgerichts ist ferner unzulässig, wenn es eine Beschränkung politischer Rechte der Eltern oder des Elternteils herbeiführen oder bezwecken würde (BVerfGE 4, 52; s oben Bem 111).

260 Besitzen die Eltern jugendgefährdende Literatur, die dem Kinde zugänglich ist, so darf das Vormundschaftsgericht diese nicht beschlagnahmen; beziehen die Eltern regelmäßig jugendgefährdende Schriften, so darf das Vormundschaftsgericht den Eltern nicht deren Bezug verbieten, sondern nur, diese dem Kinde zugänglich zu machen.

260 a β) Der Elternteil darf nicht, weil er im Konkubinat lebt, durch eine Maßnahme gemäß § 1666 bestraft werden (s oben Bem 242 aE); ist die Maßnahme ungeeignet, ein richtiges Verhalten des Elternteils herbeizuführen, so ist sie unzulässig (OLG Karlsruhe, ZblJugR 1960, 338).

261 γ) Die uneheliche Mutter darf nicht durch die Drohung mit der Entziehung der Personensorge oder durch eine sonstige Maßnahme zur Nennung des Erzeugers des Kindes (s BGH, ZblJugR 1959, 85; Beitzke 187 oben, § 33, I, 4e; s ferner Bem 70) oder zur Einwilligung zur Blutentnahme gezwungen werden, damit zum Zwecke der Ermittlung des Erzeugers des Kindes Blutgruppenuntersuchungen vorgenommen werden können (OLG München, JFG 18, 23).

262 Ebenso darf eine Maßnahme nicht angeordnet werden, wenn von vornherein mit großer Wahrscheinlichkeit angenommen werden muß, daß sie nicht zum Ziele führt oder daß sie die Gefährdung des Kindes nicht zu beseitigen vermag (vgl aber auch OLG Hamm, JMBl NRW 1962, 243), oder wenn sie aus Rechtsgründen ungeeignet ist, den erstrebten Erfolg herbeizuführen, zB bei Verweigerung der Einwilligung zur Volljährigkeitserklärung (KG DR 1941, 855; s auch Bem 115, 263).

263 δ) Unzulässig ist die Anordnung, das Recht des Elternteils zur Einwilligung in die Volljährigkeitserklärung des Kindes (§ 4 Abs 2) werde entzogen (s auch Göppinger FamRZ 1959, 401, Fußn 61); denn dieses Recht ist kein selbständiger abtrennbarer Bestandteil des Sorgerechts, sondern Ausfluß des Sorgerechts in Angelegenheiten der Personen- und Vermögenssorge (s auch oben Bem 115, 262) und kann nicht auf einen Pfleger übertragen werden.

264 ε) Unzulässig ist weiterhin die Bestellung eines Beistandes von Amts wegen (ebenso Soergel/Siebert/Lange, Bem 32; Scheffler in RGRKomm, Bem 8 je zu 1666; Erman-Ronke, Bem 2b, Palandt-Lauterbach, Bem 2 je zu § 1685), da die Bestellung eines Beistandes von einem Antrag abhängig ist (§ 1685) — die frühere Regelung des § 1687 Nr 3 sah unter bestimmten Voraussetzungen die Bestellung eines Beistandes für die Mutter vor —. Das Vormundschaftsgericht kann lediglich eine Antragstellung anregen. Ebenso kann das Vormundschaftsgericht nicht gemäß § 1666 eine Erziehungsbeistandschaft anordnen; vielmehr sind hierfür die Voraussetzungen des § 57 Abs 1 Satz 1 JWG maßgebend (s hierzu auch Bem 198 und unten Anhang Bem 42ff, 59f).

265 3. a) Liegen die Voraussetzungen eines **Eingreifens** des Vormundschaftsgerichts nur **gegen den einen Elternteil** vor, so muß es bei Anordnung der betreffenden Maßnahme stets zugleich prüfen, ob dem **anderen Elternteil** die alleinige Ausübung des Sorgerechts, soweit die Maßnahme des Vormundschaftsgerichts gegen den einen Elternteil reicht, übertragen werden kann **(§ 1680 iV mit § 1679 Abs 1 Satz 1)** oder ob ein Pfleger bestellt werden muß **(§ 1679 Abs 1 Satz 2 iVm § 1909)** — s hierzu BayObLG Z 1962, 277 = FamRZ 1963, 142 = NJW 1962, 2204 = MDR 1963, 52; auch OLG Hamm, JMBl NRW 1960, 254 = NJW 1960, 2239 = Rpfleger 1960, 373 = FamRZ 1960, 503 (Ls) —. Diese Vorschriften sind auch bei Entziehung der Ausübung der einzelnen Bestandteile des Sorgerechts oder der Ausübung des Sorgerechts bezüglich einzelner Angelegenheiten anzuwenden (s hinsichtlich des Aufenthaltsbestimmungsrechts OLG Hamm, aaO). Der Sinn der erwähnten Bestimmungen ist zu verhindern, daß der Elternteil, der von der Maßnahme des Vormundschaftsgerichts betroffen ist, die Erziehung des Kindes durch den anderen Elternteil doch beeinflußt, wenn dieser sich nicht genügend durchzusetzen vermag (s dazu Donau, MDR 1958, 8; Schwoerer, FamRZ 1958, 90f; OLG Hamm, BayObLG aaO). Die Übertragung der Ausübung des Sorge-

rechts auf den anderen Elternteil, soweit sie entzogen ist, ist nur zulässig, wenn und soweit es mit dem Wohl des Kindes vereinbar ist. Maßgebend ist hierfür die Entscheidung der Frage, ob andernfalls das Wohl des Kindes gefährdet wäre, wobei es auf ein Verschulden des anderen Elternteils nicht ankommt.

Regelmäßig wird der Umstand, daß der andere Elternteil die Erziehungsaufgabe nicht allein zu erfüllen, dh sich gegen Einflüsse des betroffenen Elternteils nicht durchzusetzen vermag, als ein Versagen des anderen Elternteils iS des Art 6 Abs 3 GG (s hierzu Vorbem 32) zu beurteilen sein. Daher ist es in solchen Fällen zulässig, das Kind gegen den Willen beider Elternteile vom Elternhaus zu trennen (s Art 6 Abs 3 GG), zB durch die Bestellung eines **Pflegers** gemäß § 1679 Abs 1 Satz 2 iVm § 1909.

Für den Fall, daß die Eltern nicht nur vorübergehend getrennt leben und eine **Anordnung gemäß § 1672** ergangen ist oder die Ehe der Eltern geschieden und einem Elternteil die alleinige Ausübung der elterlichen Gewalt gemäß **§ 1671** übertragen ist, regelt **§ 1680 iV mit § 1679 Abs 2** die Frage, ob die Ausübung der dem einen Elternteil als Inhaber des Sorgerechts oder der elterlichen Gewalt entzogenen Bestandteile des Personensorgerechts auf den anderen Elternteil übergeht; zur Problematik dieser Regelung s die Bemerkungen zu §§ 1671, 1672, 1680.

Doch sei hier noch darauf hingewiesen, daß im Falle einer Änderung der Regelung über die Personensorge gemäß § 1696 eine Maßregel nach § 1666 entbehrlich werden kann (s auch oben Bem 20).

b) Wird beiden Eltern gemäß § 1666 Abs 1 Satz 1 die Ausübung des Personen- 266
sorgerechts insgesamt oder nur der tatsächlichen Sorge oder des Vertretungsrechts in Angelegenheiten der Personensorge oder einzelner Bestandteile des Sorgerechts, zB des Erziehungsrechts, des Aufenthaltsbestimmungsrechts, des Rechts zur religiösen Erziehung, oder bezüglich einzelner Angelegenheiten, zB betr den Schulbesuch, die Berufsausbildung, das Arbeitsverhältnis des Kindes entzogen oder beschränkt, so ist ein **Pfleger zu bestellen,** da die Eltern durch die Anordnung des Vormundschaftsgerichts insoweit an der Ausübung der elterlichen Gewalt verhindert sind (§ 1909). Die Bestellung des Pflegers kann dagegen nicht unmittelbar gemäß § 1666 Abs 1 Satz 1 angeordnet werden (ebenso Scheffler in RGR Komm, Bem 8; Soergel-Siebert-Lange, Bem 34 je zu § 1666; Soergel-Siebert-Germer, Bem 5, Erman-Hefermehl, Bem 2b, Palandt-Lauterbach, Bem 2a je zu § 1909; Beitzke, 221, § 40, I; KG JFG 12, 94 = DJ 1934, 1248 = JW 1934, 2932; aM Lehmann, 179). Denn die Vorschrift des § 1909 ist gegenüber der des § 1666 Abs 1 Satz 1 als lex specialis anzusehen, welche die Voraussetzungen regelt, unter denen einem minderjährigen Kind (oder Mündel) ein Pfleger zu bestellen ist.

Ebenso ist gemäß § 1909 ein Pfleger zu bestellen, wenn sich die die Ausübung des Sorgerechts beschränkende oder entziehende Maßnahme des Vormundschaftsgerichts gegen einen Elternteil richtet, der allein das Sorgerecht ausübt.

Bei der Bestellung des Pflegers dürfte es sich empfehlen, diesen anzuweisen, den jeweiligen Unterbringungsort des Kindes dem Vormundschaftsgericht mitzuteilen (s auch Bem 271).

Dagegen kann ein Pfleger nicht zu dem Zweck bestellt werden, damit er, 267
wenn die Eltern oder der Elternteil die Unterbringung des Kindes in freiwilliger Erziehungshilfe ablehnen, den erforderlichen Antrag (§ 63 JWG) stellt (s dazu unten Anhang Bem 140).

Zu der Frage, ob und in welchen Fällen die Bestellung eines Pflegers zulässig ist, um die Anordnung der Fürsorgeerziehung zu vermeiden bzw zu „umgehen", s unten Anhang Bem 262.

Eine Pflegerbestellung ist dagegen unzulässig, wenn der andere Elternteil, 268
bei dem die Voraussetzungen des § 1666 Abs 1 Satz 1 nicht vorliegen, mit der alleinigen Ausübung des Sorgerechts bzw bestimmter Bestandteile des Sorgerechts betraut wird (§ 1680 iV mit § 1679).

War die alleinige Ausübung der elterlichen Gewalt bzw des Sorgerechts nach der **Trennung der Elternteile (§ 1672)** oder nach der **Scheidung der Ehe der Eltern** einem Elternteil übertragen worden **(§ 1671)**, und wird dann diesem die Ausübung eines bestimmten Bestandteils des Sorgerechts entzogen (s oben Bem 12—27), so geht sie auf den anderen Elternteil über (§ 1680 iV mit § 1679 Abs 2). Dieser kann nicht zum Pfleger bestellt werden (vgl OLG Stuttgart, EJF, A I 1, Nr 2).

Wird der **unehelichen Mutter** die Ausübung von Bestandteilen des Sorge- 269
rechts (§ 1707 Abs 1) entzogen oder beschränkt, so bedarf es keiner Bestellung eines

Pflegers, da die Ausübung des Sorgerechts, soweit sie entzogen oder beschränkt wird, automatisch dem Vormund zufällt (KG, JFG 9, 48; DJZ 1932, 615; FamRZ 1963, 308, 310; OLG München, JFG 14, 37; 16, 133, 208; LG Lübeck, FamRZ 1955, 270; Soergel-Siebert-Lade, Bem 12, Erman-Hefermehl, Bem 4, Palandt-Lauterbach, Bem 2 je zu § 1707).

Richtet sich die Maßnahme des Vormundschaftsgerichts gegen die **uneheliche Mutter,** die zum **Einzelvormund** bestellt ist (§§ 45, 50 JWG) — s dazu OLG Karlsruhe, ZblJugR 1963, 254; BayObLGZ 1963, 119 = FamRZ 1963, 527 = ZblJugR 1963, 256 —, so ist regelmäßig zugleich zu prüfen, ob und welche weiteren Maßnahmen erforderlich sind (§ 1837), insbesondere, wenn die Ausübung des Sorgerechts (§ 1707 Abs 1) beschränkt wird, ob sie als Vormund zu entlassen ist (§ 1886). Dies wird stets zu bejahen sein, denn andernfalls wäre die gemäß § 1666 Abs 1 Satz 1 getroffene Maßnahme gegenstandslos, da die der Mutter entzogene Ausübung des betreffenden Bestandteils des Sorgerechts ihr in ihrer Eigenschaft als Vormund wieder zufiele (s KG, ZblJugR XXVIII, 31; DJG 1937, 101 = DJugH XXIX, 140; SchlHOLG, SchlHAnz 1950, 93).

270 Als **Pfleger** wird in der Praxis sehr häufig das **Jugendamt** bestellt; doch ist zu beachten, daß dieses nur mit seinem Einverständnis zum Pfleger berufen werden darf (§ 52 iVm § 46 Abs 1 JWG; bezüglich der örtlichen Zuständigkeit des Jugendamts s § 11 JWG, dazu Anhang Bem 41).

271 Hervorzuheben ist noch, daß die **Befugnisse des Pflegers** genau bestimmt werden müssen. Ihm müssen die Rechte übertragen werden, deren Ausübung den Eltern entzogen wurde (s auch Bem 245), zB bezüglich der Unterbringung des Kindes in einer Arbeitsstelle (KG, ZblJugR XXVIII, 187). Ist es erforderlich, daß der Pfleger das Kind zur Erziehung in einem Heim oder bei einer anderen Familie unterbringt, so darf ihm nicht lediglich das Aufenthaltsbestimmungsrecht übertragen werden (s oben Bem 255, 266).

Bei der Ausführung von Erziehungsmaßnahmen, vor allem auch bei der Unterbringung des Kindes in einem Heim ist der Pfleger **verpflichtet,** die von den Personensorgeberechtigten bestimmte Grundrichtung der Erziehung zu beachten (§ 3 Abs 1 JWG, s hierzu Anhang Bem 456f und Jans/Happe, Bem 3, B zu § 3 JWG). Ferner hat er den Eltern den Unterbringungsort des Kindes mitzuteilen, da diesen das Recht zusteht, das Kind zu besuchen (s Bem 308). Die Vorschriften des § 71 Abs 4 JWG sind hierzu entsprechend anzuwenden (s zu diesen Bestimmungen Anhang Bem 525ff). Daher darf der Pfleger nur auf Anordnung des Vormundschaftsgerichts die Mitteilung des Unterbringungsorts an die Eltern unterlassen (§ 71 Abs 4 Satz 3 JWG analog).

Beläßt der Pfleger das Kind längere Zeit in seiner seitherigen Umgebung, obwohl den Eltern die Ausübung des Aufenthaltsbestimmungs- oder des Erziehungsrechts oder des Personensorgerechts entzogen worden war (s zur Mitteilung des Unterbringungsorts des Kindes durch den Pfleger an das Vormundschaftsgericht Bem 266), so hat das Vormundschaftsgericht von Amts wegen zu prüfen, ob die Beibehaltung der Maßregel erforderlich ist (§ 1696); zu berücksichtigen ist dabei, ob etwa die Pflegschaftsbestellung zur Gewährleistung einer wirksameren Überwachung der Sorgeberechtigten und der Möglichkeit eines rascheren und leichteren Eingreifens des Jugendamtes weiterhin notwendig ist.

272 **Kosten,** die durch die Tätigkeit des Pflegers, insbesondere die anderweitige Unterbringung des Kindes entstehen, gehören zum Unterhaltsbedarf des Kindes. Soweit dem Kinde und seinen Eltern die Aufbringung der Mittel aus ihrem Einkommen und Vermögen nicht zuzumuten ist, werden die Kosten der Hilfe von den Trägern der öffentlichen Jugendhilfe getragen, die für die Gewährung der Hilfen zur Erziehung für einzelne Minderjährige zuständig sind (§§ 80, 81 JWG, s hierzu auch Anhang Bem 555). — Eventuell ist § 1664 anzuwenden.

273 Soll das Kind durch den Pfleger in einem Heim untergebracht werden, so ist hierzu keine vormundschaftsgerichtliche Genehmigung gemäß **§ 1800 Abs 2** erforderlich, da eine Freiheitsentziehung iS dieser Vorschrift hier nicht in Betracht kommt (s hierzu unten Anhang Bem 156ff. zur Freiwilligen Erziehungshilfe).

274 4. a) Als eine der zulässigen Maßnahmen ist in **Abs 1 Satz 2** die Unterbringung des Kindes zum Zwecke der Erziehung in einer geeigneten Familie oder einer Erziehungsanstalt vorgesehen (s das Wort „insbesondere"). Hiernach sind zu dieser Anordnung die allgemeinen Voraussetzungen des Abs 1 Satz 1 erforderlich (ebenso OLG München, JFG 14, 35), also auch, daß diese Anordnung geboten ist, um die Gefährdung des Wohls des Kindes zu beseitigen. Hervorzuheben ist aber, daß, wenn beide Elternteile das Personensorgerecht ausüben, die Anordnung der Unterbringung gemäß Satz 2 nur zulässig ist, wenn jeder Elternteil das Wohl des

Kindes dadurch gefährdet hat, daß er das Sorgerecht mißbraucht, das Kind vernachlässigt oder sich eines unsittlichen oder ehrlosen Verhaltens schuldig gemacht hat (aM wohl Achilles-Greiff-Beitzke, Bem 18). Doch genügt es, daß zB der eine Elternteil das Sorgerecht mißbraucht oder sich eines unsittlichen oder ehrlosen Verhaltens schuldig gemacht, der andere das Kind vernachlässigt hat. Daß aber die Voraussetzungen des Satz 1 bei beiden Elternteilen vorliegen müssen, ergibt sich daraus, daß die Unterbringung des Kindes nicht auch gemäß § 1680 iV mit § 1679 angeordnet werden kann.

Im übrigen ist zu beachten, daß die Unterbringung des Kindes außerhalb des Elternhauses nur angeordnet werden darf, wenn entweder beide Elternteile bei der Erziehung des Kindes versagt haben oder das Kind zu verwahrlosen droht oder verwahrlost ist (Art 6 Abs 3 GG); dh mit anderen Worten: Hat nur ein Elternteil versagt, so darf dem anderen das Kind lediglich dann entzogen werden, wenn es zu verwahrlosen droht oder verwahrlost ist.

b) Das Vormundschaftsgericht **kann** anordnen ... Dies bedeutet, daß ihm die diesbezügliche Befugnis und Ermessensermächtigung erteilt ist (s hierzu im allgemeinen Göppinger, Die Erledigung des Rechtsstreits in der Hauptsache, 1958, 176ff; FamRZ 1960, 258; BayObLGZ 1962, 267, 272 = FamRZ 1963, 46, 47 = NJW 1962, 2205 = MDR 1963, 51). Liegen die Voraussetzungen des Abs 1 Satz 1 vor und ist an sich eine Erziehung des Kindes in einer geeigneten Familie oder in einem Heim erforderlich, so kann das Vormundschaftsgericht von der Anwendung des Satz 2 trotzdem absehen, zB weil die Anordnung durch das Vormundschaftsgericht unzweckmäßig oder weil das Gericht nicht in der Lage ist, eine geeignete Stelle für die Erziehung des Kindes zu finden. 275

c) Mit der Unterbringung in einer geeigneten Familie oder einer Erziehungsanstalt*) ist gemeint: in einer bestimmten Familie oder einer bestimmten Anstalt, dh mit anderen Worten: das Vormundschaftsgericht muß die Familie oder Anstalt selbst bestimmen und (im Tenor des Beschlusses) bezeichnen (wohl allgemeine Meinung: s Kipp, § 83, II, Fußn 18, 352; KG JFG 12, 94 = JW 1934, 2932 = DJ 1934, 1248; OLG München, DJugH XXIX, 36; JFG 14, 35 = DJugH XXXI, 419; Palandt/Lauterbach, Bem 5, Erman/Ronke, Bem 3e, je zu § 1666). Hierbei hat das Jugendamt das Vormundschaftsgericht zu unterstützen (§ 48 Abs 1 Satz 1 JWG), die Vollziehung der Unterbringung obliegt dem Vormundschaftsgericht, das sich der Hilfe des Jugendamtes bedienen kann. Das Gericht kann zur Ausführung der Unterbringung aber auch einen Pfleger bestellen (ebenso RGR Komm, 9. Aufl, Bem 4). 276

Soll das Kind in Familienerziehung gebracht werden, so sind jedoch die Vorschriften der **§§ 27ff JWG** zu beachten: Das (noch nicht 16jährige) Kind ist, wenn es nicht bei Verwandten oder Verschwägerten (§ 27 Abs 2 Nr 2) oder bei seinem Lehrherrn oder Arbeitgeber (§ 27 Abs 2 Nr 4) untergebracht wird, als Pflegekind iS dieser Vorschriften zu beurteilen. Die Pflegeeltern bedürfen zur Aufnahme des Kindes der Erlaubnis des Jugendamtes (§ 28) und unterstehen der Aufsicht des Jugendamtes (§ 31 JWG) — s auch oben Fußn zu Bem 6.

d) Die Vorschrift des Abs 1 Satz 2 hat heute keine große praktische Bedeutung mehr, da regelmäßig das Jugendamt nach Abs 1 Satz 1 iV mit § 1909 und JWG §§ 46, 52 als Pfleger bestellt wird (s Bem 270) und dieses dann die Unterbringung veranlaßt; das Jugendamt ist, da es als Organ der öffentlichen Jugendhilfe (s §§ 1 Abs 3, 2 Abs 1) über die nötige Organisation und fachlich geschultes Personal verfügt, besser in der Lage, ein Kind in ein bestimmtes geeignetes Heim einzuweisen (s dazu auch § 5 Abs 1 Nr 8, Abs 2, 3, § 6 Abs 1 JWG); als Beispiel für die Anwendung des Abs 1 Satz 2 in jüngerer Zeit sei genannt: BayObLGZ 1960, 393 = FamRZ 1961, 127 (Ls). 277

Abs 1 Satz 2 stellt nicht die Rechtsgrundlage für die Fürsorgeerziehung dar (s Göppinger, FamRZ 1961, 498 [3a]).

e) Das Vormundschaftsgericht kann eine Maßnahme gemäß Abs 1 Satz 1 und Satz 2 nebeneinander treffen (ebenso Soergel-Siebert-Lange, Bem 36, Krüger-Breetzke-Nowack, Bem 8, Maßfeller, DJ 1934, 1248; **aM** KG, JFG 12, 94=JW 1934, 2932=DJ 1934, 1248; Palandt-Lauterbach, Bem 5; offengelassen von RGZ 153, 243 = DJugH XXIX, 43), wie aus dem Wort „insbesondere" zu 278

*) Dieser Begriff, der eine etwas abwertende Bedeutung hat, ist hier beibehalten, während der sachlich überholte Begriff „Besserungsanstalt" gestrichen wurde (s oben Bem 6). Indessen hat der Gesetzgeber in dem neugefaßten JWG vom 11. 8. 1961 den Ausdruck „Anstaltserziehung" (§ 69 Abs 1 aF) beseitigt; das JWG spricht jetzt von dem „Heim" (§§ 69 Abs 3, 71 Abs 2, 72, 78 Abs 1).

schließen ist. Jedoch kann nicht gemäß Satz 1 die Ausübung des Sorgerechts oder des Aufenthaltsbestimmungsrechts entzogen werden (mit der gleichzeitigen Bestellung eines Pflegers gemäß § 1909) und nach Satz 2 die Unterbringung des Kindes angeordnet werden (KG, aaO; DJZ 1932, 741; Maßfeller, aaO). Denn wird ein Pfleger bestellt, so obliegt diesem die Unterbringung des Kindes.

279 f) Die Anordnung gemäß Satz 2 kann unbefristet ergehen; jedoch muß hier auch eine Befristung zugelassen werden.

Für die Zulässigkeit der Unterbringung gemäß Satz 2 ist es ohne Bedeutung, ob **öffentliche Mittel** in Anspruch genommen werden müssen (s dazu BGHZ 8, 134 = NJW 1953, 1300 = SjE, E 16, 264k; sowie jetzt § 81 JWG). Der Einwand der Eltern, sie seien außerstande, die durch die Unterbringung entstehenden Kosten aufzubringen, kann bei der Entscheidung des Vormundschaftsgerichts nicht berücksichtigt werden; vielmehr kann dieser Einwand nur im Rechtsstreit über die Unterhaltspflicht der Eltern gegenüber dem Kinde geltend gemacht werden (BayObLGZ 1960, 393 = FamRZ 1961, 127 [Ls]).

280 g) Die Unterbringung des Kindes gemäß Abs 1 Satz 2 bedeutet eine Entziehung der Ausübung des Sorgerechts, besonders des Erziehungsrechts der Eltern bzw des alleinsorgeberechtigten Elternteils einschließlich des Vertretungsrechts, soweit es für die Erziehung des Kindes erforderlich ist, und damit eine Übertragung dieser Befugnisse und Pflichten an das Heim, in dem das Kind untergebracht werden soll, bzw die betreffenden Pflegeeltern (ähnlich Warneyer, Bem V, Soergel-Siebert-Lange, Bem 35).

Ist der Minderjährige von der Stelle, an der er untergebracht ist, in das Elternhaus beurlaubt oder entwichen, so werden hinsichtlich der Aufsichtspflicht der Eltern die gleichen Grundsätze gelten müssen wie hinsichtlich eines Minderjährigen, der in einem Heim der Fürsorgeerziehung untergebracht ist (s hierzu auch Bem 307 und Anhang, Bem 484).

III. Abs 2.

A. Voraussetzungen.

281 1. a) Abs 2 schreibt besondere Voraussetzungen vor; die Erfordernisse des Abs 1 Satz 1 brauchen hier nicht vorzuliegen (KG, RJA 8, 86; JFG 14, 423 = JW 1937, 639 = DFG 1937, 14 = ZblJugR XXVIII, 419; Soergel-Siebert-Lange, Bem 38; Firsching, 48; wohl auch BayObLGZ 33, 402 = JW 1934, 912; **aM** Vorauflage, III, B; Achilles-Greiff-Beitzke, Bem 22; Krüger-Breetzke-Nowack, Bem 11; s auch OLG Karlsruhe, FamRZ 1961, 486). Daran ändert der Umstand nichts, daß die Verletzung des Rechts des Kindes auf Unterhalt eine Art Sonderfall des Abs 1 Satz 1 ist, nämlich der Vernachlässigung des Kindes (s auch Bem 156ff) oder des Mißbrauchs des Sorgerechts (s Bem 56, 117) — vgl Krüger-Breetzke-Nowack, aaO —. Indessen ist zum Verhältnis des Abs 2 zu Abs 1 Satz 1 zu beachten, daß die Voraussetzungen des Abs 2 nicht ohne weiteres vorliegen, wenn die Erfordernisse des Abs 1 Satz 1 gegeben sind; andererseits werden freilich, wenn die Voraussetzungen des Abs 2 zu bejahen sind, regelmäßig auch die Erfordernisse des Abs 1 Satz 1 vorliegen (s KG, JFG 14, 423). Dies macht deutlich, daß es innerlich gerechtfertigt ist, den Abs 2 als eine besondere Vorschrift zu behandeln.

282 Aus der Entstehungsgeschichte können keine anderen Schlüsse gezogen werden (vgl aber auch OLG Karlsruhe, aaO). Zwar war in dem ursprünglichen Entwurf dieser Vorschrift in Abs 1 ein Satz 3 vorgesehen, durch den dem Vormundschaftsgericht die Befugnis eingeräumt werden sollte, die elterliche Gewalt (mit Ausnahme der Nutznießung) ganz oder teilweise zu entziehen, soweit das Interesse des Kindes es erfordere (s oben Bem 2). Daraus, daß dieser Satz 3 gestrichen wurde, kann aber nicht gefolgert werden, Abs 2 sei nur eine Ergänzung des Abs 1 in dem Sinne, daß die Voraussetzungen des Abs 1 Satz 1 ebenfalls gegeben sein müßten. Maßgebend ist vielmehr, wie die Vorschrift des Abs 2 heute nach ihrem objektiven Wortlaut auszulegen und zu verstehen ist (s dazu oben Bem 196, 2. Abs). Hierzu ist von Bedeutung, daß Abs 2 die **besondere Voraussetzung** vorschreibt, daß der Elternteil das Recht des Kindes auf Gewährung des Unterhalts verletzt hat und für die Zukunft eine erhebliche Gefährdung des Unterhalts zu besorgen ist, während Abs 1 Satz 1 eine Gefährdung des Wohls des Kindes verlangt. Abs 2 besagt nicht, daß ein Mißbrauch des Sorgerechts oder eine Vernachlässigung des Kindes erforderlich sei.

283 Ebenso kann aus dem Wort **„auch"** in Abs 2 nicht darauf geschlossen werden, die Voraussetzungen des Abs 1 müßten ebenfalls gegeben sein (Opet-v. Blume, Bem IV; aM Achilles-Greiff-Beitzke aaO). Vielmehr bedeutet das Wort „auch"

nach dem Zusammenhang der beiden Absätze lediglich, daß bei Verletzung der Unterhaltspflicht die Entziehung der Ausübung der Vermögensverwaltung neben etwaigen Maßregeln des Abs 1, nicht aber, daß sie nur neben diesen zulässig sei (KG RJA 8, 86; KGJ 34, A 28; Opet-v. Blume, Bem IV). MaW das Wort „auch" knüpft an die in Abs 1 vorgeschriebene Rechtsfolge, nicht aber an deren Voraussetzungen, dh die einzelnen Tatbestandsmerkmale, an.

b) Die Voraussetzungen des Abs 2 können auch gegeben sein, wenn der Elternteil die Personensorge nicht ausübt (KG RJA 8, 86; RGR Komm Bem 9; Opet-v. Blume aaO; aM Achilles-Greiff-Beitzke, Bem 22), sondern nur die Vermögensorge. Andererseits kann Abs 2 dann ebenfalls angewendet werden, wenn dem Elternteil zwar die Personensorge zusteht, aber eine Maßnahme gemäß Abs 1 nicht erforderlich ist (KG aaO; Warneyer, Bem VI); freilich wird dies praktisch wohl nur dann in Betracht kommen, wenn sich das Kind bei dritten Personen aufhält, denen der Elternteil die Ausübung der Personensorge (vorübergehend) übertragen oder überlassen hat. 284

c) Für die Auslegung des Abs 2 ist der **Zweck dieser Vorschrift** mitzuberücksichtigen: dieser besteht hauptsächlich darin, die aus der Verletzung des Rechts des Kindes auf Gewährung von Unterhalt sich ergebende Gefährdung des leiblichen und seelischen Wohls des Kindes zu beseitigen und die bestimmungsgemäße Verwendung des Kindesvermögens für dessen Unterhalt sicherzustellen (BayObLGZ 33, 402 = JW 1934, 912). Indessen dient die Vorschrift des Abs 2 auch dazu, eine Verwendung des Kindesvermögens gemäß § 1649 sicherzustellen (ebenso Soergel-Siebert-Lange, Bem 4a zu § 1666). 285

2\. a) Die Begriffe **„Verletzung des Rechts des Kindes auf Gewährung des Unterhalts"** und **„Besorgnis einer erheblichen Gefährdung des Unterhalts für die Zukunft"** sind unbestimmte Rechtsbegriffe (Gesetzesbegriffe); die Entscheidung darüber, ob diese Voraussetzungen vorliegen, ist keine Ermessensentscheidung (s hierzu oben Bem 29; ebenso zum Begriff der „erheblichen Gefährdung" in § 1906 BayObLGZ 1963, 91). 286

b) Der Elternteil muß die **Vermögensverwaltung ausüben;** Vermögensverwaltung ist nach der Legaldefinition des § 1638 Abs 1 das Recht und die Pflicht, für das Vermögen des Kindes zu sorgen, im Anschluß an die Vorschrift des § 1626 Abs 2 Halbsatz 1, wonach der Vater und die Mutter ... kraft der elterlichen Gewalt das Recht und die Pflicht haben, für (die Person und) das Vermögen des Kindes zu sorgen; gemäß § 1626 Abs 2 Halbsatz 2 umfaßt die Sorge für (die Person und) das Vermögen die Vertretung des Kindes (s hierzu im einzelnen die Erläuterungen zu §§ 1626 und 1638). 287

Nicht vermögenssorgeberechtigt ist die minderjährige Mutter (s § 1673 Abs 2), wohl aber die volljährige uneheliche Mutter dann, wenn ihr gemäß § 1707 Abs 2 die elterliche Gewalt, dh die Vermögenssorge übertragen wurde (s dazu Bem 8).

Ist die Ehe der Eltern geschieden und ist (ausnahmsweise) dem einen Elternteil die alleinige Ausübung der Personensorge, dem anderen Elternteil die alleinige Ausübung der Vermögensorge übertragen (s § 1671 Abs 4 S 2), so wird freilich bei Verletzung der Unterhaltspflicht durch den Elternteil, der die Vermögensorge ausübt, regelmäßig nicht § 1666 Abs 2 angewendet zu werden brauchen; vielmehr wird es genügen, entweder die Regelung gemäß § 1696 zu ändern und dem Elternteil, der die Personensorge ausübt, auch die Vermögenssorge zu übertragen, gegebenenfalls, wenn notwendig, auf Antrag unter Bestellung eines Beistandes (§§ 1685, 1690) oder gemäß § 1696 iVm § 1671 Abs 5 einen Pfleger zu bestellen, wobei freilich § 1671 Abs 5 eine Gefährdung des Kindesvermögens voraussetzt. 288

c) Eine **Verletzung der Unterhaltspflicht** liegt vor, wenn dem Kinde der erforderliche Unterhalt ganz oder teilweise nicht gewährt wird (§§ 1601ff, insbesondere §§ 1602 Abs 2, 1603 Abs 2, 1606 Abs 3, 1610, 1611). Doch kann es nicht als ausreichend beurteilt werden, daß die Verletzung der Unterhaltspflicht längere Zeit zurückliegt (aM wohl KG OLG 9, 442). 289

Auf ein **Verschulden** des Elternteils kommt es nicht an (ebenso KG OLG 31, 409; Opet-v. Blume, Bem III, 1b; wohl auch KG KGJ 34, A 28; aM: BayObLGZ 10, 359; 12, 322; 13, 577; 33, 402 = JW 1934, 912; Recht 1914 Nr 785; 9. Aufl dieses Komm, Bem IIIB; Achilles-Greiff-Beitzke, Bem 20, Erman-Ronke, Bem 4a, Krüger-Breetzke-Nowack, Bem 11, Soergel-Siebert-Lange, Bem 36, Palandt-Lauterbach, Bem 6, Warneyer, Bem VI; Kipp, § 83, III, 2, S 354; Stark, LZ 1917, 849). 290

Dem Wortlaut des Abs 2 kann die Voraussetzung eines Verschuldens nicht entnommen werden, ebensowenig dem Sinn und Zweck der Vorschrift. Ferner ergibt sich das Erfordernis eines Verschuldens auch nicht aus Art 6 Abs 2 GG (s dazu oben Bem 197). Der Elternteil ist hinsichtlich des verfassungsrechtlich gewährleisteten Elternrechts (Art 6 Abs 2 GG) dadurch genügend geschützt, daß das Eingreifen von einer erheblichen Gefährdung des Unterhalts des Kindes abhängig ist. Andererseits muß aber zum Schutze des Wohls des Kindes im Falle einer objektiven erheblichen Gefährdung des Unterhalts ein Eingreifen des Vormundschaftsgerichts möglich sein.

291 Die Unterhaltspflicht des Elternteils ist nicht verletzt, wenn der andere Elternteil dem Kinde den Unterhalt mit Wissen des ersteren Elternteils gewährt; solange die Gewährung des Unterhalts andauert, kann das Kind von dem ersteren Elternteil keinen Unterhalt beanspruchen. Daher kann so lange nicht von einer Verletzung der Unterhaltspflicht gesprochen werden (ebenso KG KGJ 37, A 44; Kipp, § 83, III, 2, Fußn 31, S 354; Soergel-Siebert-Lange, Bem 38, Erman-Ronke, Bem 4a; aM Rudolph, DJZ 1912, 688). Das gleiche gilt, wenn der Unterhalt von Verwandten oder sonstigen Dritten geleistet und der Elternteil nicht in Anspruch genommen wird (ähnlich Erman-Ronke aaO; s ferner KG KGJ 34, A 28).

292 Eine Verletzung der Unterhaltspflicht iSd Abs 2 kann angenommen werden, wenn der Elternteil zwar deshalb nicht unterhaltspflichtig ist, weil das Kind eigenes Arbeitseinkommen hat, das zur Bestreitung der Lebensbedürfnisse ausreicht (vgl § 1602 Abs 2), der Elternteil aber dem Kinde hieraus nicht das zukommen läßt, was für dessen angemessene Lebensführung und Lebensgestaltung erforderlich ist (KG JFG 14, 423 — s Bem 161, 251 —; Soergel-Siebert-Lange, Erman-Ronke, Palandt-Lauterbach aaO, RGR-Komm, Bem 9; s auch KG OLG 9, 442, 444; KGJ 37, A 44). In diesem Falle wird ein Einschreiten gemäß § 1667 mangels einer Gefährdung des Kindesvermögens nicht möglich sein (s unten Bem 10, 29 zu § 1667).

Die Bestimmung über den Arbeitsverdienst des Kindes kann sowohl unter die Personensorge wie auch unter die Vermögensorge fallen; ob das eine oder das andere anzunehmen ist, wird vom Einzelfall abhängen (ebenso oben Donau, Bem 56 zu § 1626, s dort Näheres).

293 d) Hinzukommen muß die Besorgnis, daß der Anspruch des Kindes für die Zukunft **erheblich gefährdet** ist.

Die Gefährdung muß hinsichtlich des Unterhaltsanspruchs und darf nicht bezüglich des Kindesvermögens bestehen (BayObLGZ 33, 402 = JW 1934, 912). Im letzteren Falle sind die Voraussetzungen des § 1667 zu prüfen.

Eine Gefährdung des Unterhaltsanspruchs des Kindes kann zB in Betracht kommen, wenn die Eltern zu anderweitigen Zwecken über Sparbücher verfügen, die für das Kind angelegt sind (RGZ 75, 357, 361).

Die Besorgnis einer erheblichen Gefährdung des Unterhalts des Kindes muß sich aus einer verständigen sachgerechten Beurteilung des seitherigen Verhaltens und der wirtschaftlichen Lage des Elternteils ergeben; dazu bedarf es der Feststellung bestimmter tatsächlicher Umstände, die den Eintritt einer Schädigung wahrscheinlich machen (vgl auch BayObLGZ 1963, 94 zu § 1906). Die Besorgnis der Wiederholung wird in der Regel nicht begründet sein, wenn ein entschuldbares Versehen vorlag. Die Gefährdung des Unterhalts muß sich als eine erhebliche darstellen; dieses Erfordernis ist nur gegeben, wenn es sich nicht lediglich um verhältnismäßig geringfügige Unterhaltsbeträge handelt, sondern um eine Gefährdung schwerwiegender Art in dem Sinne, daß eine Notlage befürchtet werden muß, maW daß das Kind der Gefahr eines Notstandes ausgesetzt ist (s die Formulierung in § 6 Abs 1 Nr 2, 3).

Die Entziehung der Ausübung der Vermögensorge darf aber nicht deshalb unterbleiben, weil auf Grund der Wachsamkeit des anderen Elternteils angenommen werden kann, es werde kein oder kein wesentlicher Schaden eintreten (OLG Stuttgart, EJF, A I f Nr 2). Vielmehr ist dem Elternteil die Vermögensverwaltung zu entziehen, wenn dessen früheres Verhalten die Annahme rechtfertigt, er werde — zB aus grober Eigensucht oder aus Haß — für die ihm obliegende Pflicht zu einer ordnungsmäßigen Vermögensverwaltung und Vertretung des Kindes keine oder nicht die notwendige positive Einstellung aufbringen (OLG Stuttgart aaO), so daß mit ständigen Schwierigkeiten und häufigen Meinungsverschiedenheiten der Eltern zum Nachteil des Kindes gerechnet werden müßte.

B. Die Entziehung der Vermögensverwaltung.

294 1. a) Wenn Abs 2 sagt, das Vormundschaftsgericht kann die Vermögensverwaltung entziehen, so ist damit gemeint, daß dem Gericht die Befugnis hierzu erteilt ist; das Wort **„kann"** stellt es nicht in das Ermessen des Gerichts, ob es die Anordnung

erlassen will. Liegen die Voraussetzungen des Abs 2 vor, so hat das Vormundschaftsgericht die erforderliche Maßnahme zu treffen.

b) Abs 2 spricht zwar nur von der **„Entziehung der Vermögensverwaltung"**; jedoch ist hierunter auch die Beschränkung der Vermögensverwaltung oder die Entziehung der Vermögensverwaltung in einzelnen Beziehungen, zB hinsichtlich des Arbeitsverdienstes des Kindes (KG JFG 14, 423, 427; s auch oben Bem 161) zu verstehen. 295

Die Entziehung oder Beschränkung der Vermögensverwaltung bedeutet die Entziehung oder Beschränkung der Ausübung der Vermögenssorge (s Vorbem 36).

c) Daß das Kind zur Zeit der Entscheidung des Vormundschaftsgerichts Vermögen besitzt, ist an sich nicht erforderlich (BayObLGZ 33, 402 = JW 1934, 912; KG JFG 6, 72; Achilles-Greiff-Beitzke, Bem 21, Palandt-Lauterbach, Bem 6, Erman-Ronke, Bem 4a, Scheffler in RGR-Komm, Bem 9); denn der Zweck der Vorschrift ist nur erreicht, wenn auch ein dem Kinde künftig zufallendes Vermögen, dessen Erwerb in Aussicht steht, zB eine Erbschaft, der Verwaltung des Elternteils entzogen wird, der seine Unterhaltspflicht gegenüber dem Kinde verletzt hat (BayObLG aaO). Bezüglich des künftigen Erwerbs von Vermögen durch das Kind darf es sich somit nicht lediglich um eine theoretische Möglichkeit handeln, vielmehr müssen gewisse Anhaltspunkte vorhanden sein, daß mit einem solchen Erwerb in absehbarer Zeit zu rechnen ist (ähnlich Scheffler aaO). Denn andernfalls kann eine vormundschaftsgerichtliche Maßnahme nicht als erforderlich beurteilt werden. 296

2. a) Als **Maßnahmen** zur Sicherstellung des Unterhalts des Kindes kommen **im einzelnen** in Betracht: die Entziehung oder Beschränkung der Ausübung des Sorgerechts für das Vermögen des Kindes, dh der tatsächlichen Sorge, die Entziehung oder Beschränkung der Vertretung des Kindes in Angelegenheiten der Vermögensorge, ebenso die Entziehung der Ausübung des Vermögensorgerechts in einzelnen Beziehungen, zB bezüglich eines bestimmten Bereichs (s auch oben Bem 292). 297

Andere Maßnahmen können gemäß Abs 2 nicht angeordnet werden, vor allem auch keine Maßregeln, welche die Personensorge betreffen.

b) Das Vormundschaftsgericht muß die Maßnahme genau und bestimmt bezeichnen (BayObLGZ 34, 393); aus der Anordnung muß klar hervorgehen, ob nur die tatsächliche Vermögensorge oder auch das Vertretungsrecht betroffen ist. Die Maßregel darf nicht als „vorläufige" gekennzeichnet werden (BayObLG aaO). 298

Auch hier gilt das Prinzip, daß in das Elternrecht nur insoweit eingegriffen werden darf, als es erforderlich ist (s hierzu hinsichtlich des Personensorgerechts oben Bem 242). Ist also zB die Beschränkung oder Entziehung des Vertretungsrechts nicht notwendig, so darf sie nicht angeordnet werden.

c) Das Vormundschaftsgericht hat — wie bei der Anwendung des Abs 1 — ebenfalls zugleich zu prüfen, ob dem anderen Elternteil die alleinige Ausübung der Vermögenssorge übertragen werden kann (**§ 1680 iVm § 1679**; s auch oben Bem 265), wenn sich dieser genügend durchsetzen kann. Ist letzteres zwar nicht der Fall, ist der Elternteil jedoch einsichtig genug, die Bestellung eines Beistandes zu beantragen (§ 1685) und genügt dies, so kann angeordnet werden, daß der Elternteil die Vermögensorge, soweit ihre Ausübung dem ersteren Elternteil entzogen wird, allein ausübt (ähnlich Erman-Ronke, Bem 4b; Palandt-Lauterbach, Bem 6). Andernfalls ist ein Pfleger zu bestellen (§ 1680 iVm § 1679 Abs 1 S 2). 299

Für den Fall, daß die Eltern nicht nur vorübergehend getrennt leben und eine Anordnung gemäß **§ 1672** ergangen ist oder die Ehe der Eltern geschieden und einem Elternteil die alleinige Ausübung der elterlichen Gewalt gemäß **§ 1671** übertragen ist, regelt **§ 1680 iVm § 1679 Abs 2** die Frage, ob die Ausübung der dem einen Elternteil als Inhaber des Sorgerechts oder der elterlichen Gewalt entzogenen Bestandteile des Vermögensorgerechts auf den anderen Elternteil übergeht; zur Problematik dieser Regelung s die Bemerkungen zu §§ 1671, 1672, 1680.

Doch sei noch darauf hingewiesen, daß eine Anordnung gemäß § 1666 entbehrlich sein kann, wenn die Regelung über die Vermögenssorge nach § 1696 geändert wird.

IV. Die Entziehung der (Ausübung der) gesamten elterlichen Gewalt. 300

Das Gesetz sieht eine Entziehung der (Ausübung der) gesamten elterlichen Gewalt nicht vor; es vermeidet vielmehr diesen Ausdruck (s zur Entstehungsgeschichte oben Bem 2). Indessen kann den Eltern bzw einem Elternteil, wenn die Voraussetzungen des § 1666 Abs 1 S 1 und des Abs 2 (oder des § 1669) vorliegen, sowohl die Ausübung des Sorgerechts für die Person wie auch des Sorgerechts für das Vermögen einschließlich des Vertretungsrechts (§ 1626 Abs 2) entzogen werden (s dazu zB KG OLG 6, 170; 7, 418; 31, 409; KGJ 47, A 39; OLG Stuttgart, HRR 1931 Nr 1916; BayObLGZ 1952, 178; sowie auch OLG Bremen, JZ 1957, 350; s ferner Soergel-Siebert-Lange, Bem 37). Ist damit die Ausübung sämtlicher Bestandteile der elterlichen Gewalt (s § 1626) untersagt, so bedeutet dies im Ergebnis, daß den Eltern bzw dem Elternteil die Ausübung der gesamten elterlichen Gewalt entzogen ist.

Für das Kind ist gemäß § 1773 ein Vormund zu bestellen, falls nicht der andere Elternteil die elterliche Gewalt ausübt, dh mit anderen Worten: wenn entweder beiden Elternteilen die Ausübung des Sorgerechts für die Person und das Vermögen des Kindes in vollem Umfange entzogen ist oder dem alleinberechtigten Elternteil nach dem Tode des anderen Elternteils (§ 1681) oder nach der Scheidung der Ehe, wenn die Voraussetzungen des § 1671 Abs 5 gegeben sind.

V. Die Auswirkungen der Maßregel des Vormundschaftsgerichts.

301 1. a) Die Maßregeln des Vormundschaftsgerichts schränken die Ausübung der elterlichen Gewalt insoweit und nur insoweit ein, als sie inhaltlich und gegebenenfalls auch zeitlich reichen (ähnlich Achilles-Greiff-Beitzke, Bem 17), zB bezüglich des Aufenthaltsbestimmungsrechts (s Bem 255), des Arbeitsverhältnisses (s Bem 253), der Vornahme einer Operation (s Bem 254). Dies ist wichtig für das Vertretungsrecht (s auch Bem 252).

Hinzuweisen ist auch noch auf folgendes: Ist gemäß § 1666 iVm § 1909, wenn beiden Elternteilen oder dem alleinberechtigten Elternteil die Ausübung des Sorgerechts oder einzelner Bestandteile entzogen ist, bezüglich dieser Angelegenheiten ein Pfleger bestellt (s oben Bem 266, 299), so sind die Eltern bzw der Elternteil nicht berechtigt, insoweit das Sorgerecht auszuüben (§ 1630 Abs 1). Dasselbe gilt, wenn gemäß § 1679 Abs 1 S 2 iVm § 1909 ein Pfleger bestellt ist (§ 1679 Abs 1 S 3, s auch oben Bem 265, 299).

302 α) Ist den Eltern oder dem alleinberechtigten Elternteil die Ausübung der gesamten Personen- und Vermögenssorge einschließlich der Vertretungsrechte entzogen, so ist zur Volljährigkeitserklärung des Kindes (§ 3) die Einwilligung der Eltern bzw des Elternteils nicht erforderlich (§ 4 Abs 2; s dazu auch oben Bem 115 und OLG Bremen, JZ 1957, 350 m Anm v Lent).

Doch sollten die Eltern bzw der Elternteil gehört werden (§ 1847 Abs 1). Der Vormund braucht nicht zuzustimmen (Schwoerer, Die Justiz 1962, 27; BayObLG FamRZ 1963, 525); indessen wird er regelmäßig ebenfalls gehört werden müssen.

303 β) Anders ist die Rechtslage bei der Eheschließung der minderjährigen Tochter. Ist den Eltern oder dem Elternteil die Ausübung der Personensorge einschließlich des Vertretungsrechts in persönlichen Angelegenheiten entzogen, so bedarf es anstelle der Einwilligung der Eltern bzw des Elternteils der des Sorgerechtspflegers (§ 3 Abs 1 und 2 EheG). Die Vermögensorge ist hier ohne Bedeutung.

304 γ) Dagegen ist zur (Weg-)Adoption des Kindes die Einwilligung der Eltern bzw des Elternteils (§ 1747 Abs 1) auch dann erforderlich, wenn die Eltern bzw der Elternteil weder die Personen- noch die Vermögensorge ausüben (Beitzke, Familienrecht, § 32, IV, S 178; Göppinger, FamRZ 1959, 401).

305 δ) Die Entziehung der Ausübung des Rechts der tatsächlichen Sorge oder des Aufenthaltsbestimmungsrechts hat regelmäßig Auswirkungen auf die **Unterhaltsverpflichtungen** der Eltern bzw des Elternteils (s zB KG KGJ 45, A 29): wird das Kind vom Elternhause getrennt, so kann dem Kinde von den Eltern bzw dem Elternteil keine Naturalverpflegung mehr gewährt werden (vgl § 1612 Abs 2 S 1); vielmehr hat das Kind nunmehr einen Unterhaltsanspruch in der Form einer Geldrente (vgl § 1612 Abs 1 S 1; bezüglich der unehelichen Mutter s Eitzer, FamRZ 1963, 478ff).

306 ε) Ist dem (getrennt lebenden) Elternteil die tatsächliche Sorge für die Person des Kindes einschließlich des Vertretungsrechts in Angelegenheiten der Personensorge oder nur das letztere entzogen, so ist der Elternteil nicht mehr berechtigt, namens des Kindes Unterhaltsansprüche (s § 1629 Abs 2 S 1 Halbsatz 2 und § 1672, wenn eine hierauf gestützte Anordnung ergangen ist) geltend zu machen. Ist ein Unterhaltsprozeß anhängig, so kann der Elternteil das Kind im Rechtsstreit nicht mehr vertreten.

307 ζ) Ist den Eltern oder dem Elternteil die Ausübung der tatsächlichen Personensorge in vollem Umfange entzogen und ist ein Pfleger bestellt, so ist damit auch das **Recht und die Pflicht** der Eltern oder des Elternteils, **das Kind zu beaufsichtigen** (§ 1631 Abs 1), entfallen und lebt auch dann nicht wieder auf, wenn

sich das Kind zeitweise im elterlichen Haushalt aufhält (OLG Düsseldorf, NJW 1959, 2120 = RdJ 1960, 287; Erman-Drees, Palandt-Gramm je Bem 3a, aa zu § 832; aM Soergel-Siebert-Schräder, Bem 3 zu § 832 unter Berufung auf den unrichtig wiedergegebenen Leitsatz der erwähnten Entscheidung des OLG Düsseldorf). Dies ergibt sich zweifelsfrei aus dem Wort „umfaßt" in § 1631 Abs 1. Indessen ist dann eine Ausnahme zu machen, wenn sich das Kind zur Ausübung des Verkehrsrechts der Eltern (§ 1634) im Elternhause befindet (s Bem 7, 13 zu § 1634) oder wenn der Pfleger den Eltern zunächst beläßt oder es bei diesen wieder unterbringt. Daher sind die Eltern oder der Elternteil gegebenenfalls unter den weiteren Voraussetzungen des § 832 für einen vom Kinde angerichteten Schaden ersatzpflichtig.

Ist den Eltern oder dem Elternteil nur die Ausübung des Aufenthaltsbestimmungsrechts oder lediglich die gesetzliche Vertretung in Angelegenheiten der Personensorge entzogen, so bleibt das Recht und die Pflicht der Eltern, das Kind zu beaufsichtigen, unberührt, was allerdings nur dann von praktischer Bedeutung ist, wenn sich das Kind im Elternhause aufhält (zB auch, wenn es aus dem Heim, in dem es untergebracht war, entwichen ist). Zur Bedeutung der Entziehung der Ausübung des Aufenthaltsbestimmungsrechts s oben Bem 255; zur Auswirkung der Anordnung der Fürsorgeerziehung s unten Anhang Bem 484.

b) Wird den Eltern oder dem Elternteil die Ausübung des Personensorgerechts oder auch zB nur des Aufenthaltsbestimmungsrechts entzogen, so steht den Eltern bzw dem Elternteil das **Verkehrsrecht** (§ 1634) zu. Die frühere Rechtsprechung (RGZ 153, 238; aM aber KG RJA 11, 254), die das Verkehrsrecht im Falle der Entziehung des Sorgerechts versagte, da sie es (übrigens zu Unrecht, s Voraufl, Bem 4 zu § 1636 aF) als lediglich zum Personensorgerecht gehörig beurteilte, ist überholt (s hierzu Vorbem 37 vor § 1666; Bem 2, 3 zu § 1634, sowie Soergel-Siebert-Lange, Bem 43 zu § 1666). Eine Einschränkung des Verkehrsrechts ist nur (noch) unter den Voraussetzungen des § 1634 Abs 2 S 2 zulässig (s dazu Bem 86ff zu § 1634). 308

Ist das Kind in einem Heim untergebracht, so steht den Eltern grundsätzlich das Recht zu, das Kind zu besuchen (s auch zur Fürsorgeerziehung Anhang Bem 481). Zu der Frage, ob ihnen der Unterbringungsort des Kindes verschwiegen werden darf, s Bem 271.

2. Entzieht oder beschränkt das Vormundschaftsgericht die Ausübung des Sorgerechts für die Person oder das Vermögen des Kindes (§ 1666 Abs 1 und 2), so erwächst die Entscheidung zwar weder in formelle noch in materielle Rechtskraft (s dazu Bem 355), jedoch hat sie eine **rechtsgestaltende Wirkung.** An diese sind andere Gerichte wie auch Verwaltungsbehörden und alle Dritten **gebunden** (vgl dazu im allgemeinen: BGHZ 24, 47 = NJW 1957, 832 = BB 1957, 380; Jansen, Bem 9 zu § 31; Keidel, 8. Aufl, Bem 11 zu § 1 FGG; Lent-Habscheid, § 29, S 167ff; Lent, ZZP 66, 267; Seibert, DFG 1937, 136; Schnitzerling, RdJ 1962, 268). Auch die sachliche Zuständigkeit oder Unzuständigkeit darf nicht nachgeprüft werden (ebenso Jansen, Bem 4 zu § 7 FGG; Lent-Habscheid, § 13, II, S 70ff; aM BGH aaO; Keidel, Bem 24, 25 zu § 7 FGG); jedoch wäre eine Entscheidung des Rechtspflegers als nichtig zu behandeln (§ 7 Abs 2 S 1 RPflG; s auch unten Bem 323). 309

Der Strafrichter ist an die Bestellung eines Sorgerechtspflegers gebunden, der den Strafantrag gestellt hatte (RGSt 35, 47). Hat das Vormundschaftsgericht die Ausübung des Sorgerechts entzogen, einen Pfleger bestellt (§§ 1666 Abs 1 S 1, 1909) und zugleich die Unterbringung des Kindes gemäß § 1666 Abs 1 S 2 angeordnet, so ist diese Entscheidung wirksam und bindend, mögen gegen sie auch Bedenken bestehen (RGZ 153, 238; s ferner oben Bem 278). Ebenso ist zB die Entscheidung über die Entziehung der Ausübung des Sorgerechts für die höhere Instanz bindend, wenn nicht diese, sondern nur die gleichzeitige Entscheidung über die Auswahl des Pflegers angefochten ist (vgl OLG Stuttgart, ZblJugR 1954, 271).

Ist vor dem Prozeßgericht ein Rechtsstreit oder ein Verfahren wegen einstweiliger Verfügung auf **Herausgabe eines Kindes** (§ 1632 Abs 1) anhängig, so ist das Vormundschaftsgericht nicht gehindert, dem Kläger oder Antragsteller, wenn das Herausgabeverlangen einen Mißbrauch des Sorgerechts darstellt (s oben Bem 127ff), die Ausübung des Sorgerechts oder Aufenthaltsbestimmungsrechts zu entziehen, gegebenenfalls auch durch einstweilige Anordnung. An diese Entscheidung des Vormundschaftsgerichts ist das Prozeßgericht gebunden (s oben Bem 25 zu § 1632, sowie BGH, LM BGB § 1707 Nr 1 = NJW 1951, 309 = MDR 1951, 222; OLG Köln, JMBlNRW 1959, 120 = ZblJugR 1959, 84 = EJF, A I f Nr 13 mit Anm v Schwoerer; OLG München, ZblJugR 1960, 124; sowie OLG Hamm, JMBlNRW 1962, 48). Das Prozeßgericht kann daher auch den Rechtsstreit wegen Herausgabe des Kindes bis zur Entscheidung des Vormund- 310 schaftsgerichts aussetzen (§ 148 ZPO; s dazu Schwoerer aaO; OLG Köln, FamRZ 1955, 113; OLG Hamburg, JW 1937, 2609). War schon ein Urteil auf Herausgabe des Kindes ergangen, so kann das Vormundschaftsgericht durch eine Anordnung gemäß § 1666 den Aufenthalt des Kindes so bestimmen, daß die Grundlage für eine Vollstreckungsabwehrklage (§ 767 ZPO) gegen das Urteil geschaffen wird (BayObLGZ 1961, 166 = FamRZ 1961, 382 = NJW 1961, 1582 = MDR 1961, 778); dagegen kann das Gericht der freiwilligen Gerichtsbarkeit nicht die Zwangsvollstreckung aus dem Urteil des Prozeßgerichts einstweilen einstellen (BayObLG aaO).

311 Ist den Eltern bzw dem Elternteil die Ausübung des (gesamten) Sorgerechts entzogen, so steht den Eltern bzw dem Elternteil, wie der BGH (LM BGB § 1666 Nr 5 = FamRZ 1956, 379 = NJW 1956, 1755 = ZblJugR 1956, 329 = JZ 1956, 764 [Ls] = EJF, B II Nr 8 m Anm v Dunz) angenommen hat, in (weiteren) die Sorge für die Person des Kindes betreffenden Verfahren ein **Beschwerderecht** (§ 57 Abs 1 Nr 9 FGG) grundsätzlich nicht zu (aM Jansen, Bem 28 A b zu § 57 FGG; Beitzke in Achilles-Greiff, Bem 17 zu § 1666). Ein Beschwerderecht gemäß § 20 FGG kommt ebenfalls nicht in Betracht, da diese Vorschrift voraussetzt, daß der Beschwerdeführer in seinen materiellen Rechten privatrechtlicher Art betroffen ist (vgl Lent-Habscheid, S 193). Vermag der Elternteil jedoch das Sorgerecht nicht mehr auszuüben, so ist seine Rechtsstellung nicht beeinträchtigt (vgl OLG Braunschweig, JFG 4, 39; s aber auch OLG Bremen, FZ 1957, 350 für einen Sonderfall).

In dem Falle, daß der unehelichen Mutter das Recht der tatsächlichen Sorge entzogen und das Jugendamt zum Pfleger bestellt wurde, hat das OLG Stuttgart (ZblJugR 1954, 271 = EJF B II Nr 2 = DAVorm XXVII, 113) ein Beschwerderecht der Mutter gemäß § 57 Abs 1 Nr 9 FGG gegen die Auswahl des Pflegers verneint; ebenso wurde dieses Beschwerderecht in dem Falle versagt, in welchem dem getrennt und in Scheidung lebenden Elternteil das Aufenthaltsbestimmungsrecht entzogen war und dieser sich gegen die Auswahl des Pflegers wandte (OLG Stuttgart, EJF A I 1 Nr 2).

Der BGH hat die Frage offengelassen, ob das Beschwerderecht in Fällen von besonderer Tragweite zuzubilligen ist (s hierzu auch Jansen aaO), zB bei solchen Angelegenheiten, die über eine etwaige Beendigung der Entziehung der Ausübung des Sorgerechts hinauswirken. Diese Frage ist zu bejahen (ebenso Dunz aaO, und OLG Stuttgart in dem Vorlagebeschluß an den BGH, s BGH aaO). Auch darf der Begriff „besondere Tragweite" nicht zu eng ausgelegt werden. ZB wird die Auswahl des Pflegers in der Regel als ein Fall von besonderer Tragweite anzusehen sein (vgl OLG Hamm, MDR 1950, 54; Keidel, Bem 38, sowie Jansen, Bem 28 A, c je zu § 57 FGG; aM wohl OLG Stuttgart, EJF A I 1 Nr 2). Zu beachten ist hierbei auch, daß es nach Entziehung der Ausübung des gesamten Personen- oder des gesamten Vermögenssorgerechts Fälle geben kann, in denen Meinungsverschiedenheiten über Fragen entstehen, die beide Bereiche betreffen (§ 1630 Abs 2), sowie daß im Falle des § 1679 Abs 1 S 4 bei Meinungsverschiedenheiten des Vormunds oder Pflegers und des Elternteils, der die tatsächliche Personensorge ausübt, die Meinung des Vormunds oder Pflegers vorgeht. Hieraus geht hervor, daß ein Elternteil sehr wohl ein berechtigtes Interesse an der Auswahl des Pflegers haben kann.

Weiterhin darf ein Beschwerderecht nicht versagt werden, wenn ein Antrag bzw eine Anregung auf Änderung einer Anordnung gemäß § 1696 abgelehnt ist; andernfalls würde der Elternteil fast rechtlos gestellt. Gerade dieser Fall zeigt, daß in allen sonstigen Fällen, in denen es sich um eine Art Änderung der ursprünglichen Entscheidung handelt, die Beschwerdebefugnis bejaht werden muß.

VI. Änderung der vormundschaftsgerichtlichen Entscheidung.

312 1. a) Das Vormundschaftsgericht kann gemäß § 1696 während der Dauer der elterlichen Gewalt seine Anordnungen jederzeit ändern, wenn es dies im Interesse des Kindes für angezeigt hält. Es kann die ursprüngliche Anordnung aufheben oder eine mildere Maßnahme treffen, zB die Entziehung der Ausübung des gesamten Personensorgerechts auf die Entziehung der Ausübung des Sorgerechts bezüglich einzelner Angelegenheiten oder auch eines Bestandteils dieses Rechts beschränken oder unter Aufhebung der früheren Maßnahme die Bestellung eines Erziehungsbeistandes anordnen (§ 57 JWG).

§ 1696 findet hinsichtlich des Sorgerechts der unehelichen Mutter (§ 1707 Abs 1) entsprechende Anwendung; ist der unehelichen Mutter die elterliche Gewalt übertragen (§ 1707 Abs 2; s hierzu oben Bem 8), so ist § 1696 unmittelbar anzuwenden (s jedoch zur Frage der Beschränkung der Ausübung der elterlichen Gewalt der unehelichen Mutter oben Bem 8 sowie im allgemeinen unten Bem 319).

Die Formulierung des § 1696 kann nicht als sehr glücklich bezeichnet werden; sie geht zT auf § 1671 aF, zT und vor allem auf die Fassung des die Änderung der Sorgerechtsregelung nach der Scheidung der Ehe der Eltern betreffenden § 74

Abs 6 EheG 1946 zurück (wobei noch darauf hinzuweisen ist, daß weder das EheG 1946 noch das EheG 1938, auf dem ersteres beruht — mit Änderungen, insbesondere Streichungen von Vorschriften, die nationalsozialistisches Gedankengut enthielten —, sorgfältig ausgearbeitet war). Dagegen hatte § 1671 aF, an dessen Stelle § 1696 getreten ist, den Nebensatz „wenn es dies im Interesse des Kindes für angezeigt hält" nicht enthalten (s zur Entstehungsgeschichte des § 1696 nF Näheres dort).

b) § 1696 muß in den Fällen, in denen es sich um die Änderung eines Eingriffs des Vormundschaftsgerichts in das Elternrecht handelt, in verfassungskonformer Weise (s dazu im allgemeinen die Hinweise in Vorbem 4 vor § 1666) unter Berücksichtigung der Vorschriften des Art 6 Abs 2 und 3 GG ausgelegt werden (s auch OLG Bremen, FJF, A I f Nr 7; Schwoerer in der Anm daselbst, sowie FamRZ 1958, 91). Hiernach ist eine Beschränkung des Elternrechts nur insoweit zulässig, als sie erforderlich ist, um eine Gefährdung des Wohls des Kindes abzuwenden. Dies bedeutet aber zugleich, daß eine vormundschaftsgerichtliche Maßnahme, die in das Elternrecht eingreift, nur insoweit und solange aufrechterhalten bleiben darf, als sie zu dem erwähnten Zweck erforderlich ist; dh mit anderen Worten: Die einen Eingriff in das Elternrecht darstellende Maßnahme muß geändert werden, wenn die Voraussetzungen weggefallen sind, die seinerzeit zur Anordnung der Maßnahme geführt haben (so auch zu § 1671 aF: OLG Bremen, Schwoerer aaO; BayObLGZ 14, 552; 21, A 371 [374]; KG Recht 1915 Nr 901; sowie zu § 1696: Soergel-Siebert-Lange, Bem 6; BayObLGZ 1961, 174; andererseits [zu § 1671 aF] BayObLGZ 15, 358 = OLG 30, 86 = Recht 1914 Nr 2686) oder wenn in der Zwischenzeit Umstände zutage getreten sind, die eine andere Beurteilung des der früheren Entscheidung zugrundegelegten Sachverhalts erforderlich machen (BayObLGZ 1961, 174; s auch Kipp S 353). 313

Grundsätzlich ist auch davon auszugehen, daß die Unterbringung des Kindes im Elternhaus dessen Interesse, dh dessen Wohl, am besten entspricht. Ist die bei Anordnung der Maßnahme gemäß § 1666 vom Vormundschaftsgericht angenommene Gefährdung des Wohls des Kindes beseitigt, so darf eine anderweitige Unterbringung des Kindes, dh eine weitere Trennung des Kindes vom Elternhaus (s Art 6 Abs 3 GG) nicht mehr aufrechterhalten bleiben (so auch Schwoerer aaO; LG Mannheim, FamRZ 1964, 92).

Bei der Beurteilung der Frage, ob die Gefährdung des Wohls des Kindes weggefallen ist, ist zunächst zu berücksichtigen, auf Grund welcher Umstände die Maßnahme angeordnet worden war und welcher Art die Maßregel war; ferner ist zu prüfen, ob die Eltern oder der Elternteil nun zu einer ordnungsgemäßen Erziehung des Kindes in der Lage sind und gegebenenfalls auf Grund einer inzwischen gewonnenen besseren Einsicht und eines gestärkten Verantwortungsbewußtseins die Gewähr für eine ordnungsmäßige Erziehung bieten (OLG Rostock, JFG 3, 50; s auch BayObLGZ 1961, 174). Von Bedeutung ist weiterhin das Alter und die zwischenzeitliche geistige und charakterliche Entwicklung des Kindes. 314

War das Kind durch einen unsittlichen Lebenswandel des Elternteils gefährdet worden, so wird es regelmäßig nicht genügen, wenn seit der Anordnung der Maßnahme erst ein verhältnismäßig kürzerer Zeitraum verstrichen ist (OLG Rostock aaO). Hat sich aber der Elternteil wieder verheiratet, so kann dies die Änderung der früheren Maßnahme rechtfertigen (vgl auch BayObLG Recht 1905, 18 Nr 55; Recht 1913 Nr 694).

Das BayObLG (Z 15, 358; s auch oben Bem 313) hat zu § 1671 aF die Auffassung vertreten — die es freilich später, wenn auch nicht ausdrücklich, wieder aufgegeben hat (BayObLGZ 21, A 374) —, es komme lediglich darauf an, ob das Interesse des Kindes die Aufhebung (oder — wie zu ergänzen ist — die Milderung) der früheren Maßnahme erfordere (hiergegen nach früherem Recht: KG, OLG Bremen, Schwoerer aaO). Zwar entspricht diese Ansicht etwa der jetzigen Regelung des § 1696. Indessen darf dieser Gedanke nur dann ausschlaggebende Bedeutung beanspruchen, wenn eine Aufhebung oder Milderung der früheren Maßregel das Wohl des Kindes, insbesondere aus anderen neu hinzugekommenen Gründen, gefährden würde (anders wohl BayObLGZ 1961, 174). In Betracht kommt zB der Umstand, daß inzwischen durch die Trennung des Kindes vom Elternhause eine (gewisse) Entfremdung zwischen Kind und Eltern oder Elternteil eingetreten ist, sodaß das Kind durch den Milieuwechsel in seiner seelischen Entwicklung gefährdet werden könnte (s hierzu auch oben Bem 123, 129, 135). Hierzu ist aber zu beachten, daß eine solche Entfremdung regelmäßig auf einer Vernachlässigung des Kindes beruhen wird, in dem Sinne, daß die Eltern oder der Elternteil sich in der Zwischenzeit nicht genügend um das Kind gekümmert zB es nicht oder ganz selten besucht haben.

315 Eventuell kann es geboten sein und ist es dann für zulässig zu erachten (s Keidel, 8. Aufl, Bem 43, aber auch Jansen, Bem 2f je zu § 12 FGG), das Verfahren eine gewisse Zeit auszusetzen, wenn Aussicht besteht, daß eine durch die Trennung eingetretene und noch nicht behobene Entfremdung vollends beseitigt werden kann. In solchen Fällen wäre es nicht angebracht, die Eltern oder den Elternteil auf ein weiteres Verfahren zu verweisen. Andererseits dürfen Eltern und Kind nicht zum Gegenstand eines Versuchs gemacht werden (so mit Recht OLG Bremen, EJF A I f Nr 7), darf also das Kind nicht „probeweise" den Eltern bzw dem Elternteil wieder überlassen werden.

316 2. Wird das Kind volljährig oder für volljährig erklärt, so tritt damit die Maßnahme des Vormundschaftsgerichts automatisch außer Kraft. Das gleiche gilt für eine Anordnung, welche die tatsächliche Personensorge betrifft, mit der Heirat der Tochter (ebenso BayObLGZ 1961, 183 = FamRZ 1962, 77 [Ls] zu § 1631 Abs 2). Ferner tritt die Maßregel mit dem Tode des Elternteils außer Kraft, sowie, wenn es sich um ein Adoptivkind handelt, mit der Aufhebung des Adoptionsverhältnisses gemäß §§ 1768, 1770a, 1770b.

317 War ein Pfleger bestellt, so ist die Pflegschaft aufzuheben, wenn der Grund für die Anordnung weggefallen ist (§ 1919), zB wenn die Entscheidung über die Entziehung der Ausübung des Aufenthaltsbestimmungsrechts oder des Personensorgerechts aufgehoben wird (§ 1696). Gegebenenfalls endigt die Pflegschaft (automatisch) mit der Beendigung der elterlichen Gewalt (§ 1918).

War ein Vormund bestellt, so endigt die Vormundschaft gemäß § 1882 mit dem Wegfall der Voraussetzungen für die Anordnung.

318 3. § 1696 ist nicht anzuwenden, wenn durch eine frühere Entscheidung ein Eingreifen gemäß § 1666 abgelehnt worden war. Unter „Anordnung" iSd § 1696 ist nur eine Entscheidung des Inhalts zu verstehen, daß das Vormundschaftsgericht eine Maßnahme getroffen hat, die in irgendeiner Hinsicht die elterliche Gewalt berührt.

Wurde ein Eingreifen abgelehnt, so kann das Vormundschaftsgericht jederzeit erneut angerufen werden oder selbst tätig werden, ohne daß es veränderter Umstände bedarf.

319 4. Eine **Verschärfung** der gemäß § 1666 angeordneten Maßnahme darf nach § 1696 nicht angeordnet werden, sondern nur wiederum unter den Voraussetzungen des § 1666 (aM Voraufl, Bem IX; sowie offenbar Soergel-Siebert-Lange, Bem 5 zu § 1696). Indessen darf das Vormundschaftsgericht nur eingreifen, wenn es erforderlich ist, um eine Gefährdung des Wohls des Kindes zu verhindern, aber nicht schon, wenn das Gericht es für angezeigt hält. Dies ergibt sich aus Art 6 Abs 2 und 3 GG.

320 5. Stellt sich nach Anordnung der vormundschaftsgerichtlichen **Maßnahme** heraus, daß sie **ungerechtfertigt** war bzw ist, so ist sie gemäß **§ 18 Abs 1 FGG** aufzuheben; dies gilt auch bei Änderung der Rechtsauffassung (s Jansen, Bem 3, Keidel, 8. Aufl 1963, Bem 1 je zu § 18 FGG; KG OLG 25, 406). § 18 regelt die verfahrensrechtliche Befugnis zur Änderung der früheren Entscheidung; § 1696 ist dagegen anzuwenden, wenn eine Änderung der Sachlage auf Grund inzwischen neu eingetretener tatsächlicher Umstände die Änderung der Entscheidung erforderlich macht (s Jansen, Bem 2, Keidel, Bem 1a; Böttcher, JZ 1956, 583ff).

321 6. Ist gegen einen Elternteil oder gegen beide Eltern eine Maßnahme gemäß § 1666 getroffen worden und wird hernach **die Ehe der Eltern geschieden**, so wird hierdurch die frühere Anordnung nicht berührt (OLG Bremen, EJF, A III Nr 16; KG JFG 5, 56). Andererseits wird die Regelung über die (alleinige) Ausübung der elterlichen Gewalt gemäß § 1671 grundsätzlich nicht entbehrlich (ebenso Schwoerer, EJF, A III Anm nach Nr 17; FamRZ 1958, 435 [lit g]; aM OLG Bremen aaO). Eine Ausnahme gilt aber dann, wenn beiden Elternteilen die Ausübung der gesamten Personen- und Vermögensorge gemäß § 1666 Abs 1 und Abs 2 oder § 1669 entzogen und ein Vormund bestellt worden war (§ 1773) oder wenn einem Elternteil die Ausübung der gesamten Personen- und Vermögensorge entzogen worden war und der andere Elternteil die elterliche Gewalt allein ausübt. Je nach Lage des Falles kann aber für das Vormundschaftsgericht Anlaß bestehen, die Verhältnisse zu überprüfen; daher wird es sich regelmäßig empfehlen, das Jugendamt um einen Bericht zu ersuchen. In allen anderen Fällen eines Eingreifens des Vormundschaftsgerichts nach § 1666 (und §§ 1667—1669) muß nach der Scheidung der Ehe der Eltern eine Regelung nach § 1671 getroffen werden.

321a 7. Ist zunächst eine Maßregel nach § 1666 Abs 1 S 1 angeordnet worden und wurde der Elternteil hernach von einem Strafgericht verurteilt mit der Folge, daß ihm gemäß **§ 1676** die Ausübung der elterlichen Gewalt untersagt wurde (s dazu Vorbem 37, 44), so tritt hiermit die Anordnung des Vormundschaftsgerichts nicht automatisch außer Kraft. Doch kann sie gemäß § 1696 wegen veränderter Verhältnisse aufgehoben werden; wird sie nicht aufgehoben, so kommt ihr vom Zeitpunkt der Rechtskraft des Strafurteils an allerdings keine praktische Bedeutung mehr zu.

8. War eine Maßregel nach § 1666 Abs 1 Satz 1 getroffen worden und wird sodann Fürsorgeerziehung angeordnet, so wird zu prüfen sein, ob die Maßregel nach § 1696 aufgehoben werden kann. Dies kann zB hinsichtlich eines (noch weiter wirkenden) Gebotes oder Verbotes in Betracht kommen. War den Eltern oder dem Elternteil die Ausübung des Rechts der Bestimmung des Aufenthalts oder der Erziehung oder der gesamten Personensorge entzogen worden, so kann die Maßregel entbehrlich geworden sein. In diesem Falle ist sie aufzuheben (§ 1696, s Bem 313), da sie nicht aufrechterhalten werden darf, wenn sie nicht mehr erforderlich ist. Bei der Prüfung dieser Frage kann von Bedeutung sein, ob die Eltern oder der Elternteil das Kind im Heim besuchen, wie sich diese Besuche abgespielt haben, ob gegebenenfalls zwischen dem Elternteil und dem Kinde ein Briefverkehr besteht, wie im übrigen das Verhalten und die Einstellung des Elternteils, ferner wie sich seine Verhältnisse sonst entwickelt haben. Dies kann für die weitere Frage wichtig sein, ob eine Zusammenarbeit der Erziehungsbehörde mit diesem Elternteil möglich ist (s § 3 Abs 3 JWG, hierzu Anhang, Bem 456). 321b

VII. Verfahrensfragen.

1. Das vormundschaftsgerichtliche Verfahren, die Verfahrensleitung durch das Gericht und die Entscheidung stellt eine echte Rechtsprechungstätigkeit (iS der Art 20 Abs 2, 92, 97, 101 Abs 1 Satz 2, 103 Abs 1, auch 104 Abs 2 Satz 1 GG) dar (s dazu Baur, DNotZ 1955, 507; Müller-Tochtermann, DRiZ 1956, 5; Lent/Habscheid, Freiwillige Gerichtsbarkeit, § 5, 23 ff). Das Vormundschaftsgericht entscheidet als Gericht über private Rechtsbeziehungen, hier über die Ausübung der elterlichen Gewalt; die Rechtsprechungstätigkeit des Vormundschaftsgerichts ist keine öffentliche Gewalt iS des Art 19 Abs 4 GG. 322
Zur Frage der Zulässigkeit der Ablehnung des Richters s Anhang Bem 277.

2. Für die dem **Vormundschaftsgericht** obliegenden Verrichtungen sind die **Amtsgerichte** zuständig (§ 35 FGG); zur Entscheidung berufen ist nur der Richter, nicht der Rechtspfleger (RPflegerG § 12 Nr 8 hinsichtlich der Entscheidung im Falle des § 1666 Abs 1, Nr 9 bezüglich der Entscheidung gemäß § 1666 Abs 2), in Württemberg nicht der Bezirksnotar (Art 68 Nr 11 WürttAGBGB), s auch Vorbem 70 vor § 1626. 323
Eine Entscheidung des Rechtspflegers wäre nichtig (§ 7 Abs 2 Satz 1 RPflG), ebenso eine Entscheidung des Bezirksnotars in Württemberg.
Die örtliche Zuständigkeit bestimmt sich nach § 43 iVm § 36 FGG, s dazu Vorbem 72 vor § 1626 und Bem 24, 25 zu § 1631.

3. a) Das Vormundschaftsgericht leitet das **Verfahren von Amts wegen** ein (s hierzu auch Vorbem 39 vor § 1666); häufig geschieht es auf Anregung oder „Anzeige" des Jugendamtes (§ 1694; s auch FGG § 49), die jedoch kein Antrag iS des § 20 Abs 2 FGG ist (vgl dagegen §§ 57 Abs 2 Satz 2, 65 Abs 1 Satz 2 JWG — hierzu s unten Anhang Bem 267 —, sowie bezüglich der Beschwerdebefugnis des Jugendamtes [§ 57 Abs 1 Nr 9 FGG] unten Bem 371). Doch können Anregungen zum Eingreifen auch von anderen Stellen (zB der Schule) oder überhaupt von jedem Dritten (zB dem Stiefelternteil oder Verwandten) an das Vormundschaftsgericht herangetragen werden. Treten gelegentlich eines gerichtlichen Verfahrens (zB wegen einer Straftat eines Elternteils) Verhältnisse zutage, die ein Einschreiten des Vormundschaftsgerichts gemäß § 1666 geboten erscheinen lassen, so wird es regelmäßig angebracht sein, die Akten dem Vormundschaftsgericht zuzuleiten; jedoch besteht in solchen Fällen keine Benachrichtigungspflicht des anderen Gerichts (§ 50 FGG, s dazu Jansen, Bem 1 zu § 50 FGG). Erlangt der Rechtspfleger bei der Bearbeitung von Vormundschaftssachen (s § 3 Abs 1 Nr 2a RPflG) Kenntnis von Vorgängen, die ein Eingreifen gemäß § 1666 rechtfertigen könnten, so hat er dem Vormundschaftsrichter die Akten vorzulegen; der Rechtspfleger kann nicht für befugt erachtet werden, gemäß § 12 FGG selbst Ermittlungen anzustellen (aM J. Arndt, Bem 34 zu § 12 RPflG). 324

b) Das **Jugendamt** kann zB auf Grund der Vorschrift des § 71 Abs 3 JArbSchG (s oben Bem 97), wenn die Aufsichtsbehörde dem Jugendamt erhebliche Verstöße gegen das JArbSchG mitgeteilt hat, durch welche verwandte Kinder oder Jugendliche betroffen sind, oder gemäß §§ 1, 12 JSchG (s Bem 55, 83) oder § 21 Abs 5 GjS (s Bem 85) veranlaßt sein, beim Vormundschaftsgericht Anträge auf Anordnung geeigneter Maßnahmen zu stellen. Gemäß § 1 Abs 2 Satz 2 JSchG kann das Jugendamt Kinder oder Jugendliche, die an Orten angetroffen werden, an denen ihnen eine sittliche Gefahr oder Verwahrlosung droht, in seine Obhut nehmen, wenn der Erziehungsberechtigte nicht erreichbar ist, muß aber gegebenenfalls auf Grund des Art 104 Abs 2 GG sofort das Vormundschaftsgericht anrufen (s dazu Potrykus, ZblJugR 1952, 59; Bem 24 zu § 1 JSchG; Becker, Bem 38—48 zu § 1 JSchG). 324a

325 c) Das **Kind** selbst kann zwar Schutz und Hilfe beim Jugendamt suchen (s dazu Potrykus, RdJ 1958, 129) und Maßnahmen anregen, auch beim Vormundschaftsgericht; es kann jedoch bei diesem keinen Antrag stellen, gegen die Eltern Maßnahmen zu ergreifen, auch nicht, wenn es über 14 Jahre alt ist (s hierzu LG Stuttgart, FamRZ 1961, 325 = RdJ 1962, 143; OLG Stuttgart, Die Justiz 1962, 293; Gernhuber, FamRZ 1962, 91 m Fußn 24; Lent-Habscheid, Freiwillige Gerichtsbarkeit, 1962, 21, 168; Jansen, Bem 1, Keidel, Bem 1 je zu § 59 FGG; sowie auch Lent, ZZP 66, 271 und oben Bem 81 zu § 1626). Daraus, daß dem mindestens 14 Jahre alten Kinde gegebenenfalls ein Beschwerderecht zusteht (§ 59 FGG, s dazu OLG Stuttgart, Jansen, Keidel, aaO), ergibt sich nicht, daß es ein Antragsrecht hat (s hierzu Bem 368, 369). Dies kann auch nicht aus einer analogen Anwendung des § 1612 Abs 2 Satz 2 iV mit Art 1, 2, 19 Abs 4 GG hergeleitet werden, wie Hildeg Krüger (FamRZ 1956, 334f) gemeint hat. Denn dem Kinde stehen gegen die Eltern keine verfassungsmäßig geschützten Grundrechte zu (s oben Vorbem 34 vor § 1666).

Das Kind ist in diesem Verfahren nicht Beteiligter im eigentlichen Sinne; das Verfahren dient dem Schutze und dem Wohle des Kindes, richtet sich aber nicht gegen dieses (vgl auch OLG Hamm, JMBl NRW 1961, 112). Das Kind bedarf in diesem Verfahren keines gesetzlichen Vertreters (ebenso Opetv. Blume, Bem VI; s aber auch zum Verfahren betr Anordnung der Fürsorgeerziehung und der vorläufigen Fürsorgeerziehung unten Anhang Bem 278, 408). Wenn das RG (Z 71, 167) die Auffassung vertreten hatte, auf dem Gebiete der Fürsorge für die Person des Mündels schließe das Gesetz (§§ 1666, 1838 BGB) die rechtliche Möglichkeit einer Vertretung des Mündels durch das Vormundschaftsgericht nicht aus, so bestehen hiergegen freilich Bedenken (vgl auch den Sonderfall des § 1668 Abs 2).

Über die Anhörung des Kindes s Bem 335, 349.

326 d) Wird ein **Elternteil** selbst beim Vormundschaftsgericht vorstellig, so wird es sich regelmäßig um einen Antrag gemäß § 1631 Abs 2, eventuell auch gemäß § 57 Abs 2 Satz 2 oder § 65 Abs 1 Satz 2 JWG handeln. Gegebenenfalls muß der Sinn des Begehrens durch näheres Befragen ermittelt werden. Der Elternteil selbst kann jedoch nicht die Entziehung des Sorgerechts mit Gründen beantragen, die darauf hinauslaufen, daß er von der Verantwortung für das Kind entbunden sein will (s Wierusʒowski, JW 1924, 466). Geht indessen aus den Erklärungen des Elternteils hervor, daß er sich nicht ordnungsmäßig um das Kind kümmert, so hat das Vormundschaftsgericht die erforderlichen Ermittlungen anzustellen (§ 12 FGG) und dann die notwendigen Maßnahmen zum Schutze und Wohle des Kindes anzuordnen.

327 e) Das Vormundschaftsgericht kann durch einen besonderen **Beschluß** die **Einleitung des Verfahrens** auf Beschränkung der elterlichen Gewalt anordnen (vgl LG Berlin, JW 1936, 2585). Freilich wird in der Regel ein solcher Beschluß nicht erforderlich sein, zuweilen kann eine Anordnung des genannten Inhalts zweckmäßig sein (s auch zum Verfahren betr Anordnung der Fürsorgeerziehung unten Anhang Bem 267).

Ergeht eine solche Anordnung, so ist sie den Eltern und dem Jugendamt bekanntzugeben (über ihre Unanfechtbarkeit s unten Bem 366).

Das Vormundschaftsgericht ist an die Anordnung, die noch keine Entscheidung in der Sache selbst darstellt, insofern nicht gebunden, als es je nach dem Ergebnis der Ermittlungen auch die Fürsorgeerziehung (§ 64 JWG) oder (nur) die Erziehungsbeistandschaft (§ 57 JWG) anordnen kann. Doch sollten die Eltern und das Jugendamt in diesem Falle darauf hingewiesen werden, daß auch die andere Maßnahme in Betracht kommen könnte.

328 4. a) Die tatsächlichen Voraussetzungen des § 1666 hat das Vormundschaftsgericht **von Amts wegen aufzuklären** (§ 12 FGG); in diesem Verfahren gilt also der Grundsatz der Amtsermittlung (Inquisitionsmaxime). Das Vormundschaftsgericht bestimmt nach pflichtgemäßem Ermessen Art und Umfang der Ermittlungen und veranlaßt die Erhebungen und Beweisaufnahmen, die nach seiner Auffassung zur Aufklärung des Sachverhalts dienlich sind (s Jansen, Bem 5 zu § 12 FGG; BayObLGZ 1952, 179). In Anbetracht der Bedeutung des Verfahrens wird das Vormundschaftsgericht stets eingehende Ermittlungen durchführen müssen (KG, JFG 20, 247). An Beweisanträge ist es jedoch nicht gebunden.

329 b) Vor der Entscheidung hat das Vormundschaftsgericht das (örtlich) zuständige **Jugendamt** (§ 11 JWG) zu **hören** (§ 48 Abs 1 Satz 2 JWG). Die Anhörung des

Jugendamtes ist zwingend vorgeschrieben (KG, JFG 12, 101; BayObLGZ 30, 435; 34, 225; 1952, 178; OLG München, JFG 13, 335); die Unterlassung der Anhörung des Jugendamtes stellt eine Gesetzesverletzung iS des § 27 Satz 1 FGG dar. Regelmäßig stellt das Jugendamt Ermittlungen an und berichtet dann dem Gericht über deren Ergebnis unter Beifügung einer Beurteilung der betreffenden Vorgänge. Doch muß darauf geachtet werden, daß diese **Berichte** sich nicht in allgemeinen Werturteilen erschöpfen dürfen, sondern konkrete tatsächliche Vorgänge darlegen sollten, möglichst unter Angabe der Beweismittel. Der Bericht des Jugendamts muß also tatsächliche Angaben und Urteile klar auseinanderhalten, damit das Gericht in der Lage ist, den ihm unterbreiteten Beweisstoff zu prüfen (BayObLGZ 1953, 353 = ZblJugR 1954, 28). Die Berichte der Jugendämter dürfen nicht allein der Entscheidung des Vormundschaftsgerichts zugrundegelegt werden (OLG Stuttgart, FamRZ 1956, 87; LG Stuttgart, Die Justiz 1961, 52; LG Würzburg, FamRZ 1955, 146). Auch darf das Vormundschaftsgericht die Ermittlungen nicht dem Jugendamt überlassen (OLG Frankfurt, FamRZ 1960, 72; BayObLG, aaO).

Reichen die Eltern Schriftsätze ein, so sollten Abschriften oder Durchschrif- 330
ten stets dem Jugendamt zur Stellungnahme übernittelt werden. Werden Termine durchgeführt, so sollte das Jugendamt stets hiervon verständigt werden, um diesem die Anwesenheit zu ermöglichen.

Richtet sich das Verfahren gegen die **uneheliche Mutter**, der nur die tatsäch- 331
liche Personensorge zusteht (§ 1707 Abs 1), so muß auch der Amtsvormund gehört werden (OLG Stuttgart, DAVorm XXXIV, 19), was insbesondere dann von Bedeutung ist, wenn nicht das Jugendamt, sondern eine einzelne Person Vormund ist (§§ 45, 50 JWG). Ferner wird nunmehr zu erwägen sein, auch den **unehelichen Vater** zu hören, wenn er die Vaterschaft anerkannt hat oder durch ein Statusurteil als Vater festgestellt ist oder wenn er zur Unterhaltszahlung rechtskräftig verurteilt ist*); eine vormundschaftsgerichtliche Maßnahme kann auch die Unterhaltsverpflichtungen des unehelichen Vaters berühren; eventuell kann dieser das Kind betreuen (lassen).

c) Die **Termine** zur Anhörung und Vernehmung der Beteiligten und Zeugen, sowie 332
gegebenenfalls von Sachverständigen sind stets **nichtöffentlich**.

Zur Durchführung der **Beweisaufnahme** bedarf es keines Beweisbeschlusses; doch sollten Zeugen bei der Ladung über das Beweisthema (wenigstens in groben Zügen) verständigt werden (ebenso Firsching, 21).

Das Vormundschaftsgericht darf nicht das Jugendamt oder eine sonstige Stelle mit der Anhörung oder Vernehmung von Zeugen beauftragen (OLG Stuttgart [Karlsruhe], Rpfleger 1950, 566), also zB nicht die Polizeibehörde (aM aber Baur, Freiwillige Gerichtsbarkeit, 200 — gegen diese Ansicht müssen schwere Bedenken erhoben werden —), auch nicht den Rechtspfleger. Ferner ist es nicht zulässig, daß das Gericht einem Sachverständigen die Anhörung oder Vernehmung von Zeugen überläßt oder überträgt (aM BayObLGZ 1962, 219 = FamRZ 1962, 538 [Ls] = NJW 1962, 2012), zB einem Sachverständigen, der mit der Erstattung eines psychologischen Gutachtens beauftragt ist. Die Vernehmung oder Anhörung von Zeugen und Auskunftspersonen ist Sache des Gerichts. Das BayObLG übersah, daß nur auf diese Weise den Beteiligten das Recht, der Beweisaufnahme beizuwohnen (s Bem 348) und Fragen zu stellen, gewährleistet werden kann und daß die Protokollierung der Aussagen und die Beurteilung der Glaubwürdigkeit der Zeugen dem Gericht, nicht dem Sachverständigen obliegt (s dazu auch Bem 333). Gegebenenfalls kann es sich als notwendig erweisen, den Sachverständigen zur Beweisaufnahme zuzuziehen, damit er an die Zeugen Fragen stellen kann.

In Anbetracht der Bedeutung des Verfahrens gemäß § 1666 sollte in der Regel nicht lediglich eine (an sich zulässige) formlose Anhörung, sondern eine formelle Beweisaufnahme durchgeführt werden (vgl Lent-Habscheid, § 21, II, 3, 128; sowie auch KG NJW 1961, 2066 — doch ist zu dieser Entscheidung darauf hinzuweisen, daß der (nicht vom KG verfaßte, also nichtamtliche) erste Leitsatz durch die Gründe nicht gedeckt ist und zu weit geht (s dazu Keidel, JZ 1962, 480, Fußn 38] —). Auf jeden Fall sollten übrigens telefonische Anhörungen unterlassen werden.

---

*) Hierzu s auch Bosch, Gutachten zum 44. Deutschen Juristentag, 1962, Verhandlungen ..., Band I, 1. Teil, Heft B, 93; Göppinger, FamRZ 1962, 451 (lit i). De lege ferenda s die Beschlüsse des 44. Deutschen Juristentages zur Reform des Unehelichenrechts, Ziff X (FamRZ 1962, 401 = ZblJugR 1962, 257), hierzu Göppinger, aaO; s ferner Bosch, aaO, 91 f.

Zuweilen kann es geboten sein, psychologische Gutachten einzuholen*) (s zB oben Bem 130), wenn das Gericht die nötige psychologische Sachkunde nicht besitzen kann.

333 Werden Zeugen oder die Eltern oder das Kind oder ein Sachverständiger (gegebenenfalls zur mündlichen Ergänzung seines schriftlichen Gutachtens) gehört, so sollte regelmäßig ein ordnungsmäßiges Protokoll aufgenommen werden (wobei auch § 163a ZPO angewendet werden kann). Auf alle Fälle müssen die Angaben bzw Aussagen aktenkundig gemacht werden, damit sie verwertet werden können und damit auch nachgeprüft werden kann, wie die tatsächlichen Feststellungen zustandegekommen sind. Wird nur ein Aktenvermerk gefertigt (vgl auch zum Zivilprozeß Mezger, NJW 1961, 1701), so darf dieser keinen Bericht über die Vernehmung bzw Anhörung darstellen, sondern muß klar erkennen lassen, was die betreffende Person angegeben bzw ausgesagt hat.

334 Betrifft das Verfahren die Frage der Vernachlässigung des Kindes insbesondere infolge unzulänglicher Haushaltsführung, so wird es sich nicht selten empfehlen, daß der Vormundschaftsrichter einen Augenschein der Wohnverhältnisse einnimmt und sich von dem Zustand des Kindes persönlich überzeugt (vgl § 15 FGG), was auch ohne Anmeldung geschehen kann. In Betracht kommen eventuell noch Auskünfte der Polizeibehörde.

335 Das Vormundschaftsgericht kann auch mit dem Kinde persönlich Fühlung nehmen **(§ 1695 Abs 2)**; regelmäßig sollte dieses gehört werden, wenn es eine bestimmte Altersstufe erreicht hat, in der es das nötige Verständnis aufbringt und ohne Schaden für seine Erziehung und seine Entwicklung gehört werden kann, also jedenfalls nach Vollendung des 14. Lebensjahres (s zum Beschwerderecht § 59 Abs 2 FGG sowie zum Verfahren betr Bestellung eines Erziehungsbeistandes und Anordnung der Fürsorgeerziehung §§ 57 Abs 3, 4, 65 Abs 2 Satz 2, Abs 3 Satz 2, Abs 4 JWG).

336 d) Die **Eltern** müssen im Verfahren **gehört** werden (§ 1695; s auch Art 103 Abs 1 GG und zum **rechtlichen Gehör** Hoheneſter, DRiZ 1959, 213; v. Winterfeld, NJW 1961, 849; Keidel, Bem 70ff zu § 12 FGG; Lent-Habscheid, § 20, II, 121ff; Hw Müller, NJW 1953, 1659), ebenso die uneheliche Mutter (LG Stuttgart, Die Justiz 1961, 52; OLG Oldenburg, NdsRPfl 1960, 250 = DAVorm XXXIV, 65).

Zum rechtlichen Gehör s jetzt noch die zusammenfassenden Darstellungen von Röhl, NJW 1964, 273, Leonhard, Rpfleger 1964, 37 (Rechtspr des BVerfG), Jansen, Wandlungen im Verfahren der fG, 14ff.

Zu unterscheiden ist die **Anhörung der Eltern zum Zwecke der Aufklärung des Sachverhalts** im Rahmen der Ermittlungen (§ 12 FGG) und **zum Zwecke der Gewährung des rechtlichen Gehörs** (Art 103 Abs 1 GG; s hierzu OLG Stuttgart, Die Justiz 1962, 266 = NJW 1963, 1161). Diesen Unterschied und die Bedeutung des rechtlichen Gehörs hat der BGH (LM JWG § 67 Nr 1 = MDR 1953, 732) nicht richtig erkannt (s hierzu Baur, Freiwillige Gerichtsbarkeit, § 19, 189ff).

337 Im Verfahren des § 1666 müssen die Eltern regelmäßig zum Zwecke der Aufklärung des Sachverhalts (§ 12 FGG) und zur Gewährung des rechtlichen Gehörs (Art 103 Abs 1 GG, § 1695) gehört werden und zwar durch das Vormundschaftsgericht. Eine Anhörung durch das Jugendamt genügt nicht (aM Achilles-Greiff-Beitzke, Bem 6 zu § 1695). Aus § 48 Abs 1 Satz 1 JWG kann nicht etwa hergeleitet werden, das Jugendamt habe das Vormundschaftsgericht auch insofern zu unterstützen, daß es die Anhörung der Eltern übernehme.

338 Das Gebot des **rechtlichen Gehörs** hat seine Grundlage im Rechtsstaatsprinzip und in der Gesamtkonzeption des Grundrechtssystems des GG, das die Menschenwürde anerkennt (Art 1 GG) und sichern will (vgl BVerfGE 9, 95; Dürig in Maunz-Dürig, Bem 2—6 zu Art 103 GG). Es gilt auch in Verfahren mit Amtsermittlung (BVerfGE 7, 53 = JZ 1957, 542 m Anm v. Baur; Hamann, Bem B 2a zu Art 103 GG). Wenn das BGB in § 1695 Abs 1 Satz 2 vorschreibt, von der Anhörung der Eltern dürfe nur aus schwerwiegenden Gründen abgesehen werden, so ist diese Vorschrift im Hinblick auf Art 103 Abs 1 GG eng auszulegen (LG Stuttgart, Die Justiz 1961, 52; Soergel-Siebert-Lange, Bem 2; Keidel, JZ 1962, 480; s auch Schwoerer, FamRZ 1958, 441), nämlich in dem Sinne, daß von der Anhörung nur abgesehen werden darf, wenn sie unmöglich

*) Hierzu s auch Gerh Luther, Psychologische Gutachten im Vormundschafts- und Kindschaftsrecht in „Gerichtliche Psychologie", hrsg v G. Blau und El. Müller-Luckmann, 1962, 13ff.

ist (LG Stuttgart, aaO; vgl auch KG, KGJ 46, A 39 zu § 1673 aF; zum Verfahren wegen einstweiliger Anordnung s unten Bem 359), dh wenn der Elternteil nicht erreichbar ist (zB unbekannt verzogen) oder wenn eine Verständigung mit ihm nicht möglich ist (zB wegen Gemütskrankheit, wegen einer Psychose oder eines hochgradigen Erregungszustandes u. dgl.).

Das Gebot des rechtlichen Gehörs bedeutet, daß den Eltern Gelegenheit gegeben werden muß, zu allen einschlägigen Tat- und Rechtsfragen Stellung zu nehmen (s dazu BVerfGE 9, 95; Dürig, aaO, Bem 28, 32, 85 zu Art 103 GG). Das Vormundschaftsgericht darf daher den Eltern nachteilige tatsächliche Umstände nicht der Entscheidung zugrundelegen, ohne daß diesen Gelegenheit zur Äußerung geboten war (s zB OLG Hamm, JMBl NRW 1957, 159); so dürfen insbesondere Berichte des Jugendamtes nur verwertet werden, wenn die Eltern Gelegenheit zur Stellungnahme hatten. Doch genügt es, wenn die Eltern zum Bericht des Jugendamtes mündlich gehört werden (OLG Hamm, JMBl NRW 1961, 46). Hierbei empfiehlt es sich, im Protokoll ersichtlich zu machen, was Gegenstand der mündlichen Erörterung war, so daß das Beschwerdegericht, insbesondere das Rechtsbeschwerdegericht in der Lage ist nachzuprüfen, ob das rechtliche Gehör in ausreichendem Maße gewährt wurde. Die abschriftliche Mitteilung des Berichts des Jugendamtes ist also nicht unbedingt erforderlich (OLG Hamm, aaO), häufig aber zweckmäßig und empfehlenswert.

Den Eltern muß also der Gegenstand des Verfahrens bekannt gemacht werden; die in Betracht kommenden Maßregeln sollten erörtert und bei der persönlichen Anhörung (s Bem 343) angedroht werden.

Der Elternteil muß auch dann gehört werden, wenn er schon in einem anderen Verfahren (zB in dem noch anhängigen Ehescheidungsprozeß oder in einem Strafprozeß) zu den betreffenden Vorgängen unter anderer rechtlicher Würdigung gehört worden ist (KG, KGJ 46, A 39). 339

Ferner muß in dem Falle, daß zunächst ein Antrag des Jugendamts auf Anordnung der Fürsorgeerziehung abgelehnt worden war oder das Fürsorgeerziehungsverfahren gemäß § 68 JWG ausgesetzt worden war und nun ein Verfahren gemäß § 1666 Abs 1 eingeleitet wird, den Eltern Gelegenheit zur Äußerung gegeben werden, da die Entscheidung nach § 1666 Abs 1 andere Voraussetzungen und andere rechtliche Folgen und Wirkungen hat. Dies gilt auch dann, wenn das Vormundschaftsgericht keine weiteren tatsächlichen Ermittlungen für erforderlich hält (anders OLG Braunschweig, JFG 4, 40). 340

Wurde der Elternteil zum Zwecke der Anhörung vorgeladen und erscheint dieser nicht, so darf das Gericht nicht entscheiden, bevor dem Elternteil Gelegenheit zur Äußerung gegeben ist, zumindest auf die Weise, daß ihm der Gegenstand des Verfahrens und alle rechtserheblichen tatsächlichen Umstände zur Kenntnis gebracht werden (LG Stuttgart, Die Justiz 1961, 52). Äußert sich der Elternteil nicht, so dürfen hieraus zwar Schlüsse gezogen werden; jedoch dürfen die dem Elternteil nachteiligen Umstände und die diesbezüglichen Behauptungen des Jugendamtes nicht, wie im Zivilprozeß gemäß § 138 Abs 3 ZPO, ohne weiteres als unbestritten zugrundegelegt werden (BayObLGZ 1960, 514 = MDR 1961, 421; LG Stuttgart, aaO), sondern nur dann, wenn keine Zweifel bestehen, daß der Schweigende nicht bestreiten kann oder will, wenn also Anhaltspunkte dafür gegeben sind, daß die betreffende Darstellung der Wahrheit entspricht. In der Regel werden daher weitere Ermittlungen angestellt werden müssen. 341

Zur Gewährung des rechtlichen Gehörs genügt an sich die Gelegenheit zur schriftlichen Äußerung oder zu Erklärungen zu Protokoll der Geschäftsstelle (s zB OLG Braunschweig, JFG 4, 43, 45). Doch empfiehlt es sich dringend, die Eltern bzw den betroffenen Elternteil mindestens einmal mündlich zu hören (s Bem 343). 342

Im Rahmen der Ermittlungen zur Aufklärung des Sachverhalts (§ 12 FGG) wird es regelmäßig geboten erscheinen, die **Eltern** oder den betroffenen Elternteil **mündlich zu hören**, insbesondere zur Erörterung des Berichts des Jugendamts (s dazu Bem 338 aE). Die mündliche Besprechung der Angelegenheit wird auch in der Regel das Verfahren beschleunigen; ein „schriftliches Verfahren" mit Schriftsatzwechsel ist dagegen keinesfalls zu empfehlen. 343

Die mündliche Erörterung, dh die persönliche Anhörung der Eltern ist auch deshalb wichtig, damit das Vormundschaftsgericht von den Eltern einen persönlichen Eindruck gewinnen und zugleich feststellen kann, ob die Eltern einsichtig und belehrbar sind, ob aus diesem Grunde etwa eine mildere Maßnahme ausreicht oder überhaupt von einer Maßnahme abgesehen werden kann oder ob die Eltern selbst die Initiative ergreifen, zB beim Jugendamt die Bestellung eines

Erziehungsbeistandes beantragen wollen. Das Vormundschaftsgericht sollte bei einer solchen mündlichen Anhörung nicht versäumen, auf die Eltern auch durch Belehrungen einzuwirken, gegebenenfalls unter Zuziehung eines fachlich geschulten Bediensteten des Jugendamtes, und den Eltern gütlich zuzureden, um auf diese Weise ebenfalls die Interessen des Kindes zu fördern (ähnlich Erman-Ronke, Bem 3f zu § 1666).

344 Die mündliche Anhörung der Eltern obliegt dem Richter; auf den Rechtspfleger darf sie nicht übertragen werden (§ 12 Nr 8 RPflG ist auch dahin zu verstehen, daß eine Beweisaufnahme und eine persönliche Anhörung nicht auf den Rechtspfleger übertragen werden darf, s ferner oben Bem 324 aE).

345 Das Gericht kann das **persönliche Erscheinen** der Eltern oder des Elternteils in einem Termin anordnen; zwar besteht im FGG keine ausdrückliche diesbezügliche Vorschrift (wie in der ZPO — § 141 —); doch können keine Bedenken dagegen erhoben werden, diesen Rechtsgedanken im Verfahren der freiwilligen Gerichtsbarkeit entsprechend heranzuziehen. So muß es auch für zulässig erachtet werden, dem betreffenden Beteiligten eine Ordnungsstrafe anzudrohen und gegebenenfalls diese dann zu verhängen (§ 33 FGG; s hierzu Keidel, Bem 7 zu § 13, Bem 13, 41 zu § 33; sowie für Vormundschaftssachen Jansen, Bem 6 zu § 12 FGG und in „Lux, Schulung für die juristische Praxis", 5. Aufl 1961, 510).

346 Wegen der Auswirkungen einer vormundschaftsgerichtlichen Maßnahme auf den anderen Elternteil (s §§ 1680, 1679, hierzu oben Bem 265, 299) müssen stets beide Elternteile gehört werden. Leben die Eltern nicht nur vorübergehend getrennt oder ist die Ehe der Eltern geschieden, so muß regelmäßig geklärt werden, ob der andere Elternteil, der das Kind nicht versorgt hat, in dem Umfang, in welchem dem betroffenen Elternteil die Ausübung des Sorgerechts entzogen werden soll, in der Lage ist, das Sorgerecht auszuüben (OLG Hamburg, JW 1934, 2636; s zum Verhältnis der Anordnungen gemäß § 1666 einerseits und §§ 1672, 1671 andererseits oben Bem 12ff, 15ff).

347 Das rechtliche Gehör muß den Eltern bzw dem Elternteil schon im laufenden Verfahren, dh während der vom Vormundschaftsgericht durchgeführten Ermittlungen, gewährt werden (aM Firsching, 20, hiergegen Göppinger, DNotZ 1963, 445); es genügt also nicht, daß das Vormundschaftsgericht erst bei Erlassung der Entscheidung prüft, ob das rechtliche Gehör hinsichtlich der rechtserheblichen tatsächlichen Umstände gewährt worden ist (s auch Bem 353).

348 e) Daher müssen die Eltern — ebenso wie das Jugendamt und gegebenenfalls der Amtsvormund, wenn sich das Verfahren gegen eine uneheliche Mutter richtet (s oben Bem 331) —, wenn eine Beweisaufnahme durchgeführt wird, **vom Termin benachrichtigt** werden. Die Eltern haben im vormundschaftsgerichtlichen Verfahren (wie überhaupt die Beteiligten in Verfahren der freiwilligen Gerichtsbarkeit) das Recht, der Beweisaufnahme beizuwohnen und Fragen zu stellen (KG, FamRZ 1962, 537 = NJW 1962, 2114; Jansen, Bem 3a, Keidel, Bem 6 je zu § 15 FGG; Lent-Habscheid, § 19, IV, 2, 111; etwas einschränkend OLG Hamm, FamRZ 1960, 291; anders noch OLG Frankfurt, FamRZ 1962, 173 m ablehnender Anm d Schriftleitung; Firsching, aaO, hiergegen Göppinger, aaO); maW: im Verfahren der freiwilligen Gerichtsbarkeit ist der **Grundsatz der Parteiöffentlichkeit** ebenso zu bejahen wie in allen übrigen Verfahrensarten (s ZPO § 357 Abs 1, StPO § 240 Abs 2, SozGG § 116, VerwGO § 97, ArbGG § 52).

Werden nur formlose Ermittlungen (Anhörungen) angestellt, so sind die Beteiligten grundsätzlich auch hierzu zu laden (aM hier Jansen, Bem 2; Keidel, Bem 6 je zu § 15 FGG; KG NJW 1960, 486; BayObLGZ 1960, 216). Der Grundsatz der Parteiöffentlichkeit darf nicht dadurch umgangen werden, daß nur formlose Anhörungen durchgeführt werden. Die Übersendung einer Abschrift des Protokolls zur Stellungnahme genügt grundsätzlich nicht (aM BayObLG, aaO). Denn wenn die Eltern Vorhaltungen machen oder ergänzende Fragen stellen wollen, müßte eine nochmalige Anhörung durchgeführt werden.

349 Wird das **Kind angehört**, so empfiehlt es sich allerdings stets, es in Abwesenheit der Eltern, auch ihres Prozeßbevollmächtigten, zu hören. Lediglich dann, wenn das Kind schon nahezu volljährig ist, wird eine Ausnahme gemacht werden können. Wird das Kind in Abwesenheit der Eltern gehört, so muß diesen jedoch von dem Ergebnis der Anhörung Kenntnis gegeben, muß ihnen also Gelegenheit zur Äußerung geboten werden.

350 f) **„Vertrauliche" Berichte** oder Auskünfte dürfen nur verwertet werden, wenn den Eltern der ihnen nachteilige Inhalt bekannt gegeben ist, so daß diese in der Lage sind, hierauf einzugehen und Beweisanträge zur Entkräftung der sie belastenden

Momente zu stellen (ebenso Erman-Ronke, Bem 3d zu § 1695; vgl auch OLG Frankfurt, FamRZ 1960, 72; OLG Oldenburg, NdsRpfl 1958, 17 = FamRZ 1958, 343), dh alle Umstände darzulegen, die mit dem Zustandekommen der betreffenden Angaben oder Aussagen zusammenhängen. Daher darf der Name eines Zeugen nicht verschwiegen werden, Zeugen oder Auskunftspersonen dürfen nicht anonym bleiben (ebenso Erman-Ronke, aaO; aM Firsching, 21; OLG Frankfurt, aaO). Eine Ausnahme muß aber dann zugelassen werden, wenn bestimmte Anhaltspunkte dafür bestehen, daß der Zeuge infolge der Bösartigkeit des Elternteils unzumutbaren Gefahren ausgesetzt ist. Doch müssen in einem solchen Falle die Bekundungen dem Elternteil ohne Namensnennung bekanntgegeben werden, sodaß dieser Stellung nehmen kann. Ist zur Äußerung die Kenntnis des Namens des Zeugen unerläßlich, so wird die Aussage nicht verwertet werden können. Indessen wird in solchen Fällen das Vormundschaftsgericht kaum daran gehindert sein, die zum Schutze und Wohle des Kindes erforderlichen Maßnahmen zu treffen.

Hat das Jugendamt Ermittlungen angestellt und hierüber einen Bericht erstattet mit dem Bemerken, die Auskunftspersonen wünschten nicht, mit Namen genannt zu werden, so darf der Bericht nicht verwertet werden, da es nicht möglich ist, die Glaubhaftigkeit dieser Angaben nachzuprüfen, dh die Wahrheit festzustellen. Auch ist es unzulässig, dann die Vernehmung der Fürsorgerin oder eines Jugendamt-Bediensteten über die Ermittlungen als Zeugen vom Hören-sagen zu verwerten. Denn die Beurteilung der entscheidenden Frage, ob die Angaben ungenannter Personen glaubhaft sind, darf nicht dem Zeugen überlassen werden, sondern obliegt ausschließlich dem Gericht. Auch darf nicht unbeachtet bleiben, daß „Vertrauenspersonen", die ungenannt bleiben wollen, es mit der Wahrheit oftmals allzu leicht nehmen, wenn sie sicher sind, daß sie nicht zur Verantwortung gezogen werden können (s auch Erman-Ronke, Bem 3d zu § 1695; sowie Ad. Arndt, NJW 1963, 432; andererseits Würfflein, ZblJugR 1958, 140, der aber übersieht, daß die Grundsätze, die der BayVerwGH [VerwRspr 10, 221 Nr 65; vgl auch BVerwGE 5, 95, 98 = DVBl 1957, 622 = VerwRspr 10, 357 Nr 100] über die Verwertung ungünstiger Angaben von Auskunftspersonen gegenüber der Polizei im Verfahren betr Erteilung eines Führerscheins aufgestellt hat, nicht auf den vorliegenden Fall übertragen werden können).

Der Verfassungsgrundsatz des rechtlichen Gehörs verbietet jedwedes Geheimverfahren gegen die Beteiligten (so auch Arndt, aaO; s ferner Jansen, Bem 3a zu § 15; Lent-Habscheid, § 19, IV, 2, S 111).

Aus diesen Gründen dürfen auch Akten des Jugendamtes nicht verwertet werden, wenn dieses erklärt, der Akteninhalt dürfe den Eltern nicht bekannt gegeben werden, diese dürften in die Akten keine Einsicht nehmen. Über die letztere Erklärung des Jugendamtes darf sich das Gericht nicht hinwegsetzen (BGH, NJW 1952, 305 = ZZP 65, 271). In diesem Falle empfiehlt es sich, die Akten dem Jugendamt zurückzugeben und dieses zu ersuchen, einen zusammenfassenden Bericht zu erstatten, der den Eltern zur Einsicht gegeben oder mit ihnen in einem Termin besprochen werden kann. Der Vormundschaftsrichter sollte jedoch von dem Inhalt der Akten des Jugendamtes keine Kenntnis nehmen, um das Verfahren unbeeinflußt hiervon und unvoreingenommen weiterführen zu können. Es dürfte sich nicht empfehlen, den Akten einzelne Vorgänge zu entnehmen, diese zum Gegenstand von Ermittlungen zu machen und mit den Beteiligten zu erörtern (so aber Jansen, Bem 1 zu § 34 FGG; s auch OLG Braunschweig, JFG 4, 43); denn diese Handhabung kann zu Schwierigkeiten führen.

Aus dem Gebot des rechtlichen Gehörs ergibt sich weiterhin, daß den Beteilig- 351
ten zur Wahrnehmung ihrer Rechte im Verfahren stets ein berechtigtes Interesse an einer **Akteneinsicht** (§ 34 FGG) zugestanden werden muß (s hierzu Keidel, Bem 16—19 zu § 34 FGG; sowie OLG Hamm, MDR 1954, 427; BayObLGZ 1956, 114; OLG Karlsruhe, ZblJugR 1963, 266). Doch dürfen bei der Akteneinsicht die Aktenstücke ausgeschieden werden, die bei der Entscheidung aus den erwähnten Gründen nicht verwertbar sind. Lediglich in Sonderfällen, wenn der Name eines Zeugen geheimgehalten werden darf, um diesen vor unzumutbaren Gefahren zu schützen (s oben Bem 346), darf die Akteneinsicht insoweit abgelehnt werden. Wird die Akteneinsicht jedoch aus sachfremden Gründen, insbesondere nach Abschluß des Verfahrens, begehrt, so kann sie verweigert werden (OLG Karlsruhe, aaO).

g) Im **Änderungsverfahren (§ 1696)** gelten die dargelegten Grundsätze über die 352
Anhörung entsprechend; das Jugendamt muß ebenfalls gehört werden (OLG München, JFG 13, 335), wenn auch § 1696 in § 48 Abs 1 Satz 2 JWG (wohl versehentlich) nicht aufgeführt ist, ferner gegebenenfalls der Amtsvormund.

353 5. a) Der **Beschluß des Vormundschaftsgerichts** darf erst ergehen, wenn die Eltern oder der Elternteil Gelegenheit hatten, zu allen rechtserheblichen tatsächlichen Umständen Stellung zu nehmen (s auch oben Bem 327 aE); er muß alle tatsächlichen Umstände berücksichtigen, die bis zu dem Zeitpunkt vorgebracht werden, in dem die Beschluß-Ausfertigung zur Zustellung an die Eltern aus dem inneren Bereich des Gerichts hinausgegeben wird (BGHZ 12, 248, 252f = NJW 1954, 638).

Das Vormundschaftsgericht kann eine Maßregel nach § 1666 treffen, auch wenn es zunächst die Einleitung des Verfahrens betr Anordnung der Fürsorgeerziehung verfügt hatte (s Bem 327; zum Verhältnis der Maßregel gemäß § 1666 zur Fürsorgeerziehung Vorbem 46; sowie zur Beschwerdeentscheidung Bem 379, 380), ebenso wenn zunächst die Anordnung einer Erziehungsbeistandschaft vorgesehen war (s auch zur Beschwerdeentscheidung Bem 379, 380).

Die Anordnung des Vormundschaftsgerichts muß genau bestimmt und eindeutig sein (s schon oben Bem 245, 298). Nicht zweckmäßig ist zB die Formulierung, es werde das Sorgerecht, insbesondere das Aufenthaltsbestimmungsrecht entzogen (s ferner Bem 248, 297).

Der Beschluß bedarf stets der **Begründung.** Wenn dies zwar im Gesetz nicht ausdrücklich vorgeschrieben ist — s dagegen §§ 57 Abs 4, 65 Abs 3 JWG hinsichtlich der Anordnung der Erziehungsbeistandschaft und der Fürsorgeerziehung —, so kann doch von einer Begründung keinesfalls abgesehen werden, in Anbetracht der Bedeutung der vormundschaftsgerichtlichen Maßnahme und des Eingriffs in ein verfassungsmäßig gewährleistetes Recht (s zur Begründungspflicht Firsching, 20, 50, 51; Lent-Habscheid, § 23, II, 2, S 143; Jansen, Bem 8 zu § 16 FGG; Keidel, Vorbem 18 vor § 8 FGG). Das BVerfG (E 6, 32 = NJW 1957, 297, 298 [Ziff 5] = JZ 1957, 167, 169) hat auf den rechtsstaatlichen Grundsatz hingewiesen, daß der Staatsbürger, in dessen Rechte eingegriffen wird, einen Anspruch darauf hat, die Gründe dafür zu erfahren; denn nur dann kann er seine Rechte sachgemäß verteidigen (unbegreiflicherweise hat dagegen der Bericht der Kommission zur Vorbereitung einer Reform der Zivilgerichtsbarkeit [1961, 379f] diese Zusammenhänge nicht richtig erkannt und de lege ferenda nur den Vorschlag gemacht, ablehnende Entscheidungen sowie Entscheidungen in Streitsachen der Gerichte des ersten Rechtszuges seien zu begründen). Ebenso bedarf ein Beschluß des Vormundschaftsgerichts der Begründung, der ein Eingreifen auf Grund einer Anregung des Jugendamtes, eines Verwandten oder des Stiefelternteils usw abgelehnt hat.

Die Begründung des Beschlusses muß die tatsächlichen Umstände darlegen, die das Gericht festgestellt hat und die der Entscheidung zugrundegelegt sind. Ist eine einstweilige Anordnung vorausgegangen, so darf nicht einfach auf deren Begründung Bezug genommen werden; vielmehr muß das Beweisergebnis verwertet werden.

354 b) Der Beschluß ist den Eltern **bekanntzumachen** (§ 16 FGG); mit dieser Bekanntmachung wird die Anordnung über eine Beschränkung der Ausübung des Sorgerechts wirksam und vollziehbar. Der Beschluß ist ferner dem Jugendamt und auch den Personen bekanntzumachen, die ein Eingreifen des Vormundschaftsgerichts angeregt haben. Bei Ablehnung eines Eingreifens ist die Entscheidung ebenfalls den erwähnten Personen bekanntzumachen. Regelmäßig wird es sich empfehlen, den Beschluß den Eltern formell zuzustellen, wenn das Vormundschaftsgericht eine das Sorgerecht betreffende Maßnahme angeordnet hat (s § 16 Abs 2 Satz 2 FGG). Dies ist von besonderer Wichtigkeit, wenn die Ausübung des Vertretungsrechts (mit-)entzogen wird; denn für den Rechtsverkehr muß Klarheit darüber geschaffen werden, von wann an die Eltern oder der Elternteil nicht mehr befugt sind, das Kind zu vertreten (s auch Göppinger, FamRZ 1961, 516).

Ist das Kind über 14 Jahre alt, so wird der Beschluß, wenn den Eltern die Ausübung des Aufenthaltsbestimmungsrechts, des Erziehungsrechts oder des Personensorgerechts entzogen wurde, analog den Vorschriften der §§ 57 Abs 4, 65 Abs 3 JWG ebenfalls dem Kinde bekanntzugeben sein, jedoch ohne Gründe (s §§ 57 Abs 4 Satz 2, 65 Abs 3 Satz 3 JWG), soweit sich aus ihrem Inhalt Nachteile für die Erziehung des Kindes ergeben können.

355 c) Der Beschluß des Vormundschaftsgerichts gemäß § 1666 wird **nicht** formell **rechtskräftig,** da er nur mit der einfachen (unbefristeten) Beschwerde, nicht der sofortigen (befristeten) Beschwerde angefochten werden kann, dasselbe gilt für die Entscheidung des Landgerichts (Beschwerdegerichts). Erst die Entscheidung des Oberlandesgerichts auf die weitere Beschwerde (Rechtsbeschwerde) erwächst in formelle Rechtskraft.

Eine materielle Rechtskraft kommt dagegen bezüglich aller vormundschaftsgerichtlicher Entscheidungen nicht in Betracht, da es an einem rechtskraftfähigen Gegenstand des Verfahrens fehlt, nämlich einem von einem Beteiligten gegen den anderen zu erhebenden Anspruch (s § 322 ZPO, und hierzu Jansen, Bem 9 zu § 31 FGG, sowie Böttcher, JZ 1956, 582).

6. a) In dringenden Fällen, dh bei Gefahr im Verzuge, kann das Vormundschaftsgericht vor der Entscheidung eine **einstweilige (vorläufige) Anordnung** erlassen (s § 48 Abs 2 Satz 1 JWG; vgl KG, RJA 1, 92; 2, 3; 11, 86; OLG 16, 6; 21, 275; KGJ 45, A 30; 46, A 45 = RJA 14, 91; JFG 13, 32 = JW 1935, 3481; 20, 247 = DR 1939, 1383; OLG Hamburg, SeuffA 56, 90 Nr 50; NJW 1956, 1156; BayObLGZ 11, 315; OLG Hamm, ZblJugR 1957, 81; OLG Stuttgart, Die Justiz 1962, 293; Keidel, Bem 25 zu § 19 FGG; Potrykus, RdJ 1958, 130f; Schnitzerling, 24; Hw. Müller, JR 1954, 52). 356

Das Verfahren wegen einstweiliger Anordnung ist kein selbständiges Verfahren (wie das Verfahren wegen Arrestes oder einstweiliger Verfügung gemäß §§ 916ff, 935ff ZPO), sondern Teil des Hauptverfahrens; ohne (zumindest gleichzeitige) Einleitung des Verfahrens „zur Hauptsache" darf keine einstweilige Anordnung erlassen werden (Müller, JR 1954, 53).

b) Diese Anordnung setzt voraus, daß für ein sofortiges Einschreiten ein **dringendes Bedürfnis** besteht, das ein Abwarten bis zur endgültigen Entscheidung nicht gestattet. Hierbei genügt eine Art „Glaubhaftmachung" der tatsächlichen Umstände, welche die Voraussetzungen des § 1666 und die besondere Dringlichkeit betreffen (s KG RJA 11, 86; JFG 20, 247; OLG Hamm, OLG Stuttgart, Schnitzerling, Müller, aaO); ein Beweis braucht also hier nicht erbracht zu sein. Dies gilt auch für die tatsächlichen Umstände, aus welchen auf die örtliche Zuständigkeit des Vormundschaftsgerichts zu schließen ist (OLG Stuttgart, aaO). 357

Die einstweilige Anordnung darf also nur erlassen werden, wenn mangels genügender Aufklärung noch keine endgültige Entscheidung getroffen werden kann. 358

Regelmäßig wird ein Bericht des Jugendamtes die Grundlage für eine solche einstweilige Anordnung bilden; doch darf der Bericht nur dann die maßgebende Grundlage für die Entscheidung bilden, wenn er eine eingehende Darstellung der erforderlichen tatsächlichen Umstände enthält (s KG JFG 20, 247; OLG Hamm, ZblJugR 1957, 81; sowie im allgemeinen zum Bericht des Jugendamtes oben Bem 329). Andernfalls hat das Vormundschaftsgericht die erforderlichen Ermittlungen selbst anzustellen (§ 12 FGG).

Gemäß § 48 Abs 2 S 1 JWG kann das Vormundschaftsgericht die einstweilige Anordnung bei Gefahr im Verzuge auch schon vor Anhörung des Jugendamtes treffen; doch hat diese Vorschrift nur geringe praktische Bedeutung, da in der Regel die Anregung zum Einschreiten des Vormundschaftsgerichts vom Jugendamt ausgeht.

c) Die Eltern haben in diesem Eilverfahren grundsätzlich ebenfalls Anspruch auf **rechtliches Gehör** (s dazu im allgemeinen zu eiligen vorläufigen Anordnungen BVerfG E 9, 89, 95 = NJW 1959, 427 = JZ 1959, 207 = MDR 1959, 182; sowie LG Stuttgart, Die Justiz 1961, 52 [zu vormundschaftsgerichtlichen Verfahren]). Von der vorherigen Gewährung des rechtlichen Gehörs darf nur abgesehen werden, wenn durch die Anhörung der Zweck oder das Ziel der Anordnung vereitelt würde oder wenn die durch die Anhörung bedingte Verzögerung der Entscheidung eine weitere Gefährdung des Wohls des Kindes zur Folge hätte (LG Stuttgart aaO; s auch OLG Stuttgart, Die Justiz 1962, 266 = NJW 1963, 1161). Hierbei handelt es sich außer dem Erfordernis der Gefahr im Verzuge um zusätzliche Voraussetzungen, für welche die tatsächlichen Umstände ebenfalls glaubhaft gemacht werden müssen. Das Erfordernis der Gefahr im Verzuge ist also die allgemeine Voraussetzung für die Erlassung einer einstweiligen Anordnung, die erwähnten weiteren Erfordernisse Voraussetzung dafür, daß ausnahmsweise von der Gewährung des rechtlichen Gehörs abgesehen werden darf. Die Entscheidung darüber, ob die Gewährung des vorherigen rechtlichen Gehörs unterbleiben kann, unterliegt tatrichterlichem Ermessen (s dazu auch Bem 383); diese Ermessensentscheidung kann vom Beschwerdegericht in vollem Umfange, vom Rechtsbeschwerdegericht dagegen nur darauf nachgeprüft werden, ob von dem Ermessen ein rechtlich fehlerhafter Gebrauch gemacht worden ist. Maßgebend ist hierbei, wie der Einzelfall (im Zeitpunkt der erstinstanzlichen Entscheidung) vorausschauend zu beurteilen ist (s OLG Stuttgart aaO). 359

Wird von der Gewährung des rechtlichen Gehörs abgesehen, so muß die Anhörung nach Erlassung der Entscheidung unverzüglich nachgeholt werden (OLG

Stuttgart aaO; BayObLGZ 1959, 182; OLG Hamburg, NJW 1956, 1156; LG Stuttgart aaO).

360 d) Der Beschluß, durch den eine vorläufige Maßnahme angeordnet wird, bedarf ebenfalls der **Begründung** (so auch Firsching, S 50), die außer den Voraussetzungen des § 1666 auch eine Darstellung der tatsächlichen Umstände enthalten muß, auf Grund deren das Vormundschaftsgericht das Vorliegen einer Gefahr im Verzuge bejaht und sich gegebenenfalls veranlaßt gesehen hat, von der vorherigen Gewährung des rechtlichen Gehörs abzusehen.

Der Inhalt der einstweiligen Anordnung darf keinesfalls weitergehen als die Hauptentscheidung und muß sich innerhalb dieses Rahmens an das halten, was zur Abwendung der zu befürchtenden Nachteile unbedingt erforderlich ist. Häufig wird eine gegenüber der Hauptentscheidung geringere oder mildere Maßnahme ausreichen; doch ist auch eine solche Anordnung zulässig, die ohne Dringlichkeit nur in einer endgültigen Entscheidung getroffen werden kann (KG JFG 20, 247; Keidel, Bem 26 zu § 19 FGG); allerdings darf die einstweilige Anordnung nur ausnahmsweise, wenn eine mildere Maßnahme nicht ausreicht, ebenso tief in das Elternrecht eingreifen, wie es die Hauptentscheidung tun würde (Müller, JR 1954, 53; s auch BayObLGZ 1961, 262, 266 = FamRZ 1962, 34, 35 [Ziff 6 aE]). Genügt die Entziehung der Ausübung des Aufenthaltsbestimmungsrechts, so darf in diesem vorläufigen Verfahren nicht die Ausübung des gesamten Personenrechts entzogen werden. Die einstweilige Anordnung darf immer nur eine *vorläufige Regelung* darstellen und keinesfalls zu einem Ergebnis führen, das für das endgültige Verfahren keine Entscheidung mehr übrig ließe (KG KGJ 46, A 45 = RJA 14, 91 — zu dem Fall einer notwendigen Operation des Kindes —).

361 Die einstweilige Anordnung *wirkt nur bis zur endgültigen Entscheidung* (allg Meinung, s zB KG JFG 13, 32 = JW 1935, 3481; Lent-Habscheid, S 123); zur Klarstellung dürfte es sich empfehlen, dies im Tenor des Beschlusses zum Ausdruck zu bringen (ebenso Firsching, S 50). Mit dem Wirksamwerden der „endgültigen" Entscheidung tritt die einstweilige Anordnung automatisch außer Kraft, ohne daß es ihrer Aufhebung bedarf (KG aaO; Keidel, Bem 26 zu § 19 FGG). Das Vormundschaftsgericht kann daher nicht bestimmen, daß die einstweilige Anordnung noch nach der Bekanntgabe der endgültigen Entscheidung, also über die erste Instanz hinaus gelten solle (KG aaO).

362 e) Ist eine einstweilige Anordnung erlassen worden, so hat das Vormundschaftsgericht unverzüglich die erforderlichen weiteren Ermittlungen anzustellen, damit die endgültige Entscheidung mit tunlicher Beschleunigung getroffen werden kann. Denn es ist nicht angebracht, daß die Ausübung des Elternrechts längere Zeit lediglich durch eine vorläufige Anordnung beeinträchtigt ist (vgl auch zur vorläufigen Fürsorgeerziehung § 67 Abs 5 JWG und hierzu unten Anhang Bem 368, 441 ff).

363 7. Die Anordnung des Vormundschaftsgerichts, auch eine einstweilige (vorläufige) Anordnung (s Bem 356ff) wird, soweit es sich um eine des Vollzugs fähige und bedürftige Maßnahme handelt, **gemäß § 33 FGG vollzogen** (s hierzu auch Bem 117ff zu § 1634). Nicht vollzugsfähig sind alle Anordnungen, die eine Gestaltungswirkung ausüben, wie die Entziehung der Ausübung einzelner Bestandteile des Sorgerechts. Doch können Anordnungen dieser Art insoweit vollzogen werden, als in ihnen ein Verbot, bestimmte Handlungen zu unterlassen oder hinsichtlich eines bestimmten Bereichs tätig zu werden, enthalten ist.

§ 33 FGG ist anzuwenden, wenn dem Elternteil die Verpflichtung auferlegt ist, eine Handlung vorzunehmen, die *ausschließlich* von seinem Willen abhängt, oder eine Handlung zu unterlassen oder die Vornahme einer Handlung zu dulden. In Betracht kommen hier also vor allem Gebote und Verbote, die in der vom Vormundschaftsgericht gemäß § 1666 erlassenen Anordnung enthalten sind oder enthalten sein können. Die Vornahme einer Handlung hängt nicht ausschließlich von dem Willen des Elternteils ab, wenn der Vornahme unüberwindbare Hindernisse entgegenstehen oder wenn die Ausführung praktisch in den Händen eines Dritten liegt (s die Hinweise Bem 243 aE sowie auch Bem 245, 247).

Zur Durchsetzung der Gebote oder Verbote kann das Vormundschaftsgericht eine Ordnungsstrafe verhängen (§ 33 Abs 1 FGG). Diese ist jedoch nur ein Beugemittel, eine „Beugestrafe", die ausschließlich dem Zwecke dient und dienen muß, die Befolgung der gerichtlichen Anordnung zu erzwingen; sie ist keine Strafe für eine Ordnungswidrigkeit oder begangenes Unrecht (s Jansen, Bem 7, Keidel, Bem 4 je zu § 33 FGG).

Bevor eine Ordnungsstrafe festgesetzt wird, muß sie angedroht werden (§ 33 Abs 3 FGG). Diese Androhung einer Ordnungsstrafe kann schon zugleich mit der Anordnung einer Maßnahme gemäß § 1666 ausgesprochen werden.

Hat das Vormundschaftsgericht gemäß § 1666 Abs 1 S 2 die Unterbringung des Kindes angeordnet, so kann diese Anordnung gegebenenfalls auch gegen Dritte durchgesetzt werden (OLG Köln, NJW 1952, 547 m Anm v Keidel; Jansen, Bem 3, Keidel, Bem 34 je zu § 33 FGG); Voraussetzung hierfür ist aber eine besondere diesbezügliche Verfügung, die zugleich mit der Anordnung gemäß § 1666 Abs 1 S 2 erlassen werden kann oder auch danach, zB wenn sich herausstellt, daß das Kind in die Obhut Dritter gegeben worden ist, etwa um die Anordnung der Unterbringung zu vereiteln. Ist der Dritte nicht bereit, das Kind herauszugeben, so kann auf Grund einer besonderen Verfügung (§ 33 Abs 2 FGG) auch Gewalt gebraucht werden. Hierbei hat das Jugendamt das Vormundschaftsgericht bzw das Vollstreckungsorgan (den Gerichtsvollzieher) zu unterstützen (§ 48 Abs 1 S 1 JWG). 364

Hat das Vormundschaftsgericht an den Elternteil das Gebot erlassen, die Geliebte nicht in der Ehewohnung übernachten zu lassen (s OLG Hamm, JMBlNRW 1962, 243), so wird diese Anordnung nicht gemäß § 33 FGG durch Verhängung einer Ordnungsstrafe gegen den Elternteil durchgesetzt werden können, da es nicht ausschließlich vom Willen des Elternteils abhängt, ob die Geliebte weiterhin in einem bestimmten ihr seither zur Benützung oder Mitbenützung überlassenen Raum übernachtet. Der Elternteil kann aber nicht gemäß § 33 FGG gezwungen werden, gegen die Geliebte eine Räumungsklage zu erheben. 365

8. a) Gegen die auf § 1666 gestützte Anordnung des Vormundschaftsgerichts oder gegen die Ablehnung eines Eingreifens sowie gegen eine einstweilige Anordnung (s hierzu Jansen, Bem 1 A h, Keidel, Bem 26 je zu § 19 FGG; KG KGJ 45, A 29) findet die einfache (unbefristete), nicht die sofortige (befristete) **Beschwerde** statt (vgl §§ 19, 57, 60 FGG). 366

Eine nach unangemessen langer Zeitdauer eingelegte Beschwerde kann eventuell als Änderungsantrag gemäß § 1696 BGB behandelt werden, wenn neue tatsächliche Umstände vorgebracht werden (s Keidel, Bem 22 zu § 21 FGG; auch Göppinger, FamRZ 1961, 516; Schwoerer, FamRZ 1962, 29; sowie zur Frage der Verwirkung des Beschwerderechts Keidel aaO, Jansen, Bem 10 zu § 21 FGG).

Mit einfacher Beschwerde anfechtbar sind auch die (hier freilich kaum praktische) Aussetzung des Verfahrens (s dazu im allgemeinen Jansen, Bem 1 A a, Keidel, Bem 8, 20 je zu § 19 FGG) und die Ablehnung der Akteneinsicht oder der Erteilung von Abschriften aus den Akten (Jansen, Bem 2, Keidel, Bem 24 zu § 34 FGG).

Unanfechtbar sind dagegen zB Anordnungen über Beweiserhebungen (Jansen, Bem 1 B a, Keidel, Bem 19 je zu § 19 FGG), sowie die Verfügung, daß ein Verfahren gemäß § 1666 eingeleitet werde (Keidel, Bem 9 zu § 19; LG Berlin, JW 1936, 2585; s auch Jansen, Bem 1 B e zu § 19 FGG), da durch diese Anordnung noch kein Recht beeinträchtigt wird (iSd § 20 FGG; s auch oben Bem 327 und unten zur Fürsorgeerziehung Anhang Bem 267, 347).

Wird dagegen statt einer Maßnahme gemäß § 1666 Abs 1 Fürsorgeerziehung angeordnet (§ 64 JWG), so findet hiergegen die sofortige Beschwerde statt (§ 65 Abs 4 JWG). Das weitere Verfahren richtet sich dann nach den Vorschriften des JWG (s auch unten Bem 379 zur Beschwerdeentscheidung). 367

Gegen eine Maßnahme des Vormundschaftsgerichts gemäß § 1666 steht den **Eltern** bzw dem betroffenen Elternteil, ebenso dem anderen Elternteil, der durch eine Anordnung gemäß § 1680 iVm § 1679 berührt wird (s oben Bem 265, 299), die Beschwerde zu (§ 20 FGG); soweit es sich um eine Maßnahme gemäß § 1666 Abs 1 handelt, ist ein Beschwerderecht auch nach § 57 Abs 1 Nr 9 FGG gegeben. 368

Ferner ist der **Träger der Sozialhilfe** (früher: Bezirksfürsorgeverband) — s zur jetzigen Regelung §§ 9, 96ff BSHG — eventuell gemäß §§ 20, 57 Abs 1 Nr 9 FGG beschwerdeberechtigt, wenn er dem Minderjährigen wegen einer Körperbehinderung Fürsorge gewährt (s § 2 des Körperbehindertengesetzes vom 27. 2. 1957, BGBl I, 147), dieser einer klinischen Behandlung bedarf, zu welcher der Elternteil die Einwilligung verweigert, und das Amtsgericht von einer Maßnahme gemäß § 1666 Abs 1 absieht (s LG Lübeck, SchlHAnz 1962, 201 — welches das Beschwerderecht gemäß § 20 FGG bejaht hat —; sowie auch Keidel, Bem 38 zu § 57 FGG).

Das **über 14 Jahre alte Kind** kann, wenn gegen die Eltern Maßnahmen nach § 1666 Abs 1 getroffen wurden, ohne Einwilligung und Mitwirkung seines gesetzlichen Vertreters Beschwerde einlegen (§ 59 Abs 2 FGG); betrifft die Maßnahme die Vermögensverwaltung, so ist die Beschwerde auch dann gegeben, wenn die Person des Kindes durch die Maßnahme mitbetroffen wird, zB wenn der Unterhalt des Kindes berührt wird (KG KGJ 31, A 29 = RJA 6, 168; Jansen, Bem 1, Keidel, Bem 8 je zu § 59 FGG).

369 Lehnt dagegen das Vormundschaftsgericht ein der Anregung des (über 14 Jahre alten) Kindes entsprechendes Eingreifen ab, so steht dem Kinde kein Beschwerderecht zu (OLG Stuttgart, Die Justiz 1962, 293). Andernfalls würde einem Minderjährigen auf dem Umwege über die Beschwerde doch das Recht eingeräumt, durch einen eigenen Antrag ein Verfahren in Gang zu setzen, das seine Person betrifft (OLG Stuttgart aaO; s auch oben Bem 325, sowie unten Anhang Bem 355).

370 Dagegen sind dann, wenn das Vormundschaftsgericht die Anordnung einer Maßregel gemäß § 1666 ablehnt oder eine Maßnahme nach § 1696 aufhebt, auf Grund der Vorschrift des **§ 57 Abs 1 Nr 8 FGG** beschwerdeberechtigt: zB der andere Elternteil (KG KGJ 46, A 36), der Großelternteil (BayObLGZ 1957, 23), sowie der Stiefelternteil (OLG Hamm, JMBlNRW 1961, 112 = RdJ 1962, 94 = SjE, B 6, 360k). Jedoch kann die Beschwerde nur im Interesse des Kindes eingelegt werden; dazu ist erforderlich, daß die Beschwerde geeignet ist, die Belange des Kindes zu fördern (OLG München, JFG 21, 181; Keidel, Bem 34, Jansen, Bem 24 je zu § 57 FGG). Auf ein berechtigtes Interesse, die Angelegenheit wahrzunehmen, kommt es hier (im Gegensatz zur Beschwerdeberechtigung gemäß § 57 Abs 1 Nr 9 FGG) nicht an.

Ob der Betreffende ein Eingreifen des Vormundschaftsgerichts angeregt hat, ist unerheblich; andererseits hat derjenige, der die Anregung gegeben hat, nicht schon aus dem Grunde, weil das Gericht diese abgelehnt hat, hiergegen ein Beschwerderecht, sondern vielmehr nur unter den Voraussetzungen des § 57 Abs 1 Nr 8 oder 9 FGG (s OLG Hamm, JMBlNRW 1961, 112 = RdJ 1962, 94).

371 Hat das **Jugendamt** eine Maßnahme nach § 1666 angeregt, und lehnt das Vormundschaftsgericht ein Eingreifen ab, so steht dem Jugendamt die Beschwerde gemäß **§ 57 Abs 1 Nr 9 FGG** zu (BGH LM FGG § 57 Nr 1 = FamRZ 1954, 219 = ZblJugR 1954, 236 = NJW 1954, 1287), ebenso gegen eine Anordnung gemäß § 1666 mit dem Ziele, deren Aufhebung durch das Beschwerdegericht oder die Anordnung der Erziehungsbeistandsschaft oder der Fürsorgeerziehung zu erwirken. Diese Befugnis des Jugendamtes ergibt sich aus dessen Stellung als eines Organs der öffentlichen Jugendhilfe (s § 2 JWG, hierzu oben Vorbem 17).

Das Jugendamt ist gemäß § 57 Abs 1 Nr 9 FGG ferner beschwerdeberechtigt, wenn wegen Verweigerung des Unterhalts für das Kind beantragt ist, dem Elternteil die Verwaltung des Kindesvermögens zu entziehen (KG KGJ 34, A 31 = RJA 8, 167).

Legt das Jugendamt, das Amtsvormund des unehelichen Kindes ist, Beschwerde ein, so muß klargestellt werden, ob es die Beschwerde im eigenen Namen gemäß § 57 Abs 1 Nr 9 FGG oder im Namen des noch nicht 14 Jahre alten Kindes als dessen gesetzlicher Vertreter erhebt (§ 59 FGG). Ist ein Antrag bzw eine Anregung des Jugendamtes abgelehnt, gegen die Mutter eine Maßnahme zu ergreifen, so ist die Beschwerde als gemäß § 57 Abs 1 Nr 9 FGG eingelegt zu beurteilen, da das Kind in diesem Falle kein Beschwerderecht hat (s Bem 369). Wer Beschwerdeführer und damit Verfahrensbeteiligter in der Beschwerdeinstanz ist, muß aus dem Rubrum des Beschlusses des Beschwerdegerichts klar hervorgehen; diese Frage ist aber auch wichtig für die Kostenentscheidung, wenn die Beschwerde zurückgewiesen wird (§ 13a Abs 1 S 2 FGG; s dazu Bem 387).

372 Gemäß **§ 57 Abs 1 Nr 9 FGG** steht die Beschwerdebefugnis ua zu:

den Großeltern, wenn gegen die Eltern oder den Elternteil eine Maßnahme gemäß § 1666 Abs 1 getroffen wurde (LG Mannheim, ZblJugR 1960, 215) sowie wenn sie wegen der Verhinderung oder Beschränkung des Verkehrs des Kindes mit ihnen eine Maßnahme gegen den Elternteil gemäß § 1666 Abs 1 angeregt haben und diese Anregung abgelehnt wurde (OLG Hamm, JMBlNRW 1962, 189),

der unehelichen Mutter, die das für ehelich erklärte Kind betreut und versorgt, wenn ihre Anregung abgelehnt wurde, Maßnahmen gegen den Vater zu ergreifen, der grundlos das Kind aus der höheren Schule abgemeldet hat (LG und OLG Stuttgart, FamRZ 1962, 207, 208; s auch oben Bem 89; hier dürfte aber ein Beschwerderecht gemäß § 57 Abs 1 Nr 8 FGG ebenfalls zu bejahen sein),

dem Pflegevater, wenn Maßnahmen gemäß § 1666 Abs 1 abgelehnt wurden (BayObLG, RJA 12, 86 = KGJ 44, A 320),

dem Stiefelternteil (BayObLGZ 33, 224), zB dem Stiefvater bezüglich der Angelegenheiten der persönlichen Sorge für das ersteheliche oder uneheliche Kind seiner Frau (s zum letzteren Falle KG RJA 9, 4; BayObLGZ 16, 150; sowie Jansen, Bem 28 A g, Keidel, Bem 38 je zu § 57 FGG), es sei denn, daß dem Stiefelternteil persönliche Beziehungen zu dem Kinde fehlen (KG OLG 33, 364; Jansen, Bem 27 zu § 57 FGG), dem Großelternteil bezüglich der Auswahl des Pflegers (OLG Stuttgart, ZblJugR 1954, 271 = EJF, B II Nr 2 = DAVorm XXVII, 113 = WürttNV 1954, 137).

Zu beachten ist jedoch folgendes:

373 Die Beschwerde gemäß § 57 Abs 1 Nr 9 FGG ist nur in Angelegenheiten zulässig, welche die Sorge für die Person des Kindes betreffen; sie ist unzulässig, wenn sie sich ausschließlich auf eine Vermögensangelegenheit bezieht. Jedoch genügt es, daß die Angelegenheit (selbst nur mittelbar) auch die Personensorge berührt, daneben aber oder sogar vorwiegend die Vermögensverwaltung (Jansen, Bem 25, Keidel, Bem 35).

Die Beschwerde ist zwar im eigenen Namen, aber im Interesse des Kindes einzulegen; allerdings ist es zulässig, daß eigene Belange mitverfolgt werden (BayObLGZ 33, 345; Jansen, Bem 27, Keidel, Bem 37). Der Beschwerdeführer muß ein berechtigtes, dh verständiges durch die Sachlage gerechtfertigtes Interesse haben, gerade die Angelegenheit wahrzunehmen, die Gegenstand der angefochtenen Entscheidung ist (BayObLGZ 1953, 324; KG RJA 12, 173; Jansen, Keidel aaO). Es genügt also nicht, daß das berechtigte Interesse sich nur allgemein auf die Personensorge erstreckt (Keidel, aaO).

Fehlt die Beschwerdeberechtigung, so ist die Beschwerde als unzulässig zu verwerfen, nicht als unbegründet zurückzuweisen (Dunz, EJF, B II 8 Anm; Lent-Habscheid, S 187f; Keidel, Bem 2, 3 zu § 20; Furtner, FZ 1961, 528f).

374 Die Beschwerde kann bei dem Gerichte, dessen Verfügung angefochten wird, oder bei dem Beschwerdegericht eingelegt werden (§ 21 Abs 1 FGG), und zwar durch Einreichung einer Beschwerdeschrift oder durch Erklärung zu Protokoll der Geschäftsstelle des Gerichts erster Instanz oder des Beschwerdegerichts (§ 21 Abs 2 FGG). Zu ihrer Zulässigkeit bedarf die Beschwerde keiner Begründung. Wird eine Beschwerdebegründung angekündigt, so darf erst entschieden werden, wenn diese eingegangen oder eine vom Gericht gesetzte Frist verstrichen ist.

375 b) Das **Jugendamt** ist im Beschwerdeverfahren stets zu **hören**, es sei denn, daß die Beschwerde eines Beteiligten ohne weiteres zurückgewiesen werden kann, diese Entscheidung im Einklang mit der vom Jugendamt in erster Instanz geäußerten Auffassung steht und kein Anhaltspunkt dafür vorhanden ist, das Jugendamt könnte seine Meinung geändert haben (so auch Scheffler in RGR Komm, Bem 10 zu § 1666). Der Auffassung, es stehe im Ermessen des Beschwerdegerichts, ob es das Jugendamt hören wolle (so aber BGH, LM FGG § 57 Nr 1 = FamRZ 1954, 219 = NJW 1954, 1287 [Ls] = ZblJugR 1954, 236), kann daher nicht gefolgt werden (ebenso Scheffler aaO; zur Stellung des Jugendamts s oben Vorbem 17 vor § 1666).

376 Hat das Jugendamt Beschwerde eingelegt, so sind im Beschwerdeverfahren die **Eltern** oder der Elternteil stets zu **hören**, ebenso wenn die Großeltern, Pflegeeltern, ein Stiefelternteil usw Beschwerde erhoben haben, es sei denn, daß die Beschwerde unzulässig ist oder ohne weiteres als unbegründet zurückgewiesen werden kann. Es ist jedoch nicht zulässig, die Eltern oder den betroffenen Elternteil zur Beschwerde erst zu hören, wenn das Beschwerdegericht eine Beweisaufnahme durchgeführt hat (aM OLG Hamm MDR 1956, 687).

Sind weitere Ermittlungen erforderlich, so müssen die Eltern dazu gehört werden (hier ebenso OLG Hamm, aaO); auch müssen sie von den Terminen benachrichtigt werden, wie im Verfahren erster Instanz (s dazu oben Bem 348).

Erweist sich die persönliche Anhörung der Eltern als erforderlich, so empfiehlt es sich dringend, sie vor die vollbesetzte Zivilkammer vorzuladen (ebenso — zum Verfahren gemäß § 3 Abs 3 EheG — OLG Neustadt, FamRZ 1963, 443, 444), also insbesondere, wenn es auf den persönlichen Eindruck ankommt. Wichtige Zeugen sollten ebenfalls vor der vollbesetzten Kammer vernommen werden.

377 Ist der Sachverhalt noch nicht genügend aufgeklärt oder sind nach der erstinstanzlichen Entscheidung neue tatsächliche Umstände eingetreten, so hat das Beschwerdegericht die erforderlichen Ermittlungen von Amts wegen anzustellen (§ 12 FGG; zur Protokollierung der Zeugenaussagen Bem 333). Zeugen, von deren Aussagen die Entscheidung wesentlich abhängt, müssen nochmals vernommen werden, wenn gegen die Glaubhaftigkeit ihrer Aussagen erster Instanz beachtliche Bedenken erhoben werden. Das Beschwerdegericht darf einen Zeugen, der in erster Instanz vernommen und für glaubwürdig erachtet wurde, nicht für unglaubwürdig erklären, ohne daß er nochmals vernommen wurde (vgl OLG Celle, NdsRpfl 1962, 203).

378 c) Vor der Entscheidung zur Hauptsache kann das Beschwerdegericht eine **einstweilige Anordnung** erlassen, es kann insbesondere anordnen, daß die Vollziehung

der angefochtenen Verfügung auszusetzen ist (§ 24 Abs 3 FGG). Die Aussetzung der Vollziehung wirkt jedoch nur bis zur Endentscheidung der Instanz; wird diese auf weitere Beschwerde aufgehoben und wird die Sache an das Landgericht zurückverwiesen, so lebt der Aussetzungsbeschluß nicht wieder auf (BayObLGZ 1963, 192 = MDR 1963, 928 = FamRZ 1963, 582).

Das Beschwerdegericht kann, wenn das Amtsgericht ein Eingreifen gemäß § 1666 abgelehnt hat, auf die Beschwerde eine vorläufige Anordnung dahin treffen, daß den Eltern oder dem Elternteil die Ausübung des Sorgerechts hinsichtlich bestimmter Angelegenheiten oder in bestimmten Richtungen, zB bezüglich der Bestimmung des Aufenthalts des Kindes, entzogen wird (s zur Anfechtbarkeit dieser letzteren Anordnung unten Bem 391).

379 d) Das Beschwerdegericht hat **über den gleichen Gegenstand zu entscheiden, wie die Vorinstanz**; dh mit anderen Worten: seine Entscheidung tritt in den Grenzen des Rechtsmittels an die Stelle des Beschlusses des Amtsgerichts; die Würdigung des Beschwerdegerichts ist auf die Fragen beschränkt, die den Gegenstand des erstinstanzlichen Verfahrens und der Beschwerde bilden (s hierzu Jansen, Bem 1, Keidel, Bem 3 je zu § 25 FGG; KG DFG 1937, 110; BayObLGZ 1953, 221, 223 f).

Hieraus ergibt sich folgendes:

Hat das Jugendamt Maßnahmen nach § 1666 beantragt bzw angeregt und war nur dies der Gegenstand des erstinstanzlichen Verfahrens und der erstinstanzlichen Entscheidung, so kann das Beschwerdegericht nicht Fürsorgeerziehung anordnen, auch dann nicht, wenn das Jugendamt vorbringt, es seien neue tatsächliche Umstände eingetreten, welche die Anordnung der Fürsorgeerziehung rechtfertigen (s auch Bem 327).

Hat das Jugendamt dagegen Fürsorgeerziehung beantragt oder hat das Amtsgericht von Amts wegen ein die Anordnung der Fürsorgeerziehung betreffendes Verfahren eingeleitet (s unten Anhang Bem 267), wurde dann aber eine Maßnahme nach § 1666 getroffen, so kann das Beschwerdegericht auf Beschwerde des Jugendamtes Fürsorgeerziehung anordnen, wenn die Voraussetzungen des § 64 JWG vorliegen. Gegen diese Entscheidung findet dann die sofortige weitere Beschwerde statt (§ 65 Abs 4 JWG), s hierzu auch Anhang Bem 362.

Hat das Amtsgericht (auf Antrag des Jugendamtes) Fürsorgeerziehung angeordnet, so kann das Beschwerdegericht nur dann eine Maßnahme nach § 1666 treffen, wenn die Voraussetzungen des § 1666 in erster Instanz mit Gegenstand des Verfahrens waren (vgl hierzu auch OLG Braunschweig, NdsRpfl 1956, 96 = EJF, E I Nr 1 = FamRZ 1957, 265 [Ls]; OLG Neustadt, ZblJugR 1951, 77 = Rpfleger 1952, 291; LG Lübeck, SchlHA 1960, 257; Keidel, Bem 3 zu § 25 FGG; Soergel-Siebert-Lange, Bem 45, RGR-Komm [Scheffler], Bem 10 aE je zu § 1666; ferner KG DFG 1937, 110 = JW 1937, 2207 = DJugH XXIX, 145; s dazu unten Anhang Bem 362), was freilich regelmäßig wird der Fall sein müssen (s § 64 Satz 2 JWG, hierzu unten Anhang Bem 262 f)).

Hat das Amtsgericht eine vorläufige Anordnung gemäß § 1666 erlassen, so kann das Beschwerdegericht nicht eine endgültige Maßnahme nach § 1666 anordnen, ebenso kann es nicht statt der vom Amtsgericht getroffenen endgültigen Maßregel nach § 1666 eine vorläufige Anordnung erlassen.

Hat das Amtsgericht vorläufige Fürsorgeerziehung angeordnet (§ 67 JWG), so kann das Beschwerdegericht nur dann eine vorläufige Maßnahme nach § 1666 treffen, wenn die Voraussetzungen des § 1666 in erster Instanz mit behandelt worden sind (s dazu unten Anhang Bem 425).

Hat das Amtsgericht, nachdem das Jugendamt eine Maßnahme nach § 1666 angeregt hatte, (nur) die Bestellung eines Erziehungsbeistandes angeordnet (§ 57 JWG), so kann das Beschwerdegericht auf Beschwerde des Jugendamtes eine Maßnahme nach § 1666 treffen.

Hat das Amtsgericht dagegen eine Anordnung gemäß § 1666 — als endgültige oder vorläufige Maßregel — getroffen, so kann das Beschwerdegericht (auf die Beschwerde der Eltern oder des Elternteils) die Bestellung eines Erziehungsbeistandes — entsprechend als endgültige oder vorläufige Maßnahme — anordnen (s dazu Anhang Bem 70 a).

380 e) Das Verbot der reformatio in peius gilt auch im (vorliegenden) Amtsverfahren des § 1666 (vgl hierzu im allgemeinen Baur, Freiwillige Gerichtsbarkeit, S 341 ff, § 29, C, I, 5; anders die hM: Jansen, Bem 6 zu § 25; Keidel, Bem 90 ff zu § 19 FGG; Lent-Habscheid, S 201 f, § 34, III, 3, c; sowie BayObLGZ 20, A 290 zum Verfahren des § 1666). Daher darf das Beschwerdegericht, wenn das Amtsgericht zB bezüglich der Ausübung des Sorgerechts ein Gebot oder Verbot ausgesprochen hatte, nicht die Ausübung des Personensorgerechts insgesamt entziehen oder

wenn das Amtsgericht die Bestellung eines Erziehungsbeistandes (§ 57 JWG) angeordnet hatte, auf die Beschwerde der Eltern nicht die Ausübung des Aufenthaltsbestimmungsrechts oder des Erziehungsrechts oder des gesamten Personensorgerechts entziehen oder, wenn das Amtsgericht eine Maßnahme nach § 1666 getroffen hatte und die Eltern oder der Elternteil hiergegen Beschwerde erhoben haben, Fürsorgeerziehung anordnen, da diese Maßnahme auf Grund der Vorschrift des § 64 S 2 JWG als schwerere anzusehen ist (wenn sie auch zugleich eine andersartige Maßregel darstellt). Vielmehr ist es Sache des Amtsgerichts, ein weiteres die Änderung der ursprünglichen Anordnung betreffendes Verfahren einzuleiten; in diesem kann auch eine vorläufige Maßregel getroffen, zB eine vorläufige (einstweilige) Anordnung gemäß § 1666 erlassen oder vorläufige Fürsorgeerziehung angeordnet werden. Durch die neue Entscheidung kann das Beschwerdeverfahren gegen die ursprüngliche Anordnung gegenstandslos werden; eventuell kann es sich aber empfehlen, das Beschwerdeverfahren auszusetzen, bis im anderen Verfahren eine endgültige Entscheidung ergangen oder über die im neuen Verfahren erhobene Beschwerde entschieden ist.

f) Zu beachten ist auch hier der allgemeine Grundsatz, daß **in die Ausübung der elterlichen Gewalt nur insoweit eingegriffen** werden darf, **als es erforderlich ist** 381
(s oben Vorbem 16, 17 vor § 1666 sowie Bem 242). Ist vorläufige oder endgültige Fürsorgeerziehung angeordnet, so wird in der Regel eine Maßnahme nach § 1666 entbehrlich sein (s Bem 242). Ist vor der Entscheidung über die Beschwerde gegen die nach § 1666 ergangene Maßregel vorläufige oder endgültige Fürsorgeerziehung angeordnet worden, so wird die gemäß § 1666 ergangene Entscheidung auf die Beschwerde regelmäßig aufgehoben werden können (s auch Anhang Bem 485a).

Das Beschwerdegericht hat die erstinstanzliche Entscheidung auch ohne Rüge 382
in tatsächlicher und rechtlicher Hinsicht nachzuprüfen (vgl § 23 FGG), soweit sie angefochten ist.

Hat ein unzuständiges Amtsgericht entschieden, so kann auf Beschwerde das Landgericht in der Sache selbst entscheiden, wenn es zugleich dem zuständigen Amtsgericht übergeordnet ist (BayObLGZ 1961, 119 = FamRZ 1961, 381 = MDR 1961, 770, Ls).

Betrifft das Beschwerdeverfahren eine vorläufige Regelung **(einstweilige** 383
Anordnung) des Amtsgerichts, die ohne vorheriges Gehör der Eltern ergangen war, so muß darauf geachtet werden, daß den Betroffenen im Beschwerdeverfahren in vollem Umfange bezüglich aller rechtserheblicher tatsächlicher Umstände das notwendige rechtliche Gehör gewährt wird (s auch Bem 359 aE). Das Beschwerdegericht hat also kein Ermessen mehr, ob und in welchem Umfange es das rechtliche Gehör gewährt, wie das Amtsgericht bei besonderer Dringlichkeit der Anordnung.

Der Beschluß des Beschwerdegerichts wirkt nur für die Zukunft; ihm kann 384
keine rückwirkende Kraft beigelegt werden, auch nicht, wenn das Vormundschaftsgericht zu Unrecht eine Maßnahme nach § 1666 getroffen hat und das Beschwerdegericht diese aufhebt (BayObLGZ 1952, 178; vgl auch Lent, JZ 1957, 352; sowie zu § 18 FGG Keidel, Bem 30; Lent-Habscheid, S 164f, § 27, IV, 1, d, 2).

Das Beschwerdegericht kann in seinem das Beschwerdeverfahren abschlie- 385
ßenden zur Hauptsache ergehenden Beschluß nicht zugleich eine **einstweilige Anordnung** erlassen, die über die Endentscheidung hinauswirken soll, zB wenn es den Beschluß des Amtsgerichts aufhebt und die Sache an dieses zurückverweist (KG JFG 14, 423 = JW 1937, 639; s auch KG, JFG 13, 32 = JW 1935, 3481). Gegen diese einstweilige Anordnung des Landgerichts ist die weitere Beschwerde zulässig, auf welche die einstweilige Anordnung aufzuheben ist (KG JFG 14, 423).

Die Entscheidung des Beschwerdegerichts bedarf der **Begründung** (§ 25 FGG). 386
Die Gründe müssen eine vollständige Sachdarstellung enthalten, um dem Rechtsbeschwerdegericht die Nachprüfung zu ermöglichen, ob die tatsächlichen Feststellungen in verfahrensrechtlich einwandfreier Weise zustandegekommen sind und ob das materielle Recht auf den festgestellten Sachverhalt richtig angewendet worden ist. Sie müssen ferner ergeben, worauf die tatsächlichen Feststellungen beruhen und aus welchen Gründen tatsächliche Umstände als erwiesen oder als nicht erwiesen erachtet wurden. Insbesondere muß zu den Berichten des Jugendamtes Stellung genommen werden; ebenso muß aus der Begründung hervorgehen, daß die wesentlichen Behauptungen und Beweisangebote des Beschwerdeführers gewürdigt und die im Beschwerdeverfahren neu vorgetragenen tatsächlichen Umstände, soweit sie rechtserheblich sind, berücksichtigt worden sind. Hervorzuheben ist noch, daß die Begründung sich nicht in allgemeinen Redewendungen

oder in Werturteilen ohne Erwähnung der diesbezüglichen tatsächlichen Umstände erschöpfen darf, auf denen die Werturteile beruhen (s zur Begründung des Beschlusses des Beschwerdegerichts weiterhin Jansen, Bem 2, Keidel, Bem 11, 12 je zu § 25 FGG).

387 g) Weist das Landgericht die Beschwerde zurück, so muß eine **Kostenentscheidung gemäß § 13a Abs 1 S 2 FGG** ergehen, es sei denn, daß im Beschwerdeverfahren kein sonstiger Beteiligter aufgetreten ist; denn nur der Beteiligte, der im Verfahren hervorgetreten ist, hat Anspruch auf Kostenerstattung (BGHZ 31, 92 = NJW 1960, 148 = MDR 1960, 123).

Hat das Jugendamt die erfolglose Beschwerde im eigenen Namen eingelegt, so sind diesem die Kosten aufzuerlegen (LG Freiburg, ZblJugR 1961, 159 mit ablehnender Anmerkung von Urbach). Die Bedenken, die Urbach geltend machte, sind jedoch nicht zutreffend: Das Jugendamt konnte, auch wenn es Amtsvormund war, die Beschwerde nur im eigenen Namen, nicht namens des Mündels eingelegt haben. Denn der Mündel hatte kein Beschwerderecht (s oben Bem 369); als Amtsvormund kann das Jugendamt nicht mehr Rechte haben als ein anderer gesetzlicher Vertreter oder als der Vertretene selbst. Daher kam in jenem Falle nur die Beschwerdeberechtigung gemäß § 57 Abs 1 Nr 9 FGG in Betracht. Der Umstand, daß das Jugendamt eine nicht rechtsfähige Behörde ist, kann der Auferlegung der außergerichtlichen Kosten nicht entgegenstehen (BGHZ 31, 92 = NJW 1960, 148 = MDR 1960, 123; hierzu Ascher in LM, FGG § 13a Nr 2).

Zu der Frage, ob und gegebenenfalls welche Gerichtsgebühren für das Beschwerdeverfahren entstehen, s unten Bem 395.

388 9. a) Gegen die Entscheidung des Beschwerdegerichts findet die **weitere Beschwerde** statt, die Rechtsbeschwerde ist (§ 27 FGG). Zu ihrer Zulässigkeit ist erforderlich, daß sie formgerecht eingelegt ist (§ 29 FGG) und daß der Beschwerdeführer beschwerdeberechtigt ist (sowie zB im Verfahren betr Anordnung der Fürsorgeerziehung, daß die Beschwerdefrist gewahrt ist). Die weitere Beschwerde ist begründet, wenn die Entscheidung des Beschwerdegerichts auf einer Gesetzesverletzung beruht (insofern ist § 27 FGG schief formuliert; s dazu Göppinger, FamRZ 1960, 258 bei und mit Fußn 75, 76; sowie Baur, Freiwillige Gerichtsbarkeit, S 367f, § 31, A, I; Jansen, Bem 3, Keidel, Bem 11, 61 je zu § 27 FGG).

389 Die weitere Beschwerde ist zu Protokoll des Amtsgerichts, des Landgerichts oder des Oberlandesgerichts oder durch Anwaltsschriftsatz einzulegen (§ 29 Abs 1 S 1 FGG); wird die weitere Beschwerde von einer Behörde, dh hier vor allem von dem Jugendamt, erhoben, so bedarf es der Zuziehung eines Rechtsanwalts nicht (§ 29 Abs 1 S 2).

Zur Zulässigkeit der Beschwerde ist die Einreichung einer Begründung nicht erforderlich.

390 Die Berechtigung zur Einlegung der weiteren Beschwerde ergibt sich aus den Vorschriften über die Einlegung der Erstbeschwerde (§ 29 Abs 4 iVm § 20 sowie § 63 iVm § 57 [insbesondere Abs 1 Nr 8, 9] und § 59 FGG; s hierzu oben Bem 368ff).

391 Die weitere Beschwerde ist (in analoger Anwendung des § 27 FGG) auch zuzulassen, wenn das Beschwerdegericht eine vorläufige Anordnung gemäß § 1666 erlassen hat, nachdem das Amtsgericht ein Eingreifen abgelehnt hatte und hiergegen Beschwerde erhoben worden war (s oben Bem 378). Wie Keidel (Rpfleger 1960, 359f, und Bem 20 zu § 19 FGG) zutreffend dargelegt hat, muß die Anfechtung einer Zwischenentscheidung des Beschwerdegerichts zugelassen werden, wenn sie als erstinstanzliche Entscheidung beschwerdefähig wäre und in so erheblichem Maße in die Rechte Beteiligter eingreift, daß die Nichtzulassung eines Rechtsmittels schlechthin unerträglich wäre, insbesondere wenn die vorläufige Anordnung ohne vorheriges Gehör des Betroffenen ergangen ist (s hierzu auch Göppinger, JR 1962, 49 bezüglich des sog Hausratsverfahrens).

Indessen muß in besonderen Fällen die Ablehnung einer Aussetzung der Vollziehung der vom Amtsgericht angeordneten Maßnahme durch das Landgericht (s § 24 Abs 3 FGG) als beschwerdefähig angesehen werden, wenn der Beschluß des Landgerichts gesetzwidrig war: zB wenn das Amtsgericht eine Maßnahme nach § 1666 (etwa die Entziehung der Ausübung des Aufenthaltsbestimmungsrechts oder des Personensorgerechts) ohne Gehör der Eltern oder des betroffenen Elternteils lediglich auf Grund eines unzulänglichen Berichts des Jugendamtes angeordnet und das Landgericht den mit der Beschwerde gestellten Antrag auf Aussetzung der Vollziehung abgelehnt hat (s auch Bem 378).

Weiterhin ist auch die Ablehnung der Akteneinsicht durch das Landgericht im Beschwerdeverfahren (s § 34 FGG und hierzu oben Bem 351) anfechtbar (ebenso BayObLGZ 1956, 114, 116; Keidel, Bem 20 zu § 19; aM KG Rpfleger 1960, 374 = NJW 1960, 1625; Jansen, Bem 2 zu § 34 FGG).

b) Dem Rechtsbeschwerdegericht obliegt die Prüfung, ob der Beschluß des Landgerichts auf einer **Gesetzesverletzung** beruht, dh auf einer Verletzung des materiellen Rechts oder des Verfahrensrechts. Dies bedeutet in den Fällen des § 1666 Abs 1, daß das Rechtsbeschwerdegericht zu prüfen hat, ob das Landgericht die unbestimmten Rechtsbegriffe „Gefährdung des geistigen oder leiblichen Wohls des Kindes", „Mißbrauch des Sorgerechts" oder „Vernachlässigung des Kindes" oder „ehrloses oder unsittliches Verhalten" auf den festgestellten Sachverhalt unter Berücksichtigung der Denkgesetze und von Erfahrungssätzen (insbesondere auch von psychologischen Erfahrungssätzen) richtig angewendet hat sowie das Erfordernis des adäquaten Kausalzusammenhangs („dadurch") ebenfalls unter Berücksichtigung psychologischer Erfahrungssätze zutreffend beurteilt hat, ferner ob das Landgericht von seinem Ermessen, das ihm im Rahmen der Beurteilung der „zur Abwendung der Gefahr erforderlichen Maßregeln" zusteht (s dazu oben Bem 244), einen richtigen Gebrauch oder einen rechtlich fehlerhaften, Sinn und Zweck des Gesetzes zuwiderlaufenden Gebrauch gemacht hat oder von ungenügenden oder verfahrenswidrig zustandegekommenen Feststellungen ausgegangen ist oder wesentliche Umstände unerörtert gelassen hat (s Keidel, Bem 27, Jansen, Bem 4 f je zu § 27 FGG). Weiterhin ist zu prüfen, ob das Landgericht der Aufklärungspflicht (§ 12 FGG) gerecht geworden ist (s zB OLG Celle, NdsRpfl 1962, 203) und den Beteiligten das erforderliche rechtliche Gehör gewährt hat, zB auch dem Jugendamt (s Bem 329 und BayObLGZ 1952, 178; OLG Celle, ZblJugR 1960, 337 = DVBl 1961, 95). 392

Ebenso ist zu § 1666 Abs 2 zu prüfen, ob die unbestimmten Rechtsbegriffe „Verletzung des Rechts des Kindes auf Gewährung des Unterhalts" und „Besorgnis einer erheblichen Gefährdung des Unterhalts für die Zukunft" richtig ausgelegt und auf den festgestellten Sachverhalt richtig angewendet worden sind.

Soweit es sich um die örtliche oder internationale oder interlokale Zuständigkeit handelt, ist das Rechtsbeschwerdegericht berechtigt und verpflichtet, den Sachverhalt auch in tatsächlicher Hinsicht selbständig zu würdigen; dies folgt aus § 27 S 2 FGG iVm §§ 561 Abs 1 S 2, 554 Abs 3 Nr 2 lit b ZPO (Jansen, JR 1963, 421; Keidel, Bem 45 zu § 27 FGG; KG FamRZ 1961, 383; BayObLGZ 1962, 13). Das OLG kann daher den Sachverhalt hinsichtlich der Umstände, von denen die örtliche und internationale oder interlokale Zuständigkeit abhängt, selbständig beurteilen und gegebenenfalls Ermittlungen anstellen (Jansen aaO.)

10. a) *) Hat das Vormundschaftsgericht gemäß § 1666 (und gemäß §§ 1667—1669) eine Maßnahme angeordnet, so wird für die Entscheidung nach **§ 94 Abs 1 Nr 3 KostO** die volle **Gerichtsgebühr** (§ 32 KostO) erhoben. Die in § 96 KostO vorgesehene Freigrenze bei geringem Vermögen gilt für die nach § 94 entstehenden Gebühren nicht. 393

Mit der gemäß § 94 verfallenen Gebühr sind alle aus Anlaß der Angelegenheit erforderlichen Ermittlungen, Anhörungen usw abgegolten.

Bezieht sich die Entscheidung auf mehrere Fürsorgebedürftige, so wird nur eine Gebühr erhoben (§ 94 Abs 2 Satz 2 KostO).

Den zahlungspflichtigen Elternteil bestimmt das Vormundschaftsgericht gemäß § 94 Abs 3 Satz 2 KostO nach billigem Ermessen. Diese Vorschrift gilt nur für den ersten Rechtszug (BayObLG, Rpfleger 1960, 95). Wird zugleich ein Pfleger bestellt, so ist ferner § 93 KostO anzuwenden.

Das Verfahren ist gebührenfrei, wenn von einer Anordnung iS des § 1666 (oder der §§ 1667—1669) abgesehen wird (BayObLGZ 1961, 173 = Tschischgale-Luetgebrune-Lappe, Kostenrechtsprechung, KostO § 94 Nr 1; Bühling, Bem 1, Rohs-Wedewer, Bem I je zu § 94).

Ebenso entsteht für vorläufige (einstweilige) Anordnungen keine Gerichtsgebühr (Korintenberg-Wenz-Ackermann, Bem II 3c; Bühling, Bem 2c je zu § 94; KG OLG 15, 203).

§ 94 Abs 1 Nr 3 KostO ist auf das Änderungsverfahren (§ 1696) ebenfalls anzuwenden, wenn diese Vorschrift auch in der KostO (infolge eines Versehens des Gesetzgebers) nicht aufgeführt ist; die Änderung der Entscheidung gemäß § 1696 ist als eine vormundschaftsgerichtliche Entscheidung gemäß § 1666 anzusehen (BayObLGZ 1961, 173). Wird ein Antrag auf Änderung der früheren nach § 1666 394

*) Kommentare zur Kostenordnung: Rohs-Wedewer, 2. Aufl 1961 mit Ergänzungen 1962; Korintenberg-Wenz-Ackermann, 5. Aufl 1959; Beushausen-Kersteu-Küntzel-Bühling, 1958 (zitiert Bühling).

getroffenen Maßregel abgelehnt, so ist das Verfahren gebührenfrei (BayObLG aaO).

Die Gebühr des § 94 Abs 1 Nr 3 KostO entsteht für jede besondere Anordnung oder Änderung (Rohs-Wedewer, Bem II c, Bühling, Bem 2 c je zu § 94).

395 b) Im **Beschwerdeverfahren** fällt keine Gerichtsgebühr an, wenn die Beschwerde vom Kinde oder in dessen Interesse eingelegt ist **(§ 131 Abs 3 KostO)**; dies gilt auch, wenn die Beschwerde erfolglos ist. Ebenso ist das Verfahren der weiteren Beschwerde gebührenfrei.

Die Gebührenfreiheit besteht jedoch nur, wenn der Beschwerdeführer das Interesse des Kindes, nicht sein eigenes Interesse verfolgt; wird mit der Beschwerde geltend gemacht, ein Recht iS des § 20 FGG sei beeinträchtigt oder ergibt sich dieses Beschwerdebegehren aus der Sachlage, so entsteht die Gerichtsgebühr gemäß § 131 Abs 1 KostO, wenn die Beschwerde erfolglos ist (OLG Karlsruhe, Rpfleger 1957, 46); ebenso wenn gegen eine gemäß § 1666 ergangene Maßnahme oder gegen eine Ordnungsstrafe (§ 33 FGG iV mit einer Anordnung gemäß § 1666) von dem Betroffenen Beschwerde eingelegt wurde (OLG Stuttgart, Rpfleger 1957, 68).

396 c) Die **Entscheidung über die Kosten** gemäß § 94 Abs 3 Satz 2 KostO ist **nur** zusammen **mit** der **Entscheidung über die Hauptsache anfechtbar** (§ 20 a FGG, s dazu BayObLGZ 1963, 71 = Rpfleger 1963, 208 = JVBl 1963, 118).

397 d) Der **Geschäftswert des Verfahrens** gemäß § 1666 bestimmt sich nach § 30 Abs 2 KostO (s § 94 Abs 2 Satz 1 KostO). In der Regel wird ein Geschäftswert von DM 1000 bis 1500 anzunehmen sein, wenn das Verfahren von durchschnittlichem Umfang und durchschnittlicher Schwierigkeit ist und die Einkommens- und Vermögensverhältnisse der Eltern den Durchschnitt nicht übersteigen. Auch ist die Bedeutung und Tragweite, die Schwere des Eingriffs des Vormundschaftsgerichts zu berücksichtigen. Betrifft das Verfahren zwei Kinder, so wird ein Geschäftswert von DM 1500—2000 zugrundezulegen sein.

398 e) Für die **Anwaltsgebühren** ist § 118 BRAGebO maßgebend; hiernach beträgt die Prozeß- bzw Geschäftsgebühr in der Regel 5/10 der vollen Gebühr (Abs 1 Nr 1), je nach Lage des Falles nur 2—4/10 oder 6—10/10 (§ 118 Abs 2). Nimmt der Anwalt an mündlichen Besprechungen oder Verhandlungen oder an einer Beweisaufnahme teil, so erwächst hierfür je eine weitere Gebühr von 5/10, gegebenenfalls, wie erwähnt, eine höhere oder niedere Gebühr (§ 118 Abs 1 Nr 2 und 3, Abs 2 BRAGebO).

§ 118 BRAGebO gilt auch für die Rechtsmittelinstanzen (BayObLGZ 1959, 272, 279 = Rpfleger 1960, 99).

399 Im Verfahren betr Festsetzung des Geschäftswertes und der zu erstattenden Kosten (§ 13 a Abs 2 FGG) ist die weitere Beschwerde ausgeschlossen (BGHZ 33, 205 = NJW 1961, 29 = MDR 1961, 49; s hierzu Rietschel in LM FGG § 13 a Nr 3 Anm).

VIII. Gerichtliche Erziehungskartei.

400 Anordnungen gemäß § 1666 Abs 1 sind in die gerichtliche Erziehungskartei einzutragen; dies beruht auf Erlassen der Landesjustizverwaltungen vom 15. 2. 1955 / 16. 6. 1958, die auf Vereinbarungen der Länder und des Bundesjustizministeriums zurückgehen*).

In diesen Erlassen heißt es:

1. Die Strafregisterbehörden führen im Rahmen ihrer Zuständigkeit nach § 1 der Strafregister-Verordnung für Zwecke der Jugendrechtspflege eine Kartei (gerichtliche Erziehungskartei).

2. Der gerichtlichen Erziehungskartei sind folgende Anordnungen und Entscheidungen mitzuteilen. f) die Anordnung der Schutzaufsicht [jetzt: Erziehungsbeistandschaft] oder der vorläufigen und endgültigen Fürsorgerziehung durch den Vormundschaftsrichter, g) vorläufige und endgültige Entscheidungen des Vormundschaftsrichters nach §§ 1631 Abs 2, 1666 Abs 1 und 1838 BGB sowie diejenigen Entscheidungen nach § 1671 Abs 5 BGB, welche die Sorge für die Person des Minderjährigen betreffen, ferner diejenigen Entscheidungen, mit denen die vorgenannten Entscheidungen aufgehoben oder geändert werden.

---

*) Bundesanzeiger vom 23. 2. 1955 Nr 37, vom 16. 6. 1958 Nr 119; Baden-Württemberg: Die Justiz 1955, 74; 1958, 200; Bayern: JMBl 1955, 26 = BSVJu IV, 97 Nr 24; JMBl 1958, 106; Berlin: ABl 1955, 202; Hamburg: JVBl 1955, 2; Hessen: JMBl 1955, 11; 1958, 63; Niedersachsen: NdsRpfl 1955, 25; 1958, 129; Nordrhein-Westfalen: JMBl 1955, 49; 1958, 157; Rheinland-Pfalz: JBl 1955, 13; 1958, 88; Schleswig-Holstein: SchlHAnz 1955, 88; 1958, 201.

Die Neufassung der Vorschriften über die gerichtliche Erziehungskartei ist in Vorbereitung.

Ist Schutzaufsicht [jetzt: Erziehungsbeistandschaft] angeordnet, so ist auch ihre Aufhebung mitzuteilen (§ 59 Satz 2 RJWG — jetzt: § 61 Abs 2 JWG —).

Ist Fürsorgeerziehung angeordnet, so ist jede Entscheidung über die Aufhebung oder Fortführung oder Entlassung aus der Fürsorgeerziehung sowie über den Widerruf einer solchen Maßnahme mitzuteilen (§§ 72 Abs 2, 72 a, 73 RJWG — jetzt: § 75 Abs 2 JWG —).

5. Die in die gerichtliche Erziehungskartei aufgenommenen Vermerke werden zu den amtlichen Listen (Führungslisten) nicht mitgeteilt.

6. Über die in die gerichtliche Erziehungskartei aufgenommenen Vermerke wird nur den Strafgerichten, den Vormundschaftsgerichten, den Behörden der Staatsanwaltschaft und den Jugendämtern Auskunft erteilt...

7. Die Vermerke der gerichtlichen Erziehungskartei werden entfernt und vernichtet, wenn der in der Kartei Geführte das 24. Lebensjahr vollendet hat.

8. Die vorstehenden Bestimmungen treten an die Stelle der Vorschriften der Allgemeinen Verfügung des Reichsjustizministers vom 16. 12. 1943 (DJ 578).

IX. Internationales Privatrecht; der Rechtszustand in der sowjetischen Besatzungszone, interlokales Privatrecht.

1. a) **Art 19 Satz 1 EGBGB** bestimmt, daß das Rechtsverhältnis zwischen den Eltern und 401
einem ehelichen Kinde nach den deutschen Gesetzen beurteilt wird, wenn der Vater, und, falls der Vater gestorben ist, die Mutter die deutsche Staatsangehörigkeit besitzt. Aus dieser einseitigen Kollisionsnorm wurde von Rechtslehre und Rechtsprechung die vollständige (zweiseitige) Kollisionsnorm herausgebildet, daß das Rechtsverhältnis zwischen den Eltern und ihren Kindern nach der Rechtsordnung des Staates zu beurteilen ist, dem der Vater und nach dessen Tod die Mutter angehört (s Staudinger/Raape, 9. Aufl, Bem A, I, II zu Art 19, 462ff; Raape, Internationales Privatrecht, 5. Aufl, 1961, 349f; Kegel, Internationales Privatrecht, 1960, 287, Erman/Marquordt, Bem 1a, Palandt/Lauterbach, Bem 2 je zu Art 19; Maßfeller, JW 1935, 831; BayObLG Z 22, A 240; Z 33, 389 = JW 1934, 699 = ZblJugR XXVI, 61 = HRR 1934 Nr 326; OLG München, JFG 18, 15 = HRR 1938 Nr 1281; KG, JW 1939, 350; KGJ 45, A 18 = RJA 13, 178; KGJ 46, A 27 = RJA 14, 14.

Art 19 EGBGB verstößt nicht gegen den Gleichberechtigungsgrundsatz (hM, s zB 402
Erman/Marquordt, Bem 1b; Palandt/Lauterbach, Bem 2 je zu Art 19; BayObLG Z 1959, 8; aM Beitzke in Achilles/Greiff, Bem 1 zu Art 19).

Aus dem erwähnten Grundsatz bezüglich der Anwendung des Heimatrechts des 403
Vaters bzw der Mutter ergibt sich, daß über die Beschränkung oder Entziehung des Sorgerechts oder von Bestandteilen der elterlichen Gewalt eines Ausländers nach der Rechtsordnung seines Heimatstaates zu entscheiden ist (s dazu BayObLG aaO; RG, Warn 1927, 212, 214 Nr 121; KG, KGJ 45, A 18; 46, A 27). Durchbrochen wird dieser Grundsatz jedoch durch Art 30 EGBGB, wonach die Anwendung eines ausländischen Gesetzes ausgeschlossen ist, wenn die Anwendung gegen die guten Sitten oder gegen den Zweck eines deutschen Gesetzes verstoßen würde. Diese Vorschrift darf hier freilich nur mit Vorsicht angewendet werden (so mit Recht Beitzke in Achilles/Greiff, 21. Aufl, Bem 4 zu Art 19), nämlich wenn das ausländische Recht kein Eingreifen zuläßt, Maßnahmen zum Schutze und Wohle des Kindes aber unumgänglich notwendig sind (vgl auch Staudinger/Raape, Bem B, X, 5 b zu Art 19, 479; s ferner OLG Hamburg, HEZ 2, 263; KG, JW 1939, 350).

Art 23 EGBGB findet hier keine Anwendung, da es sich nicht um die Anordnung 404
einer Vormundschaft oder Pflegschaft handelt, sondern um die Beschränkung der elterlichen Gewalt (wohl jetzt allgemeine Meinung, s zB BayObLG Z 22, A 240; Staudinger/Raape, aaO, Kegel, 289). Ebenso ist das Haager Abkommen zur Regelung der Vormundschaft über Minderjährige vom 12. 6. 1902 (RGBl 1904, 240) hier nicht anzuwenden (s hierzu Näheres in den Bem zu Art 23 EGBGB sowie Soergel/Siebert/Kegel, Bem 37 zu Art 23).

Das ausländische materielle Recht über die Voraussetzungen eines behördlichen 405
(dh im Gebiet der Bundesrepublik: eines vormundschaftsgerichtlichen) Eingreifens ist ferner dann nicht anzuwenden, wenn das ausländische (Kollisions-)Recht auf die Rechtsordnung des Wohnsitzes zurückverweist; diese Zurückverweisung ist zu beachten (vgl Art 27 EGBGB, der einen allgemeinen Rechtsgedanken enthält; s hierzu BayObLG Z 1962, 39 = FamRZ 1962, 480 = NJW 1962, 1013; Z 22, A 69).

Die **internationale Zuständigkeit,** die eine selbständige Verfahrensvoraussetzung 406
ist (s hierzu Dölle, RabelsZ Band 27, 1962, 206ff; Schnitzer, Handbuch des inter-

nationalen Privatrechts, Band II, 1958, 797ff; Jansen, Vorbem 6 vor § 35, Keidel, Bem 3 zu § 36 FGG), ergibt sich grundsätzlich aus einer analogen Anwendung des § 43 iV mit § 36 Abs 1 Satz 1 FGG (s Soergel/Siebert/Kegel, Bem 34, 35, 44 zu Art 19 EGBGB; Kegel, aaO, 292; Raape, aaO, 353f; Jansen, JR 1963, 422; Schwimann, FamRZ 1959, 325, 371; KG, FamRZ 1963, 576; BayObLG Z 1959, 8 = FamRZ 1959, 364 = NJW 1959, 1038 [gekürzt]; hierzu aber auch Neuhaus, FamRZ 1959, 482; Die Grundbegriffe des internationalen Privatrechts, 1962, 242ff; Dölle, aaO). Sie ist zu bejahen, wenn sich das Kind im Gebiet der Bundesrepublik aufhält; daß alle Beteiligten hier ihren Aufenthalt haben, ist nicht erforderlich (vgl. Jansen, Vorbem 5 vor § 35; BayObLG, aaO; KG, FamRZ 1963, 576; auch KG, JW 1939, 350; sowie Dölle, aaO, 216f, 218, 224). Maßgebend ist also der gewöhnliche Aufenthalt; ob dieser gegeben ist, ist nach der lex fori zu beurteilen (Jansen, JR 1963, 422).

407 Grundsätzlich geht die Prüfung der örtlichen Zuständigkeit des angerufenen deutschen Gerichts der Prüfung der internationalen Zuständigkeit vor (KG, FamRZ 1961, 383 = NJW 1961, 1584; FamRZ 1963, 576; Jansen, aaO, Vorbem 6; JR 1963, 422; s auch Keidel, Bem 3 zu § 36; sowie [etwas abweichend] Neuhaus, FamRZ 1961, 540). Zu beachten ist auch, daß dem örtlich unzuständigen Gericht die Prüfung der internationalen Zuständigkeit kaum zugemutet werden kann (ebenso KG, aaO; Bosch, FamRZ 1961, 385), wobei der Grundsatz der Prozeßökonomie zu beachten ist (hierauf macht Kralik, ZZP 74, 36, mit Recht aufmerksam); ist allerdings ausnahmsweise die Prüfung der internationalen Zuständigkeit einfach und liegt deren Fehlen klar zutage, erfordert die Prüfung der örtlichen Zuständigkeit jedoch umfangreiche und schwierige Ermittlungen, so darf das Gericht ein Eingreifen ablehnen ohne Klärung der örtlichen Zuständigkeit.

408 Die deutschen Gerichte sind, wenn sich das Kind ausländischer Staatsangehörigkeit im Inland aufhält, nicht nur für vorläufige und eilige Maßnahmen zuständig (s KG, KGJ 45, A 18; 46, A 27; RG, Warn 1927, 212 Nr 121; Dölle, aaO, 220ff; Jansen, aaO, Vorbem 5), sondern auch für endgültige Maßregeln. Hat sich jedoch die ausländische Rechtsordnung die ausschließliche Zuständigkeit der Gerichte des betreffenden Staates vorbehalten, so muß dies beachtet werden (s Dölle, aaO, 217, 235; vgl aber auch Kegel, aaO, 292; BayObLG Z 1959, 8; Schwimann, FamRZ 1959, 371, welche die Ansicht vertreten, darauf, ob der ausländische Staat die Entscheidung eines deutschen Gerichts anerkenne, komme es nicht an). Indessen ist die internationale Zuständigkeit des deutschen Vormundschaftsgerichts dann zu bejahen, wenn ein besonders dringendes Fürsorgebedürfnis im Inland vorliegt (Dölle, aaO). Somit wird in den Fällen, in denen der ausländische Staat die ausschließliche Zuständigkeit für sich in Anspruch nimmt und das im Inland ansässige Kind ausländischer Staatsangehörigkeit in seinem geistigen, seelischen oder leiblichen Wohle gefährdet ist, angenommen werden müssen, daß (zunächst) nur eine vorläufige Entscheidung ergehen darf und danach abgewartet werden muß, ob die zuständige Stelle des ausländischen Staates die Fürsorge für das Kind übernimmt; lehnt diese ab, so ist das deutsche Gericht zur endgültigen Entscheidung berufen, wenn das Wohl des Kindes und die Fürsorgepflicht des Staates, die öffentliche Ordnung es erfordern (vgl auch Art 23 Abs 1 EGBGB). Billigt dagegen das ausländische Recht das Tätigwerden des deutschen Vormundschaftsgerichts, so wird das Fürsorgebedürfnis durch die örtliche Zuständigkeit des deutschen Gerichts indiziert (Dölle, aaO, 235). Auf diese Weise läßt sich eine klare Abgrenzung erzielen und können Schwierigkeiten vermieden werden, die sich aus einer ausschließlichen Zuständigkeit einer ausländischen Stelle ergeben könnten.

409 Bezüglich der Fürsorgerziehung s unten Anhang Bem 200.

Für das gerichtliche Verfahren ist stets das deutsche Recht, also das FGG, maßgebend.

410 Hält sich die deutsche Familie im Ausland auf, so fragt es sich, ob Maßnahmen, die eine ausländische Behörde oder ein ausländisches Gericht unter Anwendung des § 1666 gegen die Eltern oder den betreffenden Elternteil angeordnet hat, anzuerkennen sind. Dies bejahen Staudinger/Raape, Bem B, X, 5, a, 477; Raape, 353; Erman/Marquordt, Bem 8 zu Art 19; sowie allgemein für Sorgerechtsregelungen Lent/Habscheid, 178 ff, § 30; BayObLG Z 1959, 8. Dieser Auffassung ist zuzustimmen. Zwar wird man annehmen müssen, daß § 43 iV mit § 36 Abs 2 FGG auch eine Regelung der internationalen Zuständigkeit darstellt (vgl Kegel, 292; Schnorr v. Carolsfeld, JZ 1961, 328). Hieraus folgt aber nicht, daß diese Vorschrift die ausschließliche internationale Zuständigkeit des deutschen Vormundschaftsgerichts begründet; vielmehr handelt es sich lediglich um die Begründung einer konkurrierenden internationalen Zuständigkeit. Die ausschließliche internationale Zuständigkeit wäre nur anzunehmen, wenn eine gesetzliche

Bestimmung vorhanden wäre, wonach die Entscheidung eines ausländischen Gerichts in Vormundschaftssachen und Angelegenheiten betr die elterliche Gewalt deutscher Eltern nicht anerkannt würde. Das FGG enthält jedoch keine solche Vorschrift.

Grundsätzlich sind **ausländische Entscheidungen,** die nach deutschem Recht den Bereich der freiwilligen Gerichtsbarkeit betreffen, **anzuerkennen;** zwar fehlt eine dem § 328 ZPO entsprechende Regelung für die freiwillige Gerichtsbarkeit; indessen ist anerkannt, daß die dieser Vorschrift zugrundeliegenden Rechtsgedanken und Prinzipien zum Teil allgemeine Bedeutung beanspruchen können und daher auch im Bereich der freiwilligen Gerichtsbarkeit Anerkennung verdienen (s Dölle, RabelsZ 1962, 235ff; Lent/Habscheid, 178f; BayObLG aaO). Nicht anerkannt werden können Entscheidungen, die gegen den deutschen ordre public insbesondere auch gegen Rechtsgrundsätze verstoßen, die im Grundgesetz verankert sind (s im einzelnen Lent/Habscheid, aaO; Dölle, aaO; Keidel, Bem 55, 56 zu § 33 FGG; BayObLG aaO). Für den vorliegenden Zusammenhang ist hervorzuheben, daß die ausländische Anordnung mit der in der Rechtsprechung der Gerichte der Bundesrepublik üblichen Auslegung des § 1666 sowie mit Art 6 Abs 2 und 3 GG vereinbar sein muß (vgl dazu auch KG, FamRZ 1961, 126 für den Fall der Bestellung eines Vormunds für ein in Ost-Berlin lebendes Kind aus geschiedener Ehe des in West-Berlin ansässigen Vaters durch den Rat des betreffenden Stadtbezirks nach dem Tode der sorgeberechtigten Mutter). 411

Das deutsche Vormundschaftsgericht ist, auch wenn die ausländische Entscheidung anzuerkennen ist, in der Lage, selbst eine weitere Entscheidung zu treffen, die das ausländische Erkenntnis für das Inland „überlagert"; materiell handelt es sich nicht um eine Änderung im eigentlichen Sinne, sondern nur um eine Modifizierung der Anerkennung (vgl Jarck, FamRZ 1956, 296; Lent/Habscheid, 180). Freilich liegt im praktischen Ergebnis eine Änderung der ausländischen Entscheidung vor (für die Zulässigkeit der Entscheidung des deutschen Vormundschaftsgerichts ferner auch Beitzke in Festschrift für Heinrich Lehmann, 1956, II, 504ff; JR 1957, 25; s ferner OLG Köln, JMBlNRW 1959, 206 = JZ 1961, 327 m Anm v Schnorr v. Carolsfeld, anders die früher herrschende Meinung). 412

Das deutsche Vormundschaftsgericht kann also eine Entscheidung anderen Inhalts treffen, wenn es die ausländische Anordnung für unrichtig hält oder wenn in der Zwischenzeit neue Umstände eingetreten sind, die eine Änderung der früheren Entscheidung rechtfertigen würden.

b) Gemäß **Art 20 EGBGB** wird das Rechtsverhältnis zwischen einem unehelichen Kinde und dessen Mutter nach den deutschen Gesetzen beurteilt, wenn die Mutter eine Deutsche ist. Diese Vorschrift ist von der Rechtslehre und der Rechtsprechung ebenfalls zu einer vollkommenen Kollisionsnorm ausgebaut worden, nach der für das Rechtsverhältnis zwischen einem unehelichen Kinde und dessen Mutter das Heimatrecht der Mutter maßgebend ist (Staudinger-Raape, Bem A, I, II, 490f; Erman-Marquordt, Bem 1a; Palandt-Lauterbach, Bem 2; BayObLG Z 1953, 323 = NJW 1954, 350 = MDR 1954, 107). 413

Hieraus ergibt sich, daß über Maßnahmen zur Beschränkung des Sorgerechts der unehelichen Mutter die Rechtsordnung des Heimatstaates der Mutter entscheidet. Das deutsche Gericht ist nicht nur für die Anordnung von vorläufigen Maßnahmen (s zu dieser BayObLG Z 25, A 369) international zuständig.

Im übrigen wird auf die obigen Ausführungen zur Anwendung des Art 19 EGBGB und zu Fragen der Zuständigkeit verwiesen (Bem 401ff).

2. a) In der **sowjetischen Besatzungszone** gilt § 1666 in der alten Fassung unter Berücksichtigung des Gleichberechtigungsgrundsatzes (Art 7 der „Verfassung der Deutschen Demokratischen Republik" vom 7. 10. 1949, GesBl 6)*) weiter. Der Unterschied der Formu- 414

*) Art 7 lautet:
(I) Mann und Frau sind gleichberechtigt.
(II) Alle Gesetze und Bestimmungen, die der Gleichberechtigung der Frau entgegenstehen, sind aufgehoben.

Zu erwähnen ist noch, daß im Jahre 1954 ein „Entwurf eines Familiengesetzbuches der Deutschen Demokratischen Republik" veröffentlicht wurde (Neue Justiz 1954, 377ff, abgedruckt auch bei Hagemeyer, Das Familienrecht in der Sowjetzone, 3. Aufl, 1958). Zu diesem Entwurf s Artzt, NJ 1955, 75; Wächtler, NJ 1958, 408, sowie Niethammer, NJ 1962, 771, 773; insbesondere aber Granzow, FamRZ 1960, 85, mit näherer Darlegung und Würdigung des in der SBZ bestehenden Rechtszustandes.

lierung des § 1666 aF*) gegenüber der in der Bundesrepublik geltenden Regelung auf Grund des GleichberG hat keine (wesentliche) praktische Bedeutung.

Wichtig ist indessen noch, daß gemäß § 11 Nr 2 der Verordnung über die Übertragung der Angelegenheiten der freiwilligen Gerichtsbarkeit vom 15. 10. 1952 (Gesetzblatt 1057) „die mit der Überwachung des elterlichen Sorgerechts und der Kindeserziehung zusammenhängenden Aufgaben des Vormundschaftsgerichts ausgenommen die Sorge für das Vermögen des Kindes" auf den Rat des Kreises übertragen wurden; für Ost-Berlin erging mit der Verordnung vom 19. 3. 1953 (VOBl I, 99) eine entsprechende Regelung.

415 b) Im **interlokalen (interzonalen) Privatrecht** ist hinsichtlich der Frage des anzuwendenden materiellen Rechts an den gewöhnlichen Aufenthalt, in zweiter Linie an den letzten gewöhnlichen Aufenthalt, dann an den schlichten Aufenthalt und schließlich an den letzten schlichten Aufenthalt des Vaters, eventuell der Mutter in einem der deutschen Rechtsgebiete anzuknüpfen (ebenso Kegel, Internationales Privatrecht, 147ff; vgl aber auch Erman-Marquordt, Bem 9, a, zu Art 19 EGBGB).

416 Hinsichtlich der **interlokalen (interzonalen) Zuständigkeit**, die ebenfalls eine selbständige Verfahrensvoraussetzung ist wie die internationale Zuständigkeit, ist als Anknüpfungspunkt der gewöhnliche Aufenthalt des Kindes maßgebend (ebenso Jansen, Vorbem 6 vor § 35 FGG; Keidel, Bem 2 zu § 36; Lent-Habscheid, § 11, III, B, 60; BGH Z 21, 306 = FamRZ 1956, 347 = JR 1957, 20 m Anm v Beitzke = EJF, B II Nr 5 m Anm v Jansen = NJW 1956, 1439; hierzu Ascher in LM, FGG § 36 Nr 1 Anm). gegebenenfalls kann der schlichte Aufenthalt des Kindes im Gebiet der Bundesrepublik genügen (ebenso Keidel und Jansen, aaO); mitzuberücksichtigen sind grundsätzlich die gesamten Umstände des konkreten Falles, die Frage, ob diese eine gewichtige Beziehung zum Rechtsgebiet der Bundesrepublik begründen (vgl Keidel, Jansen, aaO; Soergel/Siebert/Lange, Bem 52 zu § 1666; KG, FamRZ 1958, 426; BayObLG Z 1959, 416 = FamRZ 1960, 38 [Ls]; OLG Stuttgart, JR 1963, 421).

417 Hält sich das Kind im Gebiet der Bundesrepublik auf und erweist sich ein Eingreifen des Vormundschaftsgerichts gemäß § 1666 als erforderlich, so ist das örtlich zuständige Vormundschaftsgericht auf jeden Fall auch **interlokal zuständig**, gleichgültig, wo die Eltern ihren Wohnsitz oder Aufenthalt haben (vgl hierzu auch KG, FamRZ 1957, 272 = NJW 1957, 1198 = EJF, B II Nr 10).

Die Prüfung der örtlichen Zuständigkeit geht auch hier der Prüfung der interlokalen Zuständigkeit vor (s oben Bem 407).

418 Die Anordnungen der Behörden der sowjetischen Besatzungszone in Sorgerechtsangelegenheiten sind **anzuerkennen**, es sei denn, daß sie gegen den ordre public der Bundesrepublik verstoßen (vgl KG, FamRZ 1961, 126) oder daß eine ausschließliche Zuständigkeit des Vormundschaftsgerichts anzunehmen ist, in dessen Bezirk sich das Kind befindet (s zur Zuständigkeit oben Bem 406, 417). Wird das Kind während des anhängigen vormundschaftsgerichtlichen Verfahrens in die sowjetische Besatzungszone verbracht, so wird von einer Maßregel nach § 1666 Abs 1 Satz 1 dann abgesehen werden müssen, wenn anzunehmen ist, daß das Kind nicht in Bälde zurückkehrt (s auch zum Verfahren betr Aufhebung der Fürsorgeerziehung unten Anhang Bem 448). Wird indessen in der sowjetischen Zone eine das Sorgerecht betreffende Maßnahme getroffen, so kann diese nicht anerkannt werden.

X. Strafrechtliche Bestimmungen.

419 In strafrechtlicher Hinsicht sind zu erwähnen: StGB § 170a (Verschleuderung von Familienhabe zum Nachteil ua eines unterhaltsberechtigten Abkömmlings), § 170b (Verletzung der Unterhaltspflicht), § 170d (Vernachlässigung eines Kindes), § 361 Nr 4 (Anhalten eines Kindes zum Betteln), § 361 Nr 9 (Verletzung der Aufsichtspflicht); JArbSchG §§ 66ff; GjS § 21; JSchG §§ 13, 14. Ferner ist bezüglich der Schulpflicht auf die landesrechtlichen Vorschriften zu verweisen: diese sind freilich uneinheitlich, zT ist die Regelung des Reichsschulpflichtgesetzes vom 6. 7. 1938 (RGBl I, 799), § 14, beibehalten, zT sind neue Regelungen getroffen worden (s dazu näher Schnitzerling, RdJ 1958, 149, und Potrykus, RdJ 1962, 375).

---

*) Zur Anwendung des § 1666 s ua OG (Oberstes Gericht), NJ 1958, 141; 1959, 857 (Verhältnis zur Sorgerechtsregelung nach der Scheidung der Ehe der Eltern); allgemein zur Politisierung des Personensorgerechts in der Sowjetzone s Sczostak, JR 1959, 295.

Anhang zu § 1666

Systematische Darstellung des VI. Abschnittes des Jugendwohlfahrtsgesetzes

Gesetz für Jugendwohlfahrt

— idF des Gesetzes zur Änderung und Ergänzung des Reichsjugendwohlfahrtsgesetzes vom 11.8.1961, BGBl I, 1193, und der gemäß Art XIV dieses Gesetzes erfolgten Bekanntmachung der Neufassung BGBl I, 1205 — (auszugsweise)

Abschnitt I.

Allgemeines.

§ 1.

(1) Jedes deutsche Kind hat ein Recht auf Erziehung zur leiblichen, seelischen und gesellschaftlichen Tüchtigkeit.

(2) Das Recht und die Pflicht der Eltern zur Erziehung werden durch dieses Gesetz nicht berührt. Gegen den Willen des Erziehungsberechtigten ist ein Eingreifen nur zulässig, wenn ein Gesetz es erlaubt.

(3) Insoweit der Anspruch des Kindes auf Erziehung von der Familie nicht erfüllt wird, tritt, unbeschadet der Mitarbeit freiwilliger Tätigkeit, öffentliche Jugendhilfe ein.

§ 2.

(1) Organe der öffentlichen Jugendhilfe sind die Jugendwohlfahrtsbehörden (Jugendämter, Landesjugendämter, oberste Landesbehörden), soweit nicht gesetzlich die Zuständigkeit anderer öffentlicher Körperschaften oder Einrichtungen, insbesondere der Schule, gegeben ist.

(2) Die öffentliche Jugendhilfe umfaßt alle behördlichen Maßnahmen zur Förderung der Jugendwohlfahrt (Jugendpflege und Jugendfürsorge) und regelt sich, unbeschadet der bestehenden Gesetze, nach den folgenden Vorschriften.

§ 3.

(1) Die öffentliche Jugendhilfe soll die in der Familie des Kindes begonnene Erziehung unterstützen und ergänzen. Die von den Personensorgeberechtigten bestimmte Grundrichtung der Erziehung ist bei allen Maßnahmen der öffentlichen Jugendhilfe zu beachten, sofern hierdurch das Wohl des Kindes nicht gefährdet wird. Ihr Recht, die religiöse Erziehung zu bestimmen, ist im Rahmen des Gesetzes über die religiöse Kindererziehung vom 15. Juli 1921 (Reichsgesetzbl 939) stets zu beachten.

(2) Den Wünschen der Personensorgeberechtigten, die sich auf die Gestaltung der öffentlichen Jugendhilfe im Einzelfall richten, soll entsprochen werden, soweit sie angemessen sind und keine unvertretbaren Mehrkosten erfordern.

(3) Die Zusammenarbeit mit den Personensorgeberechtigten ist bei allen Maßnahmen der öffentlichen Jugendhilfe anzustreben.

Abschnitt II.

Jugendwohlfahrtsbehörden.

1. Jugendamt.

a) Zuständigkeit.

§ 4.

Aufgaben des Jugendamtes sind

.....

3. die Mitwirkung bei der Erziehungsbeistandschaft, der Freiwilligen Erziehungshilfe und der Fürsorgeerziehung gemäß §§ 55 bis 77,

.....

Jugendwohlfahrtsgesetz (Auszug).

§ 5.

(1) Aufgabe des Jugendamtes ist ferner, die für die Wohlfahrt der Jugend erforderlichen Einrichtungen und Veranstaltungen anzuregen, zu fördern und gegebenenfalls zu schaffen, insbesondere für

1. Beratung in Fragen der Erziehung,

.....

3. Pflege und Erziehung von Säuglingen, Kleinkindern und von Kindern im schulpflichtigen Alter außerhalb der Schule,

.....

7. Erziehungshilfen während der Berufsvorbereitung, Berufsausbildung und Berufstätigkeit einschließlich der Unterbringung außerhalb des Elternhauses,

8. erzieherische Maßnahmen des Jugendschutzes und für gefährdete Minderjährige.

.....

§ 6.

(1) Zu den Aufgaben nach § 5 Abs 1 gehört es, im Rahmen der Einrichtungen und Veranstaltungen die notwendigen Hilfen zur Erziehung für einzelne Minderjährige dem jeweiligen erzieherischen Bedarf entsprechend rechtzeitig und ausreichend zu gewähren.

(2) Werden einem einzelnen Minderjährigen nach § 4 oder 5 Hilfen zur Erziehung gewährt, so gehört hierzu der in einer Familie außerhalb des Elternhauses des Minderjährigen, in einem Heim oder in einer sonstigen Einrichtung gewährte notwendige Lebensunterhalt.

.....

§ 11.

Das Jugendamt ist zuständig für alle Minderjährigen, die in seinem Bezirk ihren gewöhnlichen Aufenthaltsort haben. Für Minderjährige ohne gewöhnlichen Aufenthaltsort und für vorläufige Maßnahmen ist das Jugendamt zuständig, in dessen Bezirk das Bedürfnis der öffentlichen Jugendhilfe hervortritt.

b) Aufbau und Verfahren.

§ 12.

(1) Die öffentliche Jugendhilfe gemäß §§ 4 und 5 ist Selbstverwaltungsangelegenheit der Gemeinden und Gemeindeverbände.

(2) Jede kreisfreie Stadt und jeder Landkreis errichten ein Jugendamt.

.....

§ 13.

(1) Zusammensetzung, Verfassung und Verfahren des Jugendamts werden auf Grund landesrechtlicher Vorschriften geregelt.

(2) Das Jugendamt besteht aus dem Jugendwohlfahrtsausschuß und der Verwaltung des Jugendamts.

(3) Die Aufgaben nach diesem Gesetz werden durch den Jugendwohlfahrtsausschuß und durch die Verwaltung des Jugendamts wahrgenommen.

§ 15.

Der Jugendwohlfahrtsausschuß befaßt sich anregend und fördernd mit den Aufgaben der Jugendwohlfahrt. .....

§ 16.

(1) Die laufenden Geschäfte des Jugendamts werden von dem Leiter der Verwaltung oder in seinem Auftrage von dem Leiter der Verwaltung des Jugendamts im Rahmen der Satzung und der Beschlüsse der zuständigen Vertretungskörperschaft und des Jugendwohlfahrtsausschusses geführt.

(2) Zum Leiter der Verwaltung des Jugendamts dürfen nur Personen bestellt werden, die auf Grund ihres Charakters, ihrer Kenntnisse, ihrer Erfahrungen und in der Regel auf Grund einer fachlichen Ausbildung eine besondere Eignung für die Jugendhilfe haben; .....
.....

§ 18.

Der Leiter der Verwaltung des Jugendamts kann im Rahmen der Beschlüsse des Jugendwohlfahrtsausschusses die Erledigung einzelner Geschäfte oder Gruppen von Geschäften besonderen Ausschüssen sowie freien Vereinigungen der Jugendwohlfahrt, Jugendverbänden oder einzelnen in der Jugendwohlfahrt erfahrenen Männern und Frauen widerruflich übertragen. .....

2. Landesjugendamt.

§ 19.

(1) Zur Sicherung einer gleichmäßigen Erfüllung der den Jugendämtern obliegenden Aufgaben und zur Unterstützung ihrer Arbeit sind Landesjugendämter zu errichten.
.....

§ 20.

(1) Dem Landesjugendamt liegen ob
.....
4. die Mitwirkung bei der Unterbringung Minderjähriger,
5. die Zusammenfassung aller Veranstaltungen und Einrichtungen, die sich auf die Fürsorge für gefährdete und verwahrloste Minderjährige beziehen,
6. die Ausführung der Freiwilligen Erziehungshilfe und der Fürsorgeerziehung, sofern nicht nach § 74 Abs 2 andere Behörden für zuständig erklärt sind,
.....
8. die Heimaufsicht gemäß § 78 .....
.....

Abschnitt IV.

Schutz der Pflegekinder.

1. Erlaubnis zur Annahme.

§ 27.

(1) Pflegekinder sind Minderjährige unter 16 Jahren, die sich dauernd oder nur für einen Teil des Tages, jedoch regelmäßig, außerhalb des Elternhauses in Familienpflege befinden.
(2) Pflegekinder sind nicht
1. Minderjährige, die sich bei ihren Personensorgeberechtigten befinden,
.....
6. Minderjährige, die sich in Freiwilliger Erziehungshilfe oder Fürsorgeerziehung befinden.

(Siehe zu weiteren Bestimmungen des Abschnittes IV und zum Abschnitt V die Bemerkungen zu §§ 1705ff, 1773ff, zu § 48 die Erläuterungen des § 1694.)

Abschnitt VI.

Erziehungsbeistandschaft, Freiwillige Erziehungshilfe und Fürsorgeerziehung.

1. Erziehungsbeistandschaft.

§ 55.

Für einen Minderjährigen, dessen leibliche, geistige oder seelische Entwicklung gefährdet oder geschädigt ist, ist ein Erziehungsbeistand zu bestellen, wenn diese Maßnahme zur Abwendung der Gefahr oder zur Beseitigung des Schadens geboten und ausreichend erscheint.

Jugendwohlfahrtsgesetz (Auszug).

§ 56.

(1) Das Jugendamt bestellt den Erziehungsbeistand auf Antrag der Personensorgeberechtigten.

(2) Der Erziehungsbeistand ist durch eine andere Person zu ersetzen, wenn es das Wohl des Minderjährigen erfordert.

§ 57.

(1) Liegen die Voraussetzungen des § 55 vor, wird aber ein Erziehungsbeistand nicht nach § 56 bestellt, so ordnet das Vormundschaftsgericht die Bestellung an. Der Erziehungsbeistand ist sodann vom Jugendamt zu bestellen. § 56 Abs 2 ist anzuwenden.

(2) Das Vormundschaftsgericht entscheidet von Amts wegen oder auf Antrag. Antragsberechtigt ist jeder Personensorgeberechtigte und das Jugendamt.

(3) Vor der Beschlußfassung sind die Antragsberechtigten und der Minderjährige zu hören, soweit sie erreichbar sind.

(4) Der Beschluß des Vormundschaftsgerichts ist den in Absatz 2 Satz 2 Genannten und dem Minderjährigen, wenn er das 14. Lebensjahr vollendet hat, bekanntzugeben. Die Begründung des Beschlusses ist dem Minderjährigen nicht mitzuteilen, soweit sich aus ihrem Inhalt Nachteile für seine Erziehung ergeben können.

(5) Hat ein Vormundschaftsgericht entschieden, in dessen Bezirk der Minderjährige nicht seinen gewöhnlichen Aufenthaltsort hat, so soll die Sache auf Antrag des Jugendamts gemäß § 46 des Reichsgesetzes über die Angelegenheiten der freiwilligen Gerichtsbarkeit, sofern nicht besondere Gründe dagegen sprechen, an das Vormundschaftsgericht abgegeben werden, in dessen Bezirk der Minderjährige seinen gewöhnlichen Aufenthaltsort hat.

§ 58.

(1) Der Erziehungsbeistand unterstützt die Personensorgeberechtigten bei der Erziehung. Er steht dem Minderjährigen mit Rat und Hilfe zur Seite und berät ihn auch bei der Verwendung seines Arbeitsverdienstes. Er hat bei der Ausübung seines Amts das Recht auf Zutritt zu dem Minderjährigen. Das Grundrecht der Unverletzlichkeit der Wohnung (Artikel 13 Abs 1 des Grundgesetzes) wird insoweit eingeschränkt.

(2) Der Erziehungsbeistand hat dem Jugendamt und, falls er auf Grund eines Beschlusses des Vormundschaftsgerichts bestellt ist, auch dem Vormundschaftsgericht auf Verlangen zu berichten. Er hat jeden Umstand unverzüglich mitzuteilen, der Anlaß geben könnte, weitere erzieherische Maßnahmen zu treffen.

§ 59.

Die Personensorgeberechtigten, der Arbeitgeber, die Lehrer und Personen, bei denen sich der Minderjährige nicht nur vorübergehend aufhält, sind verpflichtet, dem Erziehungsbeistand Auskunft zu geben.

§ 60.

Das Jugendamt hat den Erziehungsbeistand zu beraten und bei seiner Tätigkeit zu unterstützen.

§ 61.

(1) Die Erziehungsbeistandschaft endet mit der Volljährigkeit.

(2) Die Erziehungsbeistandschaft ist aufzuheben, wenn der Erziehungszweck erreicht oder die Erreichung des Erziehungszwecks anderweitig sichergestellt ist. Sie ist insbesondere aufzuheben, wenn die Ausführung der Freiwilligen Erziehungshilfe oder der Fürsorgeerziehung beginnt. Sie ist ferner aufzuheben, wenn im Fall des § 56 Abs 1 ein Personensorgeberechtigter die Aufhebung beantragt. Für die Aufhebung ist in den Fällen des § 56 Abs 1 das Jugendamt, in den übrigen Fällen das Vormundschaftsgericht zuständig.

2. Freiwillige Erziehungshilfe und Fürsorgeerziehung.

§ 62.

Einem Minderjährigen, der das 20. Lebensjahr noch nicht vollendet hat und dessen leibliche, geistige oder seelische Entwicklung gefährdet oder geschädigt ist, ist Freiwillige Erziehungshilfe zu gewähren, wenn diese Maßnahme zur Abwendung der Gefahr oder zur Beseitigung des Schadens geboten ist und die Personensorgeberechtigten bereit sind, die Durchführung der Freiwilligen Erziehungshilfe zu fördern.

§ 63.

Das Landesjugendamt gewährt Freiwillige Erziehungshilfe auf schriftlichen Antrag der Personensorgeberechtigten. Der Antrag ist bei dem Jugendamt zu stellen. Das Jugendamt nimmt zu dem Antrag Stellung.

§ 64.

Das Vormundschaftsgericht ordnet für einen Minderjährigen, der das 20. Lebensjahr noch nicht vollendet hat, Fürsorgeerziehung an, wenn sie erforderlich ist, weil der Minderjährige zu verwahrlosen droht oder verwahrlost ist. Fürsorgeerziehung darf nur angeordnet werden, wenn keine ausreichende andere Erziehungsmaßnahme gewährt werden kann.

§ 65.

(1) Das Vormundschaftsgericht entscheidet von Amts wegen oder auf Antrag. Antragsberechtigt sind das Jugendamt, das Landesjugendamt und jeder Personensorgeberechtigte. Der Kreis der Antragsberechtigten kann durch Landesrecht erweitert werden.

(2) Vor der Entscheidung sind die Antragsberechtigten und der Minderjährige zu hören. Das Vormundschaftsgericht soll die Personensorgeberechtigten und den Minderjährigen mündlich anhören, soweit dies ohne erhebliche Schwierigkeiten geschehen kann. Der Kreis der Anzuhörenden kann durch Landesrecht erweitert werden.

(3) Der Beschluß ist mit Gründen zu versehen. Er ist den Antragsberechtigten und, wenn Fürsorgeerziehung angeordnet wird, dem Minderjährigen, wenn er das 14. Lebensjahr vollendet hat, zuzustellen. § 57 Abs 4 Satz 2 ist anzuwenden.

(4) Gegen den Beschluß steht den in Absatz 3 Satz 2 Genannten die sofortige Beschwerde mit aufschiebender Wirkung zu.

(5) § 57 Abs 5 ist anzuwenden.

§ 66.

(1) Das Vormundschaftsgericht kann im Verfahren nach § 64 zur Beurteilung der Persönlichkeit des Minderjährigen die Untersuchung durch einen Sachverständigen anordnen.

(2) Zur Vorbereitung des Sachverständigengutachtens kann das Vormundschaftsgericht die Unterbringung des Minderjährigen bis zu sechs Wochen in einer für die pädagogische, medizinische oder psychologische Beobachtung und Beurteilung geeigneten Einrichtung anordnen. Erweist sich diese Zeit als nicht ausreichend, so kann das Vormundschaftsgericht die Unterbringung durch Beschluß verlängern. Die Dauer der Unterbringung darf insgesamt dre Monate nicht überschreiten. Das Grundrecht der Freiheit der Person (Artikel 2 Abs 2 Satz 2 des Grundgesetzes) wird insoweit eingeschränkt.

(3) Gegen einen Beschluß nach Absatz 1 und 2 steht den nach § 65 Abs 1 Satz 2 und 3 Antragsberechtigten die sofortige Beschwerde mit aufschiebender Wirkung zu.

§ 67.

(1) Bei Gefahr im Verzuge kann das Vormundschaftsgericht die vorläufige Fürsorgeerziehung anordnen.

Jugendwohlfahrtsgesetz (Auszug).

(2) Gegen die Anordnung der vorläufigen Fürsorgeerziehung steht den nach § 65 Abs 1 Satz 2 und 3 Antragsberechtigten und dem Minderjährigen, wenn er das 14. Lebensjahr vollendet hat, die sofortige Beschwerde zu. Sie hat keine aufschiebende Wirkung. § 18 Abs 2 des Reichsgesetzes über die Angelegenheiten der freiwilligen Gerichtsbarkeit ist nicht anzuwenden.

(3) Die vorläufige Fürsorgeerziehung kann neben einer Unterbringung nach § 66 Abs 2 angeordnet werden.

(4) Ist die vorläufige Fürsorgeerziehung angeordnet, so kann die endgültige Fürsorgeerziehung auch noch angeordnet werden, nachdem der Minderjährige das 20. Lebensjahr vollendet hat.

(5) Die Anordnung ist aufzuheben, wenn das Vormundschaftsgericht die Anordnung der endgültigen Fürsorgeerziehung ablehnt oder innerhalb von sechs Monaten keinen die Fürsorgeerziehung anordnenden Beschluß erlassen hat.

§ 68.

(1) Das Vormundschaftsgericht kann das Verfahren auf Anordnung der Fürsorgeerziehung durch Beschluß bis zu einem Jahr aussetzen. Die Aussetzung kann aus besonderen Gründen durch Beschluß des Vormundschaftsgerichts auf höchstens ein weiteres Jahr verlängert werden. Eine vorläufige Fürsorgeerziehung ist durch die Aussetzung aufgehoben. Über das vollendete 20. Lebensjahr hinaus kann das Verfahren nicht ausgesetzt werden.

(2) Gegen die Aussetzung steht den nach § 65 Abs 1 Satz 2 und 3 Antragsberechtigten die sofortige Beschwerde zu.

(3) Für die Dauer der Aussetzung hat das Vormundschaftsgericht die Bestellung eines Erziehungsbeistands anzuordnen.

§ 69.

(1) Freiwillige Erziehungshilfe und Fürsorgeerziehung werden vom Landesjugendamt unter Beteiligung des Jugendamts ausgeführt.

(2) Die Fürsorgeerziehung ist mit Rechtskraft, die vorläufige Fürsorgeerziehung mit Erlaß des Beschlusses ausführbar.

(3) Die Freiwillige Erziehungshilfe und die Fürsorgeerziehung werden unter Aufsicht des Landesjugendamts in der Regel in einer geeigneten Familie oder in einem Heim durchgeführt. Eine nicht nur vorläufig angeordnete Fürsorgeerziehung kann widerruflich in der eigenen Familie des Minderjährigen unter Aufsicht des Landesjugendamts fortgesetzt werden, wenn dadurch ihr Zweck nicht gefährdet wird. Die Aufsicht erstreckt sich darauf, daß das leibliche, geistige und seelische Wohl des Minderjährigen gewährleistet ist.

(4) Bei Ausführung der Fürsorgeerziehung gilt das Landesjugendamt für alle Rechtsgeschäfte, welche die Eingehung, Änderung oder Aufhebung eines Arbeits- oder Berufsausbildungsverhältnisses oder die Geltendmachung der sich aus einem solchen Rechtsverhältnis ergebenden Ansprüche betreffen, als gesetzlicher Vertreter des Minderjährigen. Es ist auch befugt, den Arbeitsverdienst und die Renten des Minderjährigen zu verwalten und für ihn zu verwenden.

(5) Bei Ausführung der Fürsorgeerziehung ist das Landesjugendamt befugt, die Entmündigung eines Minderjährigen wegen Geisteskrankheit oder Geistesschwäche zu beantragen.

§ 70.

Die Fürsorgeerziehung eines Minderjährigen ist von dem Landesjugendamt auszuführen, in dessen Bezirk das Vormundschaftsgericht seinen Sitz hat. Wird die Fürsorgeerziehung vom Jugendgericht angeordnet, so ist sie von dem Landesjugendamt auszuführen, das zuständig wäre, wenn das Vormundschaftsgericht die Fürsorgeerziehung angeordnet hätte.

Jugendwohlfahrtsgesetz (Auszug).

§ 71.

(1) Das Landesjugendamt bestimmt den Aufenthalt des Minderjährigen. Für die Unterbringung in Fürsorgeerziehung werden die Grundrechte der Freiheit der Person (Artikel 2 Abs 2 Satz 2 des Grundgesetzes) und der Freizügigkeit (Artikel 11 Abs 1 des Grundgesetzes) insoweit eingeschränkt.

(2) Der Minderjährige soll in einer Familie oder einem Heim untergebracht werden, in denen die Erziehung nach den Grundsätzen seiner Kirche, Religionsgesellschaft oder Weltanschauungsgemeinschaft durchgeführt wird. Davon kann abgesehen werden, wenn eine geeignete Fymilie oder ein geeignetes Heim nicht vorhanden ist oder besondere erzieherische Bedürfnisse des Minderjährigen es erfordern; seine religiöse Betreuung muß gesichert sein.

(3) Minderjährige, die keiner Kirche oder sonstigen Religionsgesellschaft und keiner Weltanschauungsgemeinschaft angehören, sollen nach Möglichkeit nur mit Einverständnis der Personensorgeberechtigten oder, wenn sie das 14. Lebensjahr vollendet haben, nur mit ihrem Einverständnis in einer Familie oder einem Heim untergebracht werden, in denen die Erziehung nach den Grundsätzen einer bestimmten Kirche, Religionsgesellschaft oder Weltanschauungsgemeinschaft durchgeführt wird.

(4) Den Personensorgeberechtigten ist unverzüglich mitzuteilen, wo der Minderjährige untergebracht ist. Auch die Eltern, denen das Sorgerecht nicht zusteht, sind zu unterrichten, soweit sie erreichbar sind. Das Vormundschaftsgericht kann auf Antrag des Landesjugendamts anordnen, daß der Unterbringungsort nicht mitzuteilen ist, wenn durch die Mitteilung der Erziehungszweck ernstlich gefährdet wird. Gegen den anordnenden Beschluß steht den Personensorgeberechtigten und den Eltern die Beschwerde zu. Gegen den ablehnenden Beschluß steht die Beschwerde mit aufschiebender Wirkung dem Landesjugendamt zu.

(5) Ist Fürsorgeerziehung angeordnet, so ist auch dem Vormundschaftsgericht der Ort der Unterbringung mitzuteilen.

§ 72.

Das Landesjugendamt soll zur Durchführung der Freiwilligen Erziehungshilfe und der Fürsorgeerziehung für die erforderliche Differenzierung der Einrichtungen und Heime nach der zu leistenden Erziehungsaufgabe sorgen.

§ 73.

Ist Fürsorgeerziehung angeordnet, so hat das Landesjugendamt dem Vormundschaftsgericht über die Entwicklung des Minderjährigen und die Aussichten, die Fürsorgeerziehung aufzuheben, jährlich mindestens einmal zu berichten.

§ 74.

(1) Das Nähere über die Ausführung der Freiwilligen Erziehungshilfe und der Fürsorgeerziehung wird durch Landesrecht geregelt.

(2) Die Landesregierung kann in einem Land, in dem am 1. Januar 1961 eine andere landesrechtliche Regelung bestand, die Zuständigkeit der Landesjugendämter nach diesem Abschnitt anderen Behörden übertragen.

§ 75.

(1) Die Freiwillige Erziehungshilfe und die Fürsorgeerziehung enden mit der Volljährigkeit.

(2) Die Freiwillige Erziehungshilfe oder die Fürsorgeerziehung ist aufzuheben, wenn ihr Zweck erreicht oder anderweitig sichergestellt ist. Erfordern erhebliche, fachärztlich nachgewiesene geistige oder seelische Regelwidrigkeiten des Minderjährigen eine andere Form der Hilfe, so ist die Freiwillige Erziehungshilfe oder die Fürsorgeerziehung erst aufzuheben, wenn die andere Form der Hilfe gesichert ist. Die Fürsorgeerziehung kann auch unter Vorbehalt des Widerrufs aufgehoben werden.

Jugendwohlfahrtsgesetz (Auszug).

(3) Die Freiwillige Erziehungshilfe ist vom Landesjugendamt unverzüglich aufzuheben, wenn ein Personensorgeberechtigter die Aufhebung beim Landesjugendamt beantragt.

(4) Die Fürsorgeerziehung wird durch das Vormundschaftsgericht von Amts wegen oder auf Antrag aufgehoben. Der Antrag kann von den nach § 65 Abs 1 Satz 2 und 3 Antragsberechtigten und von dem Minderjährigen selbst, wenn er das 14. Lebensjahr vollendet hat, gestellt werden.

(5) Das Vormundschaftsgericht hat vor der Aufhebung der Fürsorgeerziehung das Landesjugendamt und das Jugendamt zu hören. Dem Landesjugendamt steht gegen den die Fürsorgeerziehung aufhebenden Beschluß die sofortige Beschwerde mit aufschiebender Wirkung zu. Wird die Aufhebung abgelehnt, so steht jedem Antragsberechtigten die Beschwerde zu.

(6) Durch Landesrecht kann bestimmt werden, daß für die Entscheidung über die Aufhebung der Fürsorgeerziehung nach Absatz 4 anstelle des Vormundschaftsgerichts das Landesjugendamt zuständig ist mit der Maßgabe, daß der Antragsteller gegen die Ablehnung des Antrags innerhalb von zwei Wochen seit Zustellung des ablehnenden Bescheides die Entscheidung des Vormundschaftsgerichts anrufen kann; gegen den Beschluß des Vormundschaftsgerichts findet die sofortige Beschwerde statt.

§ 76.

Das gerichtliche Verfahren ist kostenfrei. Die nach § 65 Abs 2 Satz 2 und 3 mündlich zu hörenden Personen werden entsprechend den für Zeugen geltenden Vorschriften des Gesetzes über die Entschädigung von Zeugen und Sachverständigen vom 26. 7. 1957 (Bundesgesetzbl I, 861, 902) entschädigt; dies gilt nicht für den Minderjährigen und seine Eltern sowie für Behördenvertreter.

§ 77.

(1) Für eilige, auf Grund dieses Abschnitts zu treffende Maßregeln ist neben dem in § 43 des Reichsgesetzes über die Angelegenheiten der freiwilligen Gerichtsbarkeit bezeichneten Gericht einstweilen auch das Gericht zuständig, in dessen Bezirk das Bedürfnis der Fürsorge hervortritt. Das Gericht hat die angeordneten Maßnahmen unverzüglich dem endgültig zuständigen Gericht mitzuteilen; dieses wird damit ausschließlich zuständig.

(2) § 43 Abs 2 des Reichsgesetzes über die Angelegenheiten der freiwilligen Gerichtsbarkeit ist auch anzuwenden, wenn eine Maßnahme des Vormundschaftsgerichts für einen Minderjährigen erforderlich wird, für den eine Erziehungsbeistandschaft oder ein Fürsorgeerziehungsverfahren anhängig ist.

Abschnitt VIII.

Kostentragung bei Hilfen zur Erziehung für einzelne Minderjährige.

§ 80.

Die Bestimmungen dieses Abschnitts gelten für Hilfen zur Erziehung für einzelne Minderjährige nach § 4 oder 5, soweit diese Leistungen von den Organen der öffentlichen Jugendhilfe gewährt werden.

§ 81.

(1) Die Träger der öffentlichen Jugendhilfe, die für die Gewährung der Hilfen zur Erziehung für einzelne Minderjährige zuständig sind, tragen die Kosten der Hilfe, soweit dem Minderjährigen und seinen Eltern die Aufbringung der Mittel aus ihrem Einkommen und Vermögen nicht zuzumuten ist.

. . . . .

§ 85.

(1) Freiwillige Erziehungshilfe und Fürsorgeerziehung werden unabhängig davon gewährt, ob dem Minderjährigen und seinen Eltern die Aufbringung der Kosten zuzumuten ist. Soweit es ihnen zuzumuten ist, haben sie zu den Kosten beizutragen. Das Nähere zu Satz 2 wird durch Landesrecht bestimmt.

(2) Die Aufbringung der öffentlichen Mittel ist durch Landesrecht für die Freiwillige Erziehungshilfe und die Fürsorgeerziehung nach einheitlichen Grundsätzen zu bestimmen.

(3) Die Kosten der vorläufigen Fürsorgeerziehung fallen dem Kostenträger zur Last, der die Kosten einer endgültig angeordneten Fürsorgeerziehung zu tragen hat, und zwar auch dann, wenn die Fürsorgeerziehung endgültig nicht angeordnet worden ist.

(4) Im Sinne dieser Vorschrift rechnen die Kosten einer Unterbringung nach § 66 Abs 2 zu den Kosten der Fürsorgeerziehung, wenn die vorläufige oder endgültige Fürsorgeerziehung angeordnet worden ist.

Schlußbestimmung.

§ 89.

Welche Behörden die in diesem Gesetz der obersten Landesbehörde oder dem Landesjugendamt übertragenen einzelnen Aufgaben wahrzunehmen haben, bestimmt die Landesregierung.

Landesrecht zum JWG vom 11. 8. 1961:

Baden-Württemberg:
Verordnung des Innenministers vom 7. 9. 1962, GBl 190 (zu § 88 JWG);
Gesetz vom 9. 7. 1963, GBl 99
(hierzu s Zimmermann, BldWPfl 1963, 238; Potrykus, RdJ 1963, 372; Meier, Unsere Jugend 1964, 26; zum Gesetzesentwurf s Meier, ZblJugR 1963, 10);
Gesetz über die Landeswohlfahrtsverbände vom 23. 4. 1963, GBl 35
(hierzu s Rooschüz, Bad-Württ VerwBl 1964, 17).
Textsammlung von Walth. **Fuchs** und **Karl Römer**: Wohlfahrtsrecht, Gesetze über die Landeswohlfahrtsverbände, Sozialhilfe, Jugendhilfe ... (Kompendium sämtlicher einschlägiger Bundes- und Landesvorschriften auf dem Gebiet des Wohlfahrtsrechts), 1963.

Bayern:
Verordnung vom 11. 7. 1962, GVBl 104,
abgedruckt bei Krug, 417 (s zum bayerischen Recht auch Potrykus, RdJ 1963, 107).

Bremen:
Gesetz vom 26. 6. 1962, GBl 159,
abgedruckt bei Krug, 421ff, Gräber, 362ff (s Potrykus, RdJ 1963, 107f).
Verordnung vom 19. 6. 1962, GBl 170.

Hamburg:
Gesetz vom 22. 6. 1962, GVBl 137,
abgedruckt bei Krug, 423ff, Gräber, 375ff (s Potrykus, RdJ 1963, 107).

Hessen:
Verordnung vom 11. 7. 1962, GVBl 335.

Niedersachsen:
Gesetz vom 13. 12. 1962, GVBl 246,
abgedruckt bei Krug, 427ff (s hierzu Potrykus, RdJ 1963, 108ff).

Nordrhein-Westfalen:
Gesetz vom 25. 6. 1962, GVBl 354, Bekanntmachung der Neufassung 413,
abgedruckt bei Krug, 429ff, Gräber, 385ff (s hierzu Potrykus, RdJ 1963, 107; Haller, Jugendwohl 1962, 199; Hermann, ZblJugR 1963, 75; auch Haarmann, ZblJugR 1957, 29).

Rheinland-Pfalz:
Gesetz vom 8. 3. 1963, GVBl 84;
Verordnung vom 31. 10. 1961, GVBl 265,
abgedruckt bei Krug, 431.

Schleswig-Holstein:
Gesetz vom 7. 7. 1962, GVBl 1962, 274, Bekanntmachung der Neufassung 277,
abgedruckt bei Krug, 435ff, Gräber, 404ff (s hierzu Potrykus, RdJ 1963, 108; Roestel, Unsere Jugend 1962, 514).

Frühere (noch nicht neugefaßte) Ländergesetze:

Bayern:
Gesetz vom 20. 7. 1925, GVBl 211, mit Änderungen vom 1. 8. 1930, GVBl 267, 20. 7. und 27. 10. 1938, GVBl 219, 385, 8. 4. 1940, GVBl 77, und 27. 9. 1946, GVBl 291; Bereinigte Sammlung, II, 14;

abgedruckt bei Potrykus, RJWG, 469ff; Riedel, Jugendwohlfahrtsrecht, 4. Aufl 1960, 227ff (Kommentar von Schiedermair, RJWG und das bayer Jugendamtsgesetz, 1926).

Berlin:

Gesetz vom 3. 7. 1958, GVBl 592,
abgedruckt bei Gräber, 334ff; Riedel, Jugendwohlfahrtsrecht, 4. Aufl 1960, 241ff.

Hessen:

Gesetz über die Jugendwohlfahrtsbehörden vom 10. 11. 1954, GVBl 191, idF des Gesetzes vom 17. 7. 1958, GVBl 77 und vom 26. 3. 1959, GVBl 7,
abgedruckt bei Gräber, 382ff.

Althessischer Landesteil (Reg-Bez Darmstadt):
Gesetz vom 17. 7. 1924, RegBl 289, idF des Ges vom 27. 6. 1930, RegBl 285, und des Gesetzes vom 10. 11. 1954, GVBl 191,
abgedruckt bei Potrykus, 613ff; Riedel, Jugendwohlfahrtsrecht, 4. Aufl 1960, 303ff; Krebs-Winkelmann, Das hessische Gesetz zur Ausführung des RJWG, 1929.

Ehemals Preußische Landesteile:
Preuß AusfG vom 29. 3. 1924, GS 180, idF der Gesetze vom 27. 12. 1926, GS 370, 25. 7. 1929, GS 161, 23. 12. 1931, GS 293 und 18. 3. 1933, GS 51,
abgedruckt bei Potrykus, 399ff; Riedel, Jugendwohlfahrtsrecht, 4. Aufl 1960, 351ff (hierzu Kommentar von Polligkeit-Blumenthal, 1925; 2. Aufl 1930).

Nordrhein-Westfalen:

Ehemals preußische Landesteile: PreußAusfG (s Hessen); ehemals lippischer Landesteil: Gesetz vom 4. 3. 1926, GS 95, idF der Gesetze vom 31. 10. 1929, GS 95 und 7. 5. 1932, GS 539.

Saarland:

PreußAusfG (s Hessen).

Weiteres früheres Landesrecht auf Grund des RJWG vom 9. 7. 1922:

Baden:

Gesetz vom 27. 3. 1924 und 18. 12. 1924, GVBl 57, 305;
Vollzugs-Verordnung vom 19. 10. 1934, GVBl 255, idF der VO vom 15. 4. 1936, GVBl 50, 14. 5. 1938, GVBl 61, 25. 11. 1938, GVBl 143 und 25. 8. 1939, GVBl 180,
abgedruckt bei Potrykus, 556ff; Umhauer-von Babo, Badisches Wohlfahrtsrecht, 1929.

Braunschweig:

Gesetz vom 29. 3. 1924, GVS 138, idF der Gesetze vom 15. 5. 1933, GVS 79, 19. 8. 1935, GVS 226, 5. 3. 1937, GVS 16 und 9. 5. 1938, GVS 39,
abgedruckt bei Potrykus, 590ff.

Oldenburg:

Gesetz vom 20. 6. 1923, GBl 437 idF der Gesetze vom 12. 4. 1924, GBl 136, 18. 3. 1929, GBl 65 und 27. 4. 1933, GBl 171,
abgedruckt bei Potrykus, 628ff.

Württemberg:

Gesetz vom 23. 11. 1927, RegBl 329, idF der Gesetze vom 4. 12. 1931, RegBl 431, und 7. 9. 1933, RegBl 345,
abgedruckt bei Potrykus, 637ff; Riedel, Jugendwohlfahrtsrecht, 4. Aufl 1960, 204ff; Handausgabe (mit Erläuterungen) von E. Schmidt, 1929.

Gliederung.

gung der leiblichen, geistigen oder seelischen Entwicklung des Minderjährigen
- a) Unbestimmter Rechtsbegriff 17
- b) Erziehungsziel 18
- c) Einzelheiten zu den Begriffen
  - aa) Gefährdung der Entwicklung 19—22
  - bb) Schädigung der Entwicklung 23
- d) Mindesterfordernis, Abgrenzungsfragen 24
- e) Gefährdung oder Schädigung 25
  - aa) in seelischer Hinsicht 26
  - bb) in körperlicher Hinsicht 27
  - cc) in geistiger Hinsicht 28
  - dd) Gefährdung oder Schädigung nur in einer Beziehung? Abgrenzungen, Ursache 29, 29a

3. Geboten und ausreichend 30
   - a) adäquates Mittel 31—33
   - b) aa) geboten 34
     - bb) ausreichend 35
     - cc) pädagogische Erfolgsaussicht 36, 37
   - c) Erziehungsbeistandschaft nicht neben Freiwilliger Erziehungshilfe, Fürsorgeerziehung oder Maßnahmen nach § 1666 BGB 38, 39

III. Die Bestellung des Erziehungsbeistandes

1. Bestellung und Anordnung (§§ 56, 57) 40
   - a) Verfahren bei dem Jugendamt
     - aa) Zuständigkeit 41
     - bb) Antrag der Personensorgeberechtigten 42—49
     - cc) Verwaltungsverfahren 50, 51
   - b) Anordnung der Erziehungsbeistandschaft (§ 57)
     - aa) Allgemeines 52, 53
     - bb) Zuständigkeit 54—58
     - cc) Antragsberechtigte 59, 60
     - dd) Anhörungen, Ermittlungen 61—65
     - ee) Beschluß, Begründung 66
     - ff) Bekanntmachung 67
     - gg) gerichtliche Erziehungskartei 68
     - hh) einstweilige Anordnung 69
     - ii) Beschwerde 70—72
   - c) Jugendgericht 73

2. Bestellung durch das Jugendamt
   - a) Verwaltungsakt 74—77
   - b) Auswahl des Erziehungsbeistandes 78—80
   - c) Bestallungsurkunde 81

3. Ersetzung des Erziehungsbeistandes durch eine andere Person 82

IV. Die Rechte und Pflichten des Erziehungsbeistandes und seine Stellung

1. Rechte und Pflichten 83
   - a) Unterstützung der Sorgeberechtigten bei der Erziehung des Minderjährigen 84
   - b) Hilfe für den Minderjährigen 85
   - c) Beratung bei der Verwendung des Arbeitsverdienstes 86—90
   - d) Beaufsichtigung des Minderjährigen 91

2. Rechtsstellung des Erziehungsbeistandes
   - a) Allgemeines 92
   - b) Recht auf Zutritt zum Minderjährigen 93, 94
   - c) Recht auf Auskunft 95, 96
   - d) Mitteilungspflichten 97
   - e) Überwachung des Erziehungsbeistandes 98—100

V. Die Beendigung der Erziehungsbeistandschaft

1. Automatische Beendigung 101

2. Aufhebung 102
   - a) Erreichung des Erziehungszweckes 103
   - b) Anderweitige Sicherstellung 104—106
   - c) Hindernisse gegen Weiterführung 107
   - d) Eheschließung der Minderjährigen 108
   - e) Unerziehbarkeit 109
   - f) Nachträgliche Feststellung fehlender Voraussetzungen 110
   - g) Aufhebung auf Antrag gemäß § 61 Abs 2 Satz 3 111

3. Verfahren bei Aufhebung 112
   - a) Zuständigkeit des Jugendamtes 113
   - b) Zuständigkeit des Vormundschaftsgerichts 114—120

C. Die Freiwillige Erziehungshilfe

I. Allgemeines

1. Begriff 121
2. Geschichte der Freiwilligen Erziehungshilfe 122

II. Voraussetzungen

1. Gefährdung oder Schädigung der leiblichen, geistigen oder seelischen Entwicklung 123, 124
2. Zur Abwendung der Gefahr oder zur Beseitigung des Schadens geboten 125—132
3. Bereitwilligkeit zur Förderung der Durchführung 133, 134

Systematische Darstellung des VI. Abschnittes des JWG.

2. Aufhebung 533
   a) Erreichung des Zwecks der Erziehungsmaßnahme 534, 535
   b) Anderweitige Sicherstellung 536, 537
   c) Aufhebung unter dem Vorbehalt des Widerrufs 538, 539
3. Sonstige Fälle der Aufhebung, Einzelfragen
   a) Zwecklosigkeit der Fortführung 540
   b) Eheschließung der Minderjährigen 541
   c) Fehlende Voraussetzungen der Anordnung 542
   d) Aufhebung der Freiwilligen Erziehungshilfe auf Antrag (§ 75 Abs 3) 543
   e) Unerziehbarkeit als Aufhebungsgrund ? 544
   f) Aufhebung wegen geistiger oder seelischer Regelwidrigkeiten 545
4. Das Aufhebungsverfahren
   a) des Vormundschaftsgerichts 546, 547
   b) die Zuständigkeit des Landesjugendamtes 548, 549
5. Widerruf der Aufhebung der Fürsorgeerziehung 550—552
6. Mitteilung der Aufhebung und des Widerrufs der Aufhebung an die gerichtliche Erziehungskartei 553

F. Kosten der Erziehungshilfen

I. Träger und Organe der öffentlichen Jugendhilfe 554

II. Kosten der Erziehungshilfen gemäß § 5 JWG 555

III. Freiwillige Erziehungshilfe und Fürsorgeerziehung
1. Grundsätzliches 556
2. Kosten iS des § 85 Abs 1 557
3. Kostenträger 558
4. Kostenerstattungsanspruch gem § 85 Abs 1 Satz 2 559
5. Arbeits- und Renten-Einkommen des Minderjährigen 560

Übersicht
(Alphabetisches Stichwortverzeichnis).

Literatur

a) zum RJWG:

Kommentare: Achilles/Greiff, BGB (21. Aufl 1958, Bearbeiter Joach. Greiff, 1302ff); Bäumer/Hartmann/Becker (1923); Beeking (Das RJWG und die Caritas, 1. Aufl 1923, 2. Aufl 1925); Behrend (1925); Blaum/Riebesell/Storck (1. Aufl 1922, 2. Aufl 1924, 3. Aufl 1926); Bovensiepen (1922); Drewes/Sandre (1. Aufl 1924, 2. Aufl 1928), Engelmann (1923); Fichtl (1. Aufl 1922, 2. Aufl 1926); Friedeberg/Polligkeit (1. Aufl 1923, 2. Aufl 1930, Nachtrag 1933, Neudruck mit Nachtrag 1955); Goeze (1. Aufl 1924, 2. Aufl 1925); Gräber (1954); Heß (1926); Muthesius (1950); Potrykus (1953); Riedel (1. Aufl 1952, 2. Aufl 1955); Jugendwohlfahrtsrecht, Textausgabe mit Erläuterungen, zuletzt 4. Aufl 1960); Riß/Weitpert/Richter (1926); Schiedermair (1926);

Systematische Darstellung des VI. Abschnittes des JWG.

b) **zum JWG (1961):**

Kommentare: Achilles/Greiff, BGB (21. Aufl Nachtrag 1963, Bearbeiter Joach. Greiff); Gräber (2. Aufl 1963); Jans/Happe (1963); Krug (1962, Ergänzungslieferung 1963); Palandt, BGB (23. Aufl 1964, Bearbeiter Lauterbach, Seite 2076ff); Riedel (3. Aufl 1963; sowie in „Deutsches Bundesrecht", V G 10);

Textausgaben: Jans/Happe (mit Einführung, 1. Aufl 1961, 2. Aufl 1962); Riedel (Jugendwohlfahrtsrecht, 5. Aufl 1962); Jans/Happe (Handbuch für die Jugendhilfe, 1964);

c) sonstige Darstellungen des VI. Abschnitts des JWG: Brand/Hensel, Die Vormundschafts-, Familienrechts- und Fürsorgeerziehungssachen in der gerichtlichen Praxis, 2. Aufl 1963 (504ff); Firsching, Familienrecht und andere Rechtsgebiete in der freiwilligen Gerichtsbarkeit (Handbuch der amtsgerichtlichen Praxis, Band V), 2. Aufl 1962 (70ff); Kipp in Enneccerus/Kipp/Wolff, Lehrbuch des Bürgerlichen Rechts, Band IV, 7. Bearb 1931, 593ff; Pikart/Henn, Lehrbuch der freiwilligen Gerichtsbarkeit, 1963 (219ff); Schnitzerling, Die vormundschaftsrichterlichen Erziehungsaufgaben, 1959 (27ff zu §§ 56ff RJWG); Soergel/Siebert, BGB, IV. Band, 9. Aufl 1963, Anhang zu § 1666 (390ff, Bearbeiter: Herm. Lange); Staudingers Kommentar zum BGB, VI. Band, 1. Teil, 10. Aufl 1939, Erläuterungen des Art 135 EGBGB (Bearbeiter: Gramm).

Monographien:

Carspecken, Warum Fürsorgeerziehung (1960); derselbe, Probleme des Jugendwohlfahrtsgesetzes vom 11. 8. 1961 (1962); Schmidle/Klein, Das Gesetz für Jugendwohlfahrt (1962); Harrer, Jugendwohlfahrtskunde, 4. Aufl 1963.

Aufsätze:

Buchhierl, Neue Aufgaben des Jugendamtes, RdJ 1962, 166; Carspecken, Die pädagogische Situation der Fürsorgeerziehung nach dem Inkrafttreten des Gesetzes zur Änderung und Ergänzung des Reichsjugendwohlfahrtsgesetzes, RdJ 1961, 347; Deutsch, Grundfragen des neuen Rechts der öffentlichen Erziehung, RdJ 1963, 81; Erhardt, Die öffentliche Erziehungshilfe auf neuen Wegen, BldWPfl 1962, 39; Göppinger, Das Jugendwohlfahrtsgesetz vom 11. 8. 1961, FamRZ 1963, 21; Hasenclever, Noch einmal: ein ernstes Wort zur RJWG-Novelle, Unsere Jugend 1961, 306; Zur Kritik Dr. Rothe's an seinen Kritikern, Unsere Jugend 1962, 29; Müller, Familienergänzende und familienersetzende Funktion der Jugendhilfe, BldWPfl 1962, 307; Potrykus, Die rechtliche Situation der öffentlichen Erziehung nach dem neuen JWG, ZblJugR 1962, 61; Die Novelle zum Jugendwohlfahrtsgesetz, NJW 1962, 284; Roestel, Freiwillige Erziehungshilfe und Subsidiarität der Fürsorgeerziehung, ZblJugR 1962, 149; Rothe, Das Gesetz für Jugendwohlfahrt vom 11. 8. 1961, RdJ 1961, 337; ferner BldWPfl 1961, 358; Jugendwohl 1961, 362; Unsere Jugend 1961, 438; ZblJugR 1961, 189; Zur Kritik an Abschnitt VI JWG, RdJ 1962, 195; Die Voraussetzungen der Fürsorgeerziehung und der Freiwilligen Erziehungshilfe, Jugendwohl 1962, 171; Schmidle, Kurzgefaßter Überblick über die gesetzlichen Voraussetzungen der Jugendhilfe ..., Jugendwohl 1962, 276, 309; Webler, Zur „überwundenen" Fürsorgeerziehung, ZblJugR 1960, 80.

Ein umfangreiches Literaturverzeichnis bringen Jans/Happe, XVIIff, sowie die vom Deutschen Jugendinstitut herausgegebenen Materialien zum Jugendwohlfahrtsgesetz vom 11. 8. 1961 (1963), 140ff, ferner Riedel, 3. Aufl 1963, zu den einzelnen Paragraphen und in Vorbemerkungen. Hingewiesen sei weiterhin auf das von W. Pense herausgegebene Lexikon der Sozial- und Jugendhilfe (1963) und den Aufsatz von Riedel, Schule und Jugendwohlfahrtsgesetz, RdJ 1964, 129.

Psychologische und pädagogische Literatur:

Aug. Aichhorn, Verwahrloste Jugend, 4. Aufl 1957; derselbe, Erziehungsberatung und Erziehungslehre, 1959; Hans Asperger, Heilpädagogik, 3. Aufl 1961; Theod. Ballauf, Systematische Pädagogik, 1962; Curt Bondy, Probleme der Jugendhilfe, 1957; Ernst Bornemann, Erziehungsberatung, 1963; Gustav A. Brandt, Psychologie für soziale Berufe, 3. Aufl, 1963; Wolfg. Brezinka, Erziehung als Lebenshilfe, 3. Aufl, 1963; Charl. Bühler, Psychologie im Leben unserer Zeit, 1962; G. Burckhardt, Charakter und Umwelt, 1957; Busemann, Psychologie der Intelligenzdefekte, 2. Aufl, 1963; Handbuch der Psychologie, hrsg v Ph. Lersch und F. Sander, Bd 3: Entwicklungspsychologie, 1959; Bd 10: Pädagogische Psychologie, 1959; Heinr. Hanselmann, Einführung in die Heilpädagogik, 5. Aufl 1958; Wilh. Hehlmann, Wörterbuch der Pädagogik, 6. Aufl 1960; derselbe, Wörterbuch der Psychologie, 2. Aufl, 1962; Hofmeier/Schwidder/Müller, Alles über Dein Kind, 1. Aufl 1961, 2. Aufl 1963 (zit. nach der 1. Aufl); Mart. Keilhacker, Pädagogische Psychologie, 5. Aufl 1958; Lexikon der Pädagogik, Francke-Verlag, Bern, 3 Bände, 1950 bis 1952; Lexikon der Pädagogik, Herder-Verlag, Freiburg, 4 Bände, 1952 bis 1955; Jak. Lutz, Kinderpsychiatrie, 1961; Friedr. Meinertz, Heilpädagogik, 1961; Hans Netzer, Erziehungslehre, 6. Aufl 1962; Pädagogisches Lexikon, hrsg v Groothoff und Stallmann, 1961; Heinz Remplein, Die seelische Entwicklung des Menschen im Kindes- und Jugendalter, 11. Aufl 1963; derselbe, Psychologie der Persönlichkeit, Die Lehre von der individuellen und typischen Eigenart des Menschen, 4. Aufl 1963;

Ernst Schneider, Psychologie der Jugendzeit, 2. Aufl 1952; Eduard Spranger, Psychologie des Jugendalters, 24. Aufl 1955; O. Tumlirz, Erw. Nolte, Pädagogische Psychologie im Abriß, 4. Aufl 1963; Konr. Widmer, Erziehung heute, Erziehung für morgen, 1960.

Hinzuweisen ist noch auf das im Erscheinen begriffene, auf 3 Bände berechnete „Handbuch der Sozialerziehung", hrsg von Bornemann und v. Mann-Tiechler, Bd 1, Grundlegung der Sozialerziehung (1963), und das „Handbuch der Erziehungsberatung", hrsg von Heinz-Rolf Lückert (2 Bde, 1964).

A. Einleitung.

1. Die Weimarer Reichsverfassung übertrug in Art 7 Nr 7 dem Reichsgesetzgeber die (konkurrierende) Gesetzgebung ua über die Kinder- und Jugendfürsorge und bestimmte in Art 9 Nr 1, daß das Reich die Gesetzgebung über die Wohlfahrtspflege hat, soweit ein Bedürfnis für den Erlaß einheitlicher Vorschriften vorhanden ist. Art 122 Abs 1 besagte: „Die Jugend ist gegen Ausbeutung sowie gegen sittliche, geistige oder körperliche Verwahrlosung zu schützen. Staat und Gemeinde haben die erforderlichen Einrichtungen zu treffen" (s zu diesen Vorschriften auch Backhausen, ZblVorm XI, 101). 1

Schon im Jahre 1919 begann das Reichsministerium des Innern den Entwurf eines Jugendwohlfahrtsgesetzes auszuarbeiten, der sich teilweise an einen im Jahre 1918 vom Preußischen Ministerium des Innern hergestellten Gesetzesentwurf anschloß.

Für den weit verbreiteten Wunsch einer reichsgesetzlichen Regelung waren maßgebend das Bestreben, für das ganze Reich eine einheitliche Organisation zu schaffen, da durch die herrschende Zersplitterung Mißstände aufgetreten waren (s auch unten Bem 174), ferner die Unzulänglichkeit der (durch Art 135 EGBGB) reichsrechtlich gebundenen Partikulargesetzgebungen (s Friedeberg, ZblVorm XI, 1; sowie auch unten Bem 173).

Am 25. 2. 1920 legte die Reichsregierung dem Reichsrat den Gesetzesentwurf vor (abgedruckt im ZblVorm XI, 233, s auch daselbst XII, 60). Nach Abschluß der Beratungen des Reichsrats (s die Beschlüsse ZblVorm XIII, 1) wurde der Gesetzesentwurf im März 1921 dem Reichstag zugeleitet (s RT-Drucks Nr 1666, I. Wahlperiode 1920/1922), der ihn dem 29. Ausschuß überwies. Im März 1922 legte der Ausschuß, in dem die Abgeordnete Frau Dr. Lüders Berichterstatterin war, seinen Bericht dem Reichstagsplenum vor (RT-Drucks Nr 3959; s hierzu Friedeberg, ZblVorm XIV, 1). Dieses beriet den Gesetzesentwurf am 13. und 14. 6. 1922 und nahm ihn am letzteren Tage mit großer Mehrheit an (s Prot 7769ff, 7797ff, bezüglich der Schlußabstimmung 7822D). Unter dem 9. 7. 1922 wurde das Gesetz im RGBl I, 633, veröffentlicht. Am 1. 4. 1924 trat es in Kraft, wobei jedoch den Ländern das Recht eingeräumt worden war, es früher in Kraft zu setzen (Art 1 des Einführungsgesetzes vom 9. 7. 1922, RGBl I, 647). Durch Art 2 der VO vom 14. 2. 1924 (RGBl I, 110) wurde der V. Abschnitt des Gesetzes mit Ausnahme des § 55 aufgehoben.

Der Erlaß des RJWG war „ein Markstein nicht nur in der Entwicklungsgeschichte der Jugendfürsorge und Jugendpflege, sondern auch für die soziale und kulturelle Entwicklung unseres Volkes" (Friedeberg/Polligkeit, 1. Aufl 1923, 6, 2. Aufl, 1930, 29). Das Eingreifen des Gesetzgebers war damals infolge der schweren Folgen des ersten Weltkrieges, der wirtschaftlichen Not, der Gefährdung und Verwahrlosung der Jugend erforderlich geworden.

2. Der wichtige Abschnitt VI des Gesetzes wurde später durch die Verordnungen des Reichspräsidenten vom 4. 11. 1932 (RGBl I, 522) und vom 28. 11. 1932 (RGBl I, 531) geändert (s dazu Bem 175, 176). 2

Nach dem Inkrafttreten des RJWG hatte sich eine im großen ganzen erfreuliche Entwicklung angebahnt, dank der Mitarbeit der freien Vereinigungen für Jugendwohlfahrt bei den Jugendämtern und der mit dem Gesetzeszweck im allgemeinen übereinstimmenden Rechtsprechung (Potrykus, RJWG, Seite 2; Jans-Happe, 48). Doch wurde diese Entwicklung durch die nationalsozialistische Gewaltherrschaft jäh unterbrochen. Der Staat übernahm die Jugendpflege*), mit dem verhängnisvollen Gesetz vom 1. 12. 1936 (RGBl I, 993) schuf er eine staatliche Zwangsorganisation der Jugend und degradierte die deutsche Jugend zur „Hitler-Jugend". Diese Organisation sowie die (im April 1933 gegründete) sog NSV (Nationalsozialistische Volkswohlfahrt) gewannen auf die Arbeit der Jugendämter zunehmenden Einfluß (s bezüglich der NSV Zbl-

*) Bemerkenswert ist hierzu auch ein in dem Beschluß des KG vom 17. 5. 1935 (JFG 12, 154, 156 = ZblJugR XXVII 135 = DJ 1935, 1039 = JW 1935, 2517) enthaltener Satz: „Im Sinne des heutigen Staates liegt es, daß die Erziehung der Jugend an sich schon weitgehend in den Händen der öffentlichen Gewalt liegt." (Dazu s noch unten Bem 280 und Weiland, RdJ 1963, 199).

JugR XXVII, 291; Weber, Hübner, Hesse, ZblJugR XXVII, 52, 385, 400; Rösch, Webler, DJugH XXVIII, 4, 260; Dinse, DJugH XXX, 282; Jourdan, DJugH XXIX, 367); die NSV errichtete eine Hauptstelle für Jugendhilfe (s DJugH XXIX, 297). Die freien Organisationen wurden ausgeschaltet. Durch das Gesetz vom 1. 2. 1939 (RGBl I, 109) wurde bei den Jugendämtern das „Führer-Prinzip" eingeführt, nachdem die Rechtsprechung daran festgehalten hatte, daß die Kollegial-Verfassung der Jugendämter*) durch die Deutsche Gemeindeordnung (vom 30. 1. 1935, RGBl I, 49) nicht berührt worden sei (s KG, Beschluß vom 16. 4. 1937, DJugH XXIX, 149 = JFG 15, 276).

3 3. Nach dem zweiten Weltkrieg brachte das Gesetz vom 28. 8. 1953 (BGBl I, 1035) eine Neuorganisation der Jugendwohlfahrtsbehörden, erreichte allerdings den von ihm verfolgten Zweck des „lebendigen Jugendamtes" nicht (s zur Novelle 1953: Riedel, JR 1953, 451; ZblJugR 1953, 177; Brockmann, ZblJugR 1954, 152; Gräber, ebda 277; W. Becker, FamRZ 1954, 5; Potrykus, NJW 1953, 1576; Palm, ZblJugR 1958, 1; Riedel, Jugendwohlfahrtsrecht, 4. Aufl 1960, 37ff; s auch Webler, ZblJugR 1961, 33).

Im Hinblick auf die heutige Situation der Jugend bemühte sich der Bundesgesetzgeber, den Umfang der Verpflichtung der staatlichen Gemeinschaft, den Eltern und der Jugend im Rahmen des sozialen Neuaufbaus die notwendigen Hilfen zu gewähren, gesetzlich neu festzulegen (s BT-Drucks Nr 2226, 3. Wahlperiode, 13). Denn der Jugendpflege obliegen heute große und wichtige Aufgaben — Aufgaben, deren Bewältigung das Schicksal auch der künftigen Generation mit beeinflußt.

4 4. Zunächst war ein umfassendes Jugendhilfegesetz vorgesehen; doch scheiterten die hierzu ausgearbeiteten (drei) Gesetzesentwürfe**). So wurde dann im Herbst 1960 lediglich ein Entwurf eines Gesetzes zur Änderung und Ergänzung des Reichsjugendwohlfahrtsgesetzes***) dem Bundesrat (im Oktober 1960, s BR-Drucks Nr 289/60) und nach dessen Stellungnahme (Beschluß vom 28. 10. 1960, Prot 499ff) dem Bundestag (am 14. 11. 1961, s BT-Drucks Nr 2226) zugeleitet. Die erste Lesung fand am 9. 12. 1960 statt (s Prot 7723ff), bei welcher der Entwurf dem Ausschuß für Familien- und Jugendfragen (als federführendem Ausschusse) und dem Ausschuß für Kommunalpolitik und öffentliche Fürsorge (als mitberatendem Ausschusse) überwiesen wurde. Der Ausschuß für Familien- und Jugendfragen legte am 15. 6. 1961 den schriftlichen Bericht vor (BT-Drucks Nr 2854), nebst Bericht des Abgeordneten Rollmann — in Vertretung der Berichterstatterin Frau Schanzenbach — (zu Drucks Nr 2854). Am 28. und 29. 6. 1961 fand im Bundestag die zweite und dritte Beratung statt (s Prot 9504ff, 9530ff), in letzterer wurde der Entwurf des Gesetzes angenommen (Prot 9548). Am 14. 7. 1961 stimmte der Bundesrat dem Gesetz zu (s Prot 185ff), nachdem der federführende Ausschuß für Innere Angelegenheiten und der Rechtsausschuß empfohlen hatten, hinsichtlich des Gesetzes zu verlangen, daß der Vermittlungsausschuß gemäß Art 77 Abs 2 GG einberufen wird (s BR-Drucks Nr 293/1/61).

Das Gesetz wurde dann am 11. 8. 1961 im BGBl (I, 1193) verkündet†). Durch Art XIV des Gesetzes wurde der Bundesminister für Familien- und Jugendfragen ermächtigt, den Wortlaut

---

*) Zur Geschichte des Jugendwohlfahrtsausschusses s Happe, RdJ 1963, 228, 273.

**) Der Bundesminister für Familien- und Jugendfragen, Dr. Wuermeling, berichtete am 9. 12. 1960 vor dem Bundestag (s Prot 7723), in einer von ihm Anfang Dezember 1957 geleiteten Sitzung des Aktionsausschusses für Jugendfragen, in dem alle Bereiche der freien und der behördlichen Jugendarbeit vertreten sind, sei ein Gesetzesentwurf zur Modernisierung des Jugendwohlfahrtsrechts gewünscht worden; s zur Reform Bamberger, Unsere Jugend, 1957, 400, 1959, 353; Claussen, ZblJugR 1958, 129; Potrykus, Unsere Jugend 1958, 311; Roestel, Unsere Jugend 1959, 354; Carspecken, RdJ 1959, 231; Bamberger, Rothe, W. Becker, Englert, Hasenclever, E. H. Meier, Potrykus, Mehl, Hasenclever, Unsere Jugend 1960, 145, 265, 290, 294, 295, 297, 301, 303, 343.

Ferner ist zur Reform des RJWG hinzuweisen auf die Ausführungen von Riedel, Jugendwohlfahrtsrecht, 4. Aufl 1960, 37ff, 5. Aufl, 25ff, JWG 3. Aufl 27ff; Jans/Happe, 50f.

***) Zum Gesetzesentwurf s Bamberger, Unsere Jugend 1961, 2; Carspecken, ZblJugR 1960, 309; RdJ 1961, 40; Frey, FamRZ 1961, 196; Potrykus, ZblJugR 1961, 65; Rothe, RdJ 1960, 341, 373; ZblJugR 1960, 281; Unsere Jugend 1960, 482; RdJ 1961, 65; Jugendwohl 1960, 418; 1961, 81, 106.

†) Die „Materialien zum Gesetz zur Änderung und Ergänzung des RJWG vom 11. 8. 1961" (BT-Drucks Nr 2226 und 2854, Protokolle des BT und des BR sowie die Kurzprotokolle der BT-Ausschüsse) hat das Deutsche Jugendinstitut e. V. veröffentlicht (1963; s FamRZ 1964, 112); Berichte über das Werden der Novelle hat Haller in Unsere Jugend 1961, 6, 59, 388, 461 gegeben; zur BT-Debatte am 28. 6. 1961 s ferner ZblJugR 1961, 181; Jugendwohl 1961, 348.

des RJWG in der neuen Fassung und mit neuer Paragraphenfolge als **„Gesetz für Jugendwohlfahrt"** bekanntzumachen, was dann auch geschah (s BGBl I, 1205). Übrigens ist die Änderung der Paragraphenfolge gegenüber dem RJWG zu bedauern, da hierdurch vor allem für die Praxis Schwierigkeiten entstehen und die Verwendung der bisherigen (umfangreichen) Rechtsprechung und Literatur zu dem 39 Jahre zuvor erlassenen RJWG nun ziemlich mühevoll und beschwerlich geworden ist.

Das JWG ist am 1. 7. 1962, die §§ 43, 43a (§§ 48, 49 der Neufassung) sind bereits am 1. 1 1962 in Kraft getreten (Art XVI des Änderungsgesetzes).

Zu erwähnen ist noch, daß die Stadt Dortmund gegen die Vorschriften der §§ 5 Abs 3 und 8 Abs 3 JWG mit Schriftsatz vom 21. 2. 1962 Verfassungsbeschwerde erhoben hat (s dazu die vom Deutschen Jugendinstitut herausgegebenen Materialien, 396ff; ZblJugR 1962, 135; RdJ 1962, 189; **Krug** nach 99; **Klein**, Jugendwohl 1962, 203), sowie daß das Land Hessen mit Schriftsatz vom 10. 7. 1962 beim BVerfG eine Normenkontrollklage eingereicht hat, mit der die Prüfung der Verfassungsmäßigkeit der §§ 2 Abs 2, 5 Abs 1—3, 7, 8 Abs 3, 9 Abs 2, 12—16, 18, 24, 25 Abs 1, 37 Satz 4 JWG begehrt wird (s die erwähnten Materialien 400ff, RdJ 1962, 379). Eine Entscheidung über die Verfassungsbeschwerde und die Normenkontrollklage ist noch nicht ergangen.

II. Das JWG enthält, was hier noch erwähnt werden muß, den **Grundsatz der Subsidiarität** in vier Bedeutungen: 5

Einmal in der Hinsicht, in welchem Sinne und in welchem Umfange ein Vorrang der freien Jugendhilfe vor der öffentlichen (behördlichen, staatlichen) Jugendhilfe besteht (s §§ 5 Abs 3, 8 Abs 3 JWG, hierzu Jans-Happe, Bem 2, 3, B—F zu § 5; Bem 5 zu § 8; diese Frage ist Gegenstand der Verfassungsbeschwerde der Stadt Dortmund und der Normenkontrollklage des Landes Hessen, s Bem 4 aE sowie Trutz Rendtorff in der Zeitschrift „Der Staat" 1962, 405ff; Peter Lerche, Verfassungsfragen um Sozialhilfe und Jugendwohlfahrt, 1963; Rothe, RdJ 1963, 193, 217, 232 und die Gutachten von Köttgen und v. d. Heydte, abgedruckt bei **Krug**, 99 (28ff),

zum andern in dem Sinne, daß die Familienerziehung Vorrang vor der öffentlichen Jugendhilfe hat (§ 1 Abs 3 JWG im Einklang mit Art 6 Abs 2 Satz 1 (s das Wort „zuvörderst") und Satz 2 GG (s dazu Vorbem 16 vor § 1666, sowie BT-Drucks Nr 2226, 14, mit Wiedergabe einer Stelle aus den Materialien des RJWG),

weiterhin in dem Sinne, daß die mildere Maßnahme, wenn sie ausreicht, Vorrang vor der schärferen haben soll (s dazu Bem 194).

schließlich in dem Sinne, daß, soweit die Kosten der Erziehungshilfe nicht von dem Minderjährigen oder dessen Eltern aufgebracht werden, die Träger der öffentlichen Jugendhilfe sie tragen (§ 81 JWG im Anschluß an die Regelung des § 2 BSHG, s dazu unten Bem 555).

B. Die Erziehungsbeistandschaft*).

I. Allgemeines.

1. Das Gesetz zur Änderung und Ergänzung des Reichsjugendwohlfahrtsgesetzes vom 11. 8. 1961 (BGBl I, 1193) führte anstelle der seitherigen Schutzaufsicht**) die Erziehungsbeistandschaft ein (§§ 55—61 JWG). 6

Die Erziehungsbeistandschaft unterscheidet sich von der Schutzaufsicht (§§ 56—61 aF) vor allem in folgendem:

---

*) **Literatur:**

Brand/Hensel, 504ff; Firsching, 76ff; Pikart/Henn, 221ff. —

W. Becker, Die Erziehungsbeistandschaft im Vorfeld der öffentlichen Erziehung, ZblJugR 1962, 1; derselbe, Von der Schutzaufsicht zur Erziehungsbeistandschaft, MDR 1963, 261; Gustmann, Erziehungsbeistandschaft, Unsere Jugend 1962, 465; Huvale, Die Erziehungsbeistandschaft — Aufgaben und Probleme, Unsere Jugend 1963, 209; Sengling, dto, daselbst 206; Wanderer, Gewinnung von Einzelvormündern und Erziehungsbeiständen, Unsere Jugend 1963, 80.

**) Die Schutzaufsicht war ursprünglich von der Praxis geschaffen worden (vgl zB KG, JFG 2, 84 = OLG 43, 385); ein Bedürfnis hatte sich überall dort ergeben, wo eine Aufsicht über die Erziehung Minderjähriger erforderlich geworden war, ohne daß ein Vormund, Pfleger oder Beistand (§§ 1687ff aF) bestellt werden konnte; sie war als formlose durch Jugendämter oder Erziehungsvereine gehandhabt worden, als förmliche durch die Vormundschaftsgerichte, wenn ein Verfahren gemäß § 1666 oder ein die Anordnung der Fürsorgeerziehung betreffendes Verfahren eingeleitet wurde oder wenn zweifelhaft war, ob ein solches Verfahren eingeleitet werden sollte (s Friedeberg/Polligkeit, 1. Aufl, Abschnitt VI, Vorbem 2, 228ff sowie auch über landesrechtliche Regelungen).

7 a) Die Schutzaufsicht hatte zur Voraussetzung, daß sie zur Verhütung der körperlichen, geistigen oder sittlichen Verwahrlosung des Minderjährigen geboten und ausreichend erschien (§ 56 aF); sie war als Maßnahme des vorbeugenden Jugendschutzes gedacht. Schon in der Begründung des Entwurfs des RJWG war ausgeführt*): „Wenn die eigene Familie des Minderjährigen dessen Erziehungsanspruch nicht gehörig erfüllt, ohne völlig zu versagen oder auch nur in erheblichem Umfang Unzulänglichkeit ihrer erziehlichen Einwirkung zu erweisen, dann kommt zur Verhütung der Verwahrlosung die Ergänzung der privaten Erziehung durch Maßnahmen der öffentlichen Jugendhilfe in Frage. ... Zu diesen Maßnahmen tritt Schutzaufsicht als neues Rechtsinstitut hinzu. Wenn aber die eigene Familie des Minderjährigen sich bei der Erziehung in erheblicherem Umfange unzulänglich erweist oder ganz versagt und wenn Verhütung oder Beseitigung einer Verwahrlosung Aufgabe der in Frage kommenden rechtlichen Maßnahmen ist, dann muß die private Erziehung nicht nur ergänzt, sondern durch die öffentliche Erziehung ersetzt werden".

Dagegen schreibt § 55 JWG (nF) vor, daß dem Minderjährigen, dessen leibliche, geistige oder seelische Entwicklung gefährdet oder geschädigt ist, ein Erziehungsbeistand zu bestellen ist, wenn diese Maßnahme zur Abwendung der Gefahr oder zur Beseitigung des Schadens geboten und ausreichend erscheint. Die Begründung des Regierungsentwurfs führte aus: Die Neufassung solle zum Ausdruck bringen, daß es sich nicht so sehr um eine Beaufsichtigung der Lebensführung des Minderjährigen als um eine erzieherische Hilfe für Eltern und Kind handeln solle (s hierzu jetzt auch Sengling, Unsere Jugend 1963, 206). Wenn die Schutzaufsicht nur zur Verhütung der Verwahrlosung habe angeordnet werden dürfen, so habe sich diese Voraussetzung als zu eng erwiesen. Eltern bedürften in der Durchführung der Erziehungspflichten häufig schon der Unterstützung eines Erziehungsbeistandes, wenn noch keine Verwahrlosung drohe. Eine solche Hilfe dürfe ihnen nicht verwehrt werden, wenn sie zur Abwendung einer Gefährdung der Erziehung geboten sei.

Die Erziehungsbeistandschaft ist zwar ebenfalls — wie die Schutzaufsicht — eine vorbeugende Maßnahme der öffentlichen Jugendhilfe, indessen soll sie mehr dazu dienen, erzieherische Hilfe zu gewähren. Vorbeugende Maßnahmen sollen möglichst frühzeitig getroffen werden können, wenn sich die ersten Anzeichen einer Entwicklung zeigen, die nach den Erkenntnissen der modernen Kinder- und Jugendpsychologie zur Gefährdung oder Schädigung des Wohls des Kindes führen kann, dh mit anderen Worten bevor eine akute Krise in den Bereich der Möglichkeit oder Wahrscheinlichkeit tritt (ähnlich auch Sengling, aaO; s ferner schon Nohl, ZblJugR XX, 1 [1928]).

8 b) Die Schutzaufsicht wurde vom Vormundschaftsgericht von Amts wegen oder auf Antrag der Eltern, des gesetzlichen Vertreters oder des Jugendamtes angeordnet (§ 57 Abs 1 aF); die Ausübung der Schutzaufsicht wurde vom Vormundschaftsgericht dem Jugendamt oder einer Vereinigung für Jugendhilfe oder einer einzelnen Person übertragen (§ 60 Abs 1 aF). Das Jugendamt konnte die Schutzaufsicht ohne gerichtliche Anordnung ausüben, wenn und solange der Erziehungsberechtigte damit einverstanden war (§ 60 Abs 3 aF). Diese freiwillige Schutzaufsicht hatte jedoch keine große Bedeutung (s Riedel, Jugendwohlfahrtsrecht, 4. Aufl, 1960, 132; Jans-Happe, 333f).

Die Einrichtung der Schutzaufsicht geriet im Laufe der Zeit, an sich zu Unrecht, mehr und mehr in Mißkredit, weil sie oft in ungeeigneten Fällen angewendet wurde, nämlich zu spät in einem Zeitpunkt, in dem schon eine schärfere Maßnahme erforderlich gewesen wäre, und zum andern, weil sie zumeist infolge nicht ausreichenden Personals mangelhaft durchgeführt wurde (s dazu Pelle, ZblJugR 1958, 254; Becker, ZblJugR 1962, 5; MDR 1963, 261; Jans-Happe, aaO; Muthesius, § 56, Vorbem I, ihm zustimmend unter Wiedergabe dieser Stelle

---

Literatur zur Schutzaufsicht:
Becker/Claussen, Sozialreform und Jugend (1959), 81ff; Friedländer, Die Bedeutung der Schutzaufsicht für die Fürsorgeerziehung, AcP 127, 78 (1927); Froitzheim, Schutzaufsicht auf alten oder neuen Wegen?, Jugendwohl 1951, 141; Harrer, Die Schutzaufsicht, RdJ 1955, 92; Isbary, Schutzaufsicht als Möglichkeit vorbeugender Hilfe, ZblJugR 1960, 143; zum Kolk, Intensivierung der Schutzaufsicht, ZblJugR 1950, 158; Söhlmann, Ausbau der Schutzaufsicht — aber wie?, RdJ 1953, 77, 91; Sülau, Erfahrungen mit der Schutzaufsicht, Unsere Jugend 1950, 226; Wust, Schutzaufsicht auf dem Lande, Unsere Jugend 1950, 342.

*) Verhandlungen des Deutschen Reichstages, I. Wahlperiode, 1920, Band 366, Drucks Nr 1666, 1267, wiedergegeben von BayObLGZ 28, A 667, 669 = JFG 6, 74, 76.

Riedel, 3. Aufl, 529; ferner s Göppinger, FamRZ 1963, 26; Gustmann, Unsere Jugend 1962, 465). Der Umstand, daß die Schutzaufsicht oftmals zu spät angeordnet wurde, beruhte auf der irrigen Auffassung, als mildere Maßnahme müsse sie der Fürsorgeerziehung vorangehen (s Muthesius, aaO).

Eine Reform dieses Instituts war daher dringend geboten.

In der durch das Gesetz vom 11. 8. 1961 eingeführten Neuregelung ist die freiwillige Erziehungsbeistandschaft (§ 56 nF) in den Vordergrund gerückt; der Erziehungsbeistand wird ausnahmslos vom Jugendamt bestellt und zwar entweder auf Antrag der (dh aller) Personensorgeberechtigter (§ 56) oder auf Anordnung des Vormundschaftsgerichts (§ 57) oder auch (im Jugendstrafverfahren) auf Anordnung des Jugendgerichts (§ 9 Nr 2, § 12 JGG).

c) Zum Erziehungsbeistand kann nur eine einzelne Person, dagegen nicht eine Vereinigung für Jugendhilfe (s § 60 Abs 1 aF) bestellt werden (s §§ 55ff). Diese Neuerung geht auf den (richtigen) Gedanken zurück, daß Voraussetzung für eine tiefer greifende erzieherische Einwirkung auf den Minderjährigen eine persönliche Bindung zwischen diesem und dem Erziehungsbeistand, ein Vertrauensverhältnis ist (s Sengling, Unsere Jugend 1963, 206; Jans-Happe, Bem 5, A zu § 56)*). Allerdings sind durch die Neuregelung die Schwierigkeiten nicht behoben, geeignete Kräfte (vor allem Fachkräfte) für diese Tätigkeit zu finden (s Gustmann, Unsere Jugend 1962, 465; Becker, ZblJugR 1962, 5; MDR 1963, 262; Göppinger, FamRZ 1963, 26, sowie auch Gerber, Unsere Jugend 1961, 516; Einzelheiten über die Bestellung des Erziehungsbeistandes s unten Bem 40ff, 74ff). 9

2. Der Begriff „Erziehungsbeistand" ist nicht nur sprachlich unschön und schwerfällig, worauf auch Potrykus (ZblJugR 1961, 68), Krug (Bem 2) und Riedel (Bem 1 je zu § 55) hingewiesen haben, sondern auch insofern unglücklich, als das BGB eine Beistandschaft kennt, die von der Regelung des JWG wesentlich abweicht, und ferner in Verfahrensgesetzen (s §§ 90, 157 Abs 2, 610 ZPO, § 13 FGG, § 149 StPO) eine Beistandschaft geregelt ist. 10

a) Die Erziehungsbeistandschaft ist von der Beistandschaft des BGB (§§ 1685—1692) zu unterscheiden. 11

Der Beistand des § 1685 BGB wird dem Elternteil, dem die elterliche Gewalt (vgl §§ 1671, 1672, 1681; 1673 Abs 1, 1674 Abs 1, 1678, 1679, 1680) oder die Sorge für die Person (vgl §§ 1671 Abs 4 Satz 2, 1707 Abs 1 Satz 2) oder das Vermögen des Kindes (vgl § 1671 Abs 4 Satz 2, 1666 Abs 2, 1669, 1670, 1680) allein zusteht oder welcher sie allein ausübt (s oben Bem 9 zu § 1626), (nur) auf Antrag des Elternteils, nicht von Amts wegen (s § 1685 Abs 1 nF, anders § 1687 Nr 3 aF) bestellt. Er hat den Elternteil innerhalb seines Wirkungskreises zu unterstützen (§ 1686), der auch auf einzelne Angelegenheiten oder gewisse Arten von Angelegenheiten beschränkt sein kann (§ 1685 Abs 2, s auch § 1690).

Die Bestellung des Beistandes erfordert keine Erziehungsschwierigkeiten und keine Gefährdung der leiblichen, geistigen oder seelischen Entwicklung des Kindes.

Der Beistand wird vom Vormundschaftsgericht bestellt, der Erziehungsbeistand dagegen (nur) vom Jugendamt; dieser wird vom Jugendamt, nicht vom Vormundschaftsgericht überwacht und beaufsichtigt (s auch Bem 98).

Während der Beistand Vater oder Mutter zu unterstützen hat (§ 1686), hat der Erziehungsbeistand eine Doppelfunktion: er soll die Personensorgeberechtigten bei der Erziehung des Minderjährigen unterstützen und dem Minderjährigen selbst mit Rat und Hilfe zur Seite stehen und ihn auch bei der Verwendung des Arbeitsverdienstes beraten (§ 58 Abs 1 JWG).

b) Die Anordnung der Erziehungsbeistandschaft durch das Vormundschaftsgericht (§ 57 JWG) ist keine Maßnahme iSd § 1631 Abs 2 oder des § 1666 Abs 1. 12

Gemäß § 1631 Abs 2 hat das Vormundschaftsgericht die Eltern auf Antrag (dh auf gemeinsamen Antrag) bei der Erziehung des Kindes zu unterstützen, wobei Vorladungen, Ermahnungen, auch eine Einweisung in ein Heim zur Erziehung des Kindes in Betracht kommen; gemäß § 48 Abs 2 Satz 2 JWG kann das Vormundschaftsgericht auch das Jugendamt mit der Ausführung der Anordnungen (§ 1631 Abs 2) betrauen.

§ 57 JWG ist für die Anordnung der Erziehungsbeistandschaft lex specialis; das Vormundschaftsgericht kann gemäß § 1666 Abs 1 BGB keine Erziehungsbeistandschaft anordnen (s auch Bem 264 zu § 1666 sowie Vorbem 46 vor § 1666).

---

*) Aus dem gleichen Grunde bevorzugt das Gesetz auch die Einzelvormundschaft gegenüber anderen Formen der Vormundschaft (s dazu BayObLG, NJW 1960, 245; 1961, 1117; OLG Frankfurt, ZblJugR 1962, 23; OLG Karlsruhe, ZblJugR 1963, 255, jeweils mit Anm v Webler; Jans/Happe, Bem 1, B, Riedel, Bem 2 je zu § 45 JWG).

Andererseits erfordert die Anordnung der Erziehungsbeistandschaft nicht das Vorliegen der Voraussetzungen des § 1666 Abs 1, dh mit anderen Worten: auf die Ursachen der Gefährdung der Entwicklung des Kindes kommt es bei der Anordnung der Erziehungsbeistandschaft nicht an.

13 c) Die Erziehungsbeistandschaft ist weiterhin zu unterscheiden von der Beratungstätigkeit, die dem Jugendamt gemäß § 5 Abs 1 Nr 1 JWG obliegt (s hierzu Becker, ZblJugR 1962, 89; Perschel, RdJ 1963, 353; Steinemann, ZblJugR 1958, 287; ferner Jans in „Heilpädagogik in der Erziehungshilfe", 1963, 30; ein Verzeichnis der Erziehungsberatungsstellen gab Fricke im Auftrag des Allgemeinen Fürsorgeerziehungstages [AFET], Hannover-Kleefeld, heraus).

13a 3. Das Gesetz zur Änderung und Ergänzung des RJWG vom 11. 8. 1961 hat hinsichtlich der vor seinem Inkrafttreten (1. 7. 1962) angeordneten Schutzaufsichten keine Übergangsregelung getroffen, so daß sich die Frage erhob, ob diese weitergeführt werden können oder ihre Beendigung gefunden oder sich in Erziehungsbeistandschaften „verwandelt" haben, sowie ob zB nun statt eines zum Schutzaufsichtshelfer bestellten Vereins (§ 60 Abs 1 RJWG) eine Einzelperson bestellt werden kann. Diese Probleme haben jedoch jetzt nur noch in vereinzelten Fällen Bedeutung, so daß hier nicht darauf eingegangen zu werden braucht (s Näheres über einzelne Fragen Becker, MDR 1963, 261; Graumann, RdJ 1964, 49; Potrykus, ZblJugR 1964, 35; Göppinger, FamRZ 1963, 26; Jans-Happe, Bem 1 zu § 55; Carspecken, ZblJugR 1964, 130).

II. Voraussetzungen der Erziehungsbeistandschaft.

14 Die Erziehungsbeistandschaft setzt voraus, daß die leibliche, geistige oder seelische Entwicklung des Minderjährigen gefährdet oder geschädigt ist und die Bestellung eines Erziehungsbeistandes zur Abwendung der Gefahr oder zur Beseitigung des Schadens geboten und ausreichend erscheint.

15 1. a) Minderjährig iSd Bestimmung wie auch der weiteren Vorschriften des VI. Abschnittes des JWG ist das Kind vom Säuglingsalter bis zur Vollendung des 21. Lebensjahres, gegebenenfalls bis zur (Rechtskraft der) Volljährigkeitserklärung (§§ 2, 3, 1626, 1773 BGB); nicht minderjährig iSd Bestimmungen ist, wer in der sowjetischen Besatzungszone das 18. Lebensjahr vollendet hatte und danach in das Gebiet der Bundesrepublik übergesiedelt ist, da die in der sowjetischen Besatzungszone mit der Vollendung des 18. Lebensjahres erlangte Volljährigkeit hier anerkannt werden muß (ganz hM, s Palandt-Lauterbach, 23. Aufl 1964, Vorbem 14, g, ff vor Art 7 EGBGB; Erman-Marquordt, Bem 7 zu Art 7; sowie zur Fürsorgeerziehung Jans-Happe, Bem 5, Riedel, Bem 3 je zu § 64 JWG; Brand-Hensel, 519; anders Gräber, Bem 1, C zu § 1 JWG).

Für die Dauer des Wehrdienstverhältnisses kann dem Jugendlichen oder Heranwachsenden (dh gemäß § 1 Abs 2 JGG dem 14—17, bzw 18—20 Jahre alten Minderjährigen) kein Erziehungsbeistand bestellt werden (§ 112a Nr 1 JGG).

Der VI. Abschnitt des JWG verwendet bezüglich des Kindes, für das Erziehungsmaßnahmen gewährt werden, stets den Begriff „Minderjähriger"; dieser Ausdruck findet sich auch in §§ 5 Abs 1, 6, 8, 10, 11, 27, 36, 46 Abs 1, 48 Abs 1, 3, 80, 81, 85 Abs 1. Dagegen wird in anderen Vorschriften des JWG der Begriff „Kind" gebraucht (§§ 1, 3, 5, 31, 32, 34, 40, 41, 43); in § 5 Abs 1 Nr 3 ist von „Säuglingen, Kleinkindern und Kindern in schulpflichtigem Alter", in § 5 Abs 1 Nr 4 von „Säuglingen, Kleinkindern, Kindern und Jugendlichen", in mehreren Vorschriften von der „Jugend" (§§ 5, 22, 23, 25), in § 5 Abs 1 Satz 2 von „jungen Menschen über 21 Jahren" die Rede.

16 b) Für die Bestellung eines Erziehungsbeistandes ist weder eine Mindest- noch eine Höchstaltersgrenze vorgeschrieben; die Bestellung eines Erziehungsbeistandes ist für den Säugling wie für den Minderjährigen möglich, der schon im 21. Lebensjahr steht, während für die Gewährung der Freiwilligen Erziehungshilfe (§ 62) und die Anordnung der Fürsorgeerziehung (§§ 64, 67 Abs 4) vorgeschrieben ist, daß der Minderjährige das 20. Lebensjahr noch nicht vollendet haben darf (s dazu unten Bem 135, 196). Hat der Minderjährige das 20. Lebensjahr schon vollendet, so bleibt diese Maßnahme die einzige für diese Altersstufe verbleibende Möglichkeit des VI. Abschnittes des JWG; außerdem käme lediglich noch eine Anordnung gemäß § 1666 Abs 1, sowie eventuell eine Unterbringung gemäß §§ 26, 72, 73 BSHG in Betracht (s zu den letzteren Anordnungen Göppinger, Die Justiz 1962, 247, 251 ff sowie die Kommentare zum BSHG — s unten Bem 555 —) oder gemäß § 1631 Abs 2 BGB auf Antrag der Eltern oder nach § 5 Abs 1 Nr 7 JWG mit Zustimmung der Beteiligten.

2. a) Die Begriffe „Gefährdung oder Schädigung der leiblichen, geistigen oder seelischen Entwicklung" (§ 55) sind **unbestimmte Rechtsbegriffe** (s zu deren Bedeutung im allgemeinen Bem 29 zu § 1666, sowie zum Begriff „Verwahrlosung" unten Bem 202). 17

Sie finden sich ebenfalls in § 62 als Voraussetzung der Gewährung der Freiwilligen Erziehungshilfe, während § 64 für die Anordnung der Fürsorgeerziehung drohende Verwahrlosung oder (bereits eingetretene) Verwahrlosung (s dazu Bem 203 ff) voraussetzt. § 1666 Abs 1 BGB erfordert eine „Gefährdung des geistigen oder leiblichen Wohls des Kindes" (s dazu oben Bem 228 ff zu § 1666). Indessen sind die erwähnten Voraussetzungen der §§ 55, 62 JWG einerseits und des § 1666 BGB andererseits als inhaltsgleich zu beurteilen (s oben Bem 231 zu § 1666).

b) Um die richtige Auslegung des Begriffs der Gefährdung oder Schädigung der ... Entwicklung gewinnen zu können, muß von dem **Erziehungsziel** ausgegangen werden. 18

Ziel der Erziehung ist, wie aus § 1 Abs 1 JWG zu entnehmen ist, den Minderjährigen „zur leiblichen, seelischen und gesellschaftlichen Tüchtigkeit", mit anderen Worten zur selbständigen Persönlichkeit heranzubilden (s dazu oben Bem 235 zu § 1666). „Alle Erziehung vollzieht sich im sozialen Raum; die Erziehung zur Persönlichkeit und diejenige zur Gemeinschaft sind lediglich zwei Aspekte desselben Vorganges" (Hehlmann, Art Sozialpädagogik in Wörterbuch der Pädagogik).

Der Erfolg der Erziehung hängt zu einem wesentlichen Teil davon ab, ob der zu Erziehende ihre Maßnahmen durch eigene Bemühungen unterstützt und nach dem Abschluß der Fremderziehung die Selbsterziehung weiterführt (s hierzu Hehlmann, Wörterbuch der Pädagogik, Art Selbsterziehung). Daher muß gerade auch die öffentliche Erziehung in dem Minderjährigen die Kräfte wecken, die ihn befähigen, die innere Bereitschaft zur Selbsterziehung und zur Selbstzucht zu gewinnen, durch Üben und allmähliches Gewöhnen an die ernsten Aufgaben des Lebens den Willen zur Selbsterziehung zu steigern und ihre inhaltliche Weiterführung vorzubereiten (s auch Hehlmann, aaO, und Wörterbuch der Psychologie, Art Selbsterziehung), sowie Selbstbeherrschung zu üben, schädlichen Einflüssen standzuhalten und Einflüsse und Eindrücke nicht kritiklos hinzunehmen (s Perschel, RdJ 1963, 36; R. Krüger, RdJ 1961, 188); das Schwergewicht der Erziehung, liegt also auf seelischer Einwirkung, sittlicher Förderung (in umfassendem Sinne) auf der Persönlichkeitsbildung (so Perschel, Die Meinungsfreiheit des Schülers, 1962, 35 f).

c) aa) **Gefährdung der Entwicklung** iSd § 55 (und des § 62) bedeutet ein Abweichen der erzieherischen Entwicklung des Kindes vom normalen Verlauf iSd § 1 Abs 1 JWG (ebenso Jans-Happe, Bem 3, A, ähnlich Krug, Bem 5), wobei der Gesichtspunkt des Wohles des Kindes maßgebend sein muß und auch die allgemeinen Lebensverhältnisse und der Stand der Familie mitzuberücksichtigen sind. Ein erhebliches Abweichen von der Norm ist nicht erforderlich, andererseits ist nicht jedes Abweichen und auch nicht ein verhältnismäßig geringfügiges Abweichen ausreichend. 19

Die drohende Fehlentwicklung muß durch **äußere Anzeichen**, durch objektive Merkmale erkennbar sein; eine begründete Vermutung der Entwicklungsbehinderung, wie Carspecken (Probleme, 2) meinte, kann dagegen nicht als ausreichend erachtet werden (ebenso Palandt-Lauterbach, Bem 2 zu § 55). Auf eine Gefährdung der Entwicklung kann eventuell aus bestimmten äußeren Einwirkungen der Umwelt geschlossen werden, denen das Kind ausgesetzt ist, oder aus bestimmten Verhaltensweisen des Kindes, wobei gegebenenfalls zur Beurteilung der jeweiligen Situation des Kindes die Forschungsergebnisse und Erkenntnisse der modernen Entwicklungspsychologie herangezogen, eventuell auch fachpsychologische Gutachten eingeholt werden sollten. Zu beachten ist ferner, daß das Verhalten eines erziehungsschwierigen Kindes (s hierzu unten Bem 21) nicht selten Reaktion auf bestimmte Einwirkungen oder Einflüsse auf das Kind ist, sowie daß die Entwicklung des Menschen im Kindes- und Jugendalter nicht linear, sondern in Schüben vor sich geht. 20

Wichtig sind im vorliegenden Zusammenhang auch **Erziehungsschwierigkeiten**, die vorliegen, wenn die positive Eingliederung eines Kindes in eine Gemeinschaft oder deren Wertordnung Schwierigkeiten bereitet und übliche Erziehungsmethoden nicht ausreichen; von Schwererziehbarkeit spricht man, wenn die Erziehung nicht nur Schwierigkeiten bereitet, sondern wenn der Erziehung Widerstand entgegengesetzt wird (s Scholl, BldWPfl 1963, 252). 21

In der modernen psychologischen Literatur werden unterschieden Erziehungsschwierigkeiten,

α) die durch pathologische Veränderungen im Organismus entstehen,

β) die durch die normale Entwicklung ausgelöst werden und in den sogenannten Krisenzeiten auftreten,

γ) sowie diejenigen, die durch die Umwelt hervorgerufen werden (s dazu Ernst G. Huber in Heilpädagogik in der Erziehungshilfe, 155ff, auch Hehlmann, Wörterbuch der Pädagogik, Art Schwererziehbarkeit).

Zu α): Je nachdem ob mehr der Intellekt, die Fähigkeit des Denkens, oder die Affektivität, die Gesamtheit des Gefühls-, Gemüts- und Stimmungslebens, gestört ist, liegen die Schwierigkeiten mehr auf dem Lernsektor oder beim sozialen Verhalten. Huber (aaO) nennt hier ferner ua Erziehungsschwierigkeiten, die weniger abnorme Ausmaße erreichen, zB wenn autistisch veranlagte Kinder sich nicht in die Klassengemeinschaft der Schule einfügen oder wenn schwerfällige und langsame Kinder dem Unterricht nicht folgen können, weil „ihr persönliches Tempo zu langsam" ist, andererseits aber schwerwiegende Fälle bei Schädigung des Gehirns, Unter- und Überfunktion der Schilddrüse, ferner die wichtigen Fälle der Konzentrationsstörungen.

Zu β): Hier spielen eine wichtige Rolle die sogenannten Trotzalter des Kindes (s hierzu auch Remplein, 136ff, Hehlmann, Wörterbuch der Psychologie, Artikel „Trotz", Hanselmann, 316f, 374), sowie die Pubertätszeit (s Remplein, 456ff). Halten besondere Umstände die normale Entwicklung auf, so können Schwierigkeiten entstehen, ebenso auch, wenn die Eltern uneinsichtig sind.

Zu γ): Huber aaO, 158 weist hier mit Recht darauf hin, daß jede Schwierigkeit, die scheinbar nur durch exogene Faktoren bedingt ist, die Resultierende aus zwei Komponenten ist, nämlich dem äußeren Einfluß und der Persönlichkeit des Kindes, nach dessen körperlichen und seelischen Anlagen, allen Charaktereigenschaften und Erlebnissen, die den Menschen formten. Als Umwelteinflüsse sind von Bedeutung: ständige Streitigkeiten der Eltern, Berufstätigkeit der Mutter, wenn die Kinder dadurch vernachlässigt werden, Verführung durch Kameraden oder Erwachsene zu Unfug oder gar kriminellen Handlungen usw.

22 Die Gefährdung der Entwicklung des Kindes braucht noch **keine drohende Verwahrlosung** zu bedeuten, vielmehr ist unter Gefährdung der Entwicklung auch schon das erste Stadium einer beginnenden Fehlentwicklung zu verstehen, das zwar ein beginnendes Symptom der Verwahrlosung sein kann, aber noch nicht zu sein braucht (s Gerson, RdJ 1963, 162, sowie unten Bem 24). Mit der Formulierung „Gefährdung der Entwicklung" wollte der Gesetzgeber gerade die Möglichkeit schaffen, daß die nötigen Erziehungshilfen möglichst frühzeitig gewährt werden (s hierzu Näheres BTDrucks Nr 2226, 26, wiedergegeben oben Bem 7, s auch Potrykus, ZblJugR 1962, 62).

23 bb) Eine **Schädigung der Entwicklung** ist zu bejahen, wenn der Minderjährige nicht jenen Grad an leiblicher, geistiger oder seelischer Entwicklung erreicht hat, der normalerweise nach seinen Anlagen und sonstigen Verhältnissen hätte erwartet werden können und zu erwarten ist, wenn also die Entwicklung des Minderjährigen hinter der Norm — unter Berücksichtigung einer Schwankungsbreite von einem günstigen bis zu einem ausreichenden Entwicklungsstand — zurückgeblieben ist (ähnlich Jans-Happe, Bem 3, B zu § 55). Es kann aber nicht jede Abweichung von der normalen Entwicklung schon als Schädigung beurteilt werden; diese kann vielmehr erst bejaht werden, wenn die Abweichung ein gewisses Maß erreicht hat, das den Rückstand des Minderjährigen im Zusammenleben mit Geschwistern, Kindern der Nachbarschaft oder im Kindergarten, Schulkameraden usw deutlich erkennen läßt (ähnlich Jans-Happe, aaO).

24 d) Die Gefährdung und Schädigung der Entwicklung stehen als Voraussetzungen nebeneinander, jede dieser beiden Alternativen genügt. Daher ist die Feststellung der Gefährdung ausreichend. Oftmals wird übrigens die Gefährdung in eine gewisse Schädigung übergehen und kann die Abgrenzung zwischen Gefährdung und Schädigung der Entwicklung schwierig sein.

Die Voraussetzung der Gefährdung oder Schädigung der Entwicklung ist nur ein **Mindesterfordernis**, mit anderen Worten: die Begriffe umfassen an sich auch die Verwahrlosungsgefahr und die Verwahrlosung, was besonders für die Fälle des § 62 von Bedeutung sein kann (s dazu auch unten Bem 123f). Indessen wird die Anordnung der Erziehungsbeistandschaft bei eingetretener Verwahrlosung kaum mehr als ausreichend beurteilt werden können (s Bem 35).

Riedel (JWG, § 55, Bem 1, Jugendwohlfahrtsrecht, 5. Aufl 1962, 101; BldWPfl 1963, 250) vertritt dagegen die Auffassung, das sog Vorstadium vor der Verwahrlosung sei das Stadium der drohenden Verwahrlosung, es bestehe kein Anlaß, die Voraussetzungen der Erziehungsbeistandschaft hiervon abweichend abzugrenzen; so seien die Begriffe der Gefährdung und Schädigung der Entwicklung einerseits und der Verwahrlosungsgefahr und Verwahrlosung andererseits identisch. Ähnlich meint auch Gräber (Bem 5, 6 zu § 55), es handle sich nur um einen wenig fruchtbaren Streit um Worte. Diese Ansicht ist jedoch nicht zutreffend; sie ist mit dem Sinn und Zweck des Gesetzes nicht vereinbar. Denn dieses unterscheidet eindeutig und absichtlich zwischen Gefährdung und Schädigung der Entwicklung des Minderjährigen einerseits und der drohenden und bereits eingetretenen Verwahrlosung des Minderjährigen andererseits. Die Fassung des Gesetzes will übrigens auch gerade erreichen, daß die gemäß § 55 (und § 62) zu gewährende Erziehungshilfe nicht von einer Voraussetzung abhängig ist, die von vielen Erziehungsberechtigten und den Minderjährigen selbst als diskriminierend empfunden wird (s BT-Drucks Nr 2226, 27, zu § 62), wie die Voraussetzung der Verwahrlosungsgefahr und der Verwahrlosung.

Hierzu sei zur Ergänzung und zum Vergleich noch auf folgendes hingewiesen: § 1 Abs 1 JSchG spricht von „sittlicher Gefahr oder Verwahrlosung", § 73 Abs 2 Nr 2 BSHG davon, daß „der Gefährdete verwahrlost oder der Gefahr der Verwahrlosung ausgesetzt ist". Beide Gesetze unterscheiden also ebenfalls zwischen Gefährdung und Verwahrlosung; auch dies spricht dafür, daß es keinesfalls angebracht ist und sinnvoll sein kann, diese Begriffe der Gefährdung und der drohenden Verwahrlosung zu identifizieren.

Die Abgrenzung zwischen Gefährdung und Schädigung der Entwicklung einerseits und der Verwahrlosungsgefahr und der Verwahrlosung andererseits muß in der Weise vorgenommen werden, daß die ersteren Begriffe die umfassenderen sind und daß die drohende Verwahrlosung (Verwahrlosungsgefahr) als erhebliche Gefährdung der Entwicklung des Minderjährigen, die Verwahrlosung als erhebliche Schädigung der Entwicklung des Minderjährigen beurteilt wird (s hierzu auch Bem 214f). Dazu ist noch darauf hinzuweisen, daß das BGB in § 1666 Abs 1 Satz 1 eine Gefährdung des Wohls des Kindes, in §§ 1666 Abs 2, 1770b Abs 1 Satz 2, 1906 dagegen eine erhebliche Gefährdung des Kindes bzw der Person erfordert (s hierzu auch Vorbem 46 vor § 1666, Bem 233 zu § 1666 und unten Bem 214f).

Richtig ist freilich, daß die Abgrenzung zwischen einer Gefährdung und einer erheblichen Gefährdung und zwischen einer Schädigung und einer erheblichen Schädigung der Entwicklung des Minderjährigen in der Praxis gewisse Schwierigkeiten bereiten kann, ebenso die Abgrenzung zwischen der Schädigung der Entwicklung und der drohenden Verwahrlosung (s hierzu unten Bem 215). Auch kann die Gefährdung der Entwicklung in die drohende Verwahrlosung übergehen. Doch ist bezüglich der Bestellung eines Erziehungsbeistandes die Abgrenzung zwischen den Voraussetzungen des § 55 und des § 64 JWG nicht erforderlich.

Jedenfalls aber rechtfertigen die Schwierigkeiten der Abgrenzung zwischen diesen Erfordernissen es nicht, die Begriffe Gefährdung der Entwicklung und drohende Verwahrlosung sowie Schädigung der Entwicklung und Verwahrlosung jeweils als identisch zu beurteilen.

e) Es genügt, daß die Entwicklung des Kindes in einer Richtung, in leiblicher oder geistiger oder seelischer Hinsicht gefährdet oder geschädigt ist. In der Neufassung des JWG vom 11. 8. 1961 wurden die Worte „körperlich" (§§ 56, 63 Abs 1 Nr 1 aF) durch „leiblich" und „sittlich" (§ 56 aF) durch „seelisch" ersetzt; doch bedeutet diese Änderung der Formulierung keine Änderung des Sinns; durch die Ersetzung des Wortes „sittlich" wurde vielmehr eine Verbesserung der Fassung erzielt. 25

aa) Die wichtigste Art der Gefährdung oder Schädigung der Entwicklung des Minderjährigen ist die **seelische**, innerhalb dieser Art wiederum die **sittliche Gefährdung oder Schädigung**.

Seelische Gefährdung oder Schädigung iSd § 55 zeigt sich zB in Verhaltensweisen, die nicht der Norm, dem durchschnittlichen Verhalten eines gleichaltrigen Kindes entsprechen, etwa übermäßige Ängstlichkeit, Verstörtheit, Verstocktheit, Kontaktstörungen, Willensstörungen, Trotz, besonders jähzorniges Wesen, Neigung zu Gewalttätigkeiten, Fehlen des seelischen Gleichgewichts, Störungen des Gefühlslebens und des Trieblebens (ohne Krankheitswert), auch Bettnässen (Enuresis). Eine Gefährdung oder Schädigung der Entwicklung des Kindes kann ferner zB angenommen werden, wenn dieses überaus sensibel ist und infolge falscher Erziehung zu einem „schlappen, verpimpelten Einzelgänger" ohne genügenden Selbstbehauptungstrieb geworden ist (s KG, JFG 15, 7 = DJ 1937, 250, hierzu Peilecke und Maßfeller, DJ 1937, 628 f, wobei aber zu beachten ist, daß die Entscheidung des KG wesentlich von der nationalsozialistischen „Weltanschauung" beeinflußt ist; s auch Bem 78 aE zu § 1666).

Hierzu ist noch darauf hinzuweisen, daß die Grenzen zwischen normal und abnorm (krankhaft) oft fließend sind, zB gerade auch bei Anpassungsstörungen des Minderjährigen im Kindes- und Jugendalter (s hierzu auch Bem 66 zu § 1666).

26a Für den Tatbestand der seelischen Gefährdung der Entwicklung können vor allem einmalige Entgleisungen nicht unbedeutender Art in Betracht kommen, die aber andererseits noch nicht von so schwerwiegender Natur sind, daß auf eine Schädigung der Entwicklung von weitergehendem Ausmaß oder auf eine Dauergefährdung geschlossen werden könnte, ferner nicht hartnäckige Fehlhaltungen, zu deren Beseitigung die Eltern nicht ohne Beratung in der Lage sind, die aber ohne Milieuveränderung von den Erziehungsberechtigten mit Hilfe eines Erziehungsbeistandes korrigiert werden können (vgl Potrykus, ZblJugR 1962, 62, s oben Bem 21).

26b Von Bedeutung können auch körperliche Frühreife und damit zusammenhängende seelische Nöte des Minderjährigen sein, insbesondere wenn die Eltern oder der Elternteil nicht die Fähigkeit und Einsicht besitzen, um den Besonderheiten des Kindes zu begegnen (vgl OLG Hamburg, ZblJugR XXIII, 262 [1931]).

Eine Gefährdung der seelischen (charakterlichen) Entwicklung kann eventuell bejaht werden, wenn der Minderjährige sehr flatterhaft, wild und eigensinnig ist (dagegen wird hier noch keine Verwahrlosungsgefahr in Betracht kommen, s unten Bem 227).

Sittliche Gefährdung oder Schädigung äußert sich häufig in bösen Streichen, in strafbaren Handlungen oder — vor allem bei weiblichen Jugendlichen — in sexuellen Fehlhaltungen. Andererseits braucht aus einer strafbaren Handlung nicht unbedingt stets auf eine sittliche Gefährdung oder Schädigung geschlossen zu werden.

27 bb) Die **leibliche Gefährdung oder Schädigung** der Entwicklung des Kindes ist zu bejahen, wenn dessen körperliches Wohlergehen durch Umstände beeinflußt wird, deren Auswirkungen zu der konkreten Befürchtung Anlaß geben oder die Schlußfolgerung rechtfertigen, daß der Minderjährige dadurch in einem nicht unerheblichen Maße hinter Minderjährigen mit normaler körperlicher Entwicklung zurückbleibt oder zurückgeblieben ist (ähnlich Krug, Bem 5 zu § 55). Sie kann auf mangelhafte körperliche Pflege zurückgehen und kommt am ehesten wohl bei Kleinkindern in Betracht.

28 cc) **Geistige Gefährdung oder Schädigung** der Entwicklung des Minderjährigen ist entsprechend den obigen Darlegungen über die seelische und körperliche Gefährdung oder Schädigung das Zurückbleiben des Kindes in der Entwicklung gegenüber dem Durchschnitt, sie kann zB beruhen auf Abhalten des Kindes vom Schulbesuch oder Nichtanhalten des Kindes zum Schulbesuch (s auch Bem 91, 183 zu § 1666), eventuell auch Fernhalten von echtem, die geistige Entwicklung förderndem Spiel (ähnlich Jans-Happe, Bem 3 E zu §§ 55, 340).

29 dd) Hervorzuheben ist aber, daß eine Gefährdung oder Schädigung isoliert nur in einer Beziehung, in körperlicher oder geistiger oder seelischer Hinsicht, regelmäßig nicht in Betracht kommt. Körperliche oder geistige Schäden ziehen vielmehr so gut wie stets auch eine seelische Gefährdung oder Schädigung der Entwicklung des Minderjährigen nach sich. Dies kann heute als gesichertes Ergebnis der modernen wissenschaftlichen, insbesondere psychologischen Forschung angesehen werden*).

Die Abgrenzung zwischen diesen einzelnen Arten der Gefährdung oder Schädigung der Entwicklung kann auch praktisch schwierig sein; hierbei muß es dann als ausreichend erachtet werden, wenn die Art der Gefährdung oder

---

*) Hierzu s BT-Drucks Nr 2226, 28, abgedruckt bei Krug, 277, Riedel, 632; ferner Deutsch, RdJ 1963, 82; Riedel, RJWG, 2. Aufl 1955, 215; Potrykus, NJW 1953, 1292; OLG Hamm, NJW 1950, 393 = ZblJugR XXXVII, 40; LG Göttingen, MDR 1952, 617; s auch unten Bem 217 f.

Schädigung hervorgehoben wird, für welche die meisten oder gewichtigsten Anhaltspunkte sprechen.

Die Ursache der Gefährdung oder Schädigung der Entwicklung des Minderjährigen ist im vorliegenden Zusammenhang — im Gegensatz zu den Voraussetzungen des § 1666 Abs 1 Satz 1 BGB — unerheblich. Ob der Minderjährige durch Umwelteinflüsse (zB durch ungünstige Einwirkungen seitens anderer Kinder usw) oder durch ein mehr oder weniger schwerwiegendes Versagen der Erziehungsberechtigten — sei es ein schuldhaftes oder schuldloses Verhalten — gefährdet oder geschädigt wurde, ist im vorliegenden Zusammenhang ohne Bedeutung. Allerdings ist die Ursache der Gefährdung oder Schädigung der Entwicklung des Minderjährigen für die Klärung der Fragen wichtig, welche Maßnahme zur Abwendung der Gefährdung oder zur Beseitigung der Schädigung der Entwicklung des Minderjährigen erforderlich ist sowie welche Art der erzieherischen Betreuung des Minderjährigen im einzelnen angewendet werden muß. **29a**

3. Weiterhin darf eine Erziehungsbeistandschaft nur bestellt werden, wenn diese Maßnahme zur Abwendung der Gefahr oder zur Beseitigung des Schadens geboten und ausreichend erscheint (§ 55); andererseits muß er bestellt werden, wenn diese Voraussetzungen vorliegen. **30**

a) Die erwähnten Erfordernisse des § 55 bedeuten, daß die Bestellung des Erziehungsbeistandes im Hinblick auf die Art und den Grad der Gefährdung oder Schädigung der Entwicklung des Minderjährigen und im Vergleich zu etwaigen anderen in Betracht kommenden milderen oder schärferen Maßnahmen unter Berücksichtigung aller Umstände des Einzelfalles das **adäquate**, geeignete und angemessene Mittel ist, die Gefährdung abzuwenden oder die Schädigung zu beseitigen. **31**

§ 55 sagt, der Erziehungsbeistand ist zu bestellen, wenn die Maßnahme geboten und ausreichend **erscheint**. Das Gesetz verwendet hier (wie schon in § 56 aF) den Ausdruck „erscheint", nicht — wie in § 62 — das Wort „ist". Der Begriff „erscheint" ist im Sinne von „zu beurteilen ist" zu verstehen und bedeutet, daß im Falle des § 56 das Jugendamt, im Falle des § 57 das Vormundschaftsgericht einen gewissen Beurteilungsspielraum haben soll. Dieser stellt keine Ermessensermächtigung dar (anders Jans-Happe, Bem 5D zu § 55), vielmehr handelt es sich um die Auslegung und Anwendung unbestimmter Rechtsbegriffe, deren Nachprüfung im Verwaltungsgerichtsverfahren (s §§ 68ff VwGO) — soweit dieses in Betracht kommt (s Bem 76) — und im Rechtsbeschwerdeverfahren (§ 27 FGG) hier etwas eingeschränkt ist, was im Hinblick darauf, daß es sich um die mildeste Maßnahme des VI. Abschnittes des JWG handelt, auch sachgemäß ist. **32**

Das Gesetz spricht in § 55 unscharf von der Abwendung der Gefahr und der Beseitigung des Schadens; gemeint kann jedoch nur die Abwendung der Gefährdung und die Beseitigung der Schädigung der Entwicklung des Minderjährigen sein, von der im ersten Satzteil die Rede ist (ebenso Krug, Bem 7 aE, s auch Bem 230ff, 241 zu § 1666 bezüglich der in dieser Vorschrift verwendeten Formulierung „Abwendung der Gefahr" und der in § 1671 Abs 5 enthaltenen Wendung „eine Gefahr für das Wohl des Kindes abzuwenden"). **33**

b) Die Maßnahme muß **geboten und ausreichend** erscheinen. **34**

aa) **„Geboten"** bedeutet, daß Maßnahmen geringeren Grades oder milderer Art als nicht mehr ausreichend beurteilt werden dürfen, zB eine formlose jugendamtliche Betreuung oder Beratung (s § 5 Abs 1 Nr 1 JWG), Ermahnungen des Minderjährigen durch Jugendamt, Geistliche, Lehrer, Arbeitgeber usw oder durch den Vormundschaftsrichter (§ 1631 Abs 2 BGB), ferner Weisungen des Jugendrichters (§ 10 Abs 1 JGG) oder des Vormundschaftsrichters (§ 12 Satz 2 JGG; § 21 Abs 5 Satz 2 GjS). Ebenso darf nicht eine psychotherapeutische Behandlung des Minderjährigen oder eine unregelmäßige Beratung der Sorgeberechtigten durch Erziehungsberatungsstellen des Jugendamts oder freier Organisationen (zB kirchlicher Stellen) als genügend angesehen werden, vielmehr muß eine regelmäßige planmäßige Beratung der Erziehungsberechtigten und eine Unterstützung des Minderjährigen selbst durch eine bestimmte Persönlichkeit (s § 58) erforderlich erscheinen; es reicht auch nicht aus, daß die Bestellung eines Erziehungsbeistandes als nützlich oder wünschenswert oder zweckmäßig angesehen wird.

Die Bestellung eines Erziehungsbeistandes kann eventuell dann als nicht geboten beurteilt werden, wenn dem Elternteil (dh dem einen das Personensorgerecht ausübenden Elternteil — § 1685 Abs 1 —) für Angelegenheiten des Personensorgerechts ein Beistand bestellt ist oder wenn die Bestellung eines solchen Beistandes beantragt ist (vgl Riedel, Bem 12 zu § 55). Jedenfalls aber wird es zweckmäßig sein, die Beistandschaft insoweit aufzuheben oder zu beschränken, als sich ihr Wirkungskreis mit dem Aufgabenbereich des Erziehungsbeistandes deckt (ebenso Brand-Hensel, 508f).

Eventuell kann sich die Bestellung eines Erziehungsbeistandes als entbehrlich erweisen, wenn Anzeichen einer Besserung des Minderjährigen nach der Einleitung des Verfahrens (§§ 56, 57) vorhanden sind und nach sorgfältiger Prüfung anzunehmen ist, daß die Einleitung des Verfahrens bei dem Minderjährigen (und — wenn das Jugendamt gemäß § 57 JWG den Antrag gestellt hat — auch bei den Erziehungsberechtigten) einen nachhaltigen Eindruck gemacht hat und die Erziehungsberechtigten in der Lage sind, die Erziehungsschwierigkeiten zu meistern (vgl auch Riedel, Bem 11 zu § 55), dh mit anderen Worten, wenn das regelmäßig angebrachte Mißtrauen in die sog **Verfahrensbesserung** nicht gerechtfertigt ist (vgl zB OLG Hamm, ZblJugR 1954, 208; KG, JFG 23, 131 = DFG 1942, 29 = DJugH XXXIV, 85).

Von der Bestellung eines Erziehungsbeistandes ist ferner abzusehen, wenn sie zwecklos ist, zB weil der Minderjährige das 21. Lebensjahr nahezu vollendet hat und anzunehmen ist, daß er einer Beeinflussung durch den Erziehungsbeistand nicht zugänglich ist, oder weil aus tatsächlichen Gründen — etwa infolge der beruflichen Tätigkeit des Minderjährigen — eine Einwirkung auf diesen nicht in dem erforderlichen Maße möglich ist oder auch, wenn keine geeignete Persönlichkeit zur Verfügung steht, die gerade für die Behebung der speziellen Erziehungsschwierigkeiten geeignet ist. Hat der Minderjährige schon das 20. Lebensjahr vollendet, so daß Freiwillige Erziehungshilfe und Fürsorgeerziehung nicht mehr in Betracht kommen, die Voraussetzungen der §§ 26, 72, 73 BSHG ebenfalls nicht vorliegen, andererseits aber eine Erziehungshilfe geboten ist, so sollte besonders eingehend geprüft werden, ob die Bestellung eines Erziehungsbeistandes nicht doch noch sinnvoll ist und wenigstens eine gewisse Besserung erhoffen läßt (ähnlich auch Jans-Happe, Bem 2A zu § 55).

35 bb) Die Bestellung des Erziehungsbeistandes muß als **ausreichende Maßnahme** anzusehen sein; es dürfen also keine schärfere Maßregeln in Betracht kommen. Daher ist die Bestellung eines Erziehungsbeistandes nicht ausreichend, wenn auf Grund der Art und des Grades der Gefährdung oder Schädigung der Entwicklung des Minderjährigen und unter Berücksichtigung ihrer Ursachen schärfere Maßnahmen erforderlich sind, zB eine Milieuveränderung, die Unterbringung in einer geeigneten Familie oder einem Heim durch einen Pfleger (§ 1666 Abs 1 iVm § 1909) oder die Gewährung Freiwilliger Erziehungshilfe (§ 62 JWG) oder die Anordnung der Fürsorgeerziehung (§ 64 JWG) oder auch, wenn die Eltern trotz guten Willens, etwa infolge mangelnder Autorität oder fehlender Energie oder infolge Kränklichkeit oder eines labilen Gesundheitszustandes, nicht mehr in der Lage sind, der Erziehungsschwierigkeiten, die der Minderjährige bereitet, Herr zu werden oder wenn zur Behebung der Erziehungsschwierigkeiten besondere pädagogische und psychologische Kenntnisse und Erfahrungen der Erzieher erforderlich sind.

Dagegen ist die Prüfung, ob die Bestellung eines Erziehungsbeistandes ausreichend ist, dann entbehrlich, wenn das die Anordnung der endgültigen Fürsorgeerziehung betreffende Verfahren ausgesetzt wird (§ 68 Abs 3, s dazu unten Bem 310).

36 cc) Die Bestellung eines Erziehungsbeistandes ist dann weder geboten noch ausreichend, wenn sie **keine Aussicht auf Erfolg** bietet. Hier ist — im Gegensatz zur Gewährung der Freiwilligen Erziehungshilfe und zur Fürsorgeerziehung (s dazu unten Bem 131, 249f) — auch die **pädagogische Erfolgsaussicht** zu prüfen (ebenso Riedel, Bem 12, Jans-Happe, Bem 5D je zu § 55); der Zustand des Minderjährigen muß noch durch Erziehungsmaßnahmen beeinflußbar sein, was freilich grundsätzlich zu bejahen ist, wenn nicht bestimmte konkrete gegenteilige Anhaltspunkte vorhanden sind.

Der Minderjährige muß erziehungsfähig sein, insbesondere in dem Sinne, daß keine geistig-seelischen Regelwidrigkeiten von Krankheitswert gegeben sind, die eine erzieherische Beeinflussung ausschließen (s hierzu Näheres unten Bem 253f).

Ist von vornherein mit großer Wahrscheinlichkeit zu erwarten, daß der Minderjährige sich gegen den Erziehungsbeistand widerspenstig verhält, so kann es fraglich sein, ob die Bestellung eines Erziehungsbeistandes eine ausreichende Erziehungsmaßnahme ist.

Das JWG schreibt in § 55 zwar nicht ausdrücklich — wie in § 62 bezüglich der Gewährung der Freiwilligen Erziehungshilfe — vor, daß der Erziehungsbeistand nur bestellt bzw die Bestellung eines Erziehungsbeistandes nur angeordnet werden darf, wenn die Sorgeberechtigten bereit sind, die Ausführung dieser Erziehungsmaßnahme zu fördern. Dennoch muß auch hier die Feststellung verlangt werden, daß die Sorgeberechtigten bereit sind, mit dem Erziehungsbeistand zusammenzuarbeiten (ebenso BT-Drucks Nr 2226, 26; Krug, Bem 7, Riedel, Bem 12, Jans-Happe, Bem 5 C je zu § 55; Göppinger, FamRZ 1963, 26; OLG Stuttgart, Die Justiz 1963, 180). Ohne diese Bereitschaft ist eine Unterstützung der Sorgeberechtigten bei der Erziehung nicht möglich (vgl auch § 58); eine Hilfe ist regelmäßig verfehlt, wenn der Hilfebedürftige sie ablehnt. Der Erfolg der Bestellung eines Erziehungsbeistandes wird in der Regel gerade von einer guten Zusammenarbeit zwischen Erziehungsbeistand und dem Sorgeberechtigten abhängen (so mit Recht schon die Begründung des Regierungsentwurfs, aaO, s ferner Harrer, Jugendwohlfahrtskunde, 4. Aufl, 68 f). 37

Diese Zusammenarbeit erfordert (s hierzu Krug und Jans-Happe, aaO, sowie bezüglich der früheren Schutzaufsicht Isbary, ZblJugR 1960, 143, 146), daß die Sorgeberechtigten einsichtsvoll und den Ratschlägen des Erziehungsbeistandes zugänglich sind, ferner die Fähigkeit erkennen lassen, ihr bisheriges Verhalten zum Kind, soweit erforderlich, zu ändern, und in der Lage sind, das Kind (mit Hilfe des Erziehungsbeistandes) zu erziehen, sowie daß angenommen werden kann, daß das Kind sie in ihrer sittlichen und gesellschaftlichen Rolle noch als Vorbild ansieht und ansehen kann. Weiterhin ist von Bedeutung, daß die Sorgeberechtigten das Kind nicht ablehnen und daß die Ehe der (nicht getrennt lebenden) Eltern nicht völlig zerrüttet ist, da eine solche Situation die Erziehung erschweren würde.

c) Der Erziehungsbeistand kann nicht neben der Ausführung der Freiwilligen Erziehungshilfe oder der Fürsorgeerziehung bestellt werden (ebenso OLG Düsseldorf, JMBlNRW 1954, 178 = ZblJugR 1954, 208 — bezüglich der früheren Schutzaufsicht —), und zwar neben der Fürsorgeerziehung auch dann nicht, wenn diese gemäß § 69 Abs 3 Satz 2 in der eigenen Familie unter Aufsicht des Landesjugendamtes fortgesetzt wird (vgl OLG Düsseldorf, aaO). Dies ergibt sich aus § 61 Abs 2 Satz 2, wonach die Erziehungsbeistandschaft aufzuheben ist, wenn die Ausführung der Freiwilligen Erziehungshilfe oder der Fürsorgeerziehung beginnt. Indessen kann der Erziehungsbeistand bestellt werden bis zu dem Zeitpunkt, an dem die Ausführung der Freiwilligen Erziehungshilfe oder der Fürsorgeerziehung beginnt; die Anordnung kann also auch als vorübergehende Maßnahme befristet ergehen in der Weise, daß sich unmittelbar an die Erziehungsbeistandschaft die Ausführung der anderen Maßnahme anschließt (s auch unten Bem 104, 106). 38

Hat das Vormundschaftsgericht eine Maßnahme nach § 1666 Ab 1 Satz 1 BGB angeordnet, so kommt die Bestellung eines Erziehungsbeistandes dann nicht mehr in Betracht, wenn das Vormundschaftsgericht die Ausübung des Aufenthaltsbestimmungsrechts oder des Erziehungsrechts oder des gesamten Personensorgerechts entzogen hat. Jedoch ist die Bestellung eines Erziehungsbeistandes an sich in dem Falle noch möglich, daß das Gericht gemäß § 1666 Abs 1 Satz 1 nur Gebote oder Verbote erlassen hat, welche die Ausübung des Personensorgerechts nicht eigentlich beschränken, oder wenn es lediglich eine Regelung bezüglich des Schulbesuchs oder des Arbeitsverhältnisses des Minderjährigen getroffen hat. Ist den Eltern die Ausübung des Vermögenssorgerechts entzogen, so steht dies der Bestellung eines Erziehungsbeistandes nicht entgegen. 39

III. Die Bestellung des Erziehungsbeistandes.

1. Zu unterscheiden ist die Bestellung des Erziehungsbeistandes von der (gerichtlichen) Anordnung der Bestellung des Erziehungsbeistandes (s §§ 56, 57 JWG). Der Erziehungsbeistand wird stets vom Jugendamt bestellt (§§ 56 Abs 1, 57 Abs 1 Satz 2 JWG, § 12 JGG), und zwar entweder auf Antrag der Personensorgeberechtigten (§ 56) — ohne Anrufung des Vormundschaftsgerichts — oder auf Anordnung des Vormundschaftsgerichts (§ 57) oder des Jugendgerichts (§§ 5 Abs 1, 9 Nr 2, 12 Satz 1 JGG). In den letzteren Fällen ist das Jugendamt ausführendes Organ hinsichtlich der gerichtlichen Anordnung. 40

a) aa) Das JWG regelt in § 56 zunächst — ausgehend von dem Grundgedanken, daß freiwillige Maßnahmen den Vorrang vor gerichtlich angeordneten Maßregeln haben sollen — den Fall, daß die Personensorgeberechtigten die Bestellung des Erziehungsbeistandes beantragen. 41

Zuständig ist das **Jugendamt**, in dessen Bezirk der Minderjährige seinen gewöhnlichen Aufenthaltsort hat (§ 11 Satz 1 JWG), für Minderjährige ohne gewöhnlichen Aufenthaltsort und für vorläufige Maßnahmen das Jugendamt, in dessen Bezirk das Bedürfnis der öffentlichen Jugendhilfe hervortritt (§ 11 Satz 2).

Das JWG stellt hier nicht auf den Wohnsitz (s § 11 BGB, §§ 43, 36 FGG), auch nicht auf den Aufenthaltsort (vgl § 36 Abs 1 FGG), sondern auf den gewöhnlichen Aufenthalt ab. Dieser Begriff ist auch in §§ 30, 40 Abs 1, 3, 57 Abs 5 JWG, 44a, 44b, 45 FGG verwendet und bedeutet den tatsächlichen Aufenthaltsort, an dem der Minderjährige längere Zeit, nicht nur vorübergehend weilt (ebenso Krug, Bem 4; Riedel, Bem 5; Jans-Happe, Bem 2; Gräber, Bem 3 je zu § 11 JWG; Keidel, Bem 15; Jansen, Bem 3 je zu § 45 FGG; BayObLGZ 34, 225, 227). Gemeint ist damit, daß der Minderjährige an diesem Ort den tatsächlichen Mittelpunkt seines Daseins hat, daß die Lebensbedingungen des Kindes bis auf weiteres mit diesem Ort verknüpft sein sollen. Auf den Willen in bestimmter Richtung oder auf die Willens- und Handlungsfähigkeit kommt es hierbei nicht an (KG, FamRZ 1958, 426, 427; Riedel, aaO; Gräber, aaO). So braucht der gewöhnliche Aufenthaltsort nicht mit dem Wohnsitz des Minderjährigen oder seiner Eltern oder seiner unehelichen Mutter zusammenzufallen. Leben die Eltern getrennt, so kann der Minderjährige an einem dritten Ort seinen gewöhnlichen Aufenthalt haben, zB wenn er im Einverständnis eines Elternteils ohne oder gegen den Willen des anderen Elternteils bei Verwandten oder Bekannten untergebracht worden war.

Der Minderjährige kann auch an zwei oder mehreren Orten einen gewöhnlichen Aufenthalt haben (Riedel, aaO; s ferner Jansen, Keidel, aaO).

§ 11 Satz 2 JWG stellt eine ergänzende Regelung für die Fälle, in denen der Minderjährige keinen gewöhnlichen Aufenthaltsort hat, und für vorläufige, dh eilige Maßnahmen dar. Das Wort „und" bedeutet hier nur eine Aufzählung, in dem Sinne, daß das Jugendamt, in dessen Bezirk das Bedürfnis der öffentlichen Jugendhilfe hervortritt, sowohl dann (örtlich) zuständig sein soll, wenn der Minderjährige keinen gewöhnlichen Aufenthaltsort hat, als auch dann, wenn eine vorläufige Maßnahme geboten ist. § 11 Satz 2 ist also zB anzuwenden, wenn ein Minderjähriger sich an dem Ort nur besuchsweise oder sonst vorübergehend aufhält oder als Wanderbursche aufgegriffen wird.

42 **bb)** Erforderlich ist ein **Antrag der Personensorgeberechtigten:**

Es muß ein Antrag gestellt, nicht nur ein Einverständnis erklärt sein. Indessen bedarf es der Verwendung des Wortes „Antrag" nicht; es genügt jede andere Formulierung, die erkennen läßt, daß die Personensorgeberechtigten eine solche Hilfe erstreben, zB eine Bitte.

Eine Form des Antrags ist hier — im Gegensatz zu der Regelung des § 63 bezüglich des Antrags auf Gewährung der Freiwilligen Erziehungshilfe — nicht vorgeschrieben; ein schriftlicher Antrag ist also nicht erforderlich, wohl aber zu empfehlen. Ein mündlicher Antrag sollte zu Protokoll des Jugendamtes genommen werden (ähnlich Becker, ZblJugR 1962, 3).

Ist der Antrag inhaltlich nicht eindeutig, so muß das Jugendamt eine Klarstellung veranlassen. Zulässig ist es auch, daß in erster Linie die Bestellung eines Erziehungsbeistands, hilfsweise die Gewährung Freiwilliger Erziehungshilfe oder umgekehrt beantragt wird; in diesem Falle muß aber der Antrag schriftlich gestellt werden (§ 63).

Im übrigen wird ein unter Bedingungen gestellter Antrag nicht für zulässig zu erachten sein, zB bezüglich der Durchführung der Erziehungsbeistandschaft. Die Sorgeberechtigten können lediglich Wünsche äußern (§ 3 Abs 2 JWG), denen freilich entsprochen werden soll, soweit sie angemessen sind und keine unvertretbaren Mehrkosten erfordern; indessen besteht auf die Berücksichtigung der Wünsche kein Rechtsanspruch.

Ein befristeter Antrag — die Erziehungsbeistandschaft für einen bestimmten Zeitraum zu gewähren — kann für zulässig erachtet werden, wenn es sich um einen Zeitraum handelt, der jedenfalls vorläufig als ausreichend beurteilt werden kann.

Hervorzuheben ist noch, daß der Antrag vor der Entscheidung gestellt sein muß und nicht widerrufen sein darf.

43 Der Antrag muß von den (dh allen) Personensorgeberechtigten ausgehen; sorgeberechtigt ist jeder Elternteil, der die Personensorge ausübt

(§§ 1626ff), ob das Recht und die Pflicht, das Kind zu versorgen und zu betreuen, zu erziehen und zu beaufsichtigen, sowie seinen Aufenthalt zu bestimmen. Übt ein Elternteil nur die tatsächliche Sorge aus, so ist er antragsberechtigt; ohne dessen Mitwirkung kann ein Erziehungsbeistand gemäß § 56 nicht bestellt werden. Andererseits muß auch der gesetzliche Vertreter mitwirken. Somit ist die minderjährige Mutter (§ 1673 Abs 2 BGB) antragsberechtigt, ebenso die uneheliche Mutter (§ 1707 Abs 1 BGB), sowie ein Pfleger, dem das Vertretungsrecht in Angelegenheiten der Personensorge übertragen wurde, oder der Amtsvormund (§ 40) oder der Einzelvormund (§§ 45, 50 JWG), dem nicht die tatsächliche Sorge für das uneheliche Kind, sondern nur das Vertretungsrecht (und die Vermögenssorge) zusteht. Da somit die uneheliche Mutter, wenn ihr die elterliche Gewalt nicht übertragen ist (§ 1707 Abs 2 BGB, s hierzu Bem 8 zu § 1666), nicht allein sorgeberechtigt ist, muß der Vormund bei der Beantragung der Bestellung eines Erziehungsbeistandes mitwirken (ebenso allgemein BT-Drucks Nr 2226, 26; Jans-Happe, Bem 2; Gräber, Bem 6; Riedel, Bem 3 je zu § 56; Brand-Hensel, 508; Pikart-Henn, 223; Firsching, 77; aM Becker, ZblJugR 1962, 3), wobei es wohl genügt, daß ein Antragsberechtigter den (ausdrücklichen) Antrag stellt, der andere zustimmt oder ihm Vollmacht erteilt.

Besteht die tatsächliche Sorge nicht mehr, weil die minderjährige Tochter verheiratet ist (§ 1633), so ist ein Antrag auf Bestellung eines Erziehungsbeistandes unzulässig (s auch Bem 53, 108). **44**

Stellt nur ein Elternteil den Antrag und widerspricht der andere, so erhebt sich die Frage, ob das Vormundschaftsgericht über diese Meinungsverschiedenheit in dem Sinne entscheiden kann, daß es dem einen Elternteil das alleinige Antragsrecht überträgt, bzw (besser) die Befugnis, die Frage der Bestellung eines Erziehungsbeistandes eventuell einschließlich der Durchführung der Erziehungsbeistandschaft allein zu regeln (s dazu im allgemeinen Bem 17ff, insbesondere 22ff zu § 1628) oder ob es unter den Voraussetzungen des § 1666 Abs 1 Satz 1 eingreifen und gemäß § 1909 BGB einen Pfleger bestellen kann, zu dem Zwecke, damit dieser die Bestellung eines Erziehungsbeistandes beantragt (so Riedel, Bem 3, aM Krug, Bem 3 je zu § 56) oder ob nur der Weg übrig bleibt, daß der erstere Elternteil oder das Jugendamt gemäß § 57 Abs 2 beim Vormundschaftsgericht den Antrag stellt, die Bestellung eines Erziehungsbeistandes anzuordnen. **45**

Nach der Formulierung des § 57 Abs 2 Satz 2 muß davon ausgegangen werden, daß der Gesetzgeber in den Fällen, in denen die Personensorgeberechtigten über die Notwendigkeit der Bestellung eines Erziehungsbeistandes uneinig sind, gerade die Möglichkeit eröffnen wollte, daß jeder Sorgeberechtigte allein den Antrag stellt, die Bestellung eines Erziehungsbeistandes anzuordnen. Antragsberechtigt ist auch das Jugendamt (§ 57 Abs 2); möglich ist es aber ferner, daß das Vormundschaftsgericht von Amts wegen (zB auf Anregung des einen Elternteils oder eines Verwandten) tätig wird (§ 57 Abs 2 Satz 1, s dazu unten Bem 52).

An sich wäre es für zulässig zu erachten, daß das Vormundschaftsgericht über die erwähnte Meinungsverschiedenheit der Eltern in der Weise entscheidet, daß es dem einen Elternteil die Befugnis zuerkennt, die Frage der Bestellung eines Erziehungsbeistandes allein zu regeln. Es würde sich um eine wichtige Angelegenheit handeln, deren Regelung zur Abwendung der Gefährdung der Entwicklung des Minderjährigen auch als erforderlich beurteilt werden müßte. Indessen wäre das Vormundschaftsgericht in diesem Verfahren ebenfalls genötigt, die Voraussetzungen des § 55 JWG zu prüfen, da festgestellt werden muß, ob das Wohl des Kindes gefährdet wäre, wenn die Entscheidung über die Meinungsverschiedenheiten der Eltern unterbliebe. Aus diesen Gründen wird es in der Regel wenig sinnvoll sein, wenn das Vormundschaftsgericht über die Meinungsverschiedenheit und nicht über die Bestellung eines Erziehungsbeistandes entscheiden würde.

Ein Eingreifen des Vormundschaftsgerichts gemäß § 1666 Abs 1 Satz 1 BGB — Entziehung der Ausübung des gesamten Personensorgerechts des einen Elternteils nebst einer Anordnung nach § 1680 (s dazu Bem 265 zu § 1666) — scheitert schon daran, daß § 1666 Abs 1 Satz 1 voraussetzt, daß die Maßnahme *erforderlich* ist, also keine mildere Maßregel ausreicht (s dazu Bem 242, 244 zu § 1666). Liegen indessen die Voraussetzungen des § 57 iV mit § 55 JWG vor, so ist die Entziehung der Ausübung des Personensorgerechts als schärfere Maßnahme unzulässig.

Weigern sich beide Elternteile (trotz entsprechender Belehrung durch das Jugendamt), die Bestellung eines Erziehungsbeistandes zu beantragen, so ist die Entziehung der Ausübung des Personensorgerechts gemäß § 1666 Abs 1 Satz 1 und die Bestellung eines Pflegers gemäß § 1909, damit dieser den betreffenden Antrag (§ 56 JWG) stelle, aus den gleichen Gründen unzulässig. Im übrigen widerspräche eine solche Maßnahme gerade auch dem Sinn und Zweck des § 56 JWG, der die Bestellung eines Erziehungsbeistandes als freiwillige Erziehungsmaßnahme vorsieht, und wäre ferner eine Umgehung der Vorschriften des § 57 (ebenso Jans-Happe, Bem 2; Krug, Bem 3; anders Riedel, Bem 3 je zu § 56; s auch unten Bem 140 zur Gewährung Freiwilliger Erziehungshilfe). Wenn Riedel (aaO) darauf hinweist, das Antragsrecht solle zum Wohle des Kindes ausgeübt werden, wenn dies versäumt werde, dürfe daraus für das Kind kein Nachteil entstehen, so übersieht er damit nicht nur die Bedenken, die gegen die Anwendung des § 1666 Abs 1 Satz 1 sprechen, sondern verkennt auch die Bedeutung der §§ 56, 57 JWG; im übrigen ist nicht ersichtlich, welcher Nachteil für das Kind durch die auf § 57 beruhende gerichtliche Anordnung entstehen soll. Abgesehen davon hätte die von Riedel vertretene Auffassung die Konsequenz, daß die Eltern von der Erziehung des Kindes ganz ausgeschlossen wären.

46 **Leben die Eltern getrennt,** so ist der Elternteil zur Stellung des Antrags berechtigt, der (allein-)sorgeberechtigt ist; Voraussetzung dazu ist eine Anordnung des Vormundschaftsgerichts gemäß § 1672 BGB, gegebenenfalls des Gerichts des Ehescheidungsrechtsstreits (§ 627 ZPO). Sind solche Anordnungen nicht ergangen, müssen beide Elternteile den Antrag stellen.

47 Ist die **Ehe der Eltern geschieden,** so ist der Elternteil antragsberechtigt, dem das Vormundschaftsgericht die alleinige Ausübung der elterlichen Gewalt übertragen hat (§ 1671 Abs 1), gegebenenfalls die alleinige Ausübung des Personensorgerechts (§ 1671 Abs 4 Satz 2; s auch Bem 90 aE).

48 Ist ein **Sorgerechtspfleger** oder ein **Vormund** ernannt (§ 1671 Abs 5), so steht diesem das Antragsrecht zu; allerdings kann es zweifelhaft sein, ob es zweckmäßig ist, für Minderjährige, die unter Vormundschaft oder Pflegschaft stehen, einen Erziehungsbeistand (neben dem Vormund oder Pfleger) zu bestellen (s dazu Becker, MDR 1963, 262).

Ist nach der Scheidung der Ehe der Eltern dem einen Elternteil die Ausübung des Personensorgerechts, dem anderen Elternteil die Ausübung des Vermögensorgerechts übertragen (§ 1671 Abs 4) und hat der Minderjährige eigenes Arbeitseinkommen, so fragt es sich im Hinblick auf die Bestimmung des § 58 Abs 1 Satz 2, ob der Elternteil, der die Vermögenssorge ausübt, der Bestellung des Erziehungsbeistandes zustimmen muß. Diese Frage dürfte zu bejahen sein, da der Elternteil durch die Bestellung des Erziehungsbeistandes in seinen Befugnissen betroffen ist (s auch unten Bem 90). Verweigert der Elternteil die Zustimmung, so kann Anlaß bestehen, die Sorgerechtsregelung zu ändern (§ 1696).

49 Der **Antrag** der Sorgeberechtigten ist **kein Angebot auf Abschluß eines Vertrags** über die Bestellung des Erziehungsbeistandes und die Unterstützung der Erziehungsberechtigten in der Erziehung des Minderjährigen, sondern das Begehren auf Erlassung eines Verwaltungsaktes und die Zustimmung der Sorgeberechtigten hierzu (ebenso Jans-Happe, Bem 2 zu § 56, s ferner unten Bem 75).

50 cc) Auf den Antrag der Sorgeberechtigten schließt sich ein **Verwaltungsverfahren vor dem Jugendamt** an. Das Jugendamt hat die erforderlichen Ermittlungen anzustellen; regelmäßig wird die Fürsorgerin des Jugendamtes die Wohnung der Sorgeberechtigten aufsuchen und sich über den Zustand des Kindes informieren.

Ferner hat das Jugendamt die Sorgeberechtigten über die Ursachen der Gefährdung oder Schädigung der Entwicklung des Minderjährigen zu hören, mit ihnen die bisherige Erziehung und die Erziehungsmethoden, die Grundrichtung der Erziehung (vgl § 3 Abs 1 Satz 2 JWG, hierzu unten Bem 457) zu erörtern und sie über die in Betracht kommenden Erziehungsmaßnahmen zu beraten; hierbei sind der Sinn, das Wesen und die Bedeutung der Erziehungsbeistandschaft, deren Voraussetzungen und Auswirkungen, gegebenenfalls auch der Freiwilligen Erziehungshilfe (§ 62) zu erläutern (s hierzu Becker, MDR 1963, 262 f).

Die Entscheidung über den Antrag auf Bestellung eines Erziehungsbeistandes ergeht durch die Verwaltung des Jugendamtes, dh durch deren Leiter (s hierzu unten Bem 74). 51

b) aa) Wird der Erziehungsbeistand nicht gemäß § 56 Abs 1 bestellt, etwa weil kein Antrag der Personensorgeberechtigten oder nur ein Antrag eines Elternteils, nicht auch des anderen Elternteils (s oben Bem 45) oder nur des Vormunds, nicht auch der unehelichen Mutter oder umgekehrt (s oben Bem 43) gestellt ist, oder weil der Antrag widerrufen worden ist oder auch weil das Jugendamt den Antrag abgelehnt hat (s dazu auch Bem 76), so kann beim **Vormundschaftsgericht** beantragt werden, die Bestellung eines Erziehungsbeistandes anzuordnen (§ 57 Abs 1 und 2). Das Vormundschaftsgericht kann auch von Amts wegen eingreifen (§ 57 Abs 2 Satz 1), etwa wenn nicht antragsberechtigte Personen dem Vormundschaftsgericht Umstände mitteilen, die dieses zur Prüfung der Frage veranlassen, ob und gegebenenfalls welche vormundschaftsgerichtlichen Maßnahmen erforderlich sind, oder wenn eine antragsberechtigte Person dem Vormundschaftsgericht nur eine Anregung übermittelt (s auch im allgemeinen Vorbem 39 vor § 1666). 52

Ist die Minderjährige verheiratet, so ist die Anordnung der Erziehungsbeistandschaft unzulässig; für eine Ehefrau kann keine Erziehungsmaßnahme mehr angeordnet werden, da die tatsächliche Personensorge, die das Recht und die Pflicht der Eltern zur Erziehung des Kindes umfaßt (§ 1631 Abs 1 BGB), erloschen ist (§ 1633; s auch Bem 44). 53

bb) Zur Entscheidung berufen ist der **Richter,** nicht der Rechtspfleger **(RPflG § 12 Nr 23),** in Württemberg nicht der Bezirksnotar (WürttAGBG Art 68 Nr 11). Eine Entscheidung des Rechtspflegers wäre nichtig (vgl § 7 Abs 2 RPflG, s auch — zu § 41 aF [§ 46 JWG nF] — BayObLGZ 1959, 45, 47; 1961, 228), ebenso eine Entscheidung des Bezirksnotars (vgl auch § 7 FGG). 54

Örtlich zuständig ist das Vormundschaftsgericht, in dessen Bezirk der Minderjährige zu dem Zeitpunkt, in dem das Gericht mit der Angelegenheit befaßt wird, seinen Wohnsitz oder in Ermangelung eines inländischen Wohnsitzes seinen Aufenthalt hat (§ 43 Abs 1 iV mit § 36 FGG). Die Anordnungen des Vormundschaftsgerichts auf Grund des VI. Abschnittes des JWG sind nach einhelliger Ansicht „Verrichtungen" iSd § 43 FGG (s Jansen, FGG, Einleitung, V. Nr 33, 18; Gräber, Bem 3, A zu § 57 mit Hinweisen). Befaßt iSd § 43 Abs 1 aE FGG ist das Vormundschaftsgericht mit dem Eingang des Antrags auf Anordnung der Bestellung eines Erziehungsbeistandes oder, wenn es von Amts wegen tätig wird, mit dem Zeitpunkt, in dem es amtliche Kenntnis von den tatsächlichen Umständen oder Vorgängen erhält, die Anlaß zum Einschreiten geben (Jansen, Bem 5, Keidel, Bem 14 je zu § 43 FGG). Zu § 77 Abs 1 s unten Bem 69. 55

Hinzuweisen ist noch auf die Regelung des **§ 57 Abs 5 JWG,** wonach das nach § 11 JWG zuständige Jugendamt beantragen kann, daß das mit der Sache befaßte Vormundschaftsgericht, in dessen Bezirk der Minderjährige nicht seinen gewöhnlichen Aufenthaltsort hat, die Sache an das Vormundschaftsgericht abgibt, in dessen Bezirk der Minderjährige den gewöhnlichen Aufenthaltsort hat. Wenn § 57 Abs 5 besagt „hat ein Vormundschaftsgericht entschieden", so ist diese (auf dem Gesetz vom 11. 8. 1961 beruhende) Fassung ungenau: sinnvollerweise kann nur gemeint sein, daß das Verfahren in jedem Stadium, also auch vor der Entscheidung, abgegeben werden kann (ebenso Krug, Bem 9, Riedel, Bem 5, Jans-Happe, Bem 9 je zu § 37; Pikart-Henn, 224; Brand-Hensel 506f). 56

Steht der Minderjährige unter Vormundschaft oder Pflegschaft, so ist das Gericht zuständig, bei dem die Vormundschaft oder Pflegschaft anhängig ist (§ 43 Abs 2 FGG). Ist beim Vormundschaftsgericht das Verfahren betreffend Erziehungsbeistandschaft anhängig, so ist für weitere vormundschaftsgerichtliche Anordnungen, zB Maßnahmen, auch vorläufiger Art, gemäß § 1666 Abs 1 Satz 1 BGB, oder Fürsorgeerziehung, das gleiche Vormundschaftsgericht örtlich zuständig (§ 77 Abs 2 JWG; s auch Bem 114). 57

Bezüglich weiterer die Zuständigkeit betreffender Fragen wird auf die Kommentare von Krug, Riedel, Gräber und Jans-Happe zu § 57 JWG verwiesen, zu Fragen der Anwendung der §§ 43, 36, 46 FGG auch auf die Kommentare von Jansen und Keidel. 58

cc) **Antragsberechtigt** ist das (zuständige) Jugendamt (§ 11 JWG, s oben Bem 41) sowie jeder Personensorgeberechtigte, also jeder einzelne Sorgeberechtigte, nicht notwendig — wie im Falle des § 56 Abs 1 — beide Elternteile. Diese Regelung bringt gerade eine Klärung der Fälle, in denen ein Elternteil dem Antrag widerspricht (s oben Bem 45).

Nicht antragsberechtigt sind das Landesjugendamt (vgl aber zur Fürsorgeerziehung § 65 Abs 1 Satz 2), der Minderjährige selbst, auch nicht, wenn er das 14. Lebensjahr vollendet hat, die gemäß § 57 Abs 1 Nr 9 FGG beschwerdeberechtigten Personen, ferner nicht der Elternteil, dem nach der Scheidung der Ehe nur die alleinige Ausübung der Vermögenssorge übertragen wurde (§ 1671 Abs 4 Satz 2), oder ein Pfleger, der für Angelegenheiten der Vermögenssorge bestellt wurde.

dd) Vor der Beschlußfassung hat das Vormundschaftsgericht die (dh alle) Antragsberechtigten zu hören (§ 57 Abs 3), also die Personensorgeberechtigten und das Jugendamt, ferner laut ausdrücklicher Vorschrift auch den Minderjährigen, soweit sie erreichbar sind.

Die Anhörung des Jugendamtes, der Sorgeberechtigten und des Minderjährigen ist zwingend vorgeschrieben, mit der Einschränkung allerdings, „soweit sie erreichbar sind" (vgl auch die Vorschrift des § 65 Abs 2 bezüglich des die Anordnung der Fürsorgeerziehung betreffenden Verfahrens, hierzu unten Bem 272, 274, 276).

§ 57 Abs 3 JWG ist gegenüber der für das vormundschaftsgerichtliche Verfahren im allgemeinen geltenden Vorschrift des § 1695 BGB eine Sondervorschrift, die freilich nicht weniger unglücklich gefaßt ist als § 1695 BGB, wonach von der Anhörung aus schwerwiegenden Gründen abgesehen werden darf (s hierzu oben Bem 338 zu § 1666). § 57 Abs 3 ist dahin zu verstehen, daß die Anhörung nur unterbleiben darf, wenn sie unmöglich ist (s auch oben Bem 338 zu § 1666 zu der Anwendung des § 1695) oder wenn die Anhörung des Kindes wegen seines Alters sinn- und zwecklos ist, nämlich wenn dieses noch so klein ist, daß eine Verständigung mit ihm nicht oder fast nicht möglich ist. Zur Anhörung kleinerer Kinder durch den Vormundschaftsrichter ist noch darauf hinzuweisen, daß dieser hierzu auch gewisser psychologischer Kenntnisse bedarf. Kann das Kind nicht angehört werden, so kann der Vormundschaftsrichter aber je nach Lage des Falles verpflichtet sein (§ 12 FGG), es anzuschauen, um sich einen persönlichen Eindruck von dessen Zustand zu verschaffen (ebenso Krug, Bem 6 zu § 57; BayObLGZ 20, 284; s auch oben Bem 334 zu § 1666).

Daß das Jugendamt nicht erreichbar sein soll, ist so gut wie undenkbar.

Angehört werden sollten auch der Vormund des unehelichen Kindes sowie Verwandte und Verschwägerte des Mündels (§ 1847 BGB).

Die Sorgeberechtigten und der Minderjährige sollten möglichst **mündlich gehört** werden, da die Angelegenheit regelmäßig am besten mündlich erörtert werden kann, und zwar nachdem der Bericht des Jugendamtes vorliegt (s auch Bem 343 zu § 1666). Dieser Bericht sollte mit zum Gegenstand der mündlichen Erörterung gemacht werden, hierzu sollte stets auch dem Jugendamt die Terminsnachricht übermittelt werden.

Schriftliche Anhörung der Sorgeberechtigten sollte auf Ausnahmefälle beschränkt werden; sie wird aber zB in Betracht kommen, wenn die Sorgeberechtigten bereits mündlich gehört sind und nachträglich noch ein weiterer (nicht besonders wichtiger) Punkt zu erörtern ist.

Unterbleibt die Anhörung oder auch nur die mündliche Anhörung der Sorgeberechtigten, so muß dies aktenkundig gemacht werden, damit die höhere Instanz nachprüfen kann, ob ein Verfahrensverstoß vorliegt.

Im übrigen wird zur Bedeutung des **rechtlichen Gehörs** und zur Unterscheidung zwischen der Anhörung zum Zwecke der Gewährung des rechtlichen Gehörs und der Anhörung zur Aufklärung des Sachverhalts (§ 12 FGG) auf die Ausführungen in Bem 336 zu § 1666 verwiesen.

Gemäß § 12 FGG hat das Vormundschaftsgericht die erforderlichen Ermittlungen anzustellen, eventuell auch ein Gutachten einzuholen.

ee) Das Vormundschaftsgericht (dh der Richter, s oben Bem 54) entscheidet durch **Beschluß**, dem eine **Begründung** beizufügen ist (ebenso Pikart-Henn, 223; Brand-Hensel, 507; anders Gräber, Bem 16; Riedel, Bem 12 je zu § 57; vgl auch Firsching, 78). Zwar ist in § 57 Abs 4 der in § 65 Abs 3 enthaltene Satz „Der Beschluß ist mit Gründen zu versehen" nicht aufgenommen; jedoch ergibt sich die Notwendigkeit der Begründung des Beschlusses aus § 57 Abs 4 Satz 2, wonach dem über 14-jährigen Kinde die Begründung des Beschlusses nicht mitzuteilen ist, wenn und soweit sich aus ihrem Inhalt Nachteile für seine Erziehung ergeben können. Aus dieser Vorschrift darf nicht etwa geschlossen werden, der Beschluß müsse nur dann mit einer Begründung versehen werden, wenn der Minderjährige das 14. Lebensjahr vollendet habe.

Die Begründung des Beschlusses darf sich nicht in der Wiedergabe des Gesetzestextes erschöpfen, sondern muß die Feststellung der tatsächlichen Vorgänge und Umstände enthalten, aus welchen das Vormundschaftsgericht den Schluß zieht, daß die leibliche, geistige oder seelische Entwicklung des Minderjährigen gefährdet oder geschädigt ist, sowie daß die Anordnung der Bestellung eines Erziehungsbeistandes als eine zur Abwendung dieser Gefährdung oder Beseitigung dieser Schädigung gebotene und ausreichende Maßnahme zu beurteilen ist. Zu beachten ist auch, daß in der Begründung auf sachliche und vorsichtige Formulierungen Wert gelegt werden muß und daß alle Schärfen mit Wendungen, die als Tadel ausgelegt werden oder die Sorgeberechtigten verletzen könnten, vermieden werden sollten, damit nicht deren Bereitschaft, sich durch einen Erziehungsbeistand unterstützen zu lassen, in Frage gestellt wird (vgl Jans-Happe, Bem 7, C zu § 57).

ff) Der Beschluß ist dem Jugendamt, den Sorgeberechtigten und dem Minderjährigen, der das 14 .Lebensjahr vollendet hat, **bekanntzumachen** (s § 16 FGG, hierzu s auch Bem 354 zu § 1666), und zwar regelmäßig schriftlich. Doch kann es sich gegebenenfalls empfehlen, dem Minderjährigen den Beschluß mündlich mit geeigneten Belehrungen zu eröffnen. 67

Dem Jugendamt und den Sorgeberechtigten ist der Beschluß mit vollständiger Begründung mitzuteilen. Lediglich dem Minderjährigen ist die Begründung (nur diese) nicht mitzuteilen, wenn und soweit sich aus ihrem Inhalt Nachteile für die Erziehung, dh überhaupt ungünstige Auswirkungen für die Entwicklung des Minderjährigen ergeben können **(§ 57 Abs 4 Satz 2)**. In Betracht kommen kann auch, einen Teil der Begründung in der für den Minderjährigen bestimmten Ausfertigung wegzulassen, zB die Stellen der Begründung, die Feststellungen über Verhaltensweisen des Minderjährigen selbst enthalten oder die das Verhalten der Sorgeberechtigten betreffen und geeignet sind, diese vor dem Minderjährigen bloßzustellen oder sie ihm zu entfremden, oder die Einzelheiten über abnorme geistige oder seelische Veranlagungen der Eltern darlegen (s hierzu Jans-Happe, Bem 7, B, Krug, Bem 8, Riedel, 13 je zu § 57). Doch ist darauf zu achten, daß die Begründung des Beschlusses trotz Kürzungen in sich verständlich bleibt. Darüber, was dem Minderjährigen aus der Begründung des Beschlusses mitgeteilt werden soll, hat der Richter, nicht der Rechtspfleger oder Urkundsbeamte der Geschäftsstelle zu befinden; zweckmäßigerweise wird das Amtsgericht — zumindest in Zweifelsfällen — das Jugendamt dazu hören.

Der Beschluß wird mit der Bekanntgabe an die Sorgeberechtigten wirksam (vgl § 16 FGG).

Die Zustellung des Beschlusses ist zwar nicht vorgeschrieben, wohl aber zu empfehlen (ebenso Brand-Hensel, 510).

gg) Die Anordnung der Erziehungsbeistandschaft durch das Vormundschaftsgericht ist der gerichtlichen Erziehungskartei mitzuteilen (Ziff 2, lit f der Anordnung über die gerichtliche **Erziehungskartei**, s oben Bem 400 zu § 1666). 68

hh) Soweit erforderlich, kann das Vormundschaftsgericht die Bestellung eines Erziehungsbeistandes auch durch eine **einstweilige** (vorläufige) **Anordnung** verfügen (ebenso Riedel, Bem 12; Jans-Happe, Bem 10; Gräber, Bem 3, F [186] je zu § 57; s zur einstweiligen Anordnung im allgemeinen auch Bem 356ff zu § 1666). Für eine solche eilige Maßregel ist neben dem in § 43 FGG bezeichneten Gericht einstweilen auch das Gericht zuständig, in dessen Bezirk das Bedürfnis der Fürsorge hervortritt (§ 77 Abs 1 JWG, s hierzu auch — bezüglich der vorläufigen Fürsorgeerziehung — unten Bem 399ff). Hat dieses Gericht eine vorläufige Anordnung getroffen, so hat es danach das Verfahren an das endgültig zuständige Gericht abzugeben, dem die angeordnete Maßnahme unverzüglich mitzuteilen ist (§ 77 Abs 1 Satz 2 JWG). Eine solche vorläufige Anordnung durch das gemäß § 77 Abs 1 Satz 1 zuständige Gericht dürfte aber selten vorkommen, da die Sache kaum je so dringlich sein wird, daß sie nicht an das nach § 43 FGG zuständige Gericht abgegeben werden kann (so auch Brand-Hensel, 506, Fußn 2). 69

70 ii) Gegen den Beschluß des Vormundschaftsgerichts findet die einfache (unbefristete) **Beschwerde** statt (§ 19 FGG); lediglich dann, wenn die Bestellung eines Erziehungsbeistandes zusammen mit der Aussetzung des Verfahrens auf Anordnung der Fürsorgeerziehung angeordnet wurde, ist die Beschwerde befristet (§ 68 Abs 2 und 3, s dazu unten Bem 319).

70a Das Beschwerdegericht kann statt der vom Amtsgericht angeordneten Erziehungsbeistandschaft (auf Beschwerde des Jugendamtes) eine Maßnahme nach § 1666 treffen; andererseits ist es aber auch zulässig, statt der vom Amtsgericht verfügten Maßregel nach § 1666 Erziehungsbeistandschaft anzuordnen, soweit diese ausreicht.

71 **Beschwerdeberechtigt** sind die Antragsberechtigten (dh das Jugendamt und die Personensorgeberechtigten) und der Minderjährige, der das 14. Lebensjahr vollendet hat (§ 59 FGG), sowie die Personen, die ein berechtigtes Interesse haben, die die Sorge für die Person des Kindes betreffende Angelegenheit wahrzunehmen (§ 57 Abs 1 Nr 9 FGG, s hierzu auch Bem 372f zu § 1666).

Das Jugendamt kann gegen die Anordnung der Erziehungsbeistandschaft wie auch gegen ihre Ablehnung Beschwerde einlegen (§ 57 Abs 1 Nr 9 FGG). Wurde Erziehungsbeistandschaft angeordnet, so steht hiergegen den Eltern oder dem betreffenden Elternteil die Beschwerde zu (§§ 20, 57 Abs 1 Nr 9 FGG); hat ein Elternteil selbst die Erziehungsbeistandschaft beantragt und wird der Antrag abgelehnt, so muß er als beschwerdeberechtigt angesehen werden (§§ 20 Abs 1, 57 Abs 1 Nr 9 FGG); die Ablehnung des Antrags ist ebenfalls als Beeinträchtigung eines Rechts iSd § 20 Abs 1 zu beurteilen, ebenso wie in dem Falle, daß das Vormundschaftsgericht eine gemäß § 1631 Abs 2 BGB beantragte Unterstützung der Eltern abgelehnt hat (s dazu Keidel, Bem 19 zu § 20 FGG, 406). Dagegen kann § 20 Abs 2 FGG hier nicht angewendet werden (ebenso im Ergebnis Riedel, Bem 14, aM Jans-Happe, Bem 8 je zu § 57 JWG).

Ein Antragsberechtigter kann in allen Fällen Beschwerde erheben, auch wenn er in erster Instanz keinen Antrag gestellt hat.

72 Der Minderjährige kann jedoch nicht als beschwerdeberechtigt angesehen werden, wenn das Amtsgericht die Anordnung der Bestellung eines Erziehungsbeistandes abgelehnt hat; hier gilt das gleiche, wie wenn das Amtsgericht ein Eingreifen gemäß § 1666 Abs 1 Satz 1 BGB abgelehnt hat (s dazu Bem 369 zu § 1666).

Die Beschwerde hat keine aufschiebende Wirkung (§ 24 Abs 1 FGG).

73 c) Gemäß §§ 5 Abs 1, 9 Nr 2, 12 JGG kann das **Jugendgericht** aus Anlaß einer Straftat eines Jugendlichen die Bestellung eines Erziehungsbeistandes anordnen.

74 2. Der Erziehungsbeistand wird **durch das Jugendamt bestellt** (§§ 56 Abs 1, 57 Abs 1 Satz 2 JWG, § 12 JGG).

a) Innerhalb der Organisation des Jugendamts (s §§ 12ff JWG) ist hierzu nicht der Jugendwohlfahrtsausschuß, sondern die **Verwaltung des Jugendamts zuständig**; die Bestellung von Erziehungsbeiständen gehört zu den laufenden Geschäften des Jugendamtes, die dem **Leiter der Verwaltung** der Gemeinde oder des Kreises oder in dessen Auftrag dem Leiter der Verwaltung des Jugendamtes obliegen (§ 16 Abs 1 JWG, s dazu Haarmann, ZblJugR 1961, 281, und Jans-Happe, Bem 2, A zu § 16; Becker, ZblJugR 1962, 5; aM [kein laufendes Geschäft] Gräber, Bem 2 zu § 56). Die Erledigung dieser Geschäfte kann nicht auf besondere Ausschüsse oder freie Vereinigungen der Jugendwohlfahrt oder an Jugendverbände oder an einzelne in der Jugendwohlfahrt erfahrene Männer und Frauen übertragen werden (vgl § 18 Satz 1, s dazu Jans-Happe, Bem 4, B; Riedel, Bem 7 je zu § 18).

75 Die Bestellung des Erziehungsbeistandes ist ein **Verwaltungsakt** (ebenso BT-Druckf Nr 2226, 3. Wahlperiode, 26, wiedergegeben von Krug [250] und Riedel [580] — der Regierungsentwurf spricht hier von einem öffentlich-rechtlichen [!] Verwaltungsakt —; s ferner Jans-Happe, Bem 4, A, Riedel, Bem 4 je zu § 56), also auch **kein Vertrag des privaten oder öffentlichen Rechts**, wenn die Bestellung des Erziehungsbeistandes auf einem Antrag der Sorgeberechtigten beruht (ebenso Riedel, aaO; s ferner unten Bem 151 zu § 63 JWG).

76 Die Entscheidung des Jugendamtes ist mit den Rechtsbehelfen anfechtbar, welche die VwGO regelt (§§ 68ff). Hat das Jugendamt den Antrag auf Bestellung eines Erziehungsbeistandes abgelehnt, so muß es jedoch auch für zulässig erachtet werden, daß die Eltern nunmehr das Vormundschaftsgericht anrufen (§ 57 Abs 2

Satz 2 JWG). § 57 Abs 1 Satz 1 setzt nur voraus, daß ein Erziehungsbeistand nicht gemäß § 56 bestellt wird oder — wie zu ergänzen ist — bestellt worden ist (s auch oben Bem 52). Das Vormundschaftsgericht ist bei seiner Entscheidung an den vorausgegangenen ablehnenden Bescheid des Jugendamtes nicht gebunden.

Das Jugendamt ist zur Bestellung des Erziehungsbeistandes **verpflichtet**, 77
wenn die gesetzlichen Voraussetzungen vorliegen (s die Formulierung „ist ... zu bestellen" in §§ 55, 57 Abs 1 Satz 2). Hat das Vormundschaftsgericht oder Jugendgericht die Bestellung eines Erziehungsbeistandes angeordnet (§ 57 Abs 1 Satz 1), so hat das Jugendamt dieser Anordnung zu entsprechen, selbst dann, wenn es sie für ungerechtfertigt erachtet (s hierzu auch Jans-Happe, Bem 2, C, zu § 57) oder wenn es in einem vorausgegangenen Verwaltungsverfahren die Bestellung abgelehnt hatte (s Bem 52, 76).

b) Die **Auswahl** des Erziehungsbeistandes obliegt dem Jugendamt. Hierbei ist die 78
Grundrichtung der Erziehung, wie sie von den Sorgeberechtigten bestimmt wurde, zu berücksichtigen, sofern hierdurch das Wohl des Kindes nicht gefährdet wird (§ 3 Abs 1 Satz 2 JWG; s hierzu auch unten Bem 456 f). Ferner soll das Jugendamt Wünschen der Sorgeberechtigten, die sich auf die Gestaltung der öffentlichen Jugendhilfe im Einzelfalle, dh hier auf die Auswahl des Erziehungsbeistandes beziehen, entsprechen, soweit sie angemessen sind und keine unvertretbaren Mehrkosten erfordern (§ 3 Abs 2 JWG). Das Wort „soll" bedeutet zwar eine Verpflichtung des Jugendamtes, jedoch gewährt der Begriff „angemessen" hier einen Ermessensspielraum, was auch sachlich gerechtfertigt ist (ebenso Jans-Happe, Bem 6, B zu § 3). Weiterhin muß auf das religiöse Bekenntnis des Minderjährigen Rücksicht genommen werden; dies ergibt sich aus § 3 Abs 1 Satz 3 JWG (vgl Jans-Happe, Bem 5, B zu § 56; zum früheren Recht s § 60 Abs 1 Satz 2 aF).

Als Erziehungsbeistand kann immer nur eine **einzelne Person** bestellt werden, 79
keine Behörde oder Vereinigung für Jugendhilfe, wie aus § 56 hervorgeht (im Gegensatz zum früheren Recht, s § 60 Abs 1 aF, hierzu oben Bem 9).

Bei der Auswahl des Erziehungsbeistandes muß das Jugendamt Wert darauf legen, daß jeweils eine für den Einzelfall geeignete Persönlichkeit bestellt wird, die über die nötigen pädagogischen und psychologischen Kenntnisse und Erfahrungen verfügt, um die Sorgeberechtigten gerade bei den speziellen Erziehungsschwierigkeiten, die der Minderjährige bereitet, sachgemäß beraten und unterstützen zu können. In besonders schwierigen Fällen kann ein praktischer Psychologe, ein Psychotherapeut oder ein Kinderarzt zum Erziehungsbeistand bestellt werden (Becker, MDR 1963, 262).

Eine noch nicht volljährige Person wird jedoch nicht in Betracht kommen, auch wenn das Gesetz an sich die Volljährigkeit des Erziehungsbeistandes nicht ausdrücklich vorschreibt, worauf sich Gräber zu Unrecht beruft (Bem 4 zu § 56 mit weiteren Hinweisen; wie hier: Jans-Happe, Bem 5, B zu § 56 JWG; s ferner Sengling, Unsere Jugend 1963, 208). Ein Minderjähriger sollte auch dann nicht zum Erziehungsbeistand bestellt werden, wenn es sich um die Erziehung und Betreuung eines Kleinkindes handelt.

Als Erziehungsbeistand kann bestellt werden ein Verwandter, der Lehrherr des Minderjährigen oder auch eine sonstige Privatperson, zB ein Angehöriger der Träger der freien Jugendhilfe (s hierzu § 5 Abs 4 JWG), jedoch jeweils nur im Einverständnis der betreffenden Person. Zur Übernahme dieser Tätigkeit besteht keine gesetzliche Verpflichtung (vgl dagegen §§ 1785, 1786 BGB bezüglich des Vormunds). Ferner kann der Leiter des Jugendamtes einen Angehörigen der Verwaltung des Amtes zum Erziehungsbeistand berufen.

Hauptamtliche Erziehungsbeistände — deren Einführung von verschiedenen 80
Seiten (zB dem AFET, der AGJJ und auch dem Deutschen Verein für öffentliche und private Fürsorge, s dazu die vom Deutschen Jugendinstitut eV herausgegebenen Materialien zum Gesetz zur Änderung und Ergänzung des RJWG vom 11. 8. 1961, 364, auch 308) gefordert worden war — sieht das Gesetz nicht vor (im Gegensatz zum JGG, das in §§ 24, 113 die Institution der hauptamtlichen Bewährungshelfer regelt). Indessen sind die Jugendämter nicht gehindert, in eigener Initiative hauptamtliche Erziehungsbeistände anzustellen; dies empfiehlt sich auch in den Großstädten und größeren Kreisen (s hierzu Isbary, ZblJugR 1960, 146; W. Becker, ZblJugR 1962, 5, 7; MDR 1963, 262; Sengling, Unsere Jugend 1963, 206; Krug, Bem 3, Jans-Happe, Bem 5, D je zu § 56 JWG). Nur auf diese Weise kann gewährleistet werden, daß die Erziehungsbeistandschaft die Bedeutung erlangt, die ihr der Gesetzgeber zugedacht hat, und daß die Gefährdung Minderjähriger im ersten Stadium wirksam bekämpft werden

kann (s auch zur heutigen allgemeinen Situation der Jugend Göppinger, FamRZ 1963, 21 mit weiteren Hinweisen).

In den von der Deutschen Vereinigung für Jugendpsychiatrie und der Deutschen Vereinigung für Jugendgerichte und Jugendgerichtshilfen in einer gemeinsamen Tagung vom 21.—23. 2. 1963 ausgearbeiteten Empfehlungen (ZblJugR 1963, 310 = Unsere Jugend 1963, 415 = Mitteilungen der Arbeitsgemeinschaft für Jugendpflege und Jugendfürsorge, Heft 37, Sept. 1963) wird ebenfalls gefordert, daß die Erziehungsbeistandschaften tunlichst hauptamtlich tätigen Erziehungsbeiständen übertragen werden sollten und daß angestrebt werden sollte, daß mindestens für die Arbeit in schwierigen Fällen fachlich ausreichend ausgebildete Erziehungsbeistände zur Verfügung stehen.

81 c) Dem Erziehungsbeistand ist eine Ausfertigung des Bescheides über seine Bestellung auszuhändigen, am besten ein Ausweis über seine Stellung nach Art der einem Vormund und Pfleger vom Vormundschaftsgericht übergebenen **Bestallungsurkunde** (vgl §§ 1791, 1915 BGB, s hierzu Becker, MDR 1963, 263; Riedel, Bem 4, Jans-Happe, Bem 4, B je zu § 56), damit er in der Lage ist, sich gegenüber Dritten, von denen er Auskunft erbittet (§ 59) oder gegenüber denen er das Recht auf Zutritt zu dem Minderjährigen geltend macht (§ 58 Abs 1 Satz 3), und gegenüber Behörden auszuweisen.

Bei Bestellung des Erziehungsbeistandes wird das Jugendamt diesem zweckmäßigerweise die Auflage erteilen, zu einem bestimmten Zeitpunkt oder in bestimmten zeitlichen Abständen zu berichten.

82 3. Der Erziehungsbeistand ist **durch eine andere Person zu ersetzen,** wenn und sobald es das Wohl des Minderjährigen erfordert **(§§ 56 Abs 2, 57 Abs 1 Satz 3).** Maßgebend ist ausschließlich das Wohl des Minderjährigen unter dem Gesichtspunkt des Erziehungszieles (ebenso Riedel, Bem 4 zu § 56). Auf ein Verschulden oder ein pflichtwidriges Verhalten des Erziehungsbeistandes kommt es nicht an (so auch W. Becker, MDR 1963, 263; Krug, Riedel, je Bem 5, Gräber, Bem 7, Jans-Happe, Bem 6, B je zu § 56); § 1886 BGB ist nicht entsprechend anwendbar, § 56 Abs 2 JWG ist vielmehr lex specialis. Zu berücksichtigen und zu prüfen ist insbesondere die Frage, ob ohne Wechsel der Person des Erziehungsbeistandes mit der Erfolglosigkeit der Maßnahme gerechnet werden müßte. Es genügt also nicht, daß die Entlassung des Erziehungsbeistandes und die Bestellung eines neuen Beistandes dem Wohle des Minderjährigen förderlich wäre.

Beantragt der Erziehungsbeistand selbst seine Entlassung, so wird diesem Ersuchen regelmäßig stattgegeben werden müssen, wenn es aus dem Gesichtspunkt des Wohles des Minderjährigen gerechtfertigt erscheint; doch wird die Entlassung erst durchgeführt werden können, wenn die kontinuierliche Erziehung des Minderjährigen gesichert ist, dh eine andere Person zum Erziehungsbeistand bestellt ist oder eine andere Erziehungsmaßnahme getroffen wird (Becker, MDR 1963, 261, 263).

IV. Die Rechte und Pflichten des Erziehungsbeistandes und seine Stellung.

83 1. Der Erziehungsbeistand hat die Eltern zu unterstützen und dem Minderjährigen mit Rat und Hilfe zur Seite zu stehen **(§ 58 Abs 1);** er hat also insofern eine Doppelfunktion (W. Becker, ZblJugR 1962, 1; Huvale, Unsere Jugend 1963, 209).

84 a) Der Erziehungsbeistand hat die Eltern bei der Erziehung des Minderjährigen zu unterstützen (§ 58 Abs 1 Satz 1). Im Hinblick auf den Grund der Bestellung des Erziehungsbeistandes, die Gefährdung oder Schädigung der Entwicklung des Kindes zu beseitigen, ist § 58 Abs 1 dahin zu verstehen, daß die Erziehungsbeistandschaft sich auf den Gesamtbereich der Erziehung beziehen soll (vgl Jans-Happe, Bem 1,; Riedel, Bem 1). Dies schließt jedoch nicht aus, daß in besonderen Fällen der Wirkungskreis des Erziehungsbeistandes muß beschränkt werden können, wie sich daraus ergibt, daß dessen Tätigkeit erforderlich sein muß (ebenso Pikart-Henn, 223; aM Riedel und Jans-Happe, aaO).

Das frühere Recht hatte vorgesehen (§ 58 Abs 2 aF), der Helfer könne für alle Angelegenheiten bezüglich der Sorge für die Person des Minderjährigen, für gewisse Arten von Angelegenheiten oder für einzelne Angelegenheiten bestellt werden; diese Möglichkeit der Beschränkung der Rechte und Pflichten des Helfers hatte aber keine praktische Bedeutung erlangt (so auch Riedel, Bem 1 zu § 58 JWG; Potrykus, Bem 5 zu § 58 aF).

Der Begriff der Unterstützung der Personensorgeberechtigten bei der Erziehung ist weit zu fassen; er betrifft, da die Erziehungsbeistandschaft auch dazu dient, die Gefährdung oder Schädigung der leiblichen Entwicklung des Kindes zu beheben, ebenfalls die Pflege des Kindes. Denn diese Tätigkeiten der Sorgeberechtigten, Erziehung und Pflege, hängen eng miteinander zusammen (vgl auch oben Vorbem 9 vor § 1666 zu Art 6 Abs 2 GG). So kann gegebenenfalls eine Unterstützung der Sorgeberechtigten durch eine Kinderschwester oder eine Kindergärtnerin in Betracht kommen, wenn das Kind noch klein ist.

Der Erziehungsbeistand hat die Erziehungsberechtigten insbesondere zu beraten und zu belehren, damit diese in die Lage versetzt werden, ihre Erziehungsaufgaben und -pflichten besser als bisher zu meistern und die Erziehungsschwierigkeiten zu überwinden. Hierzu ist ein enges Zusammenwirken des Beistandes und der Sorgeberechtigten erforderlich (s auch oben Bem 37). Der Erziehungsbeistand muß das Vertrauen der Sorgeberechtigten gewinnen können und gewinnen, damit er den notwendigen Einblick in die betreffenden Erziehungsprobleme zu erhalten, die Ursachen des Erziehungsnotstandes aufzuklären und dann die geeigneten Ratschläge zu geben vermag (s hierzu Huvale, Unsere Jugend 1963, 209).

b) Der Erziehungsbeistand steht ferner dem Minderjährigen mit Rat und Hilfe zur Seite **(§ 58 Abs 1 Satz 2).** Während nach früherem Recht (§ 58 Abs 1 Satz 1 aF) die Schutzaufsicht in dem Schutz und der Überwachung des Minderjährigen bestand, ist mit der Neuregelung nunmehr — was sehr zu begrüßen ist — die erzieherische Unterstützung und Beratung des Minderjährigen als eine der Hauptaufgaben des Erziehungsbeistandes zum Ausdruck gebracht. Bei der Beratung des Kimdes ist das erzieherische Gespräch zwischen dem Beistand und dem Kinde von besonderer Bedeutung. Die dem Kinde vom Erziehungsbeistand gewährte Hilfe iSd § 58 Abs 1 Satz 2 kann auch in der Vermittlung in einen Kinderhort oder eine sonstige pädagogisch betreute Gemeinschaft*) oder in eine Jugendgruppe. die Jugendabteilung eines Sportvereins usw bestehen (Jans-Happe, Bem 2 zu § 58); ferner können Bemühungen des Erziehungsbeistandes bei dem Jugendamt oder einem Träger der freien Jugendhilfe um Aufnahme des Kindes in einem Erholungsheim usw (s auch § 5 Abs 1 Nr 5 JWG) in Betracht kommen. 85

Für diese erzieherische Hilfe und Beratung des Minderjährigen muß der Erziehungsbeistand in der Lage sein, das Vertrauen des Minderjährigen zu erlangen, und mit ihm den nötigen Kontakt zu finden verstehen, damit der Minderjährige sich gegenüber dem Erziehungsbeistand ausspricht (vgl auch Müller-Zadow, Unsere Jugend 1963, 491). Dessen bedarf der Beistand auch zur Ermittlung der Ursachen der Erziehungsschwierigkeiten, bzw der Gefährdung oder Schädigung der Entwicklung des Minderjährigen sowie zur sachgemäßen Beratung und Unterstützung der Sorgeberechtigten bei der Erziehung des Minderjährigen (s auch Bem 84 und Harrer, Jugendwohlfahrtskunde, 4. Aufl, 67 f).

c) Der Erziehungsbeistand berät den Minderjährigen auch bei **Verwendung des Arbeitsverdienstes** (§ 58 Abs 1 Satz 2). Durch die Neufassung des § 58 wurden die Befugnisse und Pflichten des Erziehungsbeistandes in diesem Punkt klar umrissen, während die frühere Vorschrift des § 58 Abs 1 Satz 3 (Die Schutzaufsicht umfaßt die Sorge über das Vermögen nur, insoweit der Arbeitsverdienst des Minderjährigen in Betracht kommt) unklar formuliert war (allerdings verstand die hM diese Bestimmung auch in dem Sinne einer beratenden Tätigkeit des Helfers — s Friedeberg-Polligkeit-Blumenthal, Bem 7; Potrykus, Bem 4; Gräber, Bem 6; Muthesius, Bem 6 —). 86

Haben die gesetzlichen Vertreter den Minderjährigen ermächtigt, in Dienst oder Arbeit zu treten (§ 113 BGB), so erstreckt sich diese Ermächtigung auch auf die Entgegennahme des Lohnes**); sie bedeutet aber keine Ermächtigung, über den Lohn zu verfügen (so auch Staudinger-Coing, Bem 8, Palandt-Danckelmann, Bem 4 je zu § 113). Allerdings kann sich aus den Umständen eine mindestens stillschweigende Ermächtigung der gesetzlichen Vertreter zur Verfügung über den Arbeitslohn ergeben (vgl §§ 107, 110). Ist das letztere nicht der Fall, so kommt eine Beratung des Minderjährigen durch den Erziehungsbeistand bezüglich des Arbeitsverdienstes praktisch nicht in Betracht. Jedoch wird man annehmen müssen, daß der Erziehungsbeistand den Minderjährigen bei der Verwendung des **Taschengeldes** ebenfalls zu beraten hat, auch wenn dieses nicht unter den Arbeitsverdienst fällt. Die Verwendung des Taschengeldes ist, vor allem wenn es sich um nicht verhältnismäßig geringfügige Beträge handelt, für die Erziehung und die charakterliche Entwicklung des Minderjährigen von erheblicher Bedeutung, zB auch bezüglich der Ausgaben für Vergnügungen, Lektüre, Geschenke usw.

*) Hierzu s W. Becker, ZblJugR 1962, 7; sowie Sülau, Unsere Jugend 1952, 361; Isbary, ZblJugR 1960, 148; Robert G. Hinckley und Lydia Hermann, Gruppenbehandlung in der Psychotherapie, 1954.

**) Staudinger/Coing, 11. Aufl, Bem 5; Erman/Westermann, 3. Aufl, Bem 2; RGR-Komm, Bem 5 je zu § 113 BGB; Riedel, Bem 2 zu § 58 JWG; Huvale, Unsere Jugend 1963, 211.

87 Auf ein Lehrverhältnis ist § 113 BGB nicht anzuwenden*), da es nicht Sache des Minderjährigen sein kann, den Lehrherrn auszuwählen, und da hinsichtlich des Lehrverhältnisses der Erziehungs- und Ausbildungszweck überwiegt. Erhält der Minderjährige — wie regelmäßig — eine **Lehrlingsvergütung** (s dazu Hueck, aaO, 746ff), so berät der Erziehungsbeistand den Minderjährigen auch über die Verwendung dieser Gelder, soweit die gesetzlichen Vertreter sie dem Minderjährigen überlassen. Diese Beratung fällt unter die allgemeine Befugnis und Pflicht des Erziehungsbeistandes, dem Minderjährigen mit Rat und Hilfe zur Seite zu stehen (§ 58 Abs 1 Satz 2 Halbsatz 1).

88 Haben sich die Sorgeberechtigten die Verfügung über das Arbeitseinkommen des Minderjährigen vorbehalten, so berät der Erziehungsbeistand die Sorgeberechtigten über die Verwendung des Arbeitsverdienstes des Kindes, zB auch in der Frage, welche Beträge diesem als Taschengeld überlassen werden sollen. Diese Angelegenheit gehört ebenfalls zu den Rechten und Pflichten des Erziehungsbeistandes (§ 58 Abs 1 Satz 1).

89 Legt der Minderjährige aus seinem Arbeitseinkommen Ersparnisse an, so erstreckt sich die Beratung des Minderjährigen durch den Erziehungsbeistand auch hierauf (ebenso Jans-Happe, Bem 3 aE zu § 58). Eine weitergehende Beratung in Angelegenheiten der Vermögenssorge durch den Erziehungsbeistand kommt dagegen nicht in Betracht.

90 Schwierigkeiten können bei der Beratung über die Verwendung des Arbeitsverdienstes dann entstehen, wenn nach geschiedener Ehe der Eltern der eine Elternteil die Personensorge, der andere die Vermögenssorge ausübt (§ 1671 Abs 4 Satz 2 BGB). Hier wird man aber berücksichtigen müssen, daß die Verfügung über den Arbeitsverdienst, soweit er zum Unterhalt des Minderjährigen erforderlich ist, unter die Personensorge fällt und lediglich bezüglich des diesen Teil übersteigenden Betrages zur Vermögenssorge gehört (s Bem 56 zu § 1626). Soweit der Arbeitsverdienst des Minderjährigen nicht zum Unterhalt benötigt wird, wird durch die Beratung des Minderjährigen durch den Erziehungsbeistand über die Verwendung des Lohnes die Vermögenssorge des anderen Elternteils berührt. Daher muß in diesem Falle der die Vermögenssorge ausübende Elternteil mit der Bestellung des Erziehungsbeistandes einverstanden sein (s auch oben Bem 47).

91 d) Der Erziehungsbeistand hat den Minderjährigen auch zu **beaufsichtigen (überwachen)**; dies ist zwar in der Neufassung des Gesetzes nicht mehr ausdrücklich gesagt (wie in § 58 Abs 1 Satz 1 aF), ergibt sich aber aus dem Sinn und Zusammenhang der §§ 55—59 sowie den Vorschriften der **§§ 58 Abs 2 Satz 2** und **68 Abs 3** (s hierzu Bem 97 und 310), ferner auch allgemein aus dem Zweck des Instituts der Erziehungsbeistandschaft. Diese Befugnis und Pflicht zur Beaufsichtigung und Überwachung des Minderjährigen besteht jedoch nur insoweit, als es für die Unterstützung der Sorgeberechtigten und für die Beratung des Minderjährigen erforderlich ist. Der Erziehungsbeistand übernimmt also nicht die Rechte und Pflichten der Erziehungsberechtigten bezüglich der Beaufsichtigung des Kindes iSd § 1631 Abs 1 BGB; auch wird keine gesetzliche Aufsichtspflicht iSd § 832 BGB begründet (ebenso Erman-Drees, 3. Aufl, Bem 3, a, cc, Soergel-Siebert-Schräder, 9. Aufl, Bem 6, RGR-Komm, 11. Aufl, Bem 7, Palandt-Gramm, 23. Aufl, Bem 3, a, cc, je zu § 832).

92 2. a) Der Erziehungsbeistand hat somit nur die Befugnis und Pflicht, die Erziehungsberechtigten und den Minderjährigen zu unterstützen und zu beraten, sowie auch den Minderjährigen zu überwachen; er hat aber **nicht** das **Recht**, selbst **Maßnahmen hinsichtlich der Personensorge anzuordnen** oder in das Personensorgerecht der Berechtigten einzugreifen, zB durch Weisungen, oder Bestimmungen über die Verwendung des Arbeitslohnes des Minderjährigen zu treffen; ebensowenig hat er Vertretungsbefugnisse (vgl Gräber, Bem 3 mit weiteren Hinweisen). Die Sorgeberechtigten bedürfen auch in keinem Falle der Genehmigung des Erziehungsbeistandes zu irgendeiner die Personensorge betreffenden Maß-

*) Staudinger-Coing, Bem 4; Erman-Westermann, Bem 1; RGR-Komm Bem 9; Palandt-Danckelmann, Bem 2 je zu § 113; Staudinger-Nipperdey-Neumann, 11. Aufl, Bem 57 zu § 611; Enneccerus-Nipperdey, Allgemeiner Teil des Bürgerlichen Rechts, 15. Aufl, Band 2, 1960, 934 Fußn 17, § 151, III, 2; Huvale, aaO; Hueck in Hueck-Nipperdey, Lehrbuch des Arbeitsrechts, 7. Aufl, Band 1, 1963, 740; Nikisch, Arbeitsrecht, 3. Aufl 1961, 180 (jetzt ganz hM). Ob dies freilich auch für die minderjährige Ehefrau gilt, muß hier dahingestellt bleiben.

nahme; ebenso ist zur Eheschließung der minderjährigen Tochter nicht die Einwilligung des Erziehungsbeistandes erforderlich.

Der Erziehungsbeistand ist auch nicht befugt, namens des Minderjährigen gegen einen Haftbefehl, der gegen diesen verhängt wurde, Beschwerde einzulegen (OLG Hamburg, MDR 1964, 256 = RdJ 1964, 125).

Bei Meinungsverschiedenheiten zwischen den Sorgeberechtigten und dem Erziehungsbeistand ist die Auffassung der Sorgeberechtigten maßgebend (ebenso Gräber, aaO; Pikart-Henn, 222; Brand-Hensel, 508). Der Erziehungsbeistand kann aber und muß gegebenenfalls über solche Angelegenheiten dem Jugendamt und, wenn das Vormundschaftsgericht die Bestellung eines Erziehungsbeistandes angeordnet hatte (§ 57), auch diesem berichten (§ 58 Abs 2 Satz 2, s hierzu unten Bem 97).

Die Sorgeberechtigten können dem Erziehungsbeistand die Ausübung einzelner Befugnisse oder Bestandteile des Personensorgerechts übertragen.

Zeigt sich der Minderjährige gegenüber dem Erziehungsbeistand renitent, so stehen diesem keinerlei Befugnisse, zB Zuchtmittel, zu, um hiergegen einzuschreiten, wenn Belehrungen und Ermahnungen, auch durch die Sorgeberechtigten, nichts nützen (hierauf hatte schon der Deutsche Verein für öffentliche und private Fürsorge, NDV 1962, 10, wiedergegeben von Riedel, 604, hingewiesen); der Erziehungsbeistand kann lediglich damit drohen, daß andere Maßnahmen ergriffen werden müßten, und dann dem Jugendamt und, wenn er auf Anordnung des Vormundschaftsgerichts (§ 57) bestellt worden war, auch diesem berichten (§ 58 Abs 2 Satz 2) — s hierzu ferner Bem 104 aE —.

b) Das Gesetz gewährt dem Erziehungsbeistand, um ihm die Erfüllung seiner Ob- 93
liegenheiten zu ermöglichen oder zu erleichtern, das **Recht auf Zutritt zu dem Minderjährigen** (§ 58 Abs 1 Satz 3); in der Neufassung des JWG ist (im Hinblick auf die Vorschrift des Art 19 Abs 1 GG) die zusätzliche Bestimmung eingefügt, insoweit werde das Grundrecht der Unverletzlichkeit der Wohnung (Art 13 Abs 1 GG) eingeschränkt. Der Begriff der Wohnung iSd Art 13 Abs 1 GG ist weit auszulegen und umfaßt auch Geschäftsräume (s Krug, Bem 5, Riedel, Bem 3, a je zu § 58; Göppinger, FamRZ 1963, 26 mit Fußn 86), jedoch nicht Amtsräume staatlicher und kommunaler Behörden.

Das Recht des Erziehungsbeistandes auf Zutritt zu dem Minderjährigen besteht gegenüber jeder Person, bei der sich dieser aufhält, nämlich gegenüber den Sorgeberechtigten, den Großeltern, sonstigen Verwandten des Minderjährigen, auch dem Vermieter, Mieter, Untermieter, den Pflegeeltern, sowie dem Arbeitgeber oder Lehrherrn, auch einer Behörde, bei welcher der Minderjährige tätig ist. Das Gesetz stellt nur darauf ab, ob sich dieser dort aufhält; ein nicht nur vorübergehender Aufenthalt ist hier nicht erforderlich (s auch § 59).

Befindet sich der Minderjährige in Untersuchungshaft, so ist dem Erziehungsbeistand der Verkehr mit ihm in demselben Umfang gestattet wie einem Verteidiger (§ 93 Abs 3 JGG).

Der Erziehungsbeistand kann das Zutrittsrecht nur zum Zwecke des Besuchs des Minderjährigen aus erzieherischen Gründen beanspruchen, dagegen nicht zu anderen Zwecken, zB um bei den betreffenden Dritten Auskünfte einzuholen oder sonstige Ermittlungen anzustellen. Der Erziehungsbeistand hat auch kein Recht zur Durchsuchung eines Raumes, in dem sich der Minderjährige aufhält, oder zur Beschlagnahme irgendwelcher Gegenstände.

Das Recht auf Zutritt zu dem Minderjährigen kann der Erziehungsbeistand 94
nur persönlich ausüben, er kann es also nicht an Beauftragte übertragen (ebenso Gräber, Bem 7).

Der Erziehungsbeistand darf den Minderjährigen aufsuchen, ohne daß er durch die Personen, bei denen dieser sich aufhält, daran gehindert werden darf. Widersprechen diese dem Besuch, so macht sich der Erziehungsbeistand keines Hausfriedensbruches schuldig, wenn er den Minderjährigen dennoch aufsucht. Wird dem Erziehungsbeistand jedoch Widerstand geleistet und geht dieser von den Eltern aus, so kann hierin eventuell ein Mißbrauch des Sorgerechts iSd § 1666 Abs 1 Satz 1 BGB liegen und kann an sich gegen die Eltern durch entsprechende Auflagen und notfalls durch Ordnungsstrafen (§ 33 FGG) vorgegangen werden; ebenso können gegen Vormünder und Pfleger entsprechende Maßnahmen getroffen werden (§§ 1837, 1915 BGB, § 33 FGG).

Indessen empfiehlt sich dieser Weg regelmäßig nicht (ebenso Riedel, Bem 3, Jans-Happe, Bem 4, A, B, Gräber, Bem 8 je zu § 58); denn Zwangsmaßnahmen gegen die Sorgeberechtigten widersprechen dem Wesen und Sinn der Erziehungsbeistandschaft.

Werden dem Erziehungsbeistand Schwierigkeiten bereitet, so daß dieser seine Tätigkeit nicht mehr sachgemäß ausüben kann, wird geprüft werden müssen, ob andere Erziehungsmaßnahmen in die Wege zu leiten sind, eventuell auch, ob der Erziehungsbeistand durch eine andere Person ersetzt werden muß (§ 56 Abs 2, s dazu Bem 82).

Widerstand darf der Erziehungsbeistand aber nicht selbst durch unmittelbare Gewalt brechen.

Geht der Widerstand von sonstigen Personen aus, kann gegen diese im Verwaltungszwangsverfahren eingeschritten werden, wobei wohl aber Voraussetzung ist, daß das Jugendamt in einem besonderen Verwaltungsakt der betreffenden Person die Verpflichtung auferlegt, dem Erziehungsbeistand den Zutritt zu gestatten (s Jans-Happe, Bem 4, B); für die Vollziehung eines solchen Verwaltungsaktes sind dann die Verwaltungsvollstreckungsgesetze der Länder maßgebend (zum Verwaltungszwangsverfahren im allgemeinen s Merk, Deutsches Verwaltungsrecht, Band 1, 1962, 946ff, 952ff). Ob freilich solche Zwangsmaßnahmen zweckmäßig und sinnvoll sind, ist eine andere Frage.

95 c) Der Erziehungsbeistand hat weiterhin das Recht, zur Ausübung seiner Tätigkeit von den Personensorgeberechtigten, dem Arbeitgeber (gegebenenfalls den Arbeitgebern), den Lehrern sowie den Personen, bei denen sich der Minderjährige nicht nur vorübergehend aufhält, **Auskunft** zu verlangen; die erwähnten Personen sind verpflichtet, sie zu erteilen **(§ 59).**

Die Personensorgeberechtigten sind zur Auskunft über alles verpflichtet, was zum Gesamtbereich der Personensorge gehört, sowie auch was das Arbeitsverhältnis und den Arbeitsverdienst des Minderjährigen betrifft.

Der Arbeitgeber und die Lehrer einer öffentlichen Schule, Berufsschule, Privatschule oder Lehrer, die Privatkurse halten, sind auf Verlangen auskunftspflichtig über die Lebensführung des Minderjährigen, das Verhalten und Betragen, ebenso über dessen Leistungen; doch ist die Auskunftspflicht nicht hierauf beschränkt, wie die amtliche Begründung zum Entwurf, BT-Drucks Nr 2226, 27, zu § 60, meinte, sondern umfaßt auch Fragen über Verhaltensweisen der Eltern, soweit sie sich auf die Erziehung des Minderjährigen beziehen oder Rückschlüsse darauf zulassen, sowie über die Erziehungsmethode und die Fähigkeit der Sorgeberechtigten, den Minderjährigen zu erziehen.

Der Arbeitgeber ist ferner verpflichtet, über alles Auskunft zu geben, was den Arbeitsverdienst des Minderjährigen betrifft.

Unter den Personen, bei denen sich der Minderjährige nicht nur vorübergehend aufhält, sind zB Pflegeeltern, Heimvorstände, Vermieter, Untervermieter, Verwandte, Bekannte, bei denen sich der Minderjährige zB zum Besuch einer Schule oder zur Ausübung der beruflichen Tätigkeit aufhält, usw zu verstehen. Der Minderjährige muß sich bei diesen Personen also nicht nur vorübergehend *aufhalten*; die Auskunftspflicht muß indessen auch bejaht werden, wenn sich der Minderjährige zur Zeit der Bestellung des Erziehungsbeistandes bei der betreffenden Person nicht nur vorübergehend *aufgehalten hat*. Das Erfordernis, daß sich der Minderjährige bei der betreffenden Person *nicht nur vorübergehend* aufhalten muß, hat den Sinn, daß sich diese ein Urteil über den Minderjährigen muß bilden können; eine zeitliche Mindestgrenze, wie zB in § 27 Abs 2 Nr 5, ist hier nicht vorgeschrieben. Ausreichend kann zB ein längerer Ferienaufenthalt sein.

96 Lehnen die Sorgeberechtigten es ab, dem Erziehungsbeistand die erforderlichen Auskünfte zu geben, so wird die Weiterführung der Erziehungsbeistandschaft regelmäßig zwecklos sein, es sei denn, daß die Voraussetzungen für die Ersetzung des Erziehungsbeistandes durch eine andere Person vorliegen (§ 56 Abs 2, s Bem 82). Eventuell kann es je nach Lage des Falles auch zweckmäßig sein, die Sorgeberechtigten vor das Jugendamt vorzuladen und sie in geeigneter Weise zu belehren; hat das Vormundschaftsgericht die Erziehungsbeistandschaft angeordnet (§ 57), ist es auch für zulässig zu erachten, daß das Vormundschaftsgericht die Sorgeberechtigten zu einer Belehrung vorlädt oder ihnen, wenn diese Maßnahme Erfolg verspricht, entsprechende Auflagen erteilt. Die Auflage dürfte wohl unmittelbar auf § 59 gestützt werden können, ohne daß die Voraussetzungen des § 1666 Abs 1 Satz 1 BGB vorzuliegen brauchen. Zur Vollziehung der Auflage ist § 33 FGG anzuwenden.

Sind die Sorgeberechtigten jedoch uneinsichtig und besteht die Gefährdung oder Schädigung der Entwicklung des Minderjährigen fort, so werden andere Erziehungsmaßnahmen, eventuell Anordnungen nach § 1666 Abs 1 Satz 1 BGB, in Betracht kommen.

Verweigern andere Personen die vom Erziehungsbeistand geforderte Auskunft, so sind die gleichen Zwangsmaßnahmen zulässig, wie im Falle der Verweigerung des Zutritts des Erziehungsbeistandes zu dem Minderjährigen (s Bem 94 und auch Becker, ZblJugR 1962, 5; Gräber, Bem 4, Jans-Happe, Bem 3 zu § 59).

d) Der Erziehungsbeistand ist verpflichtet, dem Jugendamt und, wenn er auf Anordnung des Vormundschaftsgerichts bestellt worden war (s §§ 57, 68 Abs 3), auch diesem jeden Umstand oder Vorfall unverzüglich (dh ohne schuldhaftes Zögern, s § 121 Abs 1 BGB) mitzuteilen, der Anlaß geben könnte, andere erzieherische Maßnahmen zu treffen **(§ 58 Abs 2 Satz 2)**, zB wenn die Sorgeberechtigten die Erteilung der erforderlichen Auskünfte an den Erziehungsbeistand ablehnen oder ihm den Zutritt zu dem Minderjährigen verwehren oder die Ratschläge des Erziehungsbeistandes ignorieren oder sonstige Schwierigkeiten bereiten. Dieser Pflicht kann der Erziehungsbeistand nur nachkommen, wenn er den Minderjährigen laufend überwacht (ebenso Pikart-Henn, 222f; s auch Bem 91). **97**

War der Erziehungsbeistand gemäß § 56 bestellt worden, so ist es Sache des Jugendamtes, auf den Bericht des Erziehungsbeistandes das Vormundschaftsgericht zu informieren (§ 1694 BGB).

Der Erziehungsbeistand hat weiterhin dem Jugendamt und, wenn er auf Grund eines Beschlusses des Vormundschaftsgerichts bestellt worden war, auch diesem auf Verlangen zu berichten (§ 58 Abs 2 Satz 1). Der Bericht ist an das zuständige Jugendamt (§ 11) zu richten, das von dem Amt verschieden sein kann, welches den Erziehungsbeistand bestellt hatte, zB wenn der Minderjährige in der Zwischenzeit seinen gewöhnlichen Aufenthaltsort gewechselt hat ohne Ersetzung des Erziehungsbeistandes (s Gräber, Bem 10).

Das Verlangen der Berichterstattung iSd § 58 Abs 2 Satz 1 kann schon in einer bei der Bestellung des Erziehungsbeistandes erteilten Auflage zur regelmäßigen Einreichung von Berichten in bestimmten Zeitabständen bestehen; Jugendamt und Vormundschaftsgericht können aber auch, wenn ihnen von anderer Seite irgendwelche Vorgänge oder Vorfälle zur Kenntnis gebracht werden, die eventuell Anlaß zu anderen Maßnahmen geben können, vom Erziehungsbeistand einen Bericht hierüber einfordern.

Der Erziehungsbeistand hat in seinen Berichten die weitere Entwicklung des Minderjährigen, seine Beobachtungen und Erfahrungen auch bezüglich der Zusammenarbeit mit den Sorgeberechtigten, gegebenenfalls besondere Vorkommnisse darzulegen, sowie eine Beurteilung über die Aussichten der Erziehungsbeistandschaft abzugeben.

Dieser Berichte bedarf das Jugendamt und gegebenenfalls das Vormundschaftsgericht, um prüfen zu können, ob der Erziehungszweck erreicht ist oder ohne Fortführung der Erziehungsbeistandschaft erreicht werden kann oder ob andere Erziehungsmaßnahmen erforderlich werden; ferner sind die Berichte auch notwendig, um den Erziehungsbeistand sachgemäß beraten und bei seiner Tätigkeit unterstützen zu können (s § 60, hierzu Bem 99).

e) **Der Erziehungsbeistand wird vom Jugendamt überwacht**, während der Bewährungshelfer (§ 24 JGG) unter der Aufsicht des Richters (Jugendrichters) steht und diesem verantwortlich ist (§ 24 Abs 1 JGG). Daß der Erziehungsbeistand vom Jugendamt überwacht wird, ist zwar im Gesetz nicht ausdrücklich hervorgehoben, ergibt sich aber daraus, daß er vom Jugendamt bestellt wird und gegebenenfalls gemäß § 56 Abs 2 abberufen werden muß, sowie daß der Erziehungsbeistand dem Jugendamt zu berichten hat (§ 58 Abs 2). **98**

Ist der Erziehungsbeistand auf Anordnung des Vormundschaftsgerichts bestellt worden, so muß auch eine gewisse Aufsicht durch das Gericht bejaht werden, wie sich aus § 58 Abs 2 ergibt (vgl Pikart-Henn, 222).

Gehört der Erziehungsbeistand selbst der Erziehungsabteilung des Jugendamtes an, welche die Überwachung der Erziehungsbeistände ausübt, so können hieraus allerdings gewisse Kollisionen entstehen.

Das Jugendamt ist nicht befugt, dem Erziehungsbeistand zur Erfüllung seiner Aufgaben (einzelne spezielle) Weisungen zu erteilen (ebenso Gräber, Bem 3; W. Becker, ZblJugR 1962, 6; aM Riedel, Bem 2 je zu § 60), während der Bewährungshelfer an Weisungen des Jugendrichters gebunden ist (§ 25 Satz 1 JGG). Allerdings wird das Jugendamt dem Erziehungsbeistand, der Angestellter oder Beamter dieser Behörde ist, auf Grund dieses Rechtsverhältnisses Weisungen erteilen können.

Dem Jugendamt stehen gegen den Erziehungsbeistand auch keine Zwangsmittel zur Erfüllung der diesem obliegenden Aufgaben und Pflichten zu, es sei denn, daß der Erziehungsbeistand Angestellter oder Beamter dieser Behörde ist.

99 Das Jugendamt hat den Erziehungsbeistand zu beraten und bei seiner Tätigkeit zu unterstützen **(§ 60)**. Diese Aufgabe des Jugendamtes gehört zu den laufenden Geschäften iSd § 16 JWG, ebenso wie die Beratung und Unterstützung in den Fällen der §§ 31 Abs 2, 51 JWG.

Die Beratung bezieht sich auf pädagogische, psychologische, rechtliche und auch medizinische Fragen, betrifft aber in erster Linie den Einzelfall.

§ 60 soll sicherstellen, daß der fachlich vorgebildete Erziehungsbeistand wie auch und vor allem der Erziehungsbeistand, der keine Spezialausbildung besitzt, in schwierigeren erzieherischen Situationen sowie in Fragen, zu deren Klärung besondere Kenntnisse (zB Rechtskenntnisse) erforderlich sind, die Hilfe des Jugendamtes in Anspruch nehmen kann (s W. Becker, MDR 1963, 263).

Das Jugendamt wird aber zweckmäßigerweise von Zeit zu Zeit auch Fachbesprechungen mit allen Erziehungsbeiständen seines Bezirks durchführen, um einen Erfahrungsaustausch zu ermöglichen und hierbei die Erziehungsbeistände durch Fachvorträge weiter zu schulen und fortzubilden (vgl auch § 23 Nr 3 JWG).

100 Unterstützt werden kann der Erziehungsbeistand durch das Jugendamt, wenn dieser bei der Ausübung seiner Tätigkeit auf Schwierigkeiten stößt (s auch Bem 94 und 96), zB dadurch, daß das Jugendamt die Sorgeberechtigten zu Besprechungen und Belehrungen vorlädt oder daß es einen Angehörigen der Verwaltung des Jugendamtes als Begleiter des Erziehungsbeistandes bei einem Besuch der Sorgeberechtigten oder des Minderjährigen entsendet (vgl auch Riedel, Bem 2 zu § 60).

V. Die Beendigung der Erziehungsbeistandschaft.

101 1. Die Erziehungsbeistandschaft endet (automatisch) mit der Volljährigkeit des Minderjährigen **(§ 61 Abs 1)**, sowie auch mit der Volljährigkeitserklärung (§§ 3—5 BGB), mit dem Tode oder dem Zeitpunkt, der im Verfahren betr Todeserklärung des Minderjährigen als Zeitpunkt des Todes festgestellt wird (§ 9 Abs 1 VerschG).

Die Volljährigkeitserklärung als Grund der Beendigung der Erziehungsbeistandschaft wird freilich kaum praktisch werden, da ein Minderjähriger, der wegen Gefährdung oder Schädigung seiner Entwicklung (vor allem der geistigen und seelischen Entwicklung) unter Erziehungsbeistandschaft steht, regelmäßig die Voraussetzungen des § 5 BGB nicht erfüllen wird (vgl hierzu Göppinger, FamRZ 1960, 253, 479; Schwoerer, Die Justiz 1962, 27; Kowalewski, RdJ 1962, 260).

In diesen Fällen ist ein Schlußbericht des Erziehungsbeistandes nicht erforderlich (ebenso Gräber, Bem 3 zu § 61).

Zu erwähnen ist noch, daß eine automatische Beendigung der Erziehungsbeistandschaft auch mit dem Ablauf der Aussetzungsfrist (§ 68 Abs 3) eintritt (s dazu unten Bem 313); hier wird aber in der Regel ein Abschlußbericht des Erziehungsbeistandes geboten sein.

102 2. Die **Erziehungsbeistandschaft** ist **aufzuheben**, wenn der Erziehungszweck erreicht oder die Erreichung des Erziehungszwecks anderweitig sichergestellt ist **(§ 61 Abs 2 Satz 1)**, insbesondere wenn die Ausführung der Freiwilligen Erziehungshilfe oder der Fürsorgeerziehung beginnt (§ 61 Abs 2 Satz 2) sowie wenn im Falle des § 56 Abs 1 ein Personensorgeberechtigter die Aufhebung beantragt (§ 61 Abs 2 Satz 3).

103 a) Der **Erziehungszweck** ist **erreicht**, wenn die Verhältnisse und Umstände weggefallen sind, welche die Bestellung des Erziehungsbeistandes veranlaßt haben, mit anderen Worten, wenn die Gefährdung oder Schädigung der leiblichen, geistigen oder seelischen Entwicklung des Minderjährigen (zumindest im wesentlichen) beseitigt ist, wenn also eine Besserung eingetreten ist in der Weise, daß damit gerechnet werden kann, der Minderjährige bereite keine oder allenfalls nur geringfügige im Rahmen des Üblichen liegende Schwierigkeiten, zu deren Behebung die Sorgeberechtigten selbst in der Lage sind (s auch unten Bem 533 ff zu § 75).

Der Erziehungszweck kann auch als erreicht beurteilt werden, wenn die Eltern in der Lage sind, die Erziehungsschwierigkeiten selbst zu beheben zB durch eine Verbesserung der äußeren Lebensverhältnisse der Familie, insbesondere eine Änderung der Wohnverhältnisse; in Betracht kommt hier auch die Wiederverheiratung des sorgeberechtigten Elternteils oder eine Änderung der Regelung über die Ausübung der elterlichen Gewalt nach der Trennung der Eltern oder nach der Scheidung der Ehe der Eltern (§§ 1672, 1671, 1696 BGB). Unter Umständen kann freilich die Abgrenzung gegenüber dem Falle, daß die Erreichung des Erziehungszwecks anderweitig sichergestellt wird, schwierig sein (vgl auch Bem 104).

Ob diese Voraussetzungen gegeben sind, ist im wesentlichen Tatfrage (s Riedel, Bem 4a zu § 61, sowie auch KG JFG 4, 108 = SjE, E 16, 365); indessen ist die Frage, ob der Erziehungszweck als erreicht anzusehen ist, Rechtsfrage; hierbei ist zu prüfen, ob die festgestellten tatsächlichen Umstände und Verhältnisse die Schlußfolgerung rechtfertigen, daß der Erziehungszweck erreicht ist unter Berücksichtigung psychologischer und pädagogischer Erfahrungssätze. Es handelt sich dabei nicht um die Ausübung richterlichen Ermessens (aM KG, aaO).

Zur Beurteilung der Voraussetzungen sind auch die Berichte von Bedeutung, die der Erziehungsbeistand erstattet hatte; ferner sind die Personensorgeberechtigten und der Minderjährige, wenn er ein entsprechendes Alter erreicht hat, zu hören. War der Erziehungsbeistand gemäß § 56 bestellt worden, so wird sich empfehlen, die Entscheidung über die Aufhebung der Erziehungsbeistandschaft wegen Erreichung des Erziehungszwecks im Zusammenwirken mit den Sorgeberechtigten zu treffen (so auch Jans-Happe, Bem 3 zu § 61).

b) Die **Erreichung des Erziehungszwecks** ist **anderweitig sichergestellt**, wenn andere Maßnahmen zur Erreichung des Erziehungszwecks die Beibehaltung der Erziehungsbeistandschaft entbehrlich machen; hierbei kommen mildere oder schärfere Maßnahmen in Betracht (vgl Riedel, Bem 4b; Krug, Bem 4 zu § 61). Maßgebend ist also, ob es sich um eine andere der Erziehung des Minderjährigen dienende, zur Erreichung des Erziehungszwecks bestimmte Maßnahme handelt. **104**

Deshalb gehören — entgegen der Auffassung von Jans-Happe, Bem 4A — die Fälle der Verbesserung der äußeren Lebensverhältnisse der Familie, zB der Wohnverhältnisse, ferner der Fall der Wiederverheiratung des sorgeberechtigten Elternteils nicht hierher, unter Umständen jedoch die Änderung der Sorgerechtsregelung (§§ 1696, 1671, 1672 BGB), wenn diese gerade zu dem Zweck vorgenommen wird, die Erziehungsschwierigkeiten zu beheben, die der Minderjährige bereitet hatte.

Vor allem aber kann dem Zwecke, die Erreichung des Erziehungszieles anderweitig sicherzustellen, dienen die Unterbringung des Kindes in einem Internat, die Übertragung der Erziehung des Kindes an eine geeignete Bedienstete, zB eine Kindergärtnerin, oder eine Maßnahme der freien und privaten Jugendhilfe (vgl auch Riedel, Bem 4b zu § 61), ferner Anordnungen gemäß § 1631 Abs 2 oder die Erteilung von Weisungen durch den Jugendrichter (§§ 9 Nr 1, 10 Abs 1 JGG) oder den Vormundschaftsrichter (§ 12 Satz 2 JSchG, § 21 Abs 5 GjS, s hierzu auch Bem 247 zu § 1666 mit Fußnote).

Andererseits kommen als schärfere Maßnahmen Anordnungen des Vormundschaftsgerichts gemäß § 1666 Abs 1 Satz 1 BGB in Betracht, ferner Erziehungsmaßnahmen, die der Jugendrichter verhängt, oder die (rechtskräftige) Verurteilung des Minderjährigen zur Jugendstrafe von unbestimmter Dauer oder von längerer Dauer (§§ 18, 19 JGG).

Schärfere Maßnahmen werden zB zu erwägen sein, wenn sich der Minderjährige gegenüber dem Erziehungsbeistand so renitent verhält, daß dieser seine Aufgaben nicht mehr sachgemäß erfüllen kann (s auch Bem 92 aE).

Wird für den Minderjährigen ein **Bewährungshelfer** bestellt (§§ 20ff, 24, 27ff, 29 JGG), so ruht die gleichzeitig bestehende Erziehungsbeistandschaft (§ 8 Abs 2 Satz 3 JGG), und zwar bis zum Ablauf der Bewährungszeit. Jedoch muß es auch als zulässig beurteilt werden, nach der Bestellung des Bewährungshelfers die Erziehungsbeistandschaft aufzuheben (ebenso Jans-Happe, Bem 4C zu § 61; W. Becker, ZblJugR 1962, 8). **105**

Das Gesetz erwähnt als andere Maßnahme beispielhaft („insbesondere") die Freiwillige Erziehungshilfe und die Fürsorgeerziehung (§ 61 Abs 2 Satz 2): die Erziehungsbeistandschaft ist aufzuheben, wenn die Ausführung der erwähnten anderen Maßnahmen beginnt. Maßgebend ist also der tatsächliche Beginn der Ausführung dieser Erziehungsmaßnahmen, noch nicht ihre Anordnung, auch nicht die Rechtskraft der Anordnung der Fürsorgeerziehung (so früheres Recht § 59 Satz 1 aF). **106**

Wird während des Bestehens der Erziehungsbeistandschaft die Anordnung der Fürsorgeerziehung beantragt, so kann das Vormundschaftsgericht mit der Anordnung der Fürsorgeerziehung zugleich bestimmen, daß mit dem Beginn der Ausführung der Fürsorgeerziehung die (von ihm angeordnete) Erziehungsbeistandschaft aufgehoben wird. Mit der Anordnung der vorläufigen Fürsorgeerziehung kann zugleich verfügt werden, daß mit der Ausführung der vorläufigen Fürsorgeerziehung die Erziehungsbeistandschaft ruht.

Ordnet das Jugendgericht die Einweisung des Minderjährigen in Fürsorgeerziehung an, so hat das Vormundschaftsgericht bzw das Jugendamt die Erziehungsbeistandschaft mit Wirkung vom Beginn der Ausführung der Fürsorgeerziehung aufzuheben.

Die Erziehungsbeistandschaft kann nicht neben der Ausführung der Fürsorgeerziehung oder der Freiwilligen Erziehungshilfe durchgeführt werden, da gemäß §§ 69ff JWG mit der Ausführung dieser Maßnahmen das Landesjugendamt (s auch Bem 474) für die Erziehung des Minderjährigen verantwortlich ist.

107 c) Aus dem Sinn und Zweck der Erziehungsbeistandschaft und den Grundgedanken der Regelung des § 61 muß ferner das Prinzip abgeleitet werden, daß die Erziehungsbeistandschaft auch dann aufzuheben ist, wenn ihre Weiterführung aus tatsächlichen oder rechtlichen Gründen nicht mehr möglich oder sinnvoll ist oder zwecklos geworden ist, wenn also der Erziehungsbeistand seine Funktion nicht mehr ausüben kann (ähnlich Riedel, Bem 4e; Jans-Happe, Bem 5; Gräber, Bem 9, je zu § 61; sowie für früheres Recht Potrykus, Bem 2; Riedel, Bem 2 und 3 je zu § 59 aF).

Die Beibehaltung der Erziehungsbeistandschaft ist aus tatsächlichen Gründen zB dann zwecklos, wenn der Minderjährige (mit den Sorgeberechtigten) ausgewandert oder in die sowjetische Besatzungszone verzogen oder geflüchtet ist (s auch unten Bem 448) oder wenn sein Aufenthalt unbekannt ist.

108 d) Die Erziehungsbeistandschaft ist aber auch dann aufzuheben, wenn die Minderjährige die Ehe geschlossen hat; ebenso wenig, wie die Erziehungsbeistandschaft für eine verheiratete Minderjährige angeordnet werden kann (s oben Bem 53), kann sie nach der Eheschließung der Minderjährigen fortgeführt werden.

Der Entwurf des Gesetzes zur Änderung und Ergänzung des Reichsjugendwohlfahrtsgesetzes (BT-Druckf Nr 2226, 3. Wahlperiode) hatte — ebenso wie hinsichtlich der Freiwilligen Erziehungshilfe und der Fürsorgeerziehung — vorgesehen, die Erziehungsbeistandschaft ende bei einem minderjährigen Mädchen (automatisch) mit der Eheschließung; in der Begründung (27) ist auf die Darlegungen zu § 75 verwiesen (31), dort ist gesagt (wiedergegeben auch bei Krug, 265): die Regelung sei im Hinblick auf Art 6 Abs 1 GG erforderlich, auch sei § 1633 BGB zu berücksichtigen; mit der Eheschließung der Tochter erlösche die elterliche Personensorge, vor allem die Erziehung, Beaufsichtigung und Aufenthaltsbestimmung. Der Bundestagsausschuß strich diese Regelung des Entwurfs (BT-Druckf Nr 2854, Beilage, 9, 10) mit der Begründung, die Erziehungsbeistandschaft werde mit der Eheschließung regelmäßig aufgehoben, für eine ausdrückliche gesetzliche Regelung bestehe daher kein Bedürfnis. Der Bundestag schloß sich in der 2. Lesung des Gesetzesentwurfs dem Ausschußbericht an (s Prot 9524 D, 9527 D).

Die Aufhebung der Erziehungsbeistandschaft — und zwar ausnahmslos — ist deshalb gerechtfertigt, weil, wie die Begründung des Entwurfs (aaO) zutreffend dargelegt hatte, die elterliche Personensorge, dh die tatsächliche Personensorge, erlischt (s dazu Bem 10ff zu § 1633) und daher eine weitere Tätigkeit des Erziehungsbeistandes gegenüber den Eltern nicht mehr in Betracht kommt, andererseits eine weitere Tätigkeit des Erziehungsbeistandes gegenüber der minderjährigen Ehefrau (und dem Ehemann) einen verfassungswidrigen Eingriff in das eheliche Verhältnis (Art 6 Abs 1 GG) darstellen würde, auch bezüglich der Verwendung des Arbeitseinkommens, soweit sie berufstätig ist; die Ehefrau ist gemäß § 1360 BGB gegebenenfalls verpflichtet, jedenfalls aber gemäß § 1356 Abs 1 Satz 2 BGB (mit näherer Maßgabe) berechtigt, durch ihre Arbeit zum Unterhalt der Familie beizutragen. Darauf, ob etwa der Ehemann eine gefestigte Persönlichkeit ist und angenommen werden kann, daß er auf seine minderjährige Ehefrau einen günstigen Einfluß ausübt (vgl Krug, Bem 4 zu § 61), kann es nicht ankommen (s auch Jans-Happe, Bem 4, A zu § 61).

109 e) Ferner ist die Erziehungsbeistandschaft aufzuheben, wenn sich herausstellt, daß der Minderjährige infolge seelischer oder geistiger Abartigkeit unerziehbar ist (ebenso Riedel, Bem 4a zu § 61).

110 f) Schließlich muß die Erziehungsbeistandschaft auch dann aufgehoben werden, wenn sich nachträglich ergibt, daß die tatsächlichen Voraussetzungen für ihre Anordnung zu Unrecht angenommen worden waren, zB wenn gegen den Minderjährigen der Verdacht bestanden hatte, er sei an einer Straftat beteiligt gewesen, und später festgestellt wird, daß dies nicht zutraf (so auch Riedel, Bem 4f; BayObLGZ 26, A 159 = ZblJugR XIX, 160; vgl ferner noch BayObLGZ 18, 172); diese Aufhebung der Anordnung der Erziehungsbeistandschaft durch das Vormundschaftsgericht — nur dieser Fall dürfte von praktischer Bedeutung sein, da bei Bestellung eines Erziehungsbeistandes gemäß § 56 der Sorgeberechtigte die Aufhebung beantragen kann (s Bem 111) — rechtfertigt sich aus der Anwendung des § 18 FGG (wobei noch darauf hinzuweisen ist, daß die freiwillige Gerichtsbarkeit kein Wiederaufnahmeverfahren kennt, s dazu Pikart-Henn, 137; Lent-Habscheid, 150).

g) Hat das Jugendamt auf Antrag der Personensorgeberechtigten den Erziehungsbeistand bestellt und beantragt später der eine der beiden sorgeberechtigten Elternteile oder ein Sorgeberechtigter, dem nur die tatsächliche Personensorge (vgl §§ 1707 Abs 1, 1673 Abs 2 BGB) oder nur das Vertretungsrecht in Angelegenheiten der Personensorge zusteht (zB der Vormund des unehelichen Kindes), die Aufhebung der Erziehungsbeistandschaft oder bringt er auf sonstige Weise zum Ausdruck, daß er mit der Fortführung der Erziehungsbeistandschaft, also nicht nur mit der Person des Erziehungsbeistandes, nicht mehr einverstanden ist, so hat das Jugendamt die Erziehungsbeistandschaft aufzuheben **(§ 61 Abs 2 Satz 3).** Die von den Personensorgeberechtigten beantragte Bestellung eines Erziehungsbeistandes (§ 56 Abs 1) kann nur mit deren Einverständnis weitergeführt werden. 111

Den Antrag auf Aufhebung der Erziehungsbeistandschaft kann nur ein Sorgeberechtigter stellen. Daher ist nach der Scheidung der Ehe der Elternteil, dem nicht die alleinige Ausübung der elterlichen Gewalt (§ 1671 Abs 1, 3, 4 Satz 1) oder des Personensorgerechts (§ 1671 Abs 4 Satz 2) übertragen ist, nicht (mehr) befugt, den Antrag auf Aufhebung der Erziehungsbeistandschaft zu stellen.

Das Jugendamt hat dem (zulässigen) Antrag eines (oder beider) Personensorgeberechtigten zu entsprechen, und zwar auch dann, wenn es der Auffassung ist, daß die Fortführung der Erziehungsbeistandschaft notwendig wäre, oder wenn der Antrag auf Aufhebung der Erziehungsbeistandschaft einen Mißbrauch des Sorgerechts iSd § 1666 Abs 1 Satz 1 BGB darstellt (s dazu auch oben Bem 71 zu § 1666). Doch hat das Jugendamt sodann das Vormundschaftsgericht zu benachrichtigen (§ 1694 BGB).

Hat dagegen das Vormundschaftsgericht die Bestellung eines Erziehungsbeistandes angeordnet, so ist für die Aufhebung der Erziehungsbeistandschaft ausschließlich das Gericht, und nicht das Jugendamt, zuständig; das Vormundschaftsgericht kann die Entscheidung über eine etwaige Aufhebung der Erziehungsbeistandschaft nicht dem Jugendamt übertragen.

3. **Für die Aufhebung der Erziehungsbeistandschaft zuständig** ist im Falle der Bestellung gemäß § 56 das Jugendamt, im Falle der Anordnung gemäß § 57 (oder § 68 Abs 3) das Vormundschaftsgericht (§ 61 Abs 2 Satz 4). 112

a) Die **Zuständigkeit des Jugendamtes** ergibt sich aus § 11 JWG (s dazu oben Bem 41); regelmäßig wird das Jugendamt zuständig sein, das entweder den Erziehungsbeistand bestellt hatte oder das die Erziehungsbeistandschaft infolge Abgabe weitergeführt hatte. 113

Die **Entscheidung des Jugendamtes** gehört zu den laufenden Geschäften iSd § 16 JWG, sie obliegt dem Leiter der Verwaltung der Gemeinde oder des Kreises oder in dessen Auftrag dem Leiter der Verwaltung des Jugendamtes. Sie ist ein Verwaltungsakt, welcher der Anfechtung nach den Vorschriften der VwGO unterliegt.

b) Das **Vormundschaftsgericht** hat in allen übrigen Fällen zu entscheiden (§ 61 Abs 2 Satz 4), dh in den Fällen, in denen es die Bestellung gemäß § 57 oder § 68 Abs 3 oder in denen das Jugendgericht (s § 9 Nr 2 JGG) die Erziehungsbeistandschaft angeordnet hatte (s § 12 JGG; hierzu Dallinger-Lackner, Bem 17 zu § 12). 114

Zuständig ist der Richter, nicht der Rechtspfleger (§ 12 Nr 23 RPflG), in Württemberg nicht der Bezirksnotar (Art 68 Nr 11 Württ AGBGB).

Örtlich zuständig ist das Gericht, das die Bestellung des Erziehungsbeistandes angeordnet hatte, dh bei dem die Erziehungsbeistandschaft anhängig ist (s **§ 77 Abs 2** JWG iV mit § 43 Abs 2 FGG), gegebenenfalls das Gericht, an welches das Verfahren gemäß § 46 Abs 3 FGG abgegeben worden war. Dieses Gericht ist zuständig, auch wenn der Minderjährige zu der Zeit, in der das Gericht mit der Frage der Aufhebung der Erziehungsbeistandschaft befaßt wird, nicht mehr im Bezirk dieses Gerichts seinen Wohnsitz hat (vgl auch Jansen, Bem 6 zu § 43 FGG; KG, JFG 17, 126 zu dem Falle, daß nach der Schutzaufsicht Fürsorgeerziehung angeordnet worden war). Die Aufhebung der Erziehungsbeistandschaft ist eine Maßnahme des Vormundschaftsgerichts iSd § 77 Abs 2 JWG und eine Verrichtung iSd § 43 FGG. Es handelt sich hier nicht um ein neues selbständiges Verfahren, bei dem es auf den jetzigen Wohnsitz des Minderjährigen ankäme (wie zB in den Fällen der §§ 1671 Abs 1—4, 1696, vgl hierzu BGHZ 21, 306 (315) = FamRZ 1956, 347; BayObLGZ 1958, 210, 212 = FamRZ 1958, 387); vielmehr bleibt die Erziehungsbeistandschaft bei dem Gericht, das sie angeordnet hatte oder an welches das Verfahren abgegeben worden war, anhängig (§ 77 Abs 2, s auch zur Überwachung des Erziehungsbeistandes durch das Gericht Bem 98).

115 Vor der Entscheidung sind die Sorgeberechtigten, das Jugendamt und der Minderjährige zu hören; § 57 Abs 3 JWG ist auf das Aufhebungsverfahren ebenfalls anzuwenden. Für die vom Vormundschaftsgericht anzustellenden Ermittlungen gilt § 12 FGG; wichtig ist hierbei die Anhörung des Erziehungsbeistandes, wobei regelmäßig die Einforderung eines Berichts genügen wird.

116 Die Entscheidung ergeht durch Beschluß, dem eine Begründung beizufügen ist (analog § 57 Abs 4, s hierzu oben Bem 66).

117 Der Beschluß wird mit der Bekanntmachung wirksam (§ 16 FGG); eine Ausfertigung des Beschlusses ist auch dem Erziehungsbeistand zu übermitteln.

118 Die Entscheidung unterliegt der einfachen Beschwerde, die den Sorgeberechtigten und dem Jugendamt zusteht, im Falle der Ablehnung der Aufhebung der Erziehungsbeistandschaft auch dem Minderjährigen, wenn er das 14. Lebensjahr vollendet hat (§ 59 FGG), dagegen nicht im Falle der Aufhebung der Erziehungsbeistandschaft, da der Minderjährige selbst kein Recht hat, die Bestellung eines Erziehungsbeistandes zu beantragen (s oben Bem 60). Im Falle der Aufhebung der Erziehungsbeistandschaft ist dagegen der Erziehungsbeistand im Interesse des Minderjährigen beschwerdeberechtigt (§ 57 Abs 1 Nr 9 FGG; ebenso — bezüglich der Beistandschaft — KG, DFG 1936, 231; s zur Anwendung des § 57 Abs 1 Nr 9 FGG oben Bem 373 zu § 1666).

119 Auf Grund des Beschlusses des Vormundschaftsgerichts wird der Bestellung des Erziehungsbeistandes durch das Jugendamt die Grundlage entzogen; damit wird die Bestellung des Erziehungsbeistandes durch das Jugendamt automatisch gegenstandslos (ebenso Krug, Bem 7; Riedel, Bem 5 aE je zu § 61); einer formellen Aufhebung der Bestellung durch das Jugendamt bedarf es also nicht mehr.

120 Wird der die Erziehungsbeistandschaft aufhebende Beschluß des Vormundschaftsgerichts im Beschwerdeverfahren abgeändert, so ist zugleich die Erziehungsbeistandschaft erneut anzuordnen. Denn die sie aufhebende Entscheidung wurde mit der Bekanntmachung wirksam.

C. Freiwillige Erziehungshilfe*)

I. Allgemeines.

121 1. Freiwillige Erziehungshilfe ist die auf Antrag der Personensorgeberechtigten gewährte, in deren Einverständnis und mit deren Unterstützung auf öffentliche Kosten in einem Heim oder einer geeigneten Familie durchgeführte öffentliche Erziehung Minderjähriger, also eine von den Personensorgeberechtigten freiwillig in Anspruch genommene Erziehungshilfe.

Hieraus ergibt sich, daß der Ausdruck an sich schief ist; denn das Wort „freiwillig" bezieht sich auf „Hilfe", die das Landesjugendamt gewährt (§ 62). Sie ist aber nicht „freiwillig"; es handelt sich also nicht um eine freiwillig gewährte, sondern um eine freiwillig erbetene, freiwillig in Anspruch genommene Hilfe im Gegensatz zur gerichtlichen angeordneten Erziehungshilfe.

Als in Baden im Jahre 1934 eine bedeutsame Regelung über die im Einvernehmen mit den Personensorgeberechtigten durchgeführte „öffentliche Erziehung" getroffen wurde (s dazu Bem 182), wurde der schon damals zT (vor allem im Rheinland) gebräuchliche Ausdruck „freiwillige Erziehungshilfe" (s zB Vossen, ZblJugR XXI, 253) als „zu schwach" vermieden (s Kersten, ZblJugR XXVI, 222); diese Beurteilung ist zutreffend. Denn die Erziehungsmaßnahme ist wesentlich mehr als nur eine Hilfe (s zur Bedeutung der Freiwilligen Erziehungshilfe auch unten Bem 502 ff). Vor allem ist aber der Begriff auch zu weit, worauf schon Hertz im Jahre 1929 hingewiesen hatte (ZblJugR XXI, 394). Daß der Begriff „Erziehungshilfe" hier schief ist, zeigt deutlich § 5 Abs 1 Nr 7 JWG, wo ebenfalls von Erziehungshilfen die Rede ist, und zwar im weiten Sinn dieses Begriffs. Unter ihn fallen an sich nicht nur sämtliche Maßnahmen, die das Jugendamt zur Unterstützung der Eltern bei der Erziehung des Kindes gewährt, die „vollständige Fürsorge" (zB § 5 Abs 1 Nr 7; die Unterbringung des Kindes außerhalb des Elternhauses im Einverständnis der Beteiligten), sowie „Einzelleistungen" (s schon Marcus, Die freiwillige öffentliche Erziehung, Sonderveröffentlichung des AFET, Nr 2, 1953, 10), also die Hilfen, die das Jugendamt gemäß § 5 Abs 1 Nr 1—7 gewährt (s auch § 2 Abs 2 JWG); ebenso ist an sich die Erziehungsbeistandschaft, die auf Antrag der Personensorgeberechtigten gewährt wird (§ 56), eine freiwillige (dh freiwillig in Anspruch genommene) Erziehungshilfe des Jugendamtes! Darüber

*) Literatur: Roestel, Die Bedeutung der Freiwilligen Erziehungshilfe für die Vormundschaftsgerichte, Unsere Jugend 1962, 434, s ferner die Angaben vor Bem 1 und zu Bem 456.

hinaus stellen aber auch alle Maßnahmen des Vormundschaftsgerichts gemäß § 1631 Abs 2 Erziehungshilfen dar.

Schließlich ist der Begriff „Freiwillige Erziehungshilfe" auch insofern sehr unglücklich, als das Wort „Hilfe" im JWG in verschiedener Bedeutung gebraucht wird: die Freiwillige Erziehungshilfe ist eine Erziehungsmaßnahme; die öffentliche Jugendhilfe iSd § 2 JWG ist die Gesamtheit der Maßnahmen zur Förderung der Jugendwohlfahrt (vgl § 2 Abs 2; hierzu s auch Pikart-Henn, 220); dagegen dürfte in § 3 Abs 1 und 3 die öffentliche Jugendhilfe als Institution zu verstehen sein, in § 3 Abs 3 ist nämlich von den „Maßnahmen der öffentlichen Jugendhilfe" die Rede. So könnte man auf Grund dieser verschiedenen Bedeutung des Begriffs „Hilfe" davon sprechen, daß die öffentliche Jugendhilfe Erziehungshilfe gewährt (!), wie aus § 3 Abs 1 JWG zu entnehmen ist. Wieder in etwas anderer Bedeutung ist der Begriff „Freiwillige Erziehungshilfe" in § 27 Abs 2 Nr 6 gebraucht, wo davon die Rede ist, daß Minderjährige „sich in Freiwilliger Erziehungshilfe ... befinden". Hier ist die Durchführung dieser Erziehungsmaßnahme gemeint (s dazu § 69 Abs 3 Satz 1 JWG).

Im übrigen ist es unrichtig, in dem Begriff „Freiwillige Erziehungshilfe" das Wort „freiwillig" groß zu schreiben; genau so wenig sinnvoll wäre es zB, in den Begriffen „elterliche Gewalt", „öffentliche Jugendhilfe", „freiwillige Gerichtsbarkeit", „vorläufige Fürsorgeerziehung" die Eigenschaftswörter groß zu schreiben.

2. Zur Geschichte der freiwilligen Erziehungshilfe (die auch freiwillige Erziehungsfürsorge, freiwillige Fürsorgeerziehung und öffentliche Erziehung genannt wurde) s unten Bem 179ff. **122**

II. Voraussetzungen.

1. Die Freiwillige Erziehungshilfe setzt zunächst, ebenso wie die Erziehungsbeistandschaft voraus, daß **die leibliche, geistige oder seelische Entwicklung des Minderjährigen gefährdet oder geschädigt** ist. **123**

Hierzu ist auf die Darlegungen oben Bem 17ff zu verweisen; hervorzuheben ist indessen, daß diese Voraussetzungen nur Mindesterfordernisse darstellen. Freiwillige Erziehungshilfe kann und muß daher auch dann gewährt werden, wenn der Minderjährige zu verwahrlosen droht oder verwahrlost ist*).

Die Begriffe „Gefährdung" bzw „Schädigung der ... Entwicklung des Minderjährigen" sind mit den Begriffen „drohende Verwahrlosung" bzw „Verwahrlosung" nicht gleichzusetzen**). Die Freiwillige Erziehungshilfe und die Fürsorgeerziehung unterscheiden sich also in ihren Mindesterfordernissen (s Bem 24 und 214).

Dafür, daß die Begriffe „Gefährdung" und „Schädigung der Entwicklung des Minderjährigen" nach dem Sinn des Gesetzes die Verwahrlosungsgefahr und die Verwahrlosung ebenfalls umfassen sollen, spricht auch der Umstand, daß in § 62 nur gesagt ist, diese Maßnahme, dh die Gewährung der Freiwilligen Erziehungshilfe, müsse geboten sein, nicht aber, sie müsse ausreichend sein. Hätte die Gewährung der Freiwilligen Erziehungshilfe auf die Minderjährigen beschränkt sein sollen, deren Entwicklung noch nicht erheblich gefährdet oder geschädigt ist, dh mit anderen Worten die noch nicht zu verwahrlosen drohen oder verwahrlost sind, so hätte die Formulierung gewählt werden müssen: wenn diese Maßnahme geboten und ausreichend ist. Ferner ergibt die Fassung des § 64 „wenn keine ausreichende andere Erziehungsmaßnahme gewährt werden kann", daß das Gesetz hiermit ua gerade die Freiwillige Erziehungshilfe meint, die also auch dann soll gewährt werden können wenn die sonstigen Voraussetzungen des § 64 vorliegen (s Begründung des Regierungsentwurfs, BT-Druckſ Nr 2226, 28, abgedruckt bei Krug, 277; Riedel, 632; hierzu Rothe, aaO). **124**

Einer anderen Auslegung — wie sie Riedel, Bem 4, 7 zu § 62, in übrigens unklaren Formulierungen anstrebt — steht der klare Wortlaut des Gesetzes entgegen.

2. Die Gewährung der Freiwilligen Erziehungshilfe muß zur Abwendung der Gefahr oder zur Beseitigung des Schadens **geboten** sein; § 62 enthält hiermit das gleiche Tatbestandsmerkmal wie § 55 (s oben Bem 34). **125**

a) Die Freiwillige Erziehungshilfe ist geboten, wenn eine andere mildere Maßnahme, also insbesondere die Erziehungsbeistandschaft und sonstige Erziehungsmaßnahmen **126**

---

*) Ebenso Begründung des Regierungsentwurfs, BT-Druckſ Nr 2226, 27f (wiedergegeben von Krug, 269, Riedel, 624; Jans-Happe, 380); Krug, Bem 6, Jans-Happe, Bem 3; Gräber, Bem 5; Palandt-Lauterbach, Bem 2 je zu § 62; Rothe, Jugendwohl 1961, 107; 1962, 175; RdJ 1962, 195; Becker, ZblJugR 1963, 62; Deutsch, RdJ 1963, 82; Brand-Hensel, 513; Pikart-Henn, 225; s aber auch Roestel, Unsere Jugend 1962, 515; ZblJugR 1962, 150.

**) Hierzu s ferner Pikart-Henn, 222; Gerson, RdJ 1963, 162; aM Riedel, Bem 5 zu § 62; Bem 5 zu § 55.

(s oben Bem 34), zB eine Internatserziehung des Kindes, nicht in Betracht kommen oder/und nicht ausreichend sind. Es muß also eine Unterbringung und Erziehung **außerhalb der eigenen Familie des Minderjährigen**, in der er bisher betreut und erzogen wurde (s auch § 69 Abs 3 Satz 1 und zum Begriff der „eigenen Familie" iS dieser Bestimmung unten Bem 515) erforderlich sein, also eine **Milieuveränderung** (s hierzu auch Bem 339 zur Fürsorgeerziehung).

Zur Beurteilung dieser Frage müssen die Ursachen der Erziehungsschwierigkeiten, des Erziehungsnotstandes des Minderjährigen und alle Umstände des Einzelfalles unter Berücksichtigung pädagogischer Erfahrungen und psychologischer Erkenntnisse geprüft werden: die familiären Verhältnisse, die Art der Gefährdung oder Schädigung der Entwicklung des Minderjährigen, die Fähigkeit der Eltern zur Erziehung des Kindes im Hinblick auf dessen Erziehungsnotstand und die Art oder Richtung der Fehlentwicklung des Kindes, die berufliche Tätigkeit der Eltern.

In dieser Voraussetzung, daß die Gewährung der Freiwilligen Erziehungshilfe geboten sein muß, kommt also auch hier das **Subsidiaritätsprinzip** zum Ausdruck.

127 Das Gesetz setzt dagegen nicht voraus, die Freiwillige Erziehungshilfe müsse ausreichend sein; dies beruht auf den in Bem 124 dargelegten Erwägungen. Unrichtig ist es daher, wenn Gräber (Bem 8 zu § 62) meint, wenn Freiwillige Erziehungshilfe nicht ausreichend sei, so sei ihre Durchführung auch nicht geboten. Übrigens hat mit der vorliegenden Frage die weitere Voraussetzung, daß die Personensorgeberechtigten bereit sein müssen, die Durchführung der Freiwilligen Erziehungshilfe zu fördern (s dazu Bem 133f), nichts zu tun.

128 Die Freiwillige Erziehungshilfe kann auch gewährt werden, wenn der Minderjährige zuvor der vorläufigen Fürsorgeerziehung überwiesen worden war, es sei denn, der Minderjährige hätte in der Zwischenzeit das 20. Lebensjahr vollendet (s § 62).

129 Ebenso ist die Gewährung der Freiwilligen Erziehungshilfe möglich, wenn das Vormundschaftsgericht die Fürsorgeerziehung gemäß § 75 Abs 2 aufhebt, da ihr Zweck anderweitig sichergestellt ist, nämlich gerade durch die Gewährung der Freiwilligen Erziehungshilfe. Doch wird dies nur in besonderen Ausnahmefällen in Betracht kommen, zB wenn nach der Scheidung der Ehe der Eltern der gemäß § 1671 Abs 5 BGB bestellte Pfleger oder der eine Elternteil, der vor der Scheidung wegen des Widerspruchs des anderen Elternteils die Gewährung der Freiwilligen Erziehungshilfe nicht hatte erwirken können, diese nunmehr beantragt und bereit ist, die Durchführung der Freiwilligen Erziehungshilfe zu fördern, sowie hierzu als geeignet zu beurteilen ist. Auf diese Weise kann erreicht werden, daß der Minderjährige vor dem (weiteren) Makel der Fürsorgeerziehung bewahrt wird.

130 b) Die Freiwillige Erziehungshilfe muß **zur Abwendung der Gefährdung oder Beseitigung der Schädigung der Entwicklung des Minderjährigen** erforderlich sein. Das Gesetz sagt unscharf „zur Abwendung der Gefahr oder zur Beseitigung des Schadens" (s schon oben Bem 33). Die Freiwillige Erziehungshilfe muß als **geeignete** Erziehungsmaßnahme anzusehen sein, damit der Fehlentwicklung des Minderjährigen gerade auch in der speziellen Art oder Richtung des Einzelfalles begegnet werden kann; besondere Rücksicht ist hierauf jedoch bei der Durchführung der Freiwilligen Erziehungshilfe zu nehmen (s § 72, hierzu unten Bem 509a).

Nicht erforderlich ist, daß schon eine mildere Art der öffentlichen Erziehungshilfe erfolglos versucht oder durchgeführt worden ist.

131 Die besondere Feststellung der **pädagogischen Erfolgsaussicht** ist grundsätzlich nicht erforderlich (ebenso Gerson, RdJ 1963, 161, 166; Jans-Happe, Bem 4 A; aM Riedel, Bem 7 aE zu § 62). Riedel geht entgegen der — im Gesetz eindeutig zum Ausdruck gekommenen — Absicht des Gesetzgebers (s die Begründung zu § 64, unten Bem 249) davon aus, da es sich um eine Erziehungsmaßnahme handle, müsse auch die pädagogische Erfolgsaussicht geprüft werden (s hierzu auch Jans-Happe, aaO). Diese Auffassung könnte zu der kuriosen Konsequenz führen, daß Freiwillige Erziehungshilfe abgelehnt und dann Fürsorgeerziehung angeordnet werden müßte (vgl Gerson, aaO), eine Konsequenz, die den Zielsetzungen des Gesetzgebers völlig widerspräche.

132 Wenn § 62 verlangt, die Erziehungsmaßnahme müsse (zur Abwendung der Gefährdung oder) zur Beseitigung der Schädigung der Entwicklung des Minderjährigen geboten sein, also hierzu geeignet sein, so ist dies auch in dem Sinne zu verstehen, daß es genügt, wenn nach Lage des Falles, auch unter Berücksichtigung des Alters des Minderjährigen, eine gewisse Besserung oder Milderung erwartet werden kann. Es ist nicht erforderlich, daß von vornherein mit großer Wahrscheinlichkeit damit gerechnet werden kann, die eingetretene Schädigung könne bis zur

Vollendung des 21. Lebensjahres des Minderjährigen völlig beseitigt werden. Der Gesetzgeber geht grundsätzlich davon aus, daß Minderjährige noch erzieherischen Einwirkungen zugänglich sind. Daher wurde die Altersgrenze für die Gewährung der Freiwilligen Erziehungshilfe (und die Anordnung der Fürsorgeerziehung) von 18 auf 20 Jahre erhöht (s dazu Bem 249). Ergeben jedoch die vom Jugendamt (und Landesjugendamt) angestellten Ermittlungen, daß der (die) Minderjährige jeder erzieherischen Beeinflussung und Einwirkung unzugänglich ist, so wird sich wohl stets die weitere Frage erheben, ob der (die) Minderjährige in geistiger oder seelischer Hinsicht so abartig ist, daß die Erziehungshilfe, wenn sie begonnen würde, gemäß § 75 Abs 2 wieder aufgehoben werden müßte (s zum letzteren unten Bem 545). Mit anderen Worten: liegen die Voraussetzungen **erheblicher geistiger oder seelischer Regelwidrigkeit von Krankheitswert** vor (iSd § 75 Abs 2), so darf die Freiwillige Erziehungshilfe — ebenso wie die Fürsorgeerziehung — nicht angeordnet werden (s dazu bezüglich der Fürsorgeerziehung Bem 253ff). Sind diese Voraussetzungen aber nicht gegeben, so ist die Freiwillige Erziehungshilfe zu gewähren.

War der Minderjährige arbeitsscheu und war er herumgestreunt (s dazu Bem 220f), so ist allein schon die Unterbringung in einem Heim und eine Beschäftigung daselbst, die Gewöhnung an eine Arbeit und eine geordnete Lebensführung als Möglichkeit der Besserung zu beurteilen.

War die Minderjährige deshalb als verwahrlost anzusehen, weil sie der Gewerbsunzucht nachgegangen war, so wird regelmäßig die Unterbringung in einer Anstalt als Möglichkeit der Besserung betrachtet werden können (s auch zur Fürsorgeerziehung unten Bem 249ff). Darüber, ob die Minderjährige sich abartig in dem erwähnten Sinne entwickelt hat, kann gegebenenfalls ein Gutachten eingeholt werden (s unten Bem 148).

3. Die Sorgeberechtigten müssen bereit sein, die Durchführung der Freiwilligen Erziehungshilfe zu fördern. 133

Dies bedeutet zunächst, daß sie die Gewähr dafür bieten, daß das Einverständnis mit der Durchführung der Freiwilligen Erziehungshilfe nicht frühzeitig und willkürlich widerrufen wird. Aus dem Verhalten der Sorgeberechtigten muß erkennbar sein, daß sie die erforderliche Einsicht bezüglich der Fehlentwicklung des Minderjährigen gewonnen haben, die Notwendigkeit einer längere Zeit dauernden Erziehung des Minderjährigen außerhalb der eigenen Familie bejahen, einer Beratung und Belehrung durch die zuständigen Stellen, welche die Erziehung übernehmen, zugänglich sind und den ernsthaften Willen besitzen, eine Besserung herbeizuführen (s hierzu Deutsch, RdJ 1963, 82; Jans-Happe, Bem 5 A zu § 62; sowie zum früheren Recht LG Göttingen, ZblJugR 1956, 109 = SJE, E 16, 207; OLG Hamm, SJE, E 16, 206a, 254m). Die Sorgeberechtigten dürfen also nicht den Eindruck erwecken, daß sie die Freiwillige Erziehungshilfe nicht als durchgreifende Erziehungsmaßnahme, sondern nur als Druckmittel gegen das Kind einsetzen wollen, von dem sie eine heilsame Schockwirkung erhoffen (Jans-Happe, aaO), oder daß sie sich nur zur Abwendung der drohenden Anordnung der Fürsorgeerziehung bereit gefunden haben, die Gewährung der Freiwilligen Erziehungshilfe zu beantragen. Die Sorgeberechtigten müssen der Erziehungsbehörde erkennbar auch Vertrauen entgegenbringen in deren Bemühen, die Fehlentwicklung des Minderjährigen zu beseitigen.

Weiterhin muß ersichtlich sein, daß die Sorgeberechtigten bereit und fähig sind, 134
durch *aktives Tun* an der Behebung des Erziehungsnotstandes mitzuwirken (s Krug, Bem 8, Riedel, Bem 7, Jans-Happe, Bem 5, B; Deutsch, aaO; Carspecken, Probleme, 3'. Allerdings sind — was nicht übersehen werden darf und worauf Jans-Happe, aaO, mit Recht hinweisen — die Möglichkeiten der pädagogisch wenig befähigten Sorgeberechtigten, deren Zahl hier überwiegen dürfte, verhältnismäßig gering; indessen muß von diesen erwartet werden, daß sie den erzieherischen Empfehlungen der Stellen, die mit der Betreuung des Kindes befaßt sind, nachkommen und sich darum bemühen, daß das Kind den nötigen Kontakt und das nötige Vertrauen zu der neuen Umgebung findet, um sich dort einzugewöhnen (Jans-Happe, aaO), zB durch entsprechende Einwirkung auf dieses in Briefen und bei Besuchen, durch geeignete Ermahnungen und Belehrungen, durch Übermittlung passender Lektüre usw. sowie auch durch die Bereitwilligkeit, auf Anfragen der Erziehungsbehörde und der Heimleitung usw die erforderlichen Auskünfte zu geben.

Das Jugendamt muß also bei den vor der Gewährung der Freiwilligen Erziehungshilfe den Eindruck gewinnen können, daß sich eine vertrauensvolle Zusammenarbeit zwischen den Sorgeberechtigten und den für die Erziehung zuständigen Stellen anbahnen wird.

Diese Voraussetzung, daß die Personensorgeberechtigten bereit sein müssen, die Durchführung der Freiwilligen Erziehungshilfe zu fördern, wird nicht bejaht werden können, wenn die Sorgeberechtigten sich in der Vergangenheit bei anderen Erziehungsmaßnahmen oder bei Beratungen durch das Jugendamt als uneinsichtig und unzuverlässig erwiesen haben (ebenso Jans-Happe, aaO).

Für eine minderjährige Ehefrau kann Freiwillige Erziehungshilfe nicht gewährt werden (ebenso Beurmann, Unsere Jugend 1963, 294); hier gilt das gleiche wie hinsichtlich der Erziehungsbeistandschaft (s Bem 44).

135 **4.** Der (Die) Minderjährige darf das **20. Lebensjahr** noch nicht vollendet haben; maßgebend ist der Zeitpunkt, in dem die Entscheidung des Landesjugendamtes über die Gewährung der Freiwilligen Erziehungshilfe ergeht; wird der Antrag der Sorgeberechtigten zunächst abgelehnt, und vollendet der (die) Minderjährige danach das 20. Lebensjahr, so kann die Freiwillige Erziehungshilfe auch dann nicht mehr gewährt werden, wenn die Ablehnung ungerechtfertigt war.

Für die Festsetzung dieser Altersgrenze war der Gedanke maßgebend, daß die Erziehungshilfe wenigstens etwa ein Jahr soll gewährt werden können, damit eine genügende Einwirkung auf den Minderjährigen möglich ist, die Erziehungshilfe also Aussicht auf Erfolg oder Besserung der Erziehungs- und Entwicklungssituation des Minderjährigen verspricht. Erfahrungsgemäß hat eine erzieherische Einwirkung und Beeinflussung nur Aussicht, wenn sie von längerer Dauer ist; denn das Kind braucht in der neuen Umgebung schon eine gewisse Zeit zur Eingewöhnung (s hierzu zB Hanselmann, 494) und um Kontakt mit den Erziehern und anderen Personen der neuen Umgebung zu gewinnen.

Zur Problematik der Altersgrenze s ferner unten Bem 249, 509a.

136 **5.** Die Gewährung der Freiwilligen Erziehungshilfe, dh die Erlassung eines diesbezüglichen Bescheides, setzt einen **schriftlichen Antrag der Personensorgeberechtigten** voraus (§ 63 Satz 1).

Der Antrag muß von allen Personenberechtigten ausgehen (s dazu Bem 43).

Für das Land Bremen schreibt das Bremische Ausführungsgesetz vom 26. 6. 1962 (GBl 159) in § 21 Abs 1 Satz 2 vor, wenn der Personensorgeberechtigte nicht gesetzlicher Vertreter des Minderjährigen sei, der Antrag auf freiwillige Erziehungshilfe der Genehmigung des gesetzlichen Vertreters bedürfe. Indessen dürfte diese Vorschrift nicht nur überflüssig sein, weil sich das Erfordernis der Mitwirkung des gesetzlichen Vertreters (in Angelegenheiten der Personensorge) schon aus dem Wortlaut des § 63 JWG ergibt, sondern auch insofern bedenklich, als eine bestimmte Auslegung einer bundesrechtlichen Norm durch einen Landesgesetzgeber vorgeschrieben wird.

Das niedersächsische Ausführungsgesetz vom 13. 12. 1962 (GVBl 246) sieht in § 24 Abs 1 Satz 2 vor, werde das Personensorgerecht nicht von den Eltern oder einem Elternteil des Minderjährigen ausgeübt, so hole das Landesjugendamt die Zustimmung des Vormundschaftsgerichts ein, wenn es dem Antrag stattgeben wolle. Diese Vorschrift stellt jedoch eine Erweiterung der bundesrechtlichen Regelung der §§ 1800 Abs 2, 1814ff (insbesondere 1822) BGB dar, weshalb Zweifel bestehen dürften, ob hierzu ein Landesgesetzgeber befugt ist (vgl Art 72, 74 Nr 1 GG).

137 Der Antrag erfordert **Schriftform**; dies bedeutet, daß die Erklärung von den Sorgeberechtigten **unterzeichnet** sein muß (§ 126 Abs 1 BGB). Ausreichend ist ein vom Jugendamt aufgenommenes Protokoll, wenn es von den Sorgeberechtigten unterschrieben ist. Handelt nur ein Sorgeberechtigter, so bedarf er der Vollmacht oder zumindest der Einwilligung des anderen Sorgeberechtigten, wobei diese Erklärung ebenfalls schriftlich abgegeben werden muß (ebenso Potrykus, ZblJugR 1962, 63).

Das Gesetz läßt einen einfachen schriftlichen Antrag genügen, der keiner Begründung bedarf. Zur Verwendung von Vordrucken s Jans-Happe, Bem 3, B zu § 63, sowie auch Carspecken, Probleme, 77.

Das Erfordernis der Schriftform des Antrags dient der Klarheit, die angesichts der weittragenden Bedeutung der Erziehungsmaßnahme hier unentbehrlich ist.

Der Antrag muß sich gerade auf die Gewährung der Freiwilligen Erziehungshilfe beziehen; es genügt nicht, daß die Bestellung eines Erziehungsbeistandes oder eine sonstige Unterstützung der Sorgeberechtigten durch das Jugendamt begehrt wird.

138 Ferner muß der Antrag so gefaßt sein, daß dem Landesjugendamt (als entscheidender Stelle) so viel freie Hand gelassen wird bezüglich der Durchführung der Freiwilligen Erziehungshilfe, als erforderlich ist. Dh mit anderen Worten: Der Antrag darf nicht **bedingt** sein, zB in der Weise, daß das Kind in einem bestimmten Heim untergebracht oder nicht untergebracht werden soll oder daß den Sorgeberechtigten oder dem Kinde bestimmte Rechte eingeräumt werden. Jedoch können die Sorgeberechtigten Wünsche bezüglich der Gestaltung der öffentlichen Jugendhilfe äußern (§ 3 Abs 2 JWG).

139 Eine **Befristung** der Maßnahme in der Weise, daß der Minderjährige eine bestimmte Zeit, zB 1 Jahr oder 2 Jahre, außerhalb der eigenen Familie erzogen werden soll, ist für zulässig zu halten (so auch Riedel, Bem 5 zu § 63; Carspecken, Probleme, 77). In der Regel wird es aber zweckmäßig sein, die Erziehungshilfe unbefristet zu gewähren.

Geht der Antrag nur von einem Sorgeberechtigten aus, während der andere widerspricht oder widerruft ein Elternteil oder widerrufen beide Elternteile den Antrag vor der Entscheidung des Landesjugendamtes, so kann nicht gemäß **§§ 1666, 1909** BGB ein **Pfleger** bestellt werden, damit dieser den Antrag auf Gewährung der Freiwilligen Erziehungshilfe stelle und dann deren Durchführung fördere. Dies würde dem Wesen und Zweck der Freiwilligen Erziehungshilfe als freiwilliger Maßnahme zuwiderlaufen (ebenso Krug, Bem 8, Jans-Happe, Bem 5C je zu § 62; Becker, ZblJugR 1961, 7; Deutsch, RdJ 1963, 82; Schnitzerling, BldWPfl 1963, 179; Carspecken, Probleme, 25f; LG Essen, FamRZ 1962, 174 m zustimmender Anm v. Göppinger; **aM** wohl Potrykus, ZblJugR 1962, 63). **140**

Indessen ist es unter den Voraussetzungen des § 1666 möglich, den Eltern das Aufenthaltsbestimmungsrecht und das Erziehungsrecht eventuell auch das gesamte Personensorgerecht zu entziehen und diese Rechte auf das Jugendamt als Pfleger (§ 1909) zu übertragen, damit dieses die anderweitige Unterbringung des Kindes (in einem Heim oder einer geeigneten Familie) veranlaßt (s hierzu Bem 267, 270 zu § 1666). Im praktischen Ergebnis besteht freilich kein wesentlicher Unterschied; es ist sogar möglich, daß die Freiwillige Erziehungshilfe und die vom Jugendamt als Pfleger veranlaßte Heimerziehung im gleichen Heim vollzogen würde (bezüglich der Tragung der Kosten s unten Bem 555ff).

Bei Meinungsverschiedenheiten der Eltern kann ein Elternteil das Vormundschaftsgericht anrufen mit dem Antrag, ihm die Entscheidung über die Beantragung und Durchführung der Freiwilligen Erziehungshilfe zu übertragen (s dazu bezüglich der Erziehungsbeistandschaft oben Bem 45).

Leben die Eltern getrennt, so kann der Elternteil gemäß § 1672 BGB beantragen, ihm die alleinige Ausübung der elterlichen Gewalt (bzw zumindest der Personensorge) zu übertragen, womit er in der Lage ist, gemäß § 63 JWG Freiwillige Erziehungshilfe zu beantragen.

Der Antrag ist beim Jugendamt zu stellen (§ 63 Satz 2), also nicht beim Landesjugendamt. Zuständig ist das Jugendamt, in dessen Bezirk der Minderjährige seinen gewöhnlichen Aufenthalt hat (§ 11 JWG, s dazu oben Bem 41). **141**

III. Verfahren und Entscheidung.

1. a) Geht ein Antrag beim Jugendamt ein, so hat dieses zunächst seine örtliche Zuständigkeit (§ 11 JWG) zu prüfen. Ist die Erklärung in dieser Hinsicht mangelhaft oder unklar, so hat das Jugendamt hierzu die nötigen Ermittlungen anzustellen. Stellt sich heraus, daß das Jugendamt örtlich unzuständig ist (zu § 11 JWG s oben Bem 41), so gibt es den Antrag (zweckmäßigerweise nach entsprechender Belehrung der Antragsteller) an das zuständige Jugendamt ab. **142**

b) Das Jugendamt hat die Antragsteller (Sorgeberechtigten) über den Antrag zu beraten (s dazu Bem 50 und auch Carspecken, Probleme, 74ff) und hat die erforderlichen Ermittlungen anzustellen. Regelmäßig wird es geboten sein, eine Fürsorgerin zu beauftragen, die familiären Verhältnisse zu überprüfen und nach dem Minderjährigen zu sehen. **143**

In der Regel wird der Minderjährige anzuhören sein, jedenfalls, wenn er ein Alter erreicht hat, in dem seine persönliche Anhörung, zB durch die Fürsorgerin, zweckmäßig und nützlich erscheint, insbesondere wenn er das 14. Lebensjahr erreicht hat.

Durch Landesrecht ist diese Anhörung zT ausdrücklich vorgeschrieben (s Bremisches Ausführungsgesetz vom 26. 6. 1962, GVBl 159, § 21 Abs 1 bezüglich der über 14 Jahre alten Minderjährigen; Niedersächsisches Ausführungsgesetz vom 13. 12. 1962, GVBl 246, § 24 Abs 1 Satz 1).

c) Soweit das Jugendamt (auf Grund Landesrechts, s dazu Bem 145) nicht selbst über die Gewährung der Freiwilligen Erziehungshilfe entscheidet, hat es den Antrag der Sorgeberechtigten zu prüfen und mit einer Stellungnahme dem Landesjugendamt vorzulegen (§ 63 Satz 3). Das Jugendamt hat in dieser Stellungnahme das Ermittlungsergebnis zusammenzufassen und eine eigene Beurteilung abzugeben; hierbei sollten die Schwerpunkte der Entwicklungsnot des Minderjährigen, die Verhältnisse im Elternhaus, deren Auswirkungen auf den Minderjährigen, überhaupt dessen Lage möglichst umfassend dargestellt werden (s Carspecken, Probleme, 4f). Es genügt also nicht, daß das Jugendamt lediglich die Ermittlungsberichte, insbesondere den Bericht der Fürsorgerin, weiterleitet (ebenso Krug, Bem 7 zu § 63). Jans-Happe (Bem 6C zu § 63) nennen zutreffend folgende Punkte, die der Bericht des Jugendamts enthalten sollte: **144**

Personalien des Minderjährigen und der Personensorgeberechtigten,
Art und Ursache (Grund) der Gefährdung oder Schädigung der Entwicklung des Minderjährigen,

Familienverhältnisse,
frühkindliche Entwicklung,
schulische Leistungen oder Fehlleistungen,
Verhalten in Lehrstellen oder/und Arbeitsstellen,
Notwendigkeit der Freiwilligen Erziehungshilfe statt anderer Maßnahmen,
Förderungsbereitschaft der Sorgeberechtigten,
Anregungen für die erzieherische Förderung,
Einkommens- und Vermögensverhältnisse der Personensorgeberechtigten oder des Minderjährigen (vgl § 85 Abs 1 JWG, s dazu auch unten Bem 559 f),
Entscheidungsvorschlag.

145 2. a) Über die Gewährung der Freiwilligen Erziehungshilfe entscheidet das **Landesjugendamt** (§ 63 Satz 1). Gemäß § 74 Abs 2 JWG sind die Landesregierungen ermächtigt, die Zuständigkeit der Landesjugendämter nach dem VI. Abschnitt des JWG anderen Behörden zu übertragen, soweit am 1. 1. 1961 eine andere landesrechtliche Regelung bestanden hatte. Hiervon haben die Länder **Bayern** (s Verordnung der Bayerischen Staatsregierung vom 11. 7. 1962, GVBl 104) und **Hessen** (s Verordnung der Hessischen Landesregierung vom 11.7.1962, GVBl 335) Gebrauch gemacht. In Bayern wurden gemäß § 1 der erwähnten VO die Jugendämter für zuständig erklärt, in Hessen gemäß § 1 der angeführten VO die Jugendämter im Einvernehmen mit dem Landeswohlfahrtsverband Hessen.

146 Aus dem **Landesrecht** ist zur Regelung der Zuständigkeit des Landesjugendamtes noch auf folgende ausdrückliche Vorschriften hinzuweisen: Nordrhein-Westfälisches Ausführungsgesetz § 17 Abs 1, Schleswig-Holsteinisches Ausführungsgesetz § 17, Badisch-Württembergisches Ausführungsgesetz § 19.

In Baden-Württemberg bestehen 2 Landesjugendämter, die auf Grund des Gesetzes über die Landeswohlfahrtsverbände vom 23. 4. 1963 (GBl 35) vom Landeswohlfahrtsverband Baden und Landeswohlfahrtsverband Württemberg errichtet wurden (§ 2 Abs 2); die Landeswohlfahrtsverbände sind überörtliche Träger der Sozialhilfe (§ 2 Abs 1) und Körperschaften des öffentlichen Rechts (§ 1 Abs 1). Jedoch besteht für die Landkreise Hechingen und Sigmaringen eine Sonderregelung (§ 28 Abs 2), wonach die Aufgaben des überörtlichen Trägers der Sozialhilfe (Nr 1) und des Landesjugendamts (Nr 2) der Landeskommunalverband der Hohenzollerischen Lande wahrnimmt.

147 b) Das Landesjugendamt kann ergänzende **Ermittlungen** veranstalten, wenn es diese für erforderlich erachtet; doch dürfte es nicht für zulässig zu erachten sein, daß das Landesjugendamt den Antrag an das Jugendamt zurückgibt mit der Weisung, bestimmte weitere Ermittlungen anzustellen, da das Landesjugendamt keine Fachaufsicht über die Jugendämter ausübt, seine Tätigkeit vielmehr im wesentlichen beratender Art ist (vgl §§ 19, 20 JWG, hierzu Gräber, Bem 2 zu § 19).

148 Wenn notwendig, kann das Landesjugendamt eine **Untersuchung** des Minderjährigen durch Sachverständige, eventuell auch eine Unterbringung des Minderjährigen zur stationären Beobachtung und zur Beurteilung veranlassen; jedoch sind diese Erhebungen nur mit Zustimmung der Personensorgeberechtigten zulässig; § 66 JWG ist für die Freiwillige Erziehungshilfe nicht anwendbar.

149 Ein **Aussetzungsverfahren** unter gleichzeitiger Bestellung eines Erziehungsbeistandes (vgl das die Anordnung der Fürsorgeerziehung betreffende Verfahren gemäß § 68) ist hier nicht vorgesehen; doch ist eine solche Maßnahme an sich möglich (so auch Jans-Happe, Bem 7 zu § 63), indessen wäre hierzu ein entsprechender Antrag der Personensorgeberechtigten erforderlich. Diese Möglichkeit der Aussetzung des Verfahrens des Landesjugendamtes dürfte wohl kaum von praktischer Bedeutung sein.

150 c) Die Gewährung der Freiwilligen Erziehungshilfe kann nach der Satzung der Verwaltung als **laufendes Geschäft** übertragen werden (aM Gräber, Bem 2 zu § 63).

Die örtliche Zuständigkeit bestimmt sich in entsprechender Anwendung des § 11 JWG.

151 Der Bescheid des Landesjugendamtes ist ein **Verwaltungsakt**, kein Vertrag über die Ausübung des Erziehungsrechts der Personensorgeberechtigten (s hierzu auch Krug, Bem 3; Jans-Happe, Bem 2 je zu § 63; Beurmann, Unsere Jugend 1963, 294); da aber zur Gewährung der Freiwilligen Erziehungshilfe ein Antrag der Personensorgeberechtigten erforderlich ist, kann man hier von einem zweiseitigen oder zustimmungsbedürftigen oder mitwirkungsbedürftigen Verwaltungsakt sprechen (s hierzu Jans-Happe, aaO, sowie allgemein Hans J. Wolff, Verwaltungsrecht, Band I, 4. Aufl 1961, 256, § 48, II; Merk, Deutsches Verwaltungsrecht, 1. Band, 1962, 823 f, der hier von Verwaltungsverfügungen spricht,

da er den „häßlichen sprachlichen Mischmaschausdruck [!] ‚Verwaltungsakt'" für „völlig entbehrlich" erachtet (815); s dazu auch schon W. Jellinek, Verwaltungsrecht, Nachtrag 1950, 19, Fußn 1).

Fehlt der **Antrag** der Personensorgeberechtigten, so ist der Bescheid des Landesjugendamtes über die Gewährung der Freiwilligen Erziehungshilfe unwirksam (s dazu im allgemeinen W. Jellinek, Verwaltungsrecht, 3. Aufl, 1931, Neudruck 1948, 249; Wolff, aaO, 256f; Merk, aaO, 862ff) und undurchführbar. **152**

Über die Auswirkung der Durchführung der Freiwilligen Erziehungshilfe auf die Ausübung des Personensorgerechts der Berechtigten s unten Bem 502ff. **153**

Auf die Gewährung der Freiwilligen Erziehungshilfe besteht, wenn ihre Voraussetzungen (§§ 62, 63) vorliegen, ein **Rechtsanspruch**, für dessen Durchsetzung gegebenenfalls die Verwaltungsgerichte zuständig sind. Daß das Gesetz einen Rechtsanspruch begründen wollte, ergibt die Formulierung des § 62 „ist ... zu gewähren" zweifelsfrei; dies wird durch die Entstehungsgeschichte noch unterstrichen: Der Bundesrat hatte zum Regierungsentwurf, der schon diese Formulierung enthalten hatte, vorgeschlagen (BT-Drucks Nr 2226, 39), die erwähnte Wendung durch die Worte „kann ... gewährt werden" zu ersetzen; die Bundesregierung war diesem Vorschlag mit der Begründung entgegengetreten, es sei geboten, der Behörde über die Prüfung der sachlichen Voraussetzungen der Freiwilligen Erziehungshilfe (§ 62) hinaus keinen weiteren (!) Ermessensspielraum ohne nähere Umgrenzung zu gewähren; die Freiwillige Erziehungshilfe werde nach bisherigem Recht auf Grund des § 6 Abs 1 lit d der Reichsgrundsätze zur FürsorgepflichtVO gewährt; auf die hiernach zu bewilligende Hilfe bestehe ein Rechtsanspruch, wie das BVerwG (E 1, 159) ausgesprochen habe. **154**

Hervorzuheben ist noch, daß die Voraussetzungen „Gefährdung oder Schädigung der leiblichen, geistigen oder seelischen Entwicklung" sowie „wenn diese Maßnahme dh die Gewährung der Freiwilligen Erziehungshilfe zur Abwendung der Gefahr oder zur Beseitigung des Schadens geboten ist" keine Ermessensermächtigung enthalten, wie auch die Bundesregierung (aaO) verkannte, sondern **unbestimmte Rechtsbegriffe** (s zu deren Bedeutung Bem 29 zu § 1666).

Hat das Landesjugendamt die Gewährung der Freiwilligen Erziehungshilfe abgelehnt und wird diese Entscheidung angefochten, so kann, falls sich während des weiteren Verfahrens die Gefährdung der Entwicklung des Minderjährigen erhöht, die Anordnung der Fürsorgeerziehung in Betracht kommen (s auch Bem 258 und 389). **154a**

d) Die Freiwillige Erziehungshilfe kann auch durch einen vorläufigen Bescheid als **eilige Erziehungsmaßnahme** gewährt werden, zB wenn der Minderjährige eine strafbare Handlung begangen hatte oder an einem Ort aufgegriffen wurde, an dem ihm sittliche Gefährdung oder Verwahrlosung drohte (§ 1 JSchG). **155**

3. In diesem Zusammenhang ist noch auf die Frage einzugehen, ob die Eltern und (insbesondere) ein Vormund oder Pfleger zur Durchführung der Heimerziehung des Kindes im Wege der Freiwilligen Erziehungshilfe der **vormundschaftsgerichtlichen Genehmigung** bedarf. Diese Frage ist jedoch **zu verneinen.** **156**

Die Durchführung der Freiwilligen Erziehungshilfe stellt keine Freiheitsentziehung iSd Art 104 Abs 2 GG dar.

Das Recht und die Pflicht der Eltern, das Kind zu erziehen (§ 1631 Abs 1 BGB, Art 6 Abs 2 Satz 1 GG — s hierzu Vorbem 7ff vor § 1666), umfaßt die Befugnis, das Kind in einem Heim erziehen zu lassen, dh die Ausübung des Erziehungsrechts an eine Heimleitung (oder sonstige Erzieher) zu übertragen, sowie auch das Recht, ein geisteskrankes Kind in einer Anstalt unterzubringen (s dazu Bem 30 zu § 1631, auch Bem 116 zu § 1666).

Die Befugnis, einen Mündel bzw Pflegling zu erziehen, steht auch dem Vormund bzw Pfleger gegenüber dem minderjährigen Mündel bzw Pflegling zu, wenn auch Art 6 Abs 2 und 3 GG nicht auf Vormund und Pfleger anzuwenden sind (s dazu oben Vorbem 15, 27 vor § 1666).

In der Rechtsprechung und Literatur wird zwar zT die Auffassung vertreten, § 1800 Abs 2 BGB finde auch auf die Durchführung der Freiwilligen Erziehungshilfe Anwendung; Vormund und Pfleger bedürften der vormundschaftsgerichtlichen Genehmigung jedenfalls dann, wenn es sich um eine „geschlossene Anstalt" handle, die Erziehung des Mündels bzw Pfleglings in einem geschlossenen Heim stelle eine Unterbringung dar, die mit Freiheitsentziehung verbunden sei iSd § 1800 Abs 2*). Dieser Auffassung kann jedoch nicht beigetreten werden**).

157 Zur Klärung der Probleme, welche die durch das Familienrechtsänderungsgesetz vom 11. 8. 1961 (BGBl I, 1221) eingeführte Vorschrift des § 1800 Abs 2 BGB aufwirft, muß zunächst auf die Entscheidung des BVerfG vom 10. 2. 1960 (E 10, 302; auszugsweise wiedergegeben in FamRZ 1960, 186; NJW 1960, 811; MDR 1960, 469; DVBl 1960, 433; s auch oben Bem 30 zu § 1631) eingegangen werden, welche den Anstoß zu dieser Gesetzesänderung gegeben hatte. Das BVerfG hat in dem erwähnten Beschluß entschieden, daß eine richterliche Entscheidung nach Art 104 Abs 2 GG auch dann erforderlich sei, wenn ein Vormund in Ausübung des ihm zustehenden Aufenthaltsbestimmungsrechts (§ 1793 BGB) seinen volljährigen (geisteskranken) Mündel in einer geschlossenen Anstalt unterbringe. Es hat zur Bedeutung des Art 104 Abs 2 GG unter Berücksichtigung der Entstehungsgeschichte (s dazu Jahrbuch des öffentlichen Rechts, Neue Folge, Band 1, 1951, 745ff) dargelegt (E 10, 319), die Entscheidung über Freiheitsentziehungen (durch die öffentliche Gewalt) solle auch in allen Fällen mit fürsorgerischem Charakter dem Richter vorbehalten bleiben; aus der Entstehungsgeschichte sei aber kein sicherer Schluß darüber möglich, was man sich bei der Schaffung des Art 104 Abs 2 GG unter fürsorgerischem Charakter der Freiheitsentziehung vorgestellt habe (aaO, 320); der Schutz gegen Freiheitsentziehung zu fürsorgerischen Zwecken sei unabhängig davon, ob der Staat die Fürsorgemaßnahme unmittelbar durch staatliche Organe bewirke oder sie mit Mitteln des Privatrechts (zB durch den Vormund) herbeiführe; keine Rolle spiele für die hier (dh bezüglich der Unterbringung volljähriger geisteskranker Mündel) zu entscheidenden Fälle der Einwand, daß unerträgliche Abgrenzungsschwierigkeiten zwischen echten Erziehungsmaßnahmen und einer Freiheitsentziehung iSd Art 104 Abs 2 GG entstehen könnten, wenn auch Freiheitsentziehungen durch den Vormund richterlicher Genehmigungspflicht unterworfen würden; denn gegenüber dem volljährigen Mündel habe der Vormund im allgemeinen keine Erziehungsaufgaben (aaO, 327f).

158 Das BVerfG hat damit folgende Fragen offen gelassen, ob die Unterbringung minderjähriger Mündel durch den Vormund ebenfalls der vormundschaftsgerichtlichen Genehmigung bedarf, was unter fürsorgerischem Charakter der Freiheitsentziehung zu verstehen ist und ob die auf einer Maßnahme des Vormunds beruhende Erziehung des Mündels in einem Heim als Freiheitsentziehung zu beurteilen ist, gegebenenfalls unter welchen Voraussetzungen. Das BVerfG hat wohl einen gewissen Unterschied zwischen echten Erziehungsmaßnahmen und einer Unterbringung geisteskranker Mündel gemacht und auch unter den fürsorgerischen Maßnahmen die Unterbringung in Irren- und Trinkerheilanstalten hervorgehoben; jedoch kann — entgegen der Auffassung von van Randenborgh (ZblJugR 1963, 41f) — der Entscheidung des BVerfG nicht entnommen werden, daß es echte (typische) Erziehungsmaßnahmen nicht als Freiheitsentziehung ansieht, wenn der Mündel sich in einem „geschlossenen Heim" befindet; allerdings kann aus der Entscheidung auch nicht der Schluß gezogen werden, echte (typische) Erziehungsmaßnahmen (Heimerziehung) seien gegebenenfalls als Freiheitsentziehung zu beurteilen.

Aus der Begründung ist zwar zu ersehen (vor allem 314, wo von dem Mündel, insbesondere dem volljährigen Mündel die Rede ist), daß das BVerfG den volljährigen und den minderjährigen (geisteskranken) Mündel gleichbehandeln würde (s 324, 328), sowie daß es die Auffassung vertritt, die Gewalt des Vormunds über den Mündel (den volljährigen wie den minderjährigen) beruhe auf einem staatlichen Hoheitsakt. Dennoch können aber die erwähnten weiteren Fragen, was unter fürsorgerischem Charakter der Freiheitsentziehung zu verstehen ist und ob eine Heimerziehung des Minderjährigen, die der Vormund oder Pfleger veranlaßte, eventuell als Freiheitsentziehung zu beurteilen

---

*) OLG Hamm, FamRZ 1962, 397 = JMBlNRW 1962, 220 = ZblJugR 1962, 208 = RdJ 1964, 28; OLG Düsseldorf, JMBlNRW 1963, 42 = ZblJugR 1963, 54 = NJW 1963, 397 = FamRZ 1963, 312 (Leitsatz); OLG Celle NdsRpfl 1964, 15 = ZblJugR 1964, 59; LG Göttingen, FamRZ 1963, 530 = ZblJugR 1963, 238; Potrykus, ZblJugR 1962, 63; 1963, 188; Hampel, FamRZ 1963, 537; Brand-Hensel, 515, 622ff; Pikart-Henn, 216; Soergel-Siebert-Lange, Anhang nach § 1666, Bem 22; Krug, Bem 6 zu § 69; Jansen, FGG, Ergänzung 1962, Bem 2b; Keidel, Bem 14 je zu § 55a FGG; Gräber, Bem 7 zu § 63; wohl auch Groß, RdJ 1962, 39.

**) Ebenso AG Hamburg, FamRZ 1963, 312 (Leitsatz) = MDR 1962, 654 = RdJ 1962, 366; LG Detmold, ZblJugR 1963, 56; Arnold, FamRZ 1963, 484; van Randenborgh, ZblJugR 1963, 40, 67; Rauschert, RdJ 1961, 319; Palandt-Lauterbach, 23. Aufl 1964, Bem 3a zu § 1800 BGB, Bem 3b zu § 69 JWG; Erman-Hefermehl, Bem 2b, dd; Soergel-Siebert-Germer, Bem 9 je zu § 1800; Riedel, Bem 6; Jans-Happe, Bem 5C, D je zu § 69 JWG; Schnitzerling, RdJ 1962, 4; Schuler, RdJ 1962, 47; s auch Beitzke, 208, § 37, II, 1; sowie Schüler-Springorum, FamRZ 1961, 296; zuletzt Prahl, NJW 1964, 530.

ist, unter verfassungsrechtlichen Aspekten nur folgendermaßen entschieden werden:

Die Heimerziehung auf Veranlassung des Vormunds oder Pflegers ist keine Freiheitsentziehung zu fürsorgerischen Zwecken in dem Sinne, wie sie in Art 104 Abs 2 GG verstanden wurde; diese Vorschrift bezieht sich nicht auf die auf Grund des privatrechtlichen Erziehungsrechts veranlaßten erzieherischen Maßnahmen, sondern (neben der Entziehung der Freiheit des durch ein Strafgericht Verurteilten) auf die Unterbringung Geistes- und Gemütskranker, Trunksüchtiger, gegebenenfalls anderer an ansteckenden Krankheiten Leidender u dgl; ferner betrifft sie eventuell auch die Durchführung der Fürsorgeerziehung als staatlicher Ersatzerziehung*), die von einem staatlichen Organ, dem Vormundschafts- oder Jugendgericht, gegen den Willen der Sorgeberechtigten angeordnet und von einem staatlichen Organ, dem Landesjugendamt (in Bayern dem Jugendamt), unter Ausschaltung jeglicher erzieherischer Einflußnahme und Einwirkung seitens der Sorgeberechtigten durchgeführt wird. Indessen bestehen, wie schon aus den obigen Ausführungen deutlich geworden ist, wichtige Unterschiede zwischen der Freiwilligen Erziehungshilfe und der Fürsorgeerziehung. Weiterhin ist auf einen wesentlichen Unterschied zwischen der Heimerziehung im Wege der Freiwilligen Erziehungshilfe und der Unterbringung geisteskranker Mündel bzw Pfleglinge jeweils auf Veranlassung eines Vormunds bzw Pflegers hinzuweisen: die Befugnis des Vormunds bzw Pflegers, den Mündel bzw Pflegling in einem Heim erziehen zu lassen, beruht weniger auf dem Aufenthaltsbestimmungsrecht als auf dem **Erziehungsrecht**, das eben **nur gegenüber Minderjährigen** besteht; das Aufenthaltsbestimmungsrecht besteht auch gegenüber volljährigen Mündeln oder Pfleglingen, niemals aber ein Erziehungsrecht. Übt ein Vormund oder Pfleger das Erziehungsrecht aus, so handelt er als „Ersatzelternteil"; dagegen kann ihm das Aufenthaltsbestimmungsrecht auch über einen Volljährigen zustehen, während Eltern als solche kein Recht haben, den Aufenthalt ihres volljährigen Kindes zu bestimmen (zum Unterschied zwischen dem Aufenthaltsbestimmungsrecht und dem Erziehungsrecht s auch Bem 255 zu § 1666). Weiterhin ist zu beachten, daß der Minderjährige, soweit das Erziehungsrecht reicht, von vornherein keine Freiheit der Aufenthaltsbestimmung hat, die ihm iSd Art 104 Abs 2 GG entzogen werden könnte (ebenso Erman-Hefermehl, Bem 2b, dd zu § 1800 BGB; vgl ferner § 2 Abs 2 des Freiheitsentziehungsgesetzes, in dem gesagt ist, bei minderjährigen Personen sei der Wille des gesetzlichen Vertreters in persönlichen Angelegenheiten maßgebend; dementsprechende landesrechtliche Regelungen hat das BVerfG für gültig erachtet, s BVerfGE 10, 330 f). 159

Der hier dargelegten Auffassung steht § 71 Abs 1 JWG nicht entgegen; denn diese Vorschrift bezieht sich nur auf die Fürsorgeerziehung. Ebenso kann aus Art 5 Abs 1 der Europäischen Menschenrechtskonvention (Bundesgesetz vom 7. 8. 1952, BGBl II, 685 — s dazu Bem 184 zu § 1666 —) keine abweichende Schlußfolgerung hergeleitet werden: Diese Vorschrift, welcher der Rang einfachen Bundesrechts zukommt, besagt: „Jeder Mensch hat ein Recht auf Freiheit und Sicherheit. Die Freiheit darf einem Menschen nur in den folgenden Fällen und nur auf dem gesetzlich vorgeschriebenen Wege entzogen werden, . . . d) wenn es sich um eine rechtmäßige Haft eines Minderjährigen handelt, die zum Zwecke überwachter Erziehung angeordnet ist . . .". 160

Diese Vorschrift kann nach ihrem Wortlaut und Sinn offensichtlich nicht die von einem Vormund oder Pfleger veranlaßte Erziehung des Minderjährigen in einem Heim betreffen.

§ 1800 Abs 2 BGB ist eine Ausführungsvorschrift zu Art 104 Abs 2 GG; daher muß in ihr der Begriff der Freiheitsentziehung im gleichen Sinne verstanden werden wie in Art 104 Abs 2 GG als der übergeordneten Norm. 161

Hieraus folgt, daß § 1800 Abs 2 BGB, in dem der Begriff der Freiheitsentziehung nicht definiert ist, nicht weit, über den Rahmen des Art 104 Abs 2 GG hinaus, ausgelegt werden darf. § 1800 Abs 2 hat iV mit § 1897 BGB seine Hauptbedeutung für den volljährigen Mündel; die Vorschrift ist in § 1800 eingefügt, weil das BGB in §§ 1773 ff zuerst die Vormundschaft über Minderjährige regelt und dann in § 1897 bezüglich der Vormundschaft über Volljährige hierauf mit näherer Maßgabe verweist.

Somit können typische Erziehungsmaßnahmen, dh eine durch den Vormund oder Pfleger veranlaßte Heimerziehung des Minderjährigen, in keinem Fall als Freiheits-

---

*) Hierzu s auch Art 6 Abs 2 und 3 GG — zu diesen Vorschriften s oben Vorbem 7 ff vor § 1666 — und § 1 Abs 3 JWG.

Dazu, daß die Fürsorgeerziehung eine Freiheitsentziehung darstellen kann, s § 71 Abs 1 JWG; zu dieser Frage s ferner (bejahend) Kern in „Die Grundrechte", Band 2, 1954, 51 ff, insbesondere 85 ff.

Bemerkenswert ist noch, daß Art 122 Abs 2 der Weimarer Reichsverfassung besagte: „Fürsorgemaßregeln im Wege des Zwanges können nur auf Grund eines Gesetzes angeordnet werden." (Zu Art 122 Abs 1 s oben Bem 1.)

entziehung iSd § 1800 Abs 2 BGB betrachtet werden. Dieser Auslegung des § 1800 Abs 2 steht der Sinn und Zweck der Vorschrift nicht entgegen. Der Gesetzgeber wollte gerade die Klärung des Begriffs „Unterbringung, die mit Freiheitsentziehung verbunden ist" der Rechtsprechung überlassen (s dazu Göppinger, FamRZ 1961, 499, Fußn 14; Schwarzhaupt, FamRZ 1962, 50).

162 Im übrigen hätte die gegenteilige Auffassung schlechthin unerträgliche Konsequenzen, die das BVerfG offenbar ebenfalls empfunden hat, da es von „unerträglichen Abgrenzungsschwierigkeiten" gesprochen hat (vgl auch OLG Celle, NdsRpfl 1964, 15; sowie vor allem Prahl, NJW 1964, 531f).

Schon die bisherige Erörterung des Problems, was unter einer „Freiheitsentziehung zu Entziehungszwecken" — also einer an sich rechtmäßigen „Freiheitsentziehung" im Gegensatz zu den Fällen des § 239 StGB —, dh einer „geschlossenen Erziehungsanstalt" bzw einem „geschlossenen Erziehungsheim" zu verstehen ist, wie das „geschlossene Heim" von dem „halbgeschlossenen Heim" bzw dem „halboffenen Heim" abzugrenzen ist, und die bisher bekanntgewordene Rechtsprechung zu diesen Fragen hat gezeigt, daß es sich hier um nahezu unlösbare Probleme handelt. So bliebe der Rechtsprechung wohl keine andere Wahl, als für jedes Heim zu entscheiden, ob es ein geschlossenes Heim ist oder nicht, wobei mit widersprechenden Entscheidungen verschiedener Gerichte gerechnet werden müßte, außerdem mit der Möglichkeit, daß ein Heim seinen Charakter verändern kann, zB wenn eine „geschlossene Abteilung" neu errichtet oder beseitigt wird oder sonst die Heimordnung geändert wird. Die Folge wäre eine unerträgliche Verwirrung und Rechtsunsicherheit.

163 Es ist so gut wie unmöglich, eine befriedigende Definition der „geschlossenen Anstalt" zu finden; welche Schwierigkeiten dies bereitet, zeigt der (die Gerichte nicht bindende) Erlaß des Arbeits- und Sozialministers des Landes Nordrhein-Westfalen vom 16. 1. 1961 (wiedergegeben von Potrykus, ZblJugR 1962, 64f; OLG Hamm und OLG Düsseldorf, aaO), in dem folgendes gesagt ist:

„a) Die Heiminsassen werden auf einem bestimmt beschränkten Raum festgehalten; die Aufnahme eines Kontaktes mit Personen außerhalb dieses Raumes ist ausgeschlossen;

b) der Aufenthalt der Heiminsassen wird überwacht; Sicherungsmaßnahmen schließen die Bewegungsfreiheit außerhalb des begrenzten Raumes aus;

c) die Heiminsassen werden zum Besuch einer Schule oder einer Ausbildungsstelle außerhalb des Heimes nicht zugelassen, weil sie andernfalls sich selbst oder andere Jugendliche gefährden könnten.

Die Unterbringung in einer Heimabteilung, die die genannten Merkmale aufweist, steht der Unterbringung in einem geschlossenen Erziehungsheim gleich."

Dagegen ist in § 2 Abs 1 des Gesetzes über das gerichtliche Verfahren bei Freiheitsentziehungen vom 29. 6. 1956 (BGBl I, 599) folgende Definition des Begriffes „Freiheitsentziehung" enthalten:

Sie „ist die Unterbringung einer Person gegen ihren Willen oder im Zustande der Willenlosigkeit in einem Gefängnis, einem Haftraum, einem Arbeitshaus, einer abgeschlossenen Verwahranstalt, einer abgeschlossenen Anstalt der Fürsorge, einer abgeschlossenen Krankenanstalt oder einem abgeschlossenen Teil eines Krankenhauses."

Diese Legaldefinition, mit welcher der Gesetzgeber die Freiheitsentziehung bewußt von der Einschließung und Absperrung her erfaßt hat, hat Dürig (in Maunz-Dürig, Grundgesetz, Kommentar, Bem 6 zu Art 104) zutreffend mit dem Hinweis kritisiert, daß sie zu eng und daher sachlich unrichtig sei, da sie die Festhaltung eines Heiminsassen durch psychische Druckmittel nicht berücksichtige (s ferner Hamann, 2. Aufl 1961, Bem B 1a zu Art 104 GG).

So stellt sich auch die Frage, ob und unter welchen Voraussetzungen die „Unterbringung" eines Kleinkindes durch den Vormund in einem Heim als Freiheitsentziehung anzusehen wäre, wenn das Kind sich noch nicht genügend bewegen kann, eventuell, von welcher Altersstufe etwa (unter Berücksichtigung der Umstände des Einzelfalles) die „Unterbringung" eines Kindes in einem Erziehungsheim als Freiheitsentziehung anzusehen wäre.

164 Den Antrag auf Genehmigung der Unterbringung müßte der Vormund oder Pfleger stellen; indessen obliegt die Durchführung der Freiwilligen Erziehungshilfe dem Landesjugendamt (in Bayern und Hessen dem Jugendamt), der Vormund oder Pfleger ist also nicht in der Lage, die Art der Unterbringung des Minderjährigen mitzubestimmen; hieraus können Schwierigkeiten entstehen, wenn es auch zweckmäßig und geboten sein wird, daß die Unterbringung des Minderjährigen und ihre Art, insbesondere im Hinblick auf die Vorschriften der §§ 3 Abs 1 und 2, 71 Abs 2 mit dem Vormund oder Pfleger

besprochen wird. Bei Meinungsverschiedenheiten zwischen diesen und dem Landesjugendamt kann aber die Durchführung der Freiwilligen Erziehungshilfe scheitern.

Ferner würde sich die mit den eben dargelegten Problemen zusammenhängende weitere Frage erheben, ob die vormundschaftsgerichtliche Genehmigung vor oder nach dem Bescheid des Landesjugendamtes eingeholt werden sollte. Im ersteren Falle (s dazu Potrykus, ZblJugR 1962, 64) würde die Entscheidung des Landesjugendamtes verzögert, im zweiten Falle die Durchführung der Heimerziehung; übrigens dürfte auch nicht unbeachtet bleiben, daß dem über 14 Jahre alten Minderjährigen das Recht der Beschwerde zustünde (§§ 55a, 59 FGG), so daß durch Beschwerdeverfahren eine weitere Verzögerung eintreten würde. Steht noch nicht fest, ob der Minderjährige in einer geschlossenen Anstalt untergebracht werden soll, so dürfte jedoch eine Genehmigung nicht in Betracht kommen (so auch LG Köln, ZblJugR 1963, 57; OLG Celle, NdsRpfl 1964, 15, 16). Denn die Genehmigung darf nur erteilt werden, wenn sie erforderlich ist; so muß zB die Genehmigung versagt werden, wenn ein „halboffenes Heim" zur Unterbringung des Minderjährigen genügt und wenn ein solches Heim zur Verfügung steht (vgl BayObLGZ 1963, 209 = FamRZ 1963, 661 — bezüglich der Unterbringung Geisteskranker —; s auch BayObLGZ 1963, 177; zur Durchführung der Freiwilligen Erziehungshilfe und zu § 72 s unten Bem 508ff, 509a). Andererseits dürfte aber auch nicht die Gefahr außer acht gelassen werden, daß der Minderjährige, wenn er gegebenenfalls nicht alsbald in ein geschlossenes Heim oder eine geschlossene Abteilung verbracht werden kann, bis zur Entscheidung gemäß § 1800 Abs 2 BGB geflüchtet sein kann. 165

Treten durch dieses „Zwischenverfahren" bezüglich der vormundschaftsgerichtlichen Genehmigung, wie es fast unvermeidbar ist, Verzögerungen in der Durchführung der Heimerziehung ein, so kann dadurch aber die Gefährdung oder Schädigung der Entwicklung des Minderjährigen erhöht werden, sodaß gegebenenfalls vorläufige Fürsorgeerziehung angeordnet werden muß.

Weiterhin bedürfte nach der gegenteiligen Auffassung der Klärung, ob die Genehmigung zur Unterbringung in dem Heim befristet sein müßte oder in welchen Zeitabständen der Vormundschaftsrichter die Unterbringung überprüfen müßte, wobei darauf hinzuweisen ist, daß die Freiwillige Erziehungshilfe regelmäßig ohne Befristung gewährt wird (s Bem 139). Unklar wäre hierbei, wie der Vormundschaftsrichter nachprüfen soll, ob die Voraussetzungen für eine weitere Unterbringung des Minderjährigen in einem geschlossenen Heim noch oder nicht mehr vorliegen, ferner ob die Genehmigung nur für den konkreten Einzelfall (so OLG Hamm, aaO, LG Göttingen, aaO, OLG Celle, aaO) oder generell (so wohl OLG Düsseldorf, aaO) erteilt werden soll (s hierzu auch van Randenborgh, ZblJugR 1963, 72ff; Arnold, FamRZ 1963, 486), wobei aber darauf hinzuweisen ist, daß die Prüfung, ob eine bestimmte Anstalt als geschlossene zu beurteilen ist, nicht der Verwaltungsbehörde überlassen bleiben kann, sowie daß bei etwaigen Verlegungen des Minderjährigen in ein anderes Heim Schwierigkeiten entstünden, da sodann eine neue Genehmigung erforderlich werden könnte. 166

Im übrigen wäre die Durchführung der Freiwilligen Erziehungshilfe gegenüber Mündeln und Pfleglingen weitgehend in die Hand des Vormundschaftsrichters gelegt, was mit dem Sinn und Wesen der Freiwilligen Erziehungshilfe völlig unvereinbar wäre. 167

D. Fürsorgeerziehung

I. Vorbemerkungen.

1. Zum Verständnis der heutigen Situation und Bedeutung der Heimerziehung im allgemeinen und der Fürsorgeerziehung im besonderen, sowie auch zum Verständnis des Begriffs der Fürsorgeerziehung und des ihm anhaftenden Makels ist eine kurze Darstellung der **Geschichte der öffentlichen Erziehung***) vonnöten. 168

*) **Literatur** hierzu: Becker, Freiwilligkeit und Zwang in der öffentlichen Erziehung, ZblJugR 1953, 1; Dittmer, Zur Geschichte der Zwangs- und Fürsorgeerziehung; die Entwicklung der Gesetzgebung in Deutschland, unter besonderer Berücksichtigung Preußens, vom Mittelalter bis zum Jahre 1918 (Hamburger Diss 1960); Deutsch, Das Verhältnis von Freiwilliger Erziehungshilfe und Fürsorgeerziehung, RdJ 1955, 226, 239; Frese, Die Regelung der Fürsorgeerziehung (Zwangserziehung) nach den gegenwärtigen Reichs- und Landesgesetzen, ZBlFG 21, 81ff, 121ff, 241ff (1920/1921; abgeschlossen Sommer 1918); Habel, Wie schützt das BGB Minderjährige gegen Mißhandlungen ihrer Erzieher?, Recht 1902, 59; Hertz, Freiwillige Fürsorgeerziehung, ZblJugR XX, 137 (1928); v. Mann, 25 Jahre RJWG, Jugendwohl 1949, 66; Marcus, Die freiwillige öffentliche Erziehung (Hamburger Diss 1951; Sonderveröffentlichung des AFET, Nr 2, 1953); Schulz, Die Freiwillige Erziehungshilfe, Neue Schriftenreihe des AFET, Heft 6, 1953; dieselbe, Die Erziehungshilfe für Minderjährige unter besonderer Berück-

169 a) Die Fürsorgeerziehung als öffentliche Ersatzerziehung, die von einem Gericht angeordnet und auf öffentliche Kosten von staatlichen Organen oder in deren Auftrag unter Ausschaltung erzieherischer Einflüsse und Einwirkungen seitens der Sorgeberechtigten durchgeführt wird, wurde zuerst unter kriminalpolitischen Gesichtspunkten als Ersatz einer Strafe eingeführt:

§ 56 RStGB vom 15. 5. 1871 (RGBl 127) bestimmte:

„Ein Angeschuldigter, welcher zu einer Zeit, als er das 12., aber nicht das 18. Lebensjahr vollendet hatte, eine strafbare Handlung begangen hat, ist freizusprechen, wenn er bei Begehung derselben die zur Erkenntnis ihrer Strafbarkeit erforderliche Einsicht nicht besaß.

In dem Urteil ist zu bestimmen, ob der Angeschuldigte seiner Familie überwiesen oder in eine Erziehungs- oder Besserungsanstalt gebracht werden soll. In der Anstalt ist er so lange zu behalten, als die der Anstalt vorgesetzte Verwaltungsbehörde solches für erforderlich erachtet, jedoch nicht über das vollendete 20. Lebensjahr."

Der Begriff Fürsorgeerziehung war damals noch nicht gebräuchlich; vielmehr sprach man von staatlicher Zwangserziehung.

Die Novelle zum RStGB vom 26. 2. 1876 (RGBl 25) ergänzte § 55 (Abs 1), der folgendermaßen lautete:

„Wer bei Begehung der Handlung das 12. Lebensjahr nicht vollendet hat, kann wegen derselben nicht strafrechtlich verfolgt werden."

durch einen Absatz 2:

„Gegen denselben können jedoch nach Maßgabe der landesrechtlichen Vorschriften die zur Besserung und Beaufsichtigung geeigneten Maßregeln getroffen werden. Insbesondere kann die Unterbringung in eine Erziehungs- oder Besserungsanstalt erfolgen, nachdem durch Beschluß der Vormundschaftsbehörde die Begehung der Handlung festgestellt und die Unterbringung für zulässig erklärt ist."

170 Durch Art 34 EGBGB wurde § 55 RStGB geändert: Der letzte Satz (jetzt Satz 3 der in einem Absatz zusammengefaßten Vorschrift des § 55) lautete nun:

„Die Unterbringung in eine Familie, Erziehungsanstalt oder Besserungsanstalt kann nur erfolgen, nachdem durch Beschluß des Vormundschaftsgerichts die Begehung der Handlung festgestellt und die Unterbringung für zulässig erklärt ist."

Diese Bestimmung wurde also mit § 1666 Abs 1 BGB in Einklang gebracht.

171 In den durch die Novelle von 1876 zum RStGB eingeführten Zusätzen des § 55 war noch die kriminalpolitische Betrachtungsweise zum Ausdruck gekommen; indessen hatte sie landesrechtliche Regelungen ermöglicht, die einer sozialpolitischen Betrachtungsweise zum Durchbruch verhalfen. Zwar hatte das preußische Gesetz vom 13. 3. 1878 (mit Änderungen vom 27. 3. 1881 und 23. 6. 1884) nur Minderjährige betroffen, die zwischen dem 6. und 12. Lebensjahre eine strafbare Handlung begangen hatten. Jedoch griffen dann die Gesetze von Baden (4. 5. 1886), Hamburg (6. 4. 1887), Hessen (11. 6. 1887) und Elsaß-Lothringen (19. 6. 1890) in ihren Regelungen über die Möglichkeit von Anordnungen staatlicher Ersatzerziehungsfürsorge über den Kreis der minderjährigen Kriminellen hinaus (s Friedeberg-Polligkeit, RJWG, 1. Aufl, 231; 2. Aufl, 437).

172 b) Eine für die weitere Geschichte der staatlichen Ersatzerziehung besonders wichtige Neuerung brachte **Art 135 EGBGB**, der folgenden Wortlaut hatte:

„Unberührt bleiben die landesrechtlichen Vorschriften über die Zwangserziehung Minderjähriger. Die Zwangserziehung ist jedoch, unbeschadet der Vorschriften der §§ 55, 56 des Strafgesetzbuchs, nur zulässig, wenn sie von dem Vormundschaftsgericht angeordnet wird. Die Anordnung kann außer den Fällen der §§ 1666, 1838 des Bürgerlichen Gesetzbuchs nur erfolgen, wenn die Zwangserziehung zur Verhütung des völligen sittlichen Verderbens notwendig ist.

Die Landesgesetze können die Entscheidung darüber, ob der Minderjährige, dessen Zwangserziehung angeordnet ist, in einer Familie oder in einer Erziehungs- oder Besserungsanstalt unterzubringen sei, einer Verwaltungsbehörde übertragen, wenn die Unterbringung auf öffentliche Kosten zu erfolgen hat."

---

sichtigung der Freiwilligen Erziehungshilfe, Neue Schriftenreihe des AFET, Heft 9, 1954; Wagner, Die Erweiterung der Fürsorgeerziehung zur öffentlichen Erziehungshilfe (Freiburger Diss, Sonderveröffentlichung des AFET, Nr 1, 1952); Wegner, Über altes und neues Jugendrecht, ZblJugR 1950, 2; Winter, Die Zwangserziehung insbesondere mit Rücksicht auf die §§ 1666 und 1838 BGB und das preußische Recht, ZBlFG 1, 33 (1900).

Zwangserziehung im Sinne dieses Artikels war nicht jegliche zwangsweise Erziehung des Kindes, soweit ein Zwang gegen das Kind ausgeübt wurde, sondern diejenige Erziehung eines Minderjährigen, die im Widerspruch mit dem Willen des an sich Erziehungsberechtigten erfolgte (s Staudinger-Gramm, 10. Aufl 1939, Bem 2 zu Art 135).

Somit erklärte das Reichsrecht die Zwangserziehung in den Fällen der §§ 55, 56 RStGB und der §§ 1666 (mit 1686), 1838 BGB für zulässig, ferner ermächtigte Art 135 EGBGB die Landesgesetzgebung, weitere Regelungen über die Zwangserziehung Minderjähriger zu erlassen, aber mit der Maßgabe, daß sie nur getroffen werden durften mit der Voraussetzung, daß die Zwangserziehung zur **Verhütung völligen sittlichen Verderbens,** dh der Verwahrlosung, erforderlich war.

173 In der Folgezeit erließen sämtliche deutschen Länder auf Grund des Art 135 EGBGB Vorschriften über die Zwangserziehung Minderjähriger (s hierzu im einzelnen Staudinger-Gramm, aaO, Bem 9, sowie Friedeberg-Polligkeit, 232f, 2. Aufl, 438f); der Ausdruck „Fürsorgeerziehung" wurde zuerst in dem preußischen Gesetz vom 2. 7. 1900 verwendet (s. Frese, ZBlJG 21, 82). Indessen wichen diese landesrechtlichen Regelungen erheblich voneinander ab, insbesondere bezüglich der verschiedenen Altersgrenzen für die Anordnung der staatlichen Ersatzerziehung; hieraus erwuchsen der Praxis beträchtliche Schwierigkeiten, wenn der Minderjährige von einem Land in ein anderes übersiedelte (s dazu Friedeberg-Polligkeit, aaO).

174 c) Nachdem das Reich durch Art 7 Nr 7 der Weimarer Reichsverfassung die (konkurrierende) Gesetzgebung über die Kinder- und Jugendfürsorge erlangt hatte, konnte dem immer dringender gewordenen Wunsche nach einer einheitlichen Regelung über die Anordnung der Fürsorgeerziehung zur Beseitigung der erwähnten Unzuträglichkeiten Rechnung getragen werden (s Friedeberg-Polligkeit, aaO), und zwar durch das **„Reichsgesetz für Jugendwohlfahrt" vom 9. 7. 1922** (RGBl I, 633; zur Entstehungsgeschichte s oben Bem 1 sowie zur Geschichte des RJWG bis 1953: Potrykus, RdJ 1958, 7).

Hervorzuheben sind im vorliegenden Zusammenhange folgende Vorschriften:

„**§ 62.**

Die Fürsorgeerziehung dient der Verhütung oder Beseitigung der Verwahrlosung und wird in einer geeigneten Familie oder Erziehungsanstalt unter öffentlicher Aufsicht und auf öffentliche Kosten durchgeführt.

§ 63.

Ein Minderjähriger, der das 18. Lebensjahr noch nicht vollendet hat, ist durch Beschluß des Vormundschaftsgerichts der Fürsorgeerziehung zu überweisen,

1. wenn die Voraussetzungen des § 1666 oder des § 1838 des Bürgerlichen Gesetzbuches vorliegen und die Entfernung des Minderjährigen aus seiner bisherigen Umgebung zur Verhütung der Verwahrlosung erforderlich ist, eine nach dem Ermessen des Vormundschaftsgerichts geeignete Unterbringung aber anderweit nicht erfolgen kann,
2. wenn die Fürsorgeerziehung zur Beseitigung der Verwahrlosung wegen Unzulänglichkeit der Erziehung erforderlich ist.

Für den Fall, daß Aussicht auf Erfolg der Fürsorgeerziehung besteht, kann diese auch noch angeordnet werden, wenn der Minderjährige das 18., aber noch nicht das 20. Lebensjahr vollendet hat.

Maßgebend für die Altersgrenze ist der Zeitpunkt, in dem der Antrag bei Gericht eingeht oder das Verfahren gemäß § 65 oder § 67 eingeleitet wird; dieser Zeitpunkt ist aktenkundig zu machen."

Durch **§ 64** wurde Art 135 EGBGB aufgehoben; **Art 4 des EGJWG** hob die auf Grund des Art 135 EGBGB ergangenen Ländergesetze auf. Die **§§ 65, 66** regelten das Verfahren, **§ 67** die vorläufige Fürsorgeerziehung; **§ 68** brachte eine ergänzende Regelung von Fragen der Zuständigkeit; die **§§ 69—71** enthielten Vorschriften über die Ausführung bzw Durchführung der Fürsorgeerziehung, wobei der Landesgesetzgebung die Regelung einiger einzelner Fragen übertragen wurde.

§ 72 schrieb vor:

„Die Fürsorgeerziehung endigt mit dem Eintritt der Volljährigkeit.

Die Fürsorgeerziehung ist früher aufzuheben, wenn ihr Zweck erreicht oder anderweit sichergestellt ist, und zwar von Amts wegen oder auf Antrag. . . . Die Aufhebung

kann auch unter Vorbehalt des Widerrufs erfolgen, dessen Ausübung landesgesetzlich zu regeln ist.
. . . . ."

175 Durch die **Verordnung des Reichspräsidenten vom 4. 11. 1932** (RGBl I, 522)*) wurde **§ 63** in folgender Weise geändert: In Abs 1 Nr 1 wurde Satz 2 eingefügt: „Zur Verhütung lediglich körperlicher Verwahrlosung ist die Überweisung nicht zulässig." Als Abs 2 wurde die Vorschrift eingefügt: „Die Fürsorgeerziehung darf nicht angeordnet werden, wenn sie offenbar keine Aussicht auf Erfolg bietet." Der bisherige Abs 2 wurde Abs 3, in ihm wurde die Zahl „20" in „19" geändert, dh die Zulässigkeit der Anordnung der Fürsorgeerziehung wurde auf die Vollendung des 19. Lebensjahres beschränkt. **§ 72 Abs 1** wurde dahingehend geändert, daß die Fürsorgeerziehung mit der Vollendung des 19. Lebensjahres endigt. Im Zusammenhang mit dieser Änderung wurde **§ 72a** eingeführt, dessen Abs 1 Satz 1 folgendermaßen lautete:

„Auf Antrag der Fürsorgeerziehungsbehörde kann beim Vorliegen besonderer Verhältnisse die Fortführung der Fürsorgeerziehung vom Vormundschaftsgericht über das vollendete 19. Lebensjahr, jedoch nicht über den Zeitpunkt des Eintritts der Volljährigkeit des Minderjährigen hinaus angeordnet werden, wenn die Fortführung zur Erreichung des Zweckes der Fürsorgeerziehung erforderlich ist."

176 Durch die Verordnung vom 28. 11. 1932, RGBl I, 531, wurden dem § 72a die Absätze 2—4 angefügt.

177 Bezüglich der Gesetzgebung der Länder s die Zusammenstellung bei Staudinger-Gramm, 10. Aufl 1939, Bem 30 zu Art 135 EGBGB, sowie auch die Angaben oben vor Bem 1 über das Landesrecht.

178 d) Durch § 47 des Jugendgerichtsgesetzes vom 16. 2. 1923 (RGBl I, 135) wurden die §§ 55—57 RStGB aufgehoben; § 2 JGG erhöhte die Strafmündigkeit von 12 auf 14 Jahre. Als Erziehungsmaßregeln sah das JGG in § 7 Abs 1 die Schutzaufsicht (Nr 5) und die Fürsorgeerziehung (Nr 6) vor; § 7 Abs 3 Satz 1 besagte, daß die Voraussetzungen, die Ausführung und die Aufhebung sowie das Erlöschen der Schutzaufsicht und der Fürsorgeerziehung sich nach dem RJWG bestimmen.

179 2. a) Die ersten Ansätze der **freiwilligen öffentlichen Erziehung****), dh der heutigen Freiwilligen Erziehungshilfe, finden sich in Regelungen der Länder Braunschweig, Hamburg, Sachsen und Bremen (s hierzu und zum Folgenden Marcus, 11ff). In Braunschweig wurde auf Grund eines Gesetzes vom 29. 12. 1870 die Möglichkeit geschaffen, daß Minderjährige in einer staatlichen Erziehungsanstalt (Wilhelmstift zu Bevern) auch auf Antrag ihres Vaters aufgenommen wurden. Später bestimmte das Hamburger Gesetz über die Zwangserziehung verwahrloster jugendlicher Personen vom 6. 4. 1887, daß die Verwaltungsbehörde die Unterbringung dieser Personen auch im Einverständnis mit den Eltern oder in Ermangelung derselben den Großeltern oder den Vormündern anordnen könne. An seine Stelle trat nach der Jahrhundertwende das Gesetz vom 11. 9. 1907, das durch Gesetz vom 9. 2. 1910 geändert wurde (s hierzu auch Blumenthal, ZblJugR XXI, 163ff). Sachsen traf in dem Gesetz über die Fürsorgeerziehung vom 1. 2. 1909 eine Regelung, daß bei der Einweisung Minderjähriger durch das Vormundschaftsgericht in eine Erziehungs- oder Besserungsanstalt gemäß § 1631 Abs 2 BGB verschiedene Ausführungsbestimmungen über die Fürsorgeerziehung entsprechend anzuwenden seien. Bremen führte eine Art freiwillige öffentliche Erziehung durch das Gesetz betreffend das Jugendamt vom 21. 12. 1912 ein.

180 Der Entwurf des späteren Reichsjugendwohlfahrtsgesetzes (Regierungsvorlage vom 15. 3. 1921, RT-Drucks Nr 1666) sah zwar in § 66 die Bestimmung vor, landesrechtlich könne vorgeschrieben werden, daß die Fürsorgeerziehung auch in anderen Fällen und ohne gerichtliche Anordnung mit Einwilligung desjenigen, dem die Sorge für die Person des Minderjährigen zustehe, zur Verhütung der Verwahrlosung angeordnet werden könne. Der Reichstagsausschuß strich jedoch diese Vorschrift, da er davon ausging, daß besonders nach Aufhebung des Art 135 EGBGB keine Bedenken gegen die landesrechtliche Einführung der freiwilligen öffentlichen Erziehung bestünden (s hierzu Marcus, aaO 15; Blumenthal, ZblJugR XXI, 167; Hartmann, daselbst, 4).

---

*) Zu dieser s Blumenthal, ZblJugR XXIII, 305; Webler, daselbst XXIV, 1; Klumker, XXIV, 309; Storck, XXV, 1; Webler, JW 1933, 2040; Blumenthal bei Friedeberg-Polligkeit, 2. Aufl, Nachtrag.

**) Hierzu s die Literaturangaben bei Bem 168.

Nach Erlaß des RJWG führte Lübeck in dem Ausführungsgesetz zum RJWG vom 28. 11. 1923 die freiwillige öffentliche Erziehung nach dem Vorbild Hamburgs ein. In Lübeck wurde hierzu ferner das Gesetz über öffentliche Wohlfahrtspflege vom 22. 3. 1929 erlassen. Die Länder Hamburg (Ausführungsgesetz zum RJWG vom 2. 1. 1924), Sachsen (Sächsisches Wohlfahrtsgesetz vom 28. 3. 1925) und Bremen (Ausführungsgesetz zum RJWG vom 22. 10. 1925) trafen neue Regelungen, welche die seitherigen weiter entwickelten. **181**

Im Jahre 1927 wurde die „freiwillige Erziehungshilfe" in der Preußischen Rheinprovinz eingeführt, hierzu wurden im Jahre 1935 neue Richtlinien erlassen (s den Bericht in ZblJugR XXVIII, 15 [1936]). Eine sehr eingehende und beachtenswerte Regelung wurde in Baden im Jahre 1934 getroffen, die unter dem Begriff der „öffentlichen Erziehung" die Durchführung jeder Art von Ersatzerziehung zusammenfaßte (s hierzu Kersten, ZblJugR XXVI 153, 221; Webler, das 218 (1934); Kersten, ZblJugR XXVIII, 346 [1937]; s auch Bem 121). **182**

In einem Runderlaß vom 25. 8. 1943 gab der Reichsminister des Innern*) (s Riedel, Jugendwohlfahrtsrecht, 4. Aufl 1960, 121; Potrykus, RJWG, 372; Gräber, Bem 1 und 6 zu § 62 JWG) Richtlinien über die Erziehungsfürsorge, dh die Heimerziehung Minderjähriger im Einvernehmen mit den Erziehungsberechtigten. Zu beachten ist jedoch, daß es sich nur um einen Erlaß an die Fürsorgeverbände und die Jugendämter, durch den das RJWG nicht geändert werden und der auch die Gerichte nicht binden konnte, und nur um allgemeine Richtlinien handelte (s hierzu Marcus, 57 f; Potrykus, ZblJugR 1952, 235; NJW 1953, 1293; Jans-Happe, 384, Vorbem 2, A vor § 62). Diese Richtlinien wichen übrigens von der jetzigen Regelung der „Freiwilligen Erziehungshilfe" des JWG erheblich ab; bemerkenswert ist dabei ua der in dem Runderlaß enthaltene Hinweis, die Jugendämter sollten, bevor sie Anträge auf Anordnung der Fürsorgeerziehung nach § 63 Abs 1 Nr 1 RJWG stellten, besonders sorgfältig prüfen, ob das Ziel nicht im Zusammenwirken mit den Eltern, dem gesetzlichen Vertreter oder sonstigen Familienangehörigen, gegebenenfalls mit Hilfe des § 1666 BGB (!), durch Maßnahmen der Erziehungsfürsorge erreicht werden könne. **183**

Unter dem Einfluß dieses Erlasses kam es nach dem Zusammenbruch des nationalsozialistischen Regimes in den meisten Ländern zu neuen Regelungen (s hierzu Marcus, 39 ff, sowie die Zusammenstellung der Ländergesetze bei Riedel, Jugendwohlfahrtsrecht, 4. Aufl 1960; Potrykus, RJWG, Kommentar, 1953), wenn es auch zweifelhaft sein mußte, ob der Erlaß im Hinblick auf die veränderten staatsrechtlichen Verhältnisse noch Geltung hatte und die Länder, Gemeinden und Jugendämter durch ihn noch gebunden waren (offenbar bejahend Begründung des Regierungsentwurfs, BT-Drucks Nr 2226, 27; zweifelnd Potrykus, ZblJugR 1952, 235). Bemerkenswert ist immerhin, daß die Verwaltungsbehörden den Runderlaß aus finanziellen Gründen zT nicht befolgten (s Potrykus, aaO; auch LG Göttingen, MDR 1952, 617; ZblJugR 1952, 86). Hervorzuheben ist ferner, daß die Länderregelungen uneinheitlich waren; in Nordwürttemberg und in Südwürttemberg-Hohenzollern bestand keine landesrechtliche Regelung, vielmehr wurde die freiwillige Erziehungshilfe nur auf örtlicher Basis durchgeführt, auch ohne Beteiligung des Landes an den Kosten (s Erhardt, BldWPfl 1962, 46). In Schleswig-Holstein wurde die (durch das Ausführungsgesetz zum RJWG vom 10. 7. 1957 eingeführte) freiwillige Erziehungshilfe in Heimen vollzogen, die von den Heimen der Fürsorgeerziehung getrennt waren (s Roestel, Unsere Jugend 1962, 515; s zu dieser Frage ferner v. Mann, Unsere Jugend 1961, 80)**). **184**

b) Das JWG vom 11. 8. 1961 brachte nun erstmals eine einheitliche Regelung, wenn es auch Einzelfragen der Durchführung der Freiwilligen Erziehungshilfe der Ländergesetzgebung überließ (s §§ 74, 89 JWG). Unrichtig ist aber, wie sich aus den obigen Ausführungen ergibt, **185**

---

*) Dieser Runderlaß wurde durch die Allgemeine Verfügung (AV) des Reichsjustizministers vom 21. 10. 1943 (DJ Seite 503) den Justizbehörden mitgeteilt, er sprach übrigens von „erbgesunden" Minderjährigen und hob die Zusammenarbeit zwischen den Jugendämtern und den Dienststellen der NSV sowie die Möglichkeit der Unterbringung Minderjähriger in den „Jugendheimstätten" der NSV hervor.

**) Zur Durchführung der Freiwilligen Erziehungshilfe s auch Carspecken, RdJ 1957, 167, 337; 1958, 33.

die in der Begründung des Regierungsentwurfs (BT-Drucks Nr 2226, 27) niedergelegte Auffassung, das JWG habe den Runderlaß vom 25. 8. 1943 abgelöst, da dieser keine reichseinheitliche Regelung der freiwilligen Erziehungsfürsorge darstellte; vielmehr löste die Regelung des JWG über die Gewährung der Freiwilligen Erziehungshilfe die landesrechtlichen Vorschriften ab.

186 3. Das JWG vom 11. 8. 1961 hat — was bedauert werden muß — den diskriminierenden **Begriff „Fürsorgeerziehung"** beibehalten, wobei zu beachten ist, daß diese Diskriminierung nun durch die ausdrückliche Vorschrift des § 64 Satz 2 noch erhöht wurde.

Für die Beseitigung des Begriffs „Fürsorgeerziehung" hatten sich schon in der Vergangenheit gewichtige Stimmen ausgesprochen, neuerdings sind im Rahmen der Reformbestrebungen beachtliche Einwendungen gegen die Beibehaltung dieses Begriffs geltend gemacht worden.

Theodor Kipp hatte den Ausdruck mit dem zutreffenden Argument kritisiert, daß er unbezeichnend sei, denn jede Erziehung sei Fürsorge für den Minderjährigen (s Lehrbuch des Bürgerlichen Rechts [2. Band, 2. Abt], Familienrecht, 6. Bearbeitung, 1928, 579, [4. Band] 7. Bearbeitung, 1931, 596). Wilhelm Polligkeit hatte sich bei der Tagung des Allgemeinen Fürsorgeerziehungstages eV (AFET) im Jahre 1928 gegen den Begriff „Fürsorgeerziehung" gewandt und vorgeschlagen, ihn durch den Ausdruck „öffentliche Erziehung" zu ersetzen (s Gertraude Schulz, aaO, 10/11 mit Nachweisen). Die Fachkommission des AFET hatte im Jahre 1933 ebenfalls empfohlen, den erwähnten Ausdruck zu beseitigen; diese Kommission hatte in Verbindung mit der Reichsgemeinschaft der freien Wohlfahrtspflege Deutschlands Ende 1933 vorgeschlagen, diesen Begriff durch den Ausdruck „öffentliche Erziehung" zu ersetzen. Die Reichsgemeinschaft hatte dann einen Gesetzesentwurf ausgearbeitet und in der Begründung darauf hingewiesen, der Ausdruck „Fürsorgeerziehung" sei mit einem Makel behaftet (s ferner zB Kersten, ZblJugR XXVI, 222 [1934], und XXVIII, 350 [1937], sowie Hertz, ZblJugR XX, 138 [1928]). In der Nachkriegszeit wurde da und dort zum Ausdruck gebracht, die Fürsorgeerziehung werde als Makel für Kind und Eltern, häufig auch als eine Art Strafe empfunden; die gesetzliche Regelung trage den neueren psychologischen und pädagogischen Erkenntnissen und Erfahrungen nicht mehr Rechnung (s zB die Tagung des AFET 1953: Die öffentliche Ersatzerziehung, Neue Schriftenreihe des AFET, Heft 7, 1953, insbesondere 22, 25, 58). Während der Vorbereitungen zur Reform des RJWG wies die Fachkommission des AFET wiederholt darauf hin, der Begriff „Fürsorgeerziehung" sollte beseitigt werden (s vor allem Mitglieder-Rundbrief vom Januar 1961, Nr 1). Ebenso wurde bei der Tagung des Fachausschusses des Deutschen Vereins für öffentliche und private Fürsorge am 27. und 28. 1. 1961 von einzelnen Stimmen die Beseitigung des Ausdrucks „Fürsorgeerziehung" gefordert. Weiterhin empfahl der Vorstand der Arbeitsgemeinschaft für Jugendpflege und Jugendfürsorge in einer Sitzung vom 31. 1. 1961 nach Vorarbeit einer Kommission die Aufhebung des Begriffs; Gustav v. Mann sprach im Jahre 1961 von dem „Odium der Fürsorgeerziehung" (Unsere Jugend 1961, 80).

187 Durch die neue Sozialhilfegesetzgebung (s das BSHG vom 30. 6. 1961, BGBl I, 815) ist der Ausdruck „Fürsorge" durch den Begriff „Sozialhilfe" ersetzt worden, da er in gewissem Sinne als etwas abgewertet hatte betrachtet werden müssen (s dazu Göppinger, Die Justiz 1962, 247). Im Hinblick hierauf ist es inkonsequent, daß der Begriff „Fürsorgeerziehung" in der Neufassung des JWG beibehalten wurde. Andererseits hat der Gesetzgeber den ebenso mit einem Makel behafteten Begriff „Anstaltserziehung" in § 69 Abs 1 aF durch den farblosen Ausdruck „Heim" (s §§ 69 Abs 3, 71 Abs 2, 3, 72) ersetzt; ferner wurde der Ausdruck „Fürsorgezögling" (§ 70 Abs 4 aF) beseitigt, statt dessen wurde der neutrale Begriff „Minderjähriger" verwendet (s auch unten Bem 459). Daß der Ausdruck „Fürsorgeerziehung" beibehalten wurde, ist um so weniger verständlich, als in der Begründung des Regierungsentwurfs (BT-Drucks Nr 2226, 27) gesagt wurde, als Voraussetzung der Freiwilligen Erziehungshilfe sei eine Formulierung gewählt worden, die nicht als diskriminierend empfunden werde, womit nach dem Zusammenhang die Fürsorgeerziehung gemeint war. Wie sehr die Forderung berechtigt ist, den Begriff „Fürsorgeerziehung" zu beseitigen, zeigen zB auch die Ausführungen des OLG Neustadt (MDR 1960, 505), in der breiten deutschen Öffentlichkeit bestehe weithin die Überzeugung, einem Menschen, der sich einmal in Fürsorgeerziehung befunden habe, hafte ein sittlicher Makel an (s ferner auch OLG Stuttgart, ZblJugR 1961, 90; v. Mann, aaO); es lasse sich nicht leugnen, daß die Fürsorgeerziehung nach der Lebenserfahrung geeignet sei, dem jungen Menschen später zum Hemmschuh in seiner persönlichen Entwicklung und seinem beruflichen Fortkommen zu werden.

188 Zwar ist richtig, daß nicht dadurch allein Abhilfe geschaffen werden kann, daß an die Stelle eines abgewerteten Begriffs ein neuer Ausdruck gesetzt wird, da mit der Möglichkeit gerechnet

werden muß, daß der neue Begriff zumindest nach einiger Zeit eine ähnlich abgewertete Bedeutung erlangen wird. Vielmehr muß das Bestreben sein, eine **Gesamtreform der Heimerziehung** durchzuführen in der Weise, daß die Institution der Fürsorgeerziehung als solche beseitigt wird und nur noch eine Heimerziehung vorhanden ist, die nach den pädagogischen Bedürfnissen und Erfordernissen des Einzelfalles abgestuft ist; eine solche Forderung nach einer Differenzierung der Heime ist in § 72 JWG übrigens schon enthalten. Wie in Bem 5 zu § 1666 dargelegt, ist auch § 1666 Abs 1 sehr reformbedürftig (was bei der Reform des VI. Abschnitts des JWG unberücksichtigt geblieben ist); es muß als durchaus möglich und vor allem notwendig erachtet werden, die Unterschiede der Voraussetzungen der Heimerziehung gemäß § 1666 Abs 1 BGB und § 64 JWG weitgehend zu beseitigen und die Voraussetzungen für eine Erziehung des Kindes außerhalb der eigenen Familie, dh der seitherigen Umgebung, in einer Vorschrift zu regeln, deren Erfordernisse an die Voraussetzungen des Art 6 Abs 3 GG mit anderer Formulierung gebunden sind (s hierzu zB auch den Vorschlag des AFET, Mitglieder-Rundbrief vom Mai 1959, 11; s noch ZblJugR 1962, 142, Fußn 13). Dadurch würden die Schwierigkeiten, die jetzt bezüglich der Abgrenzung zwischen den Maßnahmen nach § 1666 Abs 1 BGB und der Fürsorgeerziehung bestehen (s dazu Bem 262 f), sowie auch die Streitfragen beseitigt, die zB hinsichtlich der Möglichkeit und Zulässigkeit einer Pflegerbestellung gemäß §§ 1666 Abs 1 Satz 1, 1909 zum Zwecke der Unterbringung des Kindes in Freiwilliger Erziehungshilfe bestehen (s dazu Bem 267 zu § 1666, sowie Bem 140).

Notwendig ist aber auch eine klare einheitliche Regelung über die Tragung der Kosten der **189**
Heimerziehung. In der Praxis kommt es nicht ganz selten vor, daß Jugendämter aus dem Grunde Fürsorgeerziehung statt einer Maßnahme nach § 1666 Abs 1 beantragen, weil bei Durchführung der Fürsorgeerziehung die diesbezüglichen Kosten nicht dem betreffenden Kreis oder der Stadt zur Last fallen, sondern dem überörtlichen Träger der Sozialhilfe.

4. Der Begriff „**Verwahrlosung**"*) wurde, wie schon im Gesetzesentwurf (BT-Drucks **190**
Nr 2226, 3. Wahlperiode), beibehalten, weil er in Art 6 Abs 3 GG enthalten ist (s zur Entstehungsgeschichte des Art 6 Abs 3 GG Vorbem 33).

Während der Vorarbeiten zur Reform des RJWG wurde seitens des AFET und seiner Fachkommission (s insbesondere Mitglieder-Rundbrief vom Januar 1961, sowie Carspecken, Probleme, 11 f), des Fachausschusses des Deutschen Vereins für öffentliche und private Fürsorge (s NDV 1961, Heft 3, 115) und der Arbeitsgemeinschaft für Jugendpflege und Jugendfürsorge — AGJJ — (in einem Schreiben vom 20. 2. 1961 an den Vorsitzenden des BT-Ausschusses für Familien- und Jugendfragen) gefordert, den Begriff „Verwahrlosung" zu beseitigen, da er für den Minderjährigen wie für dessen Erziehungsberechtigten diffamierend wirke.

Die Bundesregierung hatte ursprünglich die (nicht zutreffende) Auffassung vertreten, die Formulierung des Art 6 Abs 3 gebiete die Verwendung des Begriffs „Verwahrlosung" bei der Regelung der Fürsorgeerziehung (s BT-Drucks Nr 2226, 28); andererseits wurde in der Begründung des Gesetzesentwurfs (aaO 27, rechte Spalte unten) indirekt eingeräumt, daß die Voraussetzung der Fürsorgeerziehung, die Verwahrlosung bzw Verwahrlosungsgefahr, diskriminierend wirke.

Der BT-Ausschuß (s BT-Drucks Nr 2854, Beilage, 4) und das Plenum des Bundestages (s Prot 9526) traten der Ansicht bei, die Fassung des Art 6 Abs 3 GG erfordere die Beibehaltung des Begriffs „Verwahrlosung". In der Zwischenzeit hatte aber die Bundesregierung (bzw das Bundesjustizministerium) diese Meinung aufgegeben (s BT-Prot 9525).

Allerdings bereitete es offenbar auch Schwierigkeiten, eine befriedigende synonyme Formulierung zu finden; indessen hätte es möglich sein müssen, diese Schwierigkeit zu überbrücken.

Insgesamt muß es bedauert werden, daß der diffamierende und nach dem jetzigen Sprachgebrauch abgewertete und verbrauchte Begriff „Verwahrlosung" beibehalten wurde (s Becker, ZblJugR 1962, 98; Jans in „Heilpädagogik in der Erziehungshilfe", 33; Carspecken, RdJ 1961, 350; Scholl, BlWPfl 1963, 252; Erhardt, BlWPfl 1962, 43; AFET [Stellungnahme des Vorstandes], ZblJugR 1962, 140; aM Riedel, Vorbem 3 vor § 55, Bem 1 zu § 55).

5. Das JWG brachte im Bereiche des Rechts der Fürsorgeerziehung wichtige Änderungen, die zT zu begrüßen sind, zT aber auch nicht genügend durchdacht sind und daher Schwierigkeiten und Streitfragen hervorgerufen haben.

a) Eine bedeutsame und erfreuliche Änderung enthält der neue § 64 insofern, als die Anord- **191**
nung der (vorbeugenden) Fürsorgeerziehung nicht mehr an das Vorliegen der Voraus-

*) Der Ausdruck „Verwahrlosung" war übrigens auch in Art 122 Abs 1 Satz 1 der Weimarer Reichsverfassung (s Bem 1) und ist ferner in Art 11 Abs 2 GG und in § 73 Abs 2 Nr 2 BSHG sowie in § 1 Abs 1 JSchG enthalten.

setzungen des § 1666 Abs 1 Satz 1 oder des § 1838 gebunden sind, das Erfordernis der Erfolgsaussicht sowie das Tatbestandsmerkmal der Inanspruchnahme öffentlicher Mittel gestrichen sind und der (allerdings praktisch gegenstandslos gewordene) Ausschluß der Fürsorgeerziehung zur Verhütung lediglich körperlicher Verwahrlosung beseitigt ist. Wichtig ist weiterhin die Erhöhung der Altersgrenze von 18 auf 20 Jahre für die Anordnung der Fürsorgeerziehung; diese Änderung steht im Zusammenhang mit der Erhöhung der Altersgrenze in §§ 26 Abs 2, 72 Abs 1 BSHG (s Art XII des Gesetzes zur Änderung und Ergänzung des RJWG vom 11. 8. 1961, s dazu Göppinger, Die Justiz 1962, 247, 251, sowie unten Bem 251).

192 Streitfragen hervorgerufen haben dagegen die neuen Vorschriften des § 67 Abs 2 Satz 1 und Abs 5; weiterhin bestehen gegen die Regelungen des § 65 Abs 2—4, die in ihrer Tragweite nicht genügend durchdacht wurden (s Bem 275, 343, 353), und des § 66 Abs 3 (hierzu s Bem 293) ferner des § 75 Abs 6 (s Bem 548) gewisse Bedenken. Auch wäre eine Regelung über den Widerruf der Aufhebung der Fürsorgeerziehung (s Bem 550ff) sowie im Hinblick auf die zur Frage der gesetzlichen Vertretung des Kindes, insbesondere des Mündels, aufgetretenen Meinungsverschiedenheiten (s Bem 278ff) eine entsprechende gesetzliche Regelung erwünscht gewesen.

193 Da der Gesetzgeber eine Übergangsregelung zu § 67 Abs 5 (dh zu der Frage, ob in den Fällen, in denen die vorläufige Fürsorgeerziehung vor dem 1. 7. 1962 angeordnet worden war, die 6-Monats-Frist am 1. 7. 1962 oder schon zuvor zu laufen begann), versäumt hatte, entstanden hieraus alsbald Schwierigkeiten (s dazu Rob. Weimar, ZblJugR 1962, 228; BayObLGZ 1962, 329 = FamRZ 1963, 53; OLG Köln, ZblJugR 1962, 328; JMBlNRW 1963, 18 = RdJ 1963, 90; OLG Stuttgart, BWNotZ 1962, 269). Da diese Streitfrage aber seit dem 2. 1. 1963 ihre praktische Bedeutung verloren hat, braucht auf sie nicht mehr eingegangen zu werden.

194 **b)** Hervorzuheben ist noch, daß die Neuregelung auf den Prinzipien beruht, daß freiwillig, dh im Einverständnis oder auf Wunsch bzw Antrag der Personensorgeberechtigten gewährte Erziehungshilfen den Vorrang haben vor gerichtlich angeordneten Maßnahmen und daß stets — wie schon nach bisherigem Recht — nur die ihrer Art und Schwere nach geringere Maßnahme getroffen werden darf, wenn sie ausreicht. Dies letztere ergibt sich aus Art 6 Abs 2 GG, wonach in die Betätigung (dh Ausübung) des Rechts auf Pflege und Erziehung des Kindes (dh hier des Personensorgerechts) durch das Gericht nur insoweit eingegriffen werden darf, als es unumgänglich notwendig ist (s Vorbem 16, 17 vor § 1666).

II. Die Voraussetzungen der Anordnung der Fürsorgeerziehung*).

195 Die Anordnung der Fürsorgeerziehung setzt voraus, daß der Minderjährige eine bestimmte Altershöchstgrenze nicht überschritten hat und zu verwahrlosen droht oder verwahrlost ist, sowie daß die Fürsorgeerziehung gerade im Hinblick auf diese Fehlentwicklung erforderlich ist (§ 64 JWG).

196 **1. a)** Der Minderjährige darf das **20. Lebensjahr noch nicht vollendet** haben. Maßgebend ist der Zeitpunkt der Anordnung, dh der Erlassung des Beschlusses.

Nach früherem Recht (§ 63 Abs 4 aF) war für die Altersgrenze der Zeitpunkt entscheidend, in dem der Antrag (auf Anordnung der Fürsorgeerziehung, s § 65 Abs 1 aF) bei Gericht einging oder das Verfahren gemäß § 65 oder § 67 eingeleitet wurde; diese Regelung hatte viele Streitfragen zur Folge.

Demgegenüber stellt die Neuregelung, die auf den Zeitpunkt der Anordnung abstellt, eine Verbesserung dar, wenngleich hier ebenfalls Zweifel bestehen, ob es auf das Beschlußdatum oder die Hinausgabe der Beschlußausfertigung aus dem inneren Bereich des Gerichts zur Zustellung an die Post oder auf die Zustellung des Beschlusses oder auf die Rechtskraft der Anordnung ankommen soll. Nicht maßgebend kann der Zeitpunkt der Beschlußfassung sein, der ein rein innerdienstlicher Vorgang ist; sehr häufig wird an diesem Tage nicht einmal die Reinschrift des Beschlusses mit vollzogener Unterschrift vorliegen. Zutreffend erscheint dagegen die Ansicht, die auf den **Zeitpunkt der Hinausgabe der Beschlußausfertigung** abstellt (ebenso Krug, Bem 3; Jans-Happe, Bem 3B je zu § 64; Riedel, Bem 3 zu § 55; s ferner BGHZ 12, 248 = NJW 1954, 638 m Anm von Potrykus = ZblJugR 1954, 182 = FamRZ 1954, 109 [Leits] = JZ 1954, 299 [Leits] =

---

*) Literatur: Brand-Hensel, 516ff; Firsching, 81ff; Pikart-Henn, 225ff sowie (zum früheren Recht) Schnitzerling, 35ff; AFET, Neue Schriftenreihe, Heft 14, 1960: Die Mitwirkung des Richters bei der öffentlichen Erziehung; s ferner die Literaturangaben vor Bem 1 und bei Bem 456; das Schrifttum zu Einzelfragen ist an der betreffenden Stelle angeführt.

SzE E 16, 280e; OLG Hamm, JMBlNRW 1963, 203). Mit diesem Zeitpunkt wird die Entscheidung existent (wenn sie wenigstens einen Empfänger zugeht); dieser Zeitpunkt muß auch stets aus den Gerichtsakten ersichtlich sein. Die Hinausgabe der Beschlußausfertigung wird vom Gericht veranlaßt; für eine fristgerechte Hinausgabe des Beschlusses kann ohne Schwierigkeiten gesorgt werden, während das Gericht auf eine fristgerechte Zustellung des Beschlusses durch die Post keinen Einfluß hat. Der Zeitpunkt der Zustellung, in dem die Entscheidung iSd § 16 FGG wirksam wird und mit dem gegebenenfalls die Frist zur Einlegung der sofortigen Beschwerde beginnt, braucht hier nicht abgewartet zu werden; erlassen ist der Beschluß vielmehr mit der Hinausgabe der Ausfertigung (unklar die Begründung des Regierungsentwurfs, BT-Drucks Nr 2226, 28), hernach kann der Beschluß auch nicht mehr abgeändert werden (es sei denn, es könnten sämtliche Ausfertigungen, bevor eine den Empfänger erreicht, wieder zurückgeholt werden). Schließlich kann es auf die Rechtskraft der Anordnung nicht ankommen (aM Gräber, Bem 5B zu § 64), das Gesetz stellt hier nicht auf die Vollziehbarkeit der Anordnung ab (s auch § 69 Abs 2). Die Argumentation von Gräber (aaO) ist nicht stichhaltig, nämlich aus § 64 Satz 1 und § 67 Abs 4 müsse gefolgert werden, daß immer eine Mindestzeit effektiver Durchführung der Fürsorgeerziehung von einem Jahr sichergestellt sein solle und daß dies nicht erreicht würde, wenn die Anordnung nicht im Zeitpunkt der Vollendung des 20. Lebensjahres des Minderjährigen rechtskräftig wäre. Denn auf 2 Wochen kann es hierbei nicht ankommen. Im übrigen ist die Auffassung Gräbers auch deshalb nicht billigenswert, weil sie zu wenig praktikabel ist; denn der Eintritt der Rechtskraft hängt meist von allerlei Zufälligkeiten ab. Stellt man dagegen auf den Zeitpunkt der Hinausgabe der Beschlußausfertigung ab, so vermag das Gericht auch ohne Schwierigkeiten zu beurteilen, ob die Anordnung der Fürsorgeerziehung angesichts der bevorstehenden Vollendung des 20. Lebensjahres des Minderjährigen noch sinnvoll ist.

Lediglich dann, wenn die vorläufige Fürsorgeerziehung vor Vollendung des 20. Lebensjahres angeordnet worden ist, kann die endgültige Fürsorgeerziehung auch noch nach Vollendung des 20. Lebensjahres angeordnet werden (§ 67 Abs 4, s dazu unten Bem 380). Die Anordnung der vorläufigen Fürsorgeerziehung braucht hierbei noch nicht rechtskräftig zu sein (OLG Hamm, JMBlNRW 1963, 203 = FamRZ 1964, 103).

Wird gegen den Beschluß, der die (endgültige) Fürsorgeerziehung anordnet, sofortige Beschwerde erhoben, so kommt es für die Altersgrenze auf die Erlassung der Beschwerdeentscheidung an, dh also auf den Zeitpunkt der Hinausgabe der Ausfertigung dieses Beschlusses (ebenso OLG Hamm aaO).

Dasselbe gilt auch für die weitere Beschwerde und die diesbezügliche Entscheidung. Zwar sind im Verfahren der weiteren Beschwerde neue Tatsachen grundsätzlich nicht zu berücksichtigen (s hierzu Jansen, Bem 5 zu § 561 ZPO, Anhang nach § 27 FGG, 137f; Keidel, Bem 42ff zu § 27 FGG; Göppinger, FamRZ 1960, 259); indessen muß angenommen werden, daß die Vollendung des 20. Lebensjahres, die sich ohne weiteres aus den Akten ergibt, als allgemein offenkundige Tatsache muß berücksichtigt werden können (s hierzu Göppinger, aaO; Gräber, Bem 5 B zu § 64 JWG; sowie auch BGH, NJW 1954, 108 = ZblJugR 1954, 86 = JZ 1954, 55 [Leits] = SchlHA 1954, 12 = EJF 1954, 25; OLG Düsseldorf, JMBlNRW 1954, 211 = ZblJugR 1954, 239).

b) Für die Dauer des **Wehrdienstverhältnisses** darf gemäß § 112a Nr 1 JGG Fürsorgeerziehung nicht angeordnet werden. 197

c) Eine **minderjährige Ehefrau** kann nicht der Fürsorgeerziehung überwiesen werden. Die Anordnung und dann die Vollziehung widerspräche der Vorschrift des Art 6 Abs 1 GG; dem Vormundschaftsgericht kann es nicht gestattet sein, durch eine solche der Erziehung dienende Maßnahme in die Ehe einzugreifen und Ehegatten auseinanderzureißen oder, wenn sie getrennt leben, die Trennung durch eine solche Maßnahme zu vertiefen. Die Fürsorgeerziehung soll an die Stelle der den Sorgeberechtigten zustehenden Erziehungsbefugnisse treten, wie sich aus den allgemeinen Vorschriften des Art 6 Abs 2 GG und der §§ 1 Abs 3 und 3 Abs 1 JWG ergibt. Sind die elterlichen Erziehungsrechte infolge der Verheiratung erloschen (§ 1633 BGB), so ist auch für die staatliche Ersatzerziehung kein Raum mehr (s Bem 472; Winkelmann, ZblJugR XIX, 89; aM OLG Darmstadt, OLG 46, 211; Gräber, Bem 3, Jans-Happe, Bem 4 je zu § 64; Beurmann, Unsere Jugend 1963, 293; s auch Claussen, Pflichten und Rechte der Fürsorgeerziehungsbehörde, Neue Schriftenreihe des AFET, Heft 8, 1954, 13 — bezüglich der Erziehungsbeistandschaft und der Freiwilligen Erziehungshilfe s oben Bem 44, 53, 108, 135; zur Aufhebung der Freiwilligen Erziehungshilfe und Fürsorgeerziehung 198 wegen der Eheschließung der Minderjährigen s unten Bem 541). Dem steht der Umstand nicht entgegen, daß das Recht der Erziehungsbehörde zur Durchführung der Fürsorgeerziehung (§§ 69ff) kein aus der elterlichen Gewalt abgeleitetes Recht darstellt (s hierzu Bem 469).

199 d) **Minderjährige, die aus der sowjetischen Besatzungszone** stammen, können ebenfalls der Fürsorgeerziehung überwiesen werden (allg Meinung); doch ist die dort erlangte Volljährigkeit (mit Vollendung des 18. Lebensjahres) zu beachten. Wer also in der sowjetischen Besatzungszone die Volljährigkeit erlangt hat und danach in das Gebiet der Bundesrepublik übergesiedelt ist, kann nicht mehr der Fürsorgeerziehung überwiesen werden (s Bem 15, sowie Soergel-Siebert-Lange, Anhang nach § 1666, Bem 53). Bei Verwahrlosungsgefahr oder Verwahrlosung ist sodann lediglich gemäß §§ 26, 73 BSHG nach Vollendung des 20. Lebensjahres eine Unterbringung möglich (s dazu Göppinger, Die Justiz 1962, 253).

200 e) **Ausländische Staatsangehörigkeit oder Staatenlosigkeit** Minderjähriger, die sich im Inland befinden, steht nach jetzt wohl einhelliger Meinung der Anordnung der Fürsorgeerziehung nicht entgegen (s Brand-Hensel, 562ff; Krug, Bem 3, Jans-Happe, Bem 5 je zu § 64; Riedel, Vorbem 9 vor § 55; Gräber, Bem 1, B, C zu § 1; Soergel-Siebert-Lange, Anhang nach § 1666, Bem 52; v. Elbe, ZblJugR XXV, 261; RGZ 117, 376 = JW 1928, 3115 = ZblJugR XIX, 134; OLG Karlsruhe, JFG 4, 67; BayObLGZ 1953, 289 = JR 1954, 145 = EJF 1954, 28). Hat der Ausländer jedoch nach seinem Heimatrecht die Volljährigkeit erlangt, so ist diese zu beachten (Soergel-Siebert-Lange, aaO). Denn die Volljährigkeit als Grundlage der Stellung im Rechtsverkehr darf nicht relativiert werden (so auch Soergel-Siebert-Lange, aaO, Bem 53).

201 f) Eine **untere Altersgrenze** besteht zwar nicht, jedoch ergibt sich die Unzulässigkeit der Anordnung der Fürsorgeerziehung für kleine Kinder regelmäßig daraus, daß eine ausreichende andere Erziehungsmaßnahme gewährt werden kann (§ 64 Satz 2, s dazu unten Bem 263).

202 2. a) Der Begriff **„Verwahrlosung"** und **„drohende Verwahrlosung"** ist ein unbestimmter Rechtsbegriff, da er Tatbestandsmerkmal des § 64 JWG ist. „Drohende Verwahrlosung" iSd Bestimmung und „Verhütung der Verwahrlosung" (§ 63 Abs 1 Nr 1 RJWG) sowie die Formulierung „der Gefahr der Verwahrlosung ausgesetzt" (§ 73 Abs 2 Nr 2 BSHG) sind in ihrer Bedeutung als gleichwertig zu beurteilen. Der Begriff der „Verwahrlosung" hat zwar durch die Rechtsprechung und Literatur eine fest umrissene Bedeutung erlangt, in der Weise, daß eine Definition (in der freilich andere unbestimmte Begriffe verwendet sind) weitgehende Anerkennung fand. Dadurch hat er aber keineswegs, wie Rothe, RdJ 1962, 197, in völliger Verkennung des Wesens und der Bedeutung der unbestimmten Rechtsbegriffe gemeint hat, die Eigenschaft des unbestimmten Rechtsbegriffs verloren.

203 b) aa) Vor dem Erlaß des RJWG war der Begriff „Verwahrlosung" bereits in Landesgesetzen enthalten, so daß die Rechtsprechung hierzu verwertet werden konnte. Blumenthal definierte (in dem Kommentar von Friedeberg-Polligkeit, 2. Aufl 1930, Bem 5 zu § 56 RJWG) den Begriff folgendermaßen: Auszugehen sei davon, daß Verwahrlosung ein dem Erziehungsziel des § 1 RJWG entgegengesetzter Entwicklungsprozeß sei; sie bedeute ein Hinabgleiten in einen Zustand der Untüchtigkeit, der eine Gefährdung des Minderjährigen, seiner Umgebung oder der Allgemeinheit zur Folge habe. Unter körperlicher Verwahrlosung verstanden das BayObLG (BayZ 1926, 305) und das KG (ZblJugR XXI, 30; XXIII, 183) einen Zustand des Minderjährigen, in dem dessen körperliches Befinden in einem beachtenswerten Maße hinter dem normalen körperlichen Zustand zurückstehe, den ein Minderjähriger gleichen Alters und gleicher Umgebung bei sachgemäßer Pflege erreiche. Sittliche Verwahrlosung hatte das KG im Jahre 1915 (OLG 33, 391) bejaht, wenn der Minderjährige sich in sittlicher und charakterlicher Hinsicht nicht normal entwickle, sein Verhalten Anstoß errege und Zweifel begründet seien, ob er sich zu einem brauchbaren Glied der Gesellschaft entwickeln werde, maW, wenn ein asoziales Verhalten vorliege. Das BayObLG hat 1928 und 1931 ausgesprochen (Z 28, A 313, 667 = JFG 6, 74; Z 31, 303), Verwahrlosung sei ein Zustand von einiger Dauer, der durch erhebliches Absinken des körperlichen, geistigen oder sittlichen Befindens unter den Durchschnitt gekennzeichnet werde (s ferner KG, ZblJugR XXI, 366, und zur Rechtsprechung des KG über den Begriff der Verwahrlosung Hopmann, ZblJugR XXIII, 89). Diese Formulierung übernahm das OLG München (JFG 15, 241;

17, 168). In etwa gleichem Sinne sprach das KG (JFG 15, 292; 17, 169) von einem dem Erziehungsziel des § 1 RJWG entgegengesetzten Entwicklungsprozeß, einem Zustand von einiger Dauer, in dem der davon Betroffene in erheblichem Grade derjenigen körperlichen, geistigen oder sittlichen Eigenschaften ermangele, die bei einem Minderjährigen unter sonst gleichen Verhältnissen vorausgesetzt werden müssen.

Diese Definitionen wurden auch in der Folgezeit bis zum Außerkrafttreten der §§ 62, 63 RJWG in der Rechtsprechung und Rechtslehre beibehalten (s zB BayObLGZ 1953, 40; 1954, 64; 1961, 85f; OLG Hamm, JMBl NRW 1955, 79 = ZblJugR 1955, 85; Potrykus, Bem 4 zu § 56; Gräber, Bem 4 zu § 62; Riedel, 1. Aufl 1952, Bem 4 zu § 56, 213ff, 2. Aufl 1955, 214f; Potrykus, ZblJugR 1962, 67; Dallinger-Lackner, JGG, Bem 8 zu § 12; Schaffstein, Jugendstrafrecht, 1959, 78).

bb) Der Begriff der Verwahrlosung, wie er von der Rechtsprechung und Rechtslehre entwickelt worden war, ist auch dem Art 6 Abs 3 GG zugrundezulegen; der Verfassunggeber ging, wie sich aus der Entstehungsgeschichte des Art 6 GG ergibt, gerade von der Bedeutung dieses Begriffes aus, die ihm im RJWG beigelegt worden war (s Vorbem 33 vor § 1666). Andererseits behielt der Gesetzgeber ,der das JWG vom 11. 8. 1961 erließ, den Begriff „Verwahrlosung" deshalb bei, weil er in Art 6 Abs 3 GG enthalten ist und hierdurch seine fest umrissene Bedeutung erlangt hat. Daraus muß der Schluß gezogen werden, daß der Gesetzgeber den Begriff „Verwahrlosung" im gleichen Sinne, wie er bisher verstanden wurde, auch in der Neufassung des Gesetzes verstanden wissen wollte (vgl BT-Drucks Nr 2226, 28; Potrykus, ZblJugR 1962, 67; Becker, ZblJugR 1963, 62; s auch Jans in „Heilpädagogik in der Erziehungshilfe", 33; Gerson, RdJ 1963, 162; Carspecken, Probleme, 13ff). Es ist kein Anhaltspunkt dafür vorhanden, der Gesetzgeber habe mit der Neufassung strengere Anforderungen stellen wollen (s aber auch Carspecken, RdJ 1961, 349f). Die verschiedene Terminologie bezüglich der Voraussetzungen der Freiwilligen Erziehungshilfe und der Fürsorgeerziehung darf nicht dazu führen, wie es zT befürchtet wird (s die Stellungnahme des AFET zu Abschnitt VI des JWG, ZblJugR 1962, 140; Jans, aaO), daß die Fürsorgeerziehung nur in Fällen fortgeschrittener Erziehungsschäden angeordnet wird. **204**

Die Neufassung des VI. Abschnittes des JWG verwendet nur noch den Begriff „Verwahrlosung", unterscheidet also nicht mehr zwischen lediglich körperlicher und anderer Verwahrlosung, wie das RJWG in der Fassung der VO vom 4. 11. 1932 (s § 63 Abs 1 Nr 1 Satz 2), auch nicht zwischen der leiblichen, geistigen oder seelischen Entwicklung wie die §§ 55, 62. **205**

Verwahrlosung bedeutet jede Art schwerer, dem Erziehungsziel zuwiderlaufender Fehlentwicklung des Minderjährigen (s auch Bem 18). Hierbei ist zu berücksichtigen, daß die Grenze zwischen geistiger und sittlicher (seelischer) Verwahrlosung und zwischen körperlicher und geistig-seelischer Verwahrlosung flüssig ist. Dies wurde zT schon seit längerer Zeit erkannt (s zB KG, JFG 10, 35, 37 [1933]; BayObLG, JFG 10, 27, 33f). Die moderne psychologische und medizinische Forschung hat die Erkenntnis vertieft, daß eine körperliche Verwahrlosung regelmäßig auch einschneidende Folgen psychischer Art nach sich zieht (s oben Bem 29). Ferner kann umgekehrt körperliche Verwahrlosung Folge einer psychisch-charakterlichen Fehlentwicklung sein, wie zB bei Minderjährigen, die in Landstreicherart herumstreunen. **206**

cc) Bei der Auslegung des Begriffs und zur Klärung des Wesens und der Bedeutung, sowie der **Ursachen** der Verwahrlosung müssen die Erkenntnisse der modernen Jugendpsychologie (Entwicklungspsychologie) und der Pädagogik, auch der Sozial- und der Heilpädagogik, berücksichtigt werden. Die Verwahrlosung ist ein komplexer Vorgang, der einer bestimmten Entwicklung unterworfen ist (s Isbary, ZblJugR 1960, 144); sie tritt nicht plötzlich ein, sondern entwickelt sich allmählich (so auch BayObLGZ 1953, 40, 42 = EJF 1954, 27). Zu Symptombildungen kommt es erfahrungsgemäß zumeist erst in Belastungssituationen, vorzugsweise in den Krisenzeiten der Entwicklung des Kindes und Jugendlichen (Isbary, aaO). Die Ursachen der Verwahrlosung können eventuell schon in die frühe Kindheit zurückgehen (s dazu zB Hofmeier in „Alles über Dein Kind", 170; Groffmann in „Gerichtliche Psychologie", 148; Scholl, BldWPfl 1963, 254); die Verwahrlosung oder drohende Verwahrlosung kann dann durch weitere Umstände erkennbar werden. Die Verwahrlosung ist ein Syndrom, in dem Ursachen und Faktoren **207**

verschiedenster Art konvergieren (s Gustav A. Brandt, Psychologie für soziale Berufe, 3. Aufl, 1963, 179, sowie auch oben Bem 19ff zur Gefährdung und Schädigung der Entwicklung).

208 Das Gesetz stellt zwar nur auf den **objektiven Tatbestand der Verwahrlosung oder der Verwahrlosungsgefahr** ab und erfordert nicht bestimmte Ursachen, wie zB § 63 Abs 1 Nr 1 aF bezüglich der Verwahrlosungsgefahr, etwa Mißbrauch des Sorgerechts, Vernachlässigung des Kindes oder ehrloses oder unsittliches Verhalten der Sorgeberechtigten (vgl § 1666 Abs 1 Satz 1 BGB), insbesondere nicht unzulängliche Erziehung des Minderjährigen oder schuldhaftes Verhalten der Sorgeberechtigten. Indessen ist die **Ursache** der Verwahrlosungsgefahr oder der Verwahrlosung regelmäßig von Bedeutung für die Frage, welche Erziehungsmaßnahme erforderlich ist (s dazu Bem 238f) und wie, vor allem in welchem Heim die Fürsorgeerziehung durchgeführt werden soll. Daher soll im vorliegenden Zusammenhang auf die Ursachen der Verwahrlosungsgefahr und Verwahrlosung im allgemeinen eingegangen werden, sowie auch zum besseren Verständnis der späteren Darlegungen ua über die Heimdifferenzierung.

209 Zur weiteren Erörterung der Verwahrlosung empfiehlt sich, zwischen **Verwahrlosungserscheinungen** und den jeweils dahinter stehenden **Motivationen** zu unterscheiden (Brandt, aaO).

Die Verwahrlosung kommt in Verhaltensweisen (im weitesten Sinne des Wortes) und in Handlungen unsozialer oder asozialer Art zum Ausdruck, bei Kleinkindern in der Form körperlicher Verwahrlosung oder von Reaktionsstörungen, schwerer emotionaler Schäden, vor allem in der Form der Frustration (s zB Lutz, Kinderpsychiatrie, 305f), bei älteren Kindern in Fehlhandlungen, uU krassen Fehlhandlungen, zB strafbaren Handlungen, auch in Kurzschlußhandlungen (s dazu bezüglich der in der Vorpubertät stehenden Minderjährigen Remplein, 438f, Hofmeier, 271).

210 Zu beachten ist aber, daß Handlungen, die an sich als äußere Anzeichen der Verwahrlosung gewertet werden können, noch nicht in jedem Falle ausreichen, um eine vorhandene Verwahrlosung feststellen zu können (OLG München, JFG 17, 168).

211 Die Verwahrlosung kann vorwiegend auf **objektiven oder subjektiven Ursachen** beruhen, dh äußeren, exogenen, **Umwelteinflüssen** oder endogenen, **anlagebedingten Ursachen**; in jedem Falle spielen beide Faktoren, Anlage und Umwelt, eine Rolle (s zB Carspecken, Probleme, 14; Scholl, BldWPfl 1963, 254; vgl auch Jans-Happe-Koch, Bem 3 zu § 66; Hanselmann, Heilpädagogik, 255, 329); es gibt Anlagen, die mehr, und andere, die weniger umweltlabil sind; jedoch gibt es keine ausschließlich anlagebedingte Verwahrlosung (Scholl, aaO, 254, 255).

212 **Von besonderer Bedeutung sind für die vorliegende Betrachtung vor allem die ersteren (vgl auch Schneider, Jugendwohl 1963, 139, 140f), auch in dem Sinne, daß sie Verwahrlosungserscheinungen (eher) auslösen, wenn eine subjektiv bedingte innere Bereitschaft oder Disposition des Minderjährigen geweckt wird (s dazu auch Carspecken, aaO, sowie Bem 220ff).**

In Betracht kommen Bedingungen der engeren und weiteren sozialen Umwelt des Lebenskreises und der Familie des Minderjährigen, die gesamte Situation der Wirtschafts- und Kulturwelt (Carspecken, aaO)*), sowie die auf den Minderjährigen durch die Sorgeberechtigten ausgeübten erzieherischen Einflüsse und Einwirkungen, mangelhafte oder auch zu intensive Erziehung (s dazu zB auch Hanselmann, 494), zu milde oder zu strenge Erziehung, oder auch inkonsequente Erziehungsmaßnahmen. Ferner spielen eine Rolle schlechte Vorbilder, Verführung, ungünstige Einflüsse durch Kameraden usw, mangelhafte oder auch zu strenge Beaufsichtigung, mangelnde Beaufsichtigung infolge der beruflichen Tätigkeit der Mutter, etwa mit der Folge, daß das Kind sich einsam fühlt (s Widmer, Erziehung heute, Erziehung für morgen, 99, 227), Maßnahmen der Sorgeberechtigten, die den Minderjährigen dazu verleiten, ihre Anordnungen zu umgehen (s zum letzteren zB Hofmeier, 170), Mißhandlungen oder Verwöhnungen des Kindes usw.

213 Als innere Ursachen sind zu erwähnen: unterdurchschnittliche intellektuelle Anlagen (s dazu Asperger, Heilpädagogik, 73ff), auch psycho-

*) Hierzu s auch Ulrich Beer, Geheime Miterzieher der Jugend, 4. Aufl 1962; derselbe, Familien- und Jugendsoziologie, 2. Aufl 1963; derselbe, Die Sexualisierung der Öffentlichkeit und der junge Mensch, BldWPfl 1963, 35ff.

pathische und neurotische Erscheinungen; doch können letztere durch ungünstige Sozialverhältnisse ausgelöst sein, zB Verwaisung, Scheidung der Ehe der Eltern, wirtschaftliche Not, besonders ungünstige Wohnverhältnisse (s hierzu ua Andriessens, Jugendwohl 1961, 19).

dd) Wie schon dargelegt (s Bem 234 zu § 1666 und oben Bem 24), ist **Verwahrlosungsgefahr** die erhebliche Gefährdung der leiblichen, geistigen oder seelischen Entwicklung des Minderjährigen, **Verwahrlosung** die erhebliche Schädigung der Entwicklung des Minderjährigen. Verwahrlosung ist der schon bestehende, eingetretene Erziehungsnotstand, selbst wenn es sich noch um das Anfangsstadium handelt (vgl zB KG, OLG 46, 215), wenn sie also auch erst am Beginn der Entwicklung steht (vgl KG, JFG 2, 96 = OLG 43, 371; BayObLG, ZblJugR XXI, 335; OLG München, JFG 15, 241; 17, 168; Gräber, Bem 11). Mißverständlich ist es aber von einer in der Entwicklung stehenden Verwahrlosung zu sprechen (s Gräber, aaO). Verwahrlosungsgefahr (drohende Verwahrlosung) bedeutet die beginnende Fehlentwicklung, die unter Berücksichtigung des Milieus, der allgemeinen Verhältnisse und der Anlagen und Charaktereigenschaften des Minderjährigen nach der Erfahrung und psychologisch-pädagogischen Erkenntnissen die Besorgnis einer erheblichen Gefährdung der weiteren leiblichen, geistigen oder seelischen Entwicklung des Minderjährigen rechtfertigt, so daß sie in eine Verwahrlosung übergehen kann, ohne daß jedoch schon jetzt das Anfangsstadium der Verwahrlosung begonnen hätte. Dies macht zugleich aber auch deutlich, daß die Grenzen zwischen der drohenden und der schon eingetretenen Verwahrlosung flüssig sind. In vielen Fällen wird es nicht möglich sein, eindeutig zu sagen, ob die Verwahrlosung erst droht oder schon begonnen hat (s auch Bem 24). 214

Zu erwähnen ist noch, daß der Unterschied zwischen den Voraussetzungen der §§ 55, 62 und des § 64 also darin besteht, daß die Gefährdung der Entwicklung die Verwahrlosungsgefahr, die Schädigung der Entwicklung die Verwahrlosung mit umfaßt. Die Schädigung der Entwicklung braucht weder Verwahrlosungsgefahr noch Verwahrlosung zu bedeuten, sie kann aber in erstere wie in letztere übergehen, wobei die Übergänge fließend sind; in der Regel wird man annehmen können, daß die Schädigung der Entwicklung und die Verwahrlosungsgefahr sich im wesentlichen decken. Die Gefährdung der Entwicklung ist das erste „Wetterleuchten" einer Fehlentwicklung, die je nach Lage des Falles in eine drohende Verwahrlosung übergehen kann (ähnlich Gerson, RdJ 1963, 162; Potrykus, ZblJugR 1963, 305; s auch Bem 22). 215

Zwar sind Fälle denkbar, in denen die Verwahrlosungsgefahr iSd § 64 noch nicht vorliegt, wohl aber eine Gefährdung der Entwicklung iSd § 62 und die Eltern uneinsichtig sind und keinen Antrag auf Gewährung Freiwilliger Erziehungshilfe stellen. Doch dürften diese Fälle in der Praxis nicht von wesentlicher Bedeutung sein. Wenn notwendig, dürfte wohl regelmäßig eine Maßnahme nach § 1666 Abs 1 Satz 1 BGB getroffen werden können. Ist Heimerziehung dringend erforderlich, insbesondere bezüglich eines älteren Minderjährigen, so wird wohl auch Verwahrlosungsgefahr bejaht werden müssen.

ee) § 64 schreibt die Voraussetzungen der drohenden Verwahrlosung oder der eingetretenen Verwahrlosung nebeneinander vor und knüpft an jede dieser Voraussetzungen die gleiche Rechtsfolge. Während nach früherem Recht die vorbeugende und die heilende Fürsorgeerziehung unterschieden wurde und, da deren Voraussetzungen (s Bem 174) erheblich voneinander abwichen, nach fast allgemeiner Meinung festgestellt werden mußte, ob die Voraussetzungen der einen oder der anderen Art vorlagen (s Gräber, Bem 6 zu § 64; zum früheren Recht s zB BayObLGZ 1953, 289 = JR 1954, 145; Z 27, 114 = JFG 5, 78; Z 28, 279; OLG München, JFG 15, 245), kann es jetzt als ausreichend beurteilt werden, daß das Gericht aus den von ihm in tatsächlicher Hinsicht getroffenen Feststellungen die Schlußfolgerung zieht, daß auf jeden Fall drohende Verwahrlosung vorliegt, also dahin gestellt sein läßt, ob Verwahrlosung schon besteht, (ebenso Gräber, aaO; aM wohl Brand-Hensel, 537ff). In der Regel wird es aber doch empfehlenswert sein, darzulegen, ob das Gericht die eine oder andere Alternative bejaht, da dies für die Durchführung der Fürsorgeerziehung von Bedeutung sein kann. 216

c) **Einzelfragen** (s auch Näheres bei Riedel, 568ff): Vorauszuschicken ist, daß, 217
wenn hier Fälle der körperlichen, geistigen oder seelischen (sittlichen) Verwahr-

losung erörtert sind, damit gemeint sein soll, daß die betreffende Art der Verwahrlosungserscheinung die vorwiegende ist (s Bem 206).

Es handelt sich jeweils um die Frage, ob tatsächliche Umstände festgestellt sind, aus denen die rechtliche Schlußfolgerung zu ziehen ist, daß das Tatbestandsmerkmal „verwahrlost" oder „zu verwahrlosen droht" zu bejahen ist. Festzustellen sind Symptome der Verwahrlosung, aus denen unter Berücksichtigung aller Umstände des Einzelfalles und der durchschnittlichen Verhaltensweisen eines gleichaltrigen Minderjährigen nach der Erfahrung und nach den Erkenntnissen der Jugendpsychologie und der Pädagogik auf eine Fehlentwicklung geschlossen werden muß, die als drohende Verwahrlosung oder (eingetretene) Verwahrlosung zu beurteilen ist (s auch Bem 25ff, 218ff).

Die Symptome der Verwahrlosung sind also mit dieser selbst nicht identisch, vielmehr sind sie als Erkenntnisquelle für die Praxis von wesentlicher Bedeutung (ähnlich Friedeberg-Polligkeit-Blumenthal, Bem 5 zu § 56, 450; Carspecken, Probleme, 14), und zwar sowohl für die Feststellung der Verwahrlosung bzw Verwahrlosungsgefahr, wie auch für die Art der im Einzelfall erforderlichen Erziehungsmaßnahmen, dh die rechtlichen Anordnungen (s die Formulierung „geboten", bzw „erforderlich" in §§ 55, 62, 64 JWG, 1666 Abs 1 BGB) und danach die von den betreffenden Erziehern zu wählende Erziehungsmethode und die einzelnen Erziehungsmittel.

218 Zu beachten ist, daß je nach Lage des Falles bei etwa gleichen Symptomen der Fehlentwicklung mehrerer Minderjähriger nicht ohne weiteres die gleiche Anordnung und die gleiche Erziehungsmaßnahme getroffen werden muß, sowie daß einzelne Umstände nicht isoliert für sich betrachtet werden dürfen (so auch OLG Köln, ZblJugR 1960, 122). Ob die Erziehung unzulänglich war, muß individuell nach der Veranlagung des betreffenden Kindes und unter Berücksichtigung der äußeren Verhältnisse und der Umweltsituation beurteilt werden. Die gleiche Erziehung oder Erziehungsmethode, die bei dem einen Kinde genügt, kann bei dem anderen Kinde — selbst wenn die Kinder Zwillinge sind — unrichtig oder unzulänglich sein. Daher kann der Einwand der Eltern, das andere Kind oder die anderen Kinder seien gut erzogen, unzutreffend sein (ähnlich Gräber, Bem 12; KG, ZblJugR XXVI, 283).

219 aa) **Körperliche Verwahrlosung:**

Hier kommen die Fälle in Betracht, daß der Minderjährige in erheblichem Maße mangelhaft versorgt und verpflegt ist — freilich werden hier zumeist die Voraussetzungen des § 1666 Abs 1 Satz 1 BGB vorliegen, so daß Fürsorgeerziehung nicht angeordnet werden darf (§ 64 Satz 2), s dazu Bem 262.

Unterernährung (s OLG Stuttgart, ZblJugR XXIII, 115 = JW 1931, 1370), eine in starkem Maße ungenügende Körperpflege (s KG, ZblJugR XXIII, 183; XXV, 136, 137), so daß der Minderjährige zB von Schulkameraden usw wegen üblen Körpergeruchs gemieden wird, ständig verschmutzte, zerlumpte Bekleidung des Kindes (s auch Bem 149 zu § 1666), ungenügende Versorgung kleiner Kinder durch die getrenntlebende, dolantinsüchtige Mutter (OLG Stuttgart, EJF, E I Nr 28, s auch Bem 225 zu § 1666); unzureichende Unterbringung des Kindes in verwahrlostem Haushalt (s Bem 153 zu § 1666); Gefahr der Ansteckung des Kindes durch einen mit ansteckender Krankheit (zB Tuberkulose) behafteten Elternteil (s BayObLGZ 30, 285; auch KG, ZblJugR XXIII, 115, sowie BGHZ 8, 134 = JR 1953, 298 [m Anm v Riedel] = NJW 1953, 1300 [hierzu Potrykus das 1292] = ZblJugR 1953, 172 und Bem 154 zu § 1666); schwere Mißhandlungen (KG, JFG 10, 35; DJugH XXIX, 37; BayObLGZ 33, 18 = JFG 10, 27, s auch oben Bem 42 zu § 1666).

220 bb) **Seelische (sittliche) Verwahrlosung:**

α) Sie tritt vor allem durch eine schwere charakterliche Fehlentwicklung zutage (s hierzu Hehlmann, Art Charakterstörungen in Wörterbuch der Psychologie) oder durch erhebliche Gemüts- und Willensdefekte (Willensschwäche), die freilich nicht isoliert vorkommen. Die schwerwiegendsten Störungen des Willensgefüges liegen auf dem Gebiet der Triebe, der vitalen und geistig-seelischen, und der allgemeinen Triebhaftigkeit (s hierzu und zum folgenden Grassl, Jugendwohl 1963, 226, 230ff); hierbei handelt es sich im wesentlichen um konstitutionelle, angeborene Schäden, die auf einer Störung, der Schwäche oder der Übersteigerung eines einzelnen Triebes, auf der Störung des gesunden Verhältnisses der Triebe zueinander beruhen. Häufig und praktisch wichtig ist die Entartung, die Pervertierung des Sexualtriebes, die oft schon in die frühe Kindheit zurückreicht. Triebstörungen liegen auch bei Kleptomanen und Landstreichern, Vaganten mit echtem Wandertrieb vor. Ein weiterer wichtiger Störungsherd sind Störungen in der Wertwelt und in der Motivbildung, wobei Ursachen Ausfallserscheinungen der angeborenen Werttendenzen, aber auch Störungen des Gefühls und des Intellekts, Erziehungsfehler, Mängel in der Belehrung und Erfahrung sein können. Willensschwache Menschen werden auffällig durch Faulheit und Arbeitsscheu, Schulschwänzen, häufigen Berufswechsel, Streunen (s dazu Ender, RdJ 1958, 120; Winkler, Jugendwohl 1963, 390, 429), körperliche Verwahrlosung, Prostitution, Homosexualität, hemmungslosen Nikotin- und Alkoholgenuß (s auch Rob. Scholl, BldWPfl 1963, 253; sowie Hanselmann, 319, 323; Hofmeier-Schwidder-Müller, 271; Welter, Jugendwohl 1963, 399).

Wichtig ist vor allem die Form der Verwahrlosung im sittlichen Bereich (im weiten Sinn des Begriffs), die auf dem Hintergrund einer nur mangelhaften oder fehlenden Gewissensfunktion in Eigentumsdelikten, aggressivem Verhalten zB in Roheitsdelikten, Gewalttätigkeiten, Schlägereien oder in sexuellen Verfehlungen, sowie auch — wie bei willensschwachen Menschen, s Bem 220 — in Streunen, Schulschwänzen (s Scholl, BldWPfl 1963, 253), ferner in Lügen und Frechheit, wenn stärkere Ausmaße vorliegen (vgl Hanselmann, 406 ff), in Erscheinung tritt; ebenso können Süchte, wie Rauchen und Alkoholmißbrauch, Formen annehmen, daß sie in den Bereich der Verwahrlosung fallen (Scholl, aaO). 221

Die sittliche Verwahrlosung kann auf einem Mangel an sozialer Einfügung, dh auf einer unzulänglichen Entwicklung des Normbewußtseins, auf ungenügender Widerstandskraft gegen verführende Einflüsse und eigene Triebregungen beruhen (vgl Hehlmann, Wörterbuch der Psychologie, Artikel Verwahrlosung).

β) Verwahrlosungsgefahr oder Verwahrlosung kann bejaht werden, auch wenn der Minderjährige keine strafbare Handlung begangen hat. Andererseits ist nicht jeder Minderjährige, der straffällig geworden ist, verwahrlost oder von Verwahrlosung bedroht. Vielmehr kommt es auf die Art und Schwere des Delikts und die Motive des Täters, überhaupt auf alle Umstände des Falles und auf das sonstige Verhalten des Minderjährigen an. 222

Weiterhin braucht der Minderjährige, wenn er verwahrlost ist oder zu verwahrlosen droht, nicht asozial zu sein (KG, ZblJugR XIX, 109; Gräber, Bem 9 aE zu § 64). 223

γ) Die sittliche Verwahrlosung ist zu unterscheiden von dem Begriff der „schädlichen Neigungen" iSd §§ 17 Abs 2, 19 Abs 1 JGG. Diese zeigt der Jugendliche (oder der Heranwachsende — § 105 JGG —), wenn bei ihm erhebliche Anlage- oder Erziehungsmängel die Gefahr begründen, daß er ohne längere Gesamterziehung (§§ 91, 92 JGG) durch weitere Straftaten die Gemeinschaftsordnung stören wird (BGHSt 11, 169 = NJW 1958, 638 = MDR 1958, 260 = EJF, C I Nr 37 m Anm von Kohlhaas; Schaffstein, Jugendstrafrecht, 1959, 101). Die schädlichen Neigungen müssen nicht unbedingt auf einer schon vor der Tat bestehenden Anlage beruhen; sie können auch im Verlaufe der zur Aburteilung stehenden Straftaten durch Verführung, Gewöhnung (oder beides) geweckt worden sein (BGH, aaO). 224

δ) Ein infolge falscher Erziehung „einzelgängerischer, schlapper und verpimpelter Knabe" kann noch nicht als verwahrlost beurteilt werden (vgl aber auch die — von nationalsozialistischem Gedankengut beeinflußte — Entscheidung des KG, JFG 15, 7 = DJ 1937, 250 = JW 1937, 640 = ZblJugR XXVIII, 422 = HRR 1937, Nr 332; hierzu Peilecke und Maßfeller, DJ 1937, 628, 629; s hierzu auch Bem 78 aE zu § 1666 und oben Bem 26). 225

Ebenso braucht ein verzogenes, arbeitsunwilliges 18-jähriges Mädchen noch nicht ohne weiteres als verwahrlost bzw der Gefahr der Verwahrlosung ausgesetzt beurteilt zu werden (s aber auch die — von nationalsozialistischem Gedankengut beeinflußte — Entscheidung des KG, DFG 1943, 129 = DJugH XXXV, 77). 226

Ferner kann bezüglich eines flatterhaften, wilden und eigensinnigen Kindes noch keine Verwahrlosungsgefahr bejaht werden (KG, ZblJugR 227

XXIII, 123); wohl aber kann eine Gefährdung der Entwicklung in Betracht kommen (s oben Bem 26).

Weiterhin können schwer erziehbare Kinder, also Kinder, die **Erziehungsschwierigkeiten** bereiten (s hierzu oben Bem 21), noch nicht als verwahrlost oder der Gefahr der Verwahrlosung ausgesetzt beurteilt werden (ebenso Palandt-Lauterbach, Bem 3 aE zu § 64).

ε) Bei weiblichen Minderjährigen ist praktisch am bedeutungsvollsten die **sexuelle Verwahrlosung** (s hierzu auch Asperger, 283ff; Wiese, BldWPfl 1963, 255; Jörissen, Jugendwohl 1963, 377).

Außerehelicher Verkehr eines noch nicht im ehemündigen Alter stehenden, also noch nicht 16 Jahre alten (§ 1 Abs 1 EheG) Mädchens deutet regelmäßig auf (drohende) sittliche Verwahrlosung hin (OLG Stuttgart, JFG 9 [1929], 54; BayObLGZ 1953, 40, 42 = EJF 1954, 27; Z 1961, 81, 86; OLG Köln, ZblJugR 1960, 122 = JMBlNRW 1960, 233 = EJF, E I Nr 34; OLG Karlsruhe, ZblJugR 1961, 31). Doch sind stets alle Umstände des Einzelfalles zu berücksichtigen und aufzuklären (vgl OLG München, JFG 14, 56 = ZblJugR XXVIII, 421); schlechter Ruf der Minderjährigen in sittlicher Hinsicht allein genügt nicht (BayObLGZ 1961, 81, 88). Eine sittliche Verwahrlosung wird aber regelmäßig zu bejahen sein, wenn geschlechtlicher Umgang mit mehreren Männern festgestellt wird (OLG München, JFG 15, 241 zu dem Falle, daß ein 15-jähriges Mädchen mit 11 Männern Geschlechtsumgang gepflogen hatte).

Hat ein 14jähriges Mädchen mit einem 18 Jahre alten Manne in einem Bett genächtigt, so liegt darin ein schwerwiegendes Anzeichen für einen ungewöhnlichen sittlichen Tiefstand (BayObLGZ 1961, 81, 86), ebenso wenn ein knapp 14 Jahre altes Mädchen sich mit dem Ehemann der älteren Schwester eingelassen hat (Webler, ZblJugR 1960, 80, s aber auch OLG Neustadt, das 25). Nicht bedenkenfrei ist jedoch die Entscheidung des BayObLG (Z 28, A 667 = JFG 6, 74), das ausgesprochen hat, ein wiederholter Verkehr eines $15^1/_2$jährigen Mädchens mit einem Manne (dem gleichen Manne) sei noch nicht unter allen Umständen ein sicheres Anzeichen eingetretener oder auch nur drohender Verwahrlosung.

Das BayObLG (Z 32, 421) hat bei einem 15-jährigen Mädchen mit Recht Verwahrlosung angenommen, nachdem es ein uneheliches Kind geboren und danach ein auffällig freches Wesen zur Schau getragen und erklärt hatte, die Hauptsache sei, daß der Vater ein reicher Bursche sei, der zahlen könne.

Verwahrlosungsgefahr hat das OLG Frankfurt (FamRZ 1963, 54 = RdJ 1963, 106) mit Recht bejaht, nachdem die Minderjährige mit 14 Jahren intime Beziehungen mit einem Schüler und dann, 15-jährig, mit einem (ausländischen) Studenten unterhalten, auch keine Berufsausbildung begonnen und keine Arbeit aufgenommen hatte.

Unterhält ein über 16 Jahre altes Mädchen ein mit Geschlechtsverkehr verbundenes Liebesverhältnis, so zeugt dies zwar nicht für sittliche Zucht und Reife, indessen kann darin noch nicht ohne weiteres Verwahrlosungsgefahr erblickt werden (BayObLGZ 1953, 40), wohl aber, wenn die Minderjährige aus Triebhaftigkeit oder Haltlosigkeit gehandelt hat (BayObLG, aaO). Liegen ernste Heiratsabsichten vor, ist also eine echte Lebensbindung beabsichtigt, so ist die Verwahrlosung oder Verwahrlosungsgefahr regelmäßig zu verneinen (BayObLG, aaO; OLG Karlsruhe, ZblJugR 1961, 31; OLG Köln, JMBlNRW 1960, 233 = ZblJugR 1960, 122). Näher zu prüfen sind stets die persönlichen und häuslichen Verhältnisse, ua auch, ob der gesetzliche Vertreter mit der Eheschließung einverstanden ist und ob nach der wirtschaftlichen Lage die Heirat aussichtsvoll erscheint. Zur Annahme einer ernsthaften Lebensbindung reicht nicht jedes im Zusammenhang mit einem intimen Verkehr geschlossene „Verlöbnis" aus (OLG Köln, aaO).

Ist der Geschlechtspartner ein verheirateter Mann oder lebt die Minderjährige mit einem verheirateten Manne im Konkubinat, so wird regelmäßig sittliche Verwahrlosung anzunehmen sein.

Die Tatsache allein, daß ein 17-jähriges Mädchen sich einem Manne hingegeben hat, der, in gesicherter beruflicher Position stehend, diesem die Ehe versprochen hat, und daß die Minderjährige nach Beendigung dieses Verhältnisses mit einem anderen Manne Beziehungen angeknüpft hat, in deren Verlaufe es ebenfalls zu intimem Verkehr gekommen ist, ist noch kein Anzeichen der Verwahrlosungsgefahr oder einer Verwahrlosung (KG, ZblJugR XVIII, 192).

Die Annahme der sittlichen Verwahrlosung läßt sich auch nicht mit dem allgemeinen Hinweis rechtfertigen, die Minderjährige sei sexuell frühreif (BayObLGZ 1953, 289, 293; s ferner auch bezüglich eines Minderjährigen OLG Hamburg, ZblJugR XXIII, 262; hierzu Bem 26b). **231**

Anhaltspunkte für sittliche Verwahrlosung sind auch Unehrlichkeit, Ungehorsam, Undiszipliniertheit, schmutzige Redensarten und triebhafte Hemmungslosigkeit (OLG Hamm, ZblJugR 1955, 85 = JMBlNRW 1955, 79), Unwahrhaftigkeit und der Hang, „immer wieder fortzulaufen" (KG, OLG 46, 215 [1926]). **232**

Bei der Beurteilung, ob ein Verhalten unsittlich ist, muß das allgemeine Sittlichkeitsgefühl Richtschnur sein (BayObLGZ 1953, 40, 42); die (bedauerliche) Lockerung der sittlichen Anschauungen als Folge der Kriegs- und Nachkriegsverhältnisse darf nicht berücksichtigt werden (BayObLG, aaO; Becker, BldWPfl 1962, 319; Wiese, BldWPfl 1963, 257). **233**

Nicht außer Acht gelassen werden darf bei der Würdigung des Verhaltens der Minderjährigen, ob sie berufstätig ist und wie ihre Führung an der Arbeitsstelle ist (s hierzu KG, OLG 46, 215 = JR 1926, Beilage Nr 824; OLG München, JFG 14, 56; OLG Karlsruhe, ZblJugR 1961, 31; BayObLGZ 1961, 81, 89; s auch unten Bem 257 zur Frage der Erforderlichkeit der Anordnung der Fürsorgeerziehung). **234**

Ist die Minderjährige durch Willensschwäche und leichte Beeinflußbarkeit gefährdet, sexuell sehr triebhaft, gutmütig mit leichtem Schwachsinn, der aber im Verhältnis zu Gleichaltrigen nur in geringem Maße von der Norm abweicht, und versuchte die Minderjährige wiederholt, mit Jungen „anzubändeln" und diese zu verführen, so ist Verwahrlosung anzunehmen (OLG Hamm, ZblJugR 1958, 177). **235**

Hatte ein 15-jähriges früh entwickeltes Mädchen, offenbar aus Haltlosigkeit und Triebhaftigkeit, intime Beziehungen mit einem Manne begonnen, aus denen ein uneheliches Kind hervorgegangen ist, und war die Minderjährige dann längere Zeit berufstätig und bestehen jetzt bei Fortsetzung der Beziehungen ernste Heiratsabsichten im Einverständnis der Eltern, so kann nicht mehr von Verwahrlosung oder Verwahrlosungsgefahr gesprochen werden, da angenommen werden muß, daß sich die Verhältnisse konsolidiert haben (OLG Karlsruhe, ZblJugR 1961, 31). **236**

cc) **Geistige Verwahrlosung** liegt vor, wenn ein Kind hinter der normalen geistigen Entwicklung seiner Altersstufe erheblich zurückbleibt, zB infolge Vernachlässigung spät oder nur mangelhaft sprechen lernt, insbesondere bei Gehörschäden oder Schwachsinn, sowie wenn es infolge ungenügenden Schulbesuchs oder, weil es nicht die notwendige Sonderschule besucht, mehr oder weniger auf der Stufe des Analphabeten bleibt oder keinerlei geistige Interessen zeigt (s Scholl, BldWPfl 1963, 253, sowie M. Tramer, Schülernöte, 2. Aufl 1960; Max Enrich, Schulversager, 1963; Leopold Heina, Das körperbehinderte Kind und seine Sondererziehung, 1964). **237**

Jedoch ist Sonderschulbedürftigkeit auch bei Vorliegen schlechter häuslicher Verhältnisse kein ausreichender Grund zur Anordnung der Fürsorgeerziehung. Vielmehr hat das Vormundschaftsgericht vorrangig Hilfen nach dem Schulpflichtsgesetz (s hierzu Bem 419 aE zu § 1666), gegebenenfalls in Verbindung mit § 1666 Abs 1 BGB oder dem BSHG zu prüfen (LG Marburg, RdJ 1963, 334; s auch Bem 90, 175 zu § 1666).

Zu Gehör- und Sprachstörungen s BayObLGZ 33, 203, sowie Bem 90, 175 zu § 1666.

3. a) Die Fürsorgeerziehung muß gerade im Hinblick auf die Verwahrlosung oder die drohende Verwahrlosung des Minderjährigen **erforderlich** sein, wie sich aus dem Wort „weil" im Gesetzestext ergibt; sie muß im konkreten Einzelfall als geeignete Erziehungsmaßnahme erscheinen, um die Verwahrlosungsgefahr zu beheben oder die Verwahrlosung zu beseitigen (oder zumindest wesentlich zu mildern). **238**

Die Anordnung der Fürsorgeerziehung darf nicht nur zweckmäßig oder nützlich oder empfehlenswert sein, sie soll weder Strafcharakter haben noch eine polizeiliche Vorbeugungs- oder Notmaßnahme darstellen.

Die Fürsorgeerziehung ist, wie der Name sagt, eine Erziehungsmaßnahme. Die Erziehung des Minderjährigen ist der Hauptzweck; daher darf die Fürsorgeerziehung nicht lediglich zu dem Zweck angeordnet werden, damit andere Minderjährige, zB Schulkameraden, vor schädlichen Einflüssen bewahrt werden (ebenso Krug, Bem 6, Gräber, Bem 13, Riedel, Bem 8a je zu § 64 JWG; OLG München, DJugH XXIX, 36). Wenn auch häufig der Schutz anderer Minderjähriger vor weiteren Verfehlungen gegen sie und eine ernstliche Warnung anderer Minderjähriger vor ähnlichen Verfehlungen mit erreicht wird, wie sie der der Fürsorgeerziehung überwiesene Minderjährige begangen hat, so sind diese Wirkungen nach dem Grundgedanken und Zweck des Gesetzes nicht das eigentliche Ziel; die Möglichkeit oder gar Notwendigkeit, diese Wirkungen mit zu erreichen, ist nicht Voraussetzung der Anordnung der Fürsogreerziehung (OLG München, aaO).

Ferner darf die Fürsorgeerziehung auch nicht lediglich deshalb angeordnet werden, um eine Operation durchzuführen (s dazu Bem 477 und KG, JFG 13, 33).

239 Die Fürsorgeerziehung ist nur erforderlich, wenn der Minderjährige von der Familie, in der er bisher betreut wurde, dh überhaupt von seiner seitherigen Umgebung getrennt werden muß, wenn er also dort wegen drohender Verwahrlosung oder weiterer, sich verstärkender Verwahrlosung nicht belassen werden kann. Insofern spielen in diesem Zusammenhang die Ursachen der Verwahrlosungsgefahr bzw der Verwahrlosung eine Rolle, zB die Unzulänglichkeit der Erziehung, schädliche Einflüsse der Umgebung, Haltlosigkeit des Minderjährigen usw (s zu den Ursachen der Verwahrlosung bzw Verwahrlosungsgefahr oben Bem 211—213).

240 Ferner ist die Anordnung der Fürsorgeerziehung nur erforderlich, wenn eine unter öffentlicher Aufsicht (dh der des Landesjugendamtes oder gegebenenfalls des Jugendamtes) durchgeführte planmäßige Erziehung im Hinblick auf die Verwahrlosungserscheinungen und deren Ursachen notwendig ist.

241 b) aa) Ist der (die) Minderjährige berufstätig, so ist die Anordnung der Fürsorgeerziehung dann nicht erforderlich, wenn eine Unterbringung beim Arbeitgeber oder Lehrherrn oder in einem Lehrlingsheim und dgl möglich ist und ausreicht (s dazu unten Bem 257).

242 Ist die **Ehe der Eltern** des Minderjährigen **geschieden** und vermag der Elternteil, der bisher die elterliche Gewalt nicht ausgeübt hat (§ 1671 BGB), selbst die nötigen Maßnahmen zu ergreifen, um die (drohende) Verwahrlosung des Kindes zu beheben, so ist die Anordnung der Fürsorgeerziehung nicht erforderlich, wenn eine Änderung der Regelung über die Ausübung der elterlichen Gewalt (§§ 1696, 1671 BGB) rechtlich möglich ist und ausreicht (vgl auch — nach früherem Recht — OLG Hamburg, OLG 46, 212; BayObLGZ 27, A 114 = JFG 5, 78; KG, JFG 14, 258; OLG München, JFG 14, 55). Entsprechendes gilt bei Getrenntleben (vgl §§ 1696, 1672 BGB).

243 Ist ein eheliches Kind mit der Heimerziehung gegen den Willen der uneinsichtigen Eltern einverstanden, ist es sich der Gefährdung seiner Entwicklung (und der Verwahrlosungsgefahr) bewußt und vermag es nach seiner geistigen und sittlichen Reife die Bedeutung der Heimerziehung zu erkennen, so kommt es zwar auf den Willen der Sorgeberechtigten an, da diesen das Recht zusteht, das Kind zu erziehen und dessen Aufenthalt zu bestimmen (§ 1631 Abs 1 BGB). Indessen bedarf näherer Prüfung, ob in einem solchen Falle die Bestellung eines Pflegers gemäß §§ 1666 Abs 1 Satz 1, 1909 BGB ausreicht, der dann die Unterbringung des Kindes in einem Heim veranlassen kann (s auch Bem 262).

244 Fürsorgeerziehung für einen Mündel darf nicht angeordnet werden, wenn dieser mit seiner Unterbringung in einem Erziehungsheim durch den Vormund (Amtsvormund) einverstanden ist und die nötige geistige und sittliche Reife besitzt, um die Erheblichkeit des Eingriffs in seine Freiheit zu erkennen und abzuwägen (BayObLGZ 1954, 298 = DAVorm XXVII, 258 = FamRZ 1955, 152, Leitsätze mit Hinweisen).

245 bb) Ist die Anordnung der Fürsorgeerziehung erforderlich, um die (drohende) Verwahrlosung abzuwenden, so darf nicht deshalb von der Anordnung abgesehen werden, weil die Eltern das Kind zur Hilfe im Geschäft oder im Haushalt benötigen, zB die Tochter aus dem Grunde, weil die Mutter ihre Niederkunft erwartet (BayObLGZ 1953, 40). Ob eine Aussetzung des Verfahrens (§ 68 JWG) in Betracht kommt, richtet sich danach, ob damit gerechnet werden kann, daß das Kind sich bessert und in dieser Zeit sich bewährt (s dazu unten Bem 298ff).

Gegen die Anordnung der Fürsorgeerziehung kann nicht eingewendet werden, die Heimerziehung nehme dem Minderjährigen die Möglichkeit, seinen Beruf frei zu wählen (OLG Hamm, JMBlNRW 1963, 43). 246

Ist die verwahrloste oder der Gefahr der Verwahrlosung ausgesetzte Minderjährige verlobt, so steht dies der Anordnung und Durchführung der Fürsorgeerziehung nicht entgegen (wohl allgemeine Meinung; vgl OLG Stuttgart, EJF, E I Nr 26; Gräber, Bem 3, Jans-Happe, Bem 4 je zu § 64), und zwar auch dann nicht, wenn dadurch die beabsichtigte Eheschließung verhindert wird. Die Minderjährige kann sich in diesem Falle nicht auf ein Recht auf Eheschließung (s zu diesem zB OLG Stuttgart, FamRZ 1963, 39) berufen. Indessen bedarf eingehender Prüfung, ob die Verhinderung der Eheschließung dem Wohle der Minderjährigen dient, ob nicht durch die Eheschließung die Verwahrlosung oder Verwahrlosungsgefahr beseitigt werden kann, insbesondere dadurch, daß der Ehemann auf die Minderjährige einen günstigen Einfluß auszuüben vermag (Gräber, Jans-Happe, aaO; Brand-Hensel, 519, Fußnote 1). 247

cc) Hat die Einleitung des die Anordnung der Fürsorgeerziehung betreffenden Verfahrens oder die Anordnung und Durchführung der vorläufigen Fürsorgeerziehung schon einen nachhaltigen Eindruck auf den Minderjährigen und die Sorgeberechtigten gemacht, und ist deshalb die Annahme gerechtfertigt, daß sich der Minderjährige bessern werde und daß sich die Sorgeberechtigten intensiv um diesen kümmern werden, so ist zu prüfen, ob das Verfahren gemäß § 68 ausgesetzt werden kann (ebenso Riedel, Bem 12; KG, DJugH XXIX, 261 = JFG 16, 202; s auch oben Bem 34 sowie zur Aussetzung unten Bem 297ff; zur Einleitung des Verfahrens s ferner Bem 267). 248

c) In der Neufassung des VI. Abschnittes des JWG sind die früheren Vorschriften des § 63 Abs 2 und 3 (s oben Bem 174 und 175) gestrichen; ebenso wurde § 67 geändert und die versuchsweise vorläufige Fürsorgeerziehung (s dazu Bem 368) beseitigt. Das Merkmal der **pädagogischen Erfolgsaussicht** ist kein Erfordernis der Anordnung der Fürsorgeerziehung mehr (s dazu zB OLG Hamm, JMBlNRW 1963, 107 = FamRZ 1963, 302 [Leits]; OLG Neustadt, ZblJugR 1964, 54). Das Gesetz erstrebt, von dem Grundgedanken des § 1 Abs 1 JWG ausgehend, jedem gefährdeten Minderjährigen die erforderliche erzieherische Hilfe zu bieten (s BT-Drucks Nr 2226, 28, abgedruckt bei Krug, 277, und Riedel, 632). 249

Hierbei geht das Gesetz davon aus, daß grundsätzlich jeder normal veranlagte Minderjährige noch erzieherischen Einwirkungen und Beeinflussungen, zB Belehrungen, Ermahnungen, Vorhaltungen usw, zugänglich ist*), selbst wenn er schon im 20. Lebensjahr steht, mag auch die Behandlung schwieriger Minderjähriger besonderes erzieherisches Geschick und spezielle Fachkenntnisse erfordern. Gerade zu dem Zweck, damit in schwierigen Fällen die nötigen Erziehungshilfen gewährt werden können, hat der Gesetzgeber in § 72 vorgeschrieben, daß für die erforderliche Differenzierung der Einrichtungen und Heime nach der zu leistenden Erziehungs-

---

*) Literatur zur Frage der Erziehbarkeit bzw. Unerziehbarkeit: Beurmann, Zur Erziehung schwerstgeschädigter Mädchen, Unsere Jugend 1963, 487; C. Ebermaier, Das schwererziehbare Kind, 1959; Gerson, Zur Frage der Heimsituation und der sozialen Prognose bei „unerziehbaren" Fürsorgezöglingen, Mitglieder-Rundbrief des AFET, Jahrgang 1955/1956, Nr 6; derselbe, Zur Frage der Unerziehbarkeit, Zeitschrift „Die Sammlung", 1954, Heft 3; derselbe, Grenzen der Erziehbarkeit, Zeitschrift für Sozialhygiene, 1950, Heft 1; derselbe, Die praktische Arbeit im Schwersterziehbarenheim für Schulentlassene, Neue Schriftenreihe des AFET, Heft 4, 1952; derselbe, Das JWG in psychiatrischer und sozialpädagogischer Sicht, RdJ 1963, 161; v. Mann, Möglichkeiten und Grenzen in der Behandlung der sog Unerziehbaren, AFET, Heft 4; Meyer in Lutz, Kinderpsychiatrie, Die Erziehung schwererziehbarer Kinder und Jugendlicher (278ff); Patzschke, Unerziehbarkeit „aus Gründen, die in der Person des Minderjährigen liegen", Unsere Jugend 1960, 386; Piecha, Die Lebensbewährung der als „unerziehbar" entlassenen Fürsorgezöglinge, 1959; Stutte-Pfeiffer, Grenzen der Sozialpädagogik, Ergebnisse einer Untersuchung praktisch unerziehbarer Fürsorgezöglinge, Neue Schriftenreihe des AFET, Heft 12, 1958; s ferner die Tagung des AFET 1962: Was soll aus der öffentlichen Erziehung werden? Welche Lebenshilfen kann die Heimerziehung den 18 bis 21-Jährigen geben? (Neue Schriftenreihe, Heft 16, 1962).

Weiterhin ist zu verweisen auf die Darstellungen der Heilpädagogik von Asperger (3. Aufl 1961), Hanselmann (5. Aufl 1958) und Meinertz (1961) und die Literaturangaben in dem Handbuch für Jugendforschung, hrsg v Studienbüro für Jugendfragen, Bonn-Venusberg, 1961, 186ff.

aufgabe gesorgt werden soll (s dazu Bem 509a). Die dargelegte Auffassung und Tendenz des Gesetzgebers wird vor allem auch darin deutlich, daß durch Art XII des Gesetzes zur Änderung und Ergänzung des Reichsjugendwohlfahrtsgesetzes vom 11. 8. 1961 in den §§ 26 Abs 2 und 72 Abs 1 des Bundessozialhilfegesetzes vom 30. 6. 1961 (BGBl I, 815) die (untere) Altersgrenze von 18 auf 20 Jahren erhöht wurde; dh mit anderen Worten: die Unterbringung in einer Arbeitseinrichtung (§ 26 BSHG) und die Einweisung Gefährdeter in eine geeignete Anstalt oder ein geeignetes Heim (§§ 72, 73 BSHG) soll für Minderjährige solange nicht in Betracht kommen, als ihnen Erziehungshilfen auf Grund des VI. Abschnittes des JWG, also gerade vor allem die Fürsorgeerziehung, gewährt werden können (s BT-Druck zu Nr 2854, 11). Zu beachten ist auch, daß die Zahl der sogenannten Unerziehbaren beträchtlich reduziert werden könnte, wenn sie richtig gelenkt würden, dh wenn entsprechende Einrichtungen mit dem nötigen fachlich geschulten Personal vorhanden wären (vgl Gerson, RdJ 1963, 163).

250 Wenn hier von Unerziehbarkeit gesprochen wird, so ist zu beachten, daß es sich dabei nur um eine (in seltenen Fällen vorkommende) **praktische Unerziehbarkeit** handelt. Der zuweilen gebrauchte Ausdruck der „pädagogischen Unerziehbarkeit" ist in sprachlicher wie in begrifflicher Hinsicht sehr unschön und sollte vermieden werden (s Jans-Happe-Koch, Bem 4 A zu § 66).

Der Gesetzgeber erstrebt mit der Regelung des § 64 JWG, daß auch bei Minderjährigen, die völlig verwahrlost sind, der Versuch gemacht werden muß, die Beseitigung der Verwahrlosung oder wenigstens eine (gewisse) Besserung ihres Zustandes zu erreichen (s zum früheren Rechtszustand OLG Hamm, ZblJugR 1960, 123). Dies gilt ebenfalls für minderjährige Prostituierte (s auch Jörissen, Jugendwohl 1963, 377).

251 Lediglich in besonderen Ausnahmefällen, wenn auf Grund des Ergebnisses eines gemäß § 66 JWG eingeholten Gutachtens nach stationärer Beobachtung oder der Durchführung der vorläufigen Fürsorgeerziehung mit an Sicherheit grenzender Wahrscheinlichkeit angenommen werden muß, daß das Erziehungsziel und selbst eine gewisse Besserung nicht erreicht werden kann, darf die Fürsorgeerziehung nicht angeordnet werden, da sie dann nicht als erforderlich beurteilt werden kann und lediglich eine Maßnahme zur Verwahrung des Minderjährigen wäre. Also lediglich in solchen (seltenen und klar liegenden) Fällen schwerer oder schwerster Verwahrlosung kann die Fürsorgeerziehung nicht angeordnet werden (ähnlich Lange in Soergel-Siebert, 9. Aufl, 1963, Anhang nach § 1666, Bem 33; s auch LGe Bochum und Detmold, RdJ 1963, 302, 303 m Anm von Deutsch); allerdings kann Lange im Hinblick auf Art 11 Abs 2 GG insoweit nicht beigetreten werden, als er aus Art 2 Abs 1 GG verfassungsrechtliche Bedenken gegen eine bloße Verwahrung des Minderjährigen herleitet. Bleiben aber Zweifel bezüglich der Erziehbarkeit oder bestehen gewisse Anhaltspunkte dafür, daß wenigstens eine geringfügige Besserung des Zustandes des Minderjährigen erzielt werden kann, so darf von der Anordnung der Fürsorgeerziehung nicht abgesehen werden.

Eine Unerziehbarkeit in dem erwähnten Sinne wird aber in der Regel allenfalls für Minderjährige bejaht werden können, die das 20. Lebensjahr nahezu vollendet haben oder die so abartig sind, daß eine Unterbringung auf Grund der landesrechtlichen Unterbringungsgesetze in Betracht kommen wird. Im ersteren Falle kann nach Vollendung des 20. Lebensjahres eine Unterbringungsanordnung gemäß § 26 oder § 73 Abs 2 BSHG ergehen (s hierzu Göppinger, Die Justiz 1962, 251).

252 Zu berücksichtigen ist ferner folgendes: Gemäß § 17 Abs 2 JGG verhängt der Richter Jugendstrafe, wenn wegen der schädlichen Neigungen des Jugendlichen, die in der Straftat hervorgetreten sind, Erziehungsmaßregeln oder Zuchtmittel zur Erziehung nicht ausreichen. Gemäß § 19 Abs 1 JGG kann Jugendstrafe von unbestimmter Dauer verhängt werden, wenn sich nicht voraussehen läßt, welche Zeit erforderlich ist, um den Jugendlichen durch den Strafvollzug zu einem rechtschaffenen Lebenswandel zu erziehen. Die Jugendstrafe ist Erziehungsstrafe; (jedenfalls) die unbestimmte Jugendstrafe setzt nach, soweit ersichtlich, einhelliger Meinung Erziehungsfähigkeit voraus (s hierzu Dallinger-Lackner, JGG, 1955, Bem 13; Potrykus, Bem 4 zu § 19; Grethlein, Bem 3d zu § 18 JGG; Schaffstein, Jugendstrafrecht, 1959, 110f; Miehe, RdJ 1963, 117). Indessen muß angenommen werden, daß dann, wenn wegen mangelnder Erziehungsfähigkeit keine Jugendstrafe, insbesondere nicht die unbestimmte Jugendstrafe, verhängt werden darf, auch die Fürsorgeerziehung nicht in Betracht kommt. Denn die Jugendstrafe ist die ultima ratio, das letzte Mittel bei (gefährdeten) Min-

derjährigen, die strafbare Handlungen begangen haben. Hieran hat § 64 JWG nichts geändert und kann nichts geändert haben (vgl aber auch Miehe, aaO, s ferner Bem 267).

d) Von der Anordnung der Fürsorgeerziehung ist jedoch abzusehen, wenn der Minderjährige **wegen geistig-seelischer Regelwidrigkeiten von Krankheitswert** in einem der Erziehung Minderjähriger dienenden Heim nicht erzogen werden kann (OLG Hamm, JMBlNRW 1963, 107; OLG Neustadt, ZblJugR 1964, 54). Im allgemeinen wird hier der schiefe Ausdruck der **medizinischen Unerziehbarkeit***) verwendet (s zB Riedel, Bem 9, Krug, Bem 6 je zu § 64; gegen diese Formulierung mit Recht schon Stutte-Pfeiffer, Grenzen der Sozialpädagogik, 1958, 67, und jetzt Jans-Happe — unter Mitarbeit von Koch — Bem 4, A zu § 66); dieser Ausdruck ist nicht nur in sprachlicher und begrifflicher Hinsicht bedenklich, sondern, worauf Jans-Happe-Koch, aaO, mit Recht hinweisen, deshalb unrichtig, weil auch Geisteskranke, Schwachsinnige und dgl nicht prinzipiell unerziehbar sind, sondern vielmehr die Ausnutzung ihrer Erziehbarkeit anderer Voraussetzungen bedarf, als sie in der öffentlichen Erziehung, in einem Heim, normalerweise gegeben sind. **253**

Gemeint ist also hier, eine auf Grund des Geisteszustandes des Minderjährigen gegebene **praktische Unerziehbarkeit im Rahmen der Fürsorgeerziehung**, in dem Sinne, daß er erzieherischen Einwirkungen nicht zugänglich ist, da das Verhalten und Handeln des Minderjährigen nicht auf einem geschwächten, durch erzieherische Beeinflussung in normale und richtige Bahnen lenkbaren Willen beruht, sondern auf Trieben, die der Minderjährige infolge seines krankhaften Zustandes nicht mehr zu beherrschen vermag (in diesem Sinne KG und BayObLG in ständiger Rechtsprechung — s bezüglich des KG JFG 2, 104; ZblJugR XX, 79 = OLG 30, 90; ZblJugR XXI, 290; XXII, 248 = JFG 9, 56; ZblJugR XXVI, 28 = JW 1934, 910 = JFG 11, 89; ZblJugR XXVI, 367 = JW 1935, 1888 = JFG 12, 179; JFG 18, 112 = DFG 1938, 219; hinsichtlich des BayObLG s Z 28, 175 = ZblJugR XX, 79 = OLG 30, 90; Z 28, 348 = JFG 5, 92; Z 1953, 59 — ferner OLG München, JFG 14, 59; OLG Stuttgart, JFG 9, 54 = ZblJugR XXII, 322 = JW 1930, 2988; OLG Düsseldorf, EJF 1952, 43 = DRspr I [196] 24b). **254**

Bleibt im Verfahren zweifelhaft, ob der Minderjährige in diesem Sinne erziehbar ist, so muß, wenn die sonstigen Voraussetzungen vorliegen, Fürsorgeerziehung angeordnet werden, auch zB dann, wenn das Landesjugendamt die Auffassung vertritt, der Minderjährige sei unerziehbar, und deshalb damit gerechnet werden muß, daß der Minderjährige später gemäß § 75 Abs 2 entlassen wird (vgl KG, JFG 12, 179). **255**

Ist eine Minderjährige leicht debil und sehr triebhaft und besteht die Gefahr, daß sie völlig verwahrlost und der Prostitution verfällt, so ist Fürsorgeerziehung anzuordnen; erhebliche geistige und seelische Regelwidrigkeiten stehen dem nicht entgegen, es sei denn, die Minderjährige wäre unerziehbar (LG Hannover, ZblJugR 1963, 322 — bestätigt durch OLG Celle, s daselbst —). Ist dies aber der Fall, so darf die Fürsorgeerziehung nicht angeordnet werden (LG Hannover, aaO; LG Marburg, RdJ 1963, 334 mit zustimmender Anm von Deutsch; OLG Hamm, JMBlNRW 1963, 107; OLG Düsseldorf, JMBlNRW 1963, 249; OLG Neustadt, ZblJugR 1964, 54; Krug, Bem 6 zu § 64; Jans-Happe, Bem 4 A zu § 66; Soergel-Siebert-Lange, Anhang nach § 1666, Bem 32; Brand-Hensel, 520; Pikart-Henn, 226). Denn gemäß § 75 Abs 2 müßte sie alsbald — dh sobald eine andere Form der Hilfe gesichert ist — wieder aufgehoben werden. Die Anordnung der Fürsorgeerziehung wäre hier auch aus dem Grunde nicht vertretbar, weil Kinder, die infolge der erwähnten Anomalien unerziehbar sind, in einem Erziehungsheim nicht gefördert werden können, sondern vielmehr nur die Heimordnung stören und andere Kinder möglicherweise gefährden.

4. a) Die Voraussetzung, daß die Fürsorgeerziehung erforderlich sein muß (§ 64 Satz 1), ist zur Abgrenzung von anderen Maßnahmen durch die weitere Vorschrift des **§ 64 Satz 2** dahin präzisiert, daß Fürsorgeerziehung nur angeordnet werden kann, wenn keine ausreichende andere Erziehungsmaßnahme gewährt werden kann. Diese letztere Voraussetzung, in welcher der **Grundsatz der Subsidiarität****) hervorgehoben ist, nämlich daß sie das letzte, schwerste, schärfste Abhilfemittel sein soll, ist jetzt ausdrücklich vorgeschrieben. Dieser Grundsatz hatte sich in der Rechtsprechung jedoch schon bisher durchgesetzt (vgl dazu aus der Rechtsprechung zum § 63 aF: **256**

*) Riedel, Medizinische Unerziehbarkeit und pädagogische Erfolgsaussicht, ZblJgR 1951, 6.

**) Hierzu s auch Webler, JW 1933, 2040; Roestel, ZblJugR 1962, 149.

BGHZ 8, 134 = ZblJugR 1953, 172 = JR 1953, 298 = FJF 1953, 42 = NJW 1953, 1300; Z 21, 178 = FamRZ 1956, 281 = ZblJugR 1956, 298 = NJW 1956, 1434 = FJF, F I Nr 2; BayObLGZ 1953, 43. 289; 1954, 67, 300; 1958, 97, 321; OLG Neustadt, ZblJugR 1960, 25; OLG Stuttgart, ZblJugR 1961, 90, 334; sowie schon KG, OLG 34, 266 (1916); ZblJugR XX, 225 ua; aus der Literatur s Riedel, Bem 8, Gräber, Bem 15 je zu § 64 JWG).

§ 64 Satz 2 dient damit nur der Klarstellung, bedeutet aber nicht, daß die Voraussetzungen der Anordnung der Fürsorgeerziehung insofern verschärft wären (s zu einer gewissen Modifikation der bisherigen Auffassung bezüglich des Verhältnisses zu § 1666 unten Bem 262).

Aus § 64 Satz 2 darf nicht hergeleitet werden, andere Maßnahmen müßten erschöpft, dh erfolglos angewandt worden sein (mißverständlich wohl Gräber, Bem 15 zu § 64); vielmehr kommt es nur darauf an, ob im Hinblick auf die jetzt bestehende Verwahrlosungsgefahr oder Verwahrlosung noch eine andere Maßnahme ausreicht, auch wenn seither keine Erziehungsmaßnahme gewährt oder angeordnet worden war (zum Wesen und zur Bedeutung der Fürsorgeerziehung s Bem 469ff).

257 b) Als **andere Erziehungsmaßnahmen** kommen vor allem in Betracht: Bestellung eines Erziehungsbeistandes, Gewährung der Freiwilligen Erziehungshilfe (s zB OLG Celle, NdsRpfl 1956, 112), Maßnahmen nach §§ 1666 Abs 1, 1838 BGB, sowie gemäß § 1631 Abs 2 BGB. Indessen darf der Begriff „andere Erziehungsmaßnehme" nicht eng ausgelegt werden, dürfen also hierunter nicht lediglich gerichtlich angeordnete Maßnahmen oder behördlich gewährte Hilfen verstanden werden. Daher können hier auch in Betracht kommen Ermahnungen, Verwarnungen, auch durch den Lehrer, Seelsorger, Arbeitgeber usw (s ferner zur Erziehungsbeistandschaft und Freiwilligen Erziehungshilfe oben Bem 34, 126), die Unterbringung in einem Lehrlingsheim oder in der Familie des Lehrherrn oder beim Arbeitgeber usw (s auch Bem 234).

258 Die **Freiwillige Erziehungshilfe** ist als mildere Maßnahme zu beurteilen, da sie nicht auf gerichtlicher Anordnung beruht; sie kann auch bei Verwahrlosungsgefahr oder Verwahrlosung des Minderjährigen gewährt werden (s Bem 124), sie unterscheidet sich von der Fürsorgeerziehung teilweise in den Auswirkungen (s dazu Bem 502ff).

Liegen die Voraussetzungen des § 64 JWG vor und sind die Sorgeberechtigten uneinsichtig, so ist die Anordnung der Fürsorgeerziehung nicht zu umgehen. Hiergegen kann nicht eingewandt werden, der Minderjährige dürfe nicht für die Uneinsichtigkeit der Sorgeberechtigten büßen und nur deshalb mit dem Makel der Fürsorgeerziehung belastet werden. Indessen ist es das unabänderliche Schicksal des Kindes, in welche Familie es hineingeboren wurde. Eine andere Frage ist freilich, ob nicht eine Maßnahme nach § 1666 Abs 1 Satz 1 BGB ausreicht.

Ein Antrag, Fürsorgeerziehung anzuordnen, kann mit der Begründung, es müsse Freiwillige Erziehungshilfe beantragt bzw gewährt werden, nur dann abgelehnt werden, wenn Freiwillige Erziehungshilfe tatsächlich gewährt werden kann; dies ist nicht der Fall, wenn das Landesjugendamt erklärt hat, es werde die Gewährung der Freiwilligen Erziehungshilfe ablehnen, oder wenn es diese Maßnahme bereits abgelehnt hat (s dazu OLG Hamm, ZblJugR 1963, 169 = JMBl-NRW 1963, 164). Ist diese Ablehnung noch nicht rechtskräftig und läuft ein Rechtsmittelverfahren, so wird die Anordnung der Fürsorgeerziehung jedenfalls dann nicht entbehrlich, wenn nicht zugewartet werden kann, da sonst die Gefahr der Verwahrlosung sich vergrößern oder die bestehende Verwahrlosung sich verstärken würde (s auch oben Bem 154a).

259 Steht das Kind unter Vormundschaft, so ist es Sache des Vormunds, Freiwillige Erziehungshilfe zu beantragen, wenn diese erforderlich ist (vgl OLG Celle, NdsRPfl 1956, 112). Weigert er sich oder beantragt er die Anordnung der Fürsorgeerziehung statt der Gewährung Freiwilliger Erziehungshilfe, so kann das Vormundschaftsgericht den Vormund entsprechend belehren, gegebenenfalls gegen ihn durch Verbote oder Gebote einschreiten (§ 1837 BGB), notfalls ihn entlassen (§ 1886 BGB). Ist der Vormund Amtsvormund (§§ 37, 40, 46 JWG), so kann das Vormundschaftsgericht auf ihn gemäß § 1837 Abs 1 BGB iV mit § 38 JWG entsprechend einwirken; die Vorschrift des § 1886 BGB ist in diesem Falle nicht anzuwenden.

260 Ist das **Jugendamt** bereits (gemäß §§ 1666 Abs 1 Satz 1, 1909 BGB) zum **Sorgerechtspfleger** bestellt, so rechtfertigt der Umstand, daß störende Eingriffe in die vom Jugendamt angeordnete Heimunterbringung des Kindes von seiten der Eltern zu befürchten oder zu erwarten sind, nicht die Anordnung der Fürsorge-

erziehung (BGHZ 21, 178 = FamRZ 1956, 281 = ZblJugR 1956, 298 = NJW 1956, 1434 = DJF, E I Nr 2; Brand-Hensel, 539), und zwar auch dann nicht, wenn sich herausstellt, daß eine strengere Heimerziehung notwendig ist (aM OLG Stuttgart, ZblJugR 1961, 334). Denn es ist Aufgabe des Pflegers (Jugendamtes), die gebotene Erziehungsmaßnahme zu veranlassen; hierzu ist ein vormundschaftsgerichtliches Eingreifen oder eine vormundschaftsgerichtliche Genehmigung (vgl § 1800 Abs 2 BGB) nicht erforderlich (s dazu auch oben Bem 156, 157 und unten Bem 262).

Ist das Kind bereits in einem Erziehungsheim untergebracht, so wird die **261** Anordnung der Fürsorgeerziehung regelmäßig als entbehrlich zu beurteilen sein (ebenso KG, JFG 12, 163; BayObLGZ 1954, 298, 300; Riedel, Bem 15 zu § 64 JWG). Doch ist zu prüfen, ob besondere pädagogische Bedürfnisse eine anderweitige Unterbringung erforderlich machen (BayObLG, aaO), sowie aber auch, ob und auf welche Weise ein Wechsel des Heimes, zB um eine strengere Erziehung herbeiführen zu können, rechtlich möglich ist und welche Maßnahmen gegebenenfalls hierzu erforderlich ist, ferner worauf die Verwahrlosungsgefahr oder Verwahrlosung beruht. Die Fürsorgeerziehung darf nur dann angeordnet werden, wenn sonst die Unterbringung in einem anderen geeigneten Heim nicht durchführbar wäre.

Liegen die **Voraussetzungen des § 1666 Abs 1 Satz 1 BGB** vor, so ist die **262** Anordnung der Fürsorgeerziehung stets dann unzulässig, wenn die nach § 1666 BGB zu treffende Maßregel ausreicht. Dies ergibt sich zwingend aus § 64 Satz 2 JWG (s dazu Gräber, Bem 14, Jans-Happe, Bem 6, E je zu § 64; LG Marburg, RdJ 1963, 334), auch wenn angesichts der (drohenden) Verwahrlosung des Minderjährigen die gemäß §§ 1666 Abs 1 Satz 1, 1909 BGB durch einen Pfleger durchgeführte Heimerziehung an sich keinen geringeren Eingriff in das Elternrecht und die Belange des Minderjährigen darstellt (aM OLG Stuttgart, RdJ 1958, 303 = SjE, E 16, 254q; ZblJugR 1961, 90, 334; OLG Braunschweig, NdsRpfl 1956, 96 = ZblJugR 1956, 181 = FamRZ 1957, 265, Leitsatz; s auch unten Bem 473). Die durch einen Pfleger veranlaßte Heimerziehung des Minderjährigen ist keine „verkappte Fürsorgeerziehung" oder eine Umgehung der Anordnung der Fürsorgeerziehung, wie OLG Stuttgart (aaO), OLG Braunschweig (aaO) und OLG Hamm (ZblJugR 1958, 177 = JMBlNRW 1958, 272 = EJF, E I Nr 21 = SjE, E 16, 254m) sowie Jans-Happe (aaO) meinten (wie hier: Gräber, aaO; OLG Neustadt, ZblJugR 1960, 25; zur Frage der Beantragung der Freiwilligen Erziehungshilfe durch einen ad hoc bestellten Pfleger s Bem 140). Hierzu ist auch zu beachten, daß — worauf Gräber (aaO) mit Recht hingewiesen hat — dem Pfleger eine größere Entscheidungsbefugnis eingeräumt ist, als der die Fürsorgeerziehung durchführenden Erziehungsbehörde, und daß ihm die Bestimmung über die Art und Dauer der Erziehung außerhalb der Familie des Minderjährigen obliegt und eine individuellere Gestaltung der Erziehung gegenüber der staatlichen Zwangserziehung möglich ist (s auch Bem 266ff zu § 1666).

Hieraus folgt:

Im Verfahren betr Anordnung der Fürsorgeerziehung müssen stets die Voraussetzungen des § 1666 Abs 1 Satz 1 geprüft werden, da die (endgültige) Fürsorgeerziehung nicht angeordnet werden darf, wenn eine andere Maßnahme ausreicht.

Klein- und Kleinstkinder dürfen, da regelmäßig die Voraussetzungen des **263** § 1666 Abs 1 Satz 1 BGB vorliegen werden, wenn sie zu verwahrlosen drohen oder verwahrlost sind, kaum je der Fürsorgeerziehung überwiesen werden (vgl auch BGHZ 21, 178, 181 = FamRZ 1956, 281 = ZblJugR 1956, 298 = NJW 1956, 1434 = EJF, E I Nr 2; OLG Stuttgart, ZblJugR 1961, 90); die (drohende) Verwahrlosung von Kleinst- und Kleinkindern wird so gut wie stets auf ein Versagen der Eltern, dh einen Mißbrauch des Sorgerechts oder eine Vernachlässigung des Kindes, — wobei kein Verschulden erforderlich ist, s oben Bem 194ff zu § 1666 — zurückgehen. In der Regel wird man dies wohl annehmen dürfen für Kinder bis zum Alter von etwa 10—12 Jahren. Erst dann, wenn der Minderjährige ein Alter erreicht hat, in dem die (drohende) Verwahrlosung vorwiegend auf Umwelteinflüssen beruht, und die Eltern oder Erziehungsberechtigten vor allem kein Vorwurf der Vernachlässigung des Kindes, insbesondere mangelnder oder mangelhafter Beaufsichtigung trifft, werden die Voraussetzungen des § 1666 Abs 1 Satz 1 BGB nicht mehr gegeben sein. Dieses Ergebnis ist auch sachlich deshalb gerechtfertigt, weil die Minderjährigen möglichst vor dem **Makel der Fürsorgeerziehung** bewahrt werden sollten (vgl OLG Stuttgart, ZblJugR 1961, 90; OLG Neustadt, MDR 1960, 505).

III. Verfahren.

264 1. Das Verfahren und die Entscheidung über die Anordnung der Fürsorgeerziehung stellen eine echte Rechtsprechungstätigkeit iSd Art 92 sowie auch des Art 104 Abs 2 GG dar (s dazu Bem 322 zu § 1666).

265 2. Funktionell zuständig ist der Richter, nicht der Rechtspfleger (§ 12 Nr 23 RPflG), in Württemberg nicht der Bezirksnotar (Art 68 Nr 15 Württ AGBGB).

Die örtliche Zuständigkeit des Vormundschaftsgerichts (Amtsgerichts) bestimmt sich nach § 43 iVm § 36 FGG (s dazu oben Bem 55ff). Maßgebend ist der Zeitpunkt, zu dem das Gericht mit der Angelegenheit tatsächlich befaßt wird (§ 43 Abs 1, Halbsatz 2 FGG), s dazu Jansen und Keidel, je Bem 5 zu § 43; BayObLGZ 1951, 173.

Zur Frage der örtlichen Zuständigkeit für die Anordnung der vorläufigen Fürsorgeerziehung (§§ 67, 77 Abs 1 JWG) s unten Bem 399.

Über die Möglichkeit der Abgabe der Sache unter den Voraussetzungen des § 65 Abs 5 iVm § 57 Abs 5 JWG s oben Bem 56.

266 3. Das Verfahren wird von Amts wegen (s auch Vorbem 39 vor § 1666) oder auf Antrag **(§ 65 Abs 1)** eingeleitet.

267 a) Wird dem Vormundschaftsgericht vom Jugendamt oder vom Jugendgericht oder von der Polizei oder der Staatsanwaltschaft mitgeteilt, daß ein Jugendlicher strafbare Handlungen begangen hat, die vormundschaftsgerichtliche Maßnahmen erforderlich machen können, oder erlangt das Vormundschaftsgericht Kenntnis von drohender Verwahrlosung oder von Verwahrlosungserscheinungen eines Minderjährigen, so hat es **von Amts wegen** zu prüfen, ob ein Verfahren betr Anordnung der Fürsorgeerziehung einzuleiten ist, und die erforderlichen Ermittlungen anzustellen. Dasselbe gilt, wenn an das Vormundschaftsgericht eine Anregung zum Eingreifen herangetragen wird.

Die Einleitung des Verfahrens betr Anordnung der Fürsorgeerziehung von Amts wegen kann durch einen verfahrensleitenden Beschluß, der unanfechtbar ist, da er keine Entscheidung darstellt, oder formlos, zB durch einen Aktenvermerk, bestimmt werden (vgl Gräber, Bem 5 zu § 65 JWG; Brand-Hensel, 525; Potrykus, Bem 4 zu § 65 RJWG, der aber lediglich das letztere zuläßt; s zu diesen Fragen ferner Bem 327 zu § 1666). Ein (mit Datum versehener) Aktenvermerk dürfte sich aber jedenfalls dann empfehlen, wenn sich nicht aus sonstigen Aktenunterlagen der Zeitpunkt ergibt, an dem das Vormundschaftsgericht zum erstenmal mit der Sache befaßt wurde; denn dieser Zeitpunkt ist für die örtliche Zuständigkeit von Bedeutung (s dazu Bem 55).

Möglich ist es auch, daß das Vormundschaftsgericht zunächst ein Ermittlungsverfahren einleitet, ohne daß schon Anhaltspunkte dafür vorhanden sind, welche Maßnahme in Betracht kommt, zB eine Maßnahme nach § 1666 oder die Anordnung der Erziehungsbeistandschaft oder der Fürsorgeerziehung (s dazu Bem 327 zu § 1666, sowie auch Pikart-Henn, 228).

Ein Verfahren darf aber nicht zu dem Zweck eingeleitet werden, um auf den Minderjährigen oder/und die Sorgeberechtigten einen Druck auszuüben und das Verfahren aussetzen zu können (KG, ZblJugR XVII, 274); vielmehr kommt dann nur eine mildere Maßnahme, zB die Anordnung der Erziehungsbeistandschaft oder ein bestimmtes Gebot oder Verbot gemäß § 1666 BGB in Betracht.

268 b) Wird ein **Antrag** auf Anordnung der Fürsorgeerziehung gestellt, so beginnt hiermit, ebenso wie mit der amtswegigen Einleitung des die Anordnung der Fürsorgeerziehung betreffenden Verfahrens, ein formelles Verfahren, das dann auch durch eine gerichtliche Entscheidung abgeschlossen werden muß (s zum letzteren Bem 335, 336).

Antragsberechtigt sind das (zuständige) Jugendamt, das Landesjugendamt und jeder Sorgeberechtigte (§ 65 Abs 1 Satz 1), dagegen nicht der Minderjährige. Durch Landesrecht kann das Antragsrecht erweitert, jedoch nicht eingeschränkt werden.

Die Zuständigkeit des Jugendamtes richtet sich nach § 11 JWG (s hierzu oben Bem 41). Doch ist das Jugendamt, in dessen Bezirk das Bedürfnis der öffentlichen Jugendhilfe für einen Minderjährigen eingetreten ist, der im Bezirk eines anderen Jugendamtes seinen gewöhnlichen Aufenthaltsort hat, nicht für zuständig zu erachten, den Antrag auf Anordnung der endgültigen Fürsorgeerziehung zu stellen (vgl § 11 Satz 2).

Die Stellung des Antrags durch das Jugendamt oder das Landesjugendamt gehört zu den laufenden Geschäften iSd § 16 bzw § 21 Abs 2. Der Leiter der Verwaltung kann diese Antragstellung nicht an andere Stellen delegieren (vgl § 18).

In der Praxis kommt es zuweilen vor, daß Jugendämter zur Begründung des Antrags ihre Handakten oder einzelne Aktenstücke aus diesen mitvorlegen; hiervon ist jedoch dringend abzuraten, vielmehr empfiehlt es sich, einen zusammenfassenden Bericht einzureichen, der alle wesentlichen Einzelheiten enthält (s auch Bem 350 zu § 1666).

Handelt es sich etwa darum, daß dem Minderjährigen häufiger Wechsel der Arbeitsstelle mit Unterbrechungen der Berufstätigkeit und Bummelei vorgeworfen wird, so sollten die einzelnen Arbeitsstellen mit Anschrift und Dauer der Beschäftigung angegeben werden.

Beantragt das Jugendamt gleichzeitig — wie in der Praxis nicht selten — die Anordnung der vorläufigen und endgültigen Fürsorgeerziehung, so empfiehlt es sich dringend, daß das Jugendamt den Antrag (mit einer eingehenden sorgfältigen Begründung — s dazu Bem 329, 350 zu § 1666 —) in mehrfacher Fertigung einreicht, so daß das Gericht leichter in die Lage versetzt wird, ein Exemplar für das Verfahren wegen Anordnung der endgültigen Fürsorgeerziehung zu verwenden und damit dieses Verfahren sofort weiter zu betreiben, auch wenn gegen die Anordnung der vorläufigen Fürsorgeerziehung sofortige Beschwerde erhoben wird. Ferner empfiehlt es sich, den Bericht möglichst so abzufassen, daß er den Sorgeberechtigten übermittelt werden kann.

Liegt kein formgerechter Antrag des Jugendamtes oder des Landesjugendamtes vor, zB weil ein zur Antragstellung nicht befugter Bediensteter den Antrag unterschrieben hat, so muß das Vormundschaftsgericht zunächst hierauf hinweisen und auf ordnungsmäßige Antragstellung hinwirken und muß gegebenenfalls dann von Amts wegen über die Notwendigkeit der Maßnahme beschließen, darf sich also nicht auf die Zurückweisung des Antrags beschränken (vgl KG, JFG 15, 276 = DJugH XXIX, 149). **269**

Nimmt das Jugendamt (oder das Landesjugendamt) den Antrag auf Anordnung der Fürsorgeerziehung wieder zurück, so ist das Verfahren von Amts wegen fortzusetzen (BayObLGZ 1961, 318 = MDR 1962, 221 = NJW 1962, 302; OLG Hamm, ZblJugR 1958, 148), es sei denn, daß schon feststeht, daß der Antrag aussichtslos war. Die Rücknahme des Antrags hat zwar zur Folge, daß das Jugendamt (oder das Landesjugendamt) keinen Anspruch auf Bescheidung des Antrags mehr hat, nicht aber, daß ohne weiteres das Amtsverfahren wegen Anordnung der Fürsorgeerziehung beendet ist (BayObLG, aaO). Das Verfahren ist also nicht in der Hauptsache erledigt, der Antrag ist keine Verfahrensvoraussetzung.

Antragsberechtigt ist nach der Neufassung des § 65 auch das **Landesjugendamt.** Diese Neuerung beruht auf der Erwägung, daß das Landesjugendamt, das die Freiwillige Erziehungshilfe gewährt, in der Lage sein soll, Fürsorgeerziehung zu beantragen, wenn die Personensorgeberechtigten oder auch nur ein Sorgeberechtigter den Antrag auf Gewährung der Freiwilligen Erziehungshilfe zurücknehmen oder nach dem Bescheid das Einverständnis mit der Durchführung der Freiwilligen Erziehungshilfe widerrufen (s BT-Drucks Nr 2226, 28, abgedruckt bei Krug, 284, und bei Riedel, 648). **270**

Personensorgeberechtigt ist der Elternteil, der die Personensorge ausübt (§§ 1626ff), ebenfalls die minderjährige Mutter, die uneheliche Mutter, der Vormund, auch der Amtsvormund, sowie ein für die Personensorge bestellter Pfleger (s hierzu Bem 43ff, 48 zur Erziehungsbeistandschaft). **271**

Damit, daß das Gesetz jeden Personensorgeberechtigten (einzeln) als antragsberechtigt erklärt hat, ist eine Lösung des Falles herbeigeführt, daß nur ein Elternteil die Gewährung der Freiwilligen Erziehungshilfe beantragt, der andere Elternteil aber widerspricht. Hier kann der Sorgeberechtigte, der eine Heimerziehung des Kindes für erforderlich hält, das Vormundschaftsgericht anrufen und die Anordnung der Fürsorgeerziehung beantragen (s BT-Drucks Nr 2226, 28, abgedruckt bei Krug, 284, und Riedel, 648). Allerdings ist dieser Weg, im Hinblick auf den Makel, den die Fürsorgeerziehung für den Minderjährigen bedeutet, wenig erfreulich. Besser dürfte es sein, daß der eine Elternteil das Vormundschaftsgericht anruft mit dem Antrag, ihm die Entscheidung über die Beantragung und dann die Durchführung der Freiwilligen Erziehungshilfe zu übertragen (s oben Bem 140).

4. a) In dem die Anordnung der endgültigen Fürsorgeerziehung betreffenden Verfahren müssen gemäß § 65 Abs 2 die Antragsberechtigten (§ 65 Abs 1), dh das Jugendamt, das Landesjugendamt und jeder Personensorgeberechtigte, sowie auch der Minderjährige gehört werden. Das bedeutet, daß diese Personen und Behörden **Anspruch auf rechtliches Gehör** haben. Indessen dient die Anhörung zugleich zur Aufklärung des Sachverhalts (s hierzu im allgemeinen Bem 336 zu § 1666). **272**

Von der Gewährung des rechtlichen Gehörs darf nur abgesehen werden, wenn sie unmöglich ist (s dazu Bem 338 zu § 1666), was praktisch nur bezüglich der Sorgeberechtigten in Betracht kommen kann.

Der Kreis der Anzuhörenden kann gemäß **§ 65 Abs 2 Satz 3** durch **Landesrecht** erweitert werden. Hiervon hat das AusfG von Rheinland-Pfalz vom 8. 3. 1963 Gebrauch gemacht, das in § 24 die Anhörung des Amtsarztes, des Pfarramts und, wenn der Minderjährige die Schule noch besucht, des Leiters der Schule vorschreibt. Nach dem (noch anzuwendenden) § 29 Abs 1 des (früheren) bayer Jugendamtsgesetzes sollen Verwandte oder Verschwägerte des Minderjährigen gehört werden, soweit es zur Klärung des Sachverhalts notwendig erscheint und ohne erhebliche Verzögerung und ohne unverhältnismäßige Kosten geschehen kann; gemäß § 29 Abs 2 ist die Anhörung eines Arztes, der Schulbehörde, wenn der Minderjährige schulpflichtig ist, und der geistlichen Behörde vorgeschrieben; ähnliche Vorschriften enthalten Art 24 Satz 2 und 3 des hess AusfG.

273 b) Das **Jugendamt** reicht zwar in der Praxis in der Regel zu Beginn des Verfahrens einen Bericht ein; doch darf sich hierin seine Beteiligung am Verfahren nicht erschöpfen. Vielmehr müssen ihm, sowie dem **Landesjugendamt**, Abschriften der Protokolle über die Anhörung der Sorgeberechtigten und des Minderjährigen und gegebenenfalls über die Vernehmung von Zeugen und Auskunftspersonen, ferner Abschriften der von den Sorgeberechtigten eingereichten schriftlichen Äußerungen oder anwaltschaftlichen Schriftsätze übermittelt, sowie die vom Gericht eingeholten Gutachten zur Kenntnisnahme zugänglich gemacht werden. Zu Terminen muß Vertretern des Jugendamtes und Landesjugendamtes die Anwesenheit ermöglicht werden (s auch Bem 330 zu § 1666 bezüglich des Jugendamtes).

274 c) aa) **Personensorgeberechtigter** ist bezüglich des ehelichen Kindes bei bestehender Ehe der Eltern jeder Elternteil (einzeln) — s §§ 1626, 1627, 1631 BGB —, bei Getrenntleben der Eltern oder nach der Scheidung der Ehe der Elternteil, der das Personensorgerecht allein ausübt (§§ 1672, 1671 BGB), bezüglich des unehelichen Kindes die Mutter (§ 1707 Abs 1 BGB) sowie der Amtsvormund, gegebenenfalls der Einzelvormund (s Bem 271).

275 bb) Während nach früherem Recht die Anhörung der Eltern vorgeschrieben war (§ 65 Abs 2 aF), ist die obligatorische Anhörung jetzt auf die Sorgeberechtigten beschränkt (vgl auch § 76 Satz 2). Diese Regelung ist jedoch nicht nur rechtspolitisch verfehlt, vielmehr bestehen gegen sie auch verfassungsrechtliche Bedenken. Denn der Ausschluß der obligatorischen Anhörung — dh auch der Gewährung des rechtlichen Gehörs — und dann des Beschwerderechts bedeutet einen Eingriff in das Elternrecht (Art 6 Abs 2 GG). Die Anordnung der Fürsorgeerziehung ist eine Entscheidung von großer Tragweite. In einem solchen Falle darf dem Elternteil das rechtliche Gehör (Art 103 Abs 1 GG) und das Beschwerderecht auch dann nicht versagt werden, wenn er nicht sorgeberechtigt ist, dh wenn er das Personensorgerecht nicht ausübt (zB nach Getrenntleben oder nach geschiedener Ehe). Durch die Anordnung der Fürsorgeerziehung wird sein bisheriges Verkehrsrecht (§ 1634 BGB) berührt, das auch Restbestandteil des Personensorgerechts und Bestandteil des Elternrechts (Art 6 Abs 2 GG) ist (s dazu Vorbem 37 vor § 1666). Die Ausübung dieses Rechtes gestaltet sich nach der Anordnung der Fürsorgeerziehung anders (wenn auch dann der Elternteil grundsätzlich Anspruch auf Mitteilung des Aufenthaltsortes des Kindes (§ 71 Abs 4, s Bem 526, 528ff) und das Recht hat, mit dem Kinde brieflich zu verkehren und es zu besuchen — s Bem 480 —).

Es geht daher nicht an, den Elternteil, der das Sorgerecht ausübte, von der Beteiligung am Verfahren auszuschließen. Diese Beteiligung ist ein natürliches Recht jedes Elternteils. Gemäß Art 6 Abs 2 GG darf in das Elternrecht nur insoweit eingegriffen werden, als es erforderlich ist (s Vorbem 16, 17 vor § 1666). Daß dieser Ausschluß der Beteiligung des nichtsorgeberechtigten Elternteils am Verfahren eine erforderliche gesetzgeberische Maßnahme sei, ist nicht ersichtlich. Die Regelung des § 65 Abs 2 nF widerspricht auch der des § 1695 BGB, wonach in den Verfahren, welche die Sorge für die Person des Kindes betreffen, die Eltern zu hören sind.

§ 65 Abs 2 muß daher im Wege verfassungskonformer Gesetzesauslegung (vgl Art 103 Abs 1, Art 6 Abs 2 GG) und unter Berücksichtigung der Regelung des § 1695 BGB dahin verstanden werden, daß der Elternteil, dessen Sorgerecht aus tatsächlichen oder rechtlichen Gründen ruht (§§ 1673—1676, 1678) oder der an der Ausübung des Sorgerechts durch Anordnungen gemäß §§ 1666 Abs 1, 1671, 1672, 1679, 1680 BGB verhindert ist, ebenfalls gehört werden muß (anders die wohl einhellige Meinung, s auch unten Bem 353 zum Beschwerderecht).

Im übrigen wird die Anhörung des nichtsorgeberechtigten Elternteils häufig zur Aufklärung des Sachverhalts (§ 12 FGG) zweckmäßig oder geboten sein, insbesondere, wenn die Eltern getrennt leben und geschieden sind, und zwar zu dem Zweck, um über die Entwicklung des Minderjährigen ein klares Bild zu gewinnen, sowie um zu klären, ob der andere Elternteil die Erziehung des Kindes zu übernehmen oder fortzusetzen vermag oder gegebenenfalls eine Heimerziehung des Kindes im Wege der Freiwilligen Erziehungshilfe zu veranlassen und dann zu fördern bereit und in der Lage ist, dh mit anderen Worten, ob eine Änderung der Sorgerechtsregelung gemäß §§ 1696, 1671, 1672 BGB statt der Anordnung der Fürsorgeerziehung ausreicht (s Bem 242).

Wie widersinnig die jetzige Regelung des § 65 Abs 2 ist, zeigt zB der Fall, daß während des Verfahrens betr Anordnung der Fürsorgeerziehung die Regelung des Sorgerechts geändert wird. Zunächst mußte nach dem Wortlaut des Gesetzes der Elternteil gehört werden, der den Minderjährigen etwa in unzulänglicher Weise erzogen hatte, während der Elternteil, der für die Erziehung nicht verantwortlich war, nicht gehört werden muß. Nach der Änderung der Sorgerechtsregelung bräuchte der Elternteil, dem unzulängliche Erziehung des Kindes vorgeworfen wird, am Verfahren nicht mehr beteiligt zu werden; auch stünde ihm kein Beschwerderecht mehr zu.

Den Vormundschaftsgerichten ist daher dringend zu empfehlen, ebenso wie nach früherem Recht, grundsätzlich beide Elternteile zu hören.

Ist für den Minderjährigen ein **Vormund** oder Pfleger (Sorgerechts- **275a**
pfleger) bestellt (§§ 1773, 1671 Abs 5, 1909 BGB), so ist dieser zu hören.

Besteht **Amtsvormundschaft**, so muß das Jugendamt, nicht der die Vormundschaft tatsächlich führende Beamte oder Angehörige des Jugendamtes (§ 37 Satz 2 JWG) gehört werden (Gräber, Bem 11 D zu § 65); die Anhörung des letzteren kann dagegen zur Aufklärung des Sachverhalts erforderlich sein.

Ist die Minderjährige verheiratet, so muß auch der nicht dauernd **275b**
getrennt lebende Ehemann gehört werden, dem gegen die Anordnung der Fürsorgeerziehung ein Beschwerderecht zusteht (Bem 357). Hinzuzufügen ist, daß die Anordnung der Fürsorgeerziehung gegen eine minderjährige Ehefrau (entgegen der wohl hM) als nicht zulässig zu erachten ist (s Bem 198).

cc) Die Sorgeberechtigten „sollen" **mündlich** gehört werden, soweit dies ohne **276**
erhebliche Schwierigkeiten geschehen kann. Das Vormundschaftsgericht (dh der Richter, nicht der Rechtspfleger) wird daher regelmäßig, dh grundsätzlich die Sorgeberechtigten mündlich hören müssen (vgl Jans-Happe, Bem 7, E, Gräber, Bem 14 je zu § 65; OLG Hamm, JMBlNRW 1963, 17; s auch Bem 343 zu § 1666). Die Unterlassung der mündlichen Anhörung stellt einen Rechtsfehler iSd § 27 FGG dar, es sei denn, daß erhebliche Schwierigkeiten der mündlichen Anhörung (nicht der Anhörung überhaupt — s oben Bem 272 —) entgegenstehen. Solche Schwierigkeiten liegen nicht vor, wenn die anzuhörende Person an einem weit entfernten Ort weilt; denn in diesem Falle kann sie durch den ersuchten Richter gehört werden (ebenso Gräber, Bem 16). Es empfiehlt sich hierbei, daß das Vormundschaftsgericht dem ersuchten Richter eine präzise Formulierung der Fragen übermittelt, die an die betreffende Person gestellt werden sollen. Diese richterliche Anhörung bzw Vernehmung ist vor allem in den Fällen wichtig, wenn die betreffende Person sich schriftlich nur schwer und mühsam oder nicht klar genug auszudrücken vermag (worauf auch Gräber, aaO, hinweist).

Die mündliche Anhörung darf auch bei offenbarer Unglaubwürdigkeit der Sorgeberechtigten nicht unterbleiben (ebenso Gräber, aaO).

Sind die Sorgeberechtigten schon vor der Anordnung der vorläufigen Fürsorgeerziehung mündlich gehört worden, so kann eine nochmalige mündliche Anhörung im Verfahren betr die Anordnung der endgültigen Fürsorgeerziehung dann entbehrlich sein, wenn die Anhörung sich auf alle rechtserheblichen tatsächlichen Umstände bezog und inzwischen keine weiteren Momente tatsächlicher Art hinzugekommen sind. Wurde aber ein weiterer Bericht des Jugendamtes eingereicht oder wurden Zeugen vernommen, so müssen die Sorgeberechtigten hierzu gehört werden und zwar regelmäßig mündlich (s auch zur **„Parteiöffentlichkeit"** der Beweisaufnahme Bem 348 zu § 1666), am besten im Anschluß an die Zeugenvernehmung.

277 Sind die Sorgeberechtigten im Termin zur mündlichen Anhörung erschienen, so haben sie hiermit Gelegenheit zur Äußerung; weigern sie sich aber, sich zu äußern, so können sie sich nicht darauf berufen, das Gebot des rechtlichen Gehörs sei verletzt worden (KG, ZblJugR 1964, 22). Indessen muß dann eine Ausnahme gemacht werden, wenn ein Grund vorliegt, der geeignet ist, Mißtrauen gegen die Unparteilichkeit des Richters zu rechtfertigen, und wenn sie daher den **Richter** wegen Besorgnis der Befangenheit **ablehnen** (aM KG, aaO). Dieses Ablehnungsgesuch darf nicht als unzulässig beurteilt werden; denn Satz 2 des § 6 Abs 2 FGG ist nicht mehr anzuwenden, da er mit Art 101 Abs 1 Satz 2 GG nicht vereinbar ist (s Habscheid, JR 1958, 363; Göppinger, JR 1962, 49; auch Baur 101, aM KG, ZblJugR 1964, 24*) und hM). Bestandteil dieses verfassungsrechtlich gewährleisteten Rechts auf den gesetzlichen Richter ist es, daß über ein Ablehnungsgesuch entschieden werden muß (vgl auch BVerfG E 11, 5f). Das Gesetz muß Vorsorge dafür treffen, daß ein Ablehnungsgesuch beschieden wird und daß sichergestellt ist, daß über das Ablehnungsgesuch nicht ein befangener Richter entscheidet, dh mit anderen Worten, daß einem begründeten Ablehnungsgesuch stattgegeben wird. Dies ist nicht sichergestellt, wenn es dem abgelehnten Richter überlassen ist, selbst und allein darüber zu entscheiden, ob er befangen ist, dh ob ein Beteiligter aus einem Verhalten oder einer Handlung des Richters den Schluß ziehen muß, daß er voreingenommen ist. Dem Richter wird damit zugemutet, daß er über die Bedeutung eines eigenen Verhaltens oder einer eigenen Handlungsweise endgültig, ohne die Möglichkeit einer Nachprüfung, entscheidet. Er ist damit in gewissem Sinne Richter in eigener Sache. Das Argument des KG (aaO), der Richter sei auch in der Lage, einen Beteiligten oder Zeugen auf eine Ungebühr gegen den Richter mit einer Ordnungsstrafe zu belegen (§ 178 GVG), ist nicht stichhaltig; denn hier ist eine Handlung eines Dritten zu beurteilen, außerdem steht diesem gegen die Bestrafung ein Rechtsmittel zu. Dagegen ist nach dem FGG und der ganz herrschenden Meinung die Entscheidung des Richters, daß er keinen Anlaß habe, sich der Ausübung seines Amts zu enthalten, weder selbständig noch im Rahmen der dann erlassenen Sachentscheidung anfechtbar (s Jansen, Bem 9, Keidel, Bem 26 je zu § 6 FGG). Die Fälle der Entscheidung über die Befangenheit eines Richters und über die gegen einen Richter begangene Ungebühr sind nicht miteinander vergleichbar. Das weitere Argument des KG, der den Richter ablehnende Beteiligte sei im Ablehnungsverfahren nicht „Gegner" des Richters, ist insofern nicht stichhaltig, als es die Tatsache außer Acht läßt, daß der Richter eben über ein eigenes Verhalten oder eine eigene Handlungsweise entscheiden muß. Hat ein Richter zB zu einem Schriftsatz eines Beteiligten unpassende oder herabsetzende, ehrverletzende Randbemerkungen gemacht, so ist es unangemessen, wenn ihm selbst die ausschließliche und endgültige Entscheidung über die Frage überlassen bleibt, ob diese Randbemerkungen objektiv die Besorgnis der Voreingenommenheit rechtfertigen. Im übrigen zeigen die Erfahrungen in Ablehnungssachen nach der ZPO und die zu § 42 ZPO bekanntgewordenen Entscheidungen, daß es durchaus Fälle gibt, in denen der Richter selbst sich für nicht befangen erklärt, das über das Ablehnungsgesuch entscheidende Kollegium aber dem Ablehnungsgesuch stattgegeben hat. Gerade darin, daß § 6 Abs 2 Satz 2 FGG jede Möglichkeit einer Nachprüfung der Ablehnung und der ihr zugrundeliegenden Vorgänge durch einen unbeteiligten Richter ausschließt, ist die Verfassungswidrigkeit dieser Vorschrift zu erblicken. Lediglich dann, wenn das Ablehnungsgesuch mißbräuchlich oder unter den rechtlichen Gesichtspunkten der §§ 43, 44 ZPO (zB mangels einer Angabe des Ablehnungsgrundes oder wegen Ablehnung sämtlicher Richter des Gerichts) unzulässig ist, liegt in der Nichtbescheidung des Ablehnungsgesuchs oder in der Entscheidung über das Gesuch durch „abgelehnte" Richter kein Verstoß gegen Art 101 Abs 1 Satz 2 GG vor (vgl BVerfG, aaO).

Da somit § 6 Abs 2 Satz 2 FGG verfassungswidrig ist (der vorkonstitutionelles Recht darstellt), sind die betreffenden Vorschriften der ZPO (§§ 42 ff) entsprechend anzuwenden. Desgleichen sind auch § 41 Nr 5 und 6 ZPO als ergänzende Vorschriften zu § 6 Abs 1 FGG analog anzuwenden (ebenso Baur, aaO; Habscheid, JR 1958, 362f; FamRZ 1964, 83 [zu § 41 Nr 6 ZPO]; aM Schlegelberger, Bem 10 zu § 6, der jedoch rechtsstaatliche Verfahrensgrundsätze weitgehend ignoriert).

*) Veröffentlicht auch in FamRZ 1964, 162 und NJW 1964, 778.

d) Anspruch auf rechtliches Gehör hat auch der **Minderjährige**; regelmäßig ist er ebenfalls mündlich zu hören (§ 65 Abs 2 Satz 2). Wird — wie es hier vorgeschlagen wird (Bem 263) — die Anordnung der Fürsorgeerziehung auf Minderjährige über 10—12 Jahre beschränkt, so muß und kann der Minderjährige stets mündlich gehört werden, eventuell, zB wenn er sich bereits in vorläufiger Fürsorgeerziehung befindet, durch den ersuchten Richter. 278

Der Minderjährige muß im Verfahren **gesetzlich vertreten** sein (s KG, JFG 4, 76; 7, 75; 12, 147 = ZblJugR XXIII, 118 = HRR 1934 Nr 1709; Jans-Happe, Bem 7, B, Gräber, Bem 11, C je zu § 65). Ein Mangel in der gesetzlichen Vertretung muß vor der Entscheidung behoben werden, gegebenenfalls durch Bestellung eines Pflegers. Der Sorgeberechtigte (gesetzliche Vertreter) soll zu dem Antrag bzw zu dem gegebenenfalls von Amts wegen eingeleiteten Verfahren (auch) namens des Minderjährigen Stellung nehmen, also vor allem auch die gegen die Anordnung der Fürsorgeerziehung sprechenden Gesichtspunkte darlegen. Hieraus ergibt sich, daß der Sorgeberechtigte, wenn er selbst den Antrag auf Anordnung der Fürsorgeerziehung gestellt hat, als an der gesetzlichen Vertretung des Minderjährigen verhindert zu betrachten ist (in weiter Auslegung der §§ 181, 1795, s auch § 1629 Abs 2 Satz 1, insbesondere in weiter Auslegung des Begriffs „Rechtsstreit"*).

Daher ist das **Jugendamt**, wenn es **Amtsvormund** ist, an der gesetzlichen Vertretung des Minderjährigen im Verfahren dann verhindert, wenn es selbst — sei es in seiner Eigenschaft als Organ der öffentlichen Jugendhilfe oder als Sorgeberechtigter — die Anordnung der Fürsorgeerziehung beantragt hat (ebenso KG, JFG 7, 65 = HRR 1930 Nr 879; JFG 10, 35 = ZblJugR XXV, 57 = JW 1933, 1335; JFG 12, 147; Gräber, Bem 11, D zu § 65; Soergel-Siebert-Lange, Anhang nach § 1666, Bem 43; Soergel-Siebert-Germer, Bem 2 zu § 1795; Firsching, 99; **aM** KG, JFG 12, 154 = DJZ 1935, 1378 = DJ 1935, 1039 = JW 1935, 2517 = ZblJugR XXVII, 135; BayObLGZ 1962, 1 = FamRZ 1962, 479 = ZblJugR 1962, 299 = NJW 1962, 964; Keidel, Bem 31 zu § 13 FGG; Eder, DRiZ 1962, 294; hM). Die herrschende Meinung stützt sich darauf, daß §§ 181 und 1795 BGB hier nicht anzuwenden seien, da dieses Verfahren kein Rechtsstreit sei, und andere gesetzliche Vorschriften, welche die gesetzliche Vertretung des Kindes durch den Amtsvormund als Antragsteller des Verfahrens ausschlössen, nicht vorhanden seien. Das KG hatte früher zutreffend dargelegt (JFG 7, 65; aM Rothschild, ZblJugR XXIII, 92), wenn das Jugendamt als Amtsvormund den Antrag stelle, so würde damit die Anhörung des gesetzlichen Vertreters praktisch beseitigt. Rechtsstaatliche Verfahrensgrundsätze gebieten heute sicherzustellen, daß der Minderjährige — was vor allem wichtig ist, wenn er das 14. Lebensjahr noch nicht vollendet hat, also noch nicht selbst beschwerdeberechtigt ist — hier nicht zum bloßen Objekt des Verfahrens gemacht werden darf (s hierzu allgemein KG, FamRZ 1960, 503, 505; OLG Hamm, FamRZ 1961, 130; BGH, FamRZ 1961, 367, 368 = NJW 1961, 1398; Hamann, Bem A, 1 zu Art 103 GG) und daß er in diesem Verfahren eines gewissen Schutzes bedarf, angesichts der Bedeutung und Tragweite der Anordnung der Fürsorgeerziehung. Wie notwendig es sein kann, einen Pfleger zu bestellen, zeigt der Fall, daß das Jugendamt Amtsvormund und gesetzlicher Vertreter und Personensorgeberechtigter ist, wenn die uneheliche Mutter verstorben ist oder wenn ihr die Ausübung der tatsächlichen Personensorge gemäß § 1666 Abs 1 Satz 1 BGB entzogen ist und der Minderjährige das 14. Lebensjahr noch nicht vollendet hat (s § 65 Abs 4 iVm Abs 3 Satz 2). 279

Die hM stützt sich auf den Beschluß des KG vom 17. 5. 1935 (JFG 12, 154), der jedoch weitgehend und gerade in den wesentlichen Erwägungen auf nationalsozialistischem Gedankengut beruht; das KG führte aus: „Die Befugnisse (des Jugendamtes) sind von diesem Amt lediglich im Interesse des Minderjährigen und der Volksgemeinschaft auszuüben, der er sich zu fügen und bedingungslos einzugliedern hat. Die Interessen des Jugendamtes und des Minderjährigen bewegen sich deshalb völlig in der gleichen Richtung. ... Das Jugendamt handelt lediglich im wohlverstandenen Interesse des Mündels und der Volksgemeinschaft." In der Anmerkung zu diesem Beschluß legte Maßfeller (DJ 1935, 1040 f) dar: „Die frühere Auffassung des KG entsprach dem Geiste einer individualistischen Betrachtungsweise. ...... das Jugendamt (übt) als Vertreter der öffentlichen Gewalt seine Befugnisse lediglich im Interesse des Minderjährigen 280

*) So hat der BGH den Begriff „Beteiligter" iS des § 13a Abs 1 FGG auch insofern und mit Recht weit ausgelegt, als er hierunter ebenfalls die nichtrechtsfähige Behörde verstanden hat (s Bem 387 zu § 1666).

und der Volksgemeinschaft aus, das Jugendamt (verfolgt) nur das Ziel, aus dem Minderjährigen einen brauchbaren Menschen innerhalb der deutschen Volksgemeinschaft zu machen. Ein Interessenwiderstreit zwischen den Belangen des Jugendamtes und den richtig verstandenen Belangen des Minderjährigen ist also nicht möglich. Deshalb bedarf der Minderjährige auch keines Schutzes gegenüber dem Jugendamt." Dies zeigt deutlich, daß die erwähnte Entscheidung des KG heute als überholt zu beurteilen ist und daß eine Berufung auf diesen Beschluß nicht mehr vertretbar ist, da die Begründung des Beschlusses mit rechtsstaatlichen Grundsätzen unvereinbar ist. Der Minderjährige hat Anspruch auf Schutz gegenüber einer Behörde, jedenfalls dann, wenn es sich um eine Beschränkung oder Entziehung der persönlichen Freiheit handelt durch eine Erziehungsmaßnahme, die das letzte Mittel sein soll (§ 64 Satz 2) und die, wie der Regierungsentwurf (BT-Drucks Nr 2226, 27) einräumt, von vielen Eltern und Jugendlichen als diskriminierend empfunden wird. Der Gedanke des Schutzes des Mündels ist auch eines der maßgebenden Prinzipien der Entscheidung des BVerfG vom 10. 2. 1960 (E 10, 302, 324ff; s dazu oben Bem 157). Ascher (Anm in LM, FGG, § 13a Nr 2) hat mit Recht hervorgehoben, daß das öffentliche Interesse (dh hier das Interesse einer Verwaltungsbehörde) nicht grundsätzlich den Vorrang vor dem Interesse des Einzelnen hat. Schließlich darf auch nicht unbeachtet bleiben, daß der Amtsvormund regelmäßig pflichtwidrig handelt, wenn er für einen Mündel, der noch ein Kleinkind ist oder auf andere Weise in einem Heim untergebracht werden könnte (s auch Bem 257ff, 260ff), Fürsorgeerziehung beantragt.

281 Ist das Jugendamt Sorgerechtspfleger, nachdem den Eltern die Ausübung des Sorgerechts gemäß § 1666 Abs 1 Satz 1 entzogen worden war, so ist es ebenso an der gesetzlichen Vertretung des Kindes verhindert, wenn es selbst die Anordnung der Fürsorgeerziehung beantragt.

282 e) Für die Durchführung der mündlichen Anhörung (s Bem 276, 278) ist der Richter, nicht der Rechtspfleger zuständig (vgl § 12 Nr 23 RPflG); die Anhörung darf auch nicht dem Jugendamt oder einer sonstigen Verwaltungsbehörde überlassen oder übertragen werden. Über die richterliche Anhörung ist ein Protokoll anzufertigen.

283 5. a) Die notwendigen **Ermittlungen** hat das Vormundschaftsgericht von Amts wegen vorzunehmen (§ 12 FGG; s hierzu auch Vorbem 39 vor § 1666 und Bem 328, 332 zu § 1666). Bei diesen Ermittlungen ist vor allem auch der Bericht des Jugendamtes zu berücksichtigen (s dazu Bem 329, 350 zu § 1666); doch darf sich die Entscheidung des Vormundschaftsgerichts nicht ausschließlich auf diesen Bericht stützen (s BayObLGZ 1953, 353, sowie auch daselbst 293).

In Anbetracht der Bedeutung der Angelegenheit ist das Gericht gehalten, eingehende sorgfältige Ermittlungen vorzunehmen, aber auch mit tunlicher Beschleunigung. Dies gilt vor allem, wenn bereits vorläufige Fürsorgeerziehung angeordnet ist. In diesem Falle darf das Vormundschaftsgericht nicht zuwarten, bis über die sofortige und gegebenenfalls sofortige weitere Beschwerde entschieden ist, sondern muß sofort nach der Anordnung der vorläufigen Fürsorgeerziehung die erforderlichen Ermittlungen, vor allem die Anhörung der Sorgeberechtigten und des Minderjährigen durchführen (s auch Bem 268). Zur Aufklärung des Sachverhalts kann es zweckmäßig sein, den unehelichen Vater ebenfalls zu hören (s auch Bem 331 zu § 1666).

Werden Zeugen oder Auskunftspersonen gehört bzw vernommen, so sollte ein ordnungsmäßiges Protokoll aufgenommen werden (s dazu Bem 333 zu § 1666). Den Personensorgeberechtigten, den Eltern sowie einem Vertreter des Jugendamtes und Landesjugendamtes muß die **Teilnahme an der Beweisaufnahme** gestattet werden (s dazu bezüglich der Eltern und Sorgeberechtigten Bem 348 zu § 1666 BGB und Pikart-Henn, 228).

284 b) Ist nach landesrechtlichen Vorschriften die Schulbehörde zu hören, so reicht die Anhörung des Lehrers nicht aus (s BayObLGZ 27, A 279 = JFG 5, 85). Indessen kann es im Rahmen des § 12 FGG erforderlich sein, den Lehrer (als Zeugen) zu vernehmen; schriftliche Berichte von Lehrern genügen nicht ohne weiteres (s OLG Hamm, JMBlNRW 1955, 79 = ZblJugR 1955, 85), insbesondere nicht, wenn es sich um wichtige Vorgänge handelt und es erforderlich ist, im Beisein der Sorgeberechtigten ergänzende Fragen zu stellen und diesen ebenfalls ein Fragerecht einzuräumen, oder zB wenn eine Fehlentwicklung des Minderjährigen während der Heimerziehung stattgefunden haben soll (OLG Hamm, aaO).

285 6. a) Im Verfahren nach § 64 (dagegen nicht im Verfahren nach § 67, s dazu Bem 404) kann das Vormundschaftsgericht zur Beurteilung der Persönlichkeit des Minderjährigen dessen **Untersuchung durch** einen **Sachverständigen** anordnen **(§ 66**

Abs 1). Zu diesem Zwecke kann das Vormundschaftsgericht auch die Unterbringung des Minderjährigen zur Untersuchung und Beobachtung verfügen **(§ 66 Abs 2).**

Da diese Vorschriften zT neu sind, ist es zweckmäßig, die frühere Regelung des § 65 Abs 4 RJWG kurz zu erörtern. Nach dieser Bestimmung konnte das Vormundschaftsgericht die ärztliche Untersuchung des Minderjährigen anordnen und ihn auf die Dauer von höchstens 6 Wochen in einer zur Aufnahme von jugendlichen Psychopathen geeigneten Anstalt oder in einer öffentlichen Heil- und Pflegeanstalt zur Beobachtung unterbringen lassen. Zwar bedeutete diese Formulierung nicht, daß die Untersuchung sich auf die Feststellung des Geisteszustandes beschränken sollte, sondern vielmehr, daß sie eine allgemeine sein mußte (so schon Friedeberg-Polligkeit, 1. Aufl, Bem 13, Potrykus, Bem 9, Riedel, Bem 8 je zu § 65); jedoch war diese Auffassung bestritten, zT wurde angenommen, die Untersuchung müsse sich auf die Erziehungsfähigkeit beschränken (Muthesius, Bem 14, Gräber, Bem 22 A mit Hinweisen). Diese Streitfrage wurde durch die Neufassung geklärt.

Zweck der Untersuchung soll die Persönlichkeitserforschung sein, es handelt sich um eine jugendärztliche, jugendpsychologische und jugendpsychiatrische Begutachtung (ebenso Riedel, Bem 2 zu § 66). Wenn das Gesetz von der pädagogischen, medizinischen oder psychologischen Beobachtung und Beurteilung spricht, so ist das Wort „oder" zugleich im Sinne von „und" zu verstehen.

b) Das Gericht **kann** die Untersuchung und die Unterbringung anordnen, sowie die Unterbringung verlängern (§ 66 Abs 1, 2 Satz 1 und 2). Das Wort „kann" bedeutet eine Befugnis des Gerichts und zugleich eine Ermessensermächtigung, also nicht nur letzteres, wie Riedel, Bem 4 und Jans-Happe, Bem 3, meinen. Die Anordnung des Vormundschaftsgerichts ist rechtlich eine Beweisanordnung im Rahmen der von Amts wegen durchzuführenden Ermittlungen (§ 12 FGG). Ohne die ausdrückliche Vorschrift des § 66 Abs 2 wäre das Gericht nicht in der Lage, eine stationäre Untersuchung anzuordnen; denn § 12 FGG läßt eine solche nicht zu (vgl Keidel, Bem 94 zu § 12), ebenso wäre sie nicht gemäß § 15 FGG iV mit den Vorschriften der ZPO über den Beweis durch Sachverständige (§§ 402, 404, 406—414 ZPO) zulässig. Die Besonderheit gegenüber der Regelung des FGG erklärt sich daraus, daß hier zur Begutachtung meist die Unterbringung erforderlich sein wird, da eine einmalige Untersuchung regelmäßig keine genügende Klarheit zur Ermittlung der hier notwendigen Befunde erbringen kann, und weiterhin, wie erwähnt, die Unterbringung zum Zwecke der Begutachtung eine besondere gesetzliche Ermächtigung erfordert. 286

§ 66 bedeutet somit eine Ergänzung der §§ 12, 15 FGG. Die Untersuchung ist eine reine Ermittlungsmaßnahme (KG, JFG 3, 100; 3, 102 = OLG 46, 214), und zwar des Anordnungsverfahrens; sie dient nicht der Durchführung der Fürsorgeerziehung.

§ 66 Abs 1 und 2 gewähren dem Gericht, wie erwähnt, auch eine Ermessensermächtigung; nach § 12 FGG bestimmt das Gericht Art und Umfang der Ermittlungen nach pflichtmäßigem Ermessen (Jansen, Bem 5 zu § 12 mit weiteren Hinweisen; s auch oben Bem 283). Die Untersuchung und Begutachtung muß das Gericht jedoch anordnen, wenn sie im Interesse der sachgemäßen Aufklärung geboten ist (vgl Gräber, Bem 3 zu § 66), dh wenn auf Grund der Berichte des Jugendamts, der Anhörung der Eltern und des Minderjährigen selbst, oder der Art des Verhaltens des Minderjährigen Anhaltspunkte dafür vorhanden sind, daß er sich so abartig entwickelt hat, daß für ihn Erziehungsmaßnahmen besonderer Art erforderlich sind, oder wenn aus sonstigen Gründen zweifelhaft ist, daß die Fürsorgeerziehung die erforderliche und geeignete Erziehungsmaßnahme ist oder wenn die Untersuchung zur Klärung der Frage notwendig ist, ob der Minderjährige zu verwahrlosen droht oder verwahrlost ist. ZB können Anhaltspunkte für die Notwendigkeit der Untersuchung sich daraus ergeben, daß der Minderjährige sich an Kindern in einer Weise sittlich vergangen hat, die ihn als einen abartigen Psychopathen kennzeichnet (OLG Karlsruhe, FamRZ 1954, 54). 287

Das dem Gericht bezüglich der Anordnung der Untersuchung eingeräumte Ermessen ist dadurch beschränkt, daß die Untersuchung erst und nur verfügt werden darf, wenn es lediglich von ihrem Ergebnis abhängt, ob die Fürsorgeerziehung anzuordnen ist, dh mit anderen Worten: die Ermittlungen zur Prüfung der Frage, ob die Voraussetzungen des § 64 vorliegen, müssen soweit abgeschlossen sein, daß die Anordnung der Fürsorgeerziehung mit Wahrscheinlichkeit erwartet werden kann (Krug, Bem 3; Riedel, Bem 4; OLG Hamm, JMBlNRW 1963, 107; ebenso zum früheren Recht: OLG Karlsruhe, FamRZ 1954, 54 = SJE, E 16, 286 k; Bay- 288

ObLGZ 1953, 59 = ZfJ, E 16, 285; s auch BayObLGZ 1956, 47), insbesondere müssen die Sorgeberechtigten, das Jugendamt, das Landesjugendamt und der Minderjährige selbst gehört sein (OLG Karlsruhe, aaO).

289 c) Das Gutachten soll eine umfassende Beurteilung, nicht nur Beschreibung der Persönlichkeit des Minderjährigen enthalten, erforderlich ist also die Auswahl und Auswertung der Untersuchungsbefunde im Hinblick auf den Sinn und Zweck des Anordnungsverfahrens (Jans-Happe-Koch, Bem 4, B zu § 66), ob also die Anordnung der Fürsorgeerziehung sinnvoll ist oder ob etwa eine andere Hilfe iSd § 75 Abs 2 Satz 2 JWG erforderlich ist (Jans-Happe-Koch, aaO; sowie auch OLG Hamm, JMBlNRW 1963, 107 = FamRZ 1964, 101).

Regelmäßig wird eine Begutachtung nur nach stationärer Beobachtung und Untersuchung möglich sein (ebenso Jans-Happe-Koch, Bem 4,B), wobei auch Testprüfungen von Bedeutung sind (s zu diesen zB Hehlmann, Wörterbuch der Psychologie, Artikel Test), ferner bei geistig-seelischen Regelwidrigkeiten des Minderjährigen Erziehungsversuche (Jans-Happe-Koch, aaO). Körperliche Eingriffe dürfen nur in Ausnahmefällen vorgenommen werden, soweit sie unbedingt erforderlich sind und die erstrebte Klarheit bezüglich eines bestimmten Befundes gewährleisten (s hierzu bezüglich des Strafverfahrens BVerfG, NJW 1963, 1597 = MDR 1963, 735; NJW 1963, 2368 = MDR 1964, 23; sowie auch Jans-Happe-Koch, Bem 4, A zu § 66 JWG). Daher ist im Hinblick auf Art 2 Abs 2 Satz 1 GG Zurückhaltung geboten; schwerwiegende körperliche Eingriffe werden nur im Einverständnis der Erziehungsberechtigten sowie des Minderjährigen selbst für zulässig zu erachten sein, wenn dieser schon eine Altersstufe erreicht hat, in der er die nötige geistige Reife besitzt, um nach entsprechender Belehrung durch den Arzt die Tragweite des Eingriffs erkennen zu können.

290 d) Das Vormundschaftsgericht wird vor der Anordnung zweckmäßigerweise stets eine Stellungnahme des Jugendamts und des Landesjugendamts hierzu einholen, eventuell auch eines Sachverständigen, ob die Unterbringung erforderlich ist.

Die Anordnung darf erst ergehen, wenn die sonstigen Ermittlungen abgeschlossen sind (s Bem 288).

291 Eine **Begründung des Beschlusses** ist zwar hier nicht vorgesehen (vgl dagegen § 65 Abs 3 Satz 1); doch ist sie vor allem dann, wenn die Unterbringung mit angeordnet wird, dringend zu empfehlen (ebenso Riedel, Bem 6).

Die Unterbringung muß zunächst auf höchstens 6 Wochen begrenzt werden (§ 66 Abs 2 Satz 1); sie kann, wenn erforderlich, um weitere 6 Wochen verlängert werden (§ 66 Abs 2 Satz 2). Insgesamt darf die Unterbringung 3 Monate nicht überschreiten; sie kann aber nicht von vornherein auf 3 Monate angeordnet werden.

292 e) Der Beschluß ist mit **sofortiger Beschwerde** anfechtbar (§ 66 Abs 3), die aufschiebende Wirkung hat; dies gilt für den ersten Beschluß wie für den die Unterbringung verlängernden Beschluß. Hieraus können sich aber für die die Verlängerung betreffende Anordnung — die freilich wohl nur sehr geringe praktische Bedeutung hat — Schwierigkeiten ergeben: Die Notwendigkeit der Verlängerung wird sich in der Regel wohl kaum vor Ablauf von 3 Wochen der Unterbringung herausstellen; wird gegen die Anordnung dann (etwa kurz vor Ablauf der Beschwerdefrist) die sofortige Beschwerde eingelegt und eventuell noch sofortige weitere Beschwerde, so ist vor Ablauf der ersten 6 Wochen eine rechtskräftige bzw vollziehbare Entscheidung nicht möglich; das Amtsgericht kann nicht die sofortige Vollziehbarkeit anordnen; zwar ist das Beschwerdegericht dazu für befugt zu erachten (§ 26 Satz 2 FGG), die sofortige Wirksamkeit der Entscheidung anzuordnen, indessen ist fraglich, ob diese Entscheidung stets vor Ablauf der ersten 6 Wochen ergehen kann. Dies hat zur Folge, daß die Unterbringung unterbrochen werden muß, und zwar auch dann, wenn vorläufige Fürsorgeerziehung angeordnet ist (§ 67 Abs 3; s dazu Bem 295).

293 Beschwerdeberechtigt sind das Jugendamt, das Landesjugendamt und die Personensorgeberechtigten (§ 66 Abs 3). Der Minderjährige ist hier nicht erwähnt (vgl dagegen § 65 Abs 4 iVm Abs 3); hieraus schließen Riedel (Bem 6), Jans-Happe (Bem 7), Gräber (Bem 8), wohl auch Krug (Bem 7), daß der Minderjährige selbst nicht beschwerdeberechtigt sei. Hiergegen bestehen jedoch, soweit es sich um die Unterbringung handelt, Bedenken, da diese stets eine Freiheitsbeschränkung oder eine Freiheitsentziehung darstellt. Hiervon geht der Gesetzgeber selbst aus, wie sich aus § 66 Abs 2 Satz 4 ergibt. Rechtsstaatliche Verfahrensgrundsätze erfordern aber, daß jedenfalls der über 14 Jahre alte Minderjährige gemäß § 59 FGG beschwerdeberechtigt sein muß (vgl auch § 7 des Freih-Entz-Verf-Gesetzes, in dem Abs 3 durch das FamRÄndG vom 11. 8. 1961 gestrichen wurde, s hierzu Göppinger, FamRZ 1961, 499, Fußnote 14; Schwarzhaupt,

FamRZ 1962, 50 f). Sonst wäre § 66 Abs 3 wohl der einzige Fall, in welchem dem Betroffenen gegen die Entscheidung, die eine Freiheitsentziehung zur Folge hat, das Beschwerderecht versagt wird.

Wird die Anordnung der Untersuchung und Unterbringung abgelehnt, so findet hiergegen die einfache, nicht die sofortige Bdschwerde statt (ebenso Riedel, Bem 6, **aM** wohl Gräber, Bem 9). Allerdings dürfte diese Frage kaum praktische Bedeutung haben, da das Gericht in einem solchen Falle die Sache als zur Endentscheidung reif ansehen und Fürsorgeerziehung anordnen wird; hierbei kann es in der Begründung dieser Entscheidung darlegen, warum es von der Anordnung der Untersuchung und Unterbringung abgesehen hat. **294**

Wird die Anordnung über die Untersuchung und Unterbringung vom Beschwerdegericht getroffen, so findet hiergegen die Erstbeschwerde, nicht die weitere Beschwerde (§ 27 FGG) statt (ebenso Gräber, Bem 8 zu § 66; Brand-Hensel, 528; sowie zum früheren Recht: OLG Oldenburg, NJW 1961, 275 = MDR 1961, 240; OLG Celle, NdsRpfl 1956, 110 = ZblJugR 1958, 272).

f) Die Anordnung der vorläufigen Fürsorgeerziehung und die der Untersuchung und Unterbringung des Minderjährigen (§ 66) können nebeneinander ergehen **(§ 67 Abs 3** JWG), dh unabhängig voneinander. Der Lauf der 6-Monats-Frist des § 67 Abs 5 wird durch die Anordnung der Unterbringung zum Zwecke der stationären Beobachtung (§ 66) nicht berührt. Doch bedeutet diese Unterbringung eine Unterbrechung der Durchführung der vorläufigen Fürsorgeerziehung (ebenso OLG Düsseldorf, ZblJugR 1964, 20; zu der Frage, welche Bedeutung die Anordnung gemäß § 66 für den Lauf der 6-Monats-Frist des § 67 Abs 5 hat, s Bem 445). **295**

Die Anordnung der vorläufigen Fürsorgeerziehung kann vor oder nach der Anordnung der Untersuchung und Unterbringung (§ 66) ergehen; sie macht aber die letztere in keinem Falle entbehrlich.

Die Anordnung der Untersuchung und stationären Beobachtung sowie Begutachtung des Minderjährigen ist eine Maßnahme im Rahmen der gerichtlichen Ermittlungen des Verfahrens betr Anordnung der endgültigen Fürsorgeerziehung (ebenso Gräber, Bem 6, B zu § 66; OLG Düsseldorf, ZblJugR 1964, 20); sie obliegt ausschließlich dem Gericht. Die Erziehungsbehörde (s § 70 Satz 1) ist daher nicht in der Lage, während der Durchführung der vorläufigen Fürsorgeerziehung von sich aus ohne gerichtliche Anordnung eine stationäre Beobachtung des Minderjährigen zu veranlassen (aM Jans-Happe, Bem 8 B zu § 66 und — für früheres Recht — OLG Hamm, JMBlNRW 1960, 223 = ZblJugR 1963, 87). Sie hat lediglich das Recht, der Erziehung dienende und hiermit im Zusammenhang stehende Maßnahmen zu treffen, aber nicht die Befugnis, eine Unterbringung zu anderen Zwecken, dh zur Untersuchung und Begutachtung wegen geistig-seelischer Abartigkeit, zu veranlassen (s auch unten Bem 478 zur Durchführung der Fürsorgeerziehung); sie ist nur befugt, den Minderjährigen von einem Arzt, zB Psychiater, ohne stationäre Beobachtung untersuchen und begutachten zu lassen, zB wenn sich Anhaltspunkte für geistig-seelische Regelwidrigkeiten ergeben. Ist dann zur weiteren Klärung eine stationäre Beobachtung und Untersuchung erforderlich, so muß das Gericht angerufen werden. Eine solche Untersuchung und Behandlung stellt, wenn sie nicht auf einer gerichtlichen Anordnung gemäß § 66 JWG beruht, eine unter die landesrechtlichen Vorschriften der Unterbringungsgesetze fallende Maßnahme und eine Freiheitsentziehung iSd Art 2 Abs 2, 104 Abs 2 GG dar, also keine Erziehungsmaßnahme (s zu dieser Unterscheidung auch Bem 156 ff), sie bedarf daher der gerichtlichen Genehmigung.

Die Anordnung der Unterbringung gemäß § 66 Abs 2 kann auch dann erst mit der Rechtskraft vollzogen werden, wenn zuvor oder gleichzeitig vorläufige Fürsorgeerziehung angeordnet worden ist (aM Jans-Happe, Bem 8 B; Happe, ZblJugR 1963, 88).

Hat das Gericht gemäß § 66 die Untersuchung und Unterbringung des Minderjährigen angeordnet und ist die vom Gericht festgesetzte Frist abgelaufen, ein etwaiger Verlängerungsbeschluß (§ 66 Abs 2 Satz 2) aber noch nicht rechtskräftig, so muß der Minderjährige aus der stationären Beobachtung auch dann entlassen werden, wenn vorläufige Fürsorgeerziehung (rechtskräftig) angeordnet ist.

Ein Beschwerderecht gegen die Anordnung der Untersuchung und Unterbringung (§ 66) besteht auch dann, wenn die vorläufige Fürsorgeerziehung rechtskräftig angeordnet ist (aM — für früheres Recht — OLG Hamm, aaO; die in dieser Entscheidung zum Ausdruck gekommene Rechtsauffassung ist auf Grund der jetzigen Regelung des § 66 als überholt zu beurteilen).

Das Landesjugendamt als Erziehungsbehörde ist während der Durchführung der vorläufigen Fürsorgeerziehung auch keinesfalls befugt, zum Zwecke der Untersuchung des Minderjährigen auf seinen Geisteszustand irgendwelche körperliche Eingriffe vornehmen zu lassen (s auch Bem 289).

296 g) Wird gegen die Durchführung der Untersuchung und Unterbringung, zB bei der Abholung des Minderjährigen zu der gerichtlich angeordneten Beobachtung und Untersuchung (§ 66), Widerstand geleistet, so kann das Vormundschaftsgericht gemäß **§ 33 FGG** die erforderlichen Maßnahmen, gegebenenfalls **Zwangsmaßnahmen** anordnen (s zur Anwendung des § 33 FGG auch oben Bem 363 zu § 1666 und unten Bem 466f). Das Jugendamt oder Landesjugendamt sind also nicht befugt, von sich aus zur Abholung des Minderjährigen polizeiliche Hilfe in Anspruch zu nehmen, dh selbst ohne gerichtliche Anordnung Zwangsmaßnahmen zu ergreifen.

297 7. a) Das Vormundschaftsgericht kann gemäß **§ 68 Abs 1 Satz 1** das Verfahren auf Anordnung der Fürsorgeerziehung aussetzen*) (nicht das Verfahren betr Aufhebung der Fürsorgeerziehung und Anordnung der vorläufigen Fürsorgeerziehung, s Bem 409).

Die **Aussetzung** bedeutet, daß das eingeleitete formelle Verfahren auf Anordnung der endgültigen Fürsorgeerziehung anhängig bleibt, und soll die Prüfung ermöglichen, ob auf Grund besonderer Umstände trotz drohender oder schon vorhandener Verwahrlosung des Minderjährigen Fürsorgeerziehung vermieden werden kann. Das Vormundschaftsgericht soll — besonders bei nur drohender Verwahrlosung — auch die Möglichkeit haben, die weitere Entwicklung des Minderjährigen zu beobachten, um ein abschließendes Urteil über die Notwendigkeit der Fürsorgeerziehung zu gewinnen (so auch Gräber, Bem 3C; KG, OLG 46, 215 = JR 1927, Nr 386; JFG 16, 202 = JW 1937, 2991; JFG 23, 17 = HRR 1942 Nr 160; OLG Stuttgart, SjE, E 16, 294i). Indessen darf die Aussetzung nicht angeordnet werden, um die Voraussetzungen der Fürsorgeerziehung erst, etwa durch den zu bestellenden Erziehungsbeistand (§ 68 Abs 3), zu ermitteln (KG, JFG 16, 202). Andererseits darf das Verfahren nicht eingeleitet werden, damit es sodann ausgesetzt werden kann (s Bem 267 aE).

298 b) Die Aussetzung des Verfahrens erfordert, daß die Voraussetzungen der Anordnung der Fürsorgeerziehung an sich gegeben sind und daß begründete Aussicht auf den Erfolg der Aussetzung besteht. Ferner darf der Minderjährige eine bestimmte Altersgrenze nicht überschritten haben. Schließlich darf keine Gefahr im Verzuge iSd § 67 Abs 1 vorliegen (OLG Stuttgart, SjE, E 16, 294; s Bem 316, 409).

Die bisherigen Ermittlungen müssen das Ergebnis erbracht haben, daß der Minderjährige verwahrlost ist oder zu verwahrlosen droht, sowie daß eine andere Maßnahme, zB eine Anordnung gemäß § 1666 Abs 1 BGB, nicht in Betracht kommt. Ebenso muß auch feststehen, daß der Minderjährige erziehbar ist; daher muß eine etwa erforderliche Untersuchung und Begutachtung gemäß § 66 durchgeführt worden sein. Bestehen Zweifel, ob der Minderjährige verwahrlost ist oder zu verwahrlosen droht und ob nicht eine andere Maßnahme ausreicht, so darf das Verfahren nicht ausgesetzt werden, ebenso wie zB das Verfahren betr Scheidung einer Ehe oder betr Aufhebung des Mietverhältnisses nicht gemäß § 620 ZPO bzw § 11 MSchG ausgesetzt werden darf, wenn die Klage unbegründet ist. Ferner darf gemäß § 68 das Verfahren nicht ausgesetzt werden, um den Ausgang eines Strafverfahrens gegen den Minderjährigen abzuwarten (ebenso Gräber, Bem 3 zu § 68; Friedeberg-Polligkeit, Bem 1 zu § 66 aF); denn das Vormundschaftsgericht muß selbst prüfen, ob die Voraussetzungen der Anordnung der Fürsorgeerziehung vorliegen, und darf auch nicht etwa die Anordnung der Fürsorgeerziehung der Entscheidung des Jugendrichters in einem anhängigen Strafverfahren überlassen.

299 Es müssen Anhaltspunkte vorhanden sein, aus denen geschlossen werden kann, daß der Minderjährige ernsthaft gewillt ist, sich zu bessern, und daß sich bereits eine ausreichend erscheinende erzieherische Besserung anbahnt (ähnlich Krug, Bem 2; Jans-Happe, Bem 3; OLG Stuttgart, SjE, E 16, 294i), daß also nicht nur eine vorübergehende Besserung des Verhaltens des Minderjährigen erwartet werden kann. Der Minderjährige muß den Erziehungsnotstand, in dem er sich befindet, im wesentlichen einsehen; es muß erkennbar sein, daß der Minderjährige schon jetzt unter dem Eindruck des Verfahrens sich (etwas) gebessert hat und daß er den Willen und die Energie besitzt, entsprechend seiner Einsicht sein Handeln und Verhalten einzurichten und an sich zu arbeiten. Die Aussetzung hat also bewährungsähnlichen Charakter (Potrykus, ZblJugR 1961, 206); sie hat nur Sinn, wenn

---

*) Potrykus, Einige Rechtsfragen zur Aussetzung des Fürsorgeerziehungsverfahrens, ZblJugR 1961, 206.

eine wirkliche ernsthafte und voraussichtlich dauerhafte Besserung erwartet werden kann (Potrykus, aaO).

Notwendig sind auch gewisse Änderungen der äußeren Verhältnisse, soweit sie für die drohende oder eingetretene Verwahrlosung (mit-)ursächlich waren, jedenfalls aber, daß die Sorgeberechtigten ebenfalls einsichtig sind und bereit und in der Lage sind, mit dem vom Jugendamt zu bestellenden Erziehungsbeistand (s § 68 Abs 3) zum Wohle des Minderjährigen zusammenzuarbeiten. Ist jedoch von vornherein erkennbar, daß die Sorgeberechtigten und der Minderjährige nicht gewillt sind, auf Ratschläge und Empfehlungen des Erziehungsbeistandes einzugehen, so kommt eine Aussetzung nicht in Betracht (aM anscheinend Riedel, Bem 5 aE).

Andererseits darf die Änderung der Verhältnisse nicht derart sein, daß die Verwahrlosungsgefahr ganz oder nahezu weggefallen ist; denn in diesem Falle ist eventuell nur eine andere (mildere) Maßnahme anzuordnen.

Eine typische **„Verfahrensbesserung"**, dh eine Besserung, die nur unter dem Druck des Verfahrens und aus Angst vor der Anordnung der Fürsorgeerziehung erfolgt ist, nur als eine scheinbare, nicht ernsthafte Besserung anzusehen ist, ist nicht zu berücksichtigen (Gräber, Bem 3; s ferner Riedel, Bem 5; Jans-Happe, Bem 4 B; OLG Hamm, ZblJugR 1954, 208; KG, JFG 23, 131 = DJugH XXXIV, 85 = HRR 1942 Nr 439 = DFG 1942, 29 sowie auch KG, JFG 23, 101; 20, 164 = DFG 1939, 198 = DJugH XXXI, 304); ist aber durch das Verfahren, je nach der Art der Verwahrlosungsgefahr oder Verwahrlosung, ersichtlich eine objektive und nachhaltige Besserung eingetreten, so muß diese beachtet werden (Gräber, aaO), wobei sich freilich die weitere Frage erhebt, ob eventuell eine mildere Maßnahme ausreicht. 300

Eine Aussetzung kommt aber nicht in Betracht, wenn durch sie dem Elternteil Gelegenheit gegeben werden soll, den unsittlichen Lebenswandel zu ändern, durch den die Verwahrlosungsgefahr des Kindes herbeigeführt wurde (KG, JFG 23, 101; Jans-Happe, Bem 4 A; aM Riedel, Bem 5 je zu § 68). 301

Zu beachten ist, daß die Aussetzung ein nicht unerhebliches Risiko bedeutet (so auch Krug, Bem 2); schlägt der Versuch fehl, so ist nicht nur wertvolle Zeit verloren; vielmehr hat sich meist die erzieherische Situation verschlechtert (ebenso Jans-Happe, Bem 4C). Diese Möglichkeit muß bei der Anordnung der Aussetzung miterwogen werden. Daher sollte von der Aussetzung nur selten Gebrauch gemacht werden (ebenso Potrykus, ZblJugR 1961, 206; Jans-Happe, Bem 2 A; anders Riedel, Bem 5). 302

Der Minderjährige darf bei Anordnung der Aussetzung das 20. Lebensjahr noch nicht vollendet haben. Dies ergibt sich daraus, daß die Aussetzung gemäß § 68 Abs 1 Satz 4 nicht über das vollendete 20. Lebensjahr hinaus erstreckt werden kann. 303

c) Die Aussetzung kann bis zu einem Jahr angeordnet werden. Eine Mindestdauer ist vom Gesetz nicht vorgeschrieben; doch muß sich diese im jeweiligen Einzelfall aus der erzieherischen Situation und den pädagogischen Bedürfnissen ergeben. Im allgemeinen wird eine Dauer von weniger als ca 6 Monaten nicht zweckmäßig sein (ebenso Jans-Happe, Bem 6 A; während Potrykus, Bem 5 zu § 66 aF eine Dauer von 3—6 Monaten vorschlug und Riedel, Bem 4 zu § 68, sogar einen noch kürzeren Zeitraum für möglich erachtete). Vielmehr wird man annehmen können, daß es in der Regel eines Zeitraumes von etwa einem halben Jahre bedarf, um die Verhältnisse zuverlässig beurteilen zu können; erfahrungsgemäß ändern sich die Verhältnisse in pädagogischer Hinsicht nicht ganz kurzfristig zum Guten (so auch Jans-Happe, aaO). 304

Steht der Minderjährige schon im 20. Lebensjahr, so kommt eine Aussetzung des Verfahrens nur bis zur Vollendung des 20. Lebensjahres in Betracht. Daher wird hier ein strenger Maßstab angelegt werden müssen; eine Aussetzung für wenige Wochen ist zwecklos (KG, JFG 23, 131 = DJugH XXXIV, 85 = HRR 1942 Nr 349). 305

Die Aussetzung darf auf höchstens 1 Jahr ausgesprochen werden (§ 68 Abs 1 Satz 1); die gemäß **§ 68 Abs 1 Satz 2** eventuell mögliche **Verlängerung** darf nicht von vornherein hinzugeschlagen werden. In der Regel wird es sich nicht empfehlen, das Verfahren auf ein Jahr auszusetzen. Jedoch ist es zulässig, daß die Aussetzung mehrmals verlängert wird. Voraussetzung ist aber jeweils, daß eine weitere Besserung zu erwarten ist und daß sich der Minderjährige inzwischen günstig entwickelt hat (vgl KG, OLG 46, 216 = JR 1927 Nr 386; JFG 4, 79 = OLG 46, 217 = JR 1927 Nr 1398; ZblJugR XXV, 135; JFG 23, 131; Riedel, Bem 7). 306

307 Die Verlängerung über ein Jahr hinaus ist nur aus besonderen Gründen zulässig (§ 68 Abs 1 Satz 2). Als solche kommen lediglich neue zusätzliche Umstände in Betracht, die Aussetzung über ein Jahr hinaus darf nicht einfach auf die Gründe gestützt werden, die zur ersten Aussetzung geführt hatten (in diesem Sinne auch Jans-Happe, Bem 7A; Krug, Bem 2, 3). Hinsichtlich dieser weiteren Anordnung der Verlängerung der Aussetzung ist jedoch große Zurückhaltung geboten.

308 Mit der Formulierung „kann" in § 68 Abs 1 Satz 1 und 2 ist dem Gericht die Befugnis und die Ermessensermächtigung gegeben, das Verfahren auszusetzen. Das Gericht ist gehalten, das Ermessen in sachgemäßer Weise auszuüben; hierauf haben die Beteiligten Anspruch. Mißbräuchliche Ausübung des Ermessens kann mit dem zulässigen Rechtsmittel gerügt werden.

Vor der Anordnung der Aussetzung müssen die Antragsberechtigten sowie der Minderjährige gehört worden sein. Ebenso ist auch die Anhörung dieser Personen vor der Anordnung der Verlängerung der Aussetzung erforderlich.

309 Die Aussetzung wird durch **Beschluß** angeordnet. In diesem ist der Zeitraum, für den das Verfahren ausgesetzt wird, genau festzulegen, wobei sich wohl empfiehlt, den **Kalendertag** anzugeben, bis zu dem die Aussetzung währt. Dies ist auch wichtig wegen der gleichzeitig erforderlichen Anordnung der Bestellung eines Erziehungsbeistandes (s Bem 310).

Der Beschluß bedarf der **Begründung**; dies ist zwar im Gesetz nicht ausdrücklich vorgeschrieben, jedoch ergibt sich die Notwendigkeit der Begründung des Beschlusses aus der Natur der Sache (s Jans-Happe, Bem 5B; Riedel, Bem 10; Gräber, Bem 5; Palandt-Lauterbach, Bem 2 je zu § 68). Das Gericht muß in der Begründung darlegen, daß und aus welchen Gründen die Anordnung der Fürsorgeerziehung erforderlich wäre und aus welchen Gründen das Verfahren ausgesetzt wird.

Ebenso bedarf auch der Beschluß über die Verlängerung der Aussetzung der Begründung.

310 d) Zugleich mit der Aussetzung des Verfahrens ist für deren Dauer die **Bestellung eines Erziehungsbeistandes anzuordnen (§ 68 Abs 3).** Die Bestellung des Erziehungsbeistandes selbst obliegt dann dem zuständigen Jugendamt (vgl § 57 Abs 1 Satz 2). Die Voraussetzung des § 55, daß die Erziehungsbeistandschaft ausreichend erscheine, braucht hier nicht nur nicht vorzuliegen, sondern darf auch nicht gegeben sein, da sonst die Anordnung der Aussetzung unzulässig wäre (ebenso Krug, Bem 7; Jans-Happe, Bem 11 A). Sinn der Anordnung ist vielmehr, dem Minderjährigen und den Sorgeberechtigten für die Bewährungszeit einen Berater und Helfer in Erziehungsfragen zur Verfügung zu stellen sowie den Minderjährigen zu überwachen (vgl § 58 Abs 2).

Die Erziehungsbeistandschaft wird mit der Anordnung der Aussetzung des Verfahrens zeitlich begrenzt angeordnet (ebenso Riedel, Bem 9; Palandt-Lauterbach, Bem 2), entsprechend dem Zeitraum der Aussetzung (s Bem 309).

311 Wurde die Bestellung des Erziehungsbeistandes übersehen, so kann sie durch einen Ergänzungsbeschluß nachgeholt werden, gegebenenfalls auch vom Beschwerdegericht zB mit der Zurückweisung der Beschwerde.

312 Bestand schon eine Erziehungsbeistandschaft, so genügt die vom Jugendamt gemäß § 56 geführte Erziehungsbeistandschaft nicht. War jedoch die Bestellung eines Erziehungsbeistandes vom Vormundschaftsgericht gemäß § 57 angeordnet worden, so bedarf es nun mit der Anordnung der Aussetzung des Verfahrens keiner neuen Anordnung der Erziehungsbeistandschaft unter Aufhebung der bisherigen (hM, Gräber, Bem 21; Jans-Happe, Bem 11 B je zu § 68; ebenso für früheres Recht Friedeberg-Polligkeit, Bem 6; Muthesius, Bem 4; Potrykus, Bem 10 je zu § 66; aM Riedel, Bem 9 zu § 68). Zu beachten ist, daß gemäß § 61 Abs 2 Satz 2 die Erziehungsbeistandschaft gegebenenfalls mit der Ausführung der Fürsorgeerziehung aufzuheben ist. Allein der Grund, daß die gemäß § 68 Abs 3 angeordnete Erziehungsbeistandschaft nach Ablauf des Zeitraums der Aussetzung automatisch erlischt (s Bem 313), rechtfertigt die Auffassung Riedels nicht.

313 Die gemäß § 68 Abs 3 angeordnete Erziehungsbeistandschaft endet automatisch mit dem Ablauf der Zeit, für die das Verfahren betr Anordnung der endgültigen Fürsorgeerziehung ausgesetzt worden war (aM Riedel, Bem 9; Gräber, Bem 18; sowie für früheres Recht BayObLGZ 27, A 71; vgl auch Krug, Bem 7), es sei denn, daß die Aussetzung schon zuvor aufgehoben worden war (s dazu Bem 331). Gerade, da die Aussetzung des Verfahrens und die Anordnung der Bestellung des Erziehungsbeistandes zeitlich genau bestimmt ist (s Bem 309, 310), ist nur die Auffassung sinnvoll, daß die Erziehungsbeistandschaft automatisch mit Ablauf der Frist erlischt.

Wird die Aussetzung verlängert, so ist auch die Erziehungsbeistandschaft zu verlängern (ebenso Riedel, Bem 9; Krug, Bem 7; Palandt-Lauterbach, Bem 2).

War dagegen die Erziehungsbeistandschaft vor der Aussetzung des Verfahrens gemäß § 57 angeordnet worden, so endet diese Erziehungsbeistandschaft nicht automatisch mit der Beendigung der Aussetzung, sondern nur unter den Voraussetzungen des § 61.

e) Ist der Minderjährige vorläufig untergebracht, so darf diese Unterbringung nicht während der Aussetzungszeit fortgesetzt werden; vielmehr muß der Minderjährige entlassen werden (s Gräber, Bem 19 zu § 68; KG, JFG 19, 207 = DJugH XXXI, 82 = DFG 1939, 111 = DRW 1939, 1178). Eine solche Anordnung über die versuchsweise Fortführung der Heimerziehung wäre unzulässig und käme der Anordnung der Fürsorgeerziehung gleich (KG, JFG 20, 164 = DJugH XXXI, 304 = DFG 1939, 198; Gräber, Bem 19). **314**

f) Der Beschluß des Vormundschaftsgerichts über die Aussetzung des Verfahrens ist den Antragsberechtigten **zuzustellen**, dh dem Jugendamt, dem Landesjugendamt und den Personensorgeberechtigten, zweckmäßigerweise aber auch dem über 14 Jahre alten Minderjährigen (entsprechend § 65 Abs 3), da diesem ein berechtigtes Interesse an der Kenntnis des Beschlusses zugebilligt werden muß (ebenso Brand-Hensel, 551; anders wohl die hM). **315**

Der Aussetzungsbeschluß wird mit der Bekanntmachung (Zustellung) **wirksam** (vgl § 16 FGG), da die sofortige Beschwerde keine aufschiebende Wirkung hat (s § 24 FGG).

g) Gemäß **§ 68 Abs 1 Satz 3** ist eine **vorläufige Fürsorgeerziehung** durch die Aussetzung **aufgehoben**. Dies bedeutet, daß es keines Aufhebungsbeschlusses bedarf, sondern daß die Aufhebung automatisch eintritt, auch ohne daß dies (zur Klarstellung) ausdrücklich ausgesprochen wird (vgl Riedel, Bem 9); indessen empfiehlt sich ein solcher Hinweis zur Klarstellung dringend (so auch Brand-Hensel, 551). **316**

Die Regelung des § 68 Abs 1 Satz 3 beruht auf dem Gedanken, daß mit der Aussetzung des Verfahrens betr die Anordnung der endgültigen Fürsorgeerziehung die Voraussetzung der Gefahr im Verzuge (§ 67 Abs 1) verneint ist.

Doch erhebt sich die Frage, ob die Anordnung der vorläufigen Fürsorgeerziehung mit der Bekanntgabe des Aussetzungsbeschlusses (so anscheinend Riedel, Bem 3, 11) oder erst mit der Rechtskraft des Aussetzungsbeschlusses (so Krug, Bem 4; Gräber, Bem 11 unter Verweisung auf Bem 27 B, 1 zu § 67; sowie Bem 17 B, c zu § 68) aufgehoben ist. Wenn auch der Aussetzungsbeschluß, soweit er das Verfahren der Anordnung der Fürsorgeerziehung betrifft, sofort mit der Zustellung wirksam wird, so wird man doch aus Gründen der Rechtsklarheit und Rechtssicherheit annehmen müssen, daß die weitergehende Wirkung der Aufhebung der vorläufigen Fürsorgeerziehung erst mit der Rechtskraft des Aussetzungsbeschlusses eintreten kann. Die gegenteilige Ansicht hätte, da der Minderjährige sofort entlassen werden müßte, unangemessene Konsequenzen, wenn auf sofortige Beschwerde der Aussetzungsbeschluß aufgehoben wird; dann müßte angenommen werden, daß die vorläufige Fürsorgeerziehung wieder auflebt (so für früheres Recht KG, JFG 19, 210). Eine solche Unterbrechung der vorläufigen Fürsorgeerziehung muß jedoch vermieden werden. Dazu ist zu beachten, daß nur die Voraussetzung der Gefahr im Verzuge, nicht die Voraussetzungen der Anordnung der endgültigen Fürsorgeerziehung durch den Aussetzungsbeschluß verneint werden. Ferner ist auch darauf hinzuweisen, daß der die Fürsorgeerziehung aufhebende Beschluß (§ 75 Abs 5) erst mit der Rechtskraft vollziehbar ist (§ 75 Abs 5 Satz 2). **317**

Der Grundgedanke der Regelung des § 68 Abs 1 Satz 3 (s Bem 316 aE) rechtfertigt und gebietet nicht, daß die vorläufige Fürsorgeerziehung schon mit der Bekanntgabe des Aussetzungsbeschlusses automatisch aufgehoben ist; dies erfordern verfassungsrechtliche Erwägungen (aus Art 2 Abs 1 und 2 und Art 11 Abs 2 GG) ebenfalls nicht.

Die vorläufige Fürsorgeerziehung ist selbst dann aufgehoben, wenn der diesbezügliche Anordnungsbeschluß (§ 67 Abs 1) rechtskräftig geworden war (Gräber, Bem 10). Auch dies spricht dafür, daß nur durch den rechtskräftigen Aussetzungsbeschluß die vorläufige Fürsorgeerziehung aufgehoben sein kann.

Der vorliegende Fall ist von dem Fall zu unterscheiden, daß die Anordnung der endgültigen Fürsorgeerziehung abgelehnt wird und dann gemäß § 67 Abs 5 die zuvor angeordnet gewesene vorläufige Fürsorgeerziehung aufgehoben werden muß (s Bem 438 ff); dort bedarf es — außer wenn das Rechtsbeschwerdegericht die Anordnung der endgültigen Fürsorgeerziehung ablehnt (s Bem 440) — eines ausdrücklichen Beschlusses. Wird in der Beschwerdeinstanz die endgültige Fürsorgeerziehung (wieder) angeordnet, so kommt nur in Betracht, die vorläufige Fürsorgeerziehung, wenn ihre Voraussetzungen vorliegen, neu anzuordnen. So ist der Unterschied sachlich gerechtfertigt, daß im Falle der Aussetzung des die Anordnung der endgültigen Fürsorgeerziehung betreffenden Verfahrens die Anordnung der vorläufigen Fürsorgeerziehung erst mit der Rechtskraft des Aussetzungsbeschlusses automatisch aufgehoben ist.

318 Endigt die Aussetzung infolge Ablaufs des betreffenden Zeitraums oder wird die Aussetzung wegen neuer Gründe aufgehoben (s Bem 331), so tritt die vorher aufgehobene vorläufige Fürsorgeerziehung nicht wieder in Kraft (ebenso Krug, Bem 4, Riedel, Bem 3 je zu § 68). Vielmehr kann und muß sie erneut angeordnet werden, wenn die Voraussetzungen dazu (s Bem 371 ff) wieder vorliegen, und darf sie auch nur dann neu angeordnet werden.

319 h) Gegen den die Aussetzung anordnenden Beschluß findet die **sofortige Beschwerde** statt **(§ 68 Abs 2)**, die keine aufschiebende Wirkung hat (§ 24 Abs 1 FGG). Beschwerdeberechtigt sind das Jugendamt, das Landesjugendamt sowie die Personensorgeberechtigten (§ 68 Abs 2 iVm § 65 Abs 1 Satz 2 und 3); indessen muß auch dem Minderjährigen, der das 14. Lebensjahr vollendet hat, ein Beschwerderecht zugestanden werden (§ 59 FGG, s auch § 65 Abs 4). Denn dem Minderjährigen steht gegen die Anordnung der Erziehungsbeistandschaft das Beschwerderecht zu (s oben Bem 71); daher kann es ihm in dem Falle nicht versagt werden, in dem die Anordnung der Erziehungsbeistandschaft mit der Aussetzung des Verfahrens betr Anordnung der Fürsorgeerziehung verbunden ist (ebenso Brand-Hensel, 553; anders Riedel, Bem 12; Jans-Happe, Bem 10, A; Gräber, Bem 14). Der Kreis der Beschwerdeberechtigten kann also hier nicht als abschließend geregelt betrachtet werden (wie Gräber, aaO, meint). Doch kann der Minderjährige die Aussetzung nicht mit dem Ziel der Anordnung der Fürsorgeerziehung anfechten (ebenso Brand-Hensel, aaO).

320 Gegen den die Aussetzung ablehnenden Beschluß findet — falls ein solcher ergeht — die einfache Beschwerde statt (ebenso Krug, Bem 6, Riedel, Bem 12, Jans-Happe, Bem 10, B; aM: Gräber, Bem 14 — mit eingehenden Hinweisen —; Palandt-Lauterbach, Bem 3; Soergel-Siebert-Lange, Anhang nach § 1666, Bem 46; Brand-Hensel, 554; BayObLG, ZblJugR 1953, 173). Der Umstand, daß ein Recht auf Aussetzung des Verfahrens nicht besteht, weil dem Gericht bezüglich dieser Anordnung Ermessen eingeräumt ist (s zB BayObLG, DRZ 1927, Beilage Nr 768 = ZblJugR XIX, 277; sowie unten Bem 332), kann nicht die Versagung eines Beschwerderechts begründen (in diesem Sinne auch Riedel, aaO); denn auch in sonstigen Fällen findet gegen nachteilige oder belastende Ermessensentscheidungen die Beschwerde statt. Allerdings hat, worauf Krug (aaO) mit Recht hinweist, die vorliegende Streitfrage keine wesentliche praktische Bedeutung, da das Vormundschaftsgericht regelmäßig in der Lage sein wird, eine Endentscheidung zu treffen, die dann mit der sofortigen Beschwerde anfechtbar ist (§ 65 Abs 4).

321 Auf die sofortige Beschwerde gegen die Aussetzung des Verfahrens kann das Beschwerdegericht lediglich nachprüfen, ob die Aussetzung gerechtfertigt ist (vgl KG, JFG 17, 370); es kann die Ermessensentscheidung des Amtsgerichts in vollem Umfange überprüfen, wobei auch die zwischenzeitliche weitere Entwicklung des Minderjährigen zu berücksichtigen ist.

322 Das Beschwerdegericht ist aber nicht befugt, die endgültige Fürsorgeerziehung anzuordnen (KG, JFG 12, 169) oder die Anordnung der endgültigen Fürsorgeerziehung abzulehnen. Denn die Aussetzung ist nur eine Zwischenentscheidung, lediglich sie kann Gegenstand des Beschwerdeverfahrens sein; auf die Anfechtung einer Zwischenentscheidung ist das Beschwerdegericht nicht befugt, eine das ganze Verfahren beendende Entscheidung zu treffen.

323 Ist die Zeit der Aussetzung des Verfahrens bis zur Entscheidung über die sofortige Beschwerde verstrichen, so ist das Beschwerdeverfahren in der Hauptsache erledigt. Dies ist im Tenor der Beschwerdeentscheidung auszusprechen, es darf aber keine Sachentscheidung ergehen (KG, JFG 19, 210 = DFG 1939, 112 = DRW 1939, 873). Daher ist die sofortige Beschwerde nicht als „gegenstandslos zurückzuweisen", wie das KG (aaO), ihm folgend Riedel (Bem 12) und Gräber (Bem 17, C) gemeint haben. Soweit außergerichtliche Kosten entstanden sind, ist über diese gemäß § 13a FGG zu entscheiden.

324 Hebt das Beschwerdegericht die Aussetzung auf mit der Begründung, es bestehe keine Aussicht auf Besserung oder der Minderjährige sei so verwahrlost, daß Fürsorgeerziehung unumgänglich notwendig sei, so steht hiergegen den Sorge-

berechtigten und dem Minderjährigen, der das 14. Lebensjahr vollendet hat, die (einfache, unbefristete) weitere Beschwerde zu (aM nach früherem Recht BayObLG, ZblJugR XIX, 277 = DRZ 1927, Beilage Nr 768; s auch KG, JFG 19, 210).

Wird die Aussetzung vom Beschwerdegericht aufgehoben, so nimmt das Verfahren erster Instanz seinen Fortgang. **325**

Ergibt sich im Beschwerdeverfahren, daß nicht nur die Anordnung der Fürsorgeerziehung erforderlich ist, sondern auch Gefahr im Verzuge (§ 67 JWG) vorliegt, so muß das Beschwerdegericht für befugt erachtet werden, selbst die vorläufige Fürsorgeerziehung anzuordnen (ebenso Riedel, Bem 12, Gräber, Bem 17, B, b; Brand-Hensel, 553; vgl auch Potrykus, ZblJugR 1961, 207, zu dem Falle, daß das Jugendamt zugleich die Anordnung der vorläufigen und der endgültigen Fürsorgeerziehung beantragt hatte und dann das Verfahren ausgesetzt worden war). Dies gilt jedoch nicht, wenn das Amtsgericht schon vor der Aussetzung in einem besonderen Beschluß die Anordnung der vorläufigen Fürsorgeerziehung abgelehnt oder eine zunächst angeordnete vorläufige Fürsorgeerziehung wieder aufgehoben hat (Brand-Hensel, aaO; Gräber, Bem 17, B, a). Das Landgericht muß im Zusammenhang mit der Anfechtung des Aussetzungsbeschlusses wenigstens indirekt mit der vorläufigen Fürsorgeerziehung befaßt sein. **326**

Wurde die Aussetzung abgelehnt und hiergegen Beschwerde erhoben, so ist Gegenstand des Beschwerdeverfahrens ebenfalls nur die Frage der Aussetzung; das Beschwerdegericht kann keine Entscheidung über die Anordnung der Fürsorgeerziehung treffen. **327**

Hat das Amtsgericht endgültige Fürsorgeerziehung angeordnet, so darf das Beschwerdegericht nur das **Beschwerdeverfahren** aussetzen (§ 68) und muß es nach Ablauf der Aussetzungsfrist fortsetzen und über die Anordnung der Fürsorgeerziehung abschließend entscheiden; es darf nicht die Aussetzung anordnen unter Aufhebung des Beschlusses des Amtsgerichts (BGHZ 38, 195 = FamRZ 1963, 38 = ZblJugR 1963, 26 = NJW 1963, 207 = MDR 1963, 118; s hierzu Johannsen in LM, JWG § 68 Nr 1 Anmerkung). **328**

Das Gericht der weiteren Beschwerde kann nur nachprüfen (§ 27 FGG), ob der Beschluß des Landgerichts auf einer Gesetzesverletzung beruht, ob zB die Anordnung der Aussetzung auf einen Ermessensmißbrauch zurückgeht. Das Verfahren der weiteren Beschwerde kann nicht ausgesetzt werden. **329**

i) Das Vormundschaftsgericht ist an die in dem Beschluß über die Aussetzung oder die Verlängerung der Aussetzung des Verfahrens bestimmte Frist gebunden; zuvor darf das Verfahren nicht fortgesetzt werden, außer wenn neue Gründe eingetreten sind, welche die vorzeitige Aufhebung des Aussetzungsbeschlusses erfordern (s Bem 331). **330**

Nach Ablauf der Aussetzungsfrist hat das Gericht das Verfahren weiter zu betreiben.

Treten während der Zeit, da das Verfahren ausgesetzt ist, Gründe ein, welche die **Fortsetzung des Verfahrens** erfordern, so ist das Gericht befugt, den Aussetzungsbeschluß vorzeitig aufzuheben. In Betracht kommen vor allem Schwierigkeiten, die dem Erziehungsbeistand bereitet werden, oder weitere Fehlhandlungen oder Verhaltensweisen des Minderjährigen, welche die Schlußfolgerung rechtfertigen, daß die Besserung zu Unrecht erhofft worden war. **331**

Wird das Vormundschaftsgericht durch einen Bericht des Erziehungsbeistandes oder des Jugendamtes davon in Kenntnis gesetzt, daß die Prüfung der Aufhebung des Aussetzungsbeschlusses erforderlich geworden ist, so sind die Sorgeberechtigten hierzu zu hören, ebenso der Minderjährige, sowie gegebenenfalls der Erziehungsbeistand oder das Jugendamt, eventuell, wenn notwendig, zur Ergänzung des Berichts.

Ergibt die Prüfung der jetzigen Situation des Minderjährigen, daß die Fortsetzung des Verfahrens erforderlich ist, so ist der Aussetzungsbeschluß aufzuheben. Liegt auch Gefahr im Verzuge vor, so kann das Vormundschaftsgericht zugleich vorläufige Fürsorgeerziehung anordnen. In besonders eiligen Fällen kann die Aufhebung des Aussetzungsbeschlusses und die vorläufige Fürsorgeerziehung auch ohne vorheriges Gehör der Sorgeberechtigten und des Minderjährigen angeordnet werden (s Bem 405 aE). Wird der Minderjährige der vorläufigen Fürsorgeerziehung überwiesen, so muß der Aussetzungsbeschluß stets aufgehoben werden.

Sind keine weiteren Ermittlungen mehr erforderlich und sind sämtliche Antragsberechtigten und der Minderjährige zu der neuen Sachlage gehört, so kann das Vormundschaftsgericht zugleich mit der Aufhebung des Aussetzungsbeschlusses die endgültige Fürsorgeerziehung anordnen.

Zugleich mit der Aufhebung des Aussetzungsbeschlusses ist hier auch die Anordnung der Erziehungsbeistandschaft aufzuheben.

332 Gegen die Aufhebung des Aussetzungsbeschlusses und der Anordnung der Erziehungsbeistandschaft findet gemäß § 19 FGG — wie gegen die Ablehnung der Aussetzung (s Bem 320) — die einfache **Beschwerde** statt (ebenso Riedel, Bem 14; Jans-Happe, Bem 10, B; aM Gräber, Bem 14 je zu § 68; sowie für früheres Recht: KG, ZblJugR XIX, 277 = DRiZ 1926, Beil Nr 931; OLG 46, 216, 217).

Beschwerdeberechtigt sind die Sorgeberechtigten und auch der Minderjährige (§§ 57 Abs 1 Nr 9, 59 FGG).

333 8. a) Das Vormundschaftsgericht entscheidet durch Beschluß **(§ 65 Abs 3 Satz 1).**

Die Fürsorgeerziehung muß angeordnet werden, wenn die Voraussetzungen des § 64 vorliegen. Von der Anordnung darf zB nicht deshalb abgesehen werden, weil der Minderjährige zB an einer ansteckenden Krankheit leidet (s Gräber, Bem 7 zu § 64 m Hinweisen) oder weil Heime überfüllt sind (Gräber, aaO, s auch unten bezüglich des Personalmangels Bem 509).

Zugleich mit der Anordnung der endgültigen Fürsorgeerziehung kann ein Beschluß über die Anordnung der vorläufigen Fürsorgeerziehung ergehen, die Entscheidungen können auch miteinander verbunden werden (s hierzu unten Bem 414).

334 b) Wird Fürsorgeerziehung angeordnet, so dürfte es sich empfehlen, dahin zu tenorieren: „Für ... wird (auf Antrag des ...) Fürsorgeerziehung angeordnet." Geschieht dies auf Antrag, so empfiehlt es sich, im Tenor den Antragsteller (mit Anschrift) aufzunehmen. Ebenso sollten (im Rubrum des Beschlusses) der Geburtstag, der Stand des Minderjährigen (zB Schüler, Lehrling), bei einem ehelichen Kind die Sorgeberechtigten (mit Angabe des Standes und der Anschrift), bei einem unehelichen Kind die uneheliche Mutter und der Vormund angegeben werden; ferner empfiehlt sich auch die Angabe der Religion bzw Konfession u dgl.

Ob heilende oder vorbeugende Fürsorgeerziehung angeordnet wird, braucht (im Tenor) nicht erwähnt zu werden (ebenso wohl Firsching, 100; aM Brand-Hensel, 537 ff, 540 ff; s hierzu auch oben Bem 216).

Ist der Antrag erfolglos, so dürfte zu tenorieren sein: „Der Antrag des ... auf Anordnung der Fürsorgeerziehung für ... wird (als unbegründet) zurückgewiesen". War der Antrag von einer nicht antragsberechtigten Person gestellt, so wird er als unzulässig zurückgewiesen.

335 Ordnet das Vormundschaftsgericht statt der vom Jugendamt beantragten Fürsorgeerziehung eine Maßregel nach § 1666 Abs 1 Satz 1 BGB (zB die Entziehung der Ausübung des Personensorgerechts oder des Aufenthaltsbestimmungs- und des Erziehungsrechts) an, so dürfte der Antrag des Jugendamtes, weil er der weitergehende ist (arg § 64 Satz 2), zurückgewiesen werden müssen. Da der Antrag beschieden werden muß, dürfte es nicht ausreichen, das Verfahren betr Anordnung der Fürsorgeerziehung nur für erledigt zu erklären (so aber Palandt-Lauterbach, Bem 4 zu § 65).

336 War das Verfahren von Amts wegen eingeleitet oder nach Rücknahme eines Antrags von Amts wegen fortgeführt worden und ergibt sich, daß die Voraussetzungen des § 64 nicht vorliegen, so muß ebenfalls eine formelle Entscheidung durch Beschluß ergehen (ebenso Gräber, Bem 19, B, Riedel, Bem 13 je zu § 65; Brand-Hensel, 528; wohl auch Palandt-Lauterbach, Bem 4; aM Jans-Happe, Bem 9). Es darf nicht lediglich eine interne Verfügung ergehen (so Jans-Happe, aaO); die Beteiligten, die im Verfahren gehört worden waren (das Jugendamt, das Landesjugendamt, die Personensorgeberechtigten), haben ein berechtigtes Interesse daran zu erfahren, ob und wie das Anordnungsverfahren abgeschlossen wurde. Empfehlenswert dürfte in dem erwähnten Falle sein auszusprechen, daß das Verfahren eingestellt wird (vgl Gräber, aaO). Der Ausspruch „die Anordnung der Fürsorgeerziehung ... wird abgelehnt" erscheint wenig sinnvoll; das Gericht würde hiermit eine Maßnahme ablehnen, zu deren eventueller Anordnung es selbst von Amts wegen ein Verfahren eingeleitet hat. Wenn in § 67 Abs 5 von der Ablehnung der Anordnung der endgültigen Fürsorgeerziehung die Rede ist, so besagt dies für den vorliegenden Zusammenhang nichts, da mit der Formulierung ersichtlich alle Fälle erfaßt werden sollten, auch die, in denen ein Antrag auf Anordnung zurückgewiesen wird. Auch die Tenorierung „Von der Anordnung der Fürsorgeerziehung ... wird abgesehen" erscheint nicht empfehlenswert, da das Wort „abgesehen" den Eindruck erweckt, als handle es sich um eine Ermessensentscheidung oder einem Gnadenakt, etwa wie im Falle des § 7 Abs 1 Satz 3 GKG.

Die Formulierung, daß das Verfahren eingestellt wird, ist ferner am Platze, wenn der Antrag auf Anordnung der Fürsorgeerziehung zurückgenommen ist und kein Anlaß besteht, als Verfahren von Amts wegen fortzusetzen.

Wird dem Minderjährigen gemäß § 62 Freiwillige Erziehungshilfe gewährt, so erledigt sich damit das Verfahren; dasselbe wird zu gelten haben, wenn der Minderjährige verstorben, verschollen, ausgewandert oder unbekannten Aufenthalts ist (in diesen Fällen empfiehlt Riedel, Bem 13a, das Verfahren einzustellen) oder wenn der Minderjährige inzwischen das 20. Lebensjahr vollendet hat. **337**

c) Der Minderjährige darf zur Zeit der Hinausgabe der Ausfertigung des Beschlusses das 20. Lebensjahr noch nicht vollendet haben (s oben Bem 196), es sei denn, daß vorläufige Fürsorgeerziehung angeordnet worden war (§ 67 Abs 4). **338**
Die Fürsorgeerziehung darf nicht rückwirkend angeordnet werden, zB wenn die 6-Monats-Frist des § 67 Abs 5 versäumt ist (s zu dieser unten Bem 438ff).
Unzulässig ist es ferner, die Durchführung der Fürsorgeerziehung zu befristen oder an eine Bedingung zu knüpfen oder sonstige die Durchführung der Fürsorgeerziehung betreffende Anordnungen zu erlassen (KG, JFG 12, 175; BayObLGZ 28, A 233; Pikart-Henn, 229).

d) Der (das Verfahren betr Anordnung der Fürsorgeerziehung abschließende) Beschluß muß mit **Gründen** versehen werden **(§ 65 Abs 3 Satz 1)**; die Begründung muß Darlegungen darüber enthalten, welche tatsächlichen Umstände das Gericht festgestellt, dh für erwiesen erachtet hat, auf welches Beweismaterial und welche Erwägungen es die Entscheidung stützt, in der Regel auch, ob es drohende oder eingetretene Verwahrlosung annimmt (s auch Bem 216), welcher Art der Erziehungsnotstand ist, zu dessen Beseitigung die Fürsorgeerziehung angeordnet wird, aus welchen Gründen das Gericht diese Anordnung für erforderlich und andere Maßnahmen (zB nach § 1666 Abs 1 BGB) für nicht ausreichend erachtet, gegebenenfalls auch Ausführungen über die örtliche Zuständigkeit. War ausnahmsweise die mündliche Anhörung der Sorgeberechtigten oder des Minderjährigen (s dazu Bem 276, 278) unterblieben, so müssen die Gründe hierfür aktenkundig gemacht, am besten in dem Beschluß mitgeteilt werden. **339**

Straftaten des Minderjährigen dürfen auch vor der (rechtskräftigen) Feststellung durch den Strafrichter (Jugendrichter) berücksichtigt werden; an die Beurteilung des Strafrichters ist das Vormundschaftsgericht nicht gebunden, eine abweichende Beurteilung muß aber begründet werden (so auch Brand-Hensel, 527). **340**

Die Begründung des Beschlusses darf nicht lediglich auf die Anordnung der vorläufigen Fürsorgeerziehung Bezug nehmen, vielmehr müssen die weiteren Ermittlungen verwertet werden (s LG Schweinfurt, ZblJugR 1956, 86 m Anmerkung von Potrykus = SjE, E 16, 284k; Brand-Hensel, 528, Fußn 1). **341**

Bei der Abfassung der Gründe des Beschlusses sollte berücksichtigt werden, daß die Entscheidung für die Vollziehung der Fürsorgeerziehung von Bedeutung sein wird (vgl für das Jugendstrafverfahren Richtlinien Nr 2 zu § 54 JGG, abgedruckt bei Krug, 1. Ergänzungslieferung, 479f), wenn auch das Vormundschaftsgericht keinen Einfluß auf die Durchführung der Fürsorgeerziehung hat (deshalb sind Darlegungen über diese zu vermeiden). Ferner sollte Wert darauf gelegt werden, daß die Gründe keine verletzenden Wendungen enthalten und mit Bedacht, Sorgfalt und Takt abgefaßt werden. **342**
Die Begründung ist von Wichtigkeit für die am Verfahren Beteiligten bei der Prüfung der Frage, ob ein Rechtsmittel eingelegt werden soll, ferner für das Beschwerdegericht und, wie erwähnt, die Erziehungsbehörde.

e) Der **Beschluß** über die Anordnung der Fürsorgeerziehung ist dem Jugendamt, dem Landesjugendamt, den Personensorgeberechtigten sowie dem Minderjährigen, der das 14. Lebensjahr vollendet hat, **zuzustellen (§ 65 Abs 3 Satz 2)**; hier wird also die formelle Zustellung iSd § 16 Abs 2 FGG vorgeschrieben. Die bloße Bekanntgabe, auch in einem Termin, genügt daher nicht (ebenso Gräber, Bem 23, Riedel, Bem 14; Pikart-Henn, 229; Brand-Hensel, 529, Fußn 2; aM Krug, Bem 10 aE, Jans-Happe, Bem 12, A). **343**
Ist das Jugendamt zugleich Vormund des Minderjährigen, so braucht ihm der Beschluß nur einmal zugestellt zu werden; die Zustellung kann auch dann an das Jugendamt gerichtet werden, wenn die Ausübung der vormundschaftlichen Obliegenheiten einem Beamten oder Angestellten des Jugendamtes übertragen ist (§ 37 Satz 2; s Gräber, Bem 21 zu § 65).
Der Beschluß betr Anordnung der Fürsorgeerziehung ist auch dem Landesjugendamt (in Bayern: dem Jugendamt) zuzustellen, das die Fürsorgeerziehung

durchführt (vgl § 70), da diesem ebenfalls ein Beschwerderecht zusteht (s Bem 350). Dieses Landesjugendamt braucht nicht mit dem identisch zu sein, in dessen Bezirk das antragstellende Jugendamt liegt, oder das selbst die Fürsorgeerziehung beantragt hat; denn dessen Zuständigkeit bestimmt sich nach dem gewöhnlichen Aufenthaltsort des Minderjährigen (entsprechend der Vorschrift des § 11 JWG), während sich die Zuständigkeit für die Durchführung der Fürsorgeerziehung nach der Zuständigkeit des Vormundschaftsgerichts (§ 70) richtet und diese wiederum nach dem Wohnsitz des Minderjährigen (§ 43 iVm § 36 FGG, § 11 BGB), der von dem gewöhnlichen Aufenthaltsort verschieden sein kann (Gräber, Bem 21 zu § 65).

Ferner ist der Beschluß dem für den Minderjährigen bestellten Pfleger (s Bem 278ff) zuzustellen (über dessen Beschwerderecht s Bem 354), weiterhin auch dem Elternteil, der das Sorgerecht nicht ausübt (s Bem 275), da diesem ebenfalls ein Beschwerderecht gegen die Anordnung der Fürsorgeerziehung zusteht (s Bem 353).

Hat ein Elternteil oder haben die Eltern einen Rechtsanwalt bevollmächtigt, so genügt die Zustellung des Beschlusses an diesen; wird der Beschluß dem Beteiligten und seinem Bevollmächtigten zugestellt, so beginnt die Beschwerdefrist mit der früheren Zustellung (s Gräber, Bem 23 zu § 65 mit weiteren Nachw; Keidel, Bem 34, Jansen, Bem 7, d je zu § 16 FGG). Ergibt die Vollmacht allerdings, daß der Beteiligte, wie meist bei Beauftragung eines Rechtsanwalts, dem Bevollmächtigten den gesamten Verfahrensbetrieb, also auch den Empfang von Zustellungen und die Überwachung von Fristen, anvertraut hat, wie es ihm § 13 FGG freistellt, so werden Fristen nur durch Zustellung an den Bevollmächtigten in Lauf gesetzt (Jansen, aaO).

Richtet sich die Anordnung der Fürsorgeerziehung gegen eine minderjährige Ehefrau (s aber Bem 198), so ist der Beschluß auch dem Ehemann zuzustellen, wenn die Ehegatten nicht dauernd getrennt leben bzw bisher getrennt gelebt haben (zum Beschwerderecht s Bem 357).

Gemäß **§ 65 Abs 3 Satz 3** iVm § 57 Abs 4 Satz 2 ist dem Minderjährigen die Begründung des Beschlusses, soweit sich aus ihrem Inhalt Nachteile für dessen Erziehung ergeben können, nicht mitzuteilen (s dazu Bem 67).

344 Zur Herbeiführung der (formellen) Rechtskraft ist die Zustellung des Beschlusses an alle Beteiligten (s Bem 343) erforderlich (ebenso Gräber, Bem 23); ein Verzicht auf die Zustellung ist unzulässig und unwirksam.

Eine Rechtsmittelbelehrung ist zwar gesetzlich nicht vorgeschrieben, aber im Hinblick auf die Bedeutung der Sache und den Umstand, daß es sich um ein befristetes Rechtsmittel handelt, empfehlenswert.

345 Die Entscheidung des Amtsgerichts, durch die ein Antrag auf Anordnung der Fürsorgeerziehung zurückgewiesen oder das Verfahren eingestellt wird, ist ebenfalls dem Jugendamt, dem Landesjugendamt und den Personensorgeberechtigten zuzustellen, dagegen nicht dem Minderjährigen.

346 **f)** Die Anordnung der Fürsorgeerziehung ist der gerichtlichen **Erziehungskartei** mitzuteilen (s Bem 400 zu § 1666).

347 **9. a)** Gegen die Anordnung der Fürsorgeerziehung und die Zurückweisung eines Antrags auf Anordnung der Fürsorgeerziehung oder die Einstellung des Verfahrens (s Bem 336) findet die **sofortige Beschwerde** statt **(§ 65 Abs 4).** Dagegen ist gegen die Anordnung der Einleitung des Verfahrens (s Bem 267) sowie gegen Beweisanordnungen — abgesehen von der Anordnung der Untersuchung des Minderjährigen (§ 66) — keine Beschwerde gegeben (s zur Frage der Anfechtbarkeit sonstiger Entscheidungen auch Gräber, Bem 27 zu § 65).

Die sofortige Beschwerde ist innerhalb der Frist von zwei Wochen von der Zustellung an einzulegen (§ 22 Abs 1 FGG). Hatte das Amtsgericht keine Rechtsmittelbelehrung erteilt (s Bem 344), so kann das Fehlen der — nicht vorgeschriebenen — Rechtsmittelbelehrung bei Versäumung der Frist eventuell die Wiedereinsetzung in den vorigen Stand (§ 22 Abs 2 FGG) rechtfertigen, wobei zB das Alter, die Persönlichkeit und Lebenserfahrung des Beschwerdeführers von Bedeutung sein werden (s dazu allgemein BayObLG, JR 1964, 147 = NJW 1964, 303).

348 **aa)** **Beschwerdeberechtigt** sind die Antragsberechtigten (§ 65 Abs 4 iVm Abs 3 Satz 2) sowie gegen die Anordnung der Fürsorgeerziehung auch der Minderjährige, wenn er das 14. Lebensjahr vollendet hat.

Diese Regelung ist jedoch mangelhaft und nicht genügend durchdacht, so daß sie, wie die weiteren Ausführungen zeigen werden, manche Probleme aufwirft (s zu der Frage, ob § 65 Abs 4 eine abschließende Regelung darstellt, auch Gräber, Bem 26, C, G).

Beschwerdeberechtigt sind das Jugendamt, das Landesjugendamt und die Personensorgeberechtigten sowohl gegen die Anordnung wie gegen die Ablehnung der Anordnung der Fürsorgeerziehung, gleichgültig, ob der Beschwerdeführer den Antrag auf Anordnung der Fürsorgeerziehung gestellt hat (ebenso Gräber, Bem 25a). Allerdings dürfte das Beschwerderecht der Sorgeberechtigten gegen die Ablehnung der Anordnung der endgültigen Fürsorgeerziehung keine praktische Bedeutung haben.

bb) Beschwerdeberechtigt ist das zuständige **Jugendamt**, dh das Jugendamt, in dessen Bezirk der Minderjährige bei Einleitung des Verfahrens seinen gewöhnlichen Aufenthalt hatte und das den Antrag auf Anordnung der Fürsorgeerziehung gestellt hat oder hätte stellen können (s Gräber, Bem 26, B mit Bem 6). Nicht zuständig ist daher das Jugendamt, das gemäß § 11 Satz 2 JWG lediglich vorläufige Fürsorgeerziehung beantragt hatte (§§ 77, 67). Hat sich während des Verfahrens der gewöhnliche Aufenthalt des Minderjährigen geändert, so wird dadurch nicht das für den neuen Aufenthaltsort des Minderjährigen gemäß § 11 zuständige Jugendamt für das bereits anhängige Verfahren beschwerdeberechtigt (Brand-Hensel, 532; Gräber, aaO; KG, JFG 17, 337 = DJugH XXX, 272 = JW 1938, 2145). 349

Darüber ob das Jugendamt sofortige Beschwerde einlegt, hat der Leiter der Verwaltung der Kommunalbehörde oder in seinem Auftrage der Leiter der Verwaltung des Jugendamtes zu entscheiden, wobei es sich um ein laufendes Geschäft iSd § 16 Abs 1 handelt. Entsprechendes gilt für das Landesjugendamt (§ 21 Abs 2). Doch kann der Leiter der Verwaltung mit der Einreichung der Beschwerde einen Angehörigen der Verwaltung betrauen (s dazu auch Jans-Happe, Bem 13, C sowie Keidel, FGG, Bem 14 zu § 21 und Bem 24 zu § 29), zB hierzu Vollmacht erteilen.

Ist das Jugendamt Vormund und hat es die Führung der Vormundschaft einem seiner Beamten oder Angestellten übertragen (§ 37 Satz 2), so kann dieser die sofortige Beschwerde (als Vormund, dh Personensorgeberechtigter) einlegen (ebenso Gräber, Bem 26, E; Jans-Happe, Bem 13, C), jedoch nicht für das Jugendamt als Organ der öffentlichen Jugendhilfe.

cc) Gemäß § 65 Abs 4 iVm Abs 1 Satz 2 ist das antragsberechtigte **Landesjugendamt** beschwerdeberechtigt. Indessen muß in ausdehnender Auslegung des § 65 Abs 4 auch das Landesjugendamt als beschwerdebefugt betrachtet werden, das die Fürsorgeerziehung durchzuführen hat (§ 70 Satz 1) — ebenso Gräber, Bem 26, C zu § 65 —. Durchzuführen hat die Fürsorgeerziehung das Landesjugendamt, in dessen Bezirk das Vormundschaftsgericht liegt (§ 70 Satz 1). Dieses Landesjugendamt kann geltend machen, es habe das örtlich unzuständige Vormundschaftsgericht entschieden, mit dem Ziel, daß der angefochtene Beschluß aufgehoben und die Sache an das zuständige Gericht verwiesen wird (KG, JFG 12, 159 = ZblJugR XXVII, 67 = JW 1935, 1036; Gräber, Bem 26, C zu § 65; Jans-Happe, Bem 2 aE zu § 70). Wurde der Beschluß jedoch der unzuständigen Behörde zugestellt, so erlangt diese damit kein Beschwerderecht, auch wenn das Vormundschaftsgericht irrigerweise in dem Beschluß dieses Landesjugendamt als zuständige Erziehungsbehörde bezeichnet hatte (so auch Gräber, aaO mit weiteren Hinweisen). Entsprechendes gilt in den Fällen, in denen nach Landesrecht das Jugendamt zur Ausführung der Fürsorgeerziehung zuständig ist (s die bayer VO vom 11. 7. 1962, GVBl 104 — zum [entsprechenden] früheren bayerischen Recht s BayObLGZ 1951, 674 —; hierzu s nun auch BayObLG, ZblJugR 1964, 25). 350

dd) **Personensorgeberechtigt** iSd § 65 Abs 4 iVm Abs 1 Satz 2 (s hierzu Bem 348, 271) ist auch der Elternteil, der nur Teile des Personensorgerechts ausübt, zB wenn ihm nur die Ausübung des Aufenthaltsbestimmungsrechts entzogen worden war (§ 1666 Abs 1 Satz 1). 351

Beschwerdeberechtigt ist auch die minderjährige Mutter (Keidel, Bem 10 zu § 59 FGG); allerdings dürfte diese Frage kaum praktische Bedeutung haben, da ein so kleines Kind nicht der Fürsorgeerziehung überwiesen werden sollte.

Hat gegen die Anordnung der Fürsorgeerziehung nur ein Elternteil sofortige Beschwerde eingelegt, so beurteilt sich die Frage, ob das Rechtsmittel auch als im Namen des anderen Elternteils eingelegt zu betrachten ist, nicht nur nach dem Wortlaut der Erklärung, sondern nach dem Gesamtverhalten der Eltern; hierbei ist davon auszugehen, daß sich in einer guten Ehe bei der Wahrnehmung der Sorge für die gemeinsamen Kinder der eine Elternteil in der Regel zum Sprecher auch des anderen macht (BayObLGZ 1961, 81 = FamRZ 1962, 77, Leits).

Die Personensorgeberechtigten üben ihr Beschwerderecht im eigenen Namen aus, nicht im Namen des Minderjährigen (ebenso Gräber, Bem 26, E zu § 65; Brand-Hensel, 532; s auch Bem 355). Demgemäß können sie nach Ablauf der für sie geltenden Beschwerdefrist nicht als gesetzliche Vertreter ihres über 14 Jahre alten Kindes, also in dessen Namen, sofortige Beschwerde einlegen, es sei denn in dessen Vollmacht (ebenso Gräber, Bem 26, F; Brand-Hensel, aaO).

Übt nur ein Elternteil die elterliche Gewalt aus — zB nach der Scheidung der Ehe (§ 1671 BGB) oder nach der Trennung der Eltern auf Grund einer Anordnung gemäß § 1672 BGB — oder ist einem Elternteil die Ausübung des gesamten Personensorgerechts entzogen worden (§ 1666 Abs 1 Satz 1 BGB), so muß jedoch in weiter Auslegung des Begriffs „Sorgeberechtigter" iSd § 65 Abs 4 iVm Abs 1 Satz 2 und Art 6 Abs 2 GG ein Beschwerderecht auch des Elternteils bejaht werden, der das Personensorgerecht nicht ausübt (s oben Bem 275, aM Begründung des Regierungsentwurfs, BT-Drucks Nr 2226, 29; Gräber, Bem 26, D zu § 65; Hampel, FamRZ 1963, 537, 550f; Brand-Hensel, 533; OLG Hamm, JMBlNRW 1963, 108).

Nach früherem Recht war das Beschwerderecht den Eltern eingeräumt (§ 65 Abs 6 aF). Dem Wortlaut nach hat jedoch die Neufassung das Beschwerderecht nur noch den personensorgeberechtigten Eltern zugestanden. Doch bestehen hiergegen schwerwiegende verfassungsrechtliche Bedenken (s auch Bem 275); deshalb ist im Wege der verfassungskonformen Gesetzesauslegung der Begriff der Personensorgeberechtigten weit zu interpretieren. Wenn das OLG Hamm (aaO) die Verfassungsmäßigkeit der Neuregelung in dem Sinne, daß dem nicht sorgeberechtigten Elternteil das Beschwerderecht nicht zustehe, bejaht, so übersieht es, daß der Ausschluß (des Anhörungsrechts und) des Beschwerderechts des Elternteils, der die Personensorge nicht ausübt, dem zB nur das Verkehrsrecht (§ 1634) zusteht, keine erforderliche gesetzgeberische Maßnahme ist (s Vorbem 16, 17 vor § 1666). Hiervon zu unterscheiden ist die Frage, ob eine Maßregel nach § 1666 Abs 1 Satz 1 verfassungsmäßig ist; letzteres ist zu bejahen, wenn die Voraussetzungen dieser Vorschrift ohne Rechtsirrtum bejaht wurden. Eine solche Maßnahme muß jedoch nicht zwingend zum Ausschluß des Anhörungsrechts und Beschwerderechts im Fürsorgeerziehungsverfahren führen, wie allein schon die frühere Regelung des § 65 Abs 2, 5 Satz 1, Abs 6 aF beweist (s ferner zum Beschwerderecht in Fragen von großer Tragweite Bem 311 zu § 1666).

Wenn Hampel (aaO) und das OLG Hamm (aaO) sich darauf berufen, der Ausschluß des Beschwerderechts diene auch dem Wohle des Kindes, da es für dessen Entwicklung nicht förderlich sei, wenn die Erziehungsarbeit des Berechtigten durch den Widerspruch des nichtpersonensorgeberechtigten Elternteils gestört würde, so ist dieser Gesichtspunkt hier nicht stichhaltig, da nicht ersichtlich ist, inwiefern im Verfahren betr Anordnung der Fürsorgeerziehung die Erziehungsarbeit des Sorgeberechtigten durch die Anhörung des anderen Elternteils soll gestört werden können; im übrigen kann der erwähnte Einwand hier auch deshalb nicht anerkannt werden, weil regelmäßig angenommen werden muß, daß der sorgeberechtigte Elternteil sich seiner Erziehungsaufgabe als nicht gewachsen erwiesen hat.

In das Elternrecht darf auch durch gesetzliche Regelungen nur insoweit eingegriffen werden, als es erforderlich ist, also nicht, wenn kein legitimes öffentliches Interesse den Eingriff gebietet (s BVerfG E 7, 320, s dazu Vorbem 5 vor § 1666). Dieses Problem hat die Begründung des Regierungsentwurfs nicht erkannt. In der Beratung des Gesetzesentwurfs im Ausschuß des BT legte der Vertreter des Bundesfamilienministeriums dar, diese Vorschrift enthalte im wesentlichen geltendes Recht (Kurzprotokoll Nr 63 vom 12. 4. 1961, s die vom Deutschen Jugendinstitut herausgegebenen Materialien, 312); eine nähere Erörterung der Änderungen des § 65 aF fand nicht statt, auch nicht im Plenum des Bundestages (s Prot 9526 C). In der Begründung des Regierungsentwurfs wurde gesagt, die Konsequenz des Ausschlusses des Beschwerderechts ergebe sich daraus, daß nun auch der Personensorgeberechtigte ein Antragsrecht habe, das nicht durch einen Widerspruch eines nicht personensorgeberechtigten Elternteils beeinträchtigt werden dürfe. Dieses Argument ist nicht stichhaltig. Abgesehen davon, daß es sich hierbei nur um eine theoretische Erwägung handelt, der keine praktische Bedeutung zukommt, ist nicht einzusehen, warum dieses Antragsrecht beeinträchtigt werden könnte, wenn der andere Elternteil gegen die vom ersteren Elternteil beantragte Anordnung der Fürsorgeerziehung sofortige Beschwerde einlegt. Andererseits wird aber aus diesem Argument des Regierungsentwurfs deutlich, daß, wenn Fürsorgeerziehung von Amts wegen oder auf Antrag des Jugendamtes oder des Landesjugendamtes angeordnet worden war, also das „Antragsrecht des sorgeberechtigten Elternteils nicht beeinträchtigt" werden kann, kein vernünftiger Grund vorhanden sein kann, das Beschwerderecht auch des Elternteils zu verneinen, der die Personensorge nicht ausübte.

ee) Beschwerdeberechtigt ist auch der für den Minderjährigen bestellte **Verfahrenspfleger** (s Bem 278ff); denn dieser ist als Sorgeberechtigter zu beurteilen, da er mit der Vertretung des Minderjährigen in diesem Verfahren Angelegenheiten der Personensorge wahrnimmt. Er übt jedoch insoweit ein eigenes Recht aus, wenn auch im Interesse des Minderjährigen. 354

ff) Der **Minderjährige** kann gegen die Anordnung der Fürsorgeerziehung selbständig sofortige Beschwerde einlegen, wenn er das 14. Lebensjahr vollendet hat (§ 65 Abs 4, s ferner § 59 FGG; vgl hierzu allgemein auch Hampel, FamRZ 1963, 537, 546f und BayObLGZ 1956, 6). Der Minderjährige ist daher befugt, selbst auch einen Bevollmächtigten, zB einen Rechtsanwalt, zu beauftragen (ebenso Gräber, Bem 26, F zu § 65; sowie zum Falle des § 59 FGG Keidel, Bem 14 daselbst). Er wird nicht durch seinen gesetzlichen Vertreter bei der Beschwerdeeinlegung vertreten, doch kann er diesen, also zB seine Eltern, bevollmächtigen, Beschwerde zu erheben. Hat der Minderjährige bis zur Erlassung des Beschlusses des Vormundschaftsgerichts das 14. Lebensjahr nicht vollendet (arg § 65 Abs 4 iVm Abs 3 Satz 2), so ist er nicht beschwerdeberechtigt; für ihn können in diesem Falle auch nicht die Sorgeberechtigten sofortige Beschwerde einlegen. Diese Regelung ist im Hinblick darauf, daß der Minderjährige im Verfahren gehört werden muß, auch wenn er das 14. Lebensjahr noch nicht vollendet hat, nicht konsequent; denn ist das Kind noch klein, so kommt an seiner Stelle nur die Anhörung des gesetzlichen Vertreters in Betracht. 355

Dagegen ist der Minderjährige nicht berechtigt, gegen die Ablehnung der Anordnung der Fürsorgeerziehung sofortige Beschwerde einzulegen, da er kein Antragsrecht hat. Ebenso kann er weder die Anordnung einer Maßregel nach § 1666 Abs 1 BGB beantragen noch gegen die Ablehnung einer solchen Anordnung Beschwerde erheben (s Bem 325, 369 zu § 1666).

gg) Nicht beschwerdeberechtigt sind dagegen, da § 57 Abs 1 Nr 9 FGG hier nicht anwendbar ist (§ 57 Abs 2 FGG), der Stiefvater (OLG Karlsruhe, JFG 4, 89), sowie die Großeltern oder sonstige Verwandte. Ferner ist mangels einer gesetzlichen Vorschrift auch der Verlobte der Minderjährigen nicht beschwerdebefugt. 356

Doch muß dem nicht dauernd getrennt lebenden Ehemann der Minderjährigen, die (unzulässigerweise) der Fürsorgeerziehung überwiesen wurde (s Bem 198), gemäß § 20 FGG iVm Art 6 Abs 1 GG und § 1353 Abs 1 BGB ein Beschwerderecht zugebilligt werden*). Den Eltern der jungen Frau steht wohl ebenfalls die Beschwerdebefugnis zu, da sie noch gesetzliche Vertreter der Minderjährigen in Angelegenheiten der Personensorge sind, wenn sie auch die tatsächliche Personensorge nicht mehr ausüben (§ 1633 BGB). Doch können sie nur im eigenen Namen, nicht im Namen der Minderjährigen die Beschwerde einlegen, es sei denn, daß diese ihnen Vollmacht erteilte. 357

b) Die sofortige Beschwerde hat gemäß **§ 65 Abs 4** aufschiebende Wirkung; hierdurch wird die Vollziehung der gerichtlichen Anordnung gehemmt (s § 69 Abs 2). 358

---

*) Hierzu ist noch darauf hinzuweisen, daß dem Ehegatten auch gegen Unterbringungsanordnungen das Beschwerderecht zusteht (s FrEntzG vom 29. 6. 1956, BGBl I, 599, § 7 Abs 2; sowie die Unterbringungsgesetze der Länder: Baden-Württemberg, Ges vom 16. 5. 1955, GBl 87, § 15 Abs 2; Bayern, Ges vom 30. 4. 1952, GVBl 163, Art 4 Abs 4; Berlin, Ges vom 5. 6. 1958, GVBl 521, § 9 Abs 2; Bremen, Ges vom 16. 10. 1962, GBl 203, § 13 Abs 2; Hessen, Ges vom 19. 5. 1952, GVBl 60, § 15 Abs 2 Nr 3; Nordrhein-Westfalen, Ges vom 16. 10. 1956, GVBl 300, § 10 Abs 2; Rheinland-Pfalz, Ges vom 19. 2. 1959, GVBl 91, § 15 Abs 2; Schleswig-Holstein, Ges vom 26. 8. 1958, GVBl 271, § 12 Abs 2).

Ebenso steht auch dem Ehegatten die (sofortige) Beschwerde gegen die richterliche Genehmigung der Unterbringung des anderen Ehegatten durch Vormund oder Pfleger (§ 1800 Abs 2 BGB, § 55a FGG) zu (Jansen, FGG, Ergänzung 1962, Bem 14b zu § 55a, Seite 34).

359 c) aa) Im **Beschwerdeverfahren** haben die Antragsberechtigten und der Minderjährige sowie gegebenenfalls der Elternteil, der die Personensorge nicht ausübt (s Bem 275, 353), und das Landesjugendamt, das als Erziehungsbehörde die sofortige Beschwerde eingelegt hat (s Bem 350), Anspruch auf **rechtliches Gehör.**

Hat das Jugendamt oder das Landesjugendamt sofortige Beschwerde erhoben, so ist diese den Sorgeberechtigten mitzuteilen (vgl allgemein auch BVerfG NJW 1964, 293).

Ebenso sind das Jugendamt und das Landesjugendamt zu mündlichen oder schriftlichen Erklärungen der Sorgeberechtigten und des Minderjährigen zu hören (s zur Anhörung des Jugendamtes in der Beschwerdeinstanz auch Bem 375 zu § 1666). Diese Stellungnahmen sind zur Aufklärung des Sachverhalts ebenfalls zweckmäßig oder gegebenenfalls sogar erforderlich.

360 bb) Das Beschwerdegericht hat zu prüfen, ob das Vormundschaftsgericht die Antragsberechtigten und den Minderjährigen gehört hat; gegebenenfalls ist eine unterbliebene Anhörung nachzuholen. Weitere Ermittlungen hat es, soweit erforderlich, von Amts wegen durchzuführen (§ 12 FGG). Werden Zeugen oder Auskunftspersonen vernommen bzw gehört, so sind die Sorgeberechtigten zum Termin zu laden; die Anwesenheit im Termin ist ihnen zu gestatten (s dazu im allgemeinen Bem 348 zu § 1666). Ebenso ist vom Termin das Jugendamt und das Landesjugendamt zu benachrichtigen.

Werden in der Beschwerdeinstanz die Sorgeberechtigten (und der Minderjährige) persönlich gehört, so empfiehlt es sich dringend, die Anhörung vor der besetzten Zivilkammer durchzuführen; dasselbe gilt für Zeugenvernehmungen (s Bem 376 zu § 1666).

Zur Anordnung der Untersuchung und Unterbringung des Minderjährigen gemäß § 66 s oben Bem 285 ff, 294, zur Aussetzung des Beschwerdeverfahrens (§ 68) s Bem 328.

361 cc) Das Beschwerdegericht hat über den gleichen Gegenstand zu entscheiden wie die Vorinstanz (KG, JFG 12, 172). Es kann zB nicht die Anordnung der endgültigen Fürsorgeerziehung in die der vorläufigen Fürsorgeerziehung abändern (KG, aaO).

362 Hat das Amtsgericht Fürsorgeerziehung angeordnet, so kann das Beschwerdegericht dann eine Maßregel nach § 1666 Abs 1 Satz 1 BGB treffen, wenn die Voraussetzungen dieser Vorschrift in erster Instanz mit Gegenstand des Verfahrens waren (s Bem 379 zu § 1666), was freilich regelmäßig wird der Fall sein müssen (s Bem 262, 263). Dem kann der Umstand, daß die Rechtswirkungen einer Anordnung gemäß § 1666 Abs 1 Satz 1 (zB Entziehung der Ausübung des Aufenthaltsbestimmungsrechts oder des Erziehungsrechts oder des Personensorgerechts insgesamt) und die der Anordnung der Fürsorgeerziehung (s dazu Bem 473) verschieden sind, sowie auch die Voraussetzungen der Anordnung zT voneinander abweichen — § 64 JWG erfordert drohende oder eingetretene Verwahrlosung, § 1666 eine Gefährdung des Wohls des Kindes i n f o l g e bestimmter Verhaltensweisen der Sorgeberechtigten —, nicht entgegenstehen; wesentlich ist vielmehr, daß die wichtigsten Voraussetzungen (Gefährdung des Wohls und Verwahrlosungsgefahr bzw Verwahrlosung) ineinander übergehen können und die Gefährdung des Wohls die drohende oder eingetretene Verwahrlosung mit umfaßt (s Bem 234 zu § 1666, oben Bem 24, 214). Ferner kann auch dem Umstand, daß gewisse Unterschiede bezüglich des Verfahrens bestehen, insbesondere hinsichtlich der Rechtsstellung der Antragsberechtigten und des Minderjährigen, keine so wesentliche Bedeutung zukommen, daß eine Änderung der Anordnung der Fürsorgeerziehung in eine Maßregel nach § 1666 Abs 1 als ausgeschlossen erscheinen müßte.

363 dd) Der Beschluß des Beschwerdegerichts, die Entscheidung über die sofortige Beschwerde, bedarf der Begründung (§ 25 FGG, § 65 Abs 3 JWG; s dazu auch Bem 386 zu § 1666).

364 ee) Gegen die Entscheidung des Landgerichts findet die **sofortige weitere Beschwerde** statt (§§ 27, 29 FGG). Hinsichtlich der Beschwerdeberechtigung ist auf Bem 351—357 zu verweisen.

Der über 14 Jahre alte Minderjährige kann die sofortige weitere Beschwerde, wenn er sich in vorläufiger Fürsorgeerziehung befindet, auch zu Protokoll des Amtsgerichts einlegen, in dessen Bezirk das Erziehungsheim liegt (s dazu bezüglich der Unterbringungsgesetze OLG Düsseldorf, JMBl-

NRW 1961, 212; OLG Frankfurt, NJW 1960, 1625; BayObLGZ 1957, 233; OLG Stuttgart, Beschl vom 31. 1. 1961, 8 W 4/61). Zur Einlegung der weiteren Beschwerde s im übrigen Bem 388, 389 zu § 1666.

Das Rechtsbeschwerdegericht hat auf die in zulässiger Weise eingelegte sofortige weitere Beschwerde von Amts wegen zu prüfen, ob der Beschluß des Landgerichts auf einer Gesetzesverletzung beruht (s § 27 FGG, hierzu Bem 392 zu § 1666), ob das Landgericht die unbestimmten Rechtsbegriffe „erforderlich", sowie „drohende Verwahrlosung" oder „Verwahrlosung" zutreffend angewendet und ohne Rechtsirrtum angenommen hat, daß keine ausreichende andere Erziehungsmaßnahme gewährt werden konnte, sowie in verfahrensrechtlicher Hinsicht, ob das rechtliche Gehör in ausreichender Weise eingeräumt war und die erforderlichen Ermittlungen durchgeführt worden waren. So liegt ein wesentlicher Verfahrensmangel vor, wenn in erster und zweiter Instanz nur ein Elternteil gehört worden war (KG, JFG 17, 320) oder wenn die Anhörung des Minderjährigen und der Eltern unterlassen worden war (OLG Düsseldorf, JMBlNRW 1955, 79). **365**

10. Das gerichtliche Verfahren ist in allen Instanzen **gerichtsgebührenfrei (§ 76 Satz 1 JWG)**. Es werden weder Gerichtskosten noch Auslagen erhoben, zB Zeugen- und Sachverständigengebühren, ebenso nicht die Aufwendungen für eine Untersuchung und Unterbringung zum Zwecke der Begutachtung (§ 66), die zu den Gerichtskosten gehören (s Gräber, Bem 2 zu § 76). **366**

Werden Antragsberechtigte, die Eltern und der Minderjährige mündlich gehört, so haben Behördenvertreter, der Minderjährige und seine Eltern (im Rechtssinne) keinen Anspruch auf Entschädigung **(§ 76 Satz 2)**, wohl aber zB Vormünder und Pfleger. Die Entschädigung bestimmt sich nach den für Zeugen geltenden Vorschriften des Gesetzes über die Entschädigung von Zeugen und Sachverständigen vom 26. 7. 1957 in der Fassung des Gesetzes vom 26. 9. 1963, BGBl I, 758.

Die Vorschriften des § 76 gelten auch für das gerichtliche Aufhebungsverfahren (s Gräber, Bem 4).

Kosten der Durchführung der vorläufigen und der endgültigen Fürsorgeerziehung fallen nicht unter § 76.

Bezüglich der Kostenerstattung (§ 13a Abs 1 Satz 2 FGG) s Bem 387 zu § 1666. Für die etwaigen Anwaltsgebühren ist § 118 BRAGebO maßgebend (s dazu auch Bem 398 zu § 1666); der Geschäftswert bestimmt sich nach § 10 BRAGebO, wobei § 30 Abs 3 KostO zu berücksichtigen sein dürfte. In der Regel dürfte ein Geschäftswert von ca DM 1500 anzunehmen sein (s auch Bem 397 zu § 1666).

11. Fürsorgeerziehung kann auch vom **Jugendgericht** für die Minderjährigen angeordnet werden, die das 14., aber noch nicht das 20. Lebensjahr vollendet haben (s hierzu §§ 1, 5 Abs 1, 8 Abs 1, 9 Nr 3, § 12 JGG). Die Voraussetzungen der Anordnung der Fürsorgeerziehung richten sich nach § 64 JWG (§ 12 Satz 1 JGG). Die pädagogische Erfolgsaussicht ist hier grundsätzlich nicht zu prüfen (ebenso Gerson, RdJ 1963, 161, 165f; Potrykus, ZblJugR 1963, 306f; Empfehlungen der Deutschen Vereinigung für Jugendpsychiatrie und der Deutschen Vereinigung für Jugendgerichte und Jugendgerichtshilfen, IIc, 2 — Unsere Jugend 1963, 415; ZblJugR 1963, 310; Mitteilungen der Arbeitsgemeinschaft für Jugendpflege und Jugendfürsorge, Heft 37, 1963, 8; aM Riedel, Bem 10 zu § 64). **367**

Zu prüfen ist ua auch, ob nicht etwa die Verurteilung zur Jugendstrafe mit Bewährung (§§ 20, 57 JGG) die angemessenere Maßnahme ist (s Gerson, RdJ 1963, 166).

Der Jugendrichter kann gemäß § 53 JGG dem Vormundschaftsrichter im Urteil die Auswahl und Anordnung von Erziehungsmaßregeln überlassen, also gerade die Anordnung der Fürsorgeerziehung, wenn er nicht auf Jugendstrafe erkennt (s dazu Roestel, RdJ 1963, 374). Zu weiteren Fragen der Anordnung der Fürsorgeerziehung durch den Jugendrichter s Miehe, RdJ 1963, 97, 116; Gerson, RdJ 1963, 161; Roestel, Unsere Jugend 1964, 19 sowie R. Werner, Jugendstrafe und Fürsorgeerziehung, RdJ 1964, 113, 134.

IV. Vorläufige Fürsorgeerziehung.

1. Vorbemerkungen.

Durch das Gesetz zur Änderung und Ergänzung des Reichsjugendwohlfahrtsgesetzes vom 11. 8. 1961 wurde **§ 67** in wichtigen Punkten geändert und ergänzt: **368**

Durch die Verordnung des Reichspräsidenten über Jugendwohlfahrt vom 4. 11. 1932 (s oben Bem 175) war in § 67 als Satz 2 folgende Vorschrift eingefügt worden:

„Das Vormundschaftsgericht kann die vorläufige Fürsorgeerziehung auch zur Prüfung, ob die Fürsorgeerziehung Aussicht auf Erfolg bietet, beschließen."

Diese Bestimmung ist durch die Novelle 1961 im Zusammenhang mit der Streichung des § 63 Abs 2 aF (s Bem 175, 191, 249) beseitigt worden.

Die frühere Vorschrift des § 67 Satz 3 (ursprünglich Satz 1 Halbsatz 2) „gegen den Beschluß steht ... die sofortige Beschwerde zu" wurde dahingehend geändert: „Gegen die Anordnung der vorläufigen Fürsorgeerziehung ..." (§ 67 Abs 2).

Ausdrücklich geregelt ist nun die Frage der Anordnung der vorläufigen Fürsorgeerziehung neben der der Unterbringung zum Zwecke stationärer Beobachtung und Untersuchung (§ 67 Abs 3); ferner sind die Vorschriften der Absätze 4 und 5 neu. Abs 5 wurde eingeführt, da es in der Praxis nicht selten vorkam, daß nach der Anordnung der vorläufigen Fürsorgeerziehung die der endgültigen Fürsorgeerziehung erst längere Zeit später folgte (s BT-Drucks Nr 2226, 29, abgedruckt bei Krug, 296, und Riedel, 688; aus der Praxis vgl zB OLG Stuttgart, Die Justiz 1961, 82).

369 Die Anordnung der vorläufigen Fürsorgeerziehung ist eine vorläufige, sofort wirksame und vollziehbare Maßnahme, vergleichbar der einstweiligen Anordnung im vormundschaftsgerichtlichen Verfahren (s Bem 356ff zu § 1666), eine Art einstweilige Verfügung im Verfahren betr Anordnung der Fürsorgeerziehung (Potrykus, Bem 2 zu § 67 RJWG; SchlHOLG, SchlHA 1955, 303). Sie ist keine polizeiliche Maßnahme (s zB OLG Hamm, ZblJugR 1955, 114 = SjE, E 16, 298c), sondern dient nur erzieherischen Zwecken; sie darf auch nicht dazu angeordnet werden, um den Minderjährigen und die Sorgeberechtigten unter Druck zu setzen.

Sie bezweckt wegen Gefahr im Verzuge, um eine fortschreitende Verwahrlosung oder den Eintritt der drohenden Verwahrlosung zu verhindern, eine vorläufige Regelung bis zur Rechtskraft der Anordnung der endgültigen Fürsorgeerziehung. Die vorläufige Fürsorgeerziehung darf nur im Rahmen des Verfahrens betr Anordnung der endgültigen Fürsorgeerziehung angeordnet werden, also niemals isoliert (arg § 67 Abs 5); dh das Verfahren wegen Anordnung der endgültigen Fürsorgeerziehung muß gleichzeitig eingeleitet oder, wenn die vorläufige Fürsorgeerziehung später angeordnet wird, fortgeführt und mit einer Entscheidung beendet werden, abgesehen freilich von den Fällen, daß das Verfahren sich erledigt (s Bem 337), zB dadurch, daß Freiwillige Erziehungshilfe gewährt wird.

Neben der Anordnung der vorläufigen Fürsorgeerziehung gibt es im Verfahren betr die Anordnung der endgültigen Fürsorgeerziehung keine einstweiligen Anordnungen — abgesehen von Anordnungen gemäß § 24 Abs 2 und 3 FGG nach Einlegung der sofortigen Beschwerde gegen den die vorläufige Fürsorgeerziehung anordnenden Beschluß—(ebenso Gräber, Bem 3, B zu § 67).

370 Das Verfahren betr vorläufige und endgültige Fürsorgeerziehung ist ein Verfahren; die Anordnung der vorläufigen Fürsorgeerziehung ist Teil des „endgültigen" Verfahrens (s zB KG, JFG 12, 172; OLG Stuttgart, Die Justiz 1961, 82); es läuft beim Amtsgericht unter einem Aktenzeichen und ist auch in gebührenrechtlicher Hinsicht (§ 118 BRAGebO) ein Verfahren.

Daran ändert der Umstand nichts, daß die jeweiligen Entscheidungen selbständig anfechtbar sind und in der höheren Instanz nur insoweit nachprüfbar sind, als sie angefochten sind (s zB KG, JFG 12, 172).

2. Voraussetzungen.

371 a) Die Anordnung der vorläufigen Fürsorgeerziehung setzt voraus, daß die Anordnung der endgültigen Fürsorgeerziehung wahrscheinlich ist — was das Gesetz nicht ausdrücklich vorschreibt, was aber der Natur der Sache entspricht — und daß Gefahr im Verzuge ist (§ 67 Abs 1).

372 aa) Die Anordnung der endgültigen Fürsorgeerziehung muß nach der bei der Entscheidung gegebenen Sachlage wahrscheinlich sein; diese Auffassung entspricht der herrschenden Meinung*). Es genügt nicht, daß die Anordnung der endgültigen Fürsorgeerziehung nicht aussichtslos ist (so aber Friedeberg-Polligkeit-Blumenthal, Bem 2 zu § 67; Schnitzerling, 47; KG in ständiger Rechtsprechung [Zusammenstellung bei Gräber, aaO], s zB JFG 23, 12 = DFG 1941, 138 = DJugH XXXIII, 171 = HRR 1942

*) Krug, Bem 3; Achilles-Greiff, Bem 1A; Gräber, Bem 2B; Jans-Happe, Bem 5A; Palandt-Lauterbach, Bem 2b je zu § 67; Soergel-Siebert-Lange, Anhang nach § 1666, Bem 41; Potrykus, NJW 1953, 1747; Brand-Hensel, 544; Firsching, 84; in der Rechtsprechung: BayObLGZ 25, A 379 = JFG 4, 105; Z 1954, 65 = SjE, 16, 298, (Leitsatz); ZblJugR 1952, 216; ZblJugR 1963, 141; OLG München, JFG 23, 351; OLG Köln, FamRZ 1960, 507; OLG Neustadt, ZblJugR 1950, 42; LG Düsseldorf, ZblJugR 1952, 217; unklar Riedel, Bem 3, 5, 7 zu § 67.

Nr 72; OLG Hamm, ZblJugR 1958, 148; OLG Karlsruhe, daselbst 269; beiläufig BGH, MDR 1953, 732).

Andererseits ist nicht erforderlich, daß die Anordnung der endgültigen Fürsorgeerziehung sehr wahrscheinlich ist (so aber OLG Düsseldorf in einer von Gräber zitierten unveröffentlichten Entscheidung; Behnke, ZblJugR XVIII, 60).

Die Voraussetzung, daß die Anordnung der endgültigen Fürsorgeerziehung wahrscheinlich sein muß und nicht nur nicht aussichtslos sein darf, ergibt sich aus folgenden Erwägungen: Die vorläufige Fürsorgeerziehung stellt einen Eingriff in das verfassungsrechtlich gewährleistete Elternrecht (Art 6 Abs 2 Satz 1 GG) dar (s dazu Vorbem 1 vor § 1666) und bedeutet eine Beschränkung oder Entziehung der Freiheit des Minderjährigen; sie ist nur zulässig, wenn der Minderjährige zu verwahrlosen droht oder verwahrlost ist (vgl Art 6 Abs 3 GG, s dazu Vorbem 33 vor § 1666). Daher dürfen nicht zu geringe Anforderungen an die Anordnung der vorläufigen Fürsorgeerziehung gestellt werden; andererseits sind aber auch nicht zu hohe Anforderungen an den Grad der Wahrscheinlichkeit gerechtfertigt, da sonst die Wirksamkeit der Eilmaßnahme allzu stark beeinträchtigt würde, wenn das erzieherische Bedürfnis eines schnellen Eingreifens vorliegt (ähnlich LG Düsseldorf, aaO, wiedergegeben bei Gräber, aaO, sowie gekürzt bei Jans-Happe, aaO).

Das dargelegte Erfordernis, daß die Anordnung der endgültigen Für- 373
sorgeerziehung wahrscheinlich sein muß, bedeutet, daß nach der Sachlage angenommen werden kann und muß, daß der Minderjährige **verwahrlost ist** oder **zu verwahrlosen droht** und daß **hierwegen** die **Anordnung der Fürsorgeerziehung** auf Grund der Art und der Ursachen der Verwahrlosungsgefahr oder der Verwahrlosungserscheinungen als **erforderlich** zu beurteilen ist. Ebenso müssen für das Vorliegen der Voraussetzungen des § 64 Satz 2, daß keine ausreichende andere Erziehungsmaßnahme gewährt oder angeordnet werden kann, prima facie gewisse Anhaltspunkte sprechen. Es darf also nicht von vornherein wahrscheinlich oder wahrscheinlicher sein, daß im Hinblick auf § 64 Satz 2 eine andere Maßnahme in Betracht kommt, zB daß die Anordnung der Erziehungsbeistandschaft (§ 57) ausreicht oder eine Maßnahme nach § 1666 Abs 1 Satz 1 BGB (vgl BayObLGZ 1958, 97, 99 = ZblJugR 1958, 271). Handelt es sich um ein Kleinkind, so wird die Anordnung der Fürsorgeerziehung regelmäßig nicht erwogen werden dürfen (s Bem 263), sondern lediglich eine Maßnahme nach § 1666 Abs 1 Satz 1 BGB, eventuell die Erlassung einer einstweiligen Anordnung (s Bem 356ff zu § 1666). Ergibt sich schon aus der Sachlage, zB auf Grund des Berichts des Jugendamtes, daß die Voraussetzungen des § 1666 Abs 1 Satz 1 gegeben sind, so darf die vorläufige Fürsorgeerziehung nicht angeordnet werden (ebenso Riedel, Bem 5; Krug, Bem 3 je zu § 67; BayObLGZ 26, A 42), zB wenn es nur darum geht, eine notwendige ärztliche Behandlung oder Krankenhausbehandlung oder Operation des Kindes durchzuführen, welche die Sorgeberechtigten verweigern (s KG, JFG 13, 33 und oben Bem 238).

Die Anordnung der vorläufigen Fürsorgeerziehung für einen Minder- 374
jährigen, der mit Willen der Sorgeberechtigten bei Verwandten untergebracht ist, bei denen er der ihm sonst drohenden Verwahrlosung entrückt ist, ist nicht deshalb erforderlich, weil die Verwandten zur Deckung der Kosten Mittel der öffentlichen Fürsorge in Anspruch nehmen (OLG München, JFG 16, 63).

Sind zur Prüfung der Frage, ob eine weniger einschneidende Maßnahme 375
ausreicht, **weitere Ermittlungen** vonnöten, so kommt es darauf an, ob nach der Art und dem Grad sowie den Ursachen der Verwahrlosungsgefahr oder der Verwahrlosungserscheinungen die Heimunterbringung des Minderjährigen wahrscheinlicher ist als die Anordnung einer anderen milderen Maßnahme (zB der Erziehungsbeistandschaft). Der Gesichtspunkt, das Verfahren betr Anordnung der vorläufigen Fürsorgeerziehung dürfe durch weitere Ermittlungen nicht verzögert werden (OLG Celle, ZblJugR 1958, 270; OLG Hamm, das 1959, 327; Krug, Bem 3), genügt nicht ohne weiteres. Allerdings dürfen keine zeitraubenden Ermittlungen in Betracht gezogen werden. Ist aber angesichts der Art und des Grades der Verwahrlosung mit Wahrscheinlichkeit anzunehmen, daß eine Heimunterbringung (Heimerziehung) wird angeordnet werden müssen, und liegt die tatsächliche Möglichkeit einer anderen geeigneten Unterbringung nicht offen zutage oder zumindest nicht so nahe, daß ohne besondere Ermittlungen geklärt werden könnte, ob der Gefährdung

alsbald und auf andere Weise begegnet werden kann, so sind die Voraussetzungen des § 67 Abs 1 zu bejahen (OLG Hamm, aaO, s auch ZblJugR 1954, 238; ähnlich OLG Celle, aaO).

376 Angesichts der Bedeutung der vorläufigen Fürsorgeerziehung infolge der Trennung des Minderjährigen von den Sorgeberechtigten (vgl Art 6 Abs 3 GG) und der Freiheitsbeschränkung oder Freiheitsentziehung (iS der Art 2 Abs 2, 11 Abs 2 und 104 Abs 2 GG) muß gefordert werden, daß die **Anordnung einer Heimerziehung** im endgültigen Verfahren **wahrscheinlich** ist. Ist es tatsächlich unmöglich, das Kind anders als in einem Fürsorgeerziehungsheim unterzubringen, so rechtfertigt dies — unter der Voraussetzung, daß der Minderjährige verwahrlost ist oder zu verwahrlosen droht und Gefahr im Verzuge vorliegt — die Anordnung der vorläufigen Fürsorgeerziehung anstelle der bloßen Übertragung des Erziehungs- und Aufenthaltsbestimmungsrechts auf das Jugendamt gemäß §§ 1666 Abs 1 Satz 1 und 1909 BGB (LG Heilbronn, ZblJugR 1962, 173), auch wenn fraglich ist, ob unter diesen Umständen später endgültige Fürsorgeerziehung angeordnet werden kann (s dazu Bem 262).

377 In diesem Sinne und Umfange ist der Grundsatz der **Subsidiarität**, wie er sich aus § 64 Satz 2 ergibt, zu berücksichtigen (s dazu auch LG Darmstadt, MDR 1958, 248; OLG Hamm, EJF, E I Nr 35; ZblJugR 1959, 327; OLG Neustadt, EJF, E I Nr 20; JR 1960, 187).

378 Bestehen Zweifel hinsichtlich der praktischen **Erziehbarkeit** (infolge geistiger oder psychischer Abartigkeit), so hindert dies die Anordnung der vorläufigen Fürsorgeerziehung nicht (ebenso OLG Düsseldorf, JMBl NRW 1963, 249); gegebenenfalls ist es dann notwendig, eine Untersuchung und Begutachtung des Minderjährigen zu veranlassen (vgl Bem 285 ff), je nach dessen Verhalten während der Ausführung der vorläufigen Fürsorgeerziehung. Steht aber fest, daß der Minderjährige infolge geistiger oder psychischer Abartigkeit in einem Erziehungsheim nicht erzogen werden kann, so darf die vorläufige Fürsorgeerziehung nicht angeordnet werden (OLG Düsseldorf, aaO).

379 Die **pädagogische Erfolgsaussicht** darf dagegen vor der Anordnung der vorläufigen Fürsorgeerziehung keinesfalls geprüft werden (zur Frage ihrer Bedeutung im Verfahren betr die Anordnung der endgültigen Fürsorgeerziehung s Bem 249 ff).

380 Weiterhin ist das **Alter des Minderjährigen** zu berücksichtigen (arg §§ 64 Satz 1, 67 Abs 4): die vorläufige Fürsorgeerziehung darf nur angeordnet werden, wenn der Beschluß spätestens am Tage vor der Vollendung des 20. Lebensjahres, also vor dem 20. Geburtstag, des Minderjährigen erlassen werden kann (s zur letzteren Frage Bem 196). Der Beschluß über die Anordnung der vorläufigen Fürsorgeerziehung braucht also nicht bei Vollendung des 20. Lebensjahres des Minderjährigen rechtskräftig geworden zu sein (so auch OLG Hamm, JMBlNRW 1963, 203 = FamRZ 1964, 103).

381 **bb)** Erforderlich ist ferner, daß **Gefahr im Verzuge***) gegeben ist. Dieses Merkmal ist ein unbestimmter Rechtsbegriff (ebenso OLG Karlsruhe, ZblJugR 1958, 269; Keidel, Bem 31 zu § 27 FGG).

382 Gefahr im Verzuge ist zu bejahen, wenn die Anordnung der vorläufigen Fürsorgeerziehung als so dringend zu beurteilen ist, daß nicht bis zur Rechtskraft (Vollziehbarkeit) der endgültigen Fürsorgeerziehung (s §§ 65 Abs 4, 69 Abs 2) zugewartet werden kann, weil die begründete Befürchtung besteht, daß der Minderjährige abgleitet oder weiter abgleitet, wenn er nicht alsbald aus seiner bisherigen Umgebung entfernt wird (wohl allgemeine Meinung, vgl Gräber, Bem 2, Riedel, Bem 4 je mit Hinweisen; Jans-Happe, Bem 4; Brand-Hensel, 543 f; OLG Köln JMBlNRW 1959, 70; OLG Hamm, ZblJugR 1959, 327; OLG Stuttgart, FamRZ 1960, 247 = EJF, E I Nr 31; KG, JFG 23, 12; BayObLGZ 25, A 379 = JFG 4, 105; ua). Es müssen demnach Anhaltspunkte mit soviel belastenden Momenten vorhanden sein, daß die Schlußfolgerung gerechtfertigt ist, die eingetretene Gefährdung oder Schädigung der Entwicklung des Minderjährigen, die schon das Stadium der Verwahrlosungsgefahr oder der Verwahrlosung erreicht hat, werde sich vertiefen.

*) Roestel, Die Grenzen der „Gefahr im Verzuge“ bei der vorläufigen Fürsorgeerziehung, Unsere Jugend 1961, 133.

Diese Gefahr darf nicht nur als möglich erscheinen, vielmehr müssen bestimmte tatsächliche Umstände für die Wahrscheinlichkeit der weiteren Gefährdung sprechen (in diesem Sinne auch Krug, Bem 3; Jans-Happe, Bem 4; LG Hamburg, SjE, E 16, 297). Hierbei spielt die Art der Fehlhandlungen oder des Erziehungsnotstandes oder der Verwahrlosungserscheinungen eine gewichtige Rolle, zB die Frage, ob aus dem seitherigen Verhalten des Minderjährigen auf Triebhaftigkeit und Hemmungslosigkeit geschlossen werden muß. 383

Andererseits darf der Begriff „Gefahr im Verzuge" nicht zu engherzig ausgelegt werden (ähnlich OLG Karlsruhe, ZblJugR 1958, 269; Jans-Happe, Bem 4).

Gefahr im Verzuge ist in folgenden Fällen zu **bejahen** (wobei aber darauf hinzuweisen ist, daß stets alle Umstände des konkreten Falles zu prüfen und zu berücksichtigen sind): 384

bei besonders schwerer Verwahrlosung des Minderjährigen und zugleich bei Uneinsichtigkeit und mangelnder Bereitschaft, an seiner Erziehung mitzuarbeiten (LG Stade, NdsRpfl 1960, 161) — unhaltbar ist dagegen die Ansicht des KG (ZblJugR XXI, 293), die Gefahr im Verzuge sei zu verneinen, wenn die Verwahrlosung soweit fortgeschritten sei, daß sie bis zur Anordnung der endgültigen Fürsorgeerziehung nicht weiter fortschreiten könne (hiergegen auch Gräber, Bem 2 A) —; 385

wenn Anhaltspunkte dafür bestehen, daß der Minderjährige sich durch die Flucht einer drohenden Heimunterbringung entziehen wird oder ein Sorgeberechtigter den Minderjährigen nach auswärts verbringen will, um diesen der Fürsorgeerziehung zu entziehen (vgl OLG Hamm, SjE, E 16, 298c = ZblJugR 1955, 114; Riedel, Bem 4); 386

wenn die Minderjährige durch unsittliches Treiben aufgefallen ist, nachts in einem verrufenen Lokal oder Straßenzug aufgegriffen wird und wenn festgestellt wird, daß sie keiner geregelten Arbeit nachging und keinen festen Wohnsitz innehat; 387

wenn ein 13-jähriges Mädchen sich in unerlaubte Beziehungen mit einem verheirateten Manne eingelassen hatte und trotz Inhaftierung des Mannes infolge unzulänglicher Erziehung und sittlicher Schwäche und Haltlosigkeit weiterhin gefährdet ist (OLG Karlsruhe, ZblJugR 1958, 269). 388

Gefahr im Verzuge kann eventuell auch bestehen und wird in der Regel zu bejahen sein, wenn der Minderjährige sich in Freiwilliger Erziehungshilfe befindet, das Landesjugendamt aber nicht gewillt ist, diese fortzusetzen, weil die Sorgeberechtigten unzuverlässig sind (OLG Hamm, SjE, E 16, 298g; s auch OLG Hamm, JMBlNRW 1963, 164 = ZblJugR 1963, 169). 389

Von Bedeutung kann ferner noch der Umstand sein, daß ein Lehrverhältnis fristlos gekündigt wurde (BayObLGZ 1958, 317). 389a

Die Übertragung des Aufenthaltsbestimmungsrechts über einen Minderjährigen auf das Jugendamt schließt zwar das Vorhandensein einer Gefahr im Verzuge nicht generell aus (OLG Köln, ZblJugR 1963, 260); vielmehr kommt es darauf an, ob nach den Umständen des Falles von dem Pfleger die Erziehungsmaßnahmen beschleunigt getroffen werden können, die in erzieherischer Hinsicht notwendig sind (OLG Köln, aaO; vgl auch OLG Frankfurt, SjE, E 16, 298a). 390

Will die Minderjährige im Einverständnis der Sorgeberechtigten in Bälde die Ehe eingehen, so kommt es ebenfalls auf die Umstände des Einzelfalles an (s auch Bem 247, sowie KG, ZblJugR XXI, 293). Kann aber mit großer Wahrscheinlichkeit angenommen werden, daß es sich um eine Fehlehe handeln wird, zB weil der Bräutigam erhebliche charakterliche Mängel gezeigt hat (s OLG Stuttgart, EJF, E I Nr 26, sowie auch OLG Darmstadt, OLG 46, 211; OLG Frankfurt, FamRZ 1963, 54), oder weil befürchtet werden muß, daß die Minderjährige noch weiter in ungünstigem Sinne beeinflußt wird, so wird Gefahr im Verzuge zu bejahen sein. 391

Gefahr im Verzuge ist zu **verneinen**, wenn durch eine andere geeignete Maßnahme die Gefahr eines weiteren Abgleitens gebannt oder wenigstens vorläufig behoben werden kann, zB durch eine Unterbringung des Kindes in einem privaten Heime oder bei Verwandten (vgl OLG München, JFG 16, 63), soweit diese geeignet sind, die Erziehungsschwierigkeiten zu meistern. Diese Möglichkeit scheidet jedoch aus, wenn nach der Art des Erziehungsnotstandes 392 besondere pädagogische Fähigkeiten erforderlich sind, welche die betreffenden Personen offensichtlich nicht besitzen können.

393 Ebenso kann von einer Gefahr im Verzuge nicht die Rede sein, wenn der Minderjährige in der Erziehung der eigenen Familie verbleiben soll, in der er sich schon seither aufgehalten hat (s Riedel, Bem 4; Friedeberg-Polligkeit-Blumenthal, Bem 2; Potrykus, Bem 4b zu § 67; LG Hamburg, SjE, E 16, 297; Krug, Bem 3 zu § 67, 11 zu § 69), oder wenn ein Verwandter das Kind in das Ausland oder in die sowjetische Besatzungszone für längere Zeit mitgenommen hat (OLG Hamm, ZblJugR 1955, 114 = SjE, E 16, 298c; s auch OLG Frankfurt, NJW 1957, 1404).

394 Die Voraussetzungen der vorläufigen Fürsorgeerziehungen müssen mindestens **glaubhaft gemacht** sein; sie brauchen nicht als festgestellt (erwiesen) anzusehen sein, Glaubhaftmachung bedeutet einen geringeren Grad des Beweises, in dem Sinne, daß noch keine richterliche Überzeugung von den betreffenden tatsächlichen Umständen vorzuliegen braucht, deren Vorliegen für die Anordnung der endgültigen Fürsorgeerziehung erforderlich ist (s OLG Braunschweig, MDR 1951, 50; OLG Köln JMBlNRW 1959, 70; BayObLGZ 1954, 64; 1958, 97, 320; OLG Hamm, ZblJugR 1954, 89; ZblJugR 1961, 216; sowie zum Verfahren unten Bem 402). Eidesstattliche Erklärungen kommen hier regelmäßig nicht in Betracht (wie aber zB im Verfahren wegen Arrestes oder einstweiliger Verfügung [§§ 920 Abs 2, 294 ZPO] u dgl). Die wichtigste Erkenntnisquelle sind der Bericht des Jugendamtes sowie gegebenenfalls Polizei- oder Strafakten. Hieraus muß grundsätzlich soviel entnommen werden können, daß, wenn die erforderlichen tatsächlichen Umstände, die glaubhaft gemacht werden, erwiesen wären (und wenn die erforderlichen Anhörungen vorgenommen wären [§ 65 Abs 2]), die endgültige Fürsorgeerziehung angeordnet werden könnte.

Die Glaubhaftmachung muß sich auf die Verwahrlosungsgefahr oder Verwahrlosung sowie die Gefahr im Verzuge beziehen (BayObLGZ 1958, 97 = ZblJugR 1958, 271), ferner darauf, daß die Fürsorgeerziehung erforderlich ist.

3. Verfahren.

395 a) Das Verfahren wird **von Amts wegen** (s dazu auch Vorbem 39 vor § 1666) oder auf **Antrag** eingeleitet; § 65 Abs 1 ist hier entsprechend anzuwenden (ebenso Krug, Bem 4; Riedel, Bem 7).

396 Wird die Anordnung der vorläufigen Fürsorgeerziehung beantragt, so wird in der Regel anzunehmen sein, daß die Anordnung der endgültigen Fürsorgeerziehung mit gemeint ist (OLG Neustadt, RdJ 1961, 352 = ZblJugR 1961, 278; BayObLGZ 1961, 317 = MDR 1962, 221 = NJW 1962, 302). Bestehen Zweifel, so muß das Vormundschaftsgericht diese klären.

Es ist nicht nur rechtlich möglich, wie Krug, Bem 5 zu § 67, meint, und auch nicht nur „begrifflich nicht ausgeschlossen" (Krug, Bem 4), daß die **Anordnung der vorläufigen und der endgültigen Fürsorgeerziehung gleichzeitig beantragt** wird; vielmehr sollte die Anordnung der vorläufigen Fürsorgeerziehung grundsätzlich nicht ohne die der endgültigen Fürsorgeerziehung beantragt werden, abgesehen freilich von dem Falle, daß ein Jugendamt, in dessen Bezirk ein verwahrloster, ohne gewöhnlichen Aufenthalt herumstreunender Minderjähriger aufgegriffen wurde, gemäß § 11 Satz 2 JWG die Anordnung der vorläufigen Fürsorgeerziehung bei dem nach § 77 Abs 1 Satz 1 zuständigen Vormundschaftsgericht beantragt (s Bem 399).

397 Führt das Jugendamt oder das Landesjugendamt noch Verhandlungen über die Gewährung der Freiwilligen Erziehungshilfe, so kann es uU sinnvoll sein, zuerst vorläufige Fürsorgeerziehung zu beantragen, wenn die Gefahr besteht, daß der Minderjährige flüchtet, oder wenn er schon geflüchtet ist.

Die Anordnung der vorläufigen und der endgültigen Fürsorgeerziehung kann also gleichzeitig beantragt werden; der Antrag auf Anordnung der vorläufigen Fürsorgeerziehung kann aber auch während des schwebenden Verfahrens auf Anordnung der endgültigen Fürsorgeerziehung gestellt werden, ebenfalls noch, wenn gegen die Anordnung der endgültigen Fürsorgeerziehung sofortige Beschwerde oder sofortige weitere Beschwerde erhoben ist, dagegen nicht mehr, wenn die Anordnung der endgültigen Fürsorgeerziehung rechtskräftig geworden ist (OLG Frankfurt, SjE, E 16, 303).

Beantragt das Jugendamt oder das Landesjugendamt vorläufige Fürsorgeerziehung, so empfiehlt es sich dringend, den Antrag in mehrfacher Fertigung einzureichen (s Bem 268).

Liegt kein formgerechter Antrag vor, so muß das Vormundschaftsgericht von Amts wegen prüfen, ob die Voraussetzungen zur Anordnung der vorläufigen Fürsorgeerziehung gegeben sind; im weiteren Verfahren muß es den Antragsteller auf den Formmangel hinweisen (s Bem 269).

Zuständig ist das Vormundschaftsgericht (Amtsgericht); zur Entscheidung berufen ist nur der Richter, nicht der Rechtspfleger (§ 12 Nr 23 RPflG), in Württemberg nicht der Bezirksnotar (Württ AGBGB Art 68 Nr 15). **398**

b) Die **örtliche Zuständigkeit** richtet sich nach **§ 43 iVm § 36 FGG.** Doch ist gegebenenfalls auch das Amtsgericht zuständig, in dessen Bezirk das Bedürfnis der Fürsorge hervortritt **(§ 77 Abs 1 Satz 1 JWG)**; maßgebend ist der Zeitpunkt, in dem das Vormundschaftsgericht mit der Angelegenheit befaßt wird (s LG Traunstein, ZblJugR 1952, 216), zB wenn streunende Jugendliche von der Polizei aufgegriffen werden und nach ihrer Inhaftierung und Vernehmung das Jugendamt die vorläufige Fürsorgeerziehung beantragt (s zB BayObLGZ 1951, 175; 1959, 182 = ZblJugR 1959, 295 = EJF, E I Nr 30 [m Anm von Riedel]; OLG Karlsruhe, NJW 1955, 1885 = ZblJugR 1956, 27 = FamRZ 1956, 122, Leits). Die Zuständigkeit bleibt bestehen, auch wenn der Minderjährige danach — aber noch vor der Entscheidung — aus der Haft entweicht. **399**

Das Gericht, das als einstweilen zuständiges gemäß § 77 Abs 1 Satz 1 die vorläufige Fürsorgeerziehung angeordnet hat (§ 67), hat zu ermitteln, welches Vormundschaftsgericht gemäß § 43 FGG zuständig ist, und die angeordnete Maßnahme diesem mitzuteilen, und zwar unverzüglich (§ 77 Abs 1 Satz 2); regelmäßig ist eine Ausfertigung des Beschlusses dem zuständigen Gericht zu übermitteln. Die Akten sollten ebenfalls raschest möglich übersandt werden. **400**

Mit der Mitteilung an das endgültig zuständige Gericht wird dieses ausschließlich zuständig (§ 77 Abs 1 Satz 2, Halbsatz 2; s dazu OLG Bremen, EJF, E I Nr 23); dieses ist gegebenenfalls auch in der Lage, den Beschluß wieder aufzuheben (vgl § 67 Abs 2 Satz 3).

Geht bei dem (endgültig) zuständigen Gericht die sofortige Beschwerde ein, so hat es zu prüfen, ob es ihr abhelfen will (§ 67 Abs 2 Satz 3). Dagegen darf das Gericht, das gemäß § 77 die vorläufige Fürsorgeerziehung angeordnet hatte, nach der Hinausgabe der Mitteilung an das zuständige Gericht seinen früheren Beschluß nicht mehr abändern, da es mit der Angelegenheit nicht mehr befaßt ist, auch wenn es die Akten noch nicht weitergeleitet hatte. **401**

Wird die sofortige Beschwerde bei dem Gericht eingereicht, das den Beschluß erlassen hatte, oder bei dem diesem übergeordneten Landgericht, so ist die Beschwerdeschrift unverzüglich an das zuständige Gericht weiterzuleiten. Die Beschwerdefrist muß aber als gewahrt angesehen werden, wenn die Beschwerdeschrift rechtzeitig (vgl § 22 FGG) bei dem Gericht eingegangen ist, das den Beschluß erlassen hatte, oder bei dem diesem übergeordneten Landgericht.

Zur Entscheidung über die sofortige Beschwerde ist das Landgericht berufen, in dessen Bezirk das endgültige zuständige Amtsgericht (§ 77 Abs 1 Satz 2) gelegen ist (BayObLGZ 1959, 182 = ZblJugR 1959, 295 = EJF, E I Nr 30; OLG Hamm, ZblJugR 1961, 216). Hat ein unzuständiges Landgericht entschieden, so rechtfertigt dieser Mangel allein nicht die Aufhebung der Beschwerdeentscheidung (BayObLG, OLG Hamm, aaO; aM OLG Bremen, EJF, E I Nr 23).

c) Die Voraussetzungen der Anordnung der vorläufigen Fürsorgeerziehung müssen glaubhaft gemacht werden (s Bem 394). **402**

Soweit erforderlich, hat das Vormundschaftsgericht **Ermittlungen** anzustellen (§ 12 FGG) zur Prüfung, ob die Voraussetzungen zur Anordnung der vorläufigen Fürsorgeerziehung gegeben sind (s dazu zB OLG Hamm, ZblJugR 1954, 89). Hierzu besteht insbesondere Anlaß, wenn der Bericht des Jugendamts Lücken enthält. Dieser kann nur dann als auchsreichende Grundlage der gerichtlichen Anordnung beurteilt werden, wenn er nicht nur allgemeine Werturteile, sondern eine nähere Darlegung der wesentlichen, dh aller rechtserheblichen tatsächlichen Umstände mit Beweisangaben enthält und erkennen läßt, daß er auf sorgfältigen Ermittlungen beruht (s dazu Gräber, Bem 2C — mit zahlreichen Hinweisen —, Riedel, Bem 7; Jans-Happe, Bem 6A; s auch Bem 329 zu § 1666). Ein Bericht ohne Angabe der Gewährspersonen genügt jedoch nicht (ebenso Gräber, aaO; Jans-Happe, aaO; aM KG, JFG 2, 114 = ZblJugR XVIII, 81); ferner darf der Bericht auch nicht auf Angaben des Vormunds allein beruhen (ebenso Gräber, Jans-Happe, aaO; aM BayObLGZ 34, 301).

Werden Ermittlungen durchgeführt, so sind das Jugendamt und das Landesjugendamt hierzu zu hören.

403 Eine ausreichende Grundlage für eine Entscheidung können eventuell Strafakten bilden (BayObLGZ 1954, 64).

404 Nicht zulässig ist eine Anordnung gemäß § 66, wie sich aus der systematischen Stellung dieser Vorschrift und aus § 67 Abs 3 ergibt (ebenso OLG Düsseldorf, JMBlNRW 1963, 249).

405 In § 65 ist zwar § 65 Abs 2 nicht für anwendbar erklärt „mit Rücksicht auf die Eilbedürftigkeit des Verfahrens auf vorläufige Fürsorgeerziehung" (so der Regierungsentwurf, BT-Druck Nr 2226, 29, wiedergegeben bei Krug, 296 und Riedel, 688). Indessen muß aus Art 103 Abs 1 GG gefolgert werden, daß die **Anhörung der Sorgeberechtigten und des Minderjährigen** rechtsgrundsätzlich geboten ist (OLG Stuttgart, FamRZ 1960, 247 = EJF, E I Nr 31; Die Justiz 1962, 266 = NJW 1963, 1161; LG Stuttgart, Die Justiz 1961, 52; Soergel-Siebert-Lange, Anhang nach § 1666, Bem 47; LG Köln, FamRZ 1960, 445; ähnlich OLG Hamm, JMBlNRW 1962, 50 = ZblJugR 1961, 333 = FamRZ 1962, 176 [Leits]; OLG Neustadt, JR 1960, 187; Pikart-Henn, 230; vgl aber auch BayObLG, ZblJugR 1963, 141; Krug, Bem 3; Riedel, Bem 7; Gräber, Bem 2C; Jans-Happe, Bem 6 B; Palandt-Lauterbach, Bem 2).

Der abweichenden Auffassung des BGH (LM, JWG § 67 Nr 1 = NJW 1953, 1587 [Leits, hierzu Potrykus, daselbst 1746] = MDR 1953, 732 = EJF 1953, 95) kann nicht gefolgt werden, da in dieser Entscheidung die Bedeutung des verfassungsrechtlich verankerten Gebots des rechtlichen Gehörs nicht behandelt ist (s dazu OLG Stuttgart, Die Justiz 1962, 266; auch Baur, Freiwillige Gerichtsbarkeit, 1955, 189) und der Beschluß des BGH vor den grundlegenden Entscheidungen des BVerfG zu Art 103 Abs 1 GG (s dazu Bem 338 zu § 1666) ergangen ist.

Von der Anhörung darf nur abgesehen werden, wenn Anhaltspunkte dafür vorhanden, dh glaubhaft gemacht sind, daß durch die Anhörung der Zweck des Verfahrens vereitelt würde (zB bei Fluchtgefahr) oder die Anordnung der vorläufigen Fürsorgeerziehung wegen besonderer Gründe zur Behebung einer akuten Gefahr so dringend ist, daß eine Anhörung nicht mehr möglich ist (s dazu Bem 359 zu § 1666).

406 Die Gründe, die gegebenenfalls das Vormundschaftsgericht veranlaßt haben, von der vorherigen Gewährung des rechtlichen Gehörs abzusehen, müssen in dem Beschluß dargelegt werden, so daß sie nachgeprüft werden können (OLG Stuttgart, aaO; OLG Neustadt, aaO; Soergel-Siebert-Lange, aaO).

407 Bestreiten die Sorgeberechtigten bei der Anhörung (zB schriftsätzlich) die Darstellung des Jugendamtes und geben sie eine detaillierte Gegendarstellung ab, die rechtserheblich ist (vgl auch OLG Hamm, ZblJugR 1954, 89), so darf diese weder ignoriert noch allein der Entscheidung zugrundegelegt werden; vielmehr müssen dann die notwendigen Ermittlungen (mit aller Beschleunigung) durchgeführt werden (s OLG Hamm, ZblJugR 1954, 209).

Wird von der Gewährung des rechtlichen Gehörs abgesehen, so muß sie nach der Entscheidung nachgeholt werden (s Bem 359 zu § 1666), auf jeden Fall aber nach Einlegung der sofortigen Beschwerde durch das Landgericht. Im Beschwerdeverfahren muß das rechtliche Gehör uneingeschränkt gewährt werden (BayObLGZ 1959, 182; OLG Neustadt, aaO).

408 Der **Minderjährige** muß grundsätzlich auch im Verfahren betr Anordnung der vorläufigen Fürsorgeerziehung **gesetzlich vertreten** sein (ebenso KG, JFG 4, 76; JFG 12, 147 = ZblJugR XXIII, 118 = HRR 1934 Nr 1709; aM OLG Karlsruhe, JFG 4, 67; Brand-Hensel, 521; Gräber, Bem 11C zu § 65; später KG, JFG 12, 154 — s dazu Bem 278 —). Hiervon darf nur abgesehen werden, wenn die Anordnung der vorläufigen Fürsorgeerziehung so dringlich ist, daß auch die vorherige Anhörung der Minderjährigen unterbleiben darf. Im letzteren Falle muß sich jedoch das Vormundschaftsgericht sofort mit oder unmittelbar nach Erlassung des Beschlusses darum bemühen, daß dem Minderjährigen, wenn es notwendig ist, ein Verfahrenspfleger bestellt wird, damit diesem die Entscheidung zugestellt werden kann. Denn der Minderjährige darf auch in diesem Verfahren nicht rechtlos gemacht werden (s dazu im allgemeinen Bem 278ff).

409 Das Verfahren betr Anordnung der vorläufigen Fürsorgeerziehung kann **nicht** gemäß § 68 **ausgesetzt** werden; dies ergibt sich schon aus § 68 Abs 1 Satz 3, wonach die vorläufige Fürsorgeerziehung durch die Aussetzung des Verfahrens auf Anordnung der endgültigen Fürsorgeerziehung aufgehoben ist (s dazu oben Bem 316f). Eine Aussetzung des Verfahrens betr Anordnung der vorläufigen Fürsorgeerziehung widerspräche dem Sinn und Zweck dieses Verfahrens völlig; denn die vorläufige Fürsorgeerziehung darf nur bei Gefahr im Verzuge angeordnet

werden, während die Aussetzung gerade erfordert, daß keine Gefahr im Verzuge vorliegt (vgl dazu OLG Hamm, ZblJugR 1955, 114; OLG Stuttgart, FamRZ, E 16, 294).

d) Über die Anordnung der vorläufigen Fürsorgeerziehung entscheidet das Vormundschaftsgericht durch **Beschluß**, der in den Akten niedergelegt werden muß. Wenn Riedel (Bem 8) meint, eine Form sei nicht vorgeschrieben, so ist dies nicht recht verständlich. Denn in jedem gerichtlichen Verfahren müssen die Entscheidungen aktenkundig gemacht werden; dies ist nicht nur ein Gebot eines ordnungsmäßigen Verfahrens, sondern auch ein rechtsstaatlicher Verfahrensgrundsatz. **410**

Ein Antrag auf Anordnung der vorläufigen Fürsorgeerziehung muß ausdrücklich beschieden werden (s KG, JFG 7, 60). **411**

Der Entscheidung kann keine rückwirkende Kraft beigelegt werden. **412**

Eine **Begründung des Beschlusses** ist zwar (was ein Mangel des Gesetzes ist) nicht ausdrücklich vorgeschrieben (§ 65 Abs 3 Satz 1 ist in § 67 nicht für entsprechend anwendbar erklärt); indessen erfordern rechtsstaatliche Verfahrensgrundsätze, daß dem Beschluß in Anbetracht seiner Bedeutung und Tragweite (Eingriff in das Elternrecht iSd Art 6 Abs 2 und 3 GG, Beschränkung oder Entziehung der Freiheit und Freizügigkeit des Minderjährigen iSd Art 2 Abs 2, 11 Abs 2 und 104 Abs 2 GG) eine Begründung beigefügt wird (was Riedel, Bem 8, verkennt; s zur Begründungspflicht oben Bem 353 zu § 1666). **413**

Die Begründung muß Ausführungen darüber enthalten, daß nach dem Stand der bisherigen Ermittlungen die Anordnung der endgültigen Fürsorgeerziehung wahrscheinlich ist, daß Gefahr im Verzuge vorliegt, wobei jeweils die tatsächlichen Umstände, die der Entscheidung zugrundegelegt sind, dargestellt werden müssen, ferner gegebenenfalls warum von der Gewährung des rechtlichen Gehörs abgesehen wurde.

Die vorläufige Fürsorgeerziehung kann zusammen mit der endgültigen Fürsorgeerziehung angeordnet werden, was von Bedeutung sein kann, da die erstere Anordnung sofort vollziehbar ist (§§ 67 Abs 2 Satz 2, 69 Abs 2). **414**

Wird der Antrag auf Anordnung der vorläufigen Fürsorgeerziehung abgelehnt, so bedarf der Beschluß ebenfalls der Begründung; dem Antragsteller muß ein Recht zugestanden werden zu erfahren, aus welchen Erwägungen, aus welchen Gründen tatsächlicher und rechtlicher Art, der Antrag abgelehnt wurde.

e) Der Beschluß muß ebenso wie die im Verfahren betr Anordnung der endgültigen Fürsorgeerziehung ergehende Entscheidung **zugestellt** werden; die Vorschriften des § 65 Abs 3 Satz 2 und 3 (s zu diesen oben Bem 343) sind entsprechend anzuwenden. Für zulässig ist es auch zu erachten, daß der Beschlußtenor dem Jugendamt fernmündlich voraus mitgeteilt wird, damit dieses in der Lage ist, zur Vollziehung des Beschlusses die gegebenenfalls notwendigen Vorbereitungen zu treffen. **415**

Die Anordnung der vorläufigen Fürsorgeerziehung wird vollziehbar mit der Erlassung des Beschlusses, dh der Hinausgabe der Ausfertigungen (§§ 67 Abs 2 Satz 2, 69 Abs 2; s Bem 460); zur Berechnung der 6-Monats-Frist (§ 67 Abs 5) s unten Bem 444. **416**

f) aa) Gegen die Anordnung der vorläufigen Fürsorgeerziehung findet die **sofortige Beschwerde** statt (§ 67 Abs 2 Satz 1). **417**

Beschwerdeberechtigt sind das Jugendamt, das Landesjugendamt, jeder Personensorgeberechtigte und der Minderjährige, wenn er das 14. Lebensjahr vollendet hat (§ 67 Abs 2 Satz 1 iVm § 65 Abs 1 Satz 2), sowie gegebenenfalls weitere durch Landesrecht bestimmte Antragsberechtigte (§ 67 Abs 2 Satz 1 iVm § 65 Abs 1 Satz 3). **418**

Das Jugendamt oder das Landesjugendamt ist auch dann beschwerdeberechtigt, wenn es selbst den Antrag auf Anordnung der vorläufigen Fürsorgeerziehung gestellt hatte. Dies beruht darauf, daß bei Rücknahme des Antrags das Verfahren von Amts wegen fortgeführt werden kann und das Jugendamt oder das Landesjugendamt aus inzwischen eingetretenen Gründen Interesse daran haben kann, daß die Anordnung der vorläufigen Fürsorgeerziehung unterbleibt.

bb) Lehnt das Amtsgericht die Anordnung der vorläufigen Fürsorgeerziehung ab, so ist dagegen nicht die sofortige (befristete), sondern die **einfache** (unbefristete) **Beschwerde** (§ 19 FGG) zulässig (arg § 67 Abs 2) — im Ergebnis wie hier Krug, Bem 5, Riedel, Bem 9, 12, Jans-Happe, Bem 7, Palandt-Lauterbach, Bem 4 je § 67; Pikart-Henn, 231; Brand-Hensel, 546, Fußn 1; OLG Neustadt, ZblJugR 1963, 259; OLG Düsseldorf, **419**

ZblJugR 1964, 20 m zustimmender Anm v Happe; aM Gräber, Bem 8, A zu § 67).

Nach früherem Recht war nach wohl einhelliger Meinung auch bei Ablehnung der Anordnung die sofortige Beschwerde gegeben, da in § 67 Satz 3 allgemein gesagt war „Gegen den Beschluß ..." (s dazu zB Friedeberg-Polligkeit-Blumenthal, Bem 4, Potrykus, Bem 7, Gräber, 1. Aufl, Bem 13, A zu § 67 RJWG). Dagegen besagt § 67 Abs 2 Satz 1 jetzt „Gegen die Anordnung ... sofortige Beschwerde ...". Zwar kann im Hinblick auf die Begründung des Regierungsentwurfs (BT-Drucks Nr 2226, 29: § 67 Entw entspreche im wesentlichen (!) dem § 67 RJWG) und angesichts des Umstandes, daß diese Änderung der Formulierung in der Begründung nicht erwähnt ist, nicht ausgeschlossen werden, daß von den Verfassern des Entwurfs die Frage nicht erkannt wurde und eine sachliche Änderung nicht beabsichtigt war (vgl auch Gräber, aaO). Indessen stellt die Neufassung objektiv nach ihrem eindeutigen Wortlaut und Sinn eine Änderung dar, die beachtet werden muß. Denn die Beschwerde ist im Verfahren der freiwilligen Gerichtsbarkeit nur in den ausdrücklich genannten Fällen an eine Frist gebunden (s Keidel, Bem 1 zu § 22 FGG, Pikart-Henn, 116) — s dazu zB § 60 FGG, §§ 65 Abs 4, 66 Abs 3, 75 Abs 5 JWG —. Eine analoge Anwendung des § 67 Abs 2 auf die Fälle der Ablehnung der Anordnung der vorläufigen Fürsorgeerziehung kann daher nicht für zulässig erachtet werden. Im übrigen fügt sich die Regelung, daß gegen die Ablehnung der Anordnung die unbefristete, nicht die befristete Beschwerde stattfindet, besser in das System des FGG ein, das zahlreiche Fälle kennt, in denen gegen eine Anordnung, die eine gestaltende Wirkung hat, die sofortige Beschwerde und gegen die Ablehnung der Anordnung die einfache (unbefristete) Beschwerde stattfindet. Nicht recht verständlich ist der Hinweis von Gräber (aaO), es bestehe ein erhebliches Interesse der Jugendämter und der Landesjugendämter daran, daß sie sich gegen die Ablehnung der Anordnung der vorläufigen Fürsorgeerziehung wenden können. Dieses Interesse ist zwar zu bejahen, erfordert aber nicht, daß die Beschwerde gegen die Ablehnung eine befristete sein müsse; denn dem Jugendamt und dem Landesjugendamt steht die Beschwerde auf jeden Fall gemäß §§ 20, 57 Abs 1 Nr 9 FGG zu (s Jans-Happe, Bem 7; Happe, ZblJugR 1964, 22).

Keinesfalls kann aber aus § 67 Abs 2 der Schluß gezogen werden, nur die Anordnung der vorläufigen Fürsorgeerziehung sei anfechtbar, dagegen nicht die Ablehnung der Anordnung; ebenso wenig kann aus § 67 Abs 2 gefolgert werden, dem Jugendamt und dem Landesjugendamt stehe gegen die Ablehnung der Anordnung der vorläufigen Fürsorgeerziehung kein Beschwerderecht zu (so jedoch OLG Hamburg, ZfSH 1962, 188 m ablehnender Anm v Riedel; gegen OLG Hamburg auch Happe, ZblJugR 1964, 22; s ferner Bem 430).

420 cc) War die **Anordnung der vorläufigen und der endgültigen Fürsorgeerziehung beantragt** und hat das Vormundschaftsgericht **nur die letztere angeordnet,** so ist fraglich, ob hieraus ohne weiteres geschlossen werden kann, es liege eine (stillschweigende) ablehnende Entscheidung über den Antrag auf Anordnung der vorläufigen Fürsorgeerziehung vor, wie Krug (Bem 5) und Riedel (Bem 8) unter Berufung auf KG, JFG 12, 172, 174f, und LG Marburg, SjE, E 16, 310k, meinen. Das KG hatte dargelegt, im Einzelfall könne eventuell die Auslegung der Entscheidung des AG betr Anordnung der endgültigen Fürsorgeerziehung zugleich die Ablehnung der vom Jugendamt gleichzeitig beantragten vorläufigen Fürsorgeerziehung ergeben; das sei rechtlich möglich. Diese Auffassung ist zwar zu billigen; zu fordern ist aber, daß der Entscheidung muß entnommen werden können, daß das Amtsgericht die Voraussetzung der Gefahr im Verzuge verneint hat oder hat verneinen wollen. Ergeben sich keine Anhaltspunkte dafür, daß diese Frage geprüft wurde, so muß angenommen werden, daß über den Antrag, vorläufige Fürsorgeerziehung anzuordnen, keine Entscheidung ergangen ist (zur Frage der Zulässigkeit einer Untätigkeitsbeschwerde s auch Kissel, ZZP 69, 3; Pikart-Henn, 112).

421 dd) Die Einlegung der sofortigen Beschwerde gegen die Anordnung der vorläufigen Fürsorgeerziehung hat keine aufschiebende Wirkung (§ 67 Abs 2 Satz 2), hemmt also die Vollziehung der Anordnung nicht.

Auf die sofortige Beschwerde ist das Amtsgericht auf Grund der ausdrücklichen Vorschrift des § 67 Abs 2 Satz 3 — wonach § 18 Abs 2 FGG hier nicht anzuwenden ist — befugt, die Anordnung der vorläufigen Fürsorgeerziehung selbst wieder aufzuheben (s auch unten Bem 448f).

ee) Das Beschwerdegericht ist befugt, die **Vollziehung** der Anordnung der vorläufigen Fürsorgeerziehung bis zur Entscheidung über die sofortige Beschwerde gemäß **§ 24 Abs 3 FGG auszusetzen,** um weitere Ermittlungen durchzuführen, wenn diese erforderlich sind, weil der vom Amtsgericht als glaubhaft gemacht beurteilte Sachverhalt die Voraussetzungen des § 67 Abs 1 nicht rechtfertigt oder weil beachtliche Einwendungen gegen die Sachdarstellung des angefochtenen Beschlusses erhoben sind. Denn es muß vermieden werden, daß der Minderjährige nach kurzer Zeit wieder aus der Fürsorgeerziehung entlassen werden müßte, wenn der Beschluß des Amtsgerichts aufgehoben würde (in diesem Sinne auch Krug, Bem 4, Riedel, Bem 9). Dagegen darf die Vollziehung der Anordnung der vorläufigen Fürsorgeerziehung nicht zu dem Zweck (befristet) ausgesetzt werden, damit dem Minderjährigen eine Bewährungsfrist eingeräumt wird (OLG Stuttgart, SJE, E 16, 311 m — diese Entscheidung hat Riedel (Bem 9) offenbar mißverstanden —; Krug, Bem 4, Jans-Happe, Bem 8). **422**

ff) Eine Aussetzung des Verfahrens betr Anordnung der vorläufigen Fürsorgeerziehung ist auch in der Beschwerdeinstanz unzulässig (s hierzu allgemein Bem 409). **423**

gg) Hat das Amtsgericht die vorläufige Fürsorgeerziehung ohne vorheriges Gehör der Sorgeberechtigten und des Minderjährigen angeordnet, so muß das Beschwerdegericht diese hören; das ist vor allem dann von besonderer Wichtigkeit, wenn die Begründung des Beschlusses des Amtsgerichts verhältnismäßig kurz ist und die in dem Bericht des Jugendamts enthaltenen tatsächlichen Umstände in unzulänglicher Weise wiedergibt. Enthält dagegen die Begründung des Beschlusses des Amtsgerichts eine eingehende Darstellung der betreffenden Verhältnisse oder Vorgänge, auf Grund deren die vorläufige Fürsorgeerziehung angeordnet wurde, so ist damit den Sorgeberechtigten in der Regel in ausreichender Weise Gelegenheit zur Äußerung gegeben; eine mündliche Anhörung ist in diesem Verfahren nicht vorgeschrieben und nicht unbedingt erforderlich. Freilich kann sich die mündliche Anhörung des Minderjährigen, wenn er das 14. Lebensjahr vollendet hat und wenn ihm die Begründung des Beschlusses nicht mitgeteilt werden konnte (s Bem 415), im Beschwerdeverfahren als notwendig erweisen. **424**

Etwa erforderliche Ermittlungen hat das Beschwerdegericht von Amts wegen vorzunehmen (§ 12 FGG).

Hatte das Jugendamt die vorläufige Fürsorgeerziehung beantragt und vertritt es nun auf die sofortige Beschwerde der Sorgeberechtigten oder des Minderjährigen gegen die Anordnung die Auffassung, dieser könne aus der vorläufigen Fürsorgeerziehung wieder entlassen werden, so darf das Landgericht allein deshalb noch nicht das Vorliegen der Voraussetzung der Gefahr im Verzuge verneinen.

hh) Das Beschwerdegericht kann nicht statt der vorläufigen Fürsorgeerziehung endgültige Fürsorgeerziehung anordnen (s auch Bem 361). **425**

Dagegen kann es statt der vorläufigen Fürsorgeerziehung Erziehungsbeistandschaft als einstweilige Regelung bis zur endgültigen Entscheidung anordnen (vgl für früheres Recht bezüglich der Schutzaufsicht BayObLGZ 25, A 474 = OLG 46, 210 Fußn); die Frage, ob die Anordnung der Erziehungsbeistandschaft genügt oder eine Heimerziehung erforderlich ist, muß stets im amtsgerichtlichen Verfahren geprüft werden (s Bem 373). Die Anordnung des Beschwerdegerichts darf nur eine vorläufige Maßnahme betreffen (vgl aber auch BayObLG, aaO); denn das Beschwerdegericht kann nicht in das beim AG noch anhängige endgültige Verfahren eingreifen und dieses auf Anfechtung der vorläufigen Maßnahme beenden (s hierzu auch Bem 379 zu § 1666).

Eine Maßnahme nach § 1666 Abs 1 Satz 1 kann das Beschwerdegericht statt der vorläufigen Fürsorgeerziehung nur dann anordnen, wenn die Voraussetzungen des § 1666 Abs 1 Satz 1 mit Gegenstand des erstinstanzlichen Verfahrens waren (s Bem 379 zu § 1666), was freilich in der Regel wird der Fall sein müssen (s Bem 373 sowie auch 362).

Ordnet das Landgericht unter Abänderung der ablehnenden amtsgerichtlichen Entscheidung die vorläufige Fürsorgeerziehung an, so wird es sich empfehlen, die *sofortige Wirksamkeit* des Beschlusses zu verfügen **426**

(§ 26 Satz 2 FGG), da andernfalls die Entscheidung erst mit der Rechtskraft wirksam, dh vollziehbar wäre **(§ 26 Satz 1).**

427 Hebt das Landgericht auf sofortige Beschwerde (§ 67 Abs 2) die Anordnung der vorläufigen Fürsorgeerziehung auf, so wird die Entscheidung gemäß § 26 Satz 2 FGG für sofort wirksam zu erklären sein (s auch Bem 426). Wird dies angeordnet, so muß der Minderjährige aus der vorläufigen Fürsorgeerziehung sofort entlassen werden.

Der Beschluß des Landgerichts bedarf der **Begründung** (§ 25 FGG; s dazu Bem 363).

428 g) Gegen die Entscheidung des Landgerichts findet die sofortige **weitere Beschwerde** statt (§ 29 Abs 2 FGG), wenn das LG die gegen die Anordnung der vorläufigen Fürsorgeerziehung gerichtete sofortige Beschwerde zurückgewiesen oder wenn es auf einfache Beschwerde die vorläufige Fürsorgeerziehung angeordnet oder wenn es auf sofortige Beschwerde die vorläufige Fürsorgeerziehung aufgehoben hat (s auch Bem 429).

Zu erwähnen ist noch, daß die weitere Beschwerde auch stattfindet, wenn das Landgericht unzulässigerweise das Verfahren betr Anordnung der vorläufigen Fürsorgeerziehung ausgesetzt hat (s Bem 422 aE), hier wird die weitere Beschwerde gemäß § 68 Abs 2 die befristete sein müssen.

429 Die weitere Beschwerde ist die sofortige, wenn eine der beiden vorinstanzlichen Entscheidungen ihrem Inhalt nach nur mit der sofortigen Beschwerde anfechtbar ist (Baur, 374).

Unterlag die Verfügung der ersten Instanz der sofortigen Beschwerde, so ist die weitere Beschwerde auch dann befristet, wenn die Beschwerdeentscheidung einen solchen Inhalt hat, daß sie, wenn sie mit diesem Inhalt in erster Instanz erlassen worden wäre, der einfachen Beschwerde unterworfen wäre (s dazu im allgemeinen Jansen, Bem 10, Keidel, Bem 38; Baur, aaO; Lent-Habscheid, 209; Pikart-Henn, 132; Brand-Hensel, 134f); dh mit anderen Worten: zwar findet die einfache Beschwerde gegen die Ablehnung der Anordnung der vorläufigen Fürsorgeerziehung statt (s Bem 419), jedoch ist gegen die Aufhebung der Anordnung der vorläufigen Fürsorgeerziehung durch das Beschwerdegericht die befristete Beschwerde gegeben (ebenso OLG Düsseldorf, ZblJugR 1964, 20; OLG Stuttgart, Beschl vom 17. 2. 1964, 8 W 26/64; OLG Hamm [Vorlagebeschl gem § 28 FGG] NJW 1964, 744 = FamRZ 1964, 326).

430 Beschwerdeberechtigt sind gegen die Anordnung der vorläufigen Fürsorgeerziehung oder die Zurückweisung der sofortigen Beschwerde gegen die Anordnung der vorläufigen Fürsorgeerziehung das Jugendamt und das Landesjugendamt (s Bem 418), sowie die Personensorgeberechtigten, der Minderjährige, wenn er das 14. Lebensjahr vollendet hat, ferner auch der Ehemann der Minderjährigen (s Bem 357) und der Elternteil, der (zB) das Personensorgerecht nicht ausübt (s Bem 353).

Der Minderjährige kann die sofortige weitere Beschwerde auch zu Protokoll der Geschäftsstelle des Amtsgerichts einlegen, in dessen Bezirk das Erziehungsheim liegt, in dem er untergebracht ist (s Bem 364).

Hat das Landgericht auf sofortige Beschwerde die Anordnung der vorläufigen Fürsorgeerziehung aufgehoben, so steht dem Jugendamt und dem Landesjugendamt die sofortige weitere Beschwerde (s Bem 429) zu (ebenso OLG Düsseldorf, ZblJugR 1964, 20; Happe, daselbst 22; OLG Stuttgart, Beschl v 17. 2. 1964, 8 W 26/64); OLG Hamm NJW 1964, 744 = FamRZ 1964, 326).

Hat das Landgericht die Beschwerde gegen die Ablehnung der Anordnung der vorläufigen Fürsorgeerziehung zurückgewiesen, so findet hiergegen die einfache (unbefristete) weitere Beschwerde statt, die dem Jugendamt und dem Landesjugendamt zusteht.

431 Das Rechtsbeschwerdegericht hat (auch ohne ausdrückliche Rüge) nachzuprüfen, ob der Beschluß des Landgerichts auf einer Gesetzesverletzung, sei es des materiellen oder des Verfahrensrechts, beruht (§ 27 FGG), zB ob der (unbestimmte) Rechtsbegriff der Gefahr im Verzuge (s Bem 381) zutreffend ausgelegt und angewendet und das Erfordernis der Glaubhaftmachung der tatsächlichen Voraussetzungen (s Bem 394) zutreffend beurteilt worden ist und das Landgericht der Ermittlungspflicht genügt und das rechtliche Gehör gewährt hat (s dazu Bem 424).

431a h) Die Anordnung der vorläufigen Fürsorgeerziehung ist der gerichtlichen **Erziehungskartei** mitzuteilen (s Bem 400 zu § 1666).

4. Die Beendigung und die Aufhebung der vorläufigen Fürsorgeerziehung.

a) Zu unterscheiden sind die Beendigung und die Aufhebung der vorläufigen Fürsorgeerziehung, sowie die Beendigung des Anordnungsverfahrens und die der Durchführung der vorläufigen Fürsorgeerziehung. **432**

b) Die **Durchführung der vorläufigen Fürsorgeerziehung endet automatisch** mit dem Eintritt bestimmter Voraussetzungen; ist das Anordnungsverfahren noch anhängig, so ist dieses mit dem Eintritt der betreffenden Voraussetzungen in der Hauptsache erledigt. **433**

Die vorläufige Fürsorgeerziehung endet, wie auch aus **§ 75 Abs 1** hervorgeht, mit der Volljährigkeit, dh mit der Vollendung des 21. Lebensjahres (vgl § 2 BGB) oder — was aber praktisch nicht in Betracht kommt — mit der Volljährigkeitserklärung (§§ 3 ff BGB).

Die Beendigung der vorläufigen Fürsorgeerziehung (als Erziehungsmaßnahme) kann dann praktisch werden, wenn die vorläufige Fürsorgeerziehung kurz vor Vollendung des 20. Lebensjahres des Minderjährigen, die endgültige Fürsorgeerziehung danach innerhalb der Frist des § 67 Abs 5 angeordnet worden war und bis zur Vollendung des 21. Lebensjahres noch keine rechtskräftige Entscheidung des Beschwerde- oder Rechtsbeschwerdegerichts im Verfahren betr Anordnung der endgültigen Fürsorgeerziehung ergangen ist (s bezüglich der Frist des § 67 Abs 5 unten Bem 438 ff).

Die vorläufige Fürsorgeerziehung endet ferner automatisch mit dem Tode des Minderjährigen sowie mit der Rechtskraft der Anordnung der endgültigen Fürsorgeerziehung (ebenso Riedel, Bem 11, Gräber, Bem 20, Jans-Happe, Bem 3, C je zu § 67; Brand-Hensel, S 549; aM Krug, Bem 4 zu § 75, der hier unzutreffenderweise die Regelung des § 61 Abs 2 Satz 2 heranzieht). **434**

War gegen die Anordnung der vorläufigen Fürsorgeerziehung sofortige Beschwerde und dann gegebenenfalls sofortige weitere Beschwerde erhoben worden und wird während des Rechtsmittelverfahrens die Anordnung der endgültigen Fürsorgeerziehung rechtskräftig, so ist damit das Beschwerdeverfahren bezüglich der Anordnung der vorläufigen Fürsorgeerziehung in der Hauptsache erledigt; eine Sachentscheidung darf nicht mehr ergehen, das Beschwerdegericht oder gegebenenfalls das Rechtsbeschwerdegericht (das diese neue Tatsache ausnahmsweise berücksichtigen muß — s dazu Göppinger, FamRZ 1960, 258 —) hat auszusprechen, daß das Beschwerdeverfahren in der Hauptsache erledigt ist, nicht aber, wie Riedel, Bem 11 zu § 67, meint, daß das Beschwerdeverfahren eingestellt wird. **435**

Mit der Rechtskraft der Anordnung der endgültigen Fürsorgeerziehung geht die Durchführung der vorläufigen Fürsorgeerziehung automatisch in die der endgültigen Fürsorgeerziehung über. **436**

Die vorläufige Fürsorgeerziehung endet auch automatisch mit der Rechtskraft des Beschlusses, durch den das Verfahren betr Anordnung der endgültigen Fürsorgeerziehung **ausgesetzt** wird (**§ 68 Abs 1 Satz 3,** s dazu oben Bem 316). **437**

c) Die **Anordnung der vorläufigen Fürsorgeerziehung** ist **aufzuheben,** wenn das Vormundschaftsgericht die Anordnung der endgültigen Fürsorgeerziehung ablehnt oder innerhalb von sechs Monaten keinen die Fürsorgeerziehung anordnenden Beschluß erlassen hat (**§ 67 Abs 5).** **438**

aa) Nach früherem Recht hatte die hM angenommen, daß mit Rechtskraft der Ablehnung der Anordnung der endgültigen Fürsorgeerziehung die vorläufige Fürsorgeerziehung automatisch endet (s Friedeberg-Polligkeit-Blumenthal, Bem 2, Potrykus, Bem 8, Gräber, Bem 8, B je zu § 67, Riedel, 2. Aufl, Bem 3, b zu § 72; KG, OLG 46, 209; OLG München, JFG 22, 14; OLG Neustadt, ZblJugR 1961, 278). **439**

Nunmehr schreibt das Gesetz vor: „Die vorläufige Fürsorgeerziehung ist aufzuheben ...", während in § 68 Abs 1 Satz 3 vorgesehen ist, daß mit der Aussetzung des Verfahrens betr Anordnung der endgültigen Fürsorgeerziehung die vorläufige Fürsorgeerziehung (automatisch) aufgehoben ist (s Bem 316).

Die Neufassung bedeutet, daß, wenn das Vormundschaftsgericht die Anordnung der endgültigen Fürsorgeerziehung ablehnt, die Anordnung der vorläufigen Fürsorgeerziehung aufgehoben werden muß, ohne daß es auf die Rechtskraft des die Anordnung der endgültigen Fürsorgeerziehung ablehnenden Beschlusses ankommt (ebenso Riedel, Bem 12, Gräber, Bem 21, Jans-Happe, Bem 14, A je zu § 67; s auch Krug, Bem 4 zu § 75; aM: Palandt-Lauterbach, Bem 6 zu § 67).

Notwendig ist also eine besondere gerichtliche Entscheidung (ebenso OLG Köln, JMBlNRW 1963, 250).

Der Beschluß über die Aufhebung der vorläufigen Fürsorgeerziehung kann gleichzeitig mit der Entscheidung über die endgültige Fürsorgeerziehung ergehen — was sich regelmäßig empfehlen wird — oder nach dem Wirksamwerden der endgültigen Entscheidung (§ 65 Abs 3 Satz 2); indessen darf nicht länger zugewartet werden. Denn rechtsstaatliche Grundsätze erfordern, daß, da die Anordnung der vorläufigen Fürsorgeerziehung ohne abschließende Prüfung erlassen wird (s Bem 394) und sofort vollziehbar ist (s Bem 460), diese Wirkung alsbald beseitigt wird, wenn sich im endgültigen Verfahren ergibt, daß die Voraussetzungen des § 64 und damit auch des § 67 nicht vorliegen (so auch Jans-Happe, aaO).

Die Anordnung der vorläufigen Fürsorgeerziehung ist auch dann aufzuheben, wenn sie rechtskräftig geworden war.

440 Hat das Vormundschaftsgericht die endgültige Fürsorgeerziehung angeordnet, das Landgericht aber auf sofortige Beschwerde diesen Beschluß abgeändert und den Antrag auf Anordnung der endgültigen Fürsorgeerziehung zurückgewiesen, so ist zu der Aufhebung der vorläufigen Fürsorgeerziehung ebenfalls das Landgericht befugt und auch verpflichtet (ebenso Gräber, Bem 21; aM Jans-Happe, Bem 14, B; wohl auch Soergel-Siebert-Lange, Anhang nach § 1666, Bem 48). Dies muß daraus geschlossen werden, daß das Gesetz allgemein sagt „Die Anordnung ist aufzuheben"; denn diese Formulierung deutet darauf hin, daß das Gericht die Aufhebung auszusprechen hat, das die Anordnung der endgültigen Fürsorgeerziehung ablehnt, wobei beide Anordnungen gleichzeitig ergehen sollten. Die dargelegte Lösung dürfte auch dem Sinn und Zweck der Vorschrift am ehesten gerecht werden und erscheint ferner als die praktikableste.

Lehnt das Rechtsbeschwerdegericht die Anordnung der endgültigen Fürsorgeerziehung ab, so endet damit die vorläufige Fürsorgeerziehung automatisch (ebenso Jans-Happe, Bem 14, A), da diese Entscheidung sofort rechtskräftig wird. Einer Aufhebung der vorläufigen Fürsorgeerziehung bedarf es hier nicht, indessen empfiehlt sich ein Hinweis darauf dringend, daß mit der Erlassung dieser Entscheidung die vorläufige Fürsorgeerziehung beendet ist.

441 bb) Die vorläufige Fürsorgeerziehung ist ferner aufzuheben, wenn das Vormundschaftsgericht **innerhalb von 6 Monaten keine die endgültige Fürsorgeerziehung anordnende Entscheidung erlassen hat.**

Der Sinn dieser Regelung ist, daß innerhalb einer bestimmten Frist die Anordnung der vorläufigen Fürsorgeerziehung im Verfahren betr die Anordnung der endgültigen Fürsorgeerziehung hinsichtlich der Voraussetzungen der Anordnung, insbesondere der Verwahrlosung oder Verwahrlosungsgefahr, unter Verwendung der erforderlichen Beweismittel näher überprüft werden soll (vgl auch etwa zum Verfahren wegen Arrestes und einstweiliger Verfügung die Vorschrift des § 926 Abs 1 ZPO) und daß angesichts der Bedeutung der Anordnung der vorläufigen Fürsorgeerziehung ein längerer Schwebezustand vermieden werden soll (s Bem 368 aE).

Die Frist beginnt — nach dem Sinnzusammenhang dieser Vorschrift — mit der Erlassung der Entscheidung über die vorläufige Fürsorgeerziehung, dh mit der Hinausgabe der Beschlußausfertigungen aus dem inneren Bereich des Gerichts (ebenso KG, ZblJugR 1964, 22*); BayObLGZ 1962, 328 = FamRZ 1963, 53 = NJW 1963, 208; ZblJugR 1963, 115; Potrykus, ZblJugR 1963, 272; Pikart-Henn, 231; Würfflein, Unsere Jugend 1963, 229). Dieser Satzteil des § 67 Abs 5 ist also so zu lesen: wenn das Vormundschaftsgericht nach der Anordnung der vorläufigen Fürsorgeerziehung innerhalb von 6 Monaten keinen die (endgültige) Fürsorgeerziehung anordnenden Beschluß erlassen hat. Auf das Datum des Beschlusses, durch den die vorläufige Fürsorgeerziehung angeordnet worden war, kommt es nicht an, aber auch nicht auf den Zeitpunkt der Bekanntgabe (Zustellung) des Beschlusses (so jedoch Weimar, ZblJugR 1962, 228). Ferner ist auch der Zeitpunkt der Vollziehung nicht maßgebend, zB wenn der Minderjährige flüchtig gewesen ist und ihm der Beschluß erst nach Beginn der Durchführung der vorläufigen Fürsorgeerziehung zugestellt werden konnte (so OLG Braunschweig, NdsRPfl 1963, 155 = MDR 1963, 761 = ZblJugR 1963, 170 =

*) = FamRZ 1964, 162 = NJW 1964, 778.

FamRZ 1964, 105, Leitf). **Nicht erforderlich** ist damit, daß die Anordnung der vorläufigen Fürsorgeerziehung rechtskräftig geworden ist (BayObLG, KG, OLG Braunschweig, Weimar, Potrykus, Würfflein, aaO; wohl auch OLG Köln, JMBlNRW 1963, 18; aM Gräber, Bem 23). Dies ergibt sich daraus, daß die Anordnung der vorläufigen Fürsorgeerziehung sofort vollziehbar ist (§ 69 Abs 2, s hierzu Bem 460) und die sofortige Beschwerde gegen die Anordnung keine aufschiebende Wirkung hat (§ 67 Abs 2 Satz 2, s hierzu Bem 421).

Wird gegen die Anordnung der vorläufigen Fürsorgeerziehung sofortige und dann sofortige weitere Beschwerde erhoben und läuft danach die 6-Monats-Frist ab, so kann das Rechtsbeschwerdefrist dies nur berücksichtigen, wenn das Vormundschaftsgericht deshalb die vorläufige Fürsorgeerziehung aufgehoben hat (OLG Köln, JMBlNRW 1963, 250; s zu der Frage, inwieweit im Rechtsbeschwerdeverfahren neue Tatsachen berücksichtigt werden können Göppinger, FamRZ 1960, 259f mit Hinweisen). Der Fristablauf allein macht das Verfahren nicht gegenstandslos; wenn dies der Fall wäre, könnte und müßte er berücksichtigt werden (vgl Keidel, Bem 52 zu § 27 FGG; Göppinger, aaO). Das OLG Köln hat ferner die Ansicht vertreten, der Fristablauf hätte auch dann berücksichtigt werden können, wenn der Beschluß des Landgerichts aus anderen Gründen hätte aufgehoben werden müssen. Diese (allerdings verbreitete) Auffassung (BGHZ 35, 135 = FamRZ 1961, 302 = NJW 1961, 1301 = MDR 1961, 673 — ohne nähere Begründung —; Keidel, JZ 1961, 418 Fußn 64) hat jedoch keine gesetzliche Grundlage. Nicht stichhaltig ist der Hinweis von Keidel (aaO), diese Praxis der Rechtsbeschwerdegerichte, die im Interesse der Verfahrensökonomie liege, habe ihre Rechtsgrundlage in der in § 29 Abs 4 ausgesprochenen Verweisung auf das Beschwerdeverfahren, insbesondere in § 25 (?) in sachgemäßer Verbindung mit der nach § 27 Satz 2 FGG gebotenen entsprechenden Anwendung der Vorschriften der ZPO über die Revision. § 27 Satz 2 iVm § 561 ZPO schließt gerade die Vorschrift des § 23 FGG weitgehend aus; auch im Zivilprozeß besteht grundsätzlich keine Möglichkeit, daß das Revisionsgericht selbst neue Tatsachen feststellt und berücksichtigt, auch wenn sie unstreitig sind und wenn das Berufungsurteil aus anderen Gründen aufzuheben ist. 442

Bezüglich des Zeitpunktes des **Endes der 6-Monats-Frist** ist nicht erforderlich, daß die Anordnung der endgültigen Fürsorgeerziehung rechtskräftig geworden ist (ebenso KG, ZblJugR 1964, 22, 23); vielmehr kommt es nur auf den Erlaß dieser Entscheidung des Vormundschaftsgerichts an, gegebenenfalls des Beschwerdegerichts, wenn die Anordnung der endgültigen Fürsorgeerziehung in erster Instanz abgelehnt war. Erlassen ist der Beschluß mit der Hinausgabe der Ausfertigung zum Zwecke der Zustellung, also mit dem Zeitpunkt, in dem das Gericht den Beschluß aus seinem inneren Bereich herausgibt; denn damit hat das Gericht alles getan, um dem Beschleunigungszweck des § 67 Abs 5 gerecht zu werden (so auch Gräber, Bem 25). Der Begriff „erlassen" ist in § 67 Abs 5 in gleichem Sinne zu verstehen wie in § 18 Abs 1 FGG (zum letzteren s Jansen, Bem 1, Keidel, Bem 13 je zu § 18 FGG; vgl auch BGHZ 12, 248, 252 = NJW 1954, 638 = FamRZ 1954, 107, Leits = JZ 1954, 299, Leits = ZblJugR 1954, 182 = SjE, E 16, 280e). 443

Erforderlich ist also nur, daß innerhalb der 6 Monate ein Beschluß über die Anordnung der endgültigen Fürsorgeerziehung erlassen wird; wird letzterer angefochten, so bleibt die vorläufige Fürsorgeerziehung bis zur rechtskräftigen Entscheidung über die endgültige Fürsorgeerziehung bestehen ohne Rücksicht auf die Dauer dieses Verfahrens (s auch Pikart-Henn, 231f).

Somit ist die **Frist** auf folgende Weise zu **berechnen:** 444

Der Beschluß über die Anordnung der endgültigen Fürsorgeerziehung muß spätestens am letzten Tage des 6. Monats nach Hinausgabe der Ausfertigungen des die vorläufige Fürsorgeerziehung anordnenden Beschlusses ausgefertigt und zur Zustellung aus dem inneren Bereich des Gerichts hinausgegeben worden sein. Für die Berechnung des Zeitablaufs ist § 188 Abs 2 iVm § 187 Abs 1 BGB maßgebend. Der die endgültige Fürsorgeerziehung anordnende Beschluß muß spätestens an dem Tage hinausgegeben werden, der durch seine Zahl dem Anfangstage der Frist entspricht.

Die 6-Monats-Frist wird durch die Anordnung der Unterbringung gemäß **§ 66 Abs 2** nicht gehemmt; die Zeitdauer dieser Unterbringung ist 445 in die 6-Monats-Frist einzubeziehen (offen gelassen von OLG Düsseldorf, ZblJugR 1964, 20, 21); denn das Gesetz stellt auf den Zeitraum zwischen der Erlassung der Anordnung der vorläufigen und der der endgültigen Fürsorgeerziehung ab und verlangt, daß die erforderlichen Ermittlungen innerhalb dieser Frist durchgeführt werden. Die Anordnung gemäß § 66 ist aber gerade eine Ermittlungsmaßnahme. Der Umstand, daß sie keine Erziehungsmaßnahme ist und daß während der Dauer der stationären Beobachtung (§ 66 Abs 3) die vorläufige Fürsorgeerziehung nicht durchgeführt werden kann, ist daher unerheblich.

446 In der Praxis kann die 6-Monats-Frist zu Schwierigkeiten führen, wie zB das OLG Braunschweig, aaO dargelegt hat, und hat auch schon zu Schwierigkeiten geführt, wie die erwähnten Entscheidungen zeigen. Wird gegen den die vorläufige Fürsorgeerziehung anordnenden Beschluß sofortige Beschwerde und dann sofortige weitere Beschwerde eingelegt, so vergehen bis zur Entscheidung des OLG regelmäßig mehrere Monate. Ergibt sich nach der Anordnung der vorläufigen Fürsorgeerziehung die Notwendigkeit, gemäß § 66 ein Gutachten einzuholen, und wird dieser Beschluß angefochten, so ist es so gut wie ausgeschlossen, daß innerhalb der 6 Monate eine Entscheidung über die Anordnung der endgültigen Fürsorgeerziehung ergehen kann. Allerdings muß verlangt werden, daß das Vormundschaftsgericht eine zweite Akte anlegt oder Aktenauszüge fertigt, um das Verfahren betr endgültige Fürsorgeerziehung nach Vorlage der Akten zur Entscheidung über die sofortige Beschwerde gegen die Anordnung der vorläufigen Fürsorgeerziehung weiter betreiben zu können (ebenso BayObLG, ZblJugR 1963, 115; OLG Braunschweig, aaO; OLG Neustadt, ZblJugR 1963, 260 = RdJ 1963, 285 = FamRZ 1964, 103; s auch Bem 268 aE, 397).

447 Es ist für zulässig zu erachten, daß das Vormundschaftsgericht eine **neue Anordnung der vorläufigen Fürsorgeerziehung** erläßt, auf Grund neuer Prüfung der Voraussetzungen, und zwar auch zugleich mit der Aufhebung der ursprünglichen Anordnung (ebenso Jans-Happe, Bem 14, C zu § 67; Happe, ZblJugR 1964, 22; Schnitzerling, BldWPfl 1963, 179; wohl auch OLG Neustadt, ZblJugR 1963, 260 = RdJ 1963, 285; aM OLG Düsseldorf, ZblJugR 1964, 20; KG, daselbst 22; Pikart-Henn, S 231). Der Gesetzeszweck, einen unzumutbar langen Schwebezustand zu vermeiden, kann dem nicht entgegenstehen (aM OLG Düsseldorf, KG, aaO). Bei der neuen Prüfung kommt es darauf an, in welche Umgebung der Minderjährige entlassen würde, wie er sich während der Durchführung der vorläufigen Fürsorgeerziehung verhalten hat, sowie welcher Art und welchen Grades die Verwahrlosungsgefahr oder die Verwahrlosung war. Ist es nicht vertretbar, den Minderjährigen neuen Gefahren auszusetzen, so muß es als zulässig betrachtet werden, eine neue Anordnung zu erlassen. Es wäre wenig sinnvoll, etwa eine Minderjährige, die in sittlicher (sexueller) Hinsicht verwahrlost ist, durch die Unterlassung einer neuen Anordnung der Prostitution anheimfallen zu lassen, also überhaupt ein unvertretbares Risiko der Entlassung einzugehen und dann zuzuwarten, bis weitere Umstände zu einer neuen Anordnung zwingen und die Erziehungssituation sich damit verschlechtert hat (in einem solchen Falle will offenbar das KG, aaO, aber eine neue Anordnung der vorläufigen Fürsorgeerziehung zulassen). Maßgebend muß also das Wohl des Kindes sein; etwaige Versäumnisse des Vormundschaftsgerichts und des Jugendamtes bei den Ermittlungen und der hierauf beruhende Ablauf der 6-Monats-Frist dürfen nicht zu Lasten des Minderjährigen gehen (ebenso Happe, aaO; aM OLG Neustadt, aaO).

Wenn der Gesetzgeber es versäumt hat, entsprechend der Vorschrift des § 9 FrEntzG die Möglichkeit einer Verlängerung der vorläufigen Fürsorgeerziehung vorzusehen, so rechtfertigt dies nicht die Schlußfolgerung, daß eine neue Anordnung der vorläufigen Fürsorgeerziehung unzulässig wäre. Denn dieses Problem wurde offensichtlich nicht erkannt, wie manche andere Fragen, auch gerade bezüglich des § 67 Abs 5 — die Frage des Beginns der Frist und einer Übergangsregelung (s Bem 193) — ebenfalls nicht erkannt wurden.

448 d) Weiterhin ist die vorläufige Fürsorgeerziehung auch dann **aufzuheben,** wenn die Anordnung nicht vollzogen werden kann, weil der Minderjährige in das Ausland oder in die sowjetische Besatzungszone geflüchtet ist (OLG Frankfurt, NJW 1957, 1404 = EJF, E I Nr 16 = RdJ 1957, 351 = SjE 16, 314s) oder von einem Verwandten in die sowjetische Besatzungszone mitgenommen worden ist (OLG Hamm, ZblJugR 1955, 114 = SjE, E 16, 298c = FamRZ 1955, 303, Leits) und Anhaltspunkte dafür bestehen, daß der Aufenthalt längere Zeit dauern wird.

Ebenso ist die vorläufige Fürsorgeerziehung aufzuheben, wenn sich im weiteren Verfahren herausstellt, daß die Voraussetzungen zu Unrecht angenommen worden sind, zB wenn sich ergibt, daß der Minderjährige wegen geistiger oder seelischer Abartigkeit, dh eines krankhaften Zustandes, nicht in einem Erziehungsheim untergebracht werden kann, oder wenn die weiteren Ermittlungen ergeben, daß die ursprünglich angenommene Verwahrlosungsgefahr nicht gegeben ist. 449

e) Der Beschluß über die Aufhebung der vorläufigen Fürsorgeerziehung muß dem Jugendamt und dem Landesjugendamt (als antragsberechtigte und ausführende Stelle) **zugestellt** werden, ebenfalls wohl den Sorgeberechtigten und dem über 14 Jahre alten Minderjährigen, auch wenn diesen gegen die Entscheidung ein Beschwerderecht nicht zusteht. Die Zustellung muß aber deshalb als erforderlich beurteilt werden, weil auch der anordnende Beschluß zugestellt worden war (ebenso Gräber, Bem 26). 450

f) Gegen die Aufhebung der vorläufigen Fürsorgeerziehung sowie gegen die Ablehnung der Aufhebung findet die einfache **Beschwerde** statt (s dazu BayObLGZ 1962, 328 = FamRZ 1963, 53 = NJW 1963, 208; OLG Neustadt, ZblJugR 1963, 260); wird jedoch die Aufhebung der vorläufigen Fürsorgeerziehung zusammen mit der Ablehnung der Anordnung der endgültigen Fürsorgeerziehung verfügt, so kann gegen diese Entscheidung nur ein einheitliches Rechtsmittel, nämlich die sofortige Beschwerde, gegeben sein (so auch Gräber, Bem 27A, der daselbst noch weitere Einzelfragen behandelt). 451

Die Beschwerdeberechtigung bestimmt sich nach § 20 FGG, 67 Abs 2 JWG, im Falle der einfachen Beschwerde auch nach § 57 Abs 1 Nr 9 FGG.

g) Die Aufhebung der vorläufigen Fürsorgeerziehung ist der gerichtlichen **Erziehungskartei** mitzuteilen (s Bem 400 zu § 1666). 452

V. Internationales und interlokales Privatrecht, Rechtszustand in der sowjetischen Besatzungszone.

1. Da das die Anordnung der Fürsorgeerziehung betreffende Recht zum öffentlichen Recht gehört, entscheidet allein **deutsches Recht**, ob für ein in Deutschland sich aufhaltendes Kind, das staatenlos ist oder eine ausländische Staatsangehörigkeit besitzt, Fürsorgeerziehung angeordnet werden kann (s Soergel-Siebert-Lange, Anhang nach § 1666, Bem 52). Die Zulässigkeit einer solchen Anordnung wird jetzt allgemein bejaht (s oben Bem 200); zu beachten ist aber die nach ausländischem Recht erlangte Volljährigkeit. 453

2. Im **interlokalen Privatrecht** entscheidet ebenfalls das Recht des Gerichtsortes (ebenso Soergel-Siebert-Lange, Anhang nach § 1666, Bem 53); wer in der sowjetischen Besatzungszone mit der Vollendung des 18. Lebensjahres die Volljährigkeit erlangt hat (s dazu Bem 7a zu § 2 BGB), behält diese nach Übersiedlung in das Gebiet der Bundesrepublik bei und kann deshalb nicht mehr der Fürsorgeerziehung überwiesen werden (s oben Bem 199). 454

Verfahrensrechtlich ist die sowjetische Besatzungszone nicht mehr als „Inland" iSd § 43 iVm § 36 FGG anzusehen (OLG Karlsruhe, NJW 1955, 1885 = ZblJugR 1956, 27 = FamRZ 1956, 122, Leits). Hat der Minderjährige zwar seinen Wohnsitz in der sowjetischen Besatzungszone, weil er den Wohnsitz seiner Eltern teilt, hält er sich aber im Gebiet der Bundesrepublik auf, so ist das Amtsgericht zuständig, in dessen Bezirk er sich aufhält und zwar kommt es auf den Zeitpunkt an, in welchem dem Gericht die tatsächlichen Umstände bekannt werden, die es zur Anordnung der vorläufigen Fürsorgeerziehung veranlassen; mangels einer Zuständigkeit eines anderen Gerichts ist es dann auch zur Anordnung der endgültigen Fürsorgeerziehung zuständig (OLG Karlsruhe, aaO), da das Verfahren betr die Anordnung der vorläufigen und der endgültigen Fürsorgeerziehung ein einheitliches Verfahren ist (s Bem 370).

3. In der **sowjetischen Besatzungszone** gilt das RJWG weiter; zu beachten sind aber die Herabsetzung des Volljährigkeitsalters (s Bem 199, 454) sowie die Zuständigkeitsregelung des § 11 Nr 4 der VO vom 15. 10. 1952 — s oben Bem 414 zu § 1666 —, wonach die Entscheidung über die Fürsorgeerziehung auf den Rat des Kreises übertragen wurde. 455

E. Die Ausführung, Durchführung, Beendigung und Aufhebung der Freiwilligen Erziehungshilfe und der Fürsorgeerziehung*).

I. Allgemeines.

1. Die Freiwillige Erziehungshilfe und die Fürsorgeerziehung sind öffentliche Jugendhilfe, auch im Sinne der §§ 1 ff JWG. Daher sind bei der Durchführung der Frei- 456

*) **Literatur:** AFET, Neue Schriftenreihe, Heft 10, 1954: Wie läßt sich praktisch das Zusammenwirken von Familie und Staat in der Erziehungshilfe durchführen? (Bericht über die

willigen Erziehungshilfe und der Fürsorgeerziehung auch die Vorschriften des **§ 3** zu berücksichtigen. Gemäß § 3 Abs 1 Satz 1 soll die öffentliche Jugendhilfe die in der Familie des Kindes begonnene Erziehung unterstützen und ergänzen; die von den Personensorgeberechtigten bestimmte Grundrichtung der Erziehung ist gemäß § 3 Abs 1 Satz 2 zu beachten, sofern hierdurch das Wohl des Kindes nicht gefährdet wird. Weiterhin soll nach § 3 Abs 2 den Wünschen der Personensorgeberechtigten, die sich auf die Gestaltung der öffentlichen Jugendhilfe im Einzelfall richten, entsprochen werden, soweit sie angemessen sind und keine unvertretbaren Mehrkosten erfordern. Das Gesetz geht auch davon aus, daß bei der Durchführung der öffentlichen Jugendhilfe eine Zusammenarbeit mit den Personensorgeberechtigten angestrebt werden soll (§ 3 Abs 3; s dazu Buchhierl, RdJ 1962, 166 und Bem 474, 501 aE).

457 Näherer Erörterung bedarf noch der mit dem JWG vom 11. 8. 1961 eingeführte Begriff der **„Grundrichtung der Erziehung"**. Zur Bedeutung und Auslegung dieses Begriffs hat der BT-Ausschuß (BT-Drucks zu Nr 2854, S 2) dargelegt: „Die Mehrheit des Ausschusses hielt den ausdrücklichen Hinweis für erforderlich, daß die Bestimmung der Grundrichtung der Erziehung den Eltern vorzubehalten ist. Die verschiedenen Auffassungen vom Menschen in unserer pluralistischen Gesellschaft bedingen ebenso unterschiedliche Erziehungssysteme. Die Grundrichtung der Erziehung muß deshalb auf Grund der freien Gewissensentscheidung der Eltern bestimmt werden. Zur Grundrichtung der Erziehung gehören nach Auffassung der Mehrheit des Ausschusses vor allem die wesentlichen Fragen der Ethik, der Erziehung auf Grund eines Bekenntnisses oder einer Weltanschauung, wie auch die Grundfragen einer staatspolitischen Erziehung". (Hierzu s auch Rothe, RdJ 1961, 70, 337; Carspecken, RdJ 1961, 348; W. Becker, RdJ 1961, 286; BldWPfl 1962, 316; MDR 1963, 263; Scheuner in „Neue Schriftenreihe des Allgemeinen Fürsorgeerziehungstages", Heft 16 [1962], 21 ff; sowie BVerwG E 5, 153, 155 [s Bem 88 zu § 1666], das ausgesprochen hat, das Recht der Eltern erstrecke sich darauf, sich bei der Bestimmung der Lebensrichtung ihrer Kinder auch gegenüber dem Staat zu behaupten.)

Tagung 1954); Heft 14, 1960: Wie kann die Heimerziehung den heutigen Jugendlichen gerecht werden? (Bericht über die Tagung, 1960); Heft 16, 1962: Was soll aus der öffentlichen Erziehung werden? Welche Lebenshilfen kann die Heimerziehung den 18- bis 21-Jährigen geben? (Bericht über die Tagung 1962); Beurmann, Erziehungsrecht und Grundrechte des Minderjährigen in der öffentlichen Erziehung, Unsere Jugend, 1963, 291; Borchert, Kritisches zur Durchführung öffentlicher Erziehung, Neue Schriftenreihe des AFET, Heft 15, 1961; Carspecken, Die Familiensituation der Minderjährigen der Fürsorgeerziehung und der Freiwilligen Erziehungshilfe, Unsere Jugend 1957, 250; derselbe, Entsprechen die Möglichkeiten der Fürsorgeerziehung und Freiwilligen Erziehungshilfe noch ihrem Auftrag?, Unsere Jugend 1958, 171; derselbe, Entweichungen aus dem Heim und was dann?, RdJ 1960, 42; derselbe, Probleme der Heimerziehung 1961, RdJ 1961, 166; derselbe, Umfang und Stellung der heutigen Heimerziehung, Unsere Jugend 1961, 249; derselbe, Probleme des Jugendwohlfahrtsgesetzes vom 11. 8. 1961, 1962; derselbe, Probleme der Heimerziehung heute, Unsere Jugend 1963, 214; Claussen, Pflichten und Rechte der Fürsorgeerziehungsbehörde, Neue Schriftenreihe des AFET, Heft 8, 1954; Deutsch, Rechtsnatur des Beschäftigungsverhältnisses Minderjähriger in heimeigenen Werkstätten und Betrieben, RdJ 1960, 79; derselbe, Grundfragen des neuen Rechts der öffentlichen Erziehung, RdJ 1963, 81; Falt, Immer noch gefährdet Formalisierung die Heimerziehung, Unsere Jugend 1961, 537; Gerson, Das „Team" in der Fürsorgeerziehung, ZblJugR 1959, 33; derselbe, Das JWG in psychiatrischer und sozialpädagogischer Sicht, RdJ 1963, 161; Gräber, Die Zuständigkeit des Vormundschaftsgerichts und der Fürsorgeerziehungsbehörde nach rechtskräftiger Anordnung der Fürsorgeerziehung, Unsere Jugend 1954, 555; Gregor, Psychiatrie und Jugendfürsorge, Unsere Jugend 1961, 115; Heilpädagogik in der Erziehungshilfe, hrsg vom Landesjugendamt des Landschaftsverbandes Rheinland, 1963; Kiehn, Das Gesetz für Jugendwohlfahrt und die Heimerziehung, Jugendwohl 1962, 131; derselbe, Jugendliche entweichen aus dem Heim, Jugendwohl 1963, 146; Kreckl, Die geschlossene Unterbringung schwersterziehbarer Kinder und Jugendlicher, Unsere Jugend 1963, 455; Mehringer, Das Heimkind und seine Angehörigen, Unsere Jugend 1963, 153; Perle, Zur politischen Erziehung in Heimen, Unsere Jugend 1963, 257; Potrykus, Die Frage nach dem religiösen Bekenntnis und das Jugendwohlfahrtsgesetz 1961, Jugendwohl 1963, 172; Rasch-Bauer, Der Aufgabenbereich moderner Sozialpädagogik, RdJ 1961, 212 (s ferner 234, 249, 274); Riedel, Das Verwaltungs- und das verwaltungsgerichtliche Verfahren im JWG, ZfSH 1963, 197; Roestel, Die Durchführung der FEH und der FE, Unsere Jugend 1962, 514; Schneider, Allgemeine und Verwahrlostenpädagogik, Jugendwohl 1963, 139, 186; Hans Schwörer, Probleme der Heimerziehung aus der Sicht der Fürsorgerin, Jugendwohl 1961, 405; Stolle, Fürsorgeerziehung als Schul- oder Berufsausbildung, ZblJugR 1961, 259; Weiland, Brauchen wir in der Erziehung ein Leitbild?, RdJ 1963, 197.

Zu arbeitsrechtlichen Fragen s die Literaturangaben Bem 488 aE, 492, zur Heimerziehung s ferner die Hinweise Bem 508 ff.

Allerdings ist es in der Praxis nicht einfach, die Grundrichtung der Erziehung zu erkennen und präzise Vorstellungen hierüber zu gewinnen (s Buchhierl, RdJ 1962, 166).

§ 3 dürfte ebenfalls alle Pläne, Möglichkeiten oder Maßnahmen der Sorgeberechtigten umfassen, die den ferneren Lebensweg des Minderjährigen, die Schule und Berufsausbildung betreffen (ebenso Carspecken, aaO; Becker, BldWPfl 1962, 318). Unter Grundrichtung sind nicht verschiedene Erziehungshaltungen, sondern nur religiöse und weltanschauliche Einstellungen zu verstehen (ebenso Becker, MDR 1963, 263). Grundrichtungen sind auch nicht Teilinteressen von Lebensreformern; daher ist zB die „Frei-Körper-Kultur-Bewegung" keine weltanschauliche Grundrichtung der Erziehung, sondern nur eine von der Allgemeinheit für bedenklich gehaltene Sonderrichtung von Naturisten und Reformern, an deren anständiger Gesinnung zwar nicht gezweifelt werden soll, die aber mit Rücksicht auf die in unserer Kulturwelt deutlichen Gefahren für die Jugend keine Sonderstellung auf Grund von „Elternrechten" einnehmen können (W. Becker, BldWPfl 1962, 318; s auch Bem 84 ff zu § 1666; zum Begriff „Sittengesetz" s Bem 209 zu § 1666).

2. Das Gesetz spricht von **Ausführung** und von **Durchführung** der Freiwilligen Erziehungshilfe und der Fürsorgeerziehung. Es macht hierbei folgenden Unterschied, wie schon das RJWG (s §§ 69 ff aF bezüglich der Fürsorgeerziehung): Die individuelle Erziehung wird in den Heimen und bei Pflegefamilien durchgeführt; die Durchführung betrifft die Erziehungstätigkeit der Erzieher (s §§ 69 Abs 3, 71 Abs 2, 3), dh das „Wie" der Ausführung (Krug, Bem 5 zu § 69). Den Organen der öffentlichen Jugendhilfe obliegt dagegen die Ausführung der Freiwilligen Erziehungshilfe und der Fürsorgeerziehung; die Ausführung bezieht sich auf die verantwortliche rechtliche und pädagogische Lenkung und Entscheidung durch die Erziehungsbehörde bezüglich der Durchführung der Erziehung im einzelnen (s dazu Jans-Happe, Bem 2 zu § 69; Begründung des Regierungsentwurfs, BT-Druck Nr 2226, 29), was sich zB bei der Ausübung des Aufenthaltsbestimmungsrechts zeigt (s dazu Bem 474), betrifft also überhaupt die Rechte und Pflichten der Erziehungsbehörde (s §§ 69 Abs 1, 2, 4, 5, §§ 70, 72, 74 Abs 1). 458

3. Der Begriff **„Fürsorgezögling"** (§ 70 Abs 4 aF) ist in der Neufassung des JWG vom 11. 8. 1961 nicht mehr enthalten (s oben Bem 187). Da dieser Ausdruck diskriminierend wirkt, empfiehlt es sich dringend, ihn bei der Ausführung und Durchführung der Fürsorgeerziehung nicht mehr zu verwenden (so ausdrücklich zB die Erlasse des RegPräs Nordbaden vom 28. 2. 1962 und des RegPräs Südwürttemberg-Hohenzollern vom 26. 3. 1962, s RdJ 1963, Heft 9 [1. Maiheft], S II). 459

II. Die Ausführung der Freiwilligen Erziehungshilfe und der Fürsorgeerziehung, die Rechtsstellung der Erziehungsbehörde.

1. a) Die Erziehungsbehörde ist befugt, die vorläufige Fürsorgeerziehung nach der Erlassung des Beschlusses **(§ 67 Abs 1)**, die endgültige Fürsorgeerziehung nach Eintritt der (formellen) Rechtskraft des Beschlusses auszuführen **(§ 69 Abs 2)**. 460

Die vorläufige Fürsorgeerziehung ist demnach ausführbar, sobald die Ausfertigungen des sie anordnenden Beschlusses vom Gericht aus seinem inneren Bereich zum Zwecke der Zustellung hinausgegeben wurden (s dazu Bem 441). Auf den Zeitpunkt der Zustellung an den Minderjährigen oder die Sorgeberechtigten als gesetzliche Vertreter kommt es nicht an (aM Gräber, Bem 8 zu § 69).

Die endgültige Fürsorgeerziehung ist nach Ablauf der Beschwerdefrist von 2 Wochen (§ 22 Abs 1 FGG) nach Zustellung an alle Beteiligten (Beschwerdeberechtigten) — s hierzu Bem 343, 344 — ausführbar.

Andererseits ist die Erziehungsbehörde auch verpflichtet, die vorläufige und endgültige Fürsorgeerziehung auszuführen, wenn die gerichtliche Anordnung vollziehbar ist (s Urbach, ZblJugR 1961, 262; Gräber, Bem 4 zu § 70). Sie ist nicht berechtigt nachzuprüfen, ob die gerichtliche Entscheidung zu Recht ergangen ist; vielmehr ist sie an die Anordnung der Fürsorgeerziehung auch dann gebunden, wenn das Vormundschaftsgericht örtlich unzuständig war (ebenso Gräber, aaO; wegen des Beschwerderechts des Landesjugendamts als Ausführungsbehörde s Bem 350).

Ebenso ist sie verpflichtet, die Freiwillige Erziehungshilfe auszuführen, wenn ein entsprechender Bescheid ergangen ist.

b) Näheres über die Ausführung der Freiwilligen Erziehungshilfe und der Fürsorgeerziehung wird durch Landesrecht bestimmt (§ 74 Abs 1). § 89 ist hier nicht anzuwenden. 461

Erziehungsbehörde (Ausführungsbehörde) ist regelmäßig das Landesjugendamt (§§ 69 Abs 1, 70 Satz 1); dies gilt in den Ländern Berlin, Hamburg, Niedersachsen, Nordrhein-Westfalen, Rheinland-Pfalz, Schleswig-Holstein (s dazu Jans-Happe, Bem 3 zu § 74). In Bayern ist auf Grund der Ermächtigung des § 74 Abs 2 JWG und des § 2 der VO vom 11. 7. 1962, GVBl 104, das Jugendamt zuständig, in Hessen wird auf Grund der erwähnten Ermächtigung und des § 1 der VO vom 11. 7. 1962, GVBl 335, die Freiwillige Erziehungshilfe vom Jugendamt im Einvernehmen mit dem Landeswohlfahrtsverband, die Fürsorgeerziehung vom Landeswohlfahrtsverband unter Beteiligung des Jugendamtes ausgeführt; in Baden-Württemberg ist Erziehungsbehörde der Landeswohlfahrtsverband Baden bzw Württemberg (s Bem 146 aE).

462 aa) Das Landesjugendamt wurde deshalb grundsätzlich als Ausführungsbehörde bestellt, weil es die umfassendere und bessere Spezialkenntnis über die einzelnen Erziehungsheime besitze und auf Dauer über die größeren Erfahrungen auf dem Gebiet der Freiwilligen Erziehungshilfe und der Fürsorgeerziehung verfüge, wenn die Ausführung zentral geregelt bleibe oder werde (s BT-Drucks Nr 2226, 29, abgedruckt bei Krug, 306 und Riedel, 710). Diese Erwägungen dürften wohl als zutreffend zu beurteilen sein (ebenso Jans-Happe, Bem 4B zu § 69; Bedenken macht aber Krug, Bem 3 zu § 69, geltend).

463 bb) **Zuständig** ist das Landesjugendamt, in dessen Bezirk das Vormundschaftsgericht seinen Sitz hat (§ 70 Satz 1); für den Fall der Anordnung der Fürsorgeerziehung durch das Jugendgericht trifft § 70 Satz 2 eine nähere Regelung.

Maßgebend für die Zuständigkeit ist der Zeitpunkt der Erlassung des vormundschaftsgerichtlichen Beschlusses; ändert sich die Zuständigkeit des Vormundschaftsgerichts während des Verfahrens (zB durch Abgabe), so ändert sich die Zuständigkeit des Landesjugendamtes ebenfalls (Gräber, Bem 4 zu § 70). Ein Wechsel der vormundschaftsgerichtlichen Zuständigkeit nach Anordnung der vorläufigen, aber vor Anordnung der endgültigen Fürsorgeerziehung berührt die Zuständigkeit des Landesjugendamtes nicht, das durch die Anordnung der vorläufigen Fürsorgeerziehung zuständig geworden war; dieses hat die vorläufige Fürsorgeerziehung weiter auszuführen, bis über die endgültige Fürsorgeerziehung rechtskräftig entschieden ist; für die Ausführung der endgültigen Fürsorgeerziehung ist dann aber das Landesjugendamt zuständig, in dessen Bezirk das Vormundschaftsgericht liegt, das diese Anordnung getroffen hat (ebenso Gräber, Bem 4, Jans-Happe, Bem 2 zu § 70).

464 c) Die Freiwillige Erziehungshilfe und die Fürsorgeerziehung werden — soweit das Jugendamt nicht selbst ausführende Behörde ist (s Bem 461) — unter **Beteiligung des Jugendamtes** ausgeführt (§ 69 Abs 1). Diese ist deshalb unumgänglich notwendig, weil das Jugendamt den unmittelbaren Kontakt mit dem Minderjährigen und den Sorgeberechtigten hat und daher dem Landesjugendamt die zur Auswahl des Heimes erforderliche nähere Kenntnis über den Erziehungsnotstand des Minderjährigen, die Art und den Grad der Gefährdung oder Schädigung der Entwicklung oder der drohenden oder beginnenden Verwahrlosung des Minderjährigen zu vermitteln in der Lage ist (s Krug, Bem 3; Jans-Happe, Bem 6 je zu § 69 JWG). Das Jugendamt ist hiernach im Verlaufe der Ausführung der Freiwilligen Erziehungshilfe oder der Fürsorgeerziehung hinzuzuziehen, wann immer es sinnvoll und dem Interesse des Minderjährigen dienlich erscheint (Jans-Happe, aaO), zB auch bei der Frage, ob eine Fortsetzung der Fürsorgeerziehung in der eigenen Familie des Minderjährigen (§ 69 Abs 3 Satz 2) in Betracht kommt.

465 d) Die Abholung des Minderjährigen zum Zwecke der **Überführung in die Fürsorgeerziehung** sollte so unauffällig wie nur möglich vorgenommen werden, um einerseits keine falschen Vorstellungen über das Wesen der Fürsorgeerziehung in der Bevölkerung aufkommen zu lassen, andererseits das Ehrgefühl des Minderjährigen möglichst zu schonen; Zwangsmittel sollten nur, wenn unumgänglich, angewendet werden (s Claussen, 51; sowie Ficht, Unsere Jugend 1962, 351).

In der Regel wird die Abholung des Minderjährigen dem Jugendamt obliegen (s Ficht, aaO, sowie zu den neuen landesrechtlichen Regelungen die Ausführungsgesetze von Baden-Württemberg, § 19 Abs 3, 4, Bremen, § 25 Abs 1; Niedersachsen, § 25; Schleswig-Holstein, § 16 Abs 2).

466 Wird bei der Abholung und Zuführung des Minderjährigen in die Fürsorgeerziehung Widerstand geleistet, sei es vom Sorgeberechtigten oder dem Minderjährigen oder einem Dritten, zB dem „Verlobten", bei dem sich die Minderjährige aufhält, so ist das Landesjugendamt — soweit nicht spezielle landesrechtliche Regelungen dies erlauben (s Bem 468) — nicht befugt, selbst Gewalt anzuwenden oder mit Hilfe der Polizei den Minderjährigen aus dem betreffenden Gebäude oder Raum herauszuholen (s OLG Köln, ZblJugR 1954, 91 = SjE, E 16, 319; aM Potrykus, Bem 13 zu § 70 RJWG; s auch Riedel, Bem 7 zu § 69). Vielmehr muß das Vormundschaftsgericht angerufen werden und darf erst und nur dann Gewalt angewendet werden, wenn das Vormundschaftsgericht eine entsprechende Anordnung gemäß **§ 33 FGG** getroffen hat; eine solche Anordnung ist gegebenenfalls auch gegen Dritte zulässig (s Bem 364 zu § 1666).

Daß eine vormundschaftsgerichtliche Entscheidung gemäß § 33 FGG erforderlich ist, ergibt sich aus folgenden Erwägungen: Die Anordnung der Fürsorgeerziehung stellt zwar eine Beschränkung der Ausübung des Personensorgerechts der Berechtigten dar (s Bem 469ff); doch tritt diese erst in Wirksamkeit mit dem Beginn der Durchführung der Fürsorgeerziehung. Die effektive „Entziehung" des privaten Erziehungsrechts ist Voraussetzung für die Vollziehung der Erziehungsmaßnahme (ebenso OLG Köln, ZblJugR 1954, 91 = SjE, E 16, 319). Diese „Entziehung" ist ihrem Wesen nach eine vormundschaftsgerichtliche Maßnahme, die nicht zur Durchführung der Fürsorgeerziehung gehört.

Das JWG hat die Frage nicht geregelt, obwohl sie schon in der Vergangenheit zu Schwierigkeiten geführt hat (s Claussen, 52ff); es hat nicht vorgeschrieben, daß die Erziehungsbehörde das Recht habe, den Minderjährigen zum Zwecke der Abholung und Überführung in die Fürsorgeerziehung an jedem Orte aufzusuchen, wo er sich gerade befindet, also vor allem nicht bestimmt, daß das Grundrecht der Unverletzlichkeit der Wohnung (Art 13 Abs 1 GG) insoweit eingeschränkt werde (vgl dagegen § 58 Abs 1 Satz 4 JWG). In § 71 Abs 1 Satz 2 ist nur vorgesehen, daß für die Unterbringung in Fürsorgeerziehung die Grundrechte der Freiheit der Person (Art 2 Abs 2 Satz 2 GG) und der Freizügigkeit (Art 11 Abs 1 GG) insoweit eingeschränkt werden. Diese Vorschrift deckt nicht die Abholung des Minderjährigen aus dem Elternhause oder von einem anderen Ort unter Anwendung von Gewalt. Da eine Verwaltungsbehörde aber ohne ausdrückliche und spezielle gesetzliche Ermächtigung keinen Zwang anwenden kann, bleibt nur die Möglichkeit einer gerichtlichen Anordnung nach Maßgabe der diesem gesetzlich eingeräumten Befugnisse (hier des § 33 FGG).

Hinzuzufügen ist, daß eine solche Anordnung schon mit der Anordnung der vorläufigen oder endgültigen Fürsorgeerziehung getroffen werden kann (§ 33 Abs 2 Satz 1 und Abs 3 Satz 3 FGG, s Keidel, Bem 42 zu § 33 FGG), ohne vorherige Androhung in eiligen Fällen oder wenn die Androhung die Vollstreckung vereiteln würde (Jansen, Bem 19 zu § 33 FGG), dh für den vorliegenden Fall, wenn Anhaltspunkte dafür bestehen, daß die Abholung erheblichen Schwierigkeiten begegnen würde und etwa angenommen werden müßte, daß der Minderjährige flüchtet oder verborgen gehalten wird. **467**

Zur Anwendung des § 33 Abs 2 FGG ist noch darauf hinzuweisen, daß die dort als Voraussetzung vorgeschriebene Herausgabeanordnung in der Anordnung der Fürsorgeerziehung zu erblicken ist (s zur Anwendung des § 33 FGG auch oben Bem 363 zu § 1666).

Mit der Vollziehung der Anordnung kann das Vormundschaftsgericht gemäß § 48 Abs 2 Satz 2 JWG das Jugendamt mit dessen Einverständnis beauftragen (s dazu Hermann, ZblJugR 1963, 75, 77; vgl auch Keidel, Bem 40 zu § 33 FGG).

Ausdrückliche Vorschriften über eine zwangsweise Zuführung eines Minderjährigen in Fürsorgeerziehung enthalten die neuen Ausführungsgesetze der Länder Bremen (§ 25), Niedersachsen (§ 25), Schleswig-Holstein (§ 16 Abs 2, 3); ferner sei noch hingewiesen auf §§ 13, 14 des Hamburger Ausführungsgesetzes vom 17. 3. 1949 (GVBl 25). Zum Rechtszustand in Nordrhein-Westfalen s Hermann, ZblJugR 1963, 75. **468**

2. a) Die Anordnung der Fürsorgeerziehung durch das Vormundschaftsgericht bedeutet **keine Entziehung des Personensorgerechts der Substanz nach**, vielmehr läßt die Anordnung der Fürsorgeerziehung an sich das Personensorgerecht unberührt. Sie bedeutet auch keine Übertragung von Befugnissen der Personensorgeberechtigten auf die Erziehungsbehörde; diese erlangt mit dem Beginn der Ausführung der Fürsorgeerziehung gewisse Rechte kraft Gesetzes (§§ 69, 71), sie sind nicht aus der elterlichen Gewalt abgeleitet. Die Ausübung des Sorgerechts der Eltern oder eines Elternteils oder Vormunds oder Pflegers wird durch die Durchführung der Fürsorgeerziehung beschränkt (hM; s OLG Düsseldorf, NJW 1959, 2120 = RdJ 1960, 287; Krug, Bem 17; Jans-Happe, Bem 3B; Gräber, Bem 22 je zu § 69; Palandt-Lauterbach, Bem 8 zu § 1666; Claussen, 12ff; Potrykus, Bem 13 zu § 70 RJWG; s auch OLG Karlsruhe, JFG 4, 27; sowie für früheres Recht RGZ 75, 279 [1911]; RGZ 98, 246 [1920] = SjE 16, 360e; aM wohl Riedel, Bem 7 zu § 69). **469**

Das RG (aaO) drückte sich freilich etwas unklar aus: die Fürsorgeerziehung lasse die elterliche Gewalt an sich bestehen, schränke sie jedoch insofern ein, als die Rechte und Pflichten der Eltern, soweit es sich um den Unterhalt, die Erziehung und die Beaufsichtigung des Kindes handle, auf die Erziehungsbehörde übergingen. Das BayObLG (Z 27, A 114, 116 = JFG 5, 78, 80) sprach hingegen davon, mit der Fürsorgeerziehung werde den Eltern das Sorgerecht entzogen (s auch BayObLGZ 23, A 87, 88).

470 Daß die Anordnung der Fürsorgeerziehung keine Entziehung (der Ausübung) des Personensorgerechts der Berechtigten im Rechtssinne bedeuten soll, ergibt sich auch aus §§ 71 Abs 4 Satz 1, 75 Abs 4 Satz 2, in den von den Personensorgeberechtigten die Rede ist, wobei die Zeit der Durchführung der Fürsorgeerziehung gemeint ist, ferner als argumentum e contrario aus § 71 Abs 4 Satz 2, der von den Eltern spricht, denen das Sorgerecht nicht zusteht; hierbei ist an eine diesbezügliche besondere vormundschaftsgerichtliche Anordnung (oder eventuell den Fall des § 1676 BGB) gedacht.

Ferner spricht der Ausdruck „gilt" in § 69 Abs 4 (s dazu Bem 488) dafür, daß die Anordnung (und Durchführung) der Fürsorgeerziehung keine Entziehung (der Ausübung) bestimmter Bestandteile der elterlichen Gewalt im Rechtssinne bedeuten soll. Hierzu ist hinzuzufügen, daß nach dem Sinne und Zusammenhang des Gesetzes nicht angenommen werden kann, daß dieses etwa für die Vertretungsrechte der Erziehungsbehörde eine von den übrigen Befugnissen abweichende Regelung treffen wollte; vielmehr kann es nur sinnvoll sein, die Rechte der Erziehungsbehörde einheitlich in dem Sinne zu begreifen, daß sie unmittelbar aus dem Gesetz abzuleiten sind und den rechtlichen Bestand des Personensorgerechts der Berechtigten an sich unberührt lassen, daß sie also dessen Ausübung insoweit nur „ausschalten", und zwar insoweit, als es für die Zwecke der öffentlichen Ersatzerziehung des Minderjährigen, dh für die Durchführung der Fürsorgeerziehung erforderlich ist (vgl auch Potrykus, ZblJugR 1961, 176).

470a Die Verhinderung der Eltern an der Ausübung des Sorgerechts fällt weg, wenn sich der Minderjährige im Elternhaus aufhält, zB infolge Beurlaubung oder Fortsetzung der Fürsorgeerziehung gemäß § 69 Abs 3 Satz 2 oder auch nach Entweichen aus dem Heim. In diesen Fällen tritt auch die elterliche Aufsichtspflicht (§ 1631 Abs 1) und gegebenenfalls die Haftung gemäß § 832 BGB ein (s Bem 484).

471 Die Erziehungsbehörde hat nicht die Rechtsstellung eines Vormunds oder Pflegers und untersteht daher nicht der Aufsicht des Vormundschaftsgerichts; sie übt vielmehr das Erziehungsrecht kraft eigenen, unmittelbar auf dem Gesetze beruhenden Rechts aus, in Wahrnehmung des staatlichen „Wächteramtes" (Art 6 Abs 2 Satz 2 GG), das, wenn notwendig, auch dazu berechtigt, im Wege der gerichtlich angeordneten Trennung des Kindes von der Familie (Art 6 Abs 3 GG) die öffentliche Jugendhilfe durchzuführen (vgl auch § 1 Abs 3 JWG). So besteht ein **besonderes Gewaltverhältnis** gegenüber dem Minderjährigen.

472 Zwar übt die Erziehungsbehörde das **öffentliche Erziehungsrecht** auf Grund der ihr unter bestimmten Voraussetzungen kraft Gesetzes verliehenen Rechtsposition aus (s zB Beurmann, Unsere Jugend 1963, 291, 293); indessen darf dieses Erziehungsrecht nur anstelle des natürlichen Rechts der Eltern zur Pflege und Erziehung des Kindes (vgl zum letzteren die Formulierung des Art 6 Abs 2 Satz 1 GG) ausgeübt werden. Dies ergibt sich aus dem Subsidiaritätsprinzip des Art 6 Abs 2 GG, das in § 1 Abs 3 JWG eine ergänzende Regelung gefunden hat: insoweit der Anspruch des Kindes auf Erziehung von der Familie nicht erfüllt wird, tritt öffentliche Jugendhilfe ein. Das bedeutet mit anderen Worten: insoweit kein Anspruch auf Erziehung gegenüber der „Familie", dh den Sorgeberechtigten, besteht, kann auch die öffentliche Jugendhilfe nicht eingreifen (dies übersieht Beurmann, Unsere Jugend 1963, 293); da die minderjährige Ehefrau nicht mehr der Erziehung durch die Sorgeberechtigten unterliegt (§ 1633 BGB), kann keine öffentliche Erziehung an deren Stelle treten (s hierzu noch Bem 198, 541).

473 Die Anordnung und Durchführung der Fürsorgeerziehung bedeutet nach den obigen Ausführungen einen Eingriff in das Personensorgerecht und damit in das Elternrecht iS des **Art 6 Abs 2 GG.** Hiermit stellt sich zugleich die Frage nach dem Unterschied dieses Eingriffs gegenüber Maßnahmen des Vormundschaftsgerichts nach **§ 1666 Abs 1 Satz 1 BGB.** Gemäß letzterer Vorschrift kann den Eltern, wenn und soweit erforderlich, die Ausübung des Rechts zur Bestimmung des Aufenthalts und zur Erziehung des Kindes, gegebenenfalls auch des gesamten Personensorgerechts einschließlich der gesetzlichen Vertretung in Angelegenheiten der Personensorge entzogen werden. Diese Anordnung bedeutet eine rechtliche Verhinderung der Eltern an der Ausübung des Sorgerechts, eine besondere Art des Ruhens von Bestandteilen der elterlichen Gewalt (s Vorbem 38 vor § 1666). Die Anordnung der Fürsorgeerziehung hat ebenfalls eine Verhinderung — und zwar eine tatsächliche Verhinderung — der Eltern an der Ausübung des Aufenthaltsbestimmungs- und des Erziehungsrechts (§ 1631 Abs 1) sowie der tatsächlichen Sorge (§ 1626) und der gesetzlichen Vertretung in bestimmten Fällen zur Folge (vgl § 1626 Abs 2 BGB,

§ 69 Abs 4, 5 BGB). Diese Wirkung ist wohl vergleichbar mit den Fällen der Verhinderung an der Ausübung der elterlichen Gewalt gemäß §§ 1674, 1678, 1693 BGB. Einer vormundschaftsgerichtlichen Maßnahme bedarf es hier jedoch nicht, da eine solche durch die Anordnung der Fürsorgeerziehung vorliegt und mit dieser gesetzlich geregelte Folgen eintreten.

Im praktischen Ergebnis ist, was die Verhinderung der Eltern an der Ausübung des Personensorgerechts betrifft, der Unterschied zwischen der Anordnung der Fürsorgeerziehung und einer Entziehung der Ausübung des Sorgerechts (§ 1666 Abs 1 Satz 1 BGB) mit Bestellung eines Pflegers (§ 1909 BGB) und der von diesem veranlaßten Heimunterbringung gering. Zwar kann gemäß § 1666 Abs 1 Satz 1 BGB die Ausübung des gesamten Personensorgerechts mit dem Vertretungsrecht entzogen werden; damit treten zwar Rechtswirkungen ein, die über die der Anordnung der Fürsorgeerziehung hinausgehen. Doch ist zu beachten, daß die Anordnung der Fürsorgeerziehung auch zT die Vermögenssorge ergreifen kann (§ 69 Abs 4 JWG) und eine von vornherein auf regelmäßig längere Sicht berechnete Maßnahme darstellt, ferner die Stellung der Erziehungsbehörde auf Grund des ihr zustehenden öffentlichen Erziehungsrechts eine stärkere ist als die des Pflegers, welcher der Aufsicht des Vormundschaftsgerichts unterliegt (§§ 1915, 1837 BGB), und schließlich, daß der Fürsorgeerziehung ein Makel anhaftet (s Bem 186 ff). Unter diesen Gesichtspunkten ist es gerechtfertigt, die Anordnung der Fürsorgeerziehung auch dann als letztes Mittel (§ 64 Satz 2 JWG) anzusehen, wenn die Entziehung der Ausübung des gesamten Personensorgerechts eine etwas weitergehende Rechtswirkung hat (s zum Verhältnis der §§ 1666 BGB und 64 JWG oben Bem 262 f).

b) aa) Die Erziehungsbehörde übt auf Grund der Anordnung der Fürsorgeerziehung ein ihr kraft Gesetzes verliehenes öffentliches **Erziehungsrecht** aus; ihr steht die Befugnis zu, den Minderjährigen zu erziehen bzw durch Beauftragte erziehen zu lassen **(§ 69 Abs 1, 3)**, damit auch das Recht, ihn zu **versorgen** und zu betreuen, sowie zu **beaufsichtigen** und auch, wenn notwendig, in geeigneter, mit Rücksicht auf das Alter, das Geschlecht und die Konstitution des Minderjährigen angemessener Weise zu züchtigen, ferner gemäß **§ 71 Abs 1 Satz 1** die Befugnis, den **Aufenthalt des Minderjährigen zu bestimmen,** nämlich gerade zu dem Zwecke, damit er in einer geeigneten Familie oder in einem Heim untergebracht werden kann (vgl § 69 Abs 3). **474**

Bei der Durchführung der Fürsorgeerziehung ist, soweit möglich, eine **Zusammenarbeit mit den Personensorgeberechtigten anzustreben** (§ 3 Abs 3; s auch Bem 456, 501 aE).

bb) Zur Versorgung des Minderjährigen gehört auch das Recht und die Pflicht der Erziehungsbehörde, eine **ärztliche** und zahnärztliche **Betreuung,** gegebenenfalls die Behandlung in einer (geschlossenen) Geschlechtskrankenanstalt zu veranlassen. **475**

Die Erziehungsbehörde ist mit der Einweisung des Minderjährigen in ein Heim, dh mit dem Beginn der Durchführung der Fürsorgeerziehung, verpflichtet, diesen einer **ärztlichen Untersuchung** zu unterziehen, um ein Urteil darüber gewinnen zu können, ob er den besonderen Anforderungen der Gemeinschaftserziehung und der Gemeinschaftsarbeit in einem Heim nach seinem Gesundheitszustand gewachsen ist (BGH, LM BGB § 839 Fe Nr 5 = ZblJugR 1957, 187 = EJF, E I Nr 10 = SJE, E 16, 325 = FamRZ 1957, 51, Leitsatz). **476**

Eine **Operation** oder sonstige körperliche Eingriffe darf die Erziehungsbehörde jedoch nicht ohne Einwilligung der Sorgeberechtigten vornehmen lassen (KG, JFG 13, 33 = ZblJugR XXVII, 172); eine Ausnahme ist in eiligen Fällen (zB bei Blinddarmoperationen oder nach Unfällen) zuzulassen. Die Erziehungsbehörde ist dann aber verpflichtet, die Sorgeberechtigten sofort zu informieren, unter Angabe des Krankenhauses. **477**

Ferner kann die Erziehungsbehörde nicht als berechtigt beurteilt werden, den Minderjährigen im Rahmen der Durchführung der Fürsorgeerziehung in einer **psychiatrischen Klinik** oder Krankenanstalt unterzubringen (aM Beurmann, Unsere Jugend 1963, 300). Denn sie hat lediglich das Recht, die Erziehung durchzuführen und zu überwachen, sowie das Recht, den Aufenthalt des Minderjährigen zum Zwecke der Durchführung der Erziehung zu bestimmen. Hiervon ist die Unterbringung in einer psychiatrischen Krankenanstalt zu unterscheiden. Diese fällt unter die landesrechtlichen Unterbringungsgesetze (über diese s die Nachweise Bem 357 Fußn); in **478** dem bad-württ Unterbringungsgesetz (§ 4 Abs 3 Nr 2) ist zB ausdrücklich vorgeschrieben, daß die Erziehungsbehörde berechtigt ist, die Unterbringung des in der Fürsorgeerziehung befindlichen Minderjährigen in einer psychiatrischen Krankenanstalt zu beantragen, wenn der gesetzliche Vertreter des Minderjährigen in Angelegenheiten der Personensorge die Unterbringung nicht veranlassen kann oder will. Hiernach ist ein gerichtliches Unterbringungsverfahren einzuleiten, wenn die Eltern mit der Unterbringung nicht einverstanden sind. Sind diese einverstanden, so ist aber die Fürsorgeerziehung aufzuheben (§ 75 Abs 2 Satz 2 JWG). Ist ein Vormund oder Pfleger Personensorgeberechtigter, so muß ein Verfahren gemäß § 1800 Abs 2 BGB, § 55a FGG eingeleitet werden. Gleichzeitig mit dieser gerichtlichen Genehmigung ist die Fürsorgeerziehung aufzuheben (§ 75 Abs 2 Satz 2 JWG).

Die Erziehungsbehörde kann aus den gleichen Gründen auch nicht für berechtigt erachtet werden, eine kurzfristige Unterbringung des Minderjährigen in einer psychiatrischen Krankenanstalt zur Beobachtung und Untersuchung ohne das Einverständnis der Sorgeberechtigten, gegebenenfalls ohne gerichtliche Anordnung (nach den Unterbringungsgesetzen) oder gerichtliche Genehmigung des vom Vormund oder Pfleger erklärten Einverständnisses (§ 1800 Abs 2) zu veranlassen.

479 cc) Die Erziehungsbehörde hat das Recht, die Maßnahmen zu treffen, die geeignet sind, damit der **Umgang des Minderjährigen** überwacht und der Verkehr mit Personen, die dessen Entwicklung gefährden, unterbunden wird, sowie auch, damit Lesestoff, der für den Minderjährigen erzieherisch ungünstig ist, von ihm ferngehalten wird (s Jans-Happe, Bem 3C zu § 69).

480 Weiterhin ist sie, wenn und soweit dazu Veranlassung besteht (nur dann), befugt, den **Briefverkehr** des Minderjährigen zu kontrollieren (s hierzu Beurmann, Unsere Jugend 1963, 298, 301; Perschel, RdJ 1963, 33, 37; Bach, NJW 1963, 1763, 1764, Fußn 18). Das Recht hierzu ergibt sich aus dem ihr zustehenden Erziehungsrecht (§§ 69 Abs 1—3, 70); diese Bestimmungen dürften als Gesetz iS des Art 10 GG anzusehen sein, wenn freilich eine nähere (landesrechtliche) Regelung wünschenswert wäre. Eine solche hat (bisher) nur Schleswig-Holstein (§ 16 Abs 1 des Ausführungsgesetzes) erlassen; doch kann ein solches Aufsichtsrecht auch dem § 21 des bad-württ AusfG und dem § 21 Abs 4 des niedersächsischen AusfG entnommen werden.

Indessen ist bei der Briefkontrolle Zurückhaltung zu üben; es dürfte sich empfehlen, daß die Landesjugendämter Richtlinien darüber erlassen, wer befugt ist, die Briefkontrolle auszuüben, welcher Briefverkehr zu überwachen ist und bis zu welchem Stand des Erziehungsverlaufs eine Briefkontrolle angebracht ist; die Entscheidung hierüber darf nicht dem Heimleiter oder Erzieher überlassen bleiben (s Beurmann, aaO, 301).

Bei Meinungsverschiedenheiten über die Briefkontrolle zwischen Minderjährigen (insbesondere älteren Minderjährigen) und Eltern einerseits und dem Heim bzw der Erziehungsbehörde andererseits können die Eltern das Vormundschaftsgericht anrufen, das in analoger Anwendung des **§ 1634 Abs 2 BGB** nach Anhörung des Landesjugendamtes eine Regelung treffen kann. Doch dürfte auch in sonstigen Fällen, bezüglich der Kontrolle des Briefverkehrs des Minderjährigen mit anderen Personen, insbesondere Verwandten zB den Großeltern oder Geschwistern, ein Eingreifen des Vormundschaftsgerichts zulässig sein (s auch Bem 501a).

481 dd) Den Eltern steht ein **Verkehrsrecht** mit dem Kinde zu (analog § 1634 Abs 1 BGB); über dieses Besuchsrecht der Eltern hat die Erziehungsbehörde bzw in deren Auftrag die Heimleitung zu bestimmen. Doch kann bei Streitigkeiten das Vormundschaftsgericht angerufen werden (s unten Bem 495ff), das den Verkehr nach Anhörung des Landesjugendamtes und unter Berücksichtigung der Heimordnung näher regeln kann (so auch Schwoerer, oben Bem 42a zu § 1634 mit weiteren Hinweisen).

482 ee) Beantragen die Eltern beim Landesjugendamt, dem Minderjährigen **Urlaub** (zB Arbeitsurlaub) zu gewähren, und wird dieses Gesuch abgelehnt, so ist gegen diesen Bescheid nicht die verwaltungsgerichtliche Anfechtungsklage statthaft; vielmehr ist das Vormundschaftsgericht anzurufen (VerwG Braunschweig, ZblJugR 1963, 292 = RdJ 1963, 333 = NJW 1963, 1892 = FamRZ 1964, 105). Dieses ist ausschließlich zuständig, das VerwG kann die Sache auf Antrag an dieses verweisen (§ 41 Abs 3 und 4 VwGO, s VerwG Braunschweig, aaO). Das Vormundschaftsgericht kann dann den Bescheid des Landesjugendamtes aber nicht nur in den Grenzen nachprüfen, die den Ver-

waltungsgerichten bei Anrufung gegen Ermessensentscheidungen von Verwaltungsbehörden gezogen sind (aM LG Braunschweig, ZblJugR 1963, 293; OLG Braunschweig, NJW 1964, 456; s hierzu Bem 501a). Gegen die Entscheidung des Amtsgerichts findet in Analogie des § 75 Abs 4 Satz 2 und 3 die sofortige Beschwerde (wenn das Amtsgericht den Urlaub gewährt), im übrigen (bei Ablehnung des Antrags) die einfache Beschwerde statt.

Gewährt die Erziehungsbehörde dem Minderjährigen Urlaub, der sich nicht lediglich auf ein Wochenende oder Feiertage bezieht, so ist hiervon das Vormundschaftsgericht zu benachrichtigen (§ 71 Abs 5, s auch Bem 531). Dauert der Urlaub längere Zeit, so wird geprüft werden müssen, ob nunmehr die Fürsorgeerziehung in der eigenen Familie fortgesetzt (s Bem 514ff) oder ob die Fürsorgeerziehung, eventuell unter dem Vorbehalt des Widerrufs (s Bem 538), aufgehoben werden kann.

ff) Ist der Minderjährige aus der Fürsorgeerziehung **entwichen,** so kann eine Verpflichtung der Eltern, die Erziehungsbehörde durch Auskunft über den Aufenthalt des Minderjährigen zu unterstützen, nicht aus der Pflicht zur Personensorge — die ihnen durch die Anordnung der Fürsorgeerziehung nicht entzogen wurde (s Bem 469ff) — hergeleitet werden (RGSt 46, 25, 29 [1912]; s auch Schnitzerling, RdJ 1962, 175 und oben Donau, Bem 45, Ziff 9, zu § 1626). Doch machen sich die Eltern gemäß § 86 JWG strafbar, wenn sie dem Minderjährigen helfen, sich der angeordneten Fürsorgeerziehung zu entziehen (s hierzu auch Gräber, ZblJugR 1961, 169; Schnitzerling, RdJ 1962, 175). Zu Problemen des Entweichens Jugendlicher aus dem Heim s noch Kiehn, Jugendwohl 1963, 146. **483**

Hält sich der Minderjährige nach Anordnung der Fürsorgeerziehung im Elternhause auf, zB nach Gewährung eines Urlaubs oder nach Entweichen aus dem Heim, so sind die Eltern zur Beaufsichtigung des Minderjährigen verpflichtet und haften gegebenenfalls für unerlaubte Handlungen, die der Minderjährige begeht, unter den Voraussetzungen des § 832 BGB (RGZ 98, 246 = SjE, E 16, 360e, g; OLG Düsseldorf, NJW 1959, 2120 = RdJ 1960, 287; Schnitzerling, Jugendwohl 1961, 301; RdJ 1962, 175; Erman-Drees, Bem 3a, aa; RGR-Komm, Bem 5 aE je zu § 832 BGB; vgl auch zur Aufsichtspflicht nach Entziehung der Ausübung des Personensorgerechts gemäß § 1666 Abs 1 Bem 307 zu § 1666). Dies beruht darauf, daß die Anordnung der Fürsorgeerziehung keine Entziehung (der Ausübung) des Personensorgerechts bedeutet (s Bem 469, 470). **484**

Hält sich der Minderjährige im Elternhause auf, so muß es für zulässig erachtet werden, daß die Eltern gemäß § 1631 Abs 2 BGB die Unterstützung des Vormundschaftsgerichts beantragen, soweit hierfür ein Bedürfnis besteht (offen gelassen von BayObLGZ 1951, 553, 555). Indessen ist im Verfahren außer dem Jugendamt auch das Landesjugendamt zu hören; veranlaßt dieses hierauf die Rückführung des Minderjährigen in das Erziehungsheim, so ist das Verfahren in der Hauptsache erledigt. **485**

gg) Nach Anordnung der Fürsorgeerziehung ist eine Maßregel nach § 1666 Abs 1 Satz 1 BGB nicht schlechthin ausgeschlossen (s auch Bem 242 zu § 1666); sie wird aber nur selten in Betracht kommen, nämlich zB in dem Falle, daß die Eltern die Einwilligung zur Vornahme einer notwendigen Operation verweigern (s Bem 477), oder hinsichtlich der religiösen Erziehung des Kindes, wenn die Eltern eine Änderung des religiösen Bekenntnisses herbeiführen, um eine Änderung der Heimunterbringung zu erzwingen (s Bem 512). **485a**

Wird während des gemäß § 1666 Abs 1 BGB anhängigen Verfahrens Fürsorgeerziehung angeordnet, so wird im Verfahren der Beschwerde gegen die nach § 1666 Abs 1 angeordnete Maßregel diese in der Regel aufgehoben werden können (s Bem 381 zu § 1666); eventuell kann es geboten sein, sie in einem beschränkten Umfang aufrechtzuerhalten zur Regelung einer bestimmten Einzelfrage (s die Darlegungen im vorhergehenden Absatz).

Bereiten die Eltern oder ein Elternteil der Heimleitung bei Besuchen des Kindes Schwierigkeiten oder hetzen sie in Briefen dieses auf, so bedarf es keiner Anordnung gemäß § 1666 Abs 1, sondern lediglich einer anderen Regelung des Besuchsrechts, gegebenenfalls durch das Vormundschaftsgericht (s Bem 481) oder der Briefkontrolle (s Bem 480). Auch wenn sich die Eltern gegen die Regelung des Schulbesuchs oder der Berufsausbildung oder Berufstätigkeit des Minderjährigen durch die Erziehungsbehörde (Bem 488) wenden und das Vormundschaftsgericht anrufen (s Bem 496ff), besteht kein Anlaß, gemäß § 1666 Abs 1 Satz 1 BGB einzugreifen. Erweist sich eine Änderung der Unterbringung des Kindes als notwendig, so kann ein Ausschluß der Mitteilung des Unterbringungsortes in Betracht kommen (s Bem 526, 528ff).

486 c) Die Erziehungsbehörde hat die Rechtsstellung des **gesetzlichen Vertreters** des Minderjährigen in nur geringem Umfange, einmal soweit es die Erziehung und die Betreuung im allgemeinen betrifft, zB wenn sie im Namen des Minderjährigen Bekleidungsgegenstände oder Materialien zur Ausbildung, etwa Bücher, aus dessen Einkommen beschafft, sowie laut ausdrücklicher gesetzlicher Vorschrift, die freilich von erheblicher Bedeutung ist, bezüglich der Berufsausbildung und der beruflichen Tätigkeit des Minderjährigen, also auch hinsichtlich des Schulbesuchs (s dazu im einzelnen Bem 488f).

487 Die Erziehungsbehörde kann nicht als gesetzlicher Vertreter des Minderjährigen handeln, um etwa dessen Unterhaltsansprüche gegen die Eltern geltend zu machen. Ebenso kann sie nicht als gesetzlicher Vertreter des Minderjährigen auftreten im Verfahren betr Volljährigkeitserklärung (§ 4 Abs 2 BGB), Legitimation (§§ 1726, 1728 BGB), Annahme an Kindes Statt (§§ 1747, 1751 BGB), Unterhaltsansprüche eines unehelichen Kindes gegen den Minderjährigen; ferner kann sie nicht über die religiöse Erziehung des Minderjährigen bestimmen, ist nicht berechtigt, namens des Minderjährigen einen Strafantrag zu stellen (§ 65 StGB) oder in dessen Namen Beschwerde gegen einen wider diesen angeordneten Haftbefehl (§ 72 JGG) zu erheben (s — bezüglich des Erziehungsbeistandes — OLG Hamburg, MDR 1964, 256). Sie ist auch nicht gesetzlicher Vertreter der Minderjährigen iS des § 3 Abs 1 EheG. Vielmehr bleiben in allen diesen Fällen die Rechte und Pflichten des gesetzlichen Vertreters bzw des Personensorgeberechtigten unberührt. Die Erziehungsbehörde ist auch nicht als sorgeberechtigt iS des § 3 Abs 2 EheG zu beurteilen (s Schnitzerling, RdJ 1962, 108 sowie vor allem Potrykus, ZblJugR 1961, 176 m weiteren Nachw und Erörterung der abweichenden Auffassung der Amtsgerichte Ellwangen und Bad Mergentheim, DAVorm XXXIV, 102ff; aM auch Jans-Happe, Bem 12). Die Minderjährige bedarf hiernach zur Eheschließung nicht der Einwilligung der Erziehungsbehörde. Im Verfahren betr Volljährigkeitserklärung muß jedoch die Erziehungsbehörde gutachtlich gehört werden (ebenso Jans-Happe, Bem 12; Potrykus, aaO).

Hält die Erziehungsbehörde es für erforderlich, die Eheschließung (auf Grund der die Fürsorgeerziehung aufgehoben werden müßte — s Bem 541 —) zu verhindern, so ist sie hierzu durch die Ausübung des Aufenthaltsbestimmungsrechts, zB eine Verlegung der Minderjährigen in ein anderes Heim, in der Lage.

Zur Frage der gerichtlichen Nachprüfung solcher Maßnahmen s Bem 496ff.

488 d) Die Erziehungsbehörde gilt für alle Rechtsgeschäfte, welche die Eingehung, Änderung oder Aufhebung eines **Arbeits- oder Berufsausbildungsverhältnisses** oder die Geltendmachung der sich aus einem solchen Rechtsverhältnis ergebenden Ansprüche betreffen, als gesetzlicher Vertreter des Minderjährigen **(§ 69 Abs 4 Satz 1)**; das Wort „gilt" bedeutet gerade eine Art Fiktion, das Gesetz sagt nicht, die Erziehungsbehörde ist gesetzlicher Vertreter (s Bem 470). Diese Formulierung macht deutlich, daß die Rechte der Personensorgeberechtigten nicht durch die gerichtliche Anordnung auf die Erziehungsbehörde übertragen werden, wie etwa dann, wenn den Personensorgeberechtigten die Ausübung bestimmter Bestandteile des Sorgerechts entzogen, ein Pfleger bestellt und dieser zur Ausübung und Wahrnehmung der erwähnten Rechte ermächtigt wird (§ 1909 BGB). Die Erziehungsbehörde hat hier nicht selbst die Rechtsstellung eines Vormunds oder Pflegers; daher bedarf sie zum Abschluß eines Lehrvertrags für längere Zeit als ein Jahr (vgl dagegen bezüglich des Vormunds und Pflegers § 1822 Nr 6) oder zu einem auf die Eingehung eines Dienst- oder Arbeitsverhältnisses gerichteten Vertrage, keiner vormundschaftsgerichtlichen Genehmigung (ebenso Donau, oben Bem 31 zu § 1629), wenn der Mündel zu persönlichen Leistungen für längere Zeit als ein Jahr verpflichtet werden soll (vgl dagegen § 1822 Nr 7 BGB). Doch ist diese Regelung des § 69 Abs 4 nicht unbedenklich, wenngleich die Bedenken nicht so schwerwiegend sind, daß die Regelung des § 69 Abs 4 als gegen Art 2 Abs 1, 6 Abs 2 GG verstoßend beurteilt werden müßte (ebenso im Ergebnis OLG Hamm, JMBlNRW 1963, 43).

Jedoch kann der Erziehungsbehörde keinesfalls gestattet sein, solche Verträge abzuschließen, die den Minderjährigen über die Vollendung des 21. Lebensjahres hinaus oder überhaupt über das (mutmaßliche) Ende der Fürsorgeerziehung hinaus binden. Denn die Erziehungsbehörde hat nur das Recht, während der Zeit der Durchführung der Fürsorgeerziehung über den Aufenthalt und die Erziehung und damit auch über die berufliche Tätigkeit des Minderjährigen zu bestimmen. Mit dieser Abgrenzung sind die Bedenken Gräbers*) wohl im wesentlichen hinfällig.

Weiterhin muß auch verlangt werden, daß die Erziehungsbehörde vor Eingehung des Lehr- oder Arbeitsverhältnisses die Sorgeberechtigten und den Minderjährigen hört; sie ist gemäß § 3 Abs 1 und 2 JWG verpflichtet, die von den Sorgeberechtigten bestimmte Grundrichtung der Erziehung zu beachten (s Bem 456 f) sowie Wünschen der Personensorgeberechtigten zu entsprechen, soweit sie angemessen sind und keine unvertretbaren Mehrkosten erfordern.

Wird der Minderjährige innerhalb oder außerhalb des Heimes in einer Werkstätte, der Wäscherei oder in der Landwirtschaft usw beschäftigt, so liegt ein **Arbeitsverhältnis****) vor. Die hM (Potrykus, aaO; Hueck in Hueck-Nipperdey, Lehrbuch des Arbeitsrechts, 7. Aufl, 1. Band, 1963, 54; Nikisch, Arbeitsrecht, 3. Aufl, 1. Band, 1961, 116; Nipperdey-Mohnen-Neumann in diesem Komm, 11. Aufl 1958, Bem 8 zu § 611 BGB; Riedel, Bem 8 zu § 69 JWG, ua) bejaht dies zu Unrecht nur für die Arbeit außerhalb des Heimes (hiergegen Teitge, Rehbinder, Bleß, aaO; Sauerborn dann, wenn durch die Beschäftigung der Minderjährigen andere Arbeitskräfte erspart werden). Die hM sieht in der Beschäftigung innerhalb der Anstalt eine „unfreie Arbeit" auf Grund eines öffentlich-rechtlichen Gewaltverhältnisses. Teitge und Rehbinder (aaO) haben zutreffend nachgewiesen, daß nicht zwischen einer innerhalb und einer außerhalb des Heimes ausgeübten Tätigkeit unterschieden werden kann. Die Träger der öffentlichen Erziehung können auch nicht auf Grund des § 1617 BGB, wie Eltern, Dienstleistungen „in ihrem Hauswesen und Geschäfte" verlangen. Lediglich kleinere Dienstleistungen auf Grund der Heimordnung (zB Reinigen der Räume und dgl) können nicht als Arbeitsverhältnis beurteilt werden.

Bei Lehrverhältnissen kann ebenfalls kein Unterschied gemacht werden, ob die Tätigkeit innerhalb oder außerhalb des Heimes ausgeübt wird (Sauerborn, aaO; s auch Bem 492).

Die Erziehungsbehörde hat ferner den **Schulbesuch** des Kindes zu regeln, **489**
wobei die Eltern zu hören sind (s auch Bem 456, 474 aE).

Zur Frage der gerichtlichen Nachprüfung der Anordnungen der Erziehungs- **490**
behörde s Bem 496 ff sowie zur Frage der Anordnung von Maßnahmen gegen die Sorgeberechtigten gemäß § 1666 Abs 1 Satz 1 Bem 485a und Bem 89 aE zu § 1666).

e) Die Erziehungsbehörde ist ferner befugt, den Arbeitsverdienst und die Renten **491**
des Minderjährigen zu verwalten und für ihn zu verwenden **(§ 69 Abs 4 Satz 2).** Sie hat damit das Recht, aber nicht die Pflicht, diese Tätigkeit zu übernehmen (ebenso Jans-Happe, Bem 11, E); übernimmt sie aber die Einkommensverwaltung, so hat sie von diesen Rechten im wohlverstandenen Interesse des Minderjährigen Gebrauch zu machen. Als Renten kommen zB in Betracht: Waisenrenten, Unterhaltsrenten, Unfallrenten (s Jans-Happe, aaO). Diese Einkommen sind für den Minderjährigen zu verwenden; damit sind Aufwendungen auch für Nahrung, Kleidung, Berufsausbildung gemeint, jedoch nicht reine Kosten der Fürsorgeerziehung, die durch Aufwendungen zB für das Heim, das Personal oder durch Verwaltungsunkosten entstehen (§ 81 Abs 4; s auch Gräber, Bem 23, Jans-Happe, Bem 11, E, Krug, Bem 18, Palandt-Lauterbach, Bem 4, c; hierzu s ferner unten Bem 556 ff).

f) Steht der Minderjährige außerhalb des Erziehungsheims in einem Beschäfti- **492**
gungsverhältnis, so ist er **sozialversicherungspflichtig** (Bleß, ZblJugR 1962, 42; Jans-Happe, Bem 11, C); zu der umstrittenen Frage, ob dies auch bei einer

*) Gräber, Bem 21 zu § 69, kritisiert die Regelung des § 69 Abs 4 mit dem Hinweis, daß das Jugendamt als Amtsvormund einer Genehmigung bedürfe; es bestehe kein Grund, für die Erziehungsbehörde anders zu entscheiden. Indessen kann § 1822 nicht analog angewendet werden, da die Erziehungsbehörde keine einem Vormund oder Pfleger rechtsähnliche Stellung hat. Hinzugefügt sei noch, daß zB das bad-württ AusfG vom 9. 7. 1963 auf Grund der in § 39 JWG enthaltenen Ermächtigung bestimmt, das Jugendamt bedürfe als Amtsvormund ua in den Fällen des § 1822 Nr 1—11 BGB keiner vormundschaftsgerichtlichen Genehmigung. Allerdings ist diese Regelung nicht bedenkenfrei, da § 39 nur von der Aufsicht des Gerichts in vermögensrechtlicher Hinsicht spricht.

**) Literatur: Bleß, Zur Frage der Sozialversicherungspflicht von Minderjährigen in Fürsorgeerziehungsanstalten, ZblJugR 1962, 42; Potrykus, Fürsorgeerziehung und Arbeitsverhältnis, RdJ 1958, 225; Rehbinder, Fürsorgeerziehung und Arbeitsrecht, RdA 1963, 227; Sauerborn, Arbeitsverdienst der Fürsorgezöglinge, BldWPfl 1962, 314; Teitge, Die rechtliche Natur der Arbeitsverhältnisse von Fürsorgezöglingen, BArbBl 1958, 67.

Beschäftigung innerhalb des Bereiches des Heimes gilt, s Bleß und Jans-Happe, aaO. Bei Lehrverhältnissen (in staatlich anerkannten Lehrwerkstätten eines karitativen Erziehungsheims) hat das BSozG (DAVorm XXXVI, 203 = RdJ 1963, 235 = MDR 1963, 711, Leitsatz; hierzu Becker, Jugendwohl 1963, 199) die Versicherungspflicht bejaht (bezüglich der Kranken-, Renten- und Arbeitslosenversicherung); s ferner Rehbinder, RdA 1963, 228.

Soweit eine Versicherungspflicht in Betracht kommt, hat die Erziehungsbehörde als gesetzlicher Vertreter des Minderjährigen das Nähere zu veranlassen.

493 **g)** Die Erziehungsbehörde ist gemäß § 69 Abs 5 befugt, die **Entmündigung** eines Minderjährigen wegen Geisteskrankheit oder Geistesschwäche zu beantragen (s dazu §§ 645ff ZPO, sowie zum Antragsrecht der Eltern § 646 Abs 1 Satz 2 ZPO), jedoch nicht wegen Verschwendung und Trunksucht (vgl §§ 680ff ZPO). Sie hat das erwähnte Recht nur während der Ausführung der Fürsorgeerziehung; das Recht der Beteiligung am Entmündigungsverfahren erlischt mit der Beendigung oder Aufhebung der Fürsorgeerziehung (s Gräber, Bem 25).

Von der Befugnis, die Entmündigung zu beantragen, wird in der Praxis wenig Gebrauch gemacht, zu wenig, wie Potrykus (ZblJugR 1963, 306) meint (s im übrigen zu § 69 Abs 5 auch die Ausführungen von Gerson, RdJ 1963, 161, 165).

494 **h)** Insgesamt ist darauf hinzuweisen, daß die derzeitige Regelung, die auf der früheren beruht, die ihrerseits auf den vor Inkrafttreten des RJWG bestehenden Rechtszustand (s RGZ 75, 279; 98, 246 — hierzu s Bem 469 —) zurückgeht, in rechtspolitischer Hinsicht nicht voll befriedigen kann (ebenso Riedel, Bem 7 zu § 69). Angesichts der Schwere und Bedeutung des Eingriffs und andererseits der Notwendigkeit der Beachtung rechtsstaatlicher Grundsätze wäre es wünschenswert, daß die Befugnisse der Erziehungsbehörde, dh die Wirkungen der Anordnung der Fürsorgeerziehung genau abgegrenzt würden (s auch oben Bem 488 zu der Regelung des § 69 Abs 4). Vor allem ist auch eine nähere Regelung der gerichtlichen Kontrolle (s Bem 495ff) vonnöten. De lege ferenda könnte eventuell daran gedacht werden, der Erziehungsbehörde eine pfleger-ähnliche Stellung einzuräumen.

495 **3. a)** Die Erziehungsbehörde übt, wie erwähnt (Bem 469ff), auf Grund der gerichtlichen Anordnung der Fürsorgeerziehung ein öffentliches Erziehungsrecht aus; für die Ausführung der Erziehung ist sie verantwortlich (s zB OLG München, DJugH XXIX, 36). Sie untersteht hinsichtlich der Ausführung und Durchführung der Fürsorgeerziehung (s Bem 458) **nicht der Aufsicht des Vormundschaftsgerichts,** wie zB ein Vormund und Pfleger (§§ 1837, 1915 BGB), einschließlich des Amtsvormunds (§ 38 JWG).

496 **b)** Indessen erhebt sich die Frage, inwieweit eine **gerichtliche Kontrolle** der Ausführung und Durchführung der Fürsorgeerziehung möglich ist (s hierzu auch Jans-Happe, Bem 7, B zu § 69).

Gemäß Art 19 Abs 4 GG steht demjenigen, der die (substantiierte) Behauptung aufstellt, er sei durch die öffentliche Gewalt in seinen Rechten verletzt, der Rechtsweg offen (s zu dieser Auslegung des Art 19 Abs 4 Dürig in Maunz-Dürig, Bem 39). Mit den Rechten iSd Vorschrift ist die gesamte von der Rechtsordnung anerkannte und geschützte Rechts- und Interessensphäre gemeint (s Giese-Schunck, 6. Aufl 1962, Bem 8, Hamann, 2. Aufl 1961, Bem B, 15 je zu Art 19, Dürig, Bem 33ff zu Art 19 Abs 4); hierzu gehört auch der Anspruch auf fehlerfreien Ermessensgebrauch (Dürig, aaO, Bem 36; OLG Braunschweig, NJW 1964, 456 = NdsRPfl 1964, 92).

In diesem Sinne kommen hier in Betracht Beeinträchtigungen, welche die Sorgeberechtigten (Eltern) oder den Minderjährigen betreffen; im letzteren Falle können die Sorgeberechtigten in dessen Namen die Beeinträchtigung geltend machen.

Aus Art 19 Abs 4 GG ergibt sich somit, daß bei (substantiierter) Behauptung einer Rechtsverletzung ein Rechtsweg gegeben sein muß; diese Verfassungsnorm hat gegenüber einfachem Recht Vorrang. Die verfassungsrechtliche Rechtsweggarantie hat frühere Beschränkungen des Zugangs zu gerichtlicher Kontrolle aufgehoben (s Dürig, aaO, Bem 1ff; Hamann, Bem B, 12; VerwG Braunschweig, ZblJugR 1963, 292 = NJW 1963, 1892 = FamRZ 1964, 105; OLG Braunschweig, NJW 1964, 456).

Der Rechtsweg kann nicht etwa deshalb ausgeschlossen sein, weil die Erziehungsbehörde bei der Durchführung der Fürsorgeerziehung weitgehend Ermessensentscheidungen zu treffen hat oder weil eventuell ein Rechtsanspruch auf eine bestimmte Entscheidung nicht besteht (VerwG Braunschweig, aaO).

Somit stellt sich die Frage, welcher Rechtsweg gegeben ist. In Betracht kommt nur entweder das Vormundschaftsgericht oder das Verwaltungsgericht. **497**
Zur Klärung dieser Frage sind folgende Erwägungen von Bedeutung:
Die Fürsorgeerziehung wird vom Vormundschaftsgericht angeordnet (§ 64 — die Möglichkeit der Anordnung durch den Jugendrichter [§§ 5 Abs 1, 9 Nr 3, 12 Satz 1 JGG] kann hier außer Betracht bleiben —); über die Aufhebung der Fürsorgeerziehung entscheidet das Vormundschaftsgericht (§ 75 Abs 4; vgl auch zu Abs 6 unten Bem 548). Gemäß § 73 hat das Landesjugendamt dem Vormundschaftsgericht jährlich mindestens einmal über die Entwicklung des Minderjährigen und die Aussichten, die Fürsorgeerziehung aufzuheben, zu berichten (s Bem 531). Weiterhin hat das Landesjugendamt dem Vormundschaftsgericht gemäß § 71 Abs 5 den Ort der Unterbringung des Minderjährigen und damit auch jeden Wechsel der Unterbringung mitzuteilen (s Bem 531); gemäß § 71 Abs 4 obliegt dem Vormundschaftsgericht die (ausschließliche) Entscheidung darüber, daß der Unterbringungsort den Personensorgeberechtigten sowie den nicht personensorgeberechtigten Eltern nicht mitgeteilt werden muß (s dazu Bem 526, 528ff).

Dagegen ist bezüglich anderer Fragen (zB Briefkontrolle — s Bem 480 —, Verkehrsrecht bzw Besuchsrecht der Sorgeberechtigten — Bem 481 —, Beurlaubung — Bem 482 —, Fortsetzung der Fürsorgeerziehung in der eigenen Familie — Bem 514ff —) die gerichtliche Nachprüfung nicht geregelt. Doch muß angenommen werden, daß in anderen Fällen, die den ausdrücklich geregelten rechtsähnlich sind, ebenso eine vormundschaftsgerichtliche Nachprüfung stattfinden kann. **498**

Zu beachten ist, daß § 18 RJWG — wonach sich das Beschwerderecht gegen Entscheidungen des Jugendamtes und des Landesjugendamtes nach Landesrecht regelte — mit der Neufassung des JWG vom 11. 8. 1961 aufgehoben wurde. Allerdings wurde keine Neuregelung getroffen und wurden aus der Rechtsweggarantie des Art 19 Abs 4 GG außer der Aufhebung des § 18 RJWG keine Folgerungen gezogen; doch darf hieraus nicht etwa der Schluß gezogen werden, der Rechtsweg in Angelegenheiten der Durchführung der Fürsorgeerziehung solle „gespalten" sein in die vom Gesetz ausdrücklich vorgesehenen Zuständigkeiten des Vormundschaftsgerichts einerseits und in die Zuständigkeit der allgemeinen Verwaltungsgerichte in allen übrigen Fällen andererseits (s VerwG Braunschweig, aaO). **499**
Eine solche Schlußfolgerung ist auch nicht aus der Art der vom Landesjugendamt bei der Ausführung der Fürsorgeerziehung zu treffenden Entscheidungen, die meist Ermessensentscheidungen (s auch Bem 496 aE), allerdings keine Verwaltungsakte im eigentlichen Sinne sind (s dazu Jans-Happe, Bem 7, A zu § 69; aM OLG Braunschweig, NJW 1964, 456 = NdsRpfl 1964, 92), gerechtfertigt.

So erfordert, wie das VerwG Braunschweig (aaO) zutreffend dargelegt hat, eine sinnvolle Ordnung einen einheitlichen Rechtsweg, und zwar grundsätzlich für alle wichtigeren Fragen, welche die Erziehung und die Personensorge betreffen (aM Jans-Happe, Bem 7, B zu § 69), also nicht für andere Entscheidungen, zB über Streitigkeiten bei der Gewährung und Ausführung der Freiwilligen Erziehungshilfe oder über die Kosten der Fürsorgeerziehung oder etwa Fragen der Ernährung. Daher ist in den in Bem 498 genannten Fällen die **Zuständigkeit des Vormundschaftsgerichts** zur etwaigen gerichtlichen Nachprüfung der Entscheidung des Landesjugendamts (dh der Erziehungsbehörde) zu bejahen. **500**

Örtlich zuständig ist das Vormundschaftsgericht, das die Fürsorgeerziehung angeordnet hatte, soweit das Verfahren nicht an ein anderes Vormundschaftsgericht abgegeben wurde. **501**
Es wird sich empfehlen, daß das Vormundschaftsgericht die Sorgeberechtigten regelmäßig mündlich hört, mit ihnen die betreffende Angelegenheit im Beisein eines Vertreters der Erziehungsbehörde eingehend erörtert, sie belehrt, ihnen gütlich zuredet und die Streitigkeit möglichst zu schlichten versucht. Das Vormundschaftsgericht wird den Personensorgeberechtigten auch die Vorschrift des § 3 Abs 3 JWG vor Augen halten müssen, daß die vom Gesetzgeber zum Wohle des Minderjährigen gewünschte Zusammenarbeit der Erziehungsbehörde mit den Sorgeberechtigten eine entsprechende Einstellung dieser selbst erfordert, nämlich daß sie das Bestreben der Erziehungsbehörde nach dieser Zusammenarbeit anerkennen und ihm im Interesse des pädagogischen Fortschrittes für die Erziehung des Minderjährigen entgegenkommen (s Jans-Happe, Bem 7 zu § 3). Die erforderlichen Ermittlungen sind von Amts wegen vorzunehmen (§ 12 FGG).

501a Die gerichtliche Kontrolle ist nicht auf Ermessensfehler der Erziehungsbehörde beschränkt (aM LG Braunschweig, ZblJugR 1963, 293; OLG Braunschweig, NJW 1964, 456; wie hier wohl — für den Fall der Verkehrsregelung — Schwoerer oben Bem 42a zu § 1634; Gräber — zum Fall der Aufhebung der Fürsorgeerziehung — Bem 41 zu § 75). Diese vormundschaftsgerichtliche Überprüfung ist nicht identisch mit einer Nachprüfung von Verwaltungsakten durch die Verwaltungsgerichte (s auch Bem 499 aE). Daß das Vormundschaftsgericht nur auf die Nachprüfung von Ermessensfehlern beschränkt sein soll, ist dem FGG fremd; Regelungen der VwGO können nicht auf das vormundschaftsgerichtliche Verfahren übertragen werden. Hierzu ist auch darauf hinzuweisen, daß in den Fällen, in denen das JWG ausdrücklich die Zuständigkeit des Vormundschaftsgerichts regelt, diesem die volle Nachprüfung und das Recht zur eigenen Entscheidung zusteht. Daher ist nicht einzusehen, warum in den rechtsähnlichen Fällen — zB der Beurlaubung oder der Fortsetzung der Fürsorgeerziehung in der eigenen Familie, also Fällen, die ein minus gegenüber der Aufhebung der Fürsorgeerziehung darstellen — die Nachprüfung auf Ermessensfehler beschränkt sein soll. Der Umstand, daß die Erziehungsbehörde für die Ausführung der Fürsorgeerziehung an sich allein verantwortlich ist, kann dem nicht entgegenstehen.

Eine andere Frage ist es freilich, ob und inwieweit hinsichtlich eines Eingreifens des Vormundschaftsgerichts Zurückhaltung geboten ist. Dies ist grundsätzlich zu bejahen: das Vormundschaftsgericht muß die Heimordnung und die erzieherischen Erwägungen des Landesjugendamtes und der Heimleitung berücksichtigen und sorgfältige und eingehende Ermittlungen anstellen, gegebenenfalls eine gutachtliche Äußerung einholen.

Das Vormundschaftsgericht kann gegebenenfalls wohl auch prüfen, ob Wünsche der Personensorgeberechtigten, die abgelehnt wurden, als angemessen zu beurteilen sind (§ 3 Abs 3 JWG); doch kann es nicht als befugt angesehen werden, gegen den Widerspruch der Erziehungsbehörde eine Anordnung zu treffen, die Mehrkosten verursacht.

502 4. Bei **Ausführung der Freiwilligen Erziehungshilfe** stehen der Erziehungsbehörde erheblich weniger Rechte als bei Ausführung der Fürsorgeerziehung zu. Sie hat zwar auch die Befugnis, den Aufenthalt des Minderjährigen zu bestimmen, da § 71 Abs 1 Satz 1 seinem Sinn und Wortlaut nach auch auf die Freiwillige Erziehungshilfe anzuwenden ist (hM, s Gräber, Bem 4, Jans-Happe, Bem 2, Riedel, Bem 2, Beurmann, Unsere Jugend 1963, 291, 292; aM Krug, Bem 2). Daraus, daß den Personensorgeberechtigten das Recht zum Widerruf der Einwilligung zur Durchführung der Freiwilligen Erziehungshilfe zusteht (s § 75 Abs 3), kann nicht geschlossen werden, die Erziehungsbehörde könne nicht den Aufenthalt des Minderjährigen zum Zwecke der Erziehung, dh der Unterbringung in einem Heim oder einer geeigneten Familie bestimmen. Auch der Umstand, daß die Personensorgeberechtigten die Befugnis haben, die Durchführung der Freiwilligen Erziehungshilfe zu fördern (§ 62), dh überhaupt, daß eine Zusammenarbeit der Erziehungsbehörde und der Personensorgeberechtigten bei der Durchführung der Freiwilligen Erziehungshilfe in stärkerem Maße angestrebt werden sollte als bei der Durchführung der Fürsorgeerziehung (vgl auch § 3 Abs 3 JWG), erfordert keine andere Beurteilung.

503 Die Erziehungsbehörde übt auch bei der Ausführung der Freiwilligen Erziehungshilfe ein öffentliches Erziehungsrecht aus, das ihr kraft Gesetzes verliehen ist (s hierzu Beurmann, Unsere Jugend 1963, 293). Von einer Übertragung der Befugnisse der Personensorgeberechtigten auf die Erziehungsbehörde kann nach dem jetzigen Rechtszustand nicht mehr die Rede sein (für das frühere Recht s BGH, LM StGB § 235 Nr 7 = FamRZ 1963, 357 = MDR 1963, 694 = NJW 1963, 1412; Erhardt, BldWPfl 1962, 39; bezüglich der Fürsorgeerziehung s oben Bem 469ff). Durch die Gewährung der Freiwilligen Erziehungshilfe (über die Rechtsnatur des Bescheids s Bem 151) werden die Erziehungsrechte der Personensorgeberechtigten beschränkt, soweit es die Ausführung der Freiwilligen Erziehungshilfe erfordert.

504 Der Erziehungsbehörde stehen hier aber die Rechte gemäß § 69 Abs 4 und 5 nicht zu. Hinsichtlich der Schul- und Berufsausbildung, sowie einer beruflichen Tätigkeit ist ein Zusammenwirken der Personensorgeberechtigten und der Erziehungsbehörde von besonderer Wichtigkeit, wie überhaupt eine Zusammenarbeit bei der Erziehung des Minderjährigen hier in stärkerem Umfange als bei der Ausführung der Fürsorgeerziehung angestrebt werden muß.

505 Gemäß **§ 75 Abs 3** können die Personensorgeberechtigten jederzeit die Aufhebung der Freiwilligen Erziehungshilfe beantragen (s dazu auch Bem 543).

506 Hinsichtlich der Ausführung der Freiwilligen Erziehungshilfe steht zwar dem Vormundschaftsgericht keine gerichtliche Kontrolle zu. Doch kann dieses in Ausnahmefällen

angerufen werden zur Regelung des Besuchsrechts, des Briefverkehrs (s hierzu bezüglich der Ausführung der Fürsorgeerziehung Bem 480, 481, 496ff), ferner von seiten des Landesjugendamtes mit dem Antrag anzuordnen, daß dem betreffenden Elternteil die Adresse des Minderjährigen nicht mitzuteilen ist (**§ 71 Abs 4 Satz 3**, s hierzu Bem 527).

Aus dem Landesrecht ist noch darauf hinzuweisen, daß gemäß § 17 Abs 1 des Schleswig-Holsteinischen Ausführungsgesetzes das Landesjugendamt dem Vormundschaftsgericht Beginn und Ende der Freiwilligen Erziehungshilfe mitzuteilen hat.

5. Eine **Haftung der Erziehungsbehörde** kann sich aus mangelhafter Aufsichts- **507**
führung und Betreuung ergeben, wenn der Minderjährige hierdurch zu Schaden kommt; maßgebend ist die Vorschrift des Art 34 GG iVm § 839 BGB (s hierzu Näheres bei Jans-Happe, Bem 10, C zu § 69 und Riedel, ZblJugR 1951, 145 sowie zB die in Bem 476 genannte Entscheidung des BGH). Dies gilt für die Fürsorgeerziehung wie für die Freiwillige Erziehungshilfe.

III. Die Durchführung der Fürsorgeerziehung und der Freiwilligen Erziehungshilfe.

1. a) Die Freiwillige Erziehungshilfe und die Fürsorgeerziehung werden unter Auf- **508**
sicht des Landesjugendamts in einer geeigneten Familie oder in einem Heim*) durchgeführt (**§ 69 Abs 3 Satz 1**); möglich ist zB aber auch die Durchführung in einer Lehrstelle. Dagegen wird die Durchführung der Fürsorgeerziehung in einem Sonder- oder Hilfsschulheim nicht in Betracht kommen, da in diesem Falle die Anordnung einer Maßnahme nach § 1666 Abs 1 BGB ausreicht (s dazu Bem 90, 175, 277).

In der Praxis beginnt die Durchführung der Freiwilligen Erziehungshilfe und der Fürsorgeerziehung in einem Heim, und zwar in einem Beobachtungsheim, damit zunächst die Erziehungssituation und die Erziehungsschwierigkeiten näher ermittelt werden können und ein Erziehungsplan aufgestellt werden kann (s dazu Jans-Happe, Bem 9, A zu § 69; Scholl, BldWPfl 1963, 253).

Das Gesetz geht an sich davon aus, daß die Familienerziehung vorrangig **509**
sein soll (so auch Jans-Happe, aaO); doch spielt die Erziehung und Unterbringung eines in Fürsorgeerziehung befindlichen Minderjährigen in einer geeigneten Familie in der Praxis nur eine untergeordnete Rolle, da es unmöglich ist, in ausreichendem Maße Familien zu finden, die sich bereit finden und die über die notwendigen pädagogischen Spezialkenntnisse und -Erfahrungen verfügen, um die schwierige Erziehungsaufgabe erfüllen zu können (ähnlich Jans-Happe, aaO).

Allerdings bereitet nicht selten auch die Unterbringung eines Minderjährigen in einem Heim Schwierigkeiten, da ein Mangel an einer genügenden Zahl von Heimplätzen und vor allem an geschultem Personal herrscht (s zB Vogel, Unsere Jugend 1963, 326, 473; Ockenga, Unsere Jugend 1963, 413; Müller, Unsere Jugend 1963, 434; Vogel, Unsere Jugend 1964, 134; Carspecken, ZblJugR 1964, 93; Dendorfer, ZblJugR 1964, 10).

Gemäß **§ 72** soll das Landesjugendamt zur Durchführung der Freiwilligen **509a**
Erziehungshilfe und der Fürsorgeerziehung für die erforderliche Differenzierung der Einrichtungen und Heime nach der zu leistenden Erziehungsaufgabe sorgen**).

---

*) Hierzu s Handbuch der Heimerziehung, hrsg von Trost und Scherpner, 1952ff, sowie die Literaturangaben bei Bem 249 und 456.

Ferner ist noch hinzuweisen auf Ulrich Beer, Familien- und Jugendsoziologie, 2. Aufl 1963; Heinrich Schiller, Gruppenpädagogik als Methode der Sozialarbeit, Darstellung und Analyse ihrer Theorie und Praxis, 1963; Carspecken, Was wird mit der Heimerziehung?, ZblJugR 1964, 93; Kiehn, Die Arbeitszeitregelung im Heim [für Heimerzieher], Jugendwohl 1964, 173; Ladendorff, Über das Zusammenspiel der Kräfte im Erziehungsheim, BldWPfl 1962, 310; Mehl, Die Funktionsrolle der Sozialpädagogik in der modernen Sozialarbeit, BldWPfl 1964, 83; Schäffer, Die Ausbildung für Heimerzieher in ihrer Auswirkung auf die Ausbildungen der übrigen sozialen Berufe, RdJ 1964, 151.

Ein Bericht über ein 1963 in München eröffnetes „Heilpädagogisches Ausbildungs- und Forschungsinstitut" ist in BldWPfl 1964, 92 veröffentlicht; über „Sozialpädagogisches Zusatzstudium in Hamburg" s Bondy und Skiba, Unsere Jugend 1962, 55.

Ein wertvolles „Fachwörterverzeichnis für Jugendwohlfahrtspflege und Jugendrecht, Teil II, psychologische, psychiatrische und heilpädagogische Fachausdrücke" hat der AFET herausgegeben (2. Aufl 1964, bearbeitet von Stutte und v. Bracken).

**) Carspecken, Differenzierung der Heime und Einrichtungen nach § 72 JWG — Forderung und Wirklichkeit, RdJ 1963, 214; Kiehn, Die Differenzierung der Heime nach der zu leistenden Erziehungsaufgabe, Jugendwohl 1964, 52, 98.

Diese Vorschrift ist zwar neu, entspricht aber schon der bisherigen Praxis der Landesjugendämter, die sich bemüht haben, das Heimsystem den heutigen Erkenntnissen der Pädagogik, Jugendpsychologie und der Medizin anzupassen (Jans-Happe, Bem 1, B zu § 72). Der Gesetzgeber ist damit den Forderungen der Praxis und der Fortentwicklung der Erziehungsmethode gefolgt (s Begründung des Regierungsentw, BT-Drucks Nr 2226, S 30, abgedruckt bei Krug, S 327, und bei Riedel, S 735). Die Differenzierung ist darüber hinaus im Hinblick auf die Heraufsetzung der Altersgrenze in §§ 62 und 64 und die damit verbundene Notwendigkeit, geeignete Heime für über 18 Jahre alte Minderjährige bereitzustellen, von Bedeutung (Begründung des Reg-Entw, aaO).

Bedeutsame Empfehlungen haben die Deutsche Vereinigung für Jugendpsychiatrie und die Deutsche Vereinigung für Jugendgerichte und Jugendgerichtshilfen in einer gemeinsamen Tagung vom 21.—23. 2. 1963 ausgearbeitet (ZblJugR 1963, 310 = Unsere Jugend 1963, 415 = Mitteilungen der Arbeitsgemeinschaft für Jugendpflege und Jugendfürsorge Heft 37, September 1963, Seite 8); in diesen heißt es:

„Bei der Differenzierung von Heimen sollte allgemein berücksichtigt werden, daß ein Heimwechsel nur aus pädagogischer bzw jugendpsychiatrischer Indikation stattfinden darf. Ein Heimwechsel lediglich aus Altersgründen wird für bedenklich gehalten. Die bestehenden Einrichtungen sollten sich deswegen darauf ein- oder umstellen, daß früh in Heimerziehung genommene Kinder ohne Heimwechsel über die Schulentlassung hinaus in der gleichen Lebensgemeinschaft bleiben können. Nur so wird es möglich sein, zusätzlichen Schäden (Wurzellosigkeit, Hospitalismus) vorzubeugen.

Sonderschulbedürftige Kinder sollten nur in solchen Heimen aufgenommen werden, von denen aus der Besuch einer örtlichen Sonderschule möglich und gewährleistet ist oder die über eine eigene Heimsonderschule verfügen. Um die Sonderschuleinrichtungen der Heime der tatsächlichen Zahl der in ihnen untergebrachten sonderschulbedürftigen Kinder anzugleichen, erscheint es angebracht, einzelne Heime ausschließlich für die Aufnahme sonderschulbedürftiger Kinder vorzusehen und ihnen eine Heimsonderschule anzugliedern. Diese Sonderschulheime sollten auch Möglichkeiten zu einer dem Begabungsniveau angemessenen Berufsausbildung bieten.

Für diejenigen älteren Jugendlichen und Heranwachsenden, die mit den bisherigen Mitteln der Heimerziehung nicht gefördert werden konnten, weil sie innerhalb der Gemeinschaft entweder nicht anpassungsfähig oder nicht anpassungswillig sind, sollten besondere Einrichtungen geschaffen werden, bei denen freiheitseinschränkende Maßnahmen häufig nicht zu umgehen sein werden. In einer derartigen Einrichtung sollten jedoch die pädagogischen und heilpädagogischen Bemühungen verstärkt fortgesetzt werden ..... *)

Die bestehenden kinder- und jugendpsychiatrischen Einrichtungen sollten — soweit das noch nicht der Fall ist — ergänzt werden durch:

Abteilungen, die baulich und personell für eine längerdauernde Beobachtung von Jugendlichen und Heranwachsenden geeignet sind, ...

Abteilungen für die langfristige Betreuung psychotischer Minderjähriger.

Es sollte die Zahl jener heilpädagogischen und psychagogischen Heime für Kinder und Jugendliche vermehrt werden, deren Struktur (niedrige Belegungszahl bzw Gliederung in kleine pädagogische Einheiten) und personelle Besetzung (ausreichende Zahl und besondere Qualifikation der Betreuer) eine Verwirklichung differenzierter Behandlungs- und Erziehungsvorschläge, die sich nach Untersuchung und Begutachtung durch einen Sachverständigen ergeben, gewährleisten.

Die Verwirklichung der vorstehenden Empfehlungen hängt wesentlich davon ab, daß eine angemessene Ausbildung und eine angemessene Besoldung der Heimerzieher gewährleistet wird....".

Hervorzuheben ist noch, daß für die Heimdifferenzierung nicht der Rechtsgrund der Einweisung maßgebend sein kann, maW daß kein Unterschied gemacht werden kann zwischen Heimen für die Freiwillige Erziehungshilfe einerseits und die Fürsorgeerziehung andererseits (s hierzu Jans-Happe, Bem 2, D; Roestel, Unsere Jugend 1962, 514); vielmehr soll es ausschließlich auf die zu leistende Erziehungsaufgabe und die Erziehungsschwierigkeiten ankommen.

510 b) Über die Zuführung in ein Heim s Bem 465 ff, zur Pflicht der Erziehungsbehörde, bei Beginn der Durchführung der Erziehung eine ärztliche Untersuchung zu veranlassen, s Bem 476.

511 c) Die Durchführung der Fürsorgeerziehung bedeutet regelmäßig eine **Beschränkung der Freizügigkeit** sowie häufig, nämlich bei Unterbringung in einem Heim, eine **Beschränkung der Freiheit der Person.**

---

*) Hierzu s auch Buchhierl, RdJ 1962, 166, 170 f; Gerson, RdJ 1963, 161 ff.

Art 11 Abs 1 GG bestimmt: „Alle Deutschen genießen Freizügigkeit im ganzen Bundesgebiet." Abs 2 ergänzt diese Regelung: „Dieses Recht darf nur durch Gesetz und nur für die Fälle eingeschränkt werden, in denen . . . es zum Schutze der Jugend vor Verwahrlosung . . . erforderlich ist."

Art 2 Abs 2 Satz 2 GG schreibt vor: „Die Freiheit der Person ist unverletzlich."

Im Hinblick auf Art 19 Abs 1 GG schränkt **§ 71 Abs 1 Satz 2** JWG die erwähnten Grundrechte für die Unterbringung in Fürsorgeerziehung ausdrücklich ein. Hieraus wird ersichtlich, daß die Regelung der Durchführung der Fürsorgeerziehung zugleich eine Ausführungsvorschrift des Art 11 Abs 2 GG darstellt. Weiterhin läßt § 71 Abs 1 Satz 2 JWG auch darauf schließen, daß der Gesetzgeber die Möglichkeit einer Freiheitsentziehung iSd Art 104 Abs 2 GG bei Durchführung der Fürsorgeerziehung bejaht (s auch Bem 159).

d) § 3 Abs 1 Satz 2 JWG schreibt vor, daß die Grundrichtung der Erziehung bei allen Maßnahmen der öffentlichen Jugendhilfe zu beachten ist (s hierzu Bem 456, 457); § 3 Abs 1 Satz 3 ergänzt diese Regelung dahin, daß das Recht der Personensorgeberechtigten, die religiöse Erziehung des Kindes zu bestimmen, im Rahmen des Gesetzes über die religiöse Kindererziehung (s zu diesem die Erläuterungen im Anhang nach § 1631) zu beachten ist. **§ 71 Abs 2 Satz 1** JWG bringt für die Durchführung der Freiwilligen Erziehungshilfe und der Fürsorgeerziehung eine nähere Regelung, wonach bei der Auswahl des Heimes oder der Familie auch in der Beziehung Rücksicht genommen werden soll, daß die Erziehung nach den Grundsätzen der Kirche, der Religionsgesellschaft oder der Weltanschauungsgemeinschaft durchgeführt wird. Hierbei kommt es auf die rechtliche Zugehörigkeit des Minderjährigen zu der betr Kirche usw an. Der Ausdruck „soll" bedeutet eine Verpflichtung der Erziehungsbehörde (ebenso Krug, Bem 4, Jans-Happe, Bem 4, A je zu § 71), an die sie nur dann nicht gebunden ist, wenn eine der Voraussetzungen des **§ 71 Abs 1 Satz 2** vorliegt. Diese Vorschrift bedeutet eine abschließende Regelung der zulässigen Ausnahmen. Im Zweifelsfall wird es sich empfehlen, das Einverständnis der Personensorgeberechtigten einzuholen (so auch Jans-Happe, aaO). 512

Die erste Ausnahme, daß eine geeignete Familie oder ein geeignetes Heim nicht vorhanden ist, dh daß eine solche Familie auch nicht bekannt oder nicht ermittelt ist, hat vor allem Bedeutung für kleinere Religionsgesellschaften oder Weltanschauungsgemeinschaften (darüber, daß zu letzteren die sog Frei-Körper-Kultur-Bewegung nicht gehört, s oben Bem 457).

Die zweite Ausnahme betrifft den Fall, daß zur Erziehung auf Grund der Ursachen und der Art des Erziehungsnotstandes ein spezielles Heim erforderlich ist und für solche speziellen Heime nicht immer so viel Bedarf besteht, daß für jede Konfession ein entsprechendes Heim errichtet werden kann (s Jans-Happe, aaO).

Ändert der Minderjährige sein religiöses Bekenntnis, so hat dies einen Wechsel des Heims oder der Familie, in der er untergebracht ist, zur Folge, sofern nicht die Voraussetzungen des Satzes 2 gegeben sind (ebenso Krug, Bem 4, Jans-Happe, Bem 4, A, Gräber, Bem 11 je zu § 71). Liegt aber in der Bestimmung des Konfessionswechsels durch die Personensorgeberechtigten ein Mißbrauch des Sorgerechts, so kann das Vormundschaftsgericht Maßnahmen nach § 1666 Abs 1 Satz 1 BGB ergreifen (s Bem 485a).

Hervorzuheben ist noch, daß die religiöse Betreuung des Minderjährigen in jedem Falle gesichert sein muß **(§ 71 Abs 2 aE)**; ihm muß also die Möglichkeit und Gelegenheit gegeben werden, Gottesdienste zu besuchen und am Religionsunterricht teilzunehmen.

§ 71 Abs 3 gilt ebenfalls für die Durchführung der Freiwilligen Erziehungshilfe und der Fürsorgeerziehung; er verbietet, Gewissenszwang gegen Minderjährige auszuüben, die sich zu keiner Religion oder Weltanschauungsgemeinschaft bekennen (s Jans-Happe, Bem 5; Krug, Bem 6). Mit den Worten „nach Möglichkeit" hat das Gesetz eine elastische Regelung getroffen, die bedeutet, daß die Ausnahmefälle des Abs 2 Satz 2 hier entsprechend anzuwenden sind (so auch Jans-Happe, aaO). 513

2. Die endgültige Fürsorgeerziehung kann widerruflich unter Aufsicht des Landesjugendamtes **in der eigenen Familie des Minderjährigen fortgesetzt** werden, sofern dadurch der Zweck der Fürsorgeerziehung nicht gefährdet wird **(§ 69 Abs 3 Satz 2).** Die endgültige Fürsorgeerziehung kann also nicht von Anfang an in der eigenen Familie durchgeführt werden, und zwar auch dann nicht, wenn zuvor vorläufige Fürsorgeerziehung angeordnet und durchgeführt worden war (s auch Bem 443 aE). 514

a) Unter eigener Familie iSd § 69 Abs 3 sind zu verstehen die Eltern, ein alleinstehender Elternteil, auch wenn er nicht sorgeberechtigt ist, die uneheliche Mutter, 515 die Großeltern sowie auch ein Stiefelternteil, wenn dieser zuvor den Minderjährigen betreut oder mitbetreut hatte, dagegen nicht sonstige Verwandte (ebenso Gräber, Bem 14, aM Riedel, Bem 4, Jans-Happe, Bem 9, E je zu § 69).

516 b) Der Zweck der Fürsorgeerziehung ist gefährdet, wenn nach dem Erziehungsstand des Minderjährigen und im Hinblick auf die Verhältnisse in der eigenen Familie, insbesondere auf die erzieherischen Fähigkeiten, nicht mit großer Wahrscheinlichkeit angenommen werden kann, daß die Besserung anhält und die Ursachen, die zur Anordnung der Fürsorgeerziehung geführt hatten, behoben sind, die Verwahrlosung oder Verwahrlosungsgefahr also gänzlich beseitigt werden kann (s auch unten Bem 534 zu § 75 Abs 2). Hier genügt also jede Gefährdung, welche die Fortsetzung der Fürsorgeerziehung in der eigenen Familie ausschließt, es braucht keine ernstliche Gefährdung wie im Falle des § 71 Abs 4 vorzuliegen (so auch Gräber, Bem 18 zu § 69).

517 c) Die Fortsetzung der Fürsorgeerziehung in der eigenen Familie darf nur widerruflich angeordnet werden. Andernfalls käme diese Anordnung einer Aufhebung der Fürsorgeerziehung gleich (s auch Bem 531).

518 d) Die Anordnung der Fortsetzung in der eigenen Familie wird von der Erziehungsbehörde, also regelmäßig dem Landesjugendamt, getroffen; gegen die Ablehnung ist nunmehr die Anrufung des Vormundschaftsgerichts zuzulassen (s dazu im allgemeinen Bem 496ff, sowie 500 mit 498; aM Gräber, Bem 19).

Läßt die Erziehungsbehörde die Fortsetzung der Fürsorgeerziehung in der eigenen Familie zu, so hat sie dies dem Vormundschaftsgericht mitzuteilen (§ 71 Abs 5). Wurde diese Fortsetzung ohne Widerruf gestattet, so hat das Vormundschaftsgericht zu prüfen, ob die Fürsorgeerziehung aufzuheben ist. Ebenso, wenn die Fürsorgeerziehung schon längere Zeit in der eigenen Familie durchgeführt wird.

519 e) Die vorläufige Fürsorgeerziehung kann in keinem Falle und zu keinem Zeitpunkt, auch wenn sie infolge der Einlegung der sofortigen Beschwerde gegen die — rechtzeitig angeordnete (§ 67 Abs 5) — endgültige Fürsorgeerziehung längere Zeit dauert (s auch Bem 443 aE), in der eigenen Familie fortgesetzt werden (§ 69 Abs 3 Satz 2, hierzu s Krug, Bem 11, Jans-Happe, Bem 9, E je zu § 69). Hierin liegt vor allem die Bedeutung dieser Vorschrift, daß die Durchführung der vorläufigen Fürsorgeerziehung in der eigenen Familie generell ausgeschlossen ist.

520 3. Die Freiwillige Erziehungshilfe kann ebenfalls in der eigenen Familie des Minderjährigen fortgesetzt werden; indessen wird sich hierbei regelmäßig die Frage erheben, ob nicht die Bestellung eines Erziehungsbeistandes genügt, womit die Freiwillige Erziehungshilfe aufgehoben werden könnte (ebenso Jans-Happe, Bem 9, E). Jedoch kann die Freiwillige Erziehungshilfe ebenfalls nicht von vornherein in der eigenen Familie des Minderjährigen durchgeführt werden (Jans-Happe, aaO; aM Riedel, Bem 5 zu § 69).

521 4. Das Landesjugendamt führt die **Aufsicht** über die Durchführung der Freiwilligen Erziehungshilfe und der Fürsorgeerziehung. Das gilt für alle Arten der Durchführung dieser öffentlichen Jugendhilfe, also bei Heimerziehung, Erziehung in einer geeigneten Familie oder in der eigenen Familie oder bei Unterbringung in Lehrlings- oder Wohnheimen (s Jans-Happe, Bem 10, A zu § 69; Jans, ZblJugR 1962, 121, Happe, daselbst 248, aber auch Pant, daselbst 195).

522 Die in einer Familie oder der eigenen Familie untergebrachten Minderjährigen sind keine Pflegekinder (§ 27 Abs 2 Nr 6 JWG) und unterstehen daher nicht der Aufsicht des Jugendamtes (vgl § 31 JWG).

Die Minderjährigen, die sich in Heimen befinden, werden auch durch die Vorschriften des § 78 über die Heimaufsicht geschützt; hierbei handelt es sich um eine institutionelle Aufsicht (so zutreffend Jans-Happe, Bem 10, A zu § 69). Dagegen betrifft die dem Landesjugendamt gemäß **§ 69 Abs 3** obliegende Aufsicht die Durchführung der Freiwilligen Erziehungshilfe und der Fürsorgeerziehung für den einzelnen Minderjährigen (Jans-Happe, aaO), also die Aufsicht über den einzelnen Minderjährigen.

523 Die dem Landesjugendamt gemäß § 69 Abs 3 obliegende Aufsicht bezieht sich auf die gesamte Durchführung der Freiwilligen Erziehungshilfe und der Fürsorgeerziehung; ist der Minderjährige in einer Familie oder in der eigenen Familie untergebracht, so hat regelmäßig das örtlich zuständige Jugendamt das Landesjugendamt bei der Beaufsichtigung zu unterstützen (s dazu bad-württ AusfG § 19 Abs 3; bremisches AusfG § 24 iVm § 11; niedersächs AusfG § 23).

524 5. a) Nach Beginn der Durchführung der Freiwilligen Erziehungshilfe und der Fürsorgeerziehung ist den Personensorgeberechtigten unverzüglich (dh ohne schuldhaf-

tes Zögern) mitzuteilen, wo der Minderjährige untergebracht ist **(§ 71 Abs 4 Satz 1).** Für die Freiwillige Erziehungshilfe versteht sich das freilich im Hinblick auf § 62 aE von selbst; überdies wird regelmäßig im Verlaufe der Besprechungen mit den Personensorgeberechtigten schon die Art und der Ort der Unterbringung des Minderjährigen erörtert werden. Daher haben die Vorschriften des § 71 Abs 4 — abgesehen von dem in Bem 527 genannten Falle — nur für die Durchführung der Fürsorgeerziehung Bedeutung.

§ 71 Abs 4 Satz 1 ist so zu verstehen, daß den Personensorgeberechtigten die genaue Adresse des Heimes oder der betr Familie, die den Minderjährigen betreut, usw mitzuteilen ist, sowie daß auch von jedem Wechsel der Unterbringung Kenntnis zu geben ist. Diese Mitteilung (die auch von dem betreffenden Heim ausgehen kann) ist wichtig im Hinblick darauf, daß die Erziehungsbehörde eine Zusammenarbeit mit den Personensorgeberechtigten zur Durchführung der Fürsorgeerziehung anzustreben verpflichtet ist (§ 3 Abs 3, s dazu Bem 456, 474 aE, 501 aE). Gegebenenfalls hat die Erziehungsbehörde die Pflicht, die Anschrift der Personensorgeberechtigten zu ermitteln, falls diese sich zB etwa seit der gerichtlichen Anordnung der Fürsorgeerziehung geändert hat.

Die Mitteilung der Adresse des Minderjährigen darf nur auf Grund vormundschaftlicher Entscheidung (§ 71 Abs 4 Satz 3) unterlassen werden (s Bem 526, 528f).

b) Die Erziehungsbehörde hat weiterhin auch den Eltern, die das Personensorgerecht **525**
nicht ausüben, die Adresse des Minderjährigen mitzuteilen, soweit sie erreichbar sind **(§ 71 Abs 4 Satz 2)**, dh wenn ihre Anschrift bekannt ist oder ohne Schwierigkeit oder durch zumutbare Maßnahmen ermittelt werden kann (so auch Gräber, Bem 20), zB durch Nachfrage bei dem betreffenden Einwohnermeldeamt.

c) Hat die Erziehungsbehörde Bedenken, die Adresse des Minderjährigen den **526**
Personensorgeberechtigten oder einem nicht personensorgeberechtigten Elternteil mitzuteilen, weil sie der Ansicht ist, daß durch die Mitteilung der Erziehungszweck ernstlich gefährdet würde, so hat sie unverzüglich das Vormundschaftsgericht anzurufen **(§ 71 Abs 4 Satz 3).**

Diese Vorschrift des § 71 Abs 4 Satz 3 kommt bei Durchführung der Frei- **527**
willigen Erziehungshilfe nur hinsichtlich eines nicht zur Personensorge berechtigten Elternteils (zB nach Scheidung der Ehe oder nach einer Anordnung gemäß § 1672 BGB) in Betracht.

aa) Das Vormundschaftsgericht darf dem Antrag des Landesjugendamtes nur **528**
stattgeben, wenn tatsächliche Vorgänge oder Verhältnisse erwiesen sind, aus denen die Schlußfolgerung gerechtfertigt ist, daß der Erziehungszweck ernstlich gefährdet ist. Es genügt nicht jede Gefährdung, vielmehr muß es sich um eine schwerwiegende Gefährdung handeln, die geeignet ist, die Erziehung des Minderjährigen in erheblichem Maße zu beeinträchtigen, so daß zu befürchten ist, daß der Erziehungserfolg vereitelt wird. In Betracht kommt etwa, daß die Sorgeberechtigten oder ein nichtsorgeberechtigter Elternteil den Minderjährigen aus dem Heim entführt oder zum Entweichen veranlaßt oder beim Entweichen unterstützt haben, oder daß der Minderjährige in erheblichem Maße gegen die Heimordnung oder die Erzieher aufgehetzt wird.

Schwere Verwahrlosung des Minderjährigen allein genügt nicht, auch wenn sie auf groben Pflichtverletzungen der Sorgeberechtigten beruht. Befindet sich der Minderjährige in einem geschlossenen Heim, so daß eine Entführung praktisch nicht in Betracht kommt, so kann wohl in der Regel von einer Anordnung gemäß § 71 Abs 4 Satz 3 abgesehen werden. Bereiten die Sorgeberechtigten bei Besuchen des Kindes der Heimleitung oder den Erziehern Schwierigkeiten, so ist zunächst zu prüfen, ob nicht ein (zumindest zeitweiliger) Ausschluß des Besuchsrechts genügt. Wird der Minderjährige brieflich gegen die Heimleitung und Erzieher aufgehetzt oder sonstwie ungünstig beeinflußt, kann eine Briefkontrolle ausreichen (s auch Bem 480). So wird eine Anordnung gemäß § 71 Abs 4 Satz 3 nur in seltenen Ausnahmefällen nach Anordnung der Fürsorgeerziehung oder nach einer Verlegung des Minderjährigen in ein anderes Heim in Betracht kommen; sie darf keine „Bestrafung" der Sorgeberechtigten darstellen, sondern darf nur zum Wohle des Minderjährigen im Blickpunkt auf das Erziehungsziel getroffen werden.

Gegen diese Regelung des § 71 Abs 4 Satz 3 JWG bestehen keine verfassungsrechtlichen Bedenken aus Art 6 Abs 2 und 3 GG; jedoch darf das Vormundschaftsgericht die Anordnung, daß die Adresse des Minderjährigen nicht mitzuteilen ist, nur erlassen, wenn sie unumgänglich notwendig ist. Ferner darf die Anordnung nur für den Zeitraum, der erforderlich ist, erlassen werden, dh mit anderen Worten: das Vormundschaftsgericht wird die Anordnung regelmäßig befristet treffen müssen. Bei Ablauf der Frist muß erneut geprüft werden, ob die Anordnung noch erforderlich ist.

Die Anordnung bedeutet aber nicht, daß die Erziehungsbehörde nicht verpflichtet wäre, den Personensorgeberechtigten oder dem nichtsorgeberechtigten Elternteil wichtige den Minderjährigen betreffende Vorgänge oder Umstände mitzuteilen, zB schwere Erkrankungen. So ist die Erziehungsbehörde nicht befugt, ohne Einwilligung der Sorgeberechtigten den Minderjährigen operieren zu lassen; ebenso hat sie mit den Sorgeberechtigten Verbindung aufzunehmen bei sonstigen wichtigen Entscheidungen, zB bezüglich der beruflichen Ausbildung oder Tätigkeit des Minderjährigen (vgl § 3 Abs 1 Satz 2).

Haben sich die Verhältnisse geändert, die zu der Anordnung gemäß § 71 Abs 4 Satz 3 geführt hatten, so kann die Erziehungsbehörde den Sorgeberechtigten bzw Eltern auch vor Aufhebung des Beschlusses des Vormundschaftsgerichts den Aufenthalt mitteilen. Doch ist sie verpflichtet, dieses hierüber zu informieren (s dazu auch Bem 529).

529 **bb)** Zuständig zur Entscheidung ist das Vormundschaftsgericht, das die Fürsorgeerziehung angeordnet hatte, gegebenenfalls dasjenige, an welches das Verfahren abgegeben wurde.

Die erforderlichen Ermittlungen hat das Vormundschaftsgericht von Amts wegen anzustellen (§ 12 FGG); stets muß es die Sorgeberechtigten oder den nichtsorgeberechtigten Elternteil hören. Regelmäßig wird es sich empfehlen, diese *mündlich* zu hören.

Die Entscheidung bedarf in Anbetracht ihrer Bedeutung und Tragweite in jedem Falle der Begründung. Wird dem Antrag des Landesjugendamtes entsprochen, so bedeutet dies einen Eingriff in das verfassungsrechtlich gewährleistete Elternrecht, der eine Begründung erfordert (s dazu Bem 353 zu § 1666).

Begehren die Sorgeberechtigten oder Eltern nach der Anordnung Akteneinsicht (§ 34 FGG), so muß diese insoweit verweigert werden, als sie sich auf die Mitteilung des Landesjugendamtes (oder der Heimleitung) an das Vormundschaftsgericht über den Unterbringungsort des Minderjährigen (§ 71 Abs 5) bezieht.

Der Beschluß des Vormundschaftsgerichts verleiht der Erziehungsbehörde eine bestimmte *Befugnis*; § 71 Abs 4 Satz 3 ist in dem Sinne zu verstehen, daß durch den Beschluß des Gerichts die Unterlassung der Mitteilung für zulässig erklärt wird. Daher kann die Erziehungsbehörde auch ohne oder vor Aufhebung des Beschlusses den Aufenthalt mitteilen (s Bem 528 aE). Doch ist sodann das Gericht zu benachrichtigen, daß sich die Verhältnisse geändert haben. Das Vormundschaftsgericht hat nunmehr den Beschluß aufzuheben (nach Anhörung der Erziehungsbehörde und gegebenenfalls Vornahme weiterer Ermittlungen gemäß § 12 FGG).

Die Sorgeberechtigten bzw die Eltern können auch den Antrag stellen, den anordnenden Beschluß (§ 71 Abs 4 Satz 3) wieder aufzuheben, mit der Begründung, die Gründe, die zu der Anordnung geführt hätten, seien weggefallen.

530 **cc)** Gegen den anordnenden Beschluß findet die einfache **Beschwerde** statt, die den Personensorgeberechtigten sowie den Eltern zusteht (§ 71 Abs 4 Satz 4). Doch wird man auch ein Beschwerderecht des über 14 Jahre alten Minderjährigen (§ 59 FGG) bejahen müssen, da dieser von der Entscheidung ebenfalls betroffen ist (aM *Gräber*, Bem 24).

Gegen den ablehnenden Beschluß steht dem Landesjugendamt die einfache Beschwerde zu, die aufschiebende Wirkung hat (§ 71 Abs 4 Satz 5). Da gemäß § 71 Abs 4 Satz 1 das Landesjugendamt die Adresse des Minderjährigen unverzüglich mitzuteilen hat, muß angenommen werden, daß dies auch gilt, wenn das Vormundschaftsgericht den Antrag des Landesjugendamtes abgelehnt hat. Daraus geht hervor, daß das Landesjugendamt, wenn es der Entscheidung nicht folgen will, verpflichtet ist, unverzüglich Beschwerde einzulegen. Denn nur mit der Einlegung der Beschwerde tritt die aufschiebende Wirkung ein.

Gegen die Entscheidung des Landgerichts findet die einfache weitere Beschwerde statt (§§ 27, 29 FGG). Auf diese hat das Oberlandesgericht nachzuprüfen, ob das Beschwerdegericht die Voraussetzung des § 71 Abs 4 Satz 3, daß der Erziehungszweck ernstlich gefährdet ist, ohne Rechtsirrtum beurteilt hat; diese Voraussetzung enthält unbestimmte Rechtsbegriffe (s zu deren Bedeutung Bem 29 zu § 1666).

Lehnt das Vormundschaftsgericht den Antrag der Sorgeberechtigten bzw Eltern ab, die gemäß § 71 Abs 4 Satz 3 getroffene Anordnung aufzuheben, so findet hiergegen die einfache Beschwerde statt (in entsprechender Anwendung des § 71 Abs 4 Satz 4).

6. Das Landesjugendamt hat nach Beginn der Durchführung der Fürsorgeerziehung **531** den Ort der Unterbringung auch dem Vormundschaftsgericht mitzuteilen **(§ 71 Abs 5)**; dies bedeutet ferner, daß jeder Wechsel des Unterbringungsorts ebenfalls mitzuteilen ist. Teilt das Landesjugendamt oder in dessen Auftrag die Heimleitung mit, der Minderjährige befinde sich in einer psychiatrischen Klinik, so hat das Vormundschaftsgericht darauf hinzuweisen, daß diese Art der Unterbringung des Minderjährigen der vormundschaftgerichtlichen Genehmigung bedarf (s Bem 478), und ein entsprechendes Verfahren einzuleiten, sowie die erforderlichen Ermittlungen anzustellen (§ 12 FGG).

Als Änderung des Unterbringungsorts ist auch eine nicht lediglich kurzfristige, zB über ein Wochenende oder Feiertage währende Beurlaubung (s Bem 482) sowie die Fortsetzung der Fürsorgeerziehung in der eigenen Familie (s Bem 517f) anzusehen.

Die Erziehungsbehörde hat ferner gemäß **§ 73** jährlich mindestens einmal dem Vormundschaftsgericht über die Entwicklung des Minderjährigen und die Aussichten, die Fürsorgeerziehung aufzuheben, zu berichten. Diese Vorschrift bezweckt, das Vormundschaftsgericht über die wesentliche erzieherische Entwicklung vom Beginn der Durchführung bis zur Beendigung zu unterrichten, wobei besondere positive oder negative Vorgänge mitzuteilen sind (s dazu Jans-Happe, Bem 2).

IV. Die Beendigung und Aufhebung der Freiwilligen Erziehungshilfe und der Fürsorgeerziehung.

1. Die Freiwillige Erziehungshilfe und die Fürsorgeerziehung **enden** (automatisch) **532** mit der Volljährigkeit des Minderjährigen **(§ 75 Abs 1)**, sowie auch mit der Volljährigkeitserklärung, mit dem Tode des Minderjährigen oder dem Zeitpunkt, der im Verfahren betr Todeserklärung als Zeitpunkt des Todes festgestellt wird (s oben Bem 101); zur Eheschließung s Bem 541.

2. Die Freiwillige Erziehungshilfe und die Fürsorgeerziehung sind **aufzuheben**, **533** wenn ihr Zweck erreicht oder anderweitig sichergestellt ist **(§ 75 Abs 2 Satz 1)**.

a) Der **Zweck** der Erziehungsmaßnahme ist **noch** nicht **erreicht**, wenn lediglich eine **534** Besserung erzielt ist, sondern vielmehr erst, wenn die Ursachen, die zur Anordnung der Fürsorgeerziehung oder zur Gewährung der Freiwilligen Erziehungshilfe geführt haben, behoben sind, wenn also die Verwahrlosung beseitigt ist und auch keine Verwahrlosungsgefahr mehr besteht (s Gräber, Bem 8; Jans-Happe, Bem 4 A; Krug, Bem 4 je zu § 75; KG, JFG 4, 108 = ZblJugR XVIII, 53 = SjE, E 16, 365; ZblJugR XXIV, 303; BayObLGZ 26, A 344 = JFG 5, 89; OLG München, JFG 22, 14; OLG Hamm, ZblJugR 1958, 123; ferner Blumenthal, ZblJugR XXI, 124).

Ist zwar die Verwahrlosung beseitigt, besteht aber noch Verwahrlosungsgefahr, so kann die Fürsorgeerziehung oder die Freiwillige Erziehungshilfe noch nicht aufgehoben werden (ebenso Gräber, aaO).

Der Zweck der Erziehungsmaßnahme ist damit allein noch nicht erreicht, daß der Minderjährige die Befähigung zum selbständigen Erwerb des Unterhalts erworben hat (so auch Gräber, aaO). War aber eine (nahezu) im erwerbsfähigen Alter stehende Minderjährige nur durch ihren Vater sittlich gefährdet und kann diese Gefährdung durch einen Wechsel des Aufenthalts und selbständige Erwerbstätigkeit behoben werden, so können eventuell die Voraussetzungen der Aufhebung der Erziehungsmaßnahme gegeben sein (KG, DJugH XXIX, 355; Gräber, Bem 8; s auch Riedel, Bem 4).

Doch ist zu beachten, daß an das Vorliegen der Voraussetzung, daß der Zweck der Erziehungsmaßnahme erreicht ist, keine zu strengen Anforderungen gestellt werden dürfen (s auch zur Erziehungsbeistandschaft Bem 103). Der Zweck muß als erreicht angesehen werden, wenn die Familie ihre Funktion wieder allein erfüllen kann (so auch Jans-Happe, Bem 4A). Denn die Freiwillige Erziehungshilfe und die Fürsorgeerziehung darf nur gewährt bzw angeordnet werden, wenn und soweit sie geboten (§ 62) bzw erforderlich sind. Daher darf sie auch nur dann aufrechterhalten werden, wenn dies erforderlich ist. Die volle Verwirklichung des Erziehungsanspruchs iS des § 1 Abs 1 und 3 kann nicht gefordert werden, da sonst, worauf Jans-Happe, Bem 4 A, mit Recht hinweisen, eine Entlassung vor Vollendung des 21. Lebensjahres nicht möglich wäre (vgl aber auch Riedel, Bem 4).

535 Ob der Zweck der Erziehungsmaßnahme erreicht ist, kann immer nur unter Berücksichtigung aller Umstände des Einzelfalles beurteilt werden.

Von Bedeutung ist hierbei zunächst die Führung und das Verhalten des Minderjährigen im Erziehungsheim, ferner seine charakterliche Veranlagung und Entwicklung während der Heimerziehung.

Gute Führung im Heim ist freilich nicht stets ein zuverlässiger Anhaltspunkt, da labile Minderjährige häufig schon den ersten Belastungsproben außerhalb des Heimes nicht gewachsen sind (hierauf weisen Jans-Happe, Bem 4 A, mit Recht hin). Vielmehr muß eine dauerhafte gute Führung der Art vorliegen, daß sie den Schluß rechtfertigt, daß die Verwahrlosungsgefahr oder Verwahrlosung behoben ist, dh daß der Minderjährige innerlich gefestigt ist und Halt gewonnen hat (ebenso Jans-Happe, aaO).

Ferner muß eine Besserung der Verhältnisse der Familie eingetreten sein, also des Milieus, in das der Minderjährige zurückkehrt, oder muß auf Grund näherer Ermittlungen angenommen werden können, daß das Milieu, in das der Minderjährige entlassen werden soll, eine günstige Basis für die weitere Entwicklung des Minderjährigen abgibt.

536 b) **Anderweitig sichergestellt** ist der **Zweck** der Erziehungsmaßnahme, wenn andere Maßnahmen zur Erreichung des Erziehungszwecks die Beibehaltung der Freiwilligen Erziehungshilfe oder der Fürsorgeerziehung entbehrlich machen (s auch zur Aufhebung der Erziehungsbeistandschaft Bem 104). Es muß sich also um eine andere der Erziehung dienende, zur Erreichung des Erziehungszwecks bestimmte Maßnahme handeln.

537 In Betracht kommen vor allem mildere Maßnahmen, und zwar gegenüber der Fürsorgeerziehung auch die Gewährung der Freiwilligen Erziehungshilfe (ebenso Jans-Happe, Bem 4 A) sowie gegenüber der Freiwilligen Erziehungshilfe und der Fürsorgeerziehung die Anordnung der Erziehungsbeistandschaft (§ 57) bzw die Bestellung eines Erziehungsbeistandes (§ 56), oder die Unterbringung in einem Wohnheim oder bei Verwandten oder einem Arbeitgeber. Gegebenenfalls kann auch Bewährungsaufsicht (§§ 20, 27 JGG) als andere Maßnahme ausreichen, allerdings dann nicht, wenn die erzieherische Situation des Jugendlichen zwar nicht den Jugendstrafvollzug, wohl aber weitere erzieherische Betreuung als erforderlich erscheinen läßt (so auch Jans-Happe, Bem 4 B zu § 75).

Eine schärfere Maßnahme, durch die der Erziehungszweck erreicht werden kann, ist die Jugendstrafe von unbestimmter Dauer oder von längerer Dauer (§§ 18, 19 JGG).

Nicht hierher gehört der Fall, daß der Minderjährige soweit gefestigt ist, daß er einer Gefährdung aus eigener Kraft erfolgreich widerstehen kann (so aber Gräber, Bem 9; wie hier Jans-Happe, Bem 4 B je zu § 75); vielmehr ist in diesem Falle anzunehmen, daß der Zweck der Erziehungsmaßnahme erreicht ist.

538 c) Die Fürsorgeerziehung kann auch unter dem **Vorbehalt des Widerrufs** aufgehoben werden **(§ 75 Abs 2 Satz 3)***). Diese Maßnahme ist gegenüber der Beurlaubung, die meist nur für kürzere Zeit in Betracht kommt (s Bem 482), und der Fortsetzung der Fürsorgeerziehung in der eigenen Familie (s Bem 514ff) die weitergehende; denn sie bedeutet im Gegensatz zur Beurlaubung und Fortsetzung der Fürsorgeerziehung in der eigenen Familie eine Aufhebung der Fürsorgeerziehung im eigentlichen Sinne, lediglich unter einem Vorbehalt (s Potrykus, aaO).

Voraussetzung ist, daß der Zweck der Fürsorgeerziehung erreicht oder anderweitig sichergestellt ist; von der Möglichkeit des Vorbehalts des Widerrufs Gebrauch zu machen, wird angemessen sein, wenn es im konkreten Fall geboten erscheint, Vorsicht anzuwenden oder eine Warnung für den Minderjährigen eine gewisse Zeit bestehen zu lassen (vgl Jans-Happe, Bem 5 A), wenn also noch Zweifel gerechtfertigt sind, ob die Umstände, die für die Aufhebung der Fürsorgeerziehung sprechen, von Dauer sind und einen Rückfall ausschließen (so Riedel, Bem 11).

Für die Ausübung des Widerrufs entsprechen die sachlichen Voraussetzungen den der Anordnung der Fürsorgeerziehung (§ 64), obwohl der Widerruf keine Anordnung in diesem Sinne ist (ebenso Jans-Happe, Bem 5 A). Voraussetzung ist also zumindest, daß der Minderjährige (wieder) zu verwahrlosen droht, sowie ferner, daß der Widerruf erforderlich ist und eine andere Maßnahme nicht ausreicht.

Zu Verfahrensfragen s unten Bem 550ff.

539 Die **Freiwillige Erziehungshilfe** kann dagegen nicht unter dem Vorbehalt des Widerrufs aufgehoben werden (ebenso Gräber, Bem 14). Hier kommt nur

*) Hierzu s Potrykus, ZblJugR 1963, 185.

eine vorbehaltlose Aufhebung und gegebenenfalls später die erneute Gewährung der Freiwilligen Erziehungshilfe (§ 62) in Betracht.

3. a) Aus dem Sinn und Zweck der Erziehungsmaßnahme und den Grundgedanken der Regelung des § 75 Abs 2 muß weiterhin das Prinzip abgeleitet werden, daß die Freiwillige Erziehungshilfe oder die Fürsorgeerziehung auch dann aufzuheben ist, wenn ihre Weiterführung aus tatsächlichen oder rechtlichen Gründen nicht mehr möglich oder sinnvoll ist oder zwecklos geworden ist (s auch Bem 544), zB wenn der Minderjährige ausgewandert oder in die sowjetische Besatzungszone verzogen oder geflüchtet ist (s Bem 448). **540**

b) Ferner ist die Freiwillige Erziehungshilfe oder die Fürsorgeerziehung aufzuheben, wenn die Minderjährige die **Ehe eingegangen** ist, ebenso wie die Erziehungsbeistandschaft aufzuheben ist (s Bem 108). Wie in Bem 135 und 198 dargelegt, kann für eine minderjährige Ehefrau nicht Freiwillige Erziehungshilfe gewährt und kann sie nicht der Fürsorgeerziehung überwiesen werden. **541**

c) Die Fürsorgeerziehung ist auch aufzuheben, wenn sich nachträglich herausstellt, daß die Voraussetzungen für die Anordnung nicht vorgelegen hatten (s dazu Gräber, Bem 10 sowie bezügl der Erziehungsbeistandschaft die Ausführungen Bem 110, die hier entsprechend gelten). **542**

d) Die **Freiwillige Erziehungshilfe** hat das Landesjugendamt unverzüglich aufzuheben, wenn ein Personensorgeberechtigter die Aufhebung beim Landesjugendamt beantragt **(§ 75 Abs 3)**. Örtlich zuständig ist das Landesjugendamt, das die Freiwillige Erziehungshilfe gewährt. Es genügt, wenn ein Personensorgeberechtigter es beantragt, mag auch der andere mit der Weiterführung der Freiwilligen Erziehungshilfe einverstanden sein. Dies beruht darauf, daß zur Antragstellung das Zusammenwirken beider Personensorgeberechtigter erforderlich ist (Bem 136). **543**

Da das Landesjugendamt verpflichtet ist, die Freiwillige Erziehungshilfe unverzüglich, dh ohne schuldhaftes Zögern, aufzuheben, dürfte das Landesjugendamt nicht mehr in der Lage sein, das Vormundschaftsgericht zu verständigen, damit dieses gegebenenfalls eine Maßnahme nach § 1666 Abs 1 Satz 1 BGB (im Wege der einstweiligen Anordnung) trifft oder vorläufige Fürsorgeerziehung anordnet (s hierzu auch Jans-Happe, Bem 6 B zu § 75), dh bis zu dieser Entscheidung zuzuwarten.

e) Ergibt sich, daß die Fürsorgeerziehung keinen Erfolg verspricht, so muß sie trotzdem bis zur Vollendung des 21. Lebensjahres fortgeführt werden; der Minderjährige kann also nicht entlassen werden (s hierzu Gerson, RdJ 1963, 164f; Buchhierl, RdJ 1962, 166, 170f; zur Frage der [praktischen] Unerziehbarkeit s auch oben Bem 249ff). **544**

Hat der Minderjährige schon das 20. Lebensjahr vollendet, so dürfte es jedoch möglich sein, ihn unter den Voraussetzungen des § 73 BSHG anderweitig unterzubringen (s auch Buchhierl, aaO).

Nach früherem Recht (s §§ 72a, 73 RJWG) konnten unerziehbare Minderjährige aus der Fürsorgeerziehung entlassen werden (s hierzu die instruktive Untersuchung von Walter Piecha, Die Lebensbewährung der als „unerziehbar" entlassenen Fürsorgezöglinge, 1959, Göttinger Rechtswissenschaftliche Studien, Band 27).

f) Gemäß **§ 75 Abs 2 Satz 2** ist die Freiwillige Erziehungshilfe oder die Fürsorgeerziehung aufzuheben, wenn erhebliche, fachärztlich nachgewiesene **geistige oder seelische Regelwidrigkeiten** des Minderjährigen eine andere Form der Hilfe erfordern und die andere Form der Hilfe gesichert ist. Dies gilt auch, wenn sich nachträglich herausstellt, daß diese Regelwidrigkeiten schon bei Anordnung der Fürsorgeerziehung oder Gewährung der Freiwilligen Erziehungshilfe bestanden hatten, aber nicht erkannt worden waren (ebenso Brand-Hensel, 562). **545**

Hervorzuheben ist, daß die geistigen oder seelischen Regelwidrigkeiten, welche die Unerziehbarkeit des Minderjährigen in einem Erziehungsheim oder einer geeigneten Familie zur Folge haben, durch fachärztliche Begutachtung nachgewiesen sein muß. Ist hierzu eine stationäre Beobachtung erforderlich, so bedarf das Landesjugendamt der vormundschaftsgerichtlichen Genehmigung (s oben Bem 478) oder des Einverständnisses der sorgeberechtigten Eltern.

Die Aufhebung der Erziehungsmaßnahme ist erst zulässig, wenn die andere Form der Hilfe effektiv gesichert ist. Daher darf der Minderjährige nicht entlassen werden, wenn und solange eine anderweitige Unterbringung, zB in einer jugendpsychiatrischen Klinik, nicht möglich ist (s hierzu Gerson, RdJ 1963, 161).

Über Näheres zu anderen in Betracht kommenden Formen der Hilfe s Jans-Happe, Bem 4C zu § 75.

546 **4.** a) Für die Aufhebung der Fürsorgeerziehung ist gemäß **§ 75 Abs 4** das Vormundschaftsgericht zuständig (s auch Bem 548).

Das Vormundschaftsgericht entscheidet von Amts wegen oder auf Antrag (§ 75 Abs 4 Satz 1). Antragsberechtigt sind die Personensorgeberechtigten, das Landesjugendamt und das Jugendamt, sowie der Minderjährige, wenn er das 14. Lebensjahr vollendet hat (§ 75 Abs 4 Satz 2). Die frühere Bestimmung des § 72 Abs 4 RJWG, wonach der Antrag auf Aufhebung der Fürsorgeerziehung nicht vor Ablauf eines Jahres seit der Rechtskraft des die Fürsorgeerziehung anordnenden Beschlusses gestellt, ein abgewiesener Antrag nicht vor Ablauf von 6 Monaten erneuert werden konnte, wurde gestrichen.

Vor der Aufhebung sind das Jugendamt und das Landesjugendamt zu hören (§ 75 Abs 5), ebenso aber auch der Minderjährige und die Personensorgeberechtigten; letzteres ist zur Klärung der Frage von Bedeutung, wo sich der Minderjährige nach seiner Entlassung aufhalten wird.

Etwa erforderliche Ermittlungen sind von Amts wegen durchzuführen (§ 12 FGG).

Eine Aussetzung des Verfahrens ist hier, im Gegensatz zum Anordnungsverfahren (§ 68), nicht zulässig (ebenso Jans-Happe, Bem 7 C; Gräber, Bem 19 je zu § 75).

Die Entscheidung ergeht durch einen zu begründenden Beschluß.

547 Gegen die Aufhebung der Fürsorgeerziehung findet die **sofortige Beschwerde** statt, welche aufschiebende Wirkung hat; das Beschwerderecht steht dem Landesjugendamt zu **(§ 75 Abs 5 Satz 2)**, dagegen nicht dem Jugendamt (OLG Hamm, JMBlNRW 1964, 77).

Wird die Aufhebung abgelehnt, so ist hiergegen die einfache Beschwerde statthaft; sie steht den Personensorgeberechtigten, dem (im Anordnungsverfahren beteiligt gewesenen) Jugendamt — s dazu Gräber, Bem 30, 21 —, dem Landesjugendamt (§ 75 Abs 5 Satz 3) sowie dem Minderjährigen zu, der das 14. Lebensjahr vollendet hat.

548 b) Gemäß **§ 75 Abs 6** kann durch Landesrecht bestimmt werden, daß für die Entscheidung über die Aufhebung der Fürsorgeerziehung nach Absatz 4 an Stelle des Vormundschaftsgerichts das Landesjugendamt zuständig ist. Diese Regelung ist zweckmäßig für die Fälle der Aufhebung der Fürsorgeerziehung. Ordnet das Landesjugendamt die Aufhebung der Fürsorgeerziehung an, so ist diese Entscheidung sofort vollziehbar — anders als der aufhebende Beschluß des Vormundschaftsgerichts — (Gräber, Bem 36 zu § 75).

§ 75 Abs 6 kann freilich nicht in dem Sinne verstanden werden, daß mit dieser Regelung und den hierauf beruhenden landesrechtlichen Vorschriften das Landesjugendamt ausschließlich zuständig sein soll (anders die wohl ganz hM), das Amtsgericht auch nicht mehr von Amts wegen gemäß § 75 Abs 4 ein entsprechendes Verfahren soll einleiten können, sondern auf eine Anregung an das Landesjugendamt beschränkt sein soll, die Aufhebung der Fürsorgeerziehung zu prüfen. § 75 Abs 6 ist also einschränkend zu interpretieren; nach allgemeinen Rechtsgrundsätzen muß das Vormundschaftsgericht in der Lage sein, hinsichtlich einer von ihm angeordneten Maßnahme, die in die Ausübung der elterlichen Gewalt eingreift, von Amts wegen zu prüfen, ob eine Änderung geboten ist (vgl § 1696). Diese amtswegige gerichtliche Prüfung kann das Landesjugendamt nicht übernehmen.

§ 75 Abs 6 regelt weiterhin den Fall, daß die Erziehungsbehörde (das Landesjugendamt) die Aufhebung ablehnt und schreibt hierzu vor, daß dagegen innerhalb von zwei Wochen die Entscheidung des Vormundschaftsgerichts angerufen werden kann. Indessen bestehen gegen diese Regelung verfassungsrechtliche Bedenken (s Briegleb, ZblJugR 1961, 70; ders vor dem BT-Ausschuß am 12. 1. 1961, s die vom Deutschen Jugendinstitut hrsg Materialien, 250 ff; Potrykus, ZblJugR 1963, 185, 187; Göppinger, FamRZ 1963, 29), da über die Fortdauer einer Freiheitsentziehung nur der Richter — ohne Vorschaltung einer Verwaltungsinstanz! — zu entscheiden hat (Art 104 Abs 2 GG; auf diese Bedenken hatte ebenfalls schon der Reg-Entwurf — 31 — hingewiesen; s aber auch Jans-Happe, Bem 7A, 11A zu § 75).

549 Von der Ermächtigung des § 75 Abs 6 haben Gebrauch gemacht:
die Länder Baden-Württemberg (§ 23 AusfG), Niedersachsen (§ 20 Abs 1 AusfG), Rheinland-Pfalz (§ 25 AusfG), Schleswig-Holstein (§ 19 Abs 1 AusfG) — s hierzu auch Potrykus, ZblJugR 1963, 185 ff —.

550 **5.** Für die Ausübung des Widerrufs der Aufhebung der Fürsorgeerziehung **(§ 75 Abs 2 Satz 3)** ist das Vormundschaftsgericht zuständig. Trotz unscharfer Formulierung des § 75 Abs 6, der den Fall des § 75 Abs 2 Satz 3 nicht ausdrücklich erwähnt, wird man annehmen müssen, daß die Landesgesetzgeber auch ermächtigt werden sollten, die Landes-

jugendämter mit der Ausübung des Widerrufs zu betrauen (vgl hierzu Potrykus, ZblJugR 1963, 185 ff). Hiergegen bestehen allerdings, wie Potrykus (aaO) zutreffend dargelegt hat, schwerwiegende Bedenken. Denn der Widerruf kommt in seiner Wirkung rechtlich der Anordnung (Neuanordnung) der Fürsorgeerziehung gleich; die Regelung ist daher mit Art 104 Abs 2 Satz 1 GG nicht vereinbar. Weiterhin stellt die Ausübung des Widerrufs eine Trennung des Minderjährigen von der Familie iS des Art 6 Abs 3 GG dar; diese Entscheidung darf aber nur dem Richter zustehen.

Von der erwähnten Ermächtigung hat bisher lediglich Schleswig-Holstein (§ 19 551 Abs 2 AusfG) Gebrauch gemacht; Hamburg hat in seinem AusfG vom 22. 6. 1962 die Vorschrift des § 9 Abs 2 des AusfG vom 17. 3. 1949 aufrechterhalten, durch die zur Ausübung des Widerrufs ebenfalls die Jugendbehörde für zuständig erklärt wurde. Gegen diese Vorschriften bestehen jedoch erhebliche verfassungsrechtliche Bedenken (ebenso Potrykus, aaO).

Hinsichtlich des Verfahrens bei Ausübung des Widerrufs enthält § 75 JWG keine 552 nähere Regelung, was als ein schwerwiegender Mangel beurteilt werden muß.

Das Vormundschaftsgericht sollte jedoch den Widerruf keinesfalls ohne Anhörung der Sorgeberechtigten, des Minderjährigen, des Jugendamtes und des Landesjugendamtes beschließen; ob die Voraussetzungen des Widerrufs vorliegen, ist von Amts wegen zu ermitteln (§ 12 FGG).

Das Verfahren kann durch Anordnung der vorläufigen Fürsorgeerziehung eingeleitet werden (BayObLGZ 1958, 317 = EJF, E I Nr 22 m Anm von Potrykus). Diese Anordnung unterliegt ebenfalls der sofortigen Beschwerde (§ 67 Abs 2 Satz 1).

Der den Widerruf der Aufhebung der Fürsorgeerziehung anordnende Beschluß des Vormundschaftsgerichts bedarf der Begründung (analog § 65 Abs 3 Satz 1).

Gegen diesen Beschluß ist analog § 65 Abs 4 die sofortige Beschwerde zuzulassen (aM Jans-Happe, Bem 5 B aE, die den Widerruf für unanfechtbar halten).

6. Die Aufhebung der Fürsorgeerziehung sowie der Widerruf der Aufhebung sind 553 an die gerichtliche Erziehungskartei mitzuteilen (s Bem 400 zu § 1666).

F. Kosten der Erziehungshilfen*)

I. Träger und Organe der öffentlichen Jugendhilfe. 554

Träger der öffentlichen Jugendhilfe sind die Gemeinden, Gemeindeverbände und die Länder, welche Jugendämter bzw Landesjugendämter errichten; Organe der öffentlichen Jugendhilfe sind die Jugendämter und die Landesjugendämter (s Gräber, Bem 2; Jans-Happe, Bem 1 A je zu § 2 JWG).

II. Kosten der Erziehungshilfen gemäß § 5 JWG. 555

Die Kosten der öffentlichen Jugendhilfe, insbesondere die Gewährung von Erziehungshilfen gemäß § 5 Abs 1 Nr 7 und 8 fallen dem Träger zu Last, der das Jugendamt errichtet hat (§ 81 Abs 1), soweit dem Minderjährigen und seinen Eltern die Aufbringung der Mittel aus ihrem Einkommen und Vermögen nicht zuzumuten ist. Hierin kommt ein Subsidiaritätsprinzip zum Ausdruck (s auch oben Bem 5).

§ 81 Abs 2 verweist bezüglich weiterer Einzelheiten auf Vorschriften des BSHG**).

Unter die erzieherischen Maßnahmen für gefährdete Minderjährige fällt die Durchführung von Maßnahmen nach § 1666 Abs 1 BGB: nach Entziehung der Ausübung des (gesamten) Personenrechts und Bestellung des Jugendamtes zum Pfleger die von diesem veranlaßte Unterbringung des Minderjährigen in einem Heim oder Kinderdorf oder in einer geeigneten Familie und die damit verbundenen Aufwendungen (s auch § 6 JWG); ferner gehört zu diesen erzieherischen Maßnahmen iSd § 5 Abs 1 Nr 7 die Durchführung der Erziehungsbeistandschaft.

---

*) Literatur: Lorenz, Die Regelung der Kostenträgerschaft bzw. Kostenerstattung im Jugendwohlfahrtsgesetz, ZfSH 1963, 257; Pant, Geltendmachung von Erstattungsforderungen nach § 85 JWG, RdJ 1963, 85; Schnitzerling, Erstattung der Fürsorgeerziehungskosten, Jugendwohl 1961, 302; s ferner: Bergen, Ungereimtheiten zwischen BSHG und JWG, ZfF 1962, 163; Schellhorn, Verflechtungen zwischen öffentlicher Jugendhilfe und Sozialhilfe, RdJ 1962, 162, 180; Weinbrenner, Zur Abgrenzung von BSHG und JWG, NDV 1963, 71; Weller, BSHG und JWG — ein Vergleich, BldWPfl 1961, 363; Thierfelder, Probleme beim Ersatz der Fürsorgeerziehungskosten, BldWPfl 1963, 113; Rüpke, Die Unterhaltspflicht der Großeltern bei Fürsorgeerziehung, ZblJugR 1964, 135.

**) Kommentare zum BSHG: Gottschick (2. Aufl 1963), Jehle (4. Aufl 1964), Keese (1961), Knopp-Biederbick (1962), Luber (1963), Mergler (1963), Östreicher (1963), Schellhorn-Jirasek-Seipp (3. Aufl 1963); ferner ist hinzuweisen auf „Das BSHG, seine Grundgedanken", BldWPfl 1961, 225—323, s auch die Hinweise bei Göppinger, Die Justiz 1962, 247.

Der Träger der öffentlichen Jugendhilfe kann gemäß § 82 JWG iVm §§ 90, 91 BSHG Ansprüche des Minderjährigen gegen Dritte, vor allem Unterhaltsansprüche (§ 91 BSHG, §§ 1601 ff BGB), auf sich überleiten.

Gemäß § 12 Abs 3 BKindGG vom 14. 4. 1964 (BGBl I, 265) — s über dieses Gesetz den Bericht in RdJ 1964, 156 — kann das zuständige Arbeitsamt (§ 24) anordnen, daß das Kindergeld, das auf ein Kind entfällt, an eine andere Person oder Stelle als den Berechtigten (§§ 1 ff) ausgezahlt wird, wenn diese das Kind ganz oder überwiegend unterhält. Die frühere Regelung des § 8 Abs 2 KindGG ist mit dem Inkrafttreten des BKindGG (gemäß § 47 am 1. 7. 1964) überholt (s zum früheren Recht die Nachweise bei Soergel-Siebert-Lange, Anhang zu § 1666, Bem 49).

III. Freiwillige Erziehungshilfe und Fürsorgeerziehung.

556 **1.** Gemäß § 85 Abs 1 Satz 1 werden Freiwillige Erziehungshilfe und Fürsorgeerziehung unabhängig davon gewährt, ob dem Minderjährigen und seinen Eltern die Aufbringung der Kosten zuzumuten ist. Jedoch haben sie gemäß § 85 Abs 1 Satz 2 zu den Kosten beizutragen, soweit es ihnen zuzumuten ist. Das Nähere ist gemäß Satz 3 durch Landesrecht zu bestimmen; § 81 Abs 1 und 2 sind hier nicht anzuwenden.

Die Vorschriften des § 85 wollen sicherstellen, daß der Erziehungsgedanke im Vordergrund aller Überlegungen stehen soll und daß die Entscheidung, ob die Übernahme eines Minderjährigen in Freiwillige Erziehungshilfe oder in Fürsorgeerziehung erfolgen soll, nicht durch rein fiskalische Überlegungen beeinflußt wird (s BT-Drucks Nr 2226, 35; Gräber, Bem 10 zu § 85; Buchhierl, RdJ 1962, 172).

557 **2.** Kosten iS des § 85 Abs 1 sind solche, welche die Erziehungsbehörde aufwendet oder durch Dritte in ihrem Auftrag oder mit ihrem Wissen und Willen aufwenden läßt, gleichgültig, ob es sich um Kosten der Erziehung in einer Familie oder einem Heim handelt, also Aufwendungen für die Erziehung und Betreuung, einschließlich der Schul- und Berufsausbildung, des Lebensunterhalts, der Sozialversicherungsbeiträge, Krankenkosten und eines Taschengeldes (s hierzu Jans-Happe, Bem 3 A; auch Gräber, Bem 2 je zu § 85). Nicht hierher gehören Gerichtskosten des Anordnungsverfahrens, Kosten der Erziehungsbeistandschaft, Kosten anderer vom Gericht angeordneter Maßnahmen, zB nach §§ 1666, 1838 BGB, Kosten, die durch Zwangsmaßnahmen nach § 33 FGG (s Bem 466) entstehen (s hierzu OLG Köln, ZblJugR 1954, 91 = SjE, E 16, 319, sowie die Zusammenstellung von Gräber, aaO).

558 **3.** Kostenträger sind regelmäßig die überörtlichen Träger der öffentlichen Jugendhilfe, also die Stellen, welche die Landesjugendämter errichtet haben:

in Baden-Württemberg die Landeswohlfahrtsverbände Baden und Württemberg (§ 30 AusfG),
in Berlin die Stadt — das Land — (§ 56 AusfG),
in Bremen die Stadt — das Land — (§ 31 AusfG),
in Hamburg die Stadt — das Land — (§ 12 AusfG),
in Niedersachsen das Land (§ 29 AusfG),
in Rheinland-Pfalz das Land (§ 30 AusfG),
in Schleswig-Holstein das Land (§ 25 AusfG).

In Nordrhein-Westfalen sind Kostenträger die Landschaftsverbände (s §§ 9 Abs 1, 17, 18 des AusfG in der Bekanntmachung der Neufassung vom 1. 7. 1962, GVBl 413).

Über die Leistung von Zuschüssen des Landes Baden-Württemberg zu den Personalkosten der Erziehungsheime der Träger der freien Jugendhilfe s § 31 AusfG, über die Leistung von Zuschüssen für Schulen (Heimsonderschulen) der Erziehungsheime der freien Jugendhilfe in Baden-Württemberg s § 32 AusfG idF des Gesetzes zur Vereinheitlichung und Ordnung des Schulwesens vom 5. 5. 1964, GBl 235.

559 **4.** Der Minderjährige und die Eltern haben zu den Kosten beizutragen, soweit es ihnen zuzumuten ist (§ 85 Abs 1 Satz 2). Dieser Kostenerstattungsanspruch ist ein Anspruch eigener Art, der weder ein Anspruch aus Geschäftsführung ohne Auftrag noch aus ungerechtfertigter Bereicherung noch ein übergegangener Unterhaltsanspruch ist (s Gräber, Bem 8 zu § 85 und ZblJugR 1961, 226). Er ist ein öffentlich-rechtlicher Anspruch, der im Streitfalle vor dem Verwaltungsgericht geltend zu machen ist (Gräber, Bem 8 m weit Nachw).

560 **5.** Von Bedeutung ist im vorliegenden Zusammenhang noch die schon erörterte Vorschrift des § 69 Abs 4 Satz 2 (s Bem 491), wonach das Landesjugendamt befugt ist, den Arbeitsverdienst und die Renten des Minderjährigen zu verwalten und für ihn zu verwenden. Hierzu ist darauf hinzuweisen, daß das Landesjugendamt jedoch nicht zugleich Gläubiger und gesetzlicher Vertreter des Minderjährigen sein kann (§ 181 BGB).

Der Arbeitsverdienst des Minderjährigen ist bei der Geltendmachung von Ansprüchen gegen diesen und seine Eltern gemäß § 85 JWG zu berücksichtigen (s Rehbinder, RdA 1963, 227, 228, sowie auch Sauerborn, BldWPfl 1962, 314).

Zur Auszahlung des Kindergeldes s Bem 555 aE.

§ 1667*).

Wird das Vermögen des Kindes dadurch gefährdet, daß der Vater oder die Mutter die mit der Vermögensverwaltung verbundenen Pflichten verletzt oder in Vermögensverfall gerät, so hat das Vormundschaftsgericht die zur Abwendung der Gefahr erforderlichen Maßregeln zu treffen.

Das Vormundschaftsgericht kann insbesondere anordnen, daß die Eltern ein Verzeichnis des Vermögens einreichen und über die Verwaltung Rechnung legen. Die Eltern haben das Verzeichnis mit der Versicherung der Richtigkeit und Vollständigkeit zu versehen. Ist das eingereichte Verzeichnis ungenügend, so kann das Vormundschaftsgericht anordnen, daß das Verzeichnis durch eine zuständige Behörde oder durch einen zuständigen Beamten oder Notar aufgenommen wird. Das Vormundschaftsgericht kann auch, wenn Wertpapiere, Kostbarkeiten oder Buchforderungen gegen den Bund oder ein Land zu dem Vermögen des Kindes gehören, dem Elternteil, der das Kind vertritt, die gleichen Verpflichtungen auferlegen, die nach den §§ 1814 bis 1816, 1818 einem Vormund obliegen; die Vorschriften der §§ 1819, 1820 sind entsprechend anzuwenden.

Die Kosten der angeordneten Maßregeln trägt der Elternteil, der die Maßregeln veranlaßt hat.

GleichberG Art I Nr 22; § 1667 aF: E I, 1547 Abs 1, 1549 Abs 1; II, 1558; III, 1644; Mot IV, 807, 815; Prot IV, 553, 635.

Gliederung.

Übersicht
(alphabetisches Stichwortverzeichnis).

*) Literatur: Brand-Hensel, Die Vormundschafts-, Familienrechts- und Fürsorgeerziehungssachen in der gerichtlichen Praxis, 2. Aufl 1963, 252ff; Firsching, Familienrecht (Handbuch der amtsgerichtlichen Praxis, Band V, 2. Aufl 1962); Pikart-Henn, Lehrbuch der freiwilligen Gerichtsbarkeit, 1963, 183f.

Zu §§ 1667, 1668, 1670 aF s Kipp, 338ff, 354f, §§ 80, VII, 4; 83, III, 3.

I. Allgemeines.

1 1. Die Neufassung des § 1667, die auf dem Gleichberechtigungsgesetz beruht, trägt den Änderungen der §§ 1626ff und 1649 Rechnung, dh der neuen Regelung, daß die Vermögenssorge beiden Elternteilen zusteht (§§ 1626 Abs 2; 1627 Satz 1) und daß die Nutznießung am Kindesvermögen (§§ 1649ff aF) beseitigt wurde (s Begründung des Reg-Entw, BT-Drucks 224, 2. Wahlperiode, 60). Im übrigen bedeutet die Neufassung keine sachliche Änderung des früheren Rechts.

In der Zeit vom 1. 4. 1953 bis 30. 6. 1958 (s Art 3 Abs 2, 117 GG, hierzu Vorbem 17 vor § 1626) war § 1667 aF schon in dem Sinne anzuwenden, daß an die Stelle des Wortes „Vater" zu setzen war „Vater oder Mutter" bzw „Vater und Mutter" (s Arnold, Angewandte Gleichberechtigung, 1954, 98; Palandt-Lauterbach, 16. Aufl 1957, § 1667, Vorbem).

2 2. Im Gegensatz zu § 1666, dessen Vorschriften den Schutz der Person des Kindes zum Gegenstand haben, regeln die §§ 1667—1669 das Eingreifen des Vormundschaftsgerichts bei Gefährdung des Vermögens des Kindes.

Die §§ 1667—1669 stellen, ebenso wie § 1666, Ausführungsvorschriften zu Art 6 Abs 2 Satz 2 GG dar (s Vorbem 1 vor § 1666); die Vermögenssorge ist ebenfalls Bestandteil des Rechts und der Pflicht der Eltern zur Pflege und Erziehung des Kindes iS des Art 6 Abs 2 Satz 1 GG (s Vorbem 9 vor § 1666).

Aus Art 6 Abs 2 GG ergibt sich, daß ein Eingreifen des Vormundschaftsgerichts nur insoweit zulässig ist, als es zum Wohle des Kindes erforderlich ist (s Vorbem 16, 17 vor § 1666, sowie auch unten Bem 16ff).

Zur Abgrenzung der §§ 1667 und 1669 s Bem 16, 17.

II. Voraussetzungen.

3 § 1667 sieht vor, daß das Vormundschaftsgericht die erforderlichen Maßregeln zu treffen hat, wenn das Vermögen des Kindes infolge (objektiver) Verletzung der mit der Vermögensverwaltung verbundenen Pflichten oder infolge Vermögensverfalls gefährdet wird.

Diese Voraussetzungen der Gefährdung des Vermögens des Kindes infolge Verletzung der mit der Vermögensverwaltung verbundenen Pflichten oder infolge Vermögensverfalls enthalten **unbestimmte Rechtsbegriffe**; die Prüfung, ob diese Voraussetzungen gegeben sind, obliegt also nicht richterlichem Ermessen (s hierzu im allgemeinen Bem 29 zu § 1666).

4 1. a) Bezüglich der Vermögensverwaltung kommen die sich aus §§ 1641—1645 ergebenden Pflichten in Betracht (s die Erläuterungen daselbst).

Die **Pflichtverletzung** muß sich auf die Verwaltung des Vermögens des Kindes beziehen. Sparkassenguthaben des Kindes, die durch Einzahlungen der Eltern entstanden sind, sind nicht ohne weiteres Vermögen des Kindes; vielmehr kommt es auf den sich aus den Umständen und dem Zweck der Einzahlung ergebenden Willen des Einzahlenden an (KG, HRR 1935 Nr 16; OLG Köln, JMBl-NRW 1947, 55; s auch Donau, oben Bem 53 zu § 1629). Dagegen wird ein Sparkassenguthaben, das dem Kinde von Dritten, zB Großeltern, sonstigen Verwandten, Paten usw, zugewendet worden ist, als Vermögen des Kindes zu beurteilen sein. Zum Kindesvermögen gehört nicht der Anspruch auf Kindergeld, dieser steht vielmehr dem Elternteil zu (BayObLGZ 1959, 64, 71).

Eine Pflichtverletzung kann erblickt werden in nachlässiger Vermögensverwaltung und Prozeßführung (s zB KG, JFG 22, 174), ferner in der Verwendung von Geldern des Kindes für das gewerbliche Unternehmen der Eltern oder des Elternteils (s KG, Recht 1923 Nr 1355; OLG Frankfurt, FamRZ 1963, 453), in der Kündigung des Sparkassenguthabens des Kindes zu dem Zwecke, das Geld für eigene Zwecke zu verwenden (BayObLGZ 20, A 6 = Recht 1920 Nr 683), zB zur Deckung von Prozeßkosten und zum Unterhalt (s BayObLGZ 17, A 186), überhaupt bei Verstößen gegen § 1642 Abs 1 (s zB KG, JFG 14, 501 = JW 1937, 637; Recht 1923 Nr 1355; OLG Frankfurt, NJW 1953, 67; BayObLG, OLG 43, 371; s auch Bem 12 aE).

Eine Pflichtverletzung ist zu verneinen, wenn der Elternteil das ihm zusammen mit dem Kinde in Erbengemeinschaft gehörende Anwesen (in concreto einen landwirtschaftlichen Betrieb) nicht dem Kinde überlassen, sondern selbst erwerben will und im Zwangsversteigerungsverfahren (§ 180 ZVG) das Meistgebot abgegeben hat und das Kind durch einen Pfleger vertreten ist (KG, JW 1937, 1551); da der Elternteil hier die Vermögensverwaltung insoweit nicht ausübt, kann er durch sein Verhalten Pflichten der Vermögensverwaltung nicht verletzen. 5

Die Verletzung der mit der Vermögensverwaltung verbundenen Pflichten muß festgestellt sein, die vom Vormundschaftsgericht von Amts wegen durchgeführten Ermittlungen (§ 12 FGG) müssen also bestimmte Handlungen ergeben haben, die als Pflichtverletzung zu beurteilen sind; die Gefahr einer Pflichtverletzung genügt dagegen nicht (KG, HRR 1935 Nr 16; Soergel-Siebert-Lange, Bem 2; s auch BayObLG, Recht 1914 Nr 2684). 6

Gegen die mit der Ausübung der Vermögenssorge zusammenhängenden Pflichten braucht nur ein (sorgeberechtigter) Elternteil verstoßen zu haben. Zwar haben die Eltern die Vermögenssorge gemeinsam auszuüben; indessen bedeutet dies nicht, daß bei allen Handlungen oder Maßnahmen beide Elternteile zusammenwirken müßten, was im übrigen praktisch gar nicht oder nur unter Schwierigkeiten möglich wäre (s Bem 14 zu § 1626; Bem 15, 18 zu § 1627). Wenn auch die Unterscheidung zwischen der tatsächlichen Vermögenssorge und der Vertretung in vermögensrechtlichen Angelegenheiten von geringerer Bedeutung ist als bei der Personensorge, zumal die tatsächliche Vermögenssorge meist eine Vertretungshandlung erforderlich machen wird (s Bem 57 zu § 1626), so kann eine Pflichtverletzung eines Elternteils doch zB in Betracht kommen, wenn er vom Sparbuch des Kindes Gelder für eigene Zwecke abhebt (s auch Bem 4); die Bank oder Sparkasse ist berechtigt, Auszahlungen an einen gesetzlichen Vertreter vorzunehmen (s § 808 Abs 1). Eine solche Abhebung ist also wirksam und verpflichtet die Bank oder Sparkasse auch grundsätzlich nicht zum Schadenersatz. 7

Sind die Eltern bezüglich der Verwaltung des Vermögens des Kindes uneins, handelt es sich ferner um eine wichtige Angelegenheit und besteht die Gefahr einer Schädigung des Vermögens des Kindes, so kann jeder Elternteil das Vormundschaftsgericht anrufen (s Bem 17ff zu § 1628).

Die Pflichtverletzung ist schon bei **objektiven Verstößen** zu bejahen; ein **Verschulden** ist **nicht** erforderlich (ebenso Soergel-Siebert-Lange, Bem 2; RGR-Komm, Bem 1; Planck, Bem 1a; Opet-v. Blume, Bem 1; KG, JFG 15, 18 = DFG 1937, 15 = JW 1937, 638; JFG 22, 174 = DR 1941, 1073 = DFG 1941, 43 = HRR 1941 Nr 625; s ferner Bem 7 zu § 1669; aM Starck, GruchB 62, 706, 709; OLG Hamm, ZblJugR 1957, 153, 154). Daß ein Verschulden nicht verlangt werden kann, ergibt sich aus der Gleichsetzung von Pflichtverletzung und Vermögensverfall sowie daraus, daß § 1667 keine Bestrafung der Eltern bzw des Elternteils, sondern den Schutz des Kindes bezweckt (Opet-v. Blume, aaO). 8

b) Unter **Vermögensverfall** ist die ständig fortschreitende Verminderung des Vermögens zu verstehen; Anhaltspunkte sind Zahlungsschwierigkeiten, erfolglose Zwangsvollstreckungen, Leistung des Offenbarungseides (§ 900 ZPO), Haftbefehle im Offenbarungseidsverfahren (§ 901 ZPO), häufig auch schon wiederholte Versäumnisurteile, insbesondere in Wechselsachen, ferner die Ablehnung der Eröffnung des Konkursverfahrens mangels Masse (s Müller, JR 1960, 330)*). 9

*) Hierzu ist ergänzend darauf hinzuweisen, daß die Insolvenzgerichte die Vormundschaftsgerichte nicht nur von der Eröffnung des Konkursverfahrens über das Vermögen des Elternteils (s § 50 FGG) informieren sollten, sondern auch von der Eröffnung des Vergleichsverfahrens und der Ablehnung der Eröffnung des Konkursverfahrens mangels Masse (Müller, aaO).

Auf welcher Ursache der Vermögensverfall eines Elternteils oder beider Eltern beruht, ist unerheblich; insbesondere kommt es auf ein **Verschulden nicht** an (Mot IV, 808; ZG IV, 418; KG, JW 1932, 1387 Leits; Opet-v. Blume, Bem 2b; Palandt-Lauterbach, 23. Aufl, Bem 1 ua, wohl allgemeine Meinung). Führt der Vermögensverfall zur Eröffnung des Konkursverfahrens, so endigt die Vermögensverwaltung des betreffenden Elternteils automatisch mit der Rechtskraft des Beschlusses (§ 1670).

Die bloße Befürchtung eines künftigen Vermögensverfalls genügt nicht (KG, KGJ 33, A 29; Kipp, § 80, Fußn 59); andererseits kann der Vermögensverfall schon vor Beginn der Vermögensverwaltung (zB vor dem betreffenden Erbfall) eingetreten sein (Warneyer, Bem zu § 1667; KG, RJA 8, 90).

10 2. a) Das Vermögen des Kindes ist **gefährdet**, wenn Umstände vorliegen, welche die Befürchtung rechtfertigen, daß das Vermögen des Kindes Schaden erleidet (OLG Frankfurt, NJW 1953, 67); der Eintritt eines Schadens muß unter Berücksichtigung der gesamten Umstände und der Vermögens- und Einkommensverhältnisse der Eltern oder des Elternteils und gegebenenfalls der Art und des Maßes der Pflichtverletzung nach der Lebenserfahrung als wahrscheinlich beurteilt werden können (ähnlich RGRKomm Bem 1; BayObLG, OLG 43, 371). Eine erhebliche Gefährdung braucht nicht vorzuliegen (Mot IV, 807), wie zB im Falle des § 1666 Abs 2 (s Bem 233, 293 zu § 1666). Andererseits genügt die bloße Möglichkeit einer zukünftigen Gefährdung des Vermögens des Kindes nicht (BayObLGZ 4, 700; 5, 290, 622 = SeuffA 60, 287; KG, KGJ 38, A 23; Recht 1923 Nr 1355; s ferner BayObLG, Recht 1914 Nr 2684), ebenso auch nicht eine in der Vergangenheit liegende Gefährdung (KG, KGJ 38, A 23). Vielmehr muß es sich um eine gegenwärtige, dh eine zur Zeit der Entscheidung des Vormundschaftsgerichts, gegebenenfalls des Beschwerdegerichts bestehende Gefährdung handeln (KG, Recht 1923 Nr 1355; OLG Frankfurt, NJW 1953, 67; Kemmer, BayZ 1913, 389; s auch Bem 237 zu § 1666 sowie OLG Hamburg, OLG 46, 180).

Ein Vermögensschaden ist nicht nur zu befürchten, wenn mit einer Vermögensminderung zu rechnen ist, sondern auch, wenn eine nach dem gewöhnlichen Lauf der Dinge mit Wahrscheinlichkeit zu erwartende Vermögensvermehrung (s die Formulierung in § 252 BGB) ausbleibt (Opet-v. Blume, Bem 2a), zB wenn Gelder des Kindes zuhause aufbewahrt und nicht bei einer Bank angelegt werden (s zB KG, KGJ 33, A 29) oder wenn ein dem Kinde gehörendes Anwesen nicht vermietet oder verpachtet wird.

Hervorzuheben ist, daß es sich um eine Gefährdung des Vermögens des Kindes handeln muß und nicht oder nicht lediglich eine Gefährdung des Unterhalts des Kindes vorliegen darf (s dazu Bem 293 zu § 1666). Nicht oder jedenfalls nicht in erster Linie gefährdet ist das Vermögen des Kindes, wenn die Eltern oder der Elternteil dem Kinde aus dessen eigenem Arbeitseinkommen nicht das zukommen lassen, was für dessen angemessene Lebensführung und Lebensgestaltung erforderlich ist (s Bem 292 zu § 1666). Hier wird angenommen werden müssen, daß letzteres gegenüber der etwaigen Möglichkeit, von dem Arbeitsverdienst des Kindes Ersparnisse zurückzulegen, so stark überwiegt, daß nur § 1666 anzuwenden ist, zumal der monatlich in Betracht kommende Betrag der Ersparnisse kaum genau wird festgelegt werden können und überdies die Ersparnisse wiederum für persönliche Bedürfnisse gedacht sein werden (zB für die Anschaffung von Bekleidung oder für Rücklagen zur Bestreitung von Aufwendungen während des Urlaubs und dgl). Handelt es sich allerdings um ein verhältnismäßig hohes Arbeitseinkommen des Minderjährigen, so daß erhebliche Ersparnisse möglich sind, die nicht für persönliche Bedürfnisse in dem eben erwähnten Sinne gedacht oder notwendig sind, so kann eine Gefährdung des Vermögens des Kindes in Betracht kommen, wenn die Befürchtung gerechtfertigt ist, daß die Eltern oder der Elternteil durch Verfügungen über diesen Teil des Arbeitseinkommens für eigene Zwecke das Vermögen des Kindes schädigen. Gegebenenfalls sind auch Anordnungen gemäß § 1666 Abs 2 und zugleich nach § 1667, eventuell nach § 1669 zulässig.

11 b) Die Gefährdung des Vermögens des Kindes muß darauf beruhen, daß die mit der Vermögensverwaltung verbundenen Pflichten verletzt werden oder daß ein Vermögensverfall eines Elternteils oder beider Eltern eingetreten ist, wie sich aus dem Wort „dadurch" ergibt (s auch Bem 236 zu § 1666). Hierbei genügt es, daß die Gefährdung des Vermögens des Kindes von seiten eines Elternteils ausgeht (s zur Pflichtverletzung eines Elternteils Bem 7).

Es muß also ein **(adäquater) Kausalzusammenhang** zwischen der Pflichtverletzung oder dem Vermögensverfall einerseits und der Gefährdung des Vermögens des Kindes andererseits bestehen. Dieser wird sich aber in der Regel wohl ohne weiteres aus der Sachlage ergeben; gegebenenfalls sind nähere Ermittlungen hierzu erforderlich, zB durch Klärung des Vermögens- und Schuldenstandes eines oder beider Elternteile (vgl BayObLG, Recht 1915 Nr 2683).

Eine Gefährdung des Kindesvermögens ist zB zu bejahen, wenn der Elternteil selbst erklärt, Sparguthaben des Kindes für eigene Zwecke verwenden zu wollen (BayObLGZ 20, A 6 = Recht 1920 Nr 683), oder wenn die Eltern Grundvermögen des Kindes veräußern, um den Erlös für den gewerblichen Betrieb des Elternteils und für den Unterhalt der Familie zu verwenden (vgl OLG Frankfurt, FamRZ 1963, 453) oder zugleich zur Deckung von Prozeßkosten, die dem in Vermögensverfall geratenen Elternteil erwachsen sind (vgl BayObLGZ 17, A 186). Zu beachten ist freilich, daß aus einer der Vorschrift des § 1642 Abs 1 widersprechenden Geldanlage nicht ohne weiteres auf eine Gefährdung des Kindesvermögens geschlossen werden darf (s KG, Recht 1923 Nr 1355; OLG Frankfurt, NJW 1953, 67; sowie Bem 13 zu § 1642). 12

Eine Gefährdung des Kindesvermögens kann nicht ohne weiteres angenommen werden, wenn der Elternteil strafbare Handlungen gegen Dritte, insbesondere Eigentumsdelikte, begangen hatte (KG, KGJ 33, A 29). 13

Ist ein Elternteil in Vermögensverfall geraten und werden gegen ihn Zwangsvollstreckungsmaßnahmen durchgeführt, so kann eine Gefährdung des Vermögens des Kindes darin erblickt werden, daß das Kind zu Interventionsprozessen gezwungen wird und daß nach der Sachlage anzunehmen ist, der Elternteil werde das Vermögen des Kindes zur Deckung seiner Schulden verwenden (vgl Mot IV, 808). 14

Ein Eingreifen des Vormundschaftsgerichts darf nicht schon deshalb unterbleiben, weil auf Grund der Wachsamkeit des anderen Elternteils angenommen werden kann, es werde kein (wesentlicher) Schaden eintreten (OLG Stuttgart, EJF, A I f Nr 2). Vielmehr kommt es darauf an, ob das frühere Verhalten des Elternteils, der zum Verfahren Anlaß gegeben hat, die Annahme rechtfertigt, er werde — zB aus grober Eigensucht oder aus Haß — für die ihm obliegende Pflicht zu einer ordnungsmäßigen Vermögensverwaltung und Vertretung des Kindes keine oder nicht die notwendige positive Einstellung aufbringen (OLG Stuttgart, aaO), so daß mit ständigen Schwierigkeiten und häufigen Meinungsverschiedenheiten der Eltern zum Nachteil des Kindes gerechnet werden müßte. 15

III. Die erforderlichen Maßregeln.

1. Das Vormundschaftsgericht hat die zur Abwendung der Gefahr (dh Gefährdung des Kindesvermögens) erforderlichen Maßregeln zu treffen (s zu dieser Formulierung auch Bem 241, 242 zu § 1666). Die vom Vormundschaftsgericht anzuordnende Maßnahme muß das adäquate Gegenmittel sein, das gerade dazu geeignet und angemessen ist, der Gefährdung des Vermögens des Kindes wirksam zu begegnen. Es darf nur die Maßnahme angeordnet werden, die zur Beseitigung der konkreten Gefährdung geboten ist (OLG Neustadt, MDR 1955, 479; s auch Bem 2). Ihr Umfang und ihre Art bestimmt sich nach dem Grad der Gefährdung des Vermögens des Kindes (vgl KG, JW 1937, 1073). Hierbei hat das Vormundschaftsgericht zu prüfen, welche Schlüsse aus dem seitherigen Verhalten des Elternteils gezogen werden müssen, ob zu besorgen ist, daß das pflichtwidrige Verhalten auch in anderen ähnlichen Beziehungen zutage tritt (ebenso RGRKomm, Bem 2). 16

Die hier in Betracht kommenden Maßnahmen sind Sicherungsmaßregeln, die dazu dienen sollen, (weiteren) schädlichen Einwirkungen vorzubeugen und einen etwa möglichen Schadensersatzanspruch (§ 1664) von vornherein zu sichern (KG, JW 1937, 2042 = HRR 1937 Nr 1088), ferner die Eltern oder den Elternteil in bestimmten Beziehungen der vormundschaftsgerichtlichen Aufsicht zu unterwerfen, der sie sonst nicht unterlägen (KG, KGJ 33, A 32 = RJA 8, 81; s auch im allgemeinen Vorbem 16, 17 vor § 1666).

Hinsichtlich der Prüfung, welche Maßnahme erforderlich ist, hat das Vormundschaftsgericht in gewissem Umfang Ermessen auszuüben (s Bem 244 zu § 1666).

Während § 1666 Abs 1 Satz 1 die Entziehung der (Ausübung der) Personensorge zuläßt, gestattet § 1667 Abs 1 hinsichtlich der Vermögenssorge keine entsprechende Anordnung, dh die schwerste Maßregel (s zu § 1666 Abs 1 daselbst Bem 252); denn letztere ist nur unter den Voraussetzungen des **§ 1669** zulässig (wohl allgemeine Meinung, s zB KG, KGJ 33, A 32 = RJA 8, 81; JFG 22, 174 = DRW 1941, 1073 = HRR 1941 Nr 625; BayObLGZ 17, A 68 = OLG 33, 364, Leits; OLG Neustadt, MDR 1955, 479; OLG Hamm, ZblJugR 1953, 253; RGR-Komm, Bem 1, Opet-v. Blume, Bem 1; s ferner Bem 9 zu § 1669). Dies gilt auch bei Einverständnis des Elternteils oder der Eltern, da auf die Ausübung der elterlichen Gewalt, hier: der Vermögenssorge nicht wirksam verzichtet werden kann (OLG Neustadt, aaO; s zum letzteren oben Donau, Bem 9 zu § 1626). Übt ein Elternteil die Vermögenssorge allein aus, so kann er die Bestellung eines Beistandes beantragen (§ 1690).

17 § 1667 Abs 1 läßt somit eine Entziehung der Vermögensverwaltung, dh der tatsächlichen Vermögenssorge und der gesetzlichen Vertretung des Kindes in vermögensrechtlichen Angelegenheiten, und auch eine Beschränkung der Ausübung der Vermögenssorge in zeitlicher oder in sachlicher Hinsicht nicht zu. Daher ist gemäß § 1667 Abs 1 die Entziehung der gesetzlichen Vertretung in bestimmten einzelnen vermögensrechtlichen Angelegenheiten ebenfalls nicht zulässig (aM OLG Hamm, ZblJugR 1953, 253). Vielmehr müssen die gemäß § 1667 Abs 1 anzuordnenden Maßnahmen — wie sich auch aus Abs 2 ergibt — der Art sein, daß sie die Vermögensverwaltung der Eltern in ihrer Gesamtheit bestehen lassen und diesen nur gewisse sachliche Beschränkungen auferlegen; die Eltern bleiben ausführendes Organ (s auch Bem 20 aE), sind aber an Weisungen des Vormundschaftsgerichts gebunden und vor allem einer wirksameren Aufsicht unterworfen, wodurch ihre Stellung — auf Grund der Verletzung der mit der Vermögensverwaltung verbundenen Pflichten oder infolge Vermögensverfalls — derjenigen des Vormunds angenähert ist (vgl KG, KGJ 33, A 32 = RJA 8, 81; BayObLGZ 17, A 68, 70; OLG 43, 371), was hier auch angemessen ist (vgl Art 6 Abs 2 Satz 2 GG).

So kann den Eltern oder dem Elternteil nicht etwa gemäß § 1667 verboten werden, den Lohn des Kindes einzuziehen (s auch Bem 10 aE); diese Maßnahme ist nur nach § 1669 zulässig, da sie eine teilweise Entziehung der Vermögensverwaltung bedeutet (ebenso Kipp, 338, § 80, Fußn 61).

18 In Betracht kommen vor allem **Gebote und Verbote.**
Zulässig sind zB folgende Maßnahmen:

19 Die Auflage, den Erlös für den Verkauf eines Grundstücks des Kindes bei Gericht zu hinterlegen (BayObLGZ 17, A 186 = Recht 1916 Nr 1917; s auch — bezüglich einer Hypothekenforderung — BayObLG, Recht 1914 Nr 2684) oder auf ein Sperrkonto einzuzahlen oder mündelsicher anzulegen (OLG Neustadt, MDR 1955, 479; OLG Frankfurt, NJW 1953, 67; FamRZ 1963, 453); diese Auflage kann zugleich mit der vormundschaftsgerichtlichen Genehmigung der Grundstücksveräußerung (§ 1643 iVm § 1821 Abs 1 Nr 1) verbunden werden;

20 die Anordnung, daß die Verfügung über Sparguthaben des Kindes der vormundschaftsgerichtlichen Genehmigung unterliegt (vgl KG, JW 1932, 1387; KGJ 33, A 29; BayObLGZ 20, A 6 = Recht 1920 Nr 683; Recht 1916 Nr 1538; OLG 43, 371; Kemmer, BayZ 1913, 389; Valta, BayZ 1924, 72), gegebenenfalls auch mit der Maßgabe, daß Abhebungen über einen bestimmten Betrag hinaus innerhalb eines bestimmten Zeitraumes der Genehmigung bedürfen (dagegen ist die Anordnung, daß das Recht, über das Sparguthaben zu verfügen und insoweit das Kind gesetzlich zu vertreten, dem anderen Elternteil übertragen wird, nicht gemäß § 1667, sondern nur gemäß § 1669 zulässig — s oben Bem 17 und Bem 11 zu § 1669 —);

21 die Anordnung, daß die Eltern oder der Elternteil über die Regelung des § 1643 hinaus zu weiteren Rechtsgeschäften für das Kind der vormundschaftsgerichtlichen Genehmigung bedürfen wie ein Vormund gemäß § 1822, oder daß zu bestimmten sonstigen Verpflichtungsgeschäften oder Verfügungen die vormundschaftsgerichtliche Genehmigung erforderlich ist (vgl OLG Neustadt, MDR 1955, 479); zB die Auflage, daß die Ausschlagung einer dem Kinde anfallenden Erbschaft der vormundschaftsgerichtlichen Genehmigung bedarf (s OLG Hamburg, OLG 46, 180);

22 das Gebot, einen geeigneten Prozeßbevollmächtigten zur Führung eines Rechtsstreits des Kindes zu bestellen (KG, JFG 22, 174 = DRW 1941, 1073 = DFG 1941, 43 = HRR 1941 Nr 625); dagegen kann das Vormundschaftsgericht den Prozeßbevollmächtigten nicht selbst bestellen, § 1667 läßt ein solches Eingreifen — im Gegensatz etwa zu § 1846 BGB bezüglich der Vormundschaft — nicht zu.

23 Gegebenenfalls ist, wenn erforderlich, auch die Anordnung mehrerer Maßregeln gleichzeitig zulässig, zB außer dem Sperrvermerk bezüglich des Sparguthabens des Kindes eine Anordnung hinsichtlich der Mieteinnahmen des Grundstücks des Kindes (s auch Bem 31).

24 **Unzulässig** ist das Gebot, Klage zu erheben (KG, JW 1937, 2042 = HRR 1937 Nr 1088: im konkreten Falle, Rechte der Kinder, die ihnen als Nacherben gemäß §§ 2116, 2119 BGB zustehen, im Klageweg geltend zu machen; gegebenenfalls kann hier unter den Voraussetzungen des § 1629 Abs 2 Satz 2 iVm § 1796 die Entziehung des Vertretungsrechts und die Bestellung eines Pflegers in Betracht kommen).

Nicht erlassen dürfen auch Gebote, welche die unmittelbare Beeinflussung der Vermögensverwaltung durch Anweisungen zu bestimmten Handlungen der Vermögensverwaltung bezwecken (KG, JW 1937, 2042 = HRR 1937, Nr 1088). 25

Vor allem aber ist die Bestellung eines **Pflegers** unzulässig zur Überwachung der Eltern oder des Elternteils bei der Verwaltung des Kindesvermögens (KG, KGJ 35, A 9; 33, A 32 = RJA 8, 81; OLG Neustadt, MDR 1955, 479; RGR-Komm, Bem 2), zur Empfangnahme und Anlegung des großväterlichen Erbteils (KG, KGJ 33, A 32) oder zum Zwecke der Erbauseinandersetzung des Kindes mit dem Elternteil (KG, KGJ 35, A 9; hier kann vielmehr die Vertretung des Kindes für die Entscheidung, ob die Auseinandersetzung stattfinden soll, gemäß § 1629 Abs 2 Satz 2 iVm § 1796 entzogen und einem Pfleger übertragen werden; trifft letzterer die Entscheidung im bejahenden Sinne, so ist ein Auseinandersetzungspfleger zu bestellen — s ferner KG, JW 1937, 1551 —). 26

Ebenso ist die Bestellung eines Beistandes nicht zulässig; dieser kann vielmehr nur unter den Voraussetzungen der §§ 1685ff bestellt werden. 27

In die Vermögensverwaltung kann auch nicht ohne weiteres eingegriffen werden, wenn der überlebende Elternteil als Alleinerbe die Pflichtteilsansprüche der ehelichen Kinder weder erfüllt noch sicherstellt; vielmehr muß geprüft werden, ob es im Interesse der Kinder liegt, daß sie Ansprüche gegen den Elternteil erheben (BayObLGZ 1963, 132 = FamRZ 1963, 578). 28

Unzulässig ist das Verbot, den Arbeitslohn des Kindes einzuziehen; ein solches Verbot ist nur unter den Voraussetzungen des § 1666 Abs 1 Satz 1 und Abs 2 zulässig (s hierzu oben Bem 10 und Bem 161, 251, 292 zu § 1666 sowie Palandt-Lauterbach, Bem 2 zu § 1667; Kipp, § 80, Fußn 61). 29

Die Anordnung der Sicherheitsleistung ist nur unter den Voraussetzungen des § 1668 zulässig (s auch Bem 2ff zu § 1668). 30

2. Abs 2 hebt einzelne Anordnungen als besonders wichtige Maßregeln hervor, wobei darauf hinzuweisen ist, daß diese gegebenenfalls, wenn erforderlich, neben Anordnungen aus Abs 1 (zB daß bestimmte Verfügungen der vormundschaftsgerichtlichen Genehmigung bedürfen) zulässig sind. 31

Das Wort **„kann"** bedeutet hier eine Befugnis und eine Ermessensermächtigung des Gerichts, letztere im Rahmen der Anwendung des Begriffs „erforderlich" (s dazu Bem 16 aE).

a) aa) Gemäß **Satz 1** kann das Vormundschaftsgericht die Einreichung eines **Verzeichnisses des Vermögens des Kindes** von beiden Elternteilen verlangen, auch wenn nur ein Elternteil die mit der Vermögensverwaltung verbundenen Pflichten verletzt hat oder in Vermögensverfall geraten ist; diese Regelung bedeutet keine unbillige Zumutung gegenüber dem anderen Elternteil, der zu dieser Maßnahme keinen Anlaß gegeben hat, und soll dem Schutze des Kindes dienen (BT-Drucks 224, 2. Wahlperiode, 60; Soergel-Siebert-Lange, Bem 4, RGR-Komm, Bem 2). Hierzu ist zu beachten, daß die Notwendigkeit der Mitwirkung des anderen Elternteils an der Einreichung des Vermögensverzeichnisses auch damit in Zusammenhang steht, daß dieser die Vermögenssorge mit ausübt (§§ 1626, 1627), sowie daß bei Anordnung einer schärferen Maßnahme nach § 1669 geprüft werden muß, ob ein Pfleger zu bestellen ist (§ 1680, s Bem 13 zu § 1669, sowie auch hinsichtlich der Anordnungen gemäß § 1666 Bem 265f und 299 daselbst). 32

Das Vormundschaftsgericht hat zu bestimmen, in welchem Umfange das Vermögensverzeichnis einzureichen ist, und hat zur Einreichung eine angemessene Frist zu setzen. Die Frist kann gegebenenfalls auf Antrag verlängert werden, zB wenn ein Elternteil infolge Erkrankung verhindert ist, die Frist einzuhalten. Das Vormundschaftsgericht kann die Verpflichtung zur Einreichung des Vermögensverzeichnisses auf bestimmte Teile des Vermögens des Kindes beschränken. Dagegen kann das Vormundschaftsgericht den Eltern nicht aufgeben, ein Verzeichnis ihres eigenen Vermögens oder des Gesamtguts bei fortgesetzter Gütergemeinschaft (s dazu § 1483) einzureichen (BayObLGZ 22, A 29 = JFG 1, 55). 33

Die Eltern können das Vermögensverzeichnis selbst aufnehmen oder einen Dritten als Helfer zuziehen; doch haben sie es selbst zu unterzeichnen. Gemäß § 1667 Abs 2 **Satz 2** sind sie auch verpflichtet, das Verzeichnis mit der Versicherung der Richtigkeit und Vollständigkeit zu versehen (vgl auch bezüglich des Vormunds § 1802 Abs 1 Satz 2). Zur Ableistung des Offenbarungseids können die Eltern jedoch nicht angehalten werden.

34 **bb)** Das Vormundschaftsgericht hat den Eingang des Verzeichnisses zu überwachen und das eingegangene Verzeichnis auf seine formelle und sachliche Richtigkeit zu überprüfen.

Ergibt diese Prüfung, daß das Verzeichnis ungenügend ist, so kann das Vormundschaftsgericht anordnen, daß das Verzeichnis durch eine zuständige Behörde oder einen zuständigen Beamten oder Notar aufgenommen wird (§ 1667 **Abs 2 Satz 3**); doch muß diese Anordnung auch als zulässig erachtet werden, wenn ein Elternteil allein ein Vermögensverzeichnis einreicht und der andere, zB wegen Meinungsverschiedenheiten, die Mitwirkung ablehnt oder es unterläßt, selbst ein Verzeichnis einzureichen oder wenn die Eltern aus entschuldbaren Gründen, zB wegen Krankheit, an der Einreichung verhindert sind und es unterlassen haben, eine Verlängerung der Frist zu beantragen (s auch Bem 11 zu § 1669). Voraussetzung ist aber, daß die Anordnung der Aufnahme des Vermögensverzeichnisses durch eine andere Person angesichts der Haltung der Eltern durchführbar ist.

Haben die Eltern oder der Elternteil schon auf Grund anderer Vorschriften ein Verzeichnis eingereicht, so beschränkt sich die Verpflichtung im Falle des § 1667 auf die Ergänzung des früheren Verzeichnisses.

Über die Zuständigkeit der Notare zur Aufnahme von Vermögensverzeichnissen s § 20 Abs 1 Satz 2 BNotO; zu den landesrechtlichen Regelungen (s § 200 FGG) über diesbezügliche Befugnisse und Zuständigkeiten weiterer Personen und Stellen s Preuß FGG Art 31, 38, 108; badisches FGG § 31; württembergisches AGBGB Art 120 f; hessisches Ortsgerichtsgesetz vom 6. 7. 1952, GVBl 124, idF des Ges vom 5. 7. 1956, GVBl 127, § 23 Abs 1 lit c.

35 **b)** Das Vormundschaftsgericht kann ferner anordnen, daß die (dh beide) Eltern oder der allein vermögenssorgeberechtigte Elternteil über die Verwaltung des Vermögens des Kindes **Rechnung legen**; es kann eine einmalige oder eine regelmäßige Rechnungslegung in bestimmten Zeitabständen gefordert werden, je nachdem welcher Art und welchen Grades die Gefährdung des Vermögens des Kindes ist.

Zur Ableistung des Offenbarungseides können die Eltern oder der Elternteil nicht angehalten werden.

Über den Inhalt der Rechnung und die Rechnungsprüfung dürften §§ 1841, 1843 entsprechend anzuwenden sein.

36 **c)** Gehören zum Vermögen des Kindes **Wertpapiere** oder **Kostbarkeiten**, so können die Eltern oder der Elternteil verpflichtet werden, die Wertpapiere und Kostbarkeiten bei einer Hinterlegungsstelle mit der Bestimmung zu hinterlegen, daß die Herausgabe nur mit Genehmigung des Vormundschaftsgerichts verlangt werden kann (§ 1667 **Abs 2 Satz 4** iVm §§ 1814, 1818). Zur Hinterlegung von Wertpapieren und Kostbarkeiten s §§ 1 Abs 2, 27 Abs 1 der Hinterlegungsordnung vom 10. 3. 1937 (RGBl I, 285); bezüglich der in § 27 erwähnten Staatsbanken s Beck, Gesetz über die Deutsche Bundesbank vom 29. 7. 1957 (BGBl I, 745), Kommentar, 341 f, K 589; zu beachten ist, daß zwischen der früheren Reichsbank und der Bundesbank weder Identität noch Funktionsnachfolge besteht (Beck, aaO, 34, E 11; 132, K 5); s noch § 19 Abs 1 Nr 5, § 22 des Bundesbankgesetzes und die Erläuterungen des § 1814.

Inhaberpapiere können statt der Hinterlegung auf den Namen des Kindes mit der Bestimmung umgeschrieben werden, daß über sie nur mit Genehmigung des Vormundschaftsgerichts verfügt werden kann; Papiere, die vom Bund oder einem Land ausgestellt sind, können mit der gleichen Bestimmung in Buchforderungen umgewandelt werden (§ 1667 Abs 2 Satz 4 iVm § 1815).

Gehören zum Vermögen des Kindes Buchforderungen gegen den Bund oder ein Land, so können sie mit dem Vermerk versehen werden, daß über sie nur mit Genehmigung des Vormundschaftsgerichts verfügt werden kann (§ 1667 Abs 2 Satz 4 iVm § 1816).

Durch die erwähnten Anordnungen sind die Eltern oder der Elternteil in der Verfügung über diese Bestandteile des Vermögens des Kindes beschränkt.

37 **3.** Zur Durchsetzung etwaiger Sicherungsmaßnahmen oder zur Durchführung der vom Vormundschaftsgericht angeordneten Maßregeln ist eine Klage nicht zulässig (RG, JW 1907, 203).

Dagegen steht § 1667 einem Arrestverfahren (§§ 916 ff ZPO) nicht entgegen (RG, aaO); s auch Bem 12 zu § 1668.

IV. **Die Kosten der Maßregeln** und ihrer späteren Aufhebung hat der Elternteil zu tragen, der die Maßregeln veranlaßt hat **(§ 1667 Abs 3)**; er kann hierfür vom Kinde keinen Ersatz verlangen. 38

V. Die vormundschaftsgerichtliche Anordnung kann **gemäß § 1696 BGB geändert** werden, wenn dies im Interesse des Kindes angezeigt ist; eine Verschärfung oder Ergänzung der zunächst angeordneten Maßnahme ist jedoch nur unter den Voraussetzungen der §§ 1667—1669 zulässig. 39

VI. **Verfahrensfragen.**

1. Die Zuständigkeit des Vormundschaftsgerichts ergibt sich aus § 43 iVm § 36 FGG. 40

Zur Entscheidung berufen ist der Richter, nicht der Rechtspfleger (§ 12 Nr 9 RPflG); in Württemberg ist der Bezirksnotar als ordentlicher Vormundschaftsrichter zuständig (vgl Art 61, 62 WürttAGBGB).

2. Das Vormundschaftsgericht leitet das Verfahren von Amts wegen ein (BayObLGZ 17, A 186, 187) und führt die erforderlichen Ermittlungen von Amts wegen durch (§ 12 FGG, s dazu auch Vorbem 39 vor § 1666). 41

3. Über das Verfahren im allgemeinen s Bem 332f, 335ff zu § 1666. 42

Regelmäßig wird es geboten sein, die Eltern oder den alleinsorgeberechtigten Elternteil **mündlich zu hören** (s auch Bem 343 zu § 1666), damit alle rechtserheblichen Umstände und die in Betracht kommenden Maßnahmen (§§ 1667—1669) sachgemäß erörtert werden können und der Richter sich einen persönlichen Eindruck von den Eltern verschaffen kann, insbesondere auch zur Klärung der Frage, ob und inwieweit die Eltern einsichtig sind; weiterhin empfiehlt es sich, daß der Richter die Eltern belehrt und ihnen gütlich zuredet, um damit ebenfalls die Interessen des Kindes fördern zu können. Vor allem wird es sich empfehlen, daß der Richter bei dieser Gelegenheit den Eltern die Folgen von Verstößen gegen etwaige Anordnungen vor Augen führt. Werden den Eltern schärfere Maßnahmen für den Fall von Zuwiderhandlungen angedroht, so wird es zweckmäßig sein, dies zu protokollieren.

Die Anhörung des **Jugendamtes** ist in diesem Verfahren im Gegensatz zum Verfahren des § 1666 nicht zwingend vorgeschrieben (§ 48 Abs 1 JWG); jedoch ist das Jugendamt gemäß § 1694 verpflichtet, dem Vormundschaftsgericht Anzeige zu machen, wenn ein Fall zu seiner Kenntnis gelangt, in dem das Vormundschaftsgericht zum Einschreiten berufen ist (ebenso Pikart-Henn, 183f). 43

Der Beschluß des Vormundschaftsgerichts bedarf angesichts seiner Bedeutung der **Begründung** (s dazu Bem 353 zu § 1666 sowie auch Firsching, 124f).

Die Entscheidung ist den Eltern bekanntzumachen (§ 16 FGG); im Hinblick auf die etwaigen Folgen bei Zuwiderhandlungen (s auch Bem 3 zu § 1669) empfiehlt es sich dringend, den Beschluß förmlich **zuzustellen** (s Bem 354 zu § 1666).

4. Soweit ein Bedürfnis besteht, kann das Vormundschaftsgericht im Rahmen des Verfahrens des § 1667 eine vorläufige Regelung **(einstweilige Anordnung)** treffen (KG, JW 1937, 1073; OLG Hamm, ZblJugR 1953, 253; s dazu im allgemeinen auch Bem 356ff zu § 1666). Hierbei ist es, soweit erforderlich, zulässig, daß für die Dauer des Verfahrens bis zur Entscheidung in der Hauptsache die Entziehung der Vermögensverwaltung angeordnet wird (KG, aaO; RGR-Komm, Bem 2 aE; offengelassen von OLG Hamm, aaO), zB wenn die Eltern oder ein Elternteil hemmungslos Vermögensgegenstände des Kindes veräußern und Bankguthaben des Kindes verwenden und zunächst durch weitere Ermittlungen geklärt werden muß, durch welche einzelnen Maßregeln nach § 1667 die Interessen des Kindes ausreichend gewahrt werden können. 44

Die einstweilige Anordnung bedarf der Begründung (s dazu Bem 360 zu § 1666).

5. Zur Durchsetzung seiner Anordnungen kann das Vormundschaftsgericht, soweit erforderlich, **Ordnungsstrafen** (nach vorheriger Androhung) verhängen **(§ 33 Abs 1, 3 FGG)**, zB wenn die Eltern bei der Aufnahme des Verzeichnisses des Vermögens des Kindes ihre Mitwirkung verweigern. Allerdings kann es fraglich sein, ob in solchen Fällen die Durchführung eines Verfahrens gemäß § 33 FGG zweckmäßig ist; vielmehr kann es dann geboten sein, eine Maßregel nach § 1669 anzuordnen. 45

6. Gegen die Entscheidung des Vormundschaftsgerichts findet die einfache **Beschwerde** statt (§ 19 FGG). 46

Beschwerdeberechtigt sind gegen die Anordnung einer Maßregel aus § 1667 die vermögenssorgeberechtigten Eltern, gegebenenfalls der alleinsorgeberechtigte Elternteil **(§ 20 FGG)**; zum Beschwerderecht des Beistandes s KG, KGJ 38, A 23.

Bei Ablehnung der Anordnung einer Maßregel sind die Verwandten und Verschwägerten beschwerdeberechtigt **(§ 57 Abs 1 Nr 8 FGG**; s hierzu Jansen, Bem 23, und Keidel, Bem 32 zu § 57; OLG München, JFG 21, 181; sowie auch Bem 370 zu § 1666).

§ 57 Abs 1 Nr 9 FGG ist hier grundsätzlich nicht anzuwenden; doch kann in Ausnahmefällen die Personensorge mitberührt sein, zB bezüglich der Auflage, einen Prozeßbevollmächtigten zu bestellen zur Geltendmachung eines Schadensersatzanspruchs wegen eines schweren Körperschadens des Kindes (KG, JFG 22, 174 = DFG 1941, 43 = DR 1941, 1073; s zur Anwendung des § 57 Abs 1 Nr 9 FGG auch Bem 373 zu § 1666).

Dem Kinde steht hier kein Beschwerderecht zu, da § 59 FGG nicht anzuwenden ist.

47 7. Für die gerichtliche Anordnung entsteht eine Gerichtsgebühr gemäß § 94 Abs 1 Nr 3 KostO, s auch § 94 Abs 3 Satz 2 KostO. Bei Ablehnung einer Anordnung verfällt keine Gerichtsgebühr (s Bem 393 zu § 1666).

Wird die Beschwerde von den Eltern oder einem Elternteil eingelegt und wird sie zurückgewiesen, so entsteht eine Gerichtsgebühr gemäß § 131 Abs 1 KostO; § 131 Abs 3 KostO ist nicht anzuwenden (ebenso OLG Frankfurt, FamRZ 1963, 453, 454).

Dagegen findet § 131 Abs 3 KostO Anwendung, wenn gegen die Ablehnung einer Maßregel gemäß § 57 Abs 1 Nr 8 FGG Beschwerde erhoben war.

Für die Rechtsanwaltsgebühren ist § 118 BRAGebO maßgebend (s Bem 398 zu § 1666).

§ 1668*).

Sind die nach § 1667 Abs 2 zulässigen Maßregeln nicht ausreichend, so kann das Vormundschaftsgericht dem Elternteil, der das Vermögen des Kindes gefährdet, Sicherheitsleistung für das seiner Verwaltung unterliegende Vermögen auferlegen. Die Art und den Umfang der Sicherheitsleistung bestimmt das Vormundschaftsgericht nach seinem Ermessen.

Bei der Bestellung und Aufhebung der Sicherheit wird die Mitwirkung des Kindes durch die Anordnung des Vormundschaftsgerichts ersetzt. Die Kosten trägt der Elternteil, der durch sein Verhalten die Bestellung der Sicherheit veranlaßt hat.

GleichberG Art I, Nr 22; § 1668 aF: E I, 1547 Abs 2; II, 1559 Abs 1 Satz 1, 2; III, 1645; Mot IV, 810, 815; Prot IV, 553, 635; zu Abs 2 nF s § 1672 aF: E I, 1549 Abs 2; 1551 Satz 2; II, 1559 Abs 1 Satz 3, Abs 2; III, 1649; Mot IV, 814; Prot IV, 638.

Gliederung.

1 **I. Allgemeines.**

Die auf dem Gleichberechtigungsgesetz beruhende Neufassung berücksichtigt, daß die Vermögenssorge beiden Elternteilen zusteht (§§ 1626, 1627; s auch Bem 1 zu § 1667). § 1672 aF wurde als Abs 2 hier eingefügt.

Die Vorschrift des § 1668 stellt eine Ergänzung des § 1667 dar (s KG, JFG 22, 174 = DRW 1941, 1073 = DFG 1941, 43 = HRR 1941 Nr 625); sie gibt dem Gericht die Befugnis, dem Elternteil, der das Vermögen des Kindes gefährdet, Sicherheitsleistung aufzuerlegen; durch diese kann die drohende Entziehung der Vermögensverwaltung abgewendet werden (vgl KG, JFG 15, 18 = DFG 1937, 15 = JW 1937, 638).

§ 1668 erfordert, wie der Wortlaut dieser Vorschrift und der Gesetzeszusammenhang ergibt, das Vorliegen der Voraussetzungen des § 1667.

II. Voraussetzungen und Bedeutung der Anordnung.

2 1. a) Voraussetzung für die Verpflichtung des Elternteils zur Sicherheitsleistung ist, daß durch Verletzung der mit der Vermögensverwaltung verbundenen Pflichten das Vermögen des Kindes gefährdet wird (s Bem 4ff zu § 1667) und daß die in § 1667 Abs 2 erwähnten Maßregeln (s Bem 31ff zu § 1667) nicht ausreichen. Die

*) Literatur s § 1667.

Anordnung der Sicherheitsleistung muß hiernach als zusätzliche Maßregel außer der gemäß § 1667 Abs 2 getroffenen oder zulässigen Maßnahme erforderlich sein (s Bem 5).

b) Die Anordnung der Sicherheitsleistung ist nur gegen den Elternteil, der das Vermögen des Kindes gefährdet, zulässig, also nicht gegen den anderen Elternteil, der zB an der Einreichung des Vermögensverzeichnisses (§ 1667 Abs 2) mitwirken muß oder mußte (s auch Bem 7, 32, 35 zu § 1667). 3

Der Elternteil braucht die ihm rechtlich zustehende Verwaltung des Vermögens des Kindes tatsächlich noch nicht auszuüben (zB nach Ausschlagung einer Erbschaft durch den Elternteil, die nun dem Kinde zufällt), s KG, RJA 8, 90.

c) Das Vormundschaftsgericht **kann** ... Sicherheitsleistung ... auferlegen. Diese Formulierung bedeutet, daß das Gericht hiermit für befugt erklärt ist, eine solche Entscheidung zu erlassen, aber auch, daß ihm das Ermessen eingeräumt ist, ob es von der Befugnis, Sicherheitsleistung anzuordnen, Gebrauch machen will. 4

2. Die **Anordnung der Sicherheitsleistung** setzt nicht voraus, daß Maßnahmen aus § 1667 Abs 2 vorausgegangen oder vergeblich versucht worden sind (ebenso KG, KGJ 33, A 32 = RJA 8, 81; KGJ 38, 24; Opet-v. Blume, Bem 2, Soergel-Siebert-Lange, Bem 3, Erman-Ronke, Bem 1, Palandt-Lauterbach, Bem 1, Kipp, § 80, Fußn 62); vielmehr kann eine gemäß § 1668 zu erlassende Anordnung mit Maßnahmen nach § 1667 Abs 2 verbunden werden (so auch Palandt-Lauterbach, Erman-Ronke, Soergel-Siebert-Lange, aaO; KG, KGJ 33, A 32 = RJA 8, 81). In der Praxis kommt die Anordnung der Sicherheitsleistung in Betracht, wenn eine Maßregel nach § 1667 Abs 2 nach der Sachlage von vornherein als unzureichend zu beurteilen ist oder wenn sich die Maßregel später als ungenügend erweist. 5

Ferner ist zur Anordnung der Sicherheitsleistung nicht Voraussetzung, daß der Elternteil hinreichendes Vermögen zur Sicherheitsleistung besitzt (KG, RJA 8, 90; Recht 1923 Nr 1355; Soergel-Siebert-Lange, Bem 3, RGR-Komm, Bem 1); denn es kann eventuell damit gerechnet werden, daß der Elternteil die betreffende Sicherheitsleistung zu beschaffen vermag. Ist allerdings nach den Einkommens- und Vermögensverhältnissen des Elternteils und überhaupt nach der wirtschaftlichen Lage der Familie mit großer Wahrscheinlichkeit zu erwarten, daß eine Sicherheitsleistung nicht erbracht werden kann, zB wegen Vermögensverfalls des Elternteils, oder erklärt der Elternteil kategorisch, er werde der etwaigen Auflage einer Sicherheitsleistung keinesfalls nachkommen, so ist von der Anordnung abzusehen (s BayObLGZ 17, A 186; KG, JFG 22, 174 = DRW 1941, 1073 = DFG 1941, 43 = HRR 1941 Nr 625). Das Gericht darf keine Maßnahme anordnen, die von vornherein als sinn- und zwecklos zu beurteilen ist. Bei der mündlichen Anhörung der Eltern sollte gegebenenfalls die Frage der Sicherheitsleistung und die wirtschaftliche Lage näher erörtert werden. Der Elternteil darf durch diese Anordnung nicht überrascht werden (s auch Bem 16). 6

3. Über **Art und Umfang** der von dem Elternteil zu leistenden Sicherheit entscheidet das Vormundschaftsgericht nach pflichtgemäßem Ermessen **(Abs 1 Satz 2)**; hierbei sind zu berücksichtigen das Vermögen und die Einkommensverhältnisse des Elternteils sowie der Wert des Vermögens des Kindes und die dessen Vermögen drohende Gefahr. Die Einkommens- und Vermögensverhältnisse des Elternteils sind aber nur soweit zu berücksichtigen, als dies ohne Nachteil für die Interessen des Kindes möglich ist (KG, JFG 15, 18 = JW 1937, 638 = DFG 1937, 15). Andererseits darf die Sicherheitsleistung nicht so bemessen werden, daß der Unterhalt der Familie gefährdet würde. 7

Die Vorschriften der §§ 232ff BGB sind hier nicht anwendbar (ebenso KG, JFG 15, 18 = DFG 1937, 15 = JW 1937, 638; Erman-Ronke, Bem 1, a, Soergel-Siebert-Lange, Bem 3, Palandt-Lauterbach, Bem 1); doch können sie dem Vormundschaftsgericht als Anhaltspunkt dienen. 8

Für den Elternteil besteht keine gesetzliche Pflicht zur Sicherheitsleistung — ebenso wenig wie für den Vormund (§ 1844) —; das Kind hat auch kein gesetzliches Pfandrecht (Opet-v. Blume, Bem 1); vielmehr ist die Anordnung der Sicherheitsleistung nur auf Grund einer Entscheidung des Vormundschaftsgerichts und nur unter den Voraussetzungen der §§ 1667, 1668 zulässig und notwendig (so auch Soergel-Siebert-Lange, Bem 3; OLG Karlsruhe, BadRPr 1935, 27). 9

In Betracht kommt in der Praxis zB die Anordnung der Sicherheitsleistung durch Bestellung einer (Sicherungs-) **Hypothek** zu Lasten des Grundstücks des Elternteils, dh die Auflage, eine Hypothek in bestimmter Höhe (vor allem bis zu einem bestimmten Höchstbetrag, s § 1190) zu bestellen. Hiermit ist dem Kinde kein gesetzlicher Hypothekentitel eingeräumt (ebenso RGR-Komm, Bem 2, Palandt-Lauterbach, Bem 1). 10

Das Vormundschaftsgericht ist nicht befugt, das Grundbuchamt um die Eintragung der Sicherungshypothek zu ersuchen; die Vorschrift des **§ 54 FGG**, die nur für den Vormund, Pfleger oder Beistand gilt (s §§ 1844, 1915, 1690 Abs 2 sowie § 38 GBO), ist hier nicht, auch nicht analog anzuwenden (ebenso Soergel-Siebert-Lange, Bem 3, Erman-Ronke, Bem 1, b, Palandt-Lauterbach, Bem 1 je zu § 1667; Jansen, Bem 1, Keidel, Bem 1 je zu § 54 FGG; Brand-Hensel, S 259). Die Eintragungsbewilligung durch den Elternteil (§§ 19, 29 GBO) kann das Vormundschaftsgericht nicht durch Ordnungsstrafen (§ 33 FGG) erzwingen, wie sich aus § 1669 Satz 2 ergibt (s Bem 12 zu § 1669). Indessen kann das durch einen Pfleger vertretene Kind die Verurteilung des Elternteiles zur Abgabe der Bewilligung (§ 894 ZPO) erwirken (ebenso Erman-Ronke, Bem 1, b, Palandt-Lauterbach, Bem 1). Allerdings wird es regelmäßig zweifelhaft sein, ob eine Pflegerbestellung (§ 1629 Abs 2 iVm § 1795) zu diesem Zwecke eine sinnvolle Maßnahme ist, zumal meist einige Zeit verstrichen sein wird, bis das Urteil rechtskräftig geworden ist.

Ob die Bestellung einer Hypothek dem Rang und der Höhe nach als Sicherheitsleistung ausreicht, ist Tatfrage. Die Bestellung einer Hypothek an dem von dem Elternteil verwalteten Grundstück des Kindes ist jedoch keine geeignete Sicherheitsleistung (KG, JFG 15, 18 = DFG 1937, 15 = JW 1937, 638).

11 Das Gericht kann auch anordnen, daß die Eltern oder der Elternteil das Vermögen des Kindes in die eigene Verwahrung erst übernehmen dürfen, wenn die Sicherheitsleistung dem Gericht nachgewiesen ist (KG, RJA 8, 90).

12 **4.** a) Die Regelung des § 1668 schließt nicht aus, daß das durch einen Pfleger vertretene Kind zur Sicherstellung gegen den Elternteil einen **Arrestbefehl** erwirkt, wenn die besonderen Voraussetzungen der §§ 916, 917 ZPO gegeben sind (RG, JW 1907, 203). Ist zur Wahrnehmung der Rechte des Kindes auf Sicherstellung gemäß § 1669 ein Pfleger bestellt, so ist dieser, wenn die Sicherung einen Arrest erforderlich macht, zur Vertretung des Kindes auch in dem Arrest-Verfahren ermächtigt (RG, aaO; RGR-Komm, Bem 2 aE zu § 1667).

13 b) Ist über das Vermögen des Elternteils das Konkursverfahren eröffnet worden, so steht dem durch einen Pfleger (§ 1629 Abs 2 iVm § 1795) vertretenen Kind der Anspruch auf Aussonderung der dem Kinde gehörenden Vermögensgegenstände zu (§ 43 KonkO); ferner ist das Kind durch das Vorrecht des § 61 Nr 5 KonkO gesichert (s hierzu RGR-Komm, Bem 2 zu § 1668, sowie die Kommentare zur KonkO von Jaeger-Lent, 8. Aufl 1958, Bem 36ff, Mentzel-Kuhn, 7. Aufl 1962, Bem 73, Böhle-Stamschräder, 7. Aufl 1963, Bem 8, b). Dieses Vorrecht gilt für alle Forderungen, die dem Kinde aus irgendeinem Grunde im Zusammenhang mit der Verwaltung des Kindesvermögens durch den Elternteil zustehen, einschließlich der Schadensersatzansprüche gemäß § 1664 wegen Verletzung der dem Elternteil aus der Verwaltung obliegenden Pflichten, zB wenn dieser Gelder des Kindes für sich verwendet hat (RGR-Komm, aaO; s ferner RGZ 144, 246 = JW 1934, 2140, und oben Vorbem 19 vor § 1638).

III. Absatz 2.

14 Die Vorschrift bezweckt, die sonst erforderliche Bestellung eines Pflegers zum Zwecke der Mitwirkung bei der Anordnung der Sicherheitsleistung und den weiteren zur Durchführung notwendigen Maßnahmen und Handlungen (vgl § 1629 Abs 2 iVm § 1795) entbehrlich zu machen, und zwar aus Gründen der Eilbedürftigkeit. Der vormundschaftsgerichtlichen Anordnung kommt die rechtliche Bedeutung einer in Vertretung des Kindes getroffenen, für dieses verbindlichen Verfügung zu (so auch RGR-Komm, Bem 3); deshalb bedarf es zur Bestellung der Sicherheit nicht einer von einem Pfleger zu erklärenden Annahme und ebensowenig zur Minderung oder Aufhebung der Sicherheit einer Bewilligung des Pflegers (ebenso RGR-Komm, aaO). Hat der Elternteil die Eintragung der Hypothek bewilligt, so kann das Vormundschaftsgericht gemäß § 13 GBO die Eintragung im Grundbuch beantragen.

§ 1668 Abs 2 ist nicht nur bei Bestellung und Aufhebung der Sicherheit, wie der Gesetzeswortlaut besagt, sondern auch bei einer Änderung, Minderung oder Erhöhung, anzuwenden (ebenso Soergel-Siebert-Lange, Bem 4: Redaktionsversehen, RGR-Komm, Bem 3, Erman-Ronke, Bem 2, Palandt-Lauterbach, Bem 2; vgl auch § 1844 Abs 2).

Die Kosten der Sicherheitsleistung fallen gemäß Abs 2 Satz 2 dem Elternteil zur Last, der durch sein Verhalten die Bestellung der Sicherheit veranlaßt hat; dies gilt auch für Änderungen der Sicherheitsleistung.

Hat das Amtsgericht dem Elternteil die Leistung einer Sicherheit auferlegt und wird diese dann erbracht, hebt aber das Landgericht oder das Oberlandesgericht die Anordnung auf, so findet § 1668 Abs 2 Satz 2 keine Anwendung; indessen kann der Elternteil für die aufgewendeten Kosten vom Kinde keinen Ersatz verlangen. Eine Haftung des Staates für die Entscheidung des Amtsgerichts (Art 34 GG) kommt nur unter den Voraussetzungen des § 1697 iVm § 839 Abs 1, 3 BGB in Betracht.

Abs 2 ist nicht anzuwenden, wenn die Sicherheitsleistung vertraglich oder freiwillig, also nicht gemäß Abs 1, erfolgt oder wenn die elterliche Gewalt ruht oder wenn das Vermögenssorgerecht auf Grund vormundschaftsgerichtlicher Anordnungen (zB gemäß § 1666 Abs 2 oder § 1671 Abs 5) nicht ausgeübt werden kann und die Sicherheit aufgehoben oder gemindert werden soll (vgl § 1822 Nr 13).

IV. Gemäß **§ 1696** kann das Vormundschaftsgericht die Anordnung der Sicherheitsleistung **ändern**, wenn es im Interesse des Kindes angezeigt ist, insbesondere mindern oder aufheben, wenn die Voraussetzungen der Anordnung weggefallen sind. Eine Erhöhung der Sicherheit kann aber nur unter den Voraussetzungen der §§ 1667, 1668 angeordnet werden. 15

Hebt das Vormundschaftsgericht die Anordnung der Sicherheitsleistung wieder auf (§ 1696), so hat es auch die dazu erforderlichen ergänzenden Anordnungen zu treffen (vgl § 1668 Abs 2), damit die Sicherheitsleistung freigegeben wird, zB die Löschung der Hypothek zu bewilligen; den Antrag auf Löschung der Eintragung im Grundbuch hat dann aber der Elternteil zu stellen.

V. Bezüglich des **Verfahrens** ist auf Bem 40ff zu § 1667 zu verweisen; hervorzuheben ist, daß regelmäßig die *mündliche Anhörung* des Elternteils geboten sein wird, insbesondere zur Klärung der Einkommens- und Vermögensverhältnisse des Elternteils und der Art und der Höhe der anzuordnenden Sicherheitsleistung (s auch Bem 6 aE). 16

§ 1669*).

Kommt ein Elternteil den nach den §§ 1667, 1668 getroffenen Anordnungen nicht nach, so kann ihm das Vormundschaftsgericht die Vermögensverwaltung entziehen. Durch andere Maßregeln darf es die Sicherheitsleistung nicht erzwingen.

GleichberG Art I, Nr 22; § 1670 aF: E I, 1550; II, 1561; III, 1647; Mot IV, 815; Prot IV, 638.

Gliederung.

I. Allgemeines.

1 1. Die auf dem Gleichberechtigungsgesetz beruhende Neufassung des früheren § 1670 berücksichtigt wie in §§ 1667, 1668 (s dort je Bem 1), daß die Vermögenssorge beiden Elternteilen zusteht. Die in § 1670 aF enthalten gewesene Alternative, daß der Vater die ihm gemäß §§ 1640, 1669 aF obliegende Verpflichtungen nicht erfüllt, ist jetzt in § 1684 (in geänderter Fassung) übernommen; den §§ 1640, 1669 aF entsprechen (in geänderter Fassung) die §§ 1682, 1683 nF.

2 2. Die gemäß § 1669 zulässige Anordnung der Entziehung der Vermögensverwaltung (in vollem Umfange oder teilweise) ist neben der Anordnung gemäß § 1666 Abs 2 (und der selten in Betracht kommenden Maßregel nach § 1684 sowie der für Adoptiveltern geltenden speziellen Regelung des § 1760 Abs 2 Satz 1) die schärfste Maßregel, das äußerste Zwangsmittel, das nur angeordnet werden darf, wenn es erforderlich ist (s auch Bem 2 zu § 1667) und wenn die gemäß §§ 1667, 1668 zulässigen Maßnahmen nicht ausreichen.

II. Voraussetzungen.

3 1. Die Anwendung des § 1669 erfordert, daß ein Elternteil den gemäß §§ 1667, 1668 getroffenen Anordnungen, Geboten und/oder Verboten (Bem 18ff zu § 1667) oder

*) Literatur s § 1667.

der Auflage, ein Verzeichnis des Vermögens des Kindes einzureichen oder Rechnung zu legen (Bem 31 ff zu § 1667) oder Sicherheit zu leisten (Bem 7 ff zu § 1668), nicht nachkommt. § 1669 setzt also damit voraus, daß die vormundschaftsgerichtliche Anordnung den Eltern bzw dem Elternteil zur Kenntnis gelangt ist (s dazu Bem 43 aE zu § 1667), daß in ihr eine angemessene Frist zur Erfüllung gesetzt ist und daß die Durchführung der Anordnung von dem Willen des betreffenden Elternteils abhängt.

4 2. a) Maßgebend ist, daß der Elternteil die Anordnung objektiv nicht erfüllt hat (KG, DJZ 1933, 368; Planck, 3. Aufl, Bem 2, Opet-v. Blume, Bem 2, a), zB die Einreichung des Vermögensverzeichnisses (KG, OLG 7, 423) oder die Rechnungslegung unterlassen hat. Es genügt nicht, daß ein eingereichtes Vermögensverzeichnis unzulänglich ist (s Bem 34 zu § 1667). Wird die Einreichung des Vermögensverzeichnisses unterlassen, so ist die Entziehung der Vermögensverwaltung nur zulässig, wenn die Anordnung, daß eine zuständige Behörde oder ein zuständiger Beamter oder Notar das Verzeichnis fertigt, nicht durchführbar ist (Bem 34 zu § 1667).

Obliegt beiden Elternteilen die Verpflichtung, das Vermögensverzeichnis einzureichen (s Bem 32 zu § 1667) und Rechnung zu legen (s Bem 35 zu § 1667), und kommen sie dieser Verpflichtung nicht nach, so kann beiden die Vermögensverwaltung entzogen werden. Diese Anordnung kann aber nicht getroffen werden, wenn wenigstens ein Elternteil der Anordnung nachgekommen ist (s auch Bem 34 zu § 1667).

Die Nichterfüllung der vormundschaftsgerichtlichen Anordnung muß stets einen erheblichen Punkt betreffen (KG, HRR 1935 Nr 17).

5 Nicht nötig ist, daß gerade eine Anordnung über die Leistung einer Sicherheit vorausgegangen sein muß (KG, JFG 22, 174 = DFG 1941, 43 = DRW 1941, 1073 = HRR 1941 Nr 625 unter Aufgabe der in JFG 15, 18 = JW 1937, 638 = DFG 1937, 15 vertretenen Rechtsauffassung).

6 Die Tatsache allein, daß gegen den Elternteil ein Entmündigungsverfahren eingeleitet ist, rechtfertigt die Entziehung der Vermögensverwaltung nicht (OLG Hamburg, OLG 16, 246; Warneyer, Bem zu § 1670 aF).

7 Ein **Verschulden** der Eltern oder des Elternteiles ist nicht erforderlich (ebenso Opet-v. Blume, Bem 2, a, Planck, Bem 2, Warneyer, Bem Abs 1 je zu § 1670 aF; RGR-Komm, Bem 1, Erman-Ronke, Bem 1, Soergel-Siebert-Lange, Bem 4, Palandt-Lauterbach, Bem 1 je zu § 1669; aM Kipp, § 83, Fußn 35; KG, OLG 7, 423; s auch Bem 8 zu § 1667). Sind die Eltern aber in der Lage, das Versäumnis zu entschuldigen und ihr Verhalten zu rechtfertigen, so kann dies für die Frage, ob die Entziehung der Vermögensverwaltung erforderlich ist, von Bedeutung sein (so auch Opet-v. Blume, aaO; s ferner unten Bem 11).

8 b) Die Entziehung der Vermögensverwaltung ist nur zulässig, wenn zur Zeit der Entscheidung des Vormundschaftsgerichts gegebenenfalls des Beschwerdegerichts das Vermögen des Kindes (noch) gefährdet ist (s Bem 10 zu § 1667, sowie auch KG, HRR 1935 Nr 17). Die gemäß § 1669 zu erlassende Anordnung soll dazu dienen, den Widerstand des Elternteils gegen eine gemäß §§ 1667, 1668 getroffene Maßregel im Interesse des Kindes zu brechen (ebenso RGR-Komm, Bem 1 zu § 1669); Voraussetzung ist also, daß die Anordnung zum Wohle des Kindes erforderlich ist.

9 c) Die Entziehung der Vermögensverwaltung ist somit das äußerste Zwangsmittel, das nur angewendet werden darf, wenn ein Elternteil den nach §§ 1667, 1668 getroffenen Anordnungen nicht nachkommt (s Bem 17 zu § 1667, oben Bem 2 sowie OLG Jena, OLG 4, 412; OLG Hamburg, OLG 46, 180; KG, OLG 6, 289; JFG 15, 18; JFG 22, 174).

In Ausnahmefällen muß es jedoch als zulässig erachtet werden, die Vermögensverwaltung auch dann zu entziehen, wenn mit sehr hoher Wahrscheinlichkeit angenommen werden kann, daß der Elternteil einer Anordnung gemäß §§ 1667, 1668 nicht nachkommen würde, und wenn deshalb eine andere (mildere) Maßnahme nicht ausreichen würde (ähnlich KG, JFG 22, 174; Erman-Ronke, Bem 1, Palandt-Lauterbach, Bem 1, RGR-Komm, Bem 2, Firsching, S 123; aM wohl Soergel-Siebert-Lange, Bem 4 zu § 1669; zu weitgehend Küper, DGWR 1935, 44, auch unter Berufung auf die nationalsozialistische „Rechtsauffassung“: wenn eine vorausgehende Anordnung gemäß §§ 1667, 1668 überflüssig sei). An die erwähnten Voraussetzungen sind jedoch strenge Anforderungen zu stellen; die Entziehung der Vermögensverwaltung ohne vorherige Anordnungen gemäß §§ 1667, 1668 wird zB in Betracht kommen bei schwerer Pflichtverletzung und völliger Uneinsichtigkeit des Elternteils sowie wenn infolgedessen der weiteren

Gefährdung des Kindesvermögens nur durch diese Maßnahme wirksam begegnet werden kann. Hierzu sind eingehende Ermittlungen mit persönlicher Anhörung des Elternteils und eine Androhung dieser Maßregel zu verlangen (s auch Bem 42 zu § 1667, Bem 6, 16 zu § 1668 und unten Bem 16).

III. Die erforderlichen Maßregeln.

1. Das Vormundschaftsgericht kann die Vermögensverwaltung entziehen (Satz 1). 10
Das Wort **„kann“** bedeutet, daß das Vormundschaftsgericht befugt ist, diese Anordnung zu treffen; denn in die Vermögensverwaltung, die Bestandteil des Elternrechts iSd Art 6 Abs 2 GG ist (s Vorbem 9 vor § 1666), darf nur nach Maßgabe einer gesetzlichen Regelung eingegriffen werden (s Bem 2 zu § 1667). Das Wort „kann“ stellt es hier ebenso wenig, wie in § 1666 Abs 2 (s dort Bem 294) in das Ermessen des Gerichts, ob es die Anordnung erlassen will (aM KG, HRR 1935 Nr 17; Erman-Ronke, Bem 1).

2. Das Vormundschaftsgericht darf jedoch nur die erforderliche Maßnahme 11
treffen (s zB OLG Hamm, ZblJugR 1953, 253 und Bem 2, 17 zu § 1667), dh in die Vermögenssorge nur soweit eingreifen, als es notwendig ist: genügt die Entziehung der Vermögensverwaltung zT, so darf die Ausübung der Vermögenssorge nicht in vollem Umfang entzogen werden (s auch Bem 297, 298 zu § 1666). Reicht zB die Entziehung des Vertretungsrechts in bestimmten Beziehungen aus, so darf in die Ausübung der Vermögenssorge nicht weiter eingegriffen werden, und zwar auch nicht mit Zustimmung der Eltern (OLG Neustadt, MDR 1955, 479, s Bem 17 zu § 1667).

Hatten die Eltern oder der Elternteil aus entschuldbaren Gründen die Anordnung des Vormundschaftsgerichts nicht befolgt (s Bem 7), so wird regelmäßig eine Anordnung gemäß § 1669 entbehrlich sein.

Ist die Ehe der Eltern geschieden und ist eine Regelung gemäß § 1671 Abs 1 ergangen oder leben die Eltern nicht nur vorübergehend getrennt und ist eine Entscheidung nach § 1672 getroffen worden, so kann sich eine Maßregel nach § 1669 erübrigen, wenn die Regelung der Ausübung der Vermögenssorge gemäß § 1696 geändert wird.

3. Die Sicherheitsleistung (§ 1668) darf nur durch die Androhung der Entziehung 12
der Vermögensverwaltung oder die Entziehung der Vermögensverwaltung selbst erzwungen werden **(§ 1669 Satz 2)**, nicht durch Ordnungsstrafen nach § 33 FGG oder die zwangsweise Eintragung einer Sicherungshypothek zu Lasten des Grundstücks des Elternteils (da § 54 FGG hier nicht anzuwenden ist, s Bem 10 zu § 1668), auch nicht durch Klage auf Leistung der Sicherheit (s RG, JW 1907, 203; RGR-Komm, Bem 3 zu § 1669).

§ 1669 Satz 2 ist auch auf die Erzwingung der vom Vormundschaftsgericht angeordneten Erhöhung der geleisteten Sicherheit anzuwenden (Opet, Verwandtschaftsrecht, 251, Fußn 138).

4. Entzieht das Vormundschaftsgericht einem Elternteil ganz oder teilweise die 13
Ausübung der Vermögenssorge, so ist stets gleichzeitig darüber zu entscheiden, ob der andere Elternteil die Vermögenssorge (insoweit) allein auszuüben hat oder ob ein Pfleger zu bestellen ist (§ 1680 iVm § 1679, s hierzu Bem 299 zu § 1666).

5. Hat das Vormundschaftsgericht die Ausübung der Vermögenssorge entzogen 14
oder beschränkt und einen Pfleger bestellt, so ist das Vermögen des Kindes an den Pfleger, soweit dessen Wirkungskreis reicht, herauszugeben und ist auf Verlangen Rechnung zu legen (§ 1698, s hierzu bezüglich der entsprechenden früheren Regelung des § 1681 aF OLG Oldenburg, OLG 3, 371).

IV. Das Vormundschaftsgericht kann die gemäß § 1669 getroffene Anordnung 15
ändern, wenn die Voraussetzungen der Maßregel weggefallen sind **(§ 1696)**, zB wenn die Eltern oder der Elternteil Sicherheit geleistet haben.

Eine Verschärfung oder Ergänzung der zunächst getroffenen Anordnung ist nur bei Vorliegen der Voraussetzungen des § 1669 zulässig; es genügt nicht, daß das Vormundschaftsgericht die Verschärfung oder Ergänzung der ursprünglich angeordneten Maßregel im Interesse des Kindes für angezeigt hält (s auch Bem 319 zu § 1666).

V. Zum **Verfahren** s Bem 40—44, 46 f zu § 1667. Hervorzuheben ist, daß wegen der 16
Folgen, die sich aus § 1680 iVm § 1679 ergeben, stets beide vermögenssorgeberechtigten Elternteile gehört werden müssen. Leben die Eltern getrennt und ist eine Entscheidung gemäß § 1672 ergangen oder ist nach der Scheidung der Ehe eine Regelung gemäß § 1671 Abs 1 getroffen worden, so wird es sich empfehlen, auch den anderen Elternteil zu hören, damit sachgemäß geprüft werden kann, ob eine Änderung der Regelung über die Vermögenssorge notwendig ist (§ 1696, s auch Bem 11).

Das persönliche Erscheinen kann notfalls gemäß § 33 FGG erzwungen werden (s Firsching, 124 und Bem 345 zu § 1666).

FSC
www.fsc.org
MIX
Papier | Fördert
gute Waldnutzung
FSC® C083411

Kolibri 360 GmbH
Ferdinand-Jühlke-Straße 7
99095 Erfurt, Deutschland
produktsicherheit@kolibri360.de